2020年改正対応

割賦販売法・特定商取引法

三段対照法令集

株式会社きんざい

はしがき

令和二年六月に割賦販売法の一部を改正する法律が公布され、同法律は令和三年四月一日に施行されております。本改正は、新しい技術やサービスに対応し、利用者が安全・安心に多様な決済手段を利用できる環境を整備することを目的として行われたものです。

本改正には、包括支払可能見込額調査に代わる新たな与信審査手法の許容（認定制度の創設）、少額分野のクレジットカード決済について新たな規制体系を構築（少額事業者の登録制度の創設）、ＱＲコード決済などの決済手法の多様化に伴うセキュリティ対策の強化、ペーパーレス化推進の観点から書面交付義務の見直し（情報提供義務へ）などが含まれています。これらは、クレジットカード発行業務を行う会社（イシュアー）に加え、加盟店管理会社（アクワイアラー）、決済代行会社（ペイメントサービスプロバイダー）、さらには、クレジットカードを利用して商品等を販売する加盟店などの関係者に大きな影響を与えるものであります。

一方、特定商取引に関する法律（以下「特定商取引法」といいます）に関しても、平成二〇年六月改正以降、複数回の改正が行われ、訪問購入業者に対する規制や、悪質業者への対応、電話勧誘販売における過量販売への対応等、より一層の消費者保護のために、さまざまな改正が行われております。また、本書への掲載は見送らざるを得なかったものの、令和三年内には「詐欺的な定期購入商法」対策などに関する重要な改正法案の成立も予定されています。

これらの法律においては、多くの部分にわたって政令、省令への委任規定が設けられており、その内容を正確に理解するためには、これらの内容を端的に把握することが必要不可欠です。そこで、本書においては、令和三年四月一日時点で施行されている法律、その法律から委任された政令、省令をそれぞれまとめ、対応関係を明確にするため、三段対照表を作成しました。

本書が実務担当者、弁護士等の専門家、学生など幅広い方々にご活用され、割賦販売法および特定商取引法の理解の一助になれば幸いです。

本書の刊行にあたって、解説をご寄稿頂いた経済産業省の大内南人氏にもご高配を賜りました。また、株式会社きんざい教育事業センターや、当職らが在籍する弁護士法人片岡総合法律事務所の多くの事務局の皆さまのご尽力なしに、本書が完成することはありませんでした。心から感謝申し上げます。

令和三年六月　編者を代表して

弁護士　右崎　大輔
弁護士　田中　貴一
弁護士　前田　竣

凡例

- 特定商取引に関する法律及び割賦販売法については、最終改正を踏まえた条文を搭載しています。
- 三段対照表の表記について
- 下段において点線囲みの中に記載している条文は、「許可割賦販売業者等の営業保証金等に関する規則」に基づく条文となります。
- 【】を付した記載は、改正案に対するパブリックコメントの結果のうち、当該条項に関連する部分を引用したものです。各パブリックコメントの内容については、参考資料①、②を参照ください。なお、各パブリックコメントの中で記載されている条項は、パブリックコメント実施時の条項です。
- 〔〕を付した記載は、法律、政令、省令の対応関係について補足のコメントを記載したものです。対応関係を確認するにあたり参考にしてください。
- 各法令における別表および附表については、参考資料①、②を参照ください。なお、別紙様式については、掲載を省略しています。
- 本書は、令和三年四月一日までに公表された法令等を基に作成しています。

目次

改正割賦販売法の概要

執筆　経済産業省　商取引監督課

割賦販売法の一部を改正する法律（令和二年法律第六十四号）

一　法改正の概要

令和二年の第二百一回通常国会において、割賦販売法の一部を改正する法律（令和二年法律第六十四号。以下この法律による改正後の割賦販売法を「改正法」という。）が可決され、同年六月二十四日に公布された。改正法は、令和三年四月一日に施行されている。

法改正の主な内容は以下のとおりである。

① 認定包括信用購入あっせん業者の新設により、従前の包括支払可能見込額調査に加え、これに代わる与信審査手法を許容
② 少額の包括信用購入あっせん業を営む登録少額包括信用購入あっせん業者の新設による規制の合理化
③ クレジットカード番号等の適切管理措置義務の主体の拡充
④ 包括信用購入あっせんに関する書面交付の電子化
⑤ 包括信用購入あっせん業者への業務停止命令の導入

二　改正の経緯及び背景

近年、情報技術の進展を背景に、クレジットカード会社が利用者における支払実績等の膨大なデータに基づいて、各社の創意工夫により与信審査を行うとともに、少額かつ多頻度の決済において、後払いサービスが用いられるようになっている。これに伴い、既存のクレジットカード会社に加え、決済分野におけるフィンテック企業の事業展開や異業種企業（ＩＴ系、ＳＮＳ系企業、ＥＣモール系企業等）の参入拡大が進展し、多様な決済主体やサービスが登場している。他方、決済主体やサービスの多様化により、クレジットカード番号の情報漏えいリスクに対する懸念も高まっている。

こうした中、新しい技術・サービスに対応し、利用者が安全・安心に多様な決済手段を利用できる環境を整備するため、割賦販売法（昭和三十六年法律第百五十九号）を改正した。

三　改正法の概要

1　認定包括信用購入あっせん業者の新設（第三章第一節第二款）

改正前の割賦販売法（以下「旧法」という。）では、包括信用購入あっせん業者（以下「包括業者」という。）に対する与信審査に関する規制として、画一的・定型的に包括支払可能見込額の調査義務が課されている。当該調査義務は、年収を基準として与信審査を行うことを包括業者に求め、カード発行時等において、最低限調査すべき事項や与信限度額の算定方法等を規定するものである。他方、包括業者の中には、自社、グループ会社及び提携企業等が保有する利用者の支払実績及び取引履歴等の膨大なデータに基づき、各社創意工夫により与信審査を行うもの現れている。

こうした現状を踏まえ、包括支払可能見込額の調査に代わる高度な技術的手法により与信を行うことができる事業者として、「認定包括信用購入あっせん業者」（以下「認定業者」という。）を新設した。認定制度は、多様な与信審査手法を認めつつ、延滞率という結果において包括支払可能見込額調査と同等の水準を確保することで過剰与信防止を図るものである（いわゆる性能規定）。過剰与信防止の確保については、以下のとおり、事前チェックとして与信審査手法等の審査を、事後チェックとして定期報告及び改善命令等の行政処分を措置している。

⑴　経済産業大臣の認定（改正法第三十条の五の四第一項及び第二項）

包括業者が、包括支払可能見込額調査に代わる与信審査手法を用いる場合には、法令上の基準を満たすことの認定を受ける必要がある。具体的には、前述の認定制度の趣旨を踏まえ、（ⅰ）与信審査手法の基準として、①当該与信審査手法において不適正又は不十分な技術及び情報が利用されていないこと、②利用者の支払能力に関する情報を当該利用者に対する不当な差別、偏見その他の著しい不利益が生じるおそれがあると認められる方法により利用していないこと、③法令に基づいて指定信用情報機関が算定する延滞率を超えないよう延滞率を管理すること、（ⅱ）体制整備の基準として、与信審査の円滑な実施を確保するために必要な体制を定めることを規定している。

（ⅰ）③の延滞率とは、一定時点においてクレジット債務が残存するクレジットカード契約件数に対する延滞債務を含むクレジットカード契約件数の割合をいう（割賦販売法施行規則（昭和三十六年通商産業省令第九十五号。以下「省令」という。）六十一条一項二号）。

(2) 変更の認定（改正法第三十条の五の四第三項及び第四項）

認定業者においては、与信審査手法に用いられる技術やデータ又は与信審査の体制を変更することが想定されるため、一定の場合には変更の認定を受けなければならない旨を規定する。例えば、新たにＡＩによる与信審査手法を導入する場合や、別の業態の企業から今まで与信審査に用いていない審査項目の情報を取得する場合等を想定している。

(3) 認定取消し（改正法第三十条の五の四第五項）・認定取下げ

改正法においては、認定取消事由として、①認定業者の与信審査手法が法令上の基準を満たさなくなったと認められるとき、②変更の認定を受けずに与信審査手法や与信審査の体制を変更したとき、③改善命令に違反したとき、④不正の手段により認定を取得したときを規定している。

また、認定制度は包括支払可能見込額調査の特例を受けることができるとして包括業者に権利を付与するものであるため、明文の規定は設けていないものの、認定業者は、認定を取り下げることが可能である。

認定制度は、既存のクレジットカード会社たる登録包括信用購入あっせん業者（以下「登録包括業者」という。）を前提として、与信審査手法について特例を付与するものであるから、包括業者は、認定取消し又は認定取下げにより、①既存の包括支払可能見込額調査に切り替えて包括信用購入あっせん業を継続するか、②包括信用購入あっせん業を廃止するかを選択することとなる。①の場合、包括支払可能見込額調査に係る体制整備を完了したことを行政が確認したことをもって、包括支払可能見込額調査への切り替えを行うことになる。また、登録包括業者として登録基準を満たすことが当然に求められる。

(4) 利用者支払可能見込額の算定（改正法第三十条の五の五第一項から第三項まで）

認定業者は、クレジットカードを交付する場合等には、認定を受けた与信審査手法により、利用者支払可能見込額（包括業者が算定する利用者ごとの与信限度額）を算定しなければならず、当該算定を行うために必要な事項の調査を行うときは、指定信用情報機関が保有する特定信用情報（包括信用購入あつせんに係る債務の支払の状況等の支払能力に関する情報）を使用しなければならない。認定業者は包括支払可能見込額調査によらないことから、当該調査を前提とした項目である、包括信用購入あっせんに係る債務の額のうち購入者等が一年間に支払うことが見込まれる額については、認定業者が使用義務を負わないこととしている。また、認定業者は、当該算定に関して、利用者ごとに契約年月日や利用者支払可能見込額等の事項について記録を作成し、クレジットカードの有効期間の満了日等までの間保存しなければならない。

ただし、包括支払可能見込額調査と同様に、認定業者は、三十万円以下の極度額のクレジットカードを発行する場合（当該事業者へのクレジット債務が五十万円超の場合等を除く。）や家族カード等の付随カードを発行する場合等には、例外的に、利用者支払可能見込額の算定義務を負わない。

(5) 定期報告（改正法第三十条の五の五第四項）

認定業者は、事業年度ごとに延滞率の実績を報告するとともに、当該報告において、次期事業年度の想定延滞率を設定しなければならない。

(6) 改善命令（改正法第三十条の六）

経済産業大臣は、利用者支払可能見込額の算定義務に違反した場合等には、認定業者に対して改善命令を発動することができる。例えば、認定業者が、上限延滞率[1]を超過した場合には、延滞率を管理することができる方法により利用者支払可能見込額を算定していないものとして改善命令の対象となり得る。この場合、当該算定義務に違反しているか否かは、延滞率実績と上限延滞率の乖離幅、上限延滞率を超過した合理的理由の有無、当該認定業者以外の包括業者の延滞率の状況並びに延滞率の改善可能性及び改善状況等を総合的に勘案して判断される。

(7) 認定に係る行政権限の主体

認定業者は、高度な技術的手法を用いて与信審査を行うことから、認定の審査や行政処分に際しては、一定の専門技術的知見が必要と考えられる。それゆえ、これらの知見が一定程度蓄積するまでの間は、認定の申請等の手続や行政処分を経済産業省本省が行うこととする。これについては、登録包括業者の登録の申請等の手続が経済産業局長に、行政処分が経済産業大臣又は経済産業局長によることとされている点と異なる。

２　登録少額包括信用購入あっせん業者の新設（第三章第一節第四款）

旧法が念頭に置いている従来のクレジットカード決済は、比較的高額な商品・サービスの購入を主な対象としていたところ、昨今、クレジットカードが日常の買い物等にも利用される機会が増加しており、少額の後払い決済サービスを提供する事業者が現れてきている。このような事業者は、少額の範囲において、利用者の支払実績及び取引履歴等のデータを分析し、各社の創意工夫により与信審査を行うものであることから、既存の包括業者と同様の規制を適用すれば、過剰な規制となるおそれがある。

こうした現状を踏まえ、極度額十万円の範囲においてのみ包括信用購入あっせんを業として営む事業者である「登録少額包括信用購入あっせん業者」（以下「登録少額業者」という。）を新設した。

登録少額業者には、各社の創意工夫により与信審査を行うという点で認定業者と同様の規制（申請等の手続・行政処分を含む。）を、極度額十万円以下のみであるものの包括信用購入あっせん業を営む点で登録包括業者と同様の規制を課している。また、登録少額業者は包括業者に含まれることから、適用除外とならない消費者保護規制（取引条件等の情報提供、個人情報の取扱い、苦情処理及び抗弁の接続等）や、セキュリティ規制（クレジットカード番号等の適切管理）が適用される。

他方、登録少額業者にのみ適用される主な規定は以下のとおりである。

⑴　参入要件の見直し（改正法第三十五条の二の十一第一項三号）

登録包括業者の登録を受けるためには、（ⅰ）資本金が二千万円以上であること、（ⅱ）資本から負債を引いた額（純資産額）が、資本金の百分の九十に相当する額以上であること（以下「本件基準」という。）が求められる。

もっとも、新たに少額の後払い決済分野に参入する事業者には、資本金二千万円を満たすことが困難な場合や、起業間もない時点では手元資金に乏しく、手元資金があったとしてもこれを投資に回すことが事業の存続及び拡大に不可欠な場合が想定される。他方、必ずしも前述の（ⅰ）（ⅱ）を満たさないとしても、少額の事業者は一定の純資産要件によってその財務の健全性を確保することが可能であると考えられる。

したがって、登録少額業者には、（ⅰ）資本金要件を課さず、（ⅱ）登録時に純資産額が負の値でないこと、かつ、以下①から③までのいずれかを満たすことを要件として、純資産要件を緩和することとした。

① 登録時に親子会社の純資産合計で本件基準を満たす。
② 事業開始から五年以内に本件基準を満たすことが見込まれる。
③ 事業開始から五年以内に千万円以上の純資産であることが見込まれる。

(2) 契約解除等の催告期間（改正法第三十五条の二の六）

旧法においては、包括業者が利用者とのクレジットカードの利用による個別契約を債務の未払を原因として解除する場合又は期限の利益を喪失させる場合には、一律に二十日間以上の相当な期間を定めて催告することが求められていた。これは、その利用者にとって比較的高額となる支払を繰り延べして支払うことを前提とする分割払いやリボルビング払いにおいて、契約の解除や期限の利益の喪失により、利用者が重大な影響を受けることに配慮した規定であることから、少額の範囲においては当該催告期間を短縮することが許容されると考えられる。また、登録少額業者は創意工夫により与信審査を行うものであることに鑑みて、登録少額業者の契約解除等の催告期間を七日以上の相当な期間と規定することとした。

(3) 与信審査（改正法第三十五条の二の十一第一項十一号）

登録少額業者は、利用者の支払実績及び取引履歴等のデータを分析し、各社の創意工夫により与信審査を行うものを想定しているため、与信審査に係る登録基準や登録少額業者に適用される与信審査に係る行為規制は、認定業者と基本的に同様のものを規定している。もっとも、登録少額業者は登録包括業者と別の登録制度として規制の見直しを行うものであること、極度額十万円の範囲内で包括信用購入あっせん業を営むものであることを踏まえ、登録包括業者を前提とする認定業者と異なり、上限延滞率の超過を改善命令の発動要件の一つとはしないこと等によって、より延滞率の管理を重視する制度としている。

3 クレジットカード番号等の適切管理義務の主体の拡充

包括信用購入あっせんは、当初、包括業者、利用者及び加盟店（クレジットカード決済を利用して商品販売等を行う事業者）の三者によるいわゆるオンアス取引が想定されていたところ、包括業者（イシュアー）から機能分化して、主に加盟店の管理及び加盟店に対する立替金の交付等を行う立替払取次業者（アクワイアラー）及び決済代行業者等が関与するいわゆるオフアス取引が一般的となっている。また、昨今の決済方法の多様化により、例えば、利用者がカード番号を入力することで後払い決済が可能となる、いわゆるQRコード決済を提供する事業者等の新たな主体が現れてきている。

適切管理義務は、旧法上、包括業者、立替払取次業者及び加盟店がその主体となっているところ、このような現状を踏まえ、新たに決済代行業者やQRコード決済事業者等を適切管理義務の主体に加えることとした。新たに追加される適切管理義務の主体は以下のとおりである（改正法第三十五条の十六第一項）。

（1）　加盟店に対して立替金を交付する事業者（第四号）

オフアス取引形態のクレジットカード取引においては、一般的な例として、利用者が加盟店に提示したクレジットカードに記載又は記録されたカード番号の情報を加盟店が立替払取次業者を通じて包括業者に伝達することにより取引承認（オーソリゼーション）を行い、当該包括業者によりクレジットカードの有効性が確認できた場合に、加盟店から商品購入等をすることができる仕組みとなっている。そして、取引承認された取引については、後日、立替払取次業者を通じて立替金が加盟店に対して交付される。

加盟店に提供するクレジットカード決済スキームの一環として、立替払取次業者に代わり加盟店への立替金の交付を行う事業者が存在する。加盟店が増加する中においては、当該事業者は類型的に大量にカード番号を取り扱うこととなるため、適切管理義務の主体に加えている。

（2）　利用者からカード番号の提供を受けることにより、後払い決済サービスを提供する事業者（第五号）

近年、QRコード等を用いたスマートフォン決済やECモール取引が拡大する中、利用者から提供を受けたカード番号をQRコード等のカード番号以外の情報（決済用情報）と結び付け、次回以降、利用者がクレジットカードを用いることなく商品購入等をすることができる決済手段を提供する事業者が急速にサービスを拡大している。このような事業者は、スマートフォンのアプリやパソコン等からインターネットを通じて利用者からカード番号の通知を受け、類型的に大量にカード番号を取り扱うものといえるため、適切管理義務の主体に加えている。

（3）　（2）の決済サービスに関してカード番号の管理を受託する事業者（第六号）

（2）の事業者には、利用者からカード番号の提供を受けず、カード番号の管理を委託した上で、受託者から提供を受けた決済用情報を用いて利用者に決済サービスを提供するものが存在する。当該受託者は、類型的に大量にカード番号を取り扱うこととなるため、当該受託者を適切管理義務の主体に加えている。

⑷　後払い決済のために立替払取次業者にカード番号を提供する事業者（第七号）

平成二十八年割賦販売法改正において適切管理義務の主体に加盟店が加えられたことに伴い、多くの加盟店がカード番号を保持しないこと（非保持化）により、適切管理措置を講じている。例えば、ＥＣ加盟店においては、利用者が決済システム提供会社の提供する決済画面においてカード番号を入力することにより、ＥＣ加盟店がカード番号を保持することなく決済を行うことができる仕組みが用いられている。また、実店舗加盟店においては、ＰＯＳレジと別の決済端末を用いてクレジットカード決済を行うことにより、非保持化を実現する仕組みが用いられている。

以上のように、加盟店の非保持化対応を中心として、加盟店によるクレジットカード決済に関するサービスを提供する場合が増加している。このようなサービスを提供する事業者は、加盟店のためにカード番号を立替払取次業者に提供することにより当該サービスを行い、類型的に大量にカード番号を取り扱うこととなるため、適切管理義務の主体に加えている。

４　書面交付義務の電子化（改正法第三十条、第三十条の二の三、第三十条の二の四及び第三十五条の二の六）

⑴　情報提供義務への改正等

旧法上、包括業者は、クレジット利用明細等について、利用者に対する書面交付義務が課されており、利用者の事前承諾を取得した場合には、電磁的方法による情報提供が認められている。また、包括業者には、契約を解除する場合等に支払を書面で催告することが求められる。そして、加盟店はカード利用時の利用明細について情報提供義務が課されている（平成二十八年改正により措置）。

近年、スマートフォンやパソコンを利用したクレジットカード決済が増加しており、一部の利用者にとっては、保存や検索がしやすく到達が確実な電磁的方法による包括業者からの情報提供がなされた方が、利便性が高い。また、包括業者にとっても、書面交付よりも電磁的方法による情報提供の方が費用や事務コストの面において好都合であることが多い。

このような環境変化に鑑み、包括業者についても書面交付義務を情報提供義務に改正し、利用者から書面交付を求められた場合には書面交付義務を課すこととした。また、包括業者の契約解除等における催告については、利用者の承諾を得た場合等に電磁的方法による催告を認めることとした。

(2) 電磁的方法による情報提供の方法とその条件

ア 方法の追加

書面交付の電子化を進めるに伴い、電磁的方法による情報提供の方法についても一部見直しを図っている。すなわち、電磁的方法による情報提供の方法には、従来、①電子メール等、②ダウンロード機能付きファイルを掲載したウェブ等閲覧、③磁気ディスク等が定められていたものに加え、アカウント情報を利用したいわゆるマイページ等の広がりを受けて、④ウェブ等閲覧の方法（ダウンロード機能付きファイルの掲載を必要としない方法）を規定している。そして、④には、利用者ごとの情報を掲載することを想定したウェブ等と、利用者共通の情報を掲載することを想定したウェブ等が含まれ、各ウェブ等のページを組み合わせて情報提供を行うことを想定している。

もっとも、包括業者の契約解除等における催告については、契約の解除や期限の利益の喪失という重大な効果が生じることから、①から③までの方法によることとしている。

イ 電磁的方法による場合の条件

①から④までの方法について、従来と同様に、書面を作成できることを条件としている。

④の方法について、場面ごとに情報提供事項を閲覧に供する期間を定めている。すなわち、クレジットカードの取引条件を表示する会員規約等についてはカード等に係る取引が終了する日までの間、包括業者のクレジット利用明細等についてはカード利用契約に係る債務の消滅日までの間、閲覧可能な状態を継続することを条件としている。また、リボ払いに係る支払請求については、リボ払いの債務が合算されることを踏まえ、カード利用に係る債務の消滅日までの間、閲覧可能な状態を継続することを基本として、合算後の債務の情報を提供する場合には、合算された債務の情報提供の継続を不要としている。加盟店が提供する利用明細等は、包括業者の利用明細等との照合や、支払停止の抗弁との関係から、ウェブ等閲覧の期間を契約締結時から一年間とした上で、

商品の引渡し等が完了する日が一年間を超える場合には当該完了日までの間としている。

包括業者の契約解除等における催告について、②ダウンロード機能付きファイルをウェブ等に掲載したのみでは、催告の方法における利用者保護として不十分であることから、メール等の方法により催告に係る事項がウェブ等に掲載されていることを利用者に通知することを条件としている。

(3) 書面交付請求とその例外

書面交付義務を情報提供義務に改正することに伴い、デジタルデバイドに配慮する観点から、利用者の書面交付請求を定めている。包括業者が交付義務を負う書面の範囲は、取引条件を表示する会員規約等については利用者に適用されるもの、利用明細等やリボ払い債務請求については債務が残存しているものに限定される。また、複数回の書面交付請求に対しては、書面交付義務を負わない。

以上に加え、いわゆるスマートフォン・パソコン完結型サービスについては、書面交付義務を負わない。完結型サービスは、カード交付、カード利用及びリボ払い債務支払請求の全ての手続をオンラインで完結し、物理的なカードを用いない後払い決済サービスをいう。このようなサービスの利用者は、利用明細等を電磁的方法により情報提供を受けることが想定され、書面交付を行わないとしても利用者保護に支障が生じないものと考えられることから完全電子化とするものである。

5 業務停止命令の導入（改正法第三十四条の二第二項及び第三十五条の二の十四第二項）

旧法上、登録包括業者に対する監督手段としては、報告徴収、立入検査、改善命令及び登録取消しが定められている一方で、業務停止命令としては、継続的な使用が想定されるクレジットカードの特性に鑑み、包括業者が純資産要件を満たさなくなった場合のカード発行禁止命令のみが措置されていた。もっとも、昨今、情報の窃取や不正利用の手段が巧妙化することでセキュリティリスクが日々高まっている。また、決済技術の進展による新たな事業者の参入や決済サービスの多様化によりクレジットカード取引を巡る状況が変化してきている中で、より実効的な履行確保措置を講じることが重要となっている。

クレジットカードのセキュリティを確保するためには、万一、セキュリティ保護のための社内体制整備が不十分な事業者が存在した場合、速やかに業務を停止させ、早急に体制を整備させた上で、業務を再開させることが必要であることから、今般の改正において、登録包括業者に対する業務停止命令を措置することとした（登録少額業者についても同様に措置）。

6　主な省令改正事項

(1)　加盟店調査事項（改正省令第百三十三条の七及び第百三十三条の八等）

加盟店に対する定期調査事項としては、①加盟店に関する基本的な事項（加盟店名、住所、電話番号、代表者の氏名・生年月日等）、②取扱商品等が定められているところ、特に、既存加盟店について、①及び②の変更の有無及びその内容を定期的に調査することが当該事業者の大きな負担となっている。他方、①及び②が定期調査事項とされたのは属性情報等を定期的に把握することにより随時調査の実効性を確保するためであるところ、変更に応じて加盟店から申告を受けること等により、合理的に知り得る範囲において、①及び②の最新の情報を把握することとすれば、当該目的を達成することが可能である。

以上の理由から、①及び②を定期報告事項から随時調査事項とした。

(2)　指定信用情報機関に提供する基礎特定信用情報項目の一部削除（省令第百十八条第一項第五号）

基礎特定信用情報に定められる「勤務先名の商号又は名称」については、①当該事項の申告を受けることが包括業者の負担となっていること、②当該事項は利用者を識別するための事項として定められているところ、氏名や住所等の事項により利用者の識別が可能であること、③包括支払可能見込額調査における年収申告の正確性を基礎づける情報となり得るところ、当該調査において勤務先名の申告は義務となっておらず、事業者の判断に委ねるべきと考えられることから、提供項目から削除することとした。

(3)　包括業者のクレジット利用明細等における情報提供事項（改正省令第四十九条第一号及び第五十一条第一号）

いわゆる包括加盟店（決済代行業者等）が加盟店を管理等する契約形態（オファアス取引）においては、加盟店ではなく包括加盟店の名称が包括業者に提供される等の運用により、包括業者が利用明細等において加盟店の名称を利用者に提供することが困難な場合が生じている。他方、加盟店の名称は、支払停止の抗弁や加盟店が提供する利用明細等との照合を行うために必要であるところ、加盟店を特定することができれば当該目的を達成することができると考えられることから、加盟店を特定することができる事項を包括業者の利用明細等により提供すれば足りることとした。

（経済産業省　商取引監督課　課長補佐（弁護士）　大内　南人）

1　おおむね、指定信用情報機関が提供を受けた包括業者全体の包括信用購入あっせんに係る債務の支払状況に関する情報に基づいて合理的に算定される延滞率を意味する。上限延滞率の定義は、「割賦販売法に基づく経済産業大臣の処分に係る審査基準等について」別紙5の2.（4）参照。

割賦販売法・
施行令・
施行規則三段対照表

割賦販売法

目次

割賦販売法施行令

割賦販売法施行規則

許可割賦販売業者等の営業保証金等に関する規則

目次

第一章　総則

（目的及び運用上の配慮）

第一条　この法律は、割賦販売等に係る取引の公正の確保、購入者等が受けることのある損害の防止及びクレジットカード番号等の適切な管理等に必要な措置を講ずることにより、割賦販売等に係る取引の健全な発達を図るとともに、購入者等の利益を保護し、あわせて商品等の流通及び役務の提供を円滑にし、もつて国民経済の発展に寄与することを目的とする。

2　この法律の運用にあたつては、割賦販売等を行なう中小商業者の事業の安定及び振興に留意しなければならない。

（定義）

第二条　この法律において「割賦販売」とは、次に掲げるものをいう。

一　購入者から商品若しくは権利の代金を、又は役務の提供を受ける者から役務の対価を二月以上の期間にわた

第一章　総則

（用語の定義）

第一条　この命令において使用する用語は、特段の定めがある場合を除くほか、割賦販売法（昭和三十六年法律第百五十九号。以下「法」という。）において使用する用語の例による。

り、かつ、三回以上に分割して受領すること（購入者又は役務の提供を受ける者をして販売業者又は役務の提供の事業を営む者（以下「役務提供事業者」という。）の指定する銀行その他預金の受入れを業とする者に対し、二月以上の期間にわたり三回以上預金させた後、その預金のうちから商品若しくは権利の代金又は役務の対価を受領することを含む。）を条件として指定商品若しくは指定権利を販売し、又は指定役務を提供すること。

二　それを提示し若しくは通知して、又はそれと引換えに、商品若しくは権利を購入し、又は有償で役務の提供を受けることができるカードその他の物又は番号、記号その他の符号（以下この項及び次項、次条並びに第二十九条の二において「カード等」という。）をこれにより商品若しくは権利を購入しようとする者又は役務の提供を受けようとする者（以下この項及び次項、次条、第四条の二（第二十九条の四第一項において準用する場合を含む。）、第二十九条の二並びに第三十八条において「利用者」という。）に交付し又は付与し、あらかじめ定められた時期ごとに、そのカード等の提示若しくは通知を受けて、又はそれと引換えに当該利用者に販売した商品若しくは権利の代金又は当該利用者に提供する役務の対価の合計額を基礎としてあらかじめ定められた方法により算定して得た金額を当該利用者から受領することを条件として、指定商品若しくは指定権利を販売し又は指定役務を提供すること。

2　この法律において「ローン提携販売」とは、次に掲げるものをいう。

一　カード等を利用者に交付し又は付与し、当該利用者がそのカード等を提示し若しくは通知して、又はそれと引換えに購入した商品若しくは権利の代金又は提供を受ける役務の対価に充てるためにする金銭の借入れで、二月以上の期間にわたり、かつ、三回以上に分割して返還することを条件とするものに係る購入者又は役務の提供を受ける者の債務の保証（業として保証を行う者に当該債務の保証を委託することを含む。）をして、指定商品若しくは指定権利を販売し、又は指定役務を提供すること。

二　カード等を利用者に交付し又は付与し、当該利用者がそのカード等を提示し若しくは通知して、又はそれと引換えに購入した商品若しくは権利の代金又は提供を受ける役務の対価に充てるためにする金銭の借入れで、あらかじめ定められた時期ごとに、その借入金の合計額を基礎としてあらかじめ定められた方法により算定して得た金額を返済することを条件とするものに係る当該利用者の債務の保証（業として保証を行う者に当該債務の保証を委託することを含む。）をして、そのカード等の提示若しくは通知を受けて、又はそれと引換えに指定商品若しくは指定権利を販売し又は指定役務を提供すること。

3　この法律において「包括信用購入あっせん」とは、次に掲げるものをいう。

一　それを提示し若しくは通知して、又はそれと引換えに、特定の販売業者から商品若しくは権利を購入し、又は特定の役務提供事業者から有償で役務の提供を受けることができるカードその他の物又は番号、記号その他の符号（以下この項及び次項、第三章第一節並びに第三十五条の十六において「カード等」という。）をこれにより商品若しくは権利を購入しようとする者又は役務の提供を受けようとする者（以下この項、同節、同章第三節、同条、第三章の四第二節、第四十一条及び第四十一条の二において「利用者」という。）に交付し又は付与し、当該利用者がそのカード等を提示し若しくは通知して、又はそれと引換えに特定の販売業者から商品若しくは権利を購入し、又は特定の役務提供事業者から役務の提供を受けるときは、当該販売業者又は当該役務提供事業者に当該商品若しくは当該権利の代金又は当該役務の対価に相当する額の交付（当該販売業者又は当該役務提供事業者以外の者を通じた当該販売業者又は当該役務提供事業者への交付を含む。）をするとともに、当該利用者から当該代金又は当該対価に相当する額をあらかじめ定められた時期までに受領すること（当該利用者が当該販売業者から商品若しくは権利を購入する契約を締結し、又は当該役務提供事業者から役務の提供を受ける契約を締結した時から二月を超えない範囲内においてあらかじめ定められた時期までに受領することを除く。）。

二　カード等を利用者に交付し又は付与し、当該利用者がそのカード等を提示し若しくは通知して、又はそれと引換えに特定の販売業者から商品若しくは権利を購入し、又は特定の役務提供事業者から役務の提供を受けるときは、当該販売業者又は当該役務提供事業者に当該商品若しくは当該権利の代金又は当該役務の対価に相当する額の交付（当該販売業者又は当該役務提供事業者以外の者を通じた当該販売業者又は当該役務提供事業者への交付を含む。）をするとともに、当該利用者からあらかじめ定められた時期ごとに当該商品若しくは当該権利の代金又は当該役務の対価の合計額を基礎としてあらかじめ定められた方法により算定して得た金額を受領すること。

4　この法律において「個別信用購入あつせん」とは、カード等を利用することなく、特定の販売業者が行う購入者への商品若しくは指定権利の販売又は特定の役務提供事業者が行う役務の提供を受ける者への役務の提供を条件として、当該商品若しくは当該指定権利の代金又は当該役務の対価の全部又は一部に相当する金額の当該販売業者又は当該役務提供事業者への交付（当該販売業者又は当該役務提供事業者以外の者を通じた当該販売業者又は当該役務提供事業者への交付を含む。）をするとともに、当該購入者又は当該役務の提供を受ける者からあらかじめ定められた時期までに当該金額を受領すること（当該購入者又は当該役務の提供を受ける者が当該販売業者から商品若しくは指定権利を購入する契約を締結し、又は当該役務提供事業者から役務の提供を受ける契約を締結した時から二月を超えない範囲内においてあらかじめ定められた時期までに受領することを除く。）をいう。

5　この法律において「指定商品」とは、定型的な条件で販売するのに適する商品であつて政令で定めるものをいい、「指定権利」とは、施設を利用し又は役務の提供を受ける

（指定商品等）

第一条　割賦販売法（以下「法」という。）第二条第五項の指定商品は、別表第一に掲げる商品とする。

権利のうち国民の日常生活に係る取引において販売されるものであつて政令で定めるものをいい、「指定役務」とは、次項、第三十五条の三の六十一、第三十五条の三の六十二、第四十一条及び第四十一条の二を除き、国民の日常生活に係る取引において有償で提供される役務であつて政令で定めるものをいう。

6　この法律において「前払式特定取引」とは、次の各号に掲げる取引で、当該各号に定める者に対する商品の引渡し又は政令で定める役務（以下この項、第三十五条の三の六十一、第三十五条の三の六十二、第四十一条及び第四十一条の二において「指定役務」という。）の提供に先立つてその者から当該商品の代金又は当該指定役務の対価の全部又は一部を二月以上の期間にわたり、かつ、三回以上に分割して受領するものをいう。

一　商品の売買の取次ぎ　購入者

二　指定役務の提供又は指定役務の提供をすること若しくは指定役務の提供を受けることの取次ぎ　当該指定役務の提供を受ける者

2　法第二条第五項の指定権利は、別表第一の二に掲げる権利とする。

3　法第二条第五項の指定役務は、別表第一の三に掲げる役務とする。

4　法第二条第六項の政令で定める役務は、別表第二に掲げる役務とする。

（令別表第一の二第二号及び別表第一の三第二号の経済産業省令・内閣府令で定める方法）

第百四十二条　令別表第一の二第二号及び別表第一の三第二号の経済産業省令・内閣府令で定める方法は、次の各号に掲げる治療について、それぞれ当該各号に定めるものとする。

一　脱毛　光の照射又は針を通じて電気を流すことによる方法

二　にきび、しみ、そばかす、ほくろ、入れ墨その他の皮膚に付着しているものの除去又は皮膚の活性化　光若しくは音波の照射、薬剤の使用又は機器を用いた刺激による方法

三　皮膚のしわ又はたるみの症状の軽減　薬剤の使用又は糸の挿入による方法

四　脂肪の減少　光若しくは音波の照射、薬剤の使用又は機器を用いた刺激による方法

五　歯牙の漂白　歯牙の漂白剤の塗布による方法

第二章 割賦販売

第一節 総則

（割賦販売条件の表示）

第三条 割賦販売を業とする者（以下「割賦販売業者」という。）は、前条第一項第一号に規定する割賦販売（カード等を利用者に交付し又は付与し、そのカード等の提示若しくは通知を受けて、又はそれと引換えに当該利用者に商品若しくは権利を販売し、又は役務を提供するものを除く。）の方法により、指定商品若しくは指定権利を販売しようとするとき又は指定役務を提供しようとするときは、その相手方に対して、経済産業省令・内閣府令で定めるところにより、当該指定商品、当該指定権利又は当該指定役務に関する次の事項を示さなければならない。

一 商品若しくは権利の現金販売価格（商品の引渡し又は権利の移転と同時にその代金の全額を受領する場合の価格をいう。以下同じ。）又は役務の現金提供価格（役務を提供する契約の締結と同時にその対価の全額を受領する場合の価格をいう。以下同じ。）

二 商品若しくは権利の割賦販売価格（割賦販売の方法により商品又は権利を販売する場合の価格をいう。以下同じ。）又は役務の割賦提供価格（割賦販売の方法により役務を提供する場合の価格をいう。以下同じ。）

三 割賦販売に係る商品若しくは権利の代金又は役務の対価の支払（その支払に充てるための預金の預入れを含む。次項を除き、以下同じ。）の期間及び回数

第一章の二 割賦販売

第一節 総則

（割賦販売条件の表示の方法）

第一条の二 法第三条第一項各号の事項は、次に定めるところにより示さなければならない。ただし、同項第四号の事項にあつては、賦払金の支払の方法が購入者又は役務の提供を受ける者（以下本節、第二章、第三章（第四十四条から第四十七条まで、第五十六条から第五十八条まで、第七十一条、第七十二条、第七十三条の二、第七十四条第一項第四号及び第二項、第八十九条から第九十一条まで並びに第三節を除く。）、第七章及び別表第一において「購入者等」という。）の要求により支払の間隔については第二項第一号に、額については同項第二号に該当する場合以外の場合になつたとき又は割賦手数料（金利、信用調査費、集金費、事務管理費、貸倒補てん費その他何らの名義をもつてするを問わず割賦販売に係る手数料として割賦販売業者が購入者等に対し支払わせるものの総額（抵当権の設定の登記若しくは登録若しくはこれらの抹消に要する手数料又は公正証書の作成に要する手数料（法令に規定する手数料に限る。以下「登記等手数料」という。）を割賦販売の手数料に含めない旨が明示されているときは、登記等手数料を控除した額）。以下同じ。）が二千五百円未満のときは、示さないことができる。

一 特定商取引に関する法律（昭和五十一年法律第五十七号）第二条第一項第一号に規定する営業所等（第六十九条第一項第一号において「営業所等」という。）において見やすい方法により掲示し、又は書面により提示する

四　第十一条に規定する前払式割賦販売以外の割賦販売の場合には、経済産業省令・内閣府令で定める方法により算定した割賦販売の手数料の料率

五　第十一条に規定する前払式割賦販売の場合には、商品の引渡時期

こと。

二　指定商品若しくは指定権利を販売しようとする相手方又は指定役務を提供しようとする相手方が読みやすく、理解しやすいような用語により、正確に示すこと。

三　日本産業規格Ｚ八三〇五に規定する八ポイント以上の大きさの文字及び数字を用いること。

四　法第三条第一項第四号の事項は、次項に規定する方法により算定した割賦手数料の料率を年利建てで少なくとも〇・一パーセントの単位まで示し、かつ、当該料率以外の料率を示さないこと。

2　法第三条第一項第四号の経済産業省令・内閣府令で定める方法は、別表第一第一号に定める方法とする。ただし、賦払金の支払の方法が、支払の間隔については第一号に、額については第二号に該当する場合以外の場合にあつては、同表第二号に定める方法とすることができる。

一　賦払金の支払の間隔が次のいずれかに該当する場合

イ　支払期間における賦払金の支払が月一回であり、かつ、等間隔である場合

ロ　イに掲げる場合を除き、契約の締結された日から第一回の賦払金の支払日の前日までの期間が二月未満であつて、第一回の賦払金の支払日から支払期間の終了の日までの支払が月一回であり、かつ、等間隔である場合

二　賦払金の額が次のいずれかに該当する場合

イ　賦払金の額が均等である場合

ロ　任意の一回の賦払金を除く他の賦払金の額が均等であり、当該均等な賦払金の額と異なる一回の賦払金の額が他の均等な賦払金の額の一・五倍に相当する額以下の額である場合

ハ　支払期間のうちに六月、七月、八月、十二月若しくは一月が含まれている場合（支払期間が一年未満の場合に限る。）であつて、支払期間において当該六月、七月、八月、十二月若しくは一月のうちの一の月のみにおける賦払金（以下「特定月の賦払金」という。）以外の賦払金についてイ若しくはロに該当してお

2　割賦販売業者は、前条第一項第一号に規定する割賦販売（カード等を利用者に交付し又は付与し、そのカード等の提示若しくは通知を受けて、又はそれと引換えに当該利用者に商品若しくは権利を販売し、又は役務を提供するものに限る。）の方法により、指定商品若しくは指定権利を販売するため又は指定役務を提供するため、カード等を利用者に交付し又は付与するときは、経済産業省令・内閣府令で定めるところにより、当該割賦販売をする場合における商品若しくは権利の販売条件又は役務の提供条件に関する次の事項を記載した書面を当該利用者に交付しなければならない。

一　割賦販売に係る商品若しくは権利の代金又は役務の対価の支払の期間及び回数

二　経済産業省令・内閣府令で定める方法により算定した割賦販売の手数料の料率

三　前二号に掲げるもののほか、経済産業省令・内閣府令で定める事項

り、かつ、特定月の賦払金の額が他の賦払金の額を超えている場合又は支払期間のうちに六月、七月若しくは八月と十二月若しくは一月が含まれている場合であつて、支払期間において当該六月、七月若しくは八月のうちの一の月と十二月若しくは一月のうちの一の月の賦払金（以下「特定の二月の賦払金」という。）以外の賦払金についてイ若しくはロに該当しており、かつ、特定の二月の賦払金の額が同額で他の賦払金の額を超えている場合

第二条　法第三条第二項各号の事項を記載した書面を交付するときは、次の各号に定めるところによらなければならない。

一　利用者が読みやすく、理解しやすいような用語により、正確に記載すること。

二　日本産業規格Z八三〇五に規定する八ポイント以上の大きさの文字及び数字を用いること。

三　法第三条第二項第二号の事項は、次項に規定する方法により算定した割賦手数料の料率を年利建てで少なくとも〇・一パーセントの単位まで示し、かつ、当該料率以外の料率を示さないこと。

2　法第三条第二項第二号の経済産業省令・内閣府令で定める方法は、別表第一第一号に定める方法とする。ただし、賦払金の支払の方法が、支払の間隔については前条第二項第一号に、額については同項第二号に該当する場合以外の場合にあつては、同表第二号に定める方法とすることができる。

3　法第三条第二項第三号の経済産業省令・内閣府令で定める事項は、次のとおりとする。

一　商品若しくは権利の割賦販売価格又は役務の割賦提供価格の具体的算定例

二　極度額（割賦販売の方法により指定商品若しくは指定権利を購入し、又は指定役務を受領することができる額

３　割賦販売業者は、前条第一項第二号に規定する割賦販売の方法により、指定商品若しくは指定権利を販売するため又は指定役務を提供するため、カード等を利用者に交付し又は付与するときは、経済産業省令・内閣府令で定めるところにより、当該割賦販売をする場合における商品若しくは権利の販売条件又は役務の提供条件に関する次の事項を記載した書面を当該利用者に交付しなければならない。

一　利用者が弁済をすべき時期及び当該時期ごとの弁済金の額の算定方法

二　経済産業省令・内閣府令で定める方法により算定した割賦販売の手数料の料率

三　前二号に掲げるもののほか、経済産業省令・内閣府令で定める事項

４　割賦販売業者は、第一項、第二項又は前項の割賦販売の方法により指定商品若しくは指定権利を販売する場合の販売条件又は指定役務を提供する場合の提供条件について広告をするときは、経済産業省令・内閣府令で定めるところにより、当該広告に、それぞれ第一項各号、第二項各号又は前項各号の事項を表示しなければならない。

の上限であつて、あらかじめ定められたものをいう。次条第三項第二号において同じ。）について定めがあるときは、その金額

三　前号に定めるもののほか、カード等の利用に関する特約があるときは、その内容

第三条　法第三条第三項各号の事項を記載した書面を交付するときは、次の各号に定めるところによらなければならない。

一　利用者が読みやすく、理解しやすいような用語により、正確に記載すること。

二　日本産業規格Z八三〇五に規定する八ポイント以上の大きさの文字及び数字を用いること。

三　法第三条第三項第二号の事項は、次項に規定する方法により算定した割賦手数料の料率を年利建てで少なくとも〇・一パーセントの単位まで示し、かつ、当該料率以外の料率を示さないこと。

２　法第三条第三項第二号の経済産業省令・内閣府令で定める方法は、別表第一第三号に定める方法とする。

３　法第三条第三項第三号の経済産業省令・内閣府令で定める事項は、次のとおりとする。

一　弁済金の額の具体的算定例

二　極度額について定めがあるときは、その金額

三　前号に定めるもののほか、カード等の利用に関する特約があるときは、その内容

第四条　法第三条第四項の規定により、同条第一項、第二項又は第三項の割賦販売の方法により指定商品若しくは指定権利を販売する場合の販売条件又は指定役務を提供する場合の提供条件について広告するときは、それぞれ同条第一項各号、第二項各号又は第三項各号の事項について次の各号に定めるところにより表示しなければならない。ただし、同条第一項第四号の事項にあつては、割賦手数料が二千五百円未満のときは、表示しないことができる。

一　法第三条第一項各号、第二項各号又は第三項各号の事

（書面の交付）

第四条　割賦販売業者は、第二条第一項第一号に規定する割賦販売の方法により指定商品若しくは指定権利を販売する契約又は指定役務を提供する契約を締結したときは、遅滞なく、経済産業省令・内閣府令で定めるところにより、次の事項について当該契約の内容を明らかにする書面を購入者又は役務の提供を受ける者に交付しなければならない。

一　商品若しくは権利の割賦販売価格又は役務の割賦提供価格

二　賦払金（割賦販売に係る各回ごとの代金の支払分をいう。以下同じ。）の額

三　賦払金の支払の時期及び方法

四　商品の引渡時期若しくは権利の移転時期又は役務の提供時期

五　契約の解除に関する事項

六　所有権の移転に関する定めがあるときは、その内容

七　前各号に掲げるもののほか、経済産業省令・内閣府令で定める事項

項について、指定商品若しくは指定権利を販売しようとする相手方若しくは指定役務を提供しようとする相手方又は利用者が読みやすく、理解しやすいような用語により、正確に表示すること。

二　書面により広告を行う場合にあつては、日本産業規格Z八三〇五に規定する八ポイント以上の大きさの文字及び数字を用いること。

三　法第三条第一項第四号、第二項第二号又は第三項第二号の事項は、それぞれ第一条の二第二項、第二条第二項又は第三条第二項に規定する方法により算定した割賦手数料の料率を年利建てで少なくとも〇・一パーセントの単位まで示し、かつ、当該料率以外の料率を示さないこと。

〔法第四条第一項柱書に対応する経済産業省令は、施行規則第六条〕

（書面の交付等）

第五条　法第四条第一項第七号の経済産業省令・内閣府令で定める事項は、次のとおりとする。ただし、法第三条第二項の割賦販売の方法により指定商品若しくは指定権利を販売する契約又は指定役務を提供する契約を締結した場合においては第五号に掲げる事項を、同項の割賦販売の方法により指定商品を販売する契約であつて当該契約に係る指定

商品の種類が二以上あるものを締結した場合においては第三号及び第四号に掲げる事項（現金販売価格が三千円に満たない指定商品（当該契約に係る指定商品のうち現金販売価格が最も高額であるものを除く。）に係るものに限る。）をそれぞれ記載しないことができる。

一　割賦販売業者の名称及び住所又は電話番号

二　契約年月日

三　商品若しくは権利又は役務の種類

四　商品の数量（権利又は役務の場合にあつては、契約上権利を行使し得る回数若しくは期間又は役務の提供を受けることができる回数若しくは期間）

五　頭金又は初回金の額

六　賦払金の支払回数

七　割賦販売の方法により指定商品若しくは指定権利を販売する契約又は指定役務を提供する契約（以下「割賦販売の契約」という。）について購入者等が問合わせ、相談等を行うことができる機関の名称及び住所又は電話番号

八　前払式割賦販売の場合を除き、支払時期の到来していない賦払金の支払を請求することについての定めがあるときは、その内容

九　賦払金の支払の義務が履行されない場合（契約が解除された場合を除く。）の損害賠償額の予定又は違約金の定めがあるときは、その内容

十　役務の提供が指定商品又は指定権利の販売の条件となつているときは、当該役務の内容、提供時期その他当該役務に関する事項

十一　商品の販売が指定権利の販売又は指定役務の提供の条件となつているときは、当該商品の内容、引渡し時期その他当該商品に関する事項

十二　権利の販売が指定商品の販売又は指定役務の提供の条件となつているときは、当該権利の内容、移転時期その他当該権利に関する事項

十三　商品が種類又は品質に関して契約の内容に適合しない場合の責任についての定めがあるときは、その内容

十四　前各号に掲げるもののほか特約があるときは、その内容

十五　割賦販売の契約が連鎖販売個人契約又は業務提供誘引販売個人契約であるときは、その旨

第六条　法第四条第一項の規定（法第三条第一項の割賦販売の場合に限る。）により法第四条第一項各号に掲げる事項を記載した書面を交付するときは、次の各号に定めるところによらなければならない。

一　購入者等が読みやすく、理解しやすいような用語により、正確に記載すること。

二　法第四条第一項第五号に掲げる事項については、その内容が次の基準に合致していること。

イ　購入者等からの契約の解除ができない旨が定められていないこと。

ロ　割賦販売の契約の締結の前に割賦販売業者が見本、カタログ等により購入者等に対し提示した当該契約の内容と当該購入者等が受領した商品若しくは権利又は提供を受ける役務が相違している場合には、購入者等は、当該契約の解除をすることができる旨が定められていること。

ハ　購入者等の支払義務の不履行により契約を解除することができる場合は、割賦販売業者が定める一定期間にわたり義務の不履行があつた場合であつて、割賦販売業者が二十日以上の相当な期間を定めてその支払を書面で催告し、その期間内にその義務が履行されない場合に限る旨が定められていること。

ニ　購入者等の責に帰すべき事由により契約が解除された場合の損害賠償等の額についての定めが法第六条第一項、第三項及び第四項の規定に合致していること。

ホ　割賦販売業者の責に帰すべき事由により契約が解除された場合における割賦販売業者の義務に関し、民法（明治二十九年法律第八十九号）第五百四十五条に規定するものより購入者等に不利な特約が定められていないこと。

三　法第四条第一項第六号並びに前条第八号、第九号、第十三号及び第十四号に掲げる事項のうち次の表の上欄に掲げる事項についての定めがあるときは、その内容がそれぞれ同表の下欄の基準に合致していること。

事項	内容の基準
一　所有権の移転に関する事項	イ　商品の所有権の移転の時期が明示されていること。 ロ　商品の所有権の移転前においては、購入者は、当該商品を担保に供し、譲渡し、又は転売することができない旨が定められていること。
二　支払時期の到来していない賦払金の支払の請求に関する事項	イ　購入者等の支払義務の不履行により支払時期の到来していない賦払金の支払を請求することができる場合は、割賦販売業者が定める一定期間にわたり義務の不履行があつた場合であつて、割賦販売業者が二十日以上の相当な期間を定めてその支払を書面で催告し、その期間内にその義務が履行されない場合に限る旨が定められていること。 ロ　購入者等の支払義務の不履行以外の事由により支払時期の到来していない賦払金の支払を請求することができる場合として、購入者等の信用が著しく悪化した場合又は重要な契約条項違反があつた場合以外の場合が定められていないこと。
三　賦払金の支払の義務が履行されない場合（契約が解除された場合を除く。）	賦払金の支払の義務が履行されない場合（契約が解除された場合を除く。）の損害賠償額の予定又は違約金の定めが法第六条第二項の規定に合致していること。

2　割賦販売業者は、第二条第一項第二号に規定する割賦販売の方法により指定商品若しくは指定権利を販売する契約又は指定役務を提供する契約を締結したときは、遅滞なく、経済産業省令・内閣府令で定めるところにより、次の事項について当該契約の内容を明らかにする書面を購入者又は役務の提供を受ける者に交付しなければならない。

一　商品若しくは権利の現金販売価格又は役務の現金提供価格

二　弁済金の支払の方法

三　商品の引渡時期若しくは権利の移転時期又は役務の提供時期

の損害賠償額又は違約金に関する事項	
四　商品が種類又は品質に関して契約の内容に適合しない場合の責任に関する事項	商品が種類又は品質に関して契約の内容に適合しない場合に割賦販売業者がその不適合（道路運送車両法（昭和二十六年法律第百八十五号）の規定による臨時運行以外の運行の用に供された旨が明示されている自動車に係るものであつて、当該運行の用に供されたことにより通常生ずるものを除く。）について責任を負わない旨が定められていないこと。
五　法第四条第一項第六号並びに前条第八号、第九号及び第十三号に掲げるもの以外の特約	法令に違反する特約が定められていないこと。

四　日本産業規格Z八三〇五に規定する八ポイント以上の大きさの文字及び数字を用いること。

2　前項の規定は、法第三条第二項の割賦販売の場合に準用する。

〔法第四条第二項柱書に対応する経済産業省令は、施行規則第八条〕

四　契約の解除に関する事項
五　所有権の移転に関する定めがあるときは、その内容
六　前各号に掲げるもののほか、経済産業省令・内閣府令で定める事項

第七条　法第四条第二項第六号の経済産業省令・内閣府令で定める事項は、次のとおりとする。ただし、割賦販売の契約であつて当該契約に係る指定商品の種類が二以上あるものを締結した場合においては、第三号及び第四号に掲げる事項（現金販売価格が三千円に満たない指定商品（当該契約に係る指定商品のうち現金販売価格が最も高額であるものを除く。）に係るものに限る。）を記載しないことができる。
一　割賦販売業者の名称及び住所又は電話番号
二　契約年月日
三　商品若しくは権利又は役務の種類
四　商品の数量（権利又は役務の場合にあつては、契約上権利を行使し得る回数若しくは期間又は役務の提供を受けることができる回数若しくは期間）
五　割賦販売の契約について購入者等が問合わせ、相談等を行うことができる機関の名称及び住所又は電話番号
六　支払時期の到来していない弁済金の支払を請求することについての定めがあるときは、その内容
七　弁済金の支払の義務が履行されない場合（契約が解除された場合を除く。）の損害賠償額の予定又は違約金の定めがあるときは、その内容
八　役務の提供が指定商品又は指定権利の販売の条件となつているときは、当該役務の内容、提供時期その他当該役務に関する事項
九　商品の販売が指定権利の販売又は指定役務の提供の条件となつているときは、当該商品の内容、引渡し時期その他当該商品に関する事項
十　権利の販売が指定商品の販売又は指定役務の提供の条件となつているときは、当該権利の内容、移転時期その他当該権利に関する事項
十一　商品が種類又は品質に関して契約の内容に適合しない場合の責任についての定めがあるときは、その内容
十二　前各号に掲げるもののほか特約があるときは、その

内容

十三　割賦販売の契約が連鎖販売個人契約又は業務提供誘引販売個人契約であるときは、その旨

第八条　法第四条第二項の規定により同項各号に掲げる事項を記載した書面を交付するときは、次の各号に定めるところによらなければならない。

一　購入者等が読みやすく、理解しやすいような用語により、正確に記載すること。

二　法第四条第二項第四号に掲げる事項については、その内容が次の基準に合致していること。

イ　購入者等からの契約の解除ができない旨が定められていないこと。

ロ　割賦販売の契約の締結の前に割賦販売業者が見本、カタログ等により購入者等に対し提示した当該契約の内容と当該購入者等が受領した商品若しくは権利又は提供を受ける役務が相違している場合には、購入者等は、当該契約の解除をすることができる旨が定められていること。

ハ　購入者等の支払義務の不履行により契約を解除することができる場合は、割賦販売業者が定める一定期間にわたり義務の不履行があつた場合であつて、割賦販売業者が二十日以上の相当な期間を定めてその支払を書面で催告し、その期間内にその義務が履行されない場合に限る旨が定められていること。

ニ　割賦販売業者の責に帰すべき事由により契約が解除された場合における割賦販売業者の義務に関し、民法第五百四十五条に規定するものより購入者等に不利な特約が定められていないこと。

三　法第四条第二項第五号並びに前条第六号、第十一号及び第十二号に掲げる事項のうち次の表の上欄に掲げる事項についての定めがあるときは、その内容がそれぞれ同表の下欄の基準に合致していること。

事項	内容の基準
一　所有権の移転に関する事項	イ　商品の所有権の移転の時期が明示されていること。 ロ　商品の所有権の移転前においては、購入者は、当該商品を担保に供し、譲渡し、又は転売することができない旨が定められていること。
二　支払時期の到来していない弁済金の支払の請求に関する事項	イ　購入者等の支払義務の不履行により支払時期の到来していない弁済金の支払を請求することができる場合は、割賦販売業者が定める一定期間にわたり義務の不履行があつた場合であつて、割賦販売業者が二十日以上の相当な期間を定めてその支払を書面で催告し、その期間内にその義務が履行されない場合に限る旨が定められていること。 ロ　購入者等の支払義務の不履行以外の事由により支払時期の到来していない弁済金の支払を請求することができる場合として、購入者等の信用が著しく悪化した場合又は重要な契約条項違反があつた場合以外の場合が定められていないこと。
三　商品が種類又は品質に関して契約の内容に適合しない場合の責任に関する事項	商品が種類又は品質に関して契約の内容に適合しない場合に割賦販売業者がその不適合（道路運送車両法の規定による臨時運行以外の運行の用に供された旨が明示されている自動車に係るものであつて、当該運行の用に供されたことにより通常生ずるものを除く。）について責任を負わない旨が定められていないこと。

3　割賦販売業者は、指定商品、指定権利又は指定役務に係る第二条第一項第二号に規定する割賦販売に係る弁済金の支払を請求するときは、あらかじめ、経済産業省令・内閣府令で定めるところにより、次の事項を記載した書面を購入者又は役務の提供を受ける者に交付しなければならない。

一　弁済金を支払うべき時期

二　前号の時期に支払われるべき弁済金の額及びその算定根拠

（情報通信の技術を利用する方法）

第四条の二　割賦販売業者は、第三条第二項若しくは第三項又は前条各項の規定による書面の交付に代えて、政令で定めるところにより、当該利用者又は購入者若しくは役務の提供を受ける者の承諾を得て、当該書面に記載すべき事項を電子情報処理組織を使用する方法その他の情報通信の技術を利用する方法であつて経済産業省令・内閣府令で定めるもの（以下「電磁的方法」という。）により提供することができる。この場合において、当該割賦販売業者は、当該書面を交付したものとみなす。

（割賦販売に係る情報通信の技術を利用する方法）

第二条　割賦販売業者は、法第四条の二の規定により同条に規定する事項を提供しようとするときは、あらかじめ、経済産業省令・内閣府令で定めるところにより、あらかじめ、当該利用者又は購入者若しくは役務の提供を受ける者に対し、その用いる同条前段に規定する方法（以下この条及び第二十七条において「電磁的方法」という。）の種類及び内容を示し、書面又は電磁的方法による承諾を得なければならない。

2　前項の規定による承諾を得た割賦販売業者は、当該利用者又は購入者若しくは役務の提供を受ける者から書面又は電磁的方法により電磁的方法による提供を受けない旨の申出があつたときは、当該利用者又は購入者若しくは役務の提供を受ける者に対し、法第四条の二に規定する事項の提供を電磁的方法によつてしてはならない。ただし、当該利

四　法第四条第二項第五号並びに前条第六号及び第十一号に掲げるもの以外の特約	法令に違反する特約が定められていないこと。

四　日本産業規格Z八三〇五に規定する八ポイント以上の大きさの文字及び数字を用いること。

第九条　法第四条第三項各号に掲げる事項を記載した書面を交付するときは、次の各号に定めるところによらなければならない。

一　購入者等が読みやすく、理解しやすいような用語により、正確に記載すること。

二　弁済金の算定根拠については、遅延損害金及び割賦販売の手数料以外の債務のうち未払として残つている額、弁済金の内訳その他弁済金の額の算出に必要な事項を記載すること。

三　日本産業規格Z八三〇五に規定する八ポイント以上の大きさの文字及び数字を用いること。

〔令第二条第一項に対応する経済産業省令は、施行規則第十一条〕

（情報通信の技術を利用する方法）

第十条　法第四条の二の経済産業省令・内閣府令で定める方法は、次に掲げる方法とする。

一　電子情報処理組織を使用する方法のうちイ又はロに掲げるもの

イ　割賦販売業者の使用に係る電子計算機と利用者又は購入者等の使用に係る電子計算機とを接続する電気通信回線を通じて送信し、受信者の使用に係る電子計算機に備えられたファイルに記録する方法

ロ　割賦販売業者の使用に係る電子計算機に備えられたファイルに記録された書面に記載すべき事項を電気

（契約の解除等の制限）

第五条　割賦販売業者は、割賦販売の方法により指定商品若しくは指定権利を販売する契約又は指定役務を提供する契約について賦払金（第二条第一項第二号に規定する割賦販売の方法により指定商品若しくは指定権利を販売する契約又は指定役務を提供する契約にあつては、弁済金。以下この項において同じ。）の支払の義務が履行されない場合において、二十日以上の相当な期間を定めてその支払を書面で催告し、その期間内にその義務が履行されないときでなければ、賦払金の支払の遅滞を理由として、契約を解除し、

用者又は購入者若しくは役務の提供を受ける者が再び前項の規定による承諾をした場合は、この限りでない。

通信回線を通じて利用者又は購入者等の閲覧に供し、当該利用者又は購入者等の使用に係る電子計算機に備えられたファイルに当該事項を記録する方法（法第四条の二前段に規定する方法による提供を受ける旨の承諾又は受けない旨の申出をする場合にあつては、割賦販売業者の使用に係る電子計算機に備えられたファイルにその旨を記録する方法）

二　磁気ディスク、シー・ディー・ロムその他これらに準ずる方法により一定の事項を確実に記録しておくことができる物をもつて調製するファイルに書面に記載すべき事項を記録したものを交付する方法

2　前項に掲げる方法は、利用者又は購入者等がファイルへの記録を出力することにより書面を作成することができるものでなければならない。

3　第一項第一号の「電子情報処理組織」とは、割賦販売業者の使用に係る電子計算機と、利用者又は購入者等の使用に係る電子計算機とを電気通信回線で接続した電子情報処理組織をいう。

第十一条　割賦販売法施行令（昭和三十六年政令第三百四十一号。以下「令」という。）第二条の規定により示すべき方法の種類及び内容は、次に掲げる事項とする。

一　前条第一項に規定する方法のうち割賦販売業者が使用するもの

二　ファイルへの記録の方式

又は支払時期の到来していない賦払金の支払を請求することができない。

2　前項の規定に反する特約は、無効とする。

（契約の解除等に伴う損害賠償等の額の制限）

第六条　割賦販売業者は、第二条第一項第一号に規定する割賦販売の方法により指定商品若しくは指定権利を販売する契約又は指定役務を提供する契約が解除された場合（第三項及び第四項に規定する場合を除く。）には、損害賠償額の予定又は違約金の定めがあるときにおいても、次の各号に掲げる場合に応じ当該各号に定める額にこれに対する法定利率による遅延損害金の額を加算した金額を超える額の金銭の支払を購入者又は役務の提供を受ける者に対して請求することができない。

一　当該商品又は当該権利が返還された場合　当該商品の通常の使用料の額又は当該権利の行使により通常得られる利益に相当する額（当該商品又は当該権利の割賦販売価格に相当する額から当該商品又は当該権利の返還された時における価額を控除した額が通常の使用料の額又は当該権利の行使により通常得られる利益に相当する額を超えるときは、その額）

二　当該商品又は当該権利が返還されない場合　当該商品又は当該権利の割賦販売価格に相当する額

三　当該商品又は当該権利を販売する契約又は当該役務を提供する契約の解除が当該商品の引渡し若しくは当該権利の移転又は当該役務の提供の開始前である場合（次号に掲げる場合を除く。）　契約の締結及び履行のために通常要する費用の額

四　当該役務が特定商取引に関する法律（昭和五十一年法律第五十七号）第四十一条第二項に規定する特定継続的役務に該当する場合であつて、当該役務を提供する契約の同法第四十九条第一項の規定に基づく解除が当該役務の提供の開始前である場合　契約の締結及び履行のために通常要する費用の額として当該役務ごとに同条第二項第二号の政令で定める額

【関連・特定商取引に関する法律第四十九条第二項第二号に対応する政令は、五八四頁】

五　当該役務を提供する契約の解除が当該役務の提供の開始後である場合（次号に掲げる場合を除く。）　提供された当該役務の対価に相当する額に、当該役務の割賦提供価格に相当する額から当該役務の現金提供価格に相当する額を控除した額を加算した額

六　当該役務が特定商取引に関する法律第四十一条第二項に規定する特定継続的役務に該当する場合であつて、当該役務を提供する契約の同法第四十九条第一項の規定に基づく解除が当該役務の提供の開始後である場合　次の額を合算した額

イ　提供された当該役務の対価に相当する額に、当該役務の割賦提供価格に相当する額から当該役務の現金提供価格に相当する額を控除した額を加算した額

ロ　当該役務を提供する契約の解除によつて通常生ずる損害の額として当該役務ごとに同条第二項第一号ロの政令で定める額

2　割賦販売業者は、前項の契約について賦払金の支払の義務が履行されない場合（契約が解除された場合を除く。）には、損害賠償額の予定又は違約金の定めがあるときにおいても、当該商品若しくは当該権利の割賦販売価格又は当該役務の割賦提供価格に相当する額から既に支払われた賦払金の額を控除した額にこれに対する法定利率による遅延損害金の額を加算した金額を超える額の金銭の支払を購入者又は役務の提供を受ける者に対して請求することができない。

3　割賦販売業者は、第二条第一項第一号に規定する割賦販売の方法により指定商品若しくは指定権利を販売する契約又は指定役務を提供する契約が特定商取引に関する法律第三十七条第二項に規定する連鎖販売契約に該当する場合であつて、当該契約が同法第四十条の二第一項の規定により解除された場合には、損害賠償額の予定又は違約金の定めがあるときにおいても、契約の締結及び履行のために通常要する費用の額（次の各号のいずれかに該当する場合にあつては、当該額に当該各号に掲げる場合に応じ当該各号に

【関連・特定商取引に関する法律四十九条第二項第一号ロに対応する政令は、五八四頁】

定める額を加算した額）にこれに対する法定利率による遅延損害金の額を加算した金額を超える額の金銭の支払を購入者又は役務の提供を受ける者に対して請求することができない。

一　当該連鎖販売契約の解除が当該連鎖販売取引に伴う特定商取引に関する法律第三十三条第一項に規定する特定負担（次号、第三十五条の三の十一及び第三十五条の三の十四において「特定負担」という。）に係る商品の引渡し又は権利の移転後である場合　次の額を合算した額

イ　引渡しがされた当該商品又は移転がされた当該権利（当該連鎖販売契約に基づき販売が行われた商品又は権利に限り、特定商取引に関する法律第四十条の二第二項の規定により当該商品又は当該権利に係る同項に規定する商品販売契約が解除されたものを除く。）の割賦販売価格に相当する額

ロ　提供された特定商取引に関する法律第三十三条第一項に規定する特定利益（第三十五条の三の十四において「特定利益」という。）その他の金品（同法第四十条の二第二項の規定により解除された同項に規定する商品販売契約に係る商品又は権利に係るものに限る。）に相当する額

二　当該連鎖販売契約の解除が当該連鎖販売取引に伴う特定負担に係る役務の提供開始後である場合　提供された当該役務（当該連鎖販売契約に基づき提供されたものに限る。）の対価に相当する額に、当該役務の割賦提供価格に相当する額から当該役務の現金提供価格に相当する額を控除した額を加算した額

4　割賦販売業者は、第二条第一項第一号に規定する割賦販売の方法により指定商品又は指定権利を販売する契約が特定商取引に関する法律第四十条の二第二項に規定する商品販売契約に該当する場合であつて、当該契約が同項の規定により解除された場合には、損害賠償額の予定又は違約金の定めがあるときにおいても、次の各号に掲げる場合に応じ当該各号に定める額にこれに対する法定利率による遅延損害金の額を加算した金額を超える額の金銭の支払を購入

者に対して請求することができない。

一　当該商品若しくは当該権利が返還された場合又は当該商品販売契約の解除が当該商品の引渡し若しくは当該権利の移転前である場合　当該商品又は当該権利の現金販売価格の十分の一に相当する額に、当該商品又は当該権利の割賦販売価格に相当する額から当該商品又は当該権利の現金販売価格に相当する額を控除した額を加算した額

二　当該商品又は当該権利が返還されない場合　当該商品又は当該権利の割賦販売価格に相当する額

（所有権に関する推定）

第七条　第二条第一項第一号に規定する割賦販売の方法により販売された指定商品（耐久性を有するものとして政令で定めるものに限る。）の所有権は、賦払金の全部の支払の義務が履行される時までは、割賦販売業者に留保されたものと推定する。

（適用除外）

第八条　この章の規定は、次の割賦販売については、適用しない。

一　指定商品若しくは指定権利を販売する契約又は指定役務を提供する契約（次に掲げるものを除く。）であつて、当該契約の申込みをした者が営業のために若しくは営業として締結するもの又は購入者若しくは役務の提供を受ける者が営業のために若しくは営業として締結するものに係る割賦販売

イ　連鎖販売業（特定商取引に関する法律第三十三条第一項に規定する連鎖販売業をいう。以下同じ。）に係る連鎖販売取引（同項に規定する連鎖販売取引をいう。以下同じ。）についての契約（当該契約以外の契約であつてその連鎖販売業に係る商品若しくは権利の販売又は役務の提供に係るもの（以下「特定商品販売等契約」という。）を含む。）のうち、その連鎖販売業に係る商品若しくは権利の販売又は役務の提供を

（所有権に関する推定に係る指定商品）

第三条　法第七条の政令で定める指定商品は、別表第一に掲げる指定商品（同表第一号、第四十五号及び第四十六号に掲げるものを除く。）とする。

店舗その他これに類似する設備によらないで行う個人との契約（以下「連鎖販売個人契約」という。）

ロ　業務提供誘引販売業（特定商取引に関する法律第五十一条第一項に規定する業務提供誘引販売業をいう。以下同じ。）に係る業務提供誘引販売取引（同項に規定する業務提供誘引販売取引をいう。以下同じ。）についての契約のうち、その業務提供誘引販売業に関して提供され、又はあっせんされる業務を事業所その他これに類似する施設によらないで行う個人との契約（以下「業務提供誘引販売個人契約」という。）

二　本邦外に在る者に対して行う割賦販売

三　国又は地方公共団体が行う割賦販売

四　次の団体がその直接又は間接の構成員に対して行う割賦販売（当該団体が構成員以外の者にその事業又は施設を利用させることができる場合には、これらの者に対して行う割賦販売を含む。）

イ　特別の法律に基づいて設立された組合並びにその連合会及び中央会

ロ　国家公務員法（昭和二十二年法律第百二十号）第百八条の二又は地方公務員法（昭和二十五年法律第二百六十一号）第五十二条の団体

ハ　労働組合

五　事業者がその従業者に対して行う割賦販売

六　無尽業法（昭和六年法律第四十二号）第一条に規定する無尽に該当する割賦販売

第二節　割賦販売の標準条件

（標準条件の公示）

第九条　主務大臣は、第二条第一項第一号に規定する割賦販売（第十一条に規定する前払式割賦販売を除く。以下次条において同じ。）について、その健全な発達を図るため必要があるときは、指定商品ごとに、割賦販売価格に対する第一回の賦払金の額の標準となるべき割合及び第二条第一項第一号に規定する割賦販売に係る代金の支払の標準となるべき期間を定め、これを告示するものとする。

（勧告）

第十条　主務大臣は、割賦販売業者が前条の規定により告示した割合より著しく低い第一回の賦払金の額の割賦販売価格に対する割合又は同条の規定により告示した期間より著しく長い代金の支払の期間によつて指定商品の第二条第一項第一号に規定する割賦販売を行つているため、当該商品の同号に規定する割賦販売の健全な発達に著しい支障が生じ、又は生ずるおそれがあると認めるときは、当該割賦販売業者に対し、その割合を引き上げ、又はその期間を短縮すべきことを勧告することができる。

2　前項の規定による勧告は、告示により行なうことができる。

第三節　前払式割賦販売

（前払式割賦販売業の許可）

第十一条　指定商品を引き渡すに先立つて購入者から二回以上にわたりその代金の全部又は一部を受領する第二条第一項第一号に規定する割賦販売（以下「前払式割賦販売」という。）は、経済産業大臣の許可を受けた者でなければ、業として営んではならない。ただし、次の場合は、この限りでない。

一　指定商品の前払式割賦販売の方法による年間の販売額が政令で定める金額に満たない場合

二　指定商品が新たに定められた場合において、現に当該指定商品を前払式割賦販売の方法により販売することを業として営んでいる者が、その定められた日から六月間（その期間内に次条第一項の申請書を提出した場合には、その申請につき許可又は不許可の処分があるまでの間を含む。）当該商品を販売するとき。

三　前号の期間が経過した後において、その期間の末日までに締結した同号の指定商品の前払式割賦販売の契約に基づく取引を結了する目的の範囲内で営む場合

（許可に係る前払式割賦販売業者等の年間の販売額等）

第四条　法第十一条第一号及び第三十五条の三の六十一第一号の政令で定める金額は、千万円とする。

第二節　前払式割賦販売

第二章　割賦販売

第二章

（許可の申請）

第十二条　前条の許可を受けようとする者は、次の事項を記載した申請書を経済産業大臣に提出しなければならない。

一　名称

二　本店その他の営業所及び代理店の名称及び所在地

三　資本金又は出資の額及び役員の氏名

四　前払式割賦販売の方法により販売しようとする指定商品の種類

2　前項の申請書には、定款、登記事項証明書、前払式割賦販売契約約款その他経済産業省令で定める書類を添付しなければならない。ただし、経済産業省令で定める場合は、登記事項証明書の添付を省略することができる。

（許可の申請）

第十二条　法第十二条第一項の申請書は、様式第一によるものとする。

2　法第十二条第二項の経済産業省令で定める書類は、次のとおりとする。

一　許可申請書提出日前一月以内の一定の日の現在において様式第二により作成した財産に関する調書及び様式第三により作成した許可申請書提出日の直前事業年度の収支に関する調書並びに許可申請書提出日の直前五事業年度（事業年度が六月の法人にあつては、直前十事業年度）の貸借対照表（関連する注記を含む。第百二十二条第二項第一号において同じ。）、損益計算書（関連する注記を含む。同号において同じ。）及び株主資本等変動計算書（関連する注記を含む。同号において同じ。）又はこれらに代わる書面

二　次の事項を記載した許可後五事業年度（事業年度が六月の法人にあつては、許可後十事業年度）の業務計画書

イ　前払式割賦販売の方法により販売しようとする指定商品の販売計画

ロ　収支計画

ハ　資金計画

三　役員の履歴書

四　法第十五条第一項第六号から第八号までの規定に該当しないことを誓約する書面

五　前払式割賦販売に関する代理店を有するときは、代理店契約書の写し

六　申請の日前一年間における指定商品の種類別の前払式割賦販売の方法による販売額

〔法第十二条第二項ただし書に対応する経済産業省令の規

３　前項の場合において、定款が電磁的記録（電子的方式、磁気的方式その他人の知覚によつては認識することができない方式で作られる記録であつて、電子計算機による情報処理の用に供されるものをいう。以下同じ。）で作られているときは、書面に代えて電磁的記録（経済産業省令で定めるものに限る。）を添付することができる。

第十三条及び第十四条　削除〔昭和四三年五月法律七二号〕

（許可の基準）

第十五条　経済産業大臣は、第十一条の許可の申請をした者が次の各号のいずれかに該当すると認めるときは、同条の許可をしてはならない。

一　法人でない者

二　資本金又は出資の額が購入者の利益を保護するため必要かつ適当であると認められる金額で政令で定めるものに満たない法人

三　資産の合計額から負債の合計額を控除した額が資本金又は出資の額の百分の九十に相当する額に満たない法人

四　前二号に掲げるもののほか、その行おうとする前払式割賦販売に係る業務を健全に遂行するに足りる財産的基礎を有しない法人

五　前払式割賦販売契約約款の内容が経済産業省令・内閣府令で定める基準に適合しない法人

（前払式割賦販売業者等の資本金又は出資の額）

第五条　法第十五条第一項第二号（法第三十五条の三の六十二において準用する場合を含む。）に規定する金額は、五十以上の営業所又は代理店を有する法人にあつては一億円、十以上五十未満の営業所又は代理店を有する法人にあつては五千万円、その他の法人にあつては二千万円とする。

２　法第三十三条の二第一項第三号に規定する金額は、二千万円とする。

定なし〕

３　法第十二条第三項の経済産業省令で定める電磁的記録は、情報通信技術を活用した行政の推進等に関する法律（平成十四年法律第百五十一号。第百四十条において「情報通信技術活用法」という。）第六条第一項に定める行政機関等の使用に係る電子計算機から入手され記録されたものとする。

（前払式割賦販売契約約款の基準）

第十三条　法第十五条第一項第五号の経済産業省令・内閣府令で定める基準は、次のとおりとする。

一　次の事項が記載される欄があること。

イ　販売者の名称及び住所

ロ　購入者の氏名

ハ　契約番号

ニ　契約年月日

ホ　商品の種類

ヘ　商品の数量

ト　前払式割賦販売価格

チ　賦払金の金額、回数、支払時期及び支払の方法

リ　前払式割賦販売契約約款の交付の時期及び交付の方法

二　購入者が読みやすく、理解しやすいような用語により、正確に記載すること。

三　次の表の上欄の事項（商品の引渡しを受ける前に代金の一部を支払う旨を定める前払式割賦販売契約約款にあつては、同欄の一から五までの項の事項）が記載されており、かつ、その内容が同表の下欄の基準に合致していること。

記載すべき事項	内容の基準
一　領収書の発行に関すること。	支払の方法が集金又は持参の場合には、領収書を発行する旨が定められていること。
二　商品の引渡し時期に関すること。	引渡し時期として商品の引渡しを受ける前に支払うべき代金の完済後三十日以内の一定期間が定められていること。
三　契約の解除に関すること。	購入者の支払義務の不履行により契約を解除する場合は、販売者が定める一定期間にわたり義務の不履行があつた場合であつて、販売者が二十日以上の相当な期間を定めてその支払を書面で催告し、その期間内にその義務が履行されない場合に限る旨及び販売者の責に帰すべき事由により契約の目的を達することができなくなつた場合には、購入者は当該契約を解除することができる旨が定められていること。
四　契約の解除に伴う損害賠償等の額に関するこ	購入者の責に帰すべき事由により契約を解除する場合には、契約解除の日から六十日以内の一定の期間内

と。	に購入者が既に支払つた金額から契約の締結及び履行のために通常要する費用の額を控除した額を払い戻す旨が定められており、かつ、その額が、購入者が容易に計算することができる方法により明確に表示されていること、並びに販売者の責に帰すべき事由により契約を解除する場合には、遅滞なく、支払済金額及び支払済金額に法定利率を乗じた額以上の一定額の合計額を払い戻す旨が定められていること。
五　代金残額の一括支払いに関すること。	購入者は、賦払金の支払の途中において、契約に係る商品の現金販売価格から支払済金額及び支払済金額に法定利率を乗じた額以上の一定額の合計額を控除した額を現金で支払つた場合には、当該商品の引渡しを受け、契約を結了することができる旨が定められていること。
六　支払完済前の商品引渡しに関すること。	購入者は、販売者が定める一定の回数以上賦払金を支払つた場合であつて、販売者が定める条件に適合するときは、当該割賦販売契約の内容を変更して商品の引渡しを受けることができる旨及びこの場合において販売者は支払済金額及び支払済金額に法定利率を乗じた額以上の一定額の合計額を変更後の代金の一部に充当する旨が定められていること。
七　前払式割賦販売契約約款の交付及び再交付に関すること。	前払式割賦販売契約約款を交付する場合にあつては、その交付の時期及び交付の方法並びに購入者から当該約款の再交付を求められたとき

六　第二十三条第一項又は第二項の規定により許可を取り消され、その取消しの日から二年を経過しない法人

七　この法律の規定により罰金の刑に処せられ、その刑の執行を終わり、又は執行を受けることがなくなつた日から二年を経過しない法人

八　役員のうちに次のいずれかに該当する者のある法人

イ　破産手続開始の決定を受けて復権を得ない者

ロ　禁錮（こ）以上の刑に処せられ、又はこの法律の規定により罰金の刑に処せられ、その刑の執行を終わり、又は執行を受けることがなくなつた日から二年を経過しない者

ハ　第十一条の許可を受けた者（以下「許可割賦販売業者」という。）が第二十三条第一項又は第二項の規定により許可を取り消された場合において、その処分のあつた日前三十日以内にその許可割賦販売業者の役

は、遅滞なく、当該約款を再交付する旨が定められていること。

四　次の事項が記載されていないこと。

イ　前払式割賦販売契約約款の再交付をする場合において、その再交付に通常要する費用を超えて手数料を徴収すること。

ロ　契約締結後に販売者が消費税及び地方消費税の増額以外の理由により価格の引上げを行うことができること。

ハ　契約締結後に販売者が契約に係る商品を変更することができること。

ニ　購入者からの契約の解除ができない旨の特約

ホ　法第二十七条第二項に規定する特約

ヘ　当該契約に係る訴の属する裁判所の管轄につき購入者に著しく不利となる特約

ト　イからヘまでに掲げるもののほか、法令に違反する特約又は購入者に著しく不利となる特約

五　日本産業規格Z八三〇五に規定する八ポイント以上の大きさの文字及び数字を用いること。

員であつた者で、その処分のあつた日から二年を経過しないもの

2　前項第三号の資産の合計額及び負債の合計額は、政令で定めるところにより計算しなければならない。

3　経済産業大臣は、第十一条の許可の申請があつた場合において、不許可の処分をしたときは、遅滞なく、その理由を示して、その旨を申請者に通知しなければならない。

（営業保証金の供託等）

第十六条　許可割賦販売業者は、営業保証金を主たる営業所のもよりの供託所に供託しなければならない。

2　許可割賦販売業者は、営業保証金を供託したときは、供託物受入れの記載のある供託書の写しを添附して、その旨を経済産業大臣に届け出なければならない。

3　許可割賦販売業者は、前項の規定による届出をした後でなければ、前払式割賦販売の営業を開始してはならない。

（資産及び負債の額の計算）

第六条　法第十五条第二項（法第三十三条の二第二項、第三十五条の二の十一第二項、第三十五条の三の二十六第二項、第三十五条の三の二十七第二項及び第三十五条の三の六十二において準用する場合を含む。）に規定する資産の合計額又は負債の合計額は、法第十二条第一項（法第三十五条の三の六十二において準用する場合を含む。）の規定による許可の申請の日、法第三十二条第一項、第三十五条の二の九第一項若しくは第三十五条の三の二十四第一項の規定による登録の申請の日又は法第三十五条の三の二十七第一項の規定による更新の申請の日前一月以内の一定の日（以下「計算日」という。）における帳簿価額（資産のうち受取手形、売掛金、未収入金及び貸付金については貸倒引当金を、有形固定資産（土地及び建設仮勘定を除く。）については減価償却引当金を控除した額。以下同じ。）により計算するものとする。ただし、資産にあつてはその帳簿価額が当該資産を計算日において評価した額を超えるとき、負債にあつてはその帳簿価額が当該負債を計算日において評価した額を下るときは、その評価した額により計算するものとする。

（営業保証金の供託の届出）

第十四条　法第十六条第二項（法第十八条第二項及び第二十二条第三項において準用する場合を含む。）の規定による届出は、様式第四による届出書を提出してしなければならない。

第十七条　前条第一項の営業保証金の額は、主たる営業所につき十万円、その他の営業所又は代理店につき営業所又は代理店ごとに五万円の割合による金額の合計額とする。

２　前項の営業保証金は、経済産業省令で定めるところにより、国債証券、地方債証券その他の経済産業省令で定める有価証券（社債、株式等の振替に関する法律（平成十三年法律第七十五号）第二百七十八条第一項に規定する振替債を含む。）をもつて、これに充てることができる。

（営業保証金等に充てることができる有価証券）

第十五条　法第十七条第二項（法第十八条第二項、第十八条の三第五項、第二十二条第三項及び第二十二条の二第三項において準用する場合を含む。）の経済産業省令で定める有価証券は、次の各号に掲げるものとする。

一　金融商品取引法（昭和二十三年法律第二十五号）第二条第一項第一号から第三号までに規定する債券

二　前号に掲げるもののほか、担保付社債信託法（明治三十八年法律第五十二号）による担保付社債券及び法令により優先弁済を受ける権利を保証されている社債券（自己の社債券及び会社法（平成十七年法律第八十六号）による特別清算開始の命令を受け、特別清算終結の決定の確定がない会社、破産法（平成十六年法律第七十五号）による破産手続開始の決定を受け、破産終結の決定若しくは破産廃止の決定の確定がない会社、民事再生法（平成十一年法律第二百二十五号）による再生手続開始の決定を受け、再生手続終結の決定若しくは再生手続廃止の決定の確定がない会社又は会社更生法（平成十四年法律第百五十四号）による更生手続開始の決定を受け、更生手続終結の決定若しくは更生手続廃止の決定の確定がない会社が発行した社債券を除く。）

三　社債、株式等の振替に関する法律（平成十三年法律第七十五号）第八十八条に規定する振替国債

（営業保証金等に充てることができる有価証券の価額）

第十六条　法第十七条第二項（法第十八条第二項、第十八条の三第五項、第二十二条第三項及び第二十二条の二第三項において準用する場合を含む。）の規定により前条の有価証券を営業保証金又は前受業務保証金に充てる場合における当該有価証券の価額は、次の各号に掲げる有価証券の区分に従い、それぞれ当該各号に掲げる額とする。

一　前条第一号又は第三号に掲げる有価証券については、その額面金額の百分の九十五

第十八条　許可割賦販売業者は、営業の開始後新たに営業所又は代理店を設置したときは、当該営業所又は代理店につき前条第一項に規定する割合による金額の営業保証金を供託しなければならない。

2　第十六条及び前条第二項の規定は、前項の規定により供託する場合に準用する。

第十八条の二　許可割賦販売業者が一部の営業所又は代理店を廃止した場合において、営業保証金の額が第十七条第一項に規定する額をこえることとなつたときは、当該許可割賦販売業者は、そのこえる額を取り戻すことができる。

2　前項の営業保証金の取戻しは、当該営業保証金につき第二十一条第一項の権利を有する者に対し、六月を下らない一定期間内に申し出るべき旨を公告し、その期間内にその申出がなかつた場合でなければ、することができない。ただし、営業保証金を取り戻すことができる理由が発生した時から十年を経過したときは、この限りでない。

3　前項の公告その他第一項の規定による営業保証金の取戻しに関し必要な事項は、法務省令・経済産業省令で定める。

二　前条第二号に掲げる有価証券については、その額面金額の百分の九十

2　割引の方法により発行した債券については、その発行価額に別記算式により算出した額を額面金額とみなす。

第十九条　法第十八条の二第一項の規定により許可割賦販売業者が営業保証金の取戻しをしようとするには、官報に次の各号に掲げる事項を公告しなければならない。ただし、同条第二項ただし書の規定に該当するときは、この限りでない。

一　当該許可割賦販売業者の名称及び代表者の氏名並びに主たる営業所その他の営業所及び代理店の名称及び所在地

二　廃止した営業所又は代理店の名称及び所在地並びにその廃止の年月日

三　当該許可割賦販売業者の営業保証金の総額及び取戻しをしようとする営業保証金の額

四　前号の営業保証金につき法第二十一条第一項の権

利を有する者は、六月を下らない一定期間内に、その債権の額及び債権発生の原因たる事実並びに住所及び氏名又は名称を記載した申出書三通を経済産業局長に提出すべき旨

五　前号の申出書の提出がないときは、第三号の取戻しをしようとする営業保証金が取り戻される旨

2　法第二十九条第一項の規定により許可割賦販売業者であつた者又はその承継人（法第二十八条の規定により許可割賦販売業者とみなされる者を除く。）が営業保証金又は前受業務保証金の取戻しをしようとするには、官報に次の各号に掲げる事項を公告しなければならない。ただし、法第二十九条第二項ただし書の規定に該当するときは、この限りでない。

一　当該許可割賦販売業者であつた者の名称及び代表者の氏名並びに主たる営業所その他の営業所及び代理店の名称及び所在地

二　当該許可割賦販売業者であつた者の許可の年月日及び許可の取消し又は失効の年月日

三　当該許可割賦販売業者であつた者の営業保証金又は前受業務保証金の額

四　前号の営業保証金又は前受業務保証金につき法第二十一条第一項の権利を有する者は、六月を下らない一定期間内に、その債権の額及び債権発生の原因たる事実並びに住所及び氏名又は名称を記載した申出書三通を経済産業局長に提出すべき旨

五　前号の申出書の提出がないときは、第三号の取戻しをしようとする営業保証金又は前受業務保証金が取り戻される旨

3　法第三十五条の三の六十二において準用する法第十八条の二第一項の規定により、法第三十五条の三の六十一の許可を受けた者が営業保証金の取戻しをしようとするには、官報に次の各号に掲げる事項を公告しなければならない。ただし、法第三十五条の三の六十二において準用する法第十八条の二第二項ただし書の規定に該当するときは、この限りでない。

一　当該法第三十五条の三の六十一の許可を受けた者の名称及び代表者の氏名並びに主たる営業所その他の営業所及び代理店の名称及び所在地

二　廃止した営業所又は代理店の名称及び所在地並びにその廃止の年月日

三　当該法第三十五条の三の六十一の許可を受けた者の営業保証金の総額及び取戻しをしようとする営業保証金の額

四　前号の営業保証金につき法第三十五条の三の六十二において準用する法第二十一条第一項の権利を有する者は、六月を下らない一定期間内に、その債権の額及び債権発生の原因たる事実並びに住所及び氏名又は名称を記載した申出書三通を経済産業局長に提出すべき旨

五　前号の申出書の提出がないときは、第三号の取戻しをしようとする営業保証金が取り戻される旨

4　法第三十五条の三の六十二において準用する法第二十九条第一項の規定により、法第三十五条の三の六十一の許可を受けた者であつた者又はその承継人（法第三十五条の三の六十二において準用する法第二十八条の規定により法第三十五条の三の六十一の許可を受けた者とみなされる者を除く。）が営業保証金又は前受業務保証金の取戻しをしようとするには、官報に次の各号に掲げる事項を公告しなければならない。ただし、法第三十五条の三の六十二において準用する法第二十九条第二項ただし書の規定に該当するときは、この限りでない。

一　当該法第三十五条の三の六十一の許可を受けた者であつた者の名称及び代表者の氏名並びに主たる営業所その他の営業所及び代理店の名称及び所在地

二　当該法第三十五条の三の六十一の許可を受けた者であつた者の許可の年月日及び許可の取消し又は失効の年月日

三　当該法第三十五条の三の六十一の許可を受けた者

であつた者の営業保証金又は前受業務保証金の額

四　前号の営業保証金又は前受業務保証金につき法第三十五条の三の六十二において準用する法第二十一条第一項の権利を有する者は、六月を下らない一定期間内に、その債権の額及び債権発生の原因たる事実並びに住所及び氏名又は名称を記載した申出書三通を経済産業局長に提出すべき旨

五　前号の申出書の提出がないときは、第三号の取戻しをしようとする営業保証金又は前受業務保証金が取り戻される旨

5　営業保証金又は前受業務保証金の取戻しをしようとする者が第一項から前項までの規定により公告をしたときは、遅滞なく、その旨を経済産業局長に届け出なければならない。

第二十条　前条第五項の規定により届出をした者は、当該公告に定める期間内に、同条第一項第四号、第二項第四号、第三項第四号又は第四項第四号の申出書の提出がなかつたときは、その旨の証明書の交付を経済産業局長に請求することができる。

2　前条第五項の規定により届出をした者は、当該公告に定める期間内に、同条第一項第四号、第二項第四号、第三項第四号又は第四項第四号の申出書の提出があつたときは、当該申出書各一通及び申出に係る債権の総額に関する証明書の交付を経済産業局長に請求することができる。

第二十一条　第十九条第一項本文又は第二項本文の公告をした場合において、供託物の取戻しをしようとする者が供託規則第二十五条第一項の規定により供託物払渡請求書に添付すべき書類（以下「添付書類」という。）は、次の各号に掲げる書類をもつて足りる。

一　前条第一項の場合においては、同項の規定により交付を受けた証明書

二　前条第二項の場合においては、同項の規定により

（前受金保全措置）

第十八条の三　許可割賦販売業者は、毎年三月三十一日及び九月三十日（以下これらの日を「基準日」という。）において前払式割賦販売の契約を締結している者から基準日までにその契約に係る商品の代金の全部又は一部として受領した前受金の合計額の二分の一に相当する額が当該基準日における第十七条第一項に規定する営業保証金の額をこえるときは、次項の前受金保全措置を講じ、次条第一項の規定によりその旨を経済産業大臣に届け出た後でなければ、基準日の翌日から起算して五十日を経過した日以後においては、新たに前払式割賦販売の契約を締結してはならない。

2　前受金保全措置は、前受業務保証金の供託又は前受業務保証金供託委託契約の締結であつて、その措置により、許可割賦販売業者が、基準日において前払式割賦販売の契約を締結している者から当該基準日までにその契約に係る商品の代金の全部又は一部として受領した前受金の合計額の二分の一に相当する額から当該基準日における第十七条第一項に規定する営業保証金の額を差し引いた額に相当する額（以下「基準額」という。）をその契約によつて生じた債務の弁済に充てることができるものとする。

3　前受金保全措置として締結する前受業務保証金供託委託契約は、次条第一項の規定による届出の翌日以降次の基準

交付を受けた書類及び申出に係る法第二十一条第一項の権利が存在しないこと又は消滅したことを証する書類

2　第十九条第三項本文又は第四項本文の公告をした場合において、添付書類は、次の各号に掲げる書類をもつて足りる。

一　前条第一項の場合においては、同項の規定により交付を受けた証明書

二　前条第二項の場合においては、同項の規定により交付を受けた書類及び申出に係る法第三十五条の三の六十二において準用する法第二十一条第一項の規定による権利が存在しないこと又は消滅したことを証する書類

日の翌日から起算して五十日を経過する日（その日前に当該次の基準日に係る基準額について同項の規定による届出があつたときは、その届出の日）までの間に、委託者たる許可割賦販売業者が第二十七条第一項各号の一に該当することとなつた場合又は受託者が第二十条の三第三項の規定による指示を受けた場合において、受託者が委託者のために委託額に相当する額の前受業務保証金を供託することを約する契約とする。

４　銀行その他政令で定める金融機関又は経済産業大臣の指定する者でなければ、前項の前受業務保証金供託委託契約（以下単に「供託委託契約」という。）の受託者となることができない。

５　第十六条第一項及び第十七条第二項の規定は、前受金保全措置として前受業務保証金を供託する場合に準用する。

第十八条の四　前受金保全措置を講じた許可割賦販売業者は、基準日ごとに、当該基準日に係る基準額についての前受金保全措置につき、書面で、経済産業大臣に届け出なければならない。

２　許可割賦販売業者が新たな前受金保全措置を講じて前項の規定による届出をする場合においては、当該前受金保全措置が、前受業務保証金の供託であるときは供託物受入れの記載のある供託書の写しを、供託委託契約の締結であるときは当該契約書の写しをそれぞれ同項の書面に添附しなければならない。

第十八条の五　前受金保全措置を講じている許可割賦販売業者は、基準日において前払式割賦販売の契約を締結している者から当該基準日までにその契約に係る商品の代金の全部又は一部として受領した前受金の合計額の二分の一に相当する額が当該基準日における第十七条第一項に規定する営業保証金の額以下となつたときは、次の基準日までに、前受業務保証金の全部を取り戻し、又は供託委託契約の全

（金融機関）

第七条　法第十八条の三第四項（法第三十五条の三の六十二において準用する場合を含む。）の政令で定める金融機関は、株式会社商工組合中央金庫、保険会社、信用金庫、労働金庫及び労働金庫連合会並びに信用協同組合で出資の総額が五千万円以上であるものとする。

（前受金保全措置）

第十七条　法第十八条の四第一項及び第二十二条第二項の規定による届出は、様式第五による届出書を提出してしなければならない。

部を解除することができる。

2　前項に定める場合を除き、前受金保全措置を講じている許可割賦販売業者は、基準日において当該前受金保全措置により前払式割賦販売の契約によつて生じた債務の弁済に充てることができる額が当該基準日に係る基準額をこえることとなつたときは、次の基準日までに、そのこえる額につき、前受業務保証金を取り戻し、又は供託委託契約の全部若しくは一部を解除することができる。

3　前二項の規定による前受業務保証金の取戻しは、経済産業省令で定めるところにより、経済産業大臣の承認を受けなければ、することができない。

4　前項に定めるもののほか、第一項又は第二項の規定による前受業務保証金の取戻しに関し必要な事項は、法務省令・経済産業省令で定める。

5　第一項又は第二項の規定による供託委託契約の解除は、経済産業省令で定めるところにより、経済産業大臣の承認を受けなければ、その効力を生じない。

6　前受金保全措置としての供託委託契約は、第一項又は第二項の規定による場合のほか、その全部又は一部を解除することができない。ただし、当該供託委託契約の一部を解除した場合において、なお当該供託委託契約が第十八条の三第三項に規定する要件を満たすものであるときは、この限りでない。

7　前項の規定に反する特約は、無効とする。

第十八条　法第十八条の五第三項の承認の申請は、様式第六による申請書を提出してしなければならない。

第二十二条　経済産業局長は、法第十八条の五第三項（法第三十五条の三の六十二において準用する場合を含む。）の規定により前受業務保証金の取戻しの承認をしたときは、様式第六による前受業務保証金取戻し承認書を交付するものとする。

2　法第十八条の五第一項又は第二項（法第三十五条の三の六十二において準用する場合を含む。）の規定により前受業務保証金の取戻しをしようとする場合において、添付書類は、前項に規定する前受業務保証金取戻し承認書をもつて足りる。

2　法第十八条の五第五項の承認の申請は、様式第七の申請書を提出してしなければならない。

3　前項の申請書には、供託委託契約を解除したことを証する書面を添付しなければならない。

（承継）

第十八条の六　許可割賦販売業者が事業の全部を譲渡し、又は許可割賦販売業者について合併若しくは分割（当該事業の全部を承継させるものに限る。）があつたときは、当該事業の全部を譲り受けた法人又は合併後存続する法人若しくは合併により設立した法人若しくは分割により当該事業の全部を承継した法人は、その許可割賦販売業者の地位を承継する。ただし、当該事業の全部を譲り受けた法人又は合併後存続する法人若しくは合併により設立した法人若しくは分割により当該事業の全部を承継した法人が第十五条第一項第二号又は同項第六号から第八号までのいずれかに該当するときは、この限りでない。

２　前項の規定により許可割賦販売業者の地位を承継した者は、遅滞なく、その事実を証する書面を添附して、その旨を経済産業大臣に届け出なければならない。

（変更の届出等）

第十九条　許可割賦販売業者は、第十二条第一項各号に掲げる事項について変更があつたときは、遅滞なく、その旨を経済産業大臣に届け出なければならない。

２　許可割賦販売業者は、前払式割賦販売契約約款を変更しようとするときは、その旨を経済産業大臣に届け出なければならない。

３　経済産業大臣は、前項の規定による変更の届出があつた場合において、その変更後の前払式割賦販売契約約款の内容が第十五条第一項第五号の経済産業省令・内閣府令で定める基準に適合しなくなると認めるときは、当該許可割賦販売業者に対し、その内容の変更を命ずることができる。

（承継の届出）

第十九条　法第十八条の六第二項の規定による届出は、様式第八による届出書を提出してしなければならない。

２　法第十八条の六第二項の事実を証する書面は、次のとおりとする。

一　登記事項証明書並びに役員の履歴書及び第十二条第二項第四号に規定する書面

二　事業の全部を譲り受けたことによつて許可割賦販売業者の地位を承継した法人にあつては、事業譲渡契約書の写し

（変更の届出）

第二十条　法第十九条第一項の規定による届出は、様式第九による届出書を提出してしなければならない。

２　法第十九条第二項の規定による届出は、様式第十による届出書を提出してしなければならない。

４　第十二条第二項及び第三項の規定は第一項の規定による変更の届出をする場合に、同条第二項の規定は第二項の規定による変更の届出をする場合に準用する。

（帳簿の備付け）

第十九条の二　許可割賦販売業者は、経済産業省令で定めるところにより、帳簿を備え、前払式割賦販売の契約について経済産業省令で定める事項を記載し、これを保存しなければならない。

３　法第十九条第四項において準用する法第十二条第二項の経済産業省令で定める書類は、次のとおりとする。

一　法第十九条第一項の規定による届出にあつては、次に掲げるもの

イ　その変更に係る事項を証する書類

ロ　その変更が新たに就任した役員に係るものであるときは、当該役員の履歴書及び第十二条第二項第四号に掲げる書面（法第十五条第一項第八号に係るものに限る。）

ハ　その変更が新たに前払式割賦販売に関する代理店を設置したことに係るものであるときは、代理店契約書の写し

二　法第十九条第二項の規定による届出にあつては、変更前及び変更後の前払式割賦販売契約約款

４　第十二条第三項の規定は、法第十九条第四項において準用する法第十二条第三項の経済産業省令で定める電磁的記録に準用する。

（帳簿の備付け）

第二十一条　法第十九条の二の帳簿は、主たる営業所（主たる営業所に備える帳簿に第三項各号に掲げる事項をすべて記載することが困難な場合には、主たる営業所及び従たる営業所であつて経済産業大臣に様式第十一による届出書の提出があつたもの）に備えなければならない。

２　帳簿は、閉鎖の日から起算して二年間保存しなければならない。

３　法第十九条の二の経済産業省令で定める事項は、次のとおりとする。

一　前払式割賦販売の契約を締結した者の氏名及び住所

二　契約番号

三　商品名

四　前払式割賦販売の契約に係る商品の代金の全部又は一部として受領した前受金（以下「予約前受金」という。）の残高

五　営業所又は代理店ごとの月末における予約前受金の合

（契約の締結の禁止）

第二十条　経済産業大臣は、許可割賦販売業者が第十五条第一項第三号の規定に該当することとなつたときは、当該許可割賦販売業者に対し、前払式割賦販売の契約を締結してはならない旨を命じなければならない。ただし、その命令をすることによつて購入者の保護に欠けることとなる場合は、この限りでない。

２　経済産業大臣は、前項の規定による命令をした場合において、その許可割賦販売業者が六月以内にその命令の要件に該当しなくなつたときは、その命令を取り消さなければならない。

（改善命令）

第二十条の二　経済産業大臣は、許可割賦販売業者の財産の状況又は前払式割賦販売に係る業務の運営が次の各号のいずれかに該当する場合において、購入者の利益を保護するため必要かつ適当であると認めるときは、その必要の限度において、当該許可割賦販売業者に対し、財産の状況又は前払式割賦販売に係る業務の運営を改善するため必要な措置をとるべきことを命ずることができる。

一　一事業年度の収益の額の費用の額に対する比率が経済産業省令で定める率を下つた場合

二　流動資産の合計額の流動負債の合計額に対する比率が経済産業省令で定める率を下つた場合

三　前二号に掲げる場合のほか、購入者の利益を保護するため財産の状況又は前払式割賦販売に係る業務の運営につき是正を加えることが必要な場合として経済産業省令で定める場合

計額及び契約件数

４　主たる営業所及び第一項に規定する従たる営業所に帳簿を備える場合においては、主たる営業所に備える帳簿には、帳簿を備える営業所ごとの月末における予約前受金の合計額及び契約件数を記載しなければならない。

（改善命令に係る収支率等）

第二十二条　法第二十条の二第一項第一号の経済産業省令で定める率は、百分の百とする。

２　法第二十条の二第一項第二号の経済産業省令で定める率は、百分の九十とする。

３　法第二十条の二第一項第三号の経済産業省令で定める場合は、次のとおりとする。

一　資産の合計額から負債の合計額を控除した額が資本金又は出資の額に満たないとき。

二　予約前受金の合計額又は負債の合計額が財産の状況に

照らし著しく過大であるとき。

三　前払式割賦販売に係る繰延費用を過大に計上しているときその他経理処理が不健全なとき。

四　基準日において前受金保全措置により前払式割賦販売の契約によつて生じた債務の弁済に充てることができる額が当該基準日に係る基準額を下回つたとき。

五　販売員その他従業員に対する指導監督が十分でないとき。

六　前払式割賦販売の業務の委託先（委託先が法人であるときは、その業務を執行する社員、取締役、執行役その他の法人の代表者）又は代理店（代理店が法人であるときは、その業務を執行する社員、取締役、執行役その他の法人の代表者）に対する指導が十分でないとき。

七　購入者に対して、前払式割賦販売の契約に関する事項であつてその判断に影響を及ぼすこととなる重要なものにつき、事実を告げないとき、又は不実のこと若しくは誤解させるおそれのあることを告げ、若しくは表示したとき。

八　購入者に対して、不利益となるべき事実を告げずに、既に成立している前払式割賦販売の契約を消滅させて新たな前払式割賦販売の契約の申込みをさせ、又は新たな前払式割賦販売の契約の申込みをさせて既に成立している前払式割賦販売の契約を消滅させる行為を行つたとき。

九　前払式割賦販売の契約を締結させ、又は前払式割賦販売の契約の解除を妨げるため、購入者を威迫したとき。

十　購入者からの前払式割賦販売の契約の解除の申出を受けることを拒否し、又は不当に遅延させたとき。

十一　前払式割賦販売の業務に関して取得した購入者に関する情報の適切な取扱い及び購入者からの苦情の適切かつ迅速な処理のために必要な措置を講じていないとき。

十二　前払式割賦販売契約約款に記載されている義務を履行しないとき。

十三　前払式割賦販売契約約款の内容が第十三条の基準に適合しないとき。

２　前項第一号の収益の額及び費用の額並びに同項第二号の流動資産の合計額及び流動負債の合計額は、経済産業省令で定めるところにより計算しなければならない。

４　前項第一号に規定する資産の合計額又は負債の合計額、同項第二号に規定する予約前受金の合計額又は負債の合計額及び同項第三号に規定する前払式割賦販売に係る繰延費用は、その計算しようとする日（以下「計算日」という。）における帳簿価額（資産のうち受取手形、売掛金、貸付金及び未収入金については貸倒引当金を、有形固定資産（土地及び建設仮勘定を除く。）については減価償却引当金を控除した額。以下この項及び第百二十四条第四項において同じ。）により計算するものとする。ただし、資産にあつてはその帳簿価額が当該資産を計算日において評価した額を超えるとき、負債にあつてはその帳簿価額が当該負債を計算日において評価した額を下るときは、その評価した額により計算するものとする。

（収益の額等の計算）

第二十三条　法第二十条の二第二項に規定する収益の額は、純売上高（役務収益を含む。）の額及び営業外収益の額を合計して計算するものとする。この場合において、割賦販売に係る未実現利益を貸借対照表の負債の部に計上している許可割賦販売業者については、その未実現利益の当該事業年度における増加額は、収益の額から控除し、減少額は、収益の額に算入するものとする。

２　法第二十条の二第二項に規定する費用の額は、売上原価（役務原価を含む。）の額、販売費及び一般管理費の額並びに営業外費用の額を合計して計算するものとする。

３　前二項の場合において、前期損益修正その他通常の営業活動以外の原因により発生した特別の利益又は損失の額は、収益又は費用の額に算入しないものとする。

４　法第二十条の二第二項に規定する流動資産の合計額は、次の各号に掲げる資産の額を合計して計算するものとする。

一　現金
二　預金
三　受取手形
四　売掛金

五　有価証券（投資有価証券を除く。）
六　商品
七　製品
八　半製品
九　原材料
十　仕掛品
十一　貯蔵品
十二　前渡金
十三　前払費用（一年以内に償却されて費用となるべきものに限る。）
十四　短期貸付金
十五　立替金
十六　未収入金
十七　未収収益
十八　前払式割賦販売に係る繰延費用（一年以内に償却されて費用となるべきものに限る。）
十九　前各号に掲げるもの以外の資産（一年以内に現金化できると認められるものに限る。）

5　法第二十条の二第二項に規定する流動負債の合計額は、次の各号に掲げる負債を合計して計算するものとする。
一　支払手形
二　買掛金
三　短期借入金
四　未払金
五　未払費用
六　前払式割賦販売に係る前受金（一年以内に取り崩されると見込まれるものに限る。）
七　預り金
八　前受収益
九　未払法人税等
十　前各号に掲げるもの以外の負債（一年以内に支払い又は返済されると認められるものに限る。）

6　第四項又は前項に規定する資産又は負債の額は、計算日における帳簿価額（第四項第三号、第四号、第十四号及び第十六号に掲げる資産については貸倒引当金を控除した

3　経済産業大臣は、許可割賦販売業者の前払式割賦販売に係る業務の運営が第一項第三号に該当する場合において、同項の規定による命令をしようとするときは、あらかじめ、内閣総理大臣に協議しなければならない。

4　内閣総理大臣は、許可割賦販売業者の前払式割賦販売に係る業務の運営が第一項第三号に該当する場合において、購入者の利益を保護するため必要があると認めるときは、経済産業大臣に対し、同項の規定による命令に関し、必要な意見を述べることができる。

（供託委託契約の受託者の供託等）

第二十条の三　経済産業大臣は、前受金保全措置として供託委託契約を締結している許可割賦販売業者が第二十七条第一項第一号から第四号までの一に該当するとき、又は第二十一条第一項の権利を有する者若しくは当該許可割賦販売業者から当該許可割賦販売業者が第二十七条第一項第五号若しくは第六号に該当する旨の申出があつたときは、遅滞なく、第二十一条第一項の権利を有する者に対し、六十日以上の一定の期間内に経済産業大臣に債権の申出をすべきこと及びその期間内に債権の申出をしないときは当該公示に係る前受金保全措置についての権利の実行の手続から除斥されるべきことを公示しなければならない。

額。以下この項において同じ。）により計算するものとする。ただし、資産にあつては、その帳簿価額が当該資産を計算日において評価した額を超えるとき、負債にあつては、その帳簿価額が当該負債を計算日において評価した額を下るときは、その評価した額により計算するものとする。

【関連：平成29年施行規則パブリックコメント(2)No．1】

（申出の手続）

第三条　法第二十条の三第一項（法第三十五条の三の六十二において準用する場合を含む。以下同じ。）又は令第十条第一項若しくは第二項に規定する債権の申出をしようとする者は、様式第三による申出書に還付を受ける権利を有することを証する書面を添えて、経済産業局長に提出しなければならない。

（公示）

第十四条　法第二十条の三第一項並びに令第十条第一項及び第二項に規定する公示は、官報に掲載することによつて行う。

2　許可割賦販売業者等は、前項に規定する公示がされたときは、遅滞なく、その公示がされた日において当該許可割賦販売業者等と前払式割賦販売の契約又は前払式特定取引の契約を締結している者の氏名及び住所を記載した書面を経済産業局長に提出しなければならない。

3　令第十一条第二項、令第十二条第一項及び第二項、

2　経済産業大臣は、前項の規定による公示をしたときは、遅滞なく、当該許可割賦販売業者に係る供託委託契約の受託者に対し、当該公示に係る債権の申出をすべき期間の末日までに当該供託委託契約に基づく前受業務保証金を供託すべきことを指示しなければならない。ただし、当該受託者が次項の規定による指示を受けて前受業務保証金を供託している場合は、この限りでない。

3　経済産業大臣は、前項本文に定める場合のほか、許可割賦販売業者と前払式割賦販売の契約を締結した者のその契約によつて生ずる債権を保全するため必要があると認めたときは、当該許可割賦販売業者に係る供託委託契約の受託者に対し、期限を指定して供託委託契約に基づく前受業務保証金を供託すべきことを指示することができる。

4　供託委託契約の受託者は、第二項本文の規定による指示を受けたときは第一項の規定による公示に係る債権の申出をすべき期間の末日までに、前項の規定による指示を受けたときは同項の規定により指定された期限までに、当該供託委託契約に基づく前受業務保証金を供託しなければならない。

5　供託委託契約の受託者は、前項の規定により前受業務保証金を供託したときは、経済産業大臣に供託物受入れの記載のある供託書の写しを提出しなければならない。

6　第十六条第一項の規定は、第四項の規定により供託する場合に準用する。この場合において、同条第一項中「主たる営業所」とあるのは、「許可割賦販売業者の主たる営業所」と読み替えるものとする。

第二十条の四　前条第二項本文の規定による指示を受けて前受業務保証金を供託した供託委託契約の受託者は、同条第一項の規定による公示に係る債権の申出をすべき期間内に

第四条並びに第八条に規定する公示は、許可割賦販売業者等の主たる営業所の所在地を管轄する経済産業局の掲示場に掲示するとともに、その掲示をした旨及びその要旨を官報に掲載することによつて行う。

その申出がなかつた場合には、その供託した前受業務保証金を取り戻すことができる。

２　前条第三項の規定による指示を受けて前受業務保証金を供託した供託委託契約の受託者は、同条第一項の規定による公示がされている場合にあつては当該公示に係る債権の申出をすべき期間内にその申出がなかつたとき、当該公示がされていない場合にあつては経済産業省令で定めるところにより経済産業大臣の承認を受けたときは、その供託した前受業務保証金を取り戻すことができる。

３　前二項の規定による前受業務保証金の取戻しに関し必要な事項は、法務省令・経済産業省令で定める。

（供託委託契約の受託者が供託した前受業務保証金の取戻し）

第二十四条　法第二十条の四第二項の承認の申請は、様式第十二による申請書を提出してしなければならない。

第二十三条　法第二十条の四第一項（法第三十五条の三の六十二において準用する場合を含む。以下同じ。）の規定により前受業務保証金の取戻しをしようとする者は、法第二十条の三第一項の規定による公示に係る債権の申出をすべき期間内に債権の申出がなかつたときは、その旨の証明書の交付を経済産業局長に請求することができる。

２　法第二十条の四第二項（法第三十五条の三の六十二において準用する場合を含む。以下同じ。）の規定により前受業務保証金の取戻しをしようとする者は、法第二十条の三第一項の規定による公示がされている場合において、当該公示に係る債権の申出をすべき期間内に債権の申出がなかつたときは、その旨の証明書の交付を経済産業局長に請求することができる。

３　経済産業局長は、法第二十条の三第一項の規定による公示がされていない場合において、法第二十条の四第二項の規定により前受業務保証金の取戻しの承認をしたときは、様式第七による前受業務保証金取戻承認書を交付するものとする。

第二十四条　法第二十条の四第一項の規定により前受業務保証金の取戻しをしようとする場合において、添付

（営業保証金及び前受業務保証金の還付）

第二十一条　許可割賦販売業者と前払式割賦販売の契約を締結した者は、その契約によつて生じた債権に関し、当該許可割賦販売業者又は当該許可割賦販売業者と供託委託契約を締結した受託者が供託した営業保証金又は前受業務保証金について、その債権の弁済を受ける権利を有する。

２　前項の権利の実行に関し必要な事項は、政令で定める。

（確認書）

第八条　法第二十一条第一項（法第三十五条の三の六十二において準用する場合を含む。以下同じ。）の権利の実行のため営業保証金又は前受業務保証金の還付を受けようとする者は、その営業保証金若しくは前受業務保証金を供託し又はその前受業務保証金に係る前受業務保証金供託委託契約（以下「供託委託契約」という。）を締結している許可割賦販売業者又は法第三十五条の三の六十一の許可を受けた者（以下「許可割賦販売業者等」という。）の主たる営業所の所在地を管轄する経済産業局長に対し、確認書の交付を請求することができる。

２　経済産業局長は、次に掲げる場合には、確認書を交付してはならない。

一　前項の規定による請求をした者が法第二十一条第一項の権利を有することが明らかでない場合

二　前項の規定による請求を受理した日（以下「受理日」

書類は、前条第一項の規定により交付を受けた証明書をもつて足りる。

２　法第二十条の四第二項の規定により前受業務保証金の取戻しをしようとする場合（法第二十条の三第一項の規定による公示がされている場合に限る。）において、添付書類は、前条第二項の規定により交付を受けた証明書をもつて足りる。

３　法第二十条の四第二項の規定により前受業務保証金の取戻しをしようとする場合（法第二十条の三第一項の規定による公示がされている場合を除く。）において、添付書類は、前条第三項の規定により交付を受けた前受業務保証金取戻承認書をもつて足りる。

（確認書の請求等）

第一条　割賦販売法施行令（昭和三十六年政令第三百四十一号。以下「令」という。）第八条第一項の規定による請求をしようとする者は、様式第一による申請書に還付を受ける権利を有することを証する書面を添えて、営業保証金若しくは前受業務保証金を供託し又は前受業務保証金に係る前受業務保証金供託委託契約（以下「供託委託契約」という。）を締結している許可割賦販売業者又は割賦販売法（昭和三十六年法律第百五十九号。以下「法」という。）第三十五条の三の六十一の許可を受けた者（以下「許可割賦販売業者等」という。）の主たる営業所の所在地を管轄する経済産業局長（以下「経済産業局長」という。）に提出しなければならない。

２　経済産業局長は、令第八条第一項の請求があつたとという。）から起算して十日を経過する日以前に法第二十条の三第一項（法第三十五条の三の六十二において準用する場合を含む。以下同じ。）又は第十条第一項の規定による公示で当該許可割賦販売業者等に係る当該営業保証金又は前受業務保証金に係るものがされた場合

三　受理日以後受理日から起算して十日を経過する日までにされた当該許可割賦販売業者等に係る確認書の交付の請求のうち理由があると認められるものに係る金額の合計額が、その日において、当該許可割賦販売業者等が供託している営業保証金及び前受業務保証金の額並びに当該許可割賦販売業者等に係る供託委託契約の受託者が前受業務保証金として供託し又は供託することとされている額の合計額（受理日前に確認書の交付の請求をし、まだ営業保証金又は前受業務保証金の還付を受けていない者の還付を受けるべき金額に相当する額を除く。）を超える場合

第九条　法第二十一条第一項の権利を有する者が営業保証金又は前受業務保証金の還付を受ける場合には、第十三条の規定による配当の実施の手続により営業保証金又は前受業務保証金の還付を受ける場合を除き、確認書を添付しなければならない。

（公示）

第十条　営業保証金を供託している許可割賦販売業者等又は前受業務保証金を供託している許可割賦販売業者等（前受金保全措置として供託委託契約を締結している者を除く。）の主たる営業所の所在地を管轄する経済産業局長は、当該許可割賦販売業者等が法第二十七条第一項第一号から第四号まで（法第三十五条の三の六十二において準用する場合を含む。）のいずれかに該当するとき、又は法第二十一条第一項の権利を有する者若しくは当該許可割賦販売業者等から当該許可割賦販売業者等が法第二十七条第一項第五号若しくは第六号（法第三十五条の三の六十二において準用する場合を含む。）に該当する旨の申出があつたときは、

き及び確認書を交付したときは、その旨を当該許可割賦販売業者等（その者が供託委託契約を締結しているときは、その者及び当該供託委託契約の受託者）に通知するものとする。

3　確認書は、様式第二によるものとする。

（確認書の効力）

第二条　営業保証金又は前受業務保証金の還付を受けようとする者であつて確認書の交付を受けたものが供託規則（昭和三十四年法務省令第二号）第二十四条第一項第一号の規定により供託物払渡請求書に添付すべき書類は、確認書をもつて足りる。

（申出の手続）

第三条　法第二十条の三第一項（法第三十五条の三の六十二において準用する場合を含む。以下同じ。）又は令第十条第一項若しくは第二項に規定する債権の申出をしようとする者は、様式第三による申出書に還付を受ける権利を有することを証する書面を添えて、経済産業局長に提出しなければならない。

（公示）

第十四条　法第二十条の三第一項並びに令第十条第一項及び第二項に規定する公示は、官報に掲載することによつて行う。

遅滞なく、法第二十一条第一項の権利を有する者に対し、六十日以上の一定の期間内に当該経済産業局長に債権の申出をすべきこと及びその期間内に債権の申出をしないときは当該公示に係る営業保証金又は前受業務保証金についての権利の実行の手続から除斥されるべきことを公示しなければならない。

2　経済産業局長は、第八条第二項第三号の規定により確認書を交付しないこととしたときは、遅滞なく、法第二十一条第一項の権利を有する者に対し、六十日以上の一定の期間内に当該経済産業局長に債権の申出をすべきこと及びその期間内に申出をしないときは当該公示に係る営業保証金及び前受金保全措置についての権利の実行の手続から除斥されるべきことを公示しなければならない。

3　経済産業局長は、法第二十条の三第一項の規定による公示がされ、又は前二項の規定による公示をしたときは、その旨を許可割賦販売業者等（その者が供託委託契約を締結している場合にあつては、その者及び当該供託委託契約の受託者。第十二条第一項及び第二項において同じ。）及び第八条第一項の規定による請求をした者に通知しなければならない。

4　第二項の規定による公示があつた後は、第八条第一項の規定による請求をした者がその請求を取り下げた場合においても、手続の進行は、妨げられない。

（権利の調査）

第十一条　経済産業局長は、法第二十条の三第一項又は前条第一項若しくは第二項の期間が経過した後、遅滞なく、権利の調査をしなければならない。

2　経済産業局長は、あらかじめ、期日及び場所を公示し、かつ、許可割賦販売業者等に通知して、第八条第一項の規定による請求をした者、法第二十条の三第一項又は前条第一項若しくは第二項の期間内に債権の申出をした者及び許可割賦販売業者等に対し、権利の存否及びその権利によつて担保される債権の額について証拠を提示し、及び意見を述べる機会を与えなければならない。

2　許可割賦販売業者等は、前項に規定する公示がされたときは、遅滞なく、その公示がされた日において当該許可割賦販売業者等と前払式割賦販売の契約又は前払式特定取引の契約を締結している者の氏名及び住所を記載した書面を経済産業局長に提出しなければならない。

3　令第十一条第二項、令第十二条第一項及び第二項、第四条並びに第八条に規定する公示は、許可割賦販売業者等の主たる営業所の所在地を管轄する経済産業局の掲示場に掲示するとともに、その掲示をした旨及びその要旨を官報に掲載することによつて行う。

（仮配当表）

第四条　令第十一条第二項の規定による権利の調査のため、経済産業局長は、法第二十条の三第一項又は令第十条第一項若しくは第二項の期間が経過した後、遅滞なく、仮配当表を作成し、これを公示し、かつ、許可割賦販売業者等に通知しなければならない。

（意見聴取会）

第五条　令第十一条第二項の規定による権利の調査の手続は、経済産業局長又はその指名する職員が議長として主宰する意見聴取会によつて行なう。

2　令第八条第一項の規定による請求をした者、法第二十条の三第一項又は令第十条第一項若しくは第二項の期間内に債権の申出をした者又は許可割賦販売業者等（以下「関係人」という。）は、病気その他やむを得ない理由により意見聴取会に出席することができないときは、本人が署名押印した口述書を提出して、意見聴取会における陳述に代えることができる。

第六条　議長は、必要があると認めるときは、学識経験のある者その他参考人に対し、意見聴取会に出席を求めることができる。

第七条　議長は、議事を整理するために必要があると認めるときは、意見の陳述又は証拠の提示等について必要な指示をすることができる。

2　議長は、意見聴取会の秩序を維持するために必要があると認めるときは、その秩序を乱し、又は不穏な言動をする者を退去させることができる。

第八条　議長は、必要があると認めるときは、意見聴取会を延期し、又は続行することができる。この場合は、議長は、次回の期日及び場所を定め、これを公示し、かつ、許可割賦販売業者等に通知しなければならない。

第九条　議長は、意見聴取会について次に掲げる事項を記載した調書を作成し、これに署名押印しなければならない。

一　意見聴取会の事案の表示
二　意見聴取会の期日及び場所
三　議長の職名及び氏名
四　出席した関係人の氏名及び住所
五　その他の出席者の氏名
六　陳述された意見の要旨
七　口述書が提出されたときは、その旨及びその要旨

（配当表の作成等）

第十二条　経済産業局長は、法第二十条の三第一項の規定又は第十条第一項若しくは第二項の規定による公示に係る債権の申出をした者（第十条第二項の規定による公示をした後法第二十条の三第一項の規定による公示がされ又は第十条第一項の規定による公示をした場合で次項に規定する場合以外の場合にあつては、法第二十条の三第一項の規定又は第十条第一項の規定による公示及び同条第二項の規定による公示に係る債権の申出をした者）に係る前条の規定による権利の調査の結果に基づき、速やかに配当表を作成し、これを公示し、かつ、許可割賦販売業者等に通知しなければならない。

2　経済産業局長は、第十条第二項の規定による公示に係る配当表の公示をした日以後当該公示をした日から起算して八十日を経過する日以前に法第二十条の三第一項の規定による公示がされ又は第十条第一項の規定による公示をしたときは、法第二十条の三第一項又は第十条第一項の規定による公示及び同条第二項の規定による公示に係る債権の申出をした者に係る前条の規定による権利の調査の結果に基づき、速やかに当該配当表を更正し、これを公示し、かつ、許可割賦販売業者等に通知しなければならない。

3　配当表は、法第二十条の三第一項又は第十条第一項若しくは第二項の期間の末日までに供託された営業保証金及び前受業務保証金について作成し、又は更正するものとする。

（配当の実施）

第十三条　配当は、前条第一項の規定による公示をした日（前

八　証拠が提示されたときは、その旨及び証拠の標目

九　その他議長が必要と認める事項

第十条　関係人は、前条の調書を閲覧することができる。

（公示）

第十四条　法第二十条の三第一項並びに令第十条第一項及び第二項に規定する公示は、官報に掲載することによつて行う。

2　許可割賦販売業者等は、前項に規定する公示がされたときは、遅滞なく、その公示がされた日において当該許可割賦販売業者等と前払式割賦販売の契約又は前払式特定取引の契約を締結している者の氏名及び住所を記載した書面を経済産業局長に提出しなければならない。

3　令第十一条第二項、令第十二条第一項及び第二項、第四条並びに第八条に規定する公示は、許可割賦販売業者等の主たる営業所の所在地を管轄する経済産業局の掲示場に掲示するとともに、その掲示をした旨及びその要旨を官報に掲載することによつて行う。

（配当の実施）

第十一条　経済産業局長は、配当の実施のため、供託規則第二十七号書式、第二十八号書式又は第二十八号の二書式により作成した支払委託書を供託所に送付する

条第二項に規定する場合にあつては、同項の規定による公示をした日）から八十日を経過した後、配当表に従い実施するものとする。

（通知を要しない場合）

第十四条　許可割賦販売業者等の行方が知れないときは、第十条第三項、第十一条第二項並びに第十二条第一項及び第二項の規定による許可割賦販売業者等に対する通知は、することを要しない。

（有価証券の換価）

第十五条　経済産業局長は、有価証券（社債、株式等の振替に関する法律（平成十三年法律第七十五号）第二百七十八条第一項に規定する振替債を含む。）が供託されている場合において、必要があるときは、これを換価することができる。この場合において、換価の費用は、換価代金から控除する。

（省令への委任）

第十六条　この政令で定めるもののほか、法第二十一条（法第三十五条の三の六十二において準用する場合を含む。）の規定による権利の実行に関し必要な事項は、法務省令・経済産業省令で定める。

とともに、配当を受けるべき者に供託規則第二十九号書式により作成した証明書を交付しなければならない。

２　経済産業局長は、前項の手続をしたときは、支払委託書の写しを許可割賦販売業者等（その者が供託委託契約を締結しているときは、その者及び当該供託委託契約の受託者）に交付しなければならない。

（有価証券の換価）

第十二条　経済産業局長は、令第十五条の規定により有価証券（その権利の帰属が社債、株式等の振替に関する法律（平成十三年法律第七十五号）の規定による振替口座簿の記載又は記録により定まるものとされる国債を含む。以下同じ。）を換価するためその還付を受けようとするときは、供託物払渡請求書二通を供託所に提出しなければならない。

２　経済産業局長は、有価証券を換価したときは、換価代金から換価の費用を控除した残額を、当該有価証券に代わる営業保証金又は前受業務保証金として供託しなければならない。

３　経済産業局長は、前項の規定により供託したときは、その旨を許可割賦販売業者等（その者が供託委託契約を締結しているときは、その者及び当該供託委託契約の受託者）に通知しなければならない。

（供託規則の適用）

第十三条　前二条に定めるもののほか、営業保証金又は前受業務保証金の払渡し、供託した有価証券の還付及びその換価代金から換価の費用を控除した残額の供託については、供託規則の手続による。

（営業保証金等の還付に係る通知書）

第十五条　法第二十一条第一項（法第三十五条の三の六十二において準用する場合を含む。）の権利を有する

（権利の実行があつた場合の措置）

第二十二条　許可割賦販売業者は、前条第一項の権利を有する者がその権利を実行したため、営業保証金が第十七条第一項に規定する額に不足することとなつたときは、その事実を知つた日以後遅滞なく、その不足額を供託しなければならない。

2　前受金保全措置を講じている許可割賦販売業者は、前条第一項の権利を有する者がその権利を実行したため、当該前受金保全措置により前払式割賦販売の契約によつて生じた債務の弁済に充てることができる額がその権利を実行した日の直前の基準日における基準額に不足することとなつたときは、その事実を知つた日以後遅滞なく、その不足額について新たに前受金保全措置を講じ、書面で、その旨を経済産業大臣に届け出なければならない。

者が営業保証金又は前受業務保証金の還付を受けようとする場合には、令第九条及び令第十三条、供託規則並びに第二条の規定によるほか、許可割賦販売業者等が法第二十七条第一項第三号又は第四号（法第三十五条の三の六十二において準用する場合を含む。以下同じ。）に該当している場合を除き、様式第四（令第十三条の規定による配当の実施の手続による場合にあつては、様式第五）による通知書三通を供託所に提出しなければならない。

第十六条　供託所は、営業保証金又は前受業務保証金を還付したときは、前条の規定により提出された通知書のうち二通を経済産業局長に送付しなければならない。

第十七条　経済産業局長は、前条の通知書を受け取つたときは、その一通に様式第四又は様式第五の奥書の式による記載をし、これを当該通知書に係る許可割賦販売業者等に送付しなければならない。ただし、当該許可割賦販売業者等が法第二十七条第一項第三号又は第四号に該当している場合には、この限りでない。

（前受金保全措置）

第十七条　法第十八条の四第一項及び第二十二条第二項の規定による届出は、様式第五による届出書を提出してしなければならない。

3　第十六条第二項及び第十七条第二項の規定は第一項の規定により供託する場合に、第十八条の四第二項の規定は前項の規定による届出に準用する。

（営業保証金及び前受業務保証金の保管替え等）

第二十二条の二　許可割賦販売業者又は供託委託契約の受託者は、金銭のみをもつて営業保証金又は前受業務保証金を供託している場合において、許可割賦販売業者の主たる営業所の所在地について変更があつたためそのもよりの供託所が変更したときは、遅滞なく、営業保証金又は前受業務保証金を供託している供託所に対し、費用を予納して、所在地変更後の許可割賦販売業者の主たる営業所のもよりの供託所への営業保証金又は前受業務保証金の保管替えを請求しなければならない。

2　許可割賦販売業者は、第十七条第二項に規定する有価証券又はその有価証券及び金銭をもつて営業保証金又は前受業務保証金を供託している場合において、主たる営業所の所在地について変更があつたためその最寄りの供託所が変更したときは、遅滞なく、当該営業保証金又は前受業務保証金の額と同額の営業保証金又は前受業務保証金を所在地変更後の主たる営業所の最寄りの供託所に供託しなければならない。その供託をしたときは、法務省令・経済産業省令で定めるところにより、所在地変更前の主たる営業所の最寄りの供託所に供託した営業保証金又は前受業務保証金を取り戻すことができる。

3　第十七条第二項の規定は、前項の規定により供託する場合に準用する。

（許可の取消し等）

第二十三条　経済産業大臣は、許可割賦販売業者が次の各号の一に該当するときは、その許可を取り消さなければならない。

一　第十五条第一項第二号、第七号又は第八号の規定に該当することとなつたとき。

二　第二十条第一項の規定による命令があつた場合におい

（営業保証金又は前受業務保証金の取戻し）

第十八条　許可割賦販売業者又は法第三十五条の三の六十一の許可を受けた者が法第二十二条の二第二項後段（法第三十五条の三の六十二において準用する場合を含む。）の規定により営業保証金又は前受業務保証金を取り戻す場合において、供託規則第二十五条第一項の規定により供託物払渡請求書に添付すべき書類は、主たる営業所の移転の事実を証する書面及び法第二十二条の二第二項前段（法第三十五条の三の六十二において準用する場合を含む。）の規定による供託に係る供託書正本の写しをもつて足りる。

て、その命令の日から六月以内に同条第二項の規定による取消しがされないとき。

三　第二十条第一項の規定による命令に違反したとき。

四　不正の手段により第十一条の許可を受けたとき。

2　経済産業大臣は、許可割賦販売業者が次の各号の一に該当するときは、当該許可割賦販売業者に対し、三月以内の期間を定めて前払式割賦販売の契約を締結してはならない旨を命じ、又はその許可を取り消すことができる。

一　第十六条第三項（第十八条第二項において準用する場合を含む。）の規定に違反して営業を開始したとき。

二　第十八条の三第一項の規定に違反して新たに前払式割賦販売の契約を締結したとき。

三　第十九条第三項の規定による命令に違反したとき。

四　第二十条の二第一項の規定による命令に違反したとき。

五　第二十二条第一項の規定による供託をしないとき。

六　第二十二条第二項の規定による前受金保全措置を講じないとき。

3　経済産業大臣は、許可割賦販売業者が前項第四号の命令（当該許可割賦販売業者の前払式割賦販売に係る業務の運営が第二十条の二第一項第三号に該当する場合におけるものに限る。次項及び第四十条第二項において同じ。）に違反した場合において、前項の規定による処分をしようとするときは、あらかじめ、内閣総理大臣に協議しなければならない。

4　内閣総理大臣は、許可割賦販売業者が第二項第四号の命令に違反した場合において、購入者の利益を保護するため必要があると認めるときは、経済産業大臣に対し、同項の規定による処分に関し、必要な意見を述べることができる。

5　経済産業大臣は、第一項又は第二項の規定により許可を取り消したときは、遅滞なく、その理由を示して、その旨を当該許可割賦販売業者であつた者に通知しなければならない。

（処分の公示）

第二十四条　経済産業大臣は、第二十条第一項の規定による命令をし、若しくは同条第二項の規定によりこれを取り消したとき、又は前条第一項若しくは第二項の規定により許可を取り消したときは、経済産業省令で定めるところにより、その旨を公示しなければならない。

（許可の失効）

第二十五条　許可割賦販売業者が前払式割賦販売の営業を廃止したときは、許可は、その効力を失う。

（廃止の届出）

第二十六条　許可割賦販売業者は、前払式割賦販売の営業を廃止したときは、遅滞なく、その旨を経済産業大臣に届け出なければならない。

２　第二十四条の規定は、前項の規定による届出があつた場合に準用する。

（契約の解除）

第二十七条　許可割賦販売業者が次の各号のいずれかに該当するときは、当該許可割賦販売業者と前払式割賦販売の契約を締結している者でその契約に係る商品の引渡しを受けていないものは、その契約を解除することができる。

一　基準日の翌日から起算して五十日を経過する日までの間に当該基準日に係る基準額について前受金保全措置を講じなかつたとき。

二　第二十条第一項の規定による命令を受けたとき。

三　第二十三条第一項又は第二項の規定により許可を取り消されたとき。

四　第二十五条の規定により許可が効力を失つたとき。

五　破産手続開始、再生手続開始又は更生手続開始の申立てがあつたとき。

六　支払を停止したとき。

２　前項の規定に反する特約は、無効とする。

（処分の公示）

第二十五条　法第二十四条（法第二十六条において準用する場合を含む。）の規定による公示は、官報に掲載してするものとする。

（廃止の届出）

第二十六条　法第二十六条第一項の規定による届出は、様式第十三による届出書を提出してしなければならない。

（許可の取消し等に伴う取引の結了等）

第二十八条　許可割賦販売業者が第二十三条第一項若しくは第二項の規定により許可を取り消されたとき、又は第二十五条の規定により許可が効力を失つたときは、当該許可割賦販売業者であつた者又はその一般承継人は、当該許可割賦販売業者が締結した前払式割賦販売の契約に基づく取引を結了する目的の範囲内においては、なお許可割賦販売業者とみなす。

第二十九条　許可割賦販売業者が第二十三条第一項若しくは第二項の規定により許可を取り消されたとき、又は第二十五条の規定により許可が効力を失つたときは、許可割賦販売業者であつた者又はその承継人（前条の規定により許可割賦販売業者とみなされる者を除く。）は、当該許可割賦販売業者であつた者が供託した営業保証金又は前受業務保証金を取り戻すことができる。

2　前項の営業保証金又は前受業務保証金の取戻しは、当該営業保証金又は前受業務保証金につき第二十一条第一項の権利を有する者に対し、六月を下らない一定期間内に申し出るべき旨を公告し、その期間内にその申出がなかつた場合でなければ、することができない。ただし、営業保証金又は前受業務保証金を取り戻すことができる理由が発生した時から十年を経過したときは、この限りでない。

3　前項の公告その他第一項の規定による営業保証金又は前受業務保証金の取戻しに関し必要な事項は、法務省令・経済産業省令で定める。

第十九条　法第十八条の二第一項の規定により許可割賦販売業者が営業保証金の取戻しをしようとするには、官報に次の各号に掲げる事項を公告しなければならない。ただし、同条第二項ただし書の規定に該当するときは、この限りでない。

一　当該許可割賦販売業者の名称及び代表者の氏名並びに主たる営業所その他の営業所及び代理店の名称及び所在地

二　廃止した営業所又は代理店の名称及び所在地並びにその廃止の年月日

三　当該許可割賦販売業者の営業保証金の総額及び取戻しをしようとする営業保証金の額

四　前号の営業保証金につき法第二十一条第一項の権利を有する者は、六月を下らない一定期間内に、その債権の額及び債権発生の原因たる事実並びに住所及び氏名又は名称を記載した申出書三通を経済産業局長に提出すべき旨

五　前号の申出書の提出がないときは、第三号の取戻しをしようとする営業保証金が取り戻される旨

2　法第二十九条第一項の規定により許可割賦販売業者であつた者又はその承継人（法第二十八条の規定により許可割賦販売業者とみなされる者を除く。）が営業保証金又は前受業務保証金の取戻しをしようとするには、官報に次の各号に掲げる事項を公告しなければならない。ただし、法第二十九条第二項ただし書の規定に該当するときは、この限りでない。

一　当該許可割賦販売業者であつた者の名称及び代表者の氏名並びに主たる営業所その他の営業所及び代理店の名称及び所在地

二　当該許可割賦販売業者であつた者の許可の年月日及び許可の取消し又は失効の年月日

三　当該許可割賦販売業者であつた者の営業保証金又は前受業務保証金の額

四　前号の営業保証金又は前受業務保証金につき法第二十一条第一項の権利を有する者は、六月を下らない一定期間内に、その債権の額及び債権発生の原因たる事実並びに住所及び氏名又は名称を記載した申出書三通を経済産業局長に提出すべき旨

五　前号の申出書の提出がないときは、第三号の取戻しをしようとする営業保証金又は前受業務保証金が取り戻される旨

3　法第三十五条の三の六十二において準用する法第十八条の二第一項の規定により、法第三十五条の三の六十一の許可を受けた者が営業保証金の取戻しをしようとするには、官報に次の各号に掲げる事項を公告しなければならない。ただし、法第三十五条の三の六十二において準用する法第十八条の二第二項ただし書の規

定に該当するときは、この限りでない。

一　当該法第三十五条の三の六十一の許可を受けた者の名称及び代表者の氏名並びに主たる営業所その他の営業所及び代理店の名称及び所在地

二　廃止した営業所又は代理店の名称及び所在地並びにその廃止の年月日

三　当該法第三十五条の三の六十一の許可を受けた者の営業保証金の総額及び取戻しをしようとする営業保証金の額

四　前号の営業保証金につき法第三十五条の三の六十二において準用する法第二十一条第一項の権利を有する者は、六月を下らない一定期間内に、その債権の額及び債権発生の原因たる事実並びに住所及び氏名又は名称を記載した申出書三通を経済産業局長に提出すべき旨

五　前号の申出書の提出がないときは、第三号の取戻しをしようとする営業保証金が取り戻される旨

4　法第三十五条の三の六十二において準用する法第二十九条第一項の規定により、法第三十五条の三の六十一の許可を受けた者であつた者又はその承継人（法第三十五条の三の六十二において準用する法第二十八条の規定により法第三十五条の三の六十一の許可を受けた者とみなされる者を除く。）が営業保証金又は前受業務保証金の取戻しをしようとするには、官報に次の各号に掲げる事項を公告しなければならない。ただし、法第三十五条の三の六十二において準用する法第二十九条第二項ただし書の規定に該当するときは、この限りでない。

一　当該法第三十五条の三の六十一の許可を受けた者であつた者の名称及び代表者の氏名並びに主たる営業所その他の営業所及び代理店の名称及び所在地

二　当該法第三十五条の三の六十一の許可を受けた者であつた者の許可の年月日及び許可の取消し又は失効の年月日

三　当該法第三十五条の三の六十一の許可を受けた者であつた者の営業保証金又は前受業務保証金の額
四　前号の営業保証金又は前受業務保証金につき法第三十五条の三の六十二において準用する法第二十一条第一項の権利を有する者は、六月を下らない一定期間内に、その債権の額及び債権発生の原因たる事実並びに住所及び氏名又は名称を記載した申出書三通を経済産業局長に提出すべき旨
五　前号の申出書の提出がないときは、第三号の取戻しをしようとする営業保証金又は前受業務保証金が取り戻される旨
5　営業保証金又は前受業務保証金の取戻しをしようとする者が第一項から前項までの規定により公告をしたときは、遅滞なく、その旨を経済産業局長に届け出なければならない。

第二十条　前条第五項の規定により届出をした者は、当該公告に定める期間内に、同条第一項第四号、第二項第四号、第三項第四号又は第四項第四号の申出書の提出がなかつたときは、その旨の証明書の交付を経済産業局長に請求することができる。
2　前条第五項の規定により届出をした者は、当該公告に定める期間内に、同条第一項第四号、第二項第四号、第三項第四号又は第四項第四号の申出書の提出があつたときは、当該申出書各一通及び申出に係る債権の総額に関する証明書の交付を経済産業局長に請求することができる。

第二十一条　第十九条第一項本文又は第二項本文の公告をした場合において、供託物の取戻しをしようとする者が供託規則第二十五条第一項の規定により供託物払渡請求書に添付すべき書類（以下「添付書類」という。）は、次の各号に掲げる書類をもつて足りる。
一　前条第一項の場合においては、同項の規定により交付を受けた証明書

第二章の二　ローン提携販売

（ローン提携販売条件の表示）

第二十九条の二　ローン提携販売を業とする者（以下「ローン提携販売業者」という。）は、第二条第二項第一号に規定するローン提携販売の方法により指定商品若しくは指定権利を販売するため又は指定役務を提供するためカード等を利用者に交付し又は付与するときは、経済産業省令・内閣府令で定めるところにより、当該ローン提携販売をする場合における商品若しくは権利の販売条件又は役務の提供条件に関する次の事項を記載した書面を当該利用者に交付しなければならない。

一　ローン提携販売に係る借入金の返還（利息の支払を含む。）の期間及び回数

二　前条第二項の場合においては、同項の規定により交付を受けた書類及び申出に係る法第二十一条第一項の権利が存在しないこと又は消滅したことを証する書類

2　第十九条第三項本文又は第四項本文の公告をした場合において、添付書類は、次の各号に掲げる書類をもつて足りる。

一　前条第一項の場合においては、同項の規定により交付を受けた証明書

二　前条第二項の場合においては、同項の規定により交付を受けた書類及び申出に係る法第三十五条の三の六十二において準用する法第二十一条第一項の規定による権利が存在しないこと又は消滅したことを証する書類

第二章　ローン提携販売

（ローン提携販売条件の表示の方法）

第二十七条　法第二十九条の二第一項各号の事項を記載した書面を交付するときは、次の各号に定めるところによらなければならない。

一　利用者が読みやすく、理解しやすいような用語により、正確に記載すること。

二　日本産業規格Z八三〇五に規定する八ポイント以上の大きさの文字及び数字を用いること。

三　法第二十九条の二第一項第二号の事項は、次項に規定する方法により算定した融資手数料（借入金の利息、保証料、信用調査費、事務管理費その他何らの名義をもつてするを問わずローン提携販売に係る手数料としてローン提携販売業者（購入者等の債務の保証について、ローン提携販売業者から委託を受けて保証を行う者を含む。）又は融資を行う者（購入者等がローン提携販売の方法により指定商品若しくは指定権利を購入し、又は指定役務の提供を受ける場合において、支払総額の全部又

二　経済産業省令・内閣府令で定める方法により算定したローン提携販売に係る借入金の利息その他の手数料の料率

は一部に充てるための借入金の借入れを行う相手方をいう。）が購入者等に対し支払わせるものの総額（登記等手数料をローン提携販売に係る手数料に含めない旨が明示されているときは、登記等手数料を控除した額）。以下同じ。）の料率を年利建てで少なくとも〇・一パーセントの単位まで示し、かつ、当該料率以外の料率を示さないこと。

2　法第二十九条の二第一項第二号の経済産業省令・内閣府令で定める方法は、別表第一第一号に定める方法とする。ただし、分割返済金の返済の方法が、返済の間隔については第一号に、額については第二号に該当する場合以外の場合にあつては、同表第二号に定める方法とすることができる。

一　分割返済金の返済の間隔が次のいずれかに該当する場合

イ　返済期間における分割返済金の返済が月一回であり、かつ、等間隔である場合

ロ　イに掲げる場合を除き、契約の締結された日から第一回の分割返済金の返済日の前日までの期間が二月未満であつて、第一回の分割返済金の返済日から返済期間の終了の日までの返済が月一回であり、かつ、等間隔である場合

二　分割返済金の額が次のいずれかに該当する場合

イ　分割返済金の額が均等である場合

ロ　任意の一回の分割返済金を除く他の分割返済金の額が均等であり、当該均等な分割返済金の額と異なる一回の分割返済金の額が他の均等な分割返済金の額の一・五倍に相当する額以下の額である場合

ハ　返済期間のうちに六月、七月、八月、十二月若しくは一月が含まれている場合（返済期間が一年未満の場合に限る。）であつて、返済期間において当該六月、七月、八月、十二月若しくは一月のうちの一の月のみにおける分割返済金（以下「特定月の分割返済金」という。）以外の分割返済金についてイ若しくはロに該当しており、かつ、特定月の分割返済金の額が他の分

三　前二号に掲げるもののほか、経済産業省令・内閣府令で定める事項

２　ローン提携販売業者は、第二条第二項第二号に規定するローン提携販売の方法により、指定商品若しくは指定権利を販売するため又は指定役務を提供するため、カード等を利用者に交付し又は付与するときは、経済産業省令・内閣府令で定めるところにより、当該ローン提携販売をする場合における商品若しくは権利の販売条件又は役務の提供条件に関する次の事項を記載した書面を当該利用者に交付しなければならない。

一　利用者が弁済をすべき時期及び当該時期ごとの弁済金の額の算定方法

二　経済産業省令・内閣府令で定める方法により算定したローン提携販売に係る借入金の利息その他の手数料の料率

三　前二号に掲げるもののほか、経済産業省令・内閣府令で定める事項

割返済金の額を超えている場合又は返済期間のうちに六月、七月若しくは八月と十二月若しくは一月が含まれている場合であつて、返済期間において当該六月、七月若しくは八月のうちの一の月と十二月若しくは一月のうちの一の月の分割返済金（以下「特定の二月の分割返済金」という。）以外の分割返済金についてイ若しくはロに該当しており、かつ、特定の二月の分割返済金の額が同額で他の分割返済金の額を超えている場合

３　法第二十九条の二第一項第三号の経済産業省令・内閣府令で定める事項は、次のとおりとする。

一　支払総額の具体的算定例

二　極度額（ローン提携販売の方法により指定商品若しくは指定権利を購入し、又は指定役務を受領することができる額の上限であつて、あらかじめ定められたものをいう。次条第三項第二号において同じ。）について定めがあるときは、その金額

三　前号に定めるもののほか、カード等の利用に関する特約があるときは、その内容

第二十八条　法第二十九条の二第二項各号の事項を記載した書面を交付するときは、次の各号に定めるところによらなければならない。

一　利用者が読みやすく、理解しやすいような用語により、正確に記載すること。

二　日本産業規格Ｚ八三〇五に規定する八ポイント以上の大きさの文字及び数字を用いること。

三　法第二十九条の二第二項第二号の事項は、次項に規定する方法により算定した融資手数料の料率を年利建てで少なくとも〇・一パーセントの単位まで示し、かつ、当該料率以外の料率を示さないこと。

２　法第二十九条の二第二項第二号の経済産業省令・内閣府令で定める方法は、別表第一第三号に定める方法とする。

３　法第二十九条の二第二項第三号の経済産業省令・内閣府令で定める事項は、次のとおりとする。

3　ローン提携販売業者は、第一項又は前項のローン提携販売の方法により指定商品若しくは指定権利を販売する場合の販売条件又は指定役務を提供する場合の提供条件について広告をするときは、経済産業省令・内閣府令で定めるところにより、当該広告に、それぞれ第一項各号又は前項各号の事項を表示しなければならない。

（書面の交付）

第二十九条の三　ローン提携販売業者は、第二条第二項第一号に規定するローン提携販売の方法により指定商品若しくは指定権利を販売する契約又は指定役務を提供する契約を締結したときは、遅滞なく、経済産業省令・内閣府令で定めるところにより、次の事項について契約の内容を明らかにする書面を購入者又は役務の提供を受ける者に交付しなければならない。

一　購入者又は役務の提供を受ける者の支払総額（ローン提携販売の方法により商品若しくは権利を販売し又は役務を提供する場合の価格（保証料その他の手数料を含む。）及びローン提携販売に係る借入金の利息の合計額をいう。）

一　弁済金の額の具体的算定例

二　極度額について定めがあるときは、その金額

三　前号に定めるもののほか、カード等の利用に関する特約があるときは、その内容

第二十九条　法第二十九条の二第三項の規定により、同条第一項又は第二項のローン提携販売の方法により指定商品若しくは指定権利を販売する場合の販売条件又は指定役務を提供する場合の提供条件について広告をするときは、それぞれ同条第一項各号又は第二項各号の事項について次の各号に定めるところにより表示しなければならない。

一　法第二十九条の二第一項各号又は第二項各号の事項について、利用者が読みやすく、理解しやすいような用語により、正確に表示すること。

二　書面により広告を行う場合にあつては、日本産業規格Z八三〇五に規定する八ポイント以上の大きさの文字及び数字を用いること。

三　法第二十九条の二第一項第二号又は第二項第二号の事項は、それぞれ第二十七条第二項又は前条第二項に規定する方法により算定した融資手数料の料率を年利建てで少なくとも〇・一パーセントの単位まで示し、かつ、当該料率以外の料率を示さないこと。

〔法第二十九条の三第一項柱書に対応する経済産業省令は、施行規則第三十一条〕

二　分割返済金（ローン提携販売に係る各回ごとの借入金の返還分（利息の支払分を含む。）をいう。以下同じ。）の額

三　分割返済金の返済の時期及び方法

四　商品の引渡時期若しくは権利の移転時期又は役務の提供時期

五　契約の解除に関する事項

六　所有権の移転に関する定めがあるときは、その内容

七　前各号に掲げるもののほか、経済産業省令・内閣府令で定める事項

（書面の交付等）

第三十条　法第二十九条の三第一項第七号の経済産業省令・内閣府令で定める事項は、次のとおりとする。ただし、法第二十九条の二第一項のローン提携販売の方法により指定商品を販売する契約であつて、当該契約に係る指定商品の種類が二以上あるものを締結した場合においては、第三号及び第四号に掲げる事項（現金販売価格が三千円に満たない指定商品（当該契約に係る指定商品のうち現金販売価格が最も高額であるものを除く。）に係るものに限る。）を記載しないことができる。

一　ローン提携販売業者の名称及び住所又は電話番号

二　契約年月日

三　商品若しくは権利又は役務の種類

四　商品の数量（権利又は役務の場合にあつては、契約上権利を行使し得る回数若しくは期間又は役務の提供を受けることができる回数若しくは期間）

五　返還回数

六　ローン提携販売の方法により指定商品若しくは指定権利を販売する契約又は指定役務を提供する契約（以下「ローン提携販売の契約」という。）について購入者等が問合わせ、相談等を行うことができる機関の名称及び住所又は電話番号

七　法第二十九条の四第二項において準用する法第三十条の四第一項の規定に関する事項

八　役務の提供が指定商品又は指定権利の販売の条件となつているときは、当該役務の内容、提供時期その他当該役務に関する事項

九　商品の販売が指定権利の販売又は指定役務の提供の条

件となつているときは、当該商品の内容、引渡し時期その他当該商品に関する事項

十　権利の販売が指定商品の販売又は指定役務の提供の条件となつているときは、当該権利の内容、移転時期その他当該権利に関する事項

十一　商品が種類又は品質に関して契約の内容に適合しない場合の責任についての定めがあるときは、その内容

十二　前各号に掲げるもののほか特約があるときは、その内容

十三　ローン提携販売の契約が連鎖販売個人契約又は業務提供誘引販売個人契約であるときは、その旨

第三十一条　法第二十九条の三第一項の規定により同項各号に掲げる事項を記載した書面を交付するときは、次の各号に定めるところによらなければならない。

一　購入者等が読みやすく、理解しやすいような用語により、正確に記載すること。

二　法第二十九条の三第一項第五号に掲げる事項については、その内容が次の基準に合致していること。

イ　購入者等からの契約の解除ができない旨が定められていないこと。

ロ　ローン提携販売の契約の締結の前にローン提携販売業者が見本、カタログ等により購入者等に対し提示した当該契約の内容と当該購入者等が受領した商品若しくは権利又は提供を受ける役務が相違している場合には、購入者等は、当該契約の解除をすることができる旨が定められていること。

ハ　ローン提携販売業者の責に帰すべき事由により契約が解除された場合におけるローン提携販売業者の義務に関し、民法第五百四十五条に規定するものより購入者等に不利な特約が定められていないこと。

三　前条第七号に掲げる事項については、その内容に、指定商品若しくは指定権利の販売につきそれを販売したローン提携販売業者又は指定役務の提供につきそれを提供するローン提携販売業者に対して生じている事由をも

２　ローン提携販売業者は、第二条第二項第二号に規定するローン提携販売の方法により指定商品若しくは指定権利を

つて、分割返済金の返済の請求をするローン提供業者に対抗できる旨が定められていること。

四　法第二十九条の三第一項第六号並びに前条第十一号及び第十二号に掲げる事項のうち次の表の上欄に掲げる事項についての定めがあるときは、その内容がそれぞれ同表の下欄の基準に合致していること。

事項	内容の基準
一　所有権の移転に関する事項	イ　商品の所有権の移転の時期が明示されていること。 ロ　商品の所有権の移転前においては、購入者は、当該商品を担保に供し、譲渡し、又は転売することができない旨が定められていること。
二　商品が種類又は品質に関して契約の内容に適合しない場合の責任に関する事項	商品が種類又は品質に関して契約の内容に適合しない場合にローン提携販売業者がその不適合（道路運送車両法の規定による臨時運行以外の運行の用に供された旨が明示されている自動車に係るものであつて、当該運行の用に供されたことにより通常生ずるものを除く。）について責任を負わない旨が定められていないこと。
三　法第二十九条の三第一項第六号及び前条第十一号に掲げるもの以外の特約	法令に違反する特約が定められていないこと。

五　日本産業規格Ｚ八三〇五に規定する八ポイント以上の大きさの文字及び数字を用いること。

〔法第四条第二項柱書に対応する経済産業省令は、施行規則第三十二条〕

販売する契約又は指定役務を提供する契約を締結したときは、遅滞なく、経済産業省令・内閣府令で定めるところにより、次の事項について契約の内容を明らかにする書面を購入者又は役務の提供を受ける者に交付しなければならない。

一　購入者又は役務の提供を受ける者の当該ローン提携販売の契約に係る借入金の額

二　弁済金の返済の方法

三　商品の引渡時期若しくは権利の移転時期又は役務の提供時期

四　契約の解除に関する事項

五　所有権の移転に関する定めがあるときは、その内容

六　前各号に掲げるもののほか、経済産業省令・内閣府令で定める事項

第三十二条　法第二十九条の三第二項第六号の経済産業省令・内閣府令で定める事項は、次のとおりとする。ただし、ローン提携販売の契約であつて当該契約に係る指定商品の種類が二以上あるものを締結した場合においては、第三号及び第四号に掲げる事項（現金販売価格が三千円に満たない指定商品（当該契約に係る指定商品のうち現金販売価格が最も高額であるものを除く。）に係るものに限る。）を記載しないことができる。

一　ローン提携販売業者の名称及び住所又は電話番号

二　契約年月日

三　商品若しくは権利又は役務の種類

四　商品の数量（権利又は役務の場合にあつては、契約上権利を行使し得る回数若しくは期間又は役務の提供を受けることができる回数若しくは期間）

五　ローン提携販売の契約について購入者等が問合わせ、相談等を行うことができる機関の名称及び住所又は電話番号

六　法第二十九条の四第三項において準用する法第三十条の五の規定に関する事項

七　役務の提供が指定商品又は指定権利の販売の条件となつているときは、当該役務の内容、提供時期その他当該役務に関する事項

八　商品の販売が指定権利の販売又は指定役務の提供の条

件となつているときは、当該商品の内容、引渡し時期その他当該商品に関する事項

九　権利の販売が指定商品の販売又は指定役務の提供の条件となつているときは、当該権利の内容、移転時期その他当該権利に関する事項

十　商品が種類又は品質に関して契約の内容に適合しない場合の責任についての定めがあるときは、その内容

十一　前各号に掲げるもののほか特約があるときは、その内容

十二　ローン提携販売の契約が連鎖販売個人契約又は業務提供誘引販売個人契約であるときは、その旨

第三十三条　法第二十九条の三第二項の規定により同項各号に掲げる事項を記載した書面を交付するときは、次の各号に定めるところによらなければならない。

一　購入者等が読みやすく、理解しやすいような用語により、正確に記載すること。

二　法第二十九条の三第二項第四号に掲げる事項については、その内容が次の基準に合致していること。

イ　購入者等からの契約の解除ができない旨が定められていないこと。

ロ　ローン提携販売の契約の締結の前にローン提携販売業者が見本、カタログ等により購入者等に対し提示した当該契約の内容と当該購入者等が受領した商品若しくは権利又は提供を受ける役務が相違している場合には、購入者等は、当該契約の解除をすることができる旨が定められていること。

ハ　ローン提携販売業者の責に帰すべき事由により契約が解除された場合におけるローン提携販売業者の義務に関し、民法第五百四十五条に規定するものより購入者等に不利な特約が定められていないこと。

三　前条第六号に掲げる事項については、その内容に、指定商品若しくは指定権利の販売につきそれを販売した又は指定役務の提供につきそれを提供するローン提携販売業者に対して生じている事由をも

（準用規定）

第二十九条の四　第四条の二の規定はローン提携販売業者に、第八条（第六号を除く。）の規定はローン提携販売に

（ローン提携販売に係る情報通信の技術を利用する方法）

第十七条　第二条の規定は、ローン提携販売業者に準用する。この場合において、同条第一項及び第二項中「法第四

つて、弁済金の返済の請求をするローン提供業者に対抗できる旨が定められていること。

四　法第二十九条の三第二項第五号、前条第十号及び第十一号に掲げる事項のうち次の表の上欄に掲げる事項についての定めがあるときは、その内容がそれぞれ同表の下欄の基準に合致していること。

事項	内容の基準
一　所有権の移転に関する事項	イ　商品の所有権の移転の時期が明示されていること。 ロ　商品の所有権の移転前においては、購入者は、当該商品を担保に供し、譲渡し、又は転売することができない旨が定められていること。
二　商品が種類又は品質に関して契約の内容に適合しない場合の責任に関する事項	商品が種類又は品質に関して契約の内容に適合しない場合にローン提携販売業者がその不適合（道路運送車両法の規定による臨時運行以外の運行の用に供された旨が明示されている自動車に係るものであつて、当該運行の用に供されたことにより通常生ずるものを除く。）について責任を負わない旨が定められていないこと。
三　法第二十九条の三第二項第五号及び前条第十号に掲げるもの以外の特約	法令に違反する特約が定められていないこと。

五　日本産業規格Z八三〇五に規定する八ポイント以上の大きさの文字及び数字を用いること。

（情報通信の技術を利用する方法）

第三十四条　法第二十九条の四第一項において読み替えて準用する法第四条の二の経済産業省令・内閣府令で定める方

準用する。この場合において、第四条の二中「第三条第二項若しくは第三項又は前条各項」とあるのは、「第二十九条の二第一項若しくは第二項又は第二十九条の三各項」と読み替えるものとする。

条の二」とあるのは、「法第二十九条の四第一項において準用する法第四条の二」と読み替えるものとする。

法は、次に掲げる方法とする。

一　電子情報処理組織を使用する方法のうちイ又はロに掲げるもの

イ　ローン提携販売業者の使用に係る電子計算機と利用者又は購入者等の使用に係る電子計算機とを接続する電気通信回線を通じて送信し、受信者の使用に係る電子計算機に備えられたファイルに記録する方法

ロ　ローン提携販売業者の使用に係る電子計算機に備えられたファイルに記録された書面に記載すべき事項を電気通信回線を通じて利用者又は購入者等の閲覧に供し、当該利用者又は購入者等の使用に係る電子計算機に備えられたファイルに当該事項を記録する方法（法第二十九条の四第一項において読み替えて準用する法第四条の二前段に規定する方法による提供を受ける旨の承諾又は受けない旨の申出をする場合にあつては、ローン提携販売業者の使用に係る電子計算機に備えられたファイルにその旨を記録する方法）

二　磁気ディスク、シー・ディー・ロムその他これらに準ずる方法により一定の事項を確実に記録しておくことができる物をもつて調製するファイルに書面に記載すべき事項を記録したものを交付する方法

2　前項に掲げる方法は、利用者又は購入者等がファイルへの記録を出力することにより書面を作成できるものでなければならない。

3　第一項第一号の「電子情報処理組織」とは、ローン提携販売業者の使用に係る電子計算機と、利用者又は購入者等の使用に係る電子計算機とを電気通信回線で接続した電子情報処理組織をいう。

第三十五条　令第十七条において読み替えて準用する令第二条の規定により示すべき方法の種類及び内容は、次に掲げる事項とする。

一　前条第一項に規定する方法のうちローン提携販売業者が使用するもの

二　ファイルへの記録の方式

2　第三十条の四の規定は、第二条第二項第一号に規定するローン提携販売に係る分割返済金の返済についてローン提携販売業者に対して生じている事由をもつてローン提供業者（同号に規定する債務の保証を受けてローン提携販売に係る購入者又は役務の提供を受ける者に対して同号に規定する金銭の貸付けを業として行う者をいう。）に対抗する場合に準用する。この場合において、第三十条の四第一項中「商品」とあるのは「指定商品」と、「役務に」とあるのは「指定役務に」と、「第三十条の二の三第一項第二号の支払分」とあるのは「第二十九条の三第一項第二号の分割返済金」と、「当該役務」とあるのは「当該指定役務」と、同条第四項中「支払分」とあるのは「分割返済金」と読み替えるものとする。

3　第三十条の五の規定は、第二条第二項第二号に規定するローン提携販売に係る弁済金の返済について準用する。この場合において、第三十条の五第一項中「前条」とあるのは、「第二十九条の四第二項において準用する前条」とするほか、必要な技術的読替えは、政令で定める。

（ローン提供業者に対する抗弁）

第十八条　法第二十九条の四第二項において準用する法第三十条の四第四項の政令で定める金額は、四万円とする。

2　法第二十九条の四第三項において準用する法第三十条の五第一項において準用する法第二十九条の四第二項において準用する法第三十条の四第四項の政令で定める金額は、三万八千円とする。

（ローン提携販売に係る弁済金の返済の充当）

第十九条　法第二十九条の四第三項において準用する法第三十条の五第一項の規定により法第二条第二項第二号に規定するローン提携販売に係る弁済金の返済に関し法第二十九条の四第二項において準用する法第三十条の四の規定を準用する場合には、第二十二条の規定を準用する。この場合において、同条中「包括信用購入あつせんに係る債務」とあるのは「ローン提携販売に係る債務」と、同条第一号中「包括信用購入あつせんの手数料」とあるのは「ローン提携販売に係る借入金の利息その他の手数料」と、同条第五号中「法第三十条の五第一項第四号」とあるのは「法第二十九条の四第三項において準用する法第三十条の五第一項第四号」と読み替えるものとする。

（ローン提携販売に係る弁済金の返済に関する技術的読替え）

第二十条　法第二十九条の四第三項の規定により法第二条第二項第二号に規定するローン提携販売に係る弁済金の返済に関し法第三十条の五の規定を準用する場合における技術的読替えは、次の表のとおりとする。

読み替える規定	読み替えられる字句	読み替える字句
第三十条の五第一項	包括信用購入あっせんに係る債務	ローン提携販売に係る債務
	第三十条の二の三第一項第二号の支払分	第二十九条の三第一項第二号の分割返済金
	第三十条の二の三第三項第二号の弁済金	第二十九条の三第二項第二号の弁済金
	「支払分」	「分割返済金」
	第三十条の二の三第二項第一号の現金販売価格又は現金提供価格	第二十九条の三第二項第一号の借入金
	包括信用購入あっせんの手数料	ローン提携販売に係る借入金の利息その他の手数料
第三十条の五第二項	前条	第二十九条の四第二項において準用する前条

第三章　信用購入あっせん

第一節　包括信用購入あっせん

第一款　業務

（包括信用購入あっせんの取引条件に関する情報の提供等）

第三十条　包括信用購入あっせんを業とする者（以下「包括信用購入あっせん業者」という。）は、第二条第三項第一号に規定する包括信用購入あっせんをするためカード等を利用者に交付し又は付与するときは、経済産業省令・内閣府令で定めるところにより、当該包括信用購入あっせんをする場合における取引条件に関する次の事項に係る情報を当該利用者に提供しなければならない。

一　包括信用購入あっせんに係る商品若しくは権利の代金又は役務の対価（包括信用購入あっせんの手数料を含む。）の支払の期間及び回数

第三章　信用購入あっせん

第一節　包括信用購入あっせん

第一款　業務

（包括信用購入あっせんの取引条件に関する情報の提供等）

第三十六条　法第三十条第一項の規定により同項各号に掲げる事項に係る情報を提供するときは、次の各号に定めるところによらなければならない。

一　利用者が読みやすく、理解しやすいような用語により、正確に表示すること。

二　書面の交付又は電子情報処理組織を使用する方法その他の情報通信の技術を利用する方法により提供すること。

三　日本産業規格Z八三〇五に規定する八ポイント以上の大きさの文字及び数字を用いること。

四　法第三十条第一項第二号の事項は、第五項に規定する方法により算定した包括信用購入あっせんの手数料（金利、信用調査費、集金費、事務管理費、貸倒補てん費その他何らの名義をもつてするを問わず包括信用購入あっせんに係る手数料として包括信用購入あっせん業者が購入者等に対し支払わせるものの総額（登記等手数料を包括信用購入あっせんの手数料に含めない旨が明示されているときは、登記等手数料を控除した額）。以下同じ。）の料率を年利建てで少なくとも〇・一パーセントの単位まで示し、かつ、当該料率以外の料率を示さないこと。

2　前項第二号の情報通信の技術を利用する方法は、次に掲げる方法とする。

一　電子情報処理組織を使用する方法のうちイ、ロ、ハ又はニに掲げるもの

イ　包括信用購入あっせん業者の使用に係る電子計算機と利用者の使用に係る電子計算機とを接続する電気通信回線を通じて送信し、受信者の使用に係る電子計算機に備えられたファイルに記録する方法

ロ　包括信用購入あっせん業者の使用に係る電子計算機

に備えられたファイルに記録された情報を提供すべき事項（以下「提供事項」という。）を電気通信回線を通じて利用者の閲覧に供し、当該利用者の使用に係る電子計算機に備えられたファイルに当該提供事項を記録する方法

ハ　包括信用購入あっせん業者の使用に係る電子計算機に備えられたファイル（専ら利用者又は購入者等の用に供するものに限る。次項、第五十条、第五十三条、第五十五条の四及び第六十八条の七において「顧客ファイル」という。）に記録された提供事項を電気通信回線を通じて利用者の閲覧に供する方法

ニ　閲覧ファイル（包括信用購入あっせん業者の使用に係る電子計算機に備えられたファイルであつて、同時に複数の利用者又は購入者等の閲覧に供するための提供事項を記録させるファイルをいう。以下次項、第五十条、第五十五条の四及び第六十八条の七において同じ。）に記録された提供事項を電気通信回線を通じて利用者の閲覧に供する方法

二　磁気ディスク、シー・ディー・ロムその他これらに準ずる方法により一定の事項を確実に記録しておくことができる物をもつて調製するファイルに提供事項を記録したものを交付する方法

【関連：令和2年施行規則パブリックコメントNo．2、7】

3　前項に掲げる方法は、次に掲げる基準に適合するものでなければならない。

一　利用者がファイルへの記録を出力することにより書面を作成できるものであること。

二　前項第一号ハ又はニに掲げる方法にあつては、カード等に係る取引が結了する日までの間、次に掲げる事項（利用者に適用される包括信用購入あっせんの取引条件に係るものに限る。）を消去し又は改変することができないものであること。ただし、閲覧に供している提供事項を書面により交付する場合、同号イ若しくはロ若しくは同項第二号に掲げる方法により提供する場合又は利用者による当該提供事項に係る消去の指図がある場合は、当該

二　経済産業省令・内閣府令で定める方法により算定した包括信用購入あつせんの手数料の料率

提供事項を消去することができる。

イ　前項第一号ハに掲げる方法については、顧客ファイルに記録された提供事項

ロ　前項第一号ニに掲げる方法については、閲覧ファイルに記録された提供事項

三　前項第一号ニに掲げる方法にあつては、次に掲げる基準に適合すること。

イ　利用者が閲覧ファイルを閲覧するために必要な情報を顧客ファイルに記録すること。

ロ　前号に規定する期間において、イの規定により利用者が閲覧ファイルを閲覧するために必要な情報を記録した顧客ファイルと当該閲覧ファイルとを電気通信回線を通じて接続可能な状態を維持させること。ただし、閲覧の提供を受けた利用者が接続可能な状態を維持させることについて不要である旨通知した場合は、この限りでない。

4　【関連：令和2年施行規則パブリックコメントNo.10、19】

この条から第三十七条の二まで、第五十条、第五十二条から第五十三条の二まで、第五十五条の二から第五十五条の四まで、第六十八条の六及び第六十八条の七の「電子情報処理組織」とは、包括信用購入あつせん業者の使用に係る電子計算機と、利用者の使用に係る電子計算機とを電気通信回線で接続した電子情報処理組織をいう。

5　法第三十条第一項第二号の経済産業省令・内閣府令で定める方法は、別表第一第一号に定める方法とする。ただし、支払分の支払の方法が、支払の間隔については第一号に、額については第二号に該当する場合以外の場合にあつては、同表第二号に定める方法とすることができる。

一　支払分の支払の間隔が次のいずれかに該当する場合

イ　支払期間における支払分の支払が月一回であり、かつ、等間隔である場合

ロ　イに掲げる場合を除き、包括信用購入あつせん関係受領契約の締結された日から第一回の支払分の支払日の前日までの期間が二月未満であつて、第一回の支払分の支払日から支払期間の終了の日までの支払が

三　前二号に掲げるもののほか、経済産業省令・内閣府令で定める事項

2　包括信用購入あっせん業者は、第二条第三項第二号に規定する包括信用購入あっせんをするためカード等を利用者に交付し又は付与するときは、経済産業省令・内閣府令で定めるところにより、当該包括信用購入あっせんをする場合における取引条件に関する次の事項に係る情報を当該利用者に提供しなければならない。

月一回であり、かつ、等間隔である場合

二　支払分の額が次のいずれかに該当する場合

イ　支払分の額が均等である場合

ロ　任意の一回の支払分を除く他の支払分の額が均等であり、当該均等な支払分の額と異なる一回の支払分の額が他の均等な支払分の額の一・五倍に相当する額以下の額である場合

ハ　支払期間のうちに六月、七月、八月、十二月若しくは一月が含まれている場合（支払期間が一年未満の場合に限る。）であつて、支払期間において当該六月、七月、八月、十二月若しくは一月のうちの一の月のみにおける支払分（以下「特定月の支払分」という。）以外の支払分についてイ若しくはロに該当しており、かつ、特定月の支払分の額が他の支払分の額を超えている場合又は支払期間のうちに六月、七月若しくは八月と十二月若しくは一月が含まれている場合であつて、支払期間において当該六月、七月若しくは八月のうちの一の月と十二月若しくは一月のうちの一の月の支払分（以下「特定の二月の支払分」という。）以外の支払分についてイ若しくはロに該当しており、かつ、特定の二月の支払分の額が同額で他の支払分の額を超えている場合

6　法第三十条第一項第三号の経済産業省令・内閣府令で定める事項は、次のとおりとする。

一　支払総額の具体的算定例

二　極度額について定めがあるときは、その金額

三　前号に定めるもののほか、カード等の利用に関する特約があるときは、その内容

第三十七条　法第三十条第二項の規定により同項各号に掲げる事項に係る情報を提供するときは、次の各号に定めるところによらなければならない。

一　利用者が読みやすく、理解しやすいような用語により、正確に表示すること。

二　書面の交付又は電子情報処理組織を使用する方法その

一　利用者が弁済をすべき時期及び当該時期ごとの弁済金の額の算定方法

二　経済産業省令・内閣府令で定める方法により算定した包括信用購入あっせんの手数料の料率

三　前二号に掲げるもののほか、経済産業省令・内閣府令で定める事項

３　包括信用購入あっせん業者は、前二項に規定するカード等の交付時又は付与時において利用者から第一項各号又は前項各号の事項を記載した書面の交付を求められたときは、遅滞なく、経済産業省令・内閣府令で定めるところにより、当該書面を交付しなければならない。ただし、当該利用者の保護に支障を生ずることがない場合として経済産業省令・内閣府令で定める場合は、この限りでない。

他の情報通信の技術を利用する方法により提供すること。

三　日本産業規格Ｚ八三〇五に規定する八ポイント以上の大きさの文字及び数字を用いること。

四　法第三十条第二項第二号の事項は、第四項に規定する方法により算定した包括信用購入あっせんの手数料の料率を年利建てで少なくとも〇・一パーセントの単位まで示し、かつ、当該料率以外の料率を示さないこと。

２　前項第二号の情報通信の技術を利用する方法は、前条第二項に掲げる方法とする。

３　前項の方法は、前条第三項に掲げる基準に適合するものでなければならない。

４　法第三十条第二項第二号の経済産業省令・内閣府令で定める方法は、別表第一第三号に定める方法とする。

５　法第三十条第二項第三号の経済産業省令・内閣府令で定める事項は、次のとおりとする。

一　弁済金の額の具体的算定例

二　極度額について定めがあるときは、その金額

三　前号に定めるもののほか、カード等の利用に関する特約があるときは、その内容

第三十七条の二　法第三十条第三項の規定により同条第一項各号又は同条第二項各号の事項を記載した書面（利用者に適用される包括信用購入あっせんの取引条件に係るものに限る。）を交付するときは、第三十六条第一項、第五項及び第六項又は前条第一項、第四項及び第五項の規定を準用する。

２　法第三十条第三項ただし書の経済産業省令・内閣府令で定める場合は、次のいずれかに該当する場合とする。

一　包括信用購入あっせん業者が利用者又は購入者等に提供する役務が、次のいずれにも該当する場合

イ　包括信用購入あっせん業者が、カードその他の物を交付することなく、当該利用者にカード等（法第二条第三項第一号の番号、記号その他の符号に限る。以下この号、第五十三条の二、第五十五条の二、第五十五

4　包括信用購入あつせん業者は、第一項又は第二項に規定する包括信用購入あつせんをする場合の取引条件について広告をするときは、経済産業省令・内閣府令で定めるところにより、当該広告に、それぞれ第一項各号又は第二項各号の事項を表示しなければならない。

（包括支払可能見込額の調査）

第三十条の二　包括信用購入あつせん業者は、包括信用購入あつせんをするためカード等を利用者（個人である利用者に限る。以下この条、次条、第三十条の五の五、第三十条

条の三及び第六十八条の六において同じ。）を付与すること。

ロ　当該利用者が、当該利用者の使用に係る電子計算機を用いて、イのカード等を通知して、法第三十条の二の三第一項又は第二項に規定する契約及び同条第五項に規定する契約を締結すること。

ハ　包括信用購入あつせん業者が、法第三十条の二の三第三項に規定する弁済金であつてロに規定する同条第二項に規定する契約に係るものの支払を請求する場合には、電子情報処理組織を使用する方法のうち第五十三条第二項第一号に掲げるものによること。

二　包括信用購入あつせん業者が法第三十条第一項各号又は第二項各号の事項を記載した書面の交付により同条第一項又は第二項の規定による情報の提供を行つた場合

第三十八条　法第三十条第四項の規定により、包括信用購入あつせんをする場合の取引条件について広告するときは、同条第一項各号又は第二項各号の事項について次の各号に定めるところにより表示しなければならない。

一　法第三十条第一項各号又は第二項各号の事項について、利用者が読みやすく、理解しやすいような用語により、正確に表示すること。

二　書面により広告を行う場合にあつては、日本産業規格Ｚ八三〇五に規定する八ポイント以上の大きさの文字及び数字を用いること。

三　法第三十条第一項第二号又は第二項第二号の事項は、それぞれ第三十六条第五項又は第三十七条第四項に規定する方法により算定した包括信用購入あつせんの手数料の料率を年利建てで少なくとも〇・一パーセントの単位まで示し、かつ、当該料率以外の料率を示さないこと。

（包括支払可能見込額の調査等）

第三十九条　法第三十条の二第一項本文の経済産業省令・内閣府令で定める事項は、次のとおりとする。

一　年収

の五の六、第三十五条の二の四、第三十五条の二の五及び第三節において同じ。）に交付し若しくは付与しようとする場合又は利用者に交付し若しくは付与したカード等についてそれに係る極度額（包括信用購入あっせんに係る購入又は受領の方法により商品若しくは権利を購入し、又は役務を受領することができる額の上限であつて、あらかじめ定められたものをいう。以下同じ。）を増額しようとする場合には、その交付若しくは付与又はその増額に先立つて、経済産業省令・内閣府令で定めるところにより、年収、預貯金、信用購入あっせん（包括信用購入あっせん及び個別信用購入あっせんをいう。以下同じ。）に係る債務の支払の状況、借入れの状況その他の当該利用者の包括支払可能見込額を算定するために必要な事項として経済産業省令・内閣府令で定めるものを調査しなければならない。ただし、当該利用者の保護に支障を生ずることがない場合として経済産業省令・内閣府令で定める場合は、この限りでない。

二　預貯金（利用者（個人である利用者に限る。次条から第四十八条まで、第五十六条から第五十八条まで、第六十二条の三、第六十二条の四、第六十八条の三、第六十八条の四、第三節及び別表第二において同じ。）の利益の保護を図るため包括支払可能見込額の算定に必要な場合に限る。）

三　信用購入あっせんに係る債務の支払の状況

四　借入れの状況

五　前各号に掲げるもののほか、包括支払可能見込額の算定に必要な事項であつて客観的に判断することができるもの

第四十条　法第三十条の二第一項本文の規定により前条各号に掲げる事項を調査する場合であつて、包括信用購入あっせんをするためカード等を利用者に交付し又は付与しようとするときは、次項から第六項までに定めるところによる。

2　前条第一号に掲げる事項の調査については、利用者から受ける年収の申告その他の適切な方法により行わなければならない。ただし、包括信用購入あっせんをするためカード等を他の者の収入又はその収入及び他の者の収入により生計を維持している利用者に交付し又は付与しようとする場合（主として配偶者（婚姻の届出をしていないが事実上婚姻関係と同様の事情にある者を含む。以下同じ。）の収入により生計を維持している者（以下「特定配偶者」という。）以外の者に交付し又は付与しようとする場合にあつては事前に書面その他の適切な方法により当該他の者の同意を得たときに限る。）には、当該他の者から受ける当該他の者の年収の申告その他の適切な方法により、当該利用者及び当該他の者の年収を合算して算定することができる。

3　前条第二号に掲げる事項の調査については、利用者から受ける預貯金の申告その他の適切な方法により行わなければならない。ただし、包括信用購入あっせんをするためカード等を他の者の収入又はその収入及び他の者の収入により生計を維持している利用者に交付し又は付与しようとする

場合（特定配偶者以外の者に交付し又は付与しようとする場合にあつては事前に書面その他の適切な方法により当該他の者の同意を得たときに限る。）には、当該他の者から受ける当該他の者の預貯金の申告その他の適切な方法により、当該利用者及び当該他の者の預貯金を合算して算定することができる。

4　前条第三号に掲げる事項の調査については、利用者の当該包括信用購入あつせん業者に対する信用購入あつせんに係る債務の支払の状況を確認して行わなければならない。ただし、包括信用購入あつせんをするためカード等を他の者の収入又はその収入及び他の者の収入により生計を維持している利用者に交付し又は付与しようとする場合であつて、前二項の規定により、当該利用者及び当該他の者の年収又は預貯金を合算して算定するときは、当該他の者から受ける当該他の者の支払時期の到来していない又は支払の義務が履行されていない信用購入あつせんに係る債務の申告その他の適切な方法により、当該利用者及び当該他の者の支払時期の到来していない又は支払の義務が履行されていない信用購入あつせんに係る債務を合算して算定しなければならない。

5　前条第四号に掲げる事項の調査については、利用者の当該包括信用購入あつせん業者からの借入れの状況その他の当該利用者の借入れの状況を勘案して行わなければならない。

6　前条第五号に掲げる事項の調査については、利用者から受ける当該事項の申告その他の適切な方法により行わなければならない。

【関連：平成29年施行規則パブリックコメント(1)No.12、13】

第四十一条　法第三十条の二第一項本文の規定により第三十九条各号に掲げる事項を調査する場合であつて、包括信用購入あつせんをするため、利用者に交付し又は付与しているカード等についてそれに係る有効期間（包括信用購入あつせんに係る購入又は受領の方法により商品若しくは権利を購入し、又は役務を受領することができる期間であつて、あらかじめ定められたものをいう。以下同じ。）を更新するためにカード等を当該利用者に交付し又は付与しようとするとき（当該利用者に交付し又は付与しているカード等に付随するカード等（以下「付随カード等」という。）について それに係る有効期間を更新するために付随カード等を当該利用者に交付し又は付与しようとするときを除く。）は、前条第二項から第四項まで及び第六項の申告を受けた事項等（変更があつたと認めるときは、その変更後のもの）及び当該利用者の当該包括信用購入あつせん業者に対する信用購入あつせんに係る債務の支払の状況を確認して、並びに当該利用者の借入れの状況を勘案して行わなければならない。

2　前項の調査は、当該有効期間を更新しようとする日の六月前からその更新の日までの間に、一回行えば足りるものとする。

第四十二条　法第三十条の二第一項本文の規定により第三十九条各号に掲げる事項を調査する場合であつて、利用者に交付し又は付与したカード等についてそれに係る極度額を増額しようとするときは、第四十条第二項から第四項まで及び第六項の申告を受けた事項等（変更があつたと認めるときは、その変更後のもの）及び当該利用者の当該包括信用購入あつせん業者に対する信用購入あつせんに係る債務の支払の状況を確認して、並びに当該利用者の借入れの状況を勘案して行わなければならない。

第四十三条　法第三十条の二第一項ただし書の経済産業省令・内閣府令で定める場合は、次に掲げる場合とする。

一　包括信用購入あつせんをするため極度額が三十万円以下のカード等を利用者に交付し若しくは付与しようとする場合又は利用者に交付し若しくは付与したカード等についてそれに係る極度額を三十万円を上限として増額しようとする場合（これらのうち、第四十一条又は第四十二条の場合に該当する場合を含み、次のいずれかに該当する場合を除く。）

イ　指定信用情報機関が保有する特定信用情報を使用することにより、当該カード等を当該利用者に交付し若しくは付与しようとする時点又は当該カード等についてそれに係る極度額を増額しようとする時点において、当該利用者の支払の義務が履行されないと認めるとき。

ロ　指定信用情報機関が保有する特定信用情報を使用することにより、当該利用者の当該包括信用購入あつせん業者に対する包括信用購入あつせんに係る債務の額が五十万円を、又は支払時期の到来していない若しくは支払の義務が履行されていない包括信用購入あつせんに係る債務の額が百万円を超えると認めるとき。

二　利用者に交付し又は付与したカード等についてそれに係る極度額を当該利用者の求めに応じ一時的に増額しようとする場合であつて、当該利用者が当該カード等を提示し又は通知して、包括信用購入あつせん関係販売業者から商品若しくは権利を購入し、又は包括信用購入あつせん関係役務提供事業者から役務の提供を受ける目的及び当該包括信用購入あつせん関係販売業者若しくは当該包括信用購入あつせん関係役務提供事業者の名称又はこれに相当するものをあらかじめ確認した場合において、次のいずれかに該当するとき。

イ　極度額を一時的に増額しようとする期間が三月以内の場合であつて、当該増額された後の極度額が法第三十条の二第一項本文の規定による調査により得られた事項を基礎として算定した包括支払可能見込額に法第三十条の二の二本文の経済産業大臣が定める割合を乗じて得た額（正当な理由があつて法第三十条の二第一項本文の規定による調査を行つていない場合は、当該カード等に係る極度額（現に当該カード等についてそれに係る極度額を利用者の求めに応じ一時的に増額している場合にあつては、一時的に増額する前の極度額））の二倍に相当する額を超えない場合において、当該増額された後の極度額が当該目的に照らして相当であると認めるとき。

ロ　当該利用者が臨時的かつ短期的な収入を得る見込みがあると認められる場合であつて、当該増額された後の極度額が当該収入に照らして相当であると認めるとき。

ハ　当該利用者が当該カード等を提示し又は通知して、包括信用購入あつせん関係販売業者から当該利用者若しくは当該利用者と生計を一にする者の生命若しくは身体を保護するため緊急に必要があると認められる商品若しくは権利を購入し、又は包括信用購入あつせん関係役務提供事業者から当該利用者若しくは当該利用者と生計を一にする者の生命若しくは身体を保護するため緊急に必要があると認められる役務の提供を受ける場合であつて、当該増額された後の極度額が当該目的に照らして相当であると認めるとき。

三　第四十一条の場合（同条の場合であつて、第一号の規定により、包括信用購入あつせんをするため極度額が三十万円以下のカード等を利用者に交付し又は付与しようとするときを含む。）であつて、利用者の当該包括信用購入あつせん業者に対する包括信用購入あつせんに係る債務の額が五万円に満たないとき。

四　包括信用購入あつせん業者が、法第三十条の二第一項本文の規定による調査により得られた事項を基礎として算定した包括支払可能見込額に法第三十条の二の二本文の経済産業大臣が定める割合を乗じて得た額（正当な理由があつて法第三十条の二第一項本文の規定による調査を行つていない場合は、利用者に交付し又は付与したカード等に係る極度額）の範囲内で、付随カード等を利用者に交付し若しくは付与しようとする場合又は当該付随カード等についてそれに係る極度額を増額しようとする場合

五　第一号、第三号又は前号に掲げるもののほか、包括信用購入あつせん業者が、カード等を利用者に交付し又は付与した時から当該カード等についてそれに係る有効期

間の満了の日までに、当該カード等に代えてカード等を利用者に交付し又は付与しようとする場合（カード等についてそれに係る有効期間を更新しようとする場合を除く。）

2　包括信用購入あっせん業者は、前項各号に掲げる場合には、次の各号に掲げる場合の区分に応じ、利用者ごとに、当該各号に定める事項の記録を、書面又は電磁的記録をもつて作成し、カード等（付随カード等を含む。）についてそれに係る有効期間（第一号に掲げる場合（カード等についてそれに係る有効期間を更新しようとする場合を除く。）には更新された後の有効期間を含み、第一号に掲げる場合（カード等についてそれに係る有効期間を更新しようとする場合に限る。）又は第二号から第五号までのいずれかに掲げる場合には更新された後の有効期間を除く。）の満了の日又は当該有効期間内に締結した全ての包括信用購入あっせん関係受領契約（当該カード等（付随カード等を含む。）に係るものに限る。）に定められた最終の支払期日のうち最後のもの（これらの契約に基づく包括信用購入あっせんに係る債務の全てが弁済その他の事由により消滅したときにあつては、その消滅した日）のうちいずれか遅い日までの間保存しなければならない。

一　前項第一号に掲げる場合　次に掲げる事項

イ　契約年月日（カード等についてそれに係る極度額を増額しようとする場合にあつては増額した年月日、カード等についてそれに係る有効期間を更新しようとする場合にあつてはその更新しようとする年月日及び指定信用情報機関が保有する特定信用情報を使用して調査を行つた年月日）

ロ　利用者に交付し又は付与したカード等についてそれに係る極度額（カード等についてそれに係る極度額を増額しようとする場合にあつては、増額した後の極度額）

ハ　指定信用情報機関が保有する特定信用情報を使用して行つた調査の結果

ニ　当該包括信用購入あっせん業者に対する包括信用購

入あつせんに係る債務の額

二　前項第二号に掲げる場合　次に掲げる事項

イ　利用者の求めがあつた日及びカード等についてそれに係る極度額を増額した年月日

ロ　増額した期間

ハ　増額した後の極度額

ニ　利用者がカード等を提示し又は通知して、包括信用購入あつせん関係販売業者から商品若しくは権利を購入し、又は包括信用購入あつせん関係役務提供事業者から役務の提供を受ける目的

ホ　あらかじめ確認した包括信用購入あつせん関係販売業者若しくは包括信用購入あつせん関係役務提供事業者の名称又はこれに相当するもの

ヘ　増額した期間において、利用者がカード等を提示し又は通知して、商品若しくは権利を購入した包括信用購入あつせん関係販売業者、又は役務の提供を受ける包括信用購入あつせん関係役務提供事業者の名称又はこれに相当するもの

ト　利用者が得る見込みがあると認められる臨時的かつ短期的な収入（前項第二号ロに該当するときに限る。）

三　前項第三号に掲げる場合　次に掲げる事項

イ　利用者に交付し又は付与しているカード等についてそれに係る有効期間を更新しようとする年月日及び当該利用者の当該包括信用購入あつせん業者に対する包括信用購入あつせんに係る債務の額を調査した年月日

ロ　利用者に交付し又は付与したカード等についてそれに係る極度額

ハ　当該包括信用購入あつせん業者に対する包括信用購入あつせんに係る債務の額

四　前項第四号に掲げる場合　次に掲げる事項

イ　付随カード等についてそれに係る契約年月日（付随カード等についてそれに係る極度額を増額しようとする場合にあつては、増額した年月日）

ロ　利用者に交付し又は付与した付随カード等について

２　この節において「包括支払可能見込額」とは、主として自己の居住の用に供する住宅その他の経済産業省令・内閣府令で定める資産を譲渡し、又は担保に供することなく、かつ、生活維持費（最低限度の生活を維持するために必要な一年分の費用として経済産業省令・内閣府令で定める額をいう。第三十五条の三の三において同じ。）に充てるべき金銭を使用することなく、利用者が包括信用購入あっせんに係る購入又は受領の方法により購入しようとする商品若しくは指定権利の代金又は受領しようとする役務の対価に相当する額の支払に充てることができると見込まれる一年間当たりの額をいう。

それに係る極度額（付随カード等についてそれに係る極度額を増額しようとする場合にあつては、増額した後の極度額）

五　前項第五号に掲げる場合　カード等を利用者に交付し又は付与しようとする年月日

第四十四条　法第三十条の二第二項の経済産業省令・内閣府令で定める資産は、利用者又は購入者等（個人である購入者又は個人である役務の提供を受ける者をいう。以下この条から第四十七条まで、第五十六条から第五十八条まで、第七十一条、第七十二条、第七十三条の二、第七十四条第一項第四号及び第二項、第八十九条から第九十一条まで、第三節並びに別表第二において同じ。）が所有し、自己の居住の用に供する建物（当該建物が二以上ある場合には、これらの建物のうち、当該利用者又は購入者等が主として居住の用に供する一の建物に限る。以下この条において「住宅」という。）又は住宅の用に供されている土地若しくは当該土地に設定されている地上権とする。

第四十五条　法第三十条の二第二項の経済産業省令・内閣府令で定める額（以下この条及び次条第一項第二号において「生活維持費」という。）は、別表第二の上欄に掲げる利用者又は購入者等及びその者と生計を一にする者の合計数（ただし、当該利用者又は購入者等の包括支払可能見込額又は個別支払可能見込額を算定するために法第三十条の二第一項本文又は第三十五条の三の三第一項本文の規定による調査をするに当たり、他の者の収入により生計を維持している者が、第四十条第二項若しくは第七十二条第二項の規定による年収の合算又は第四十条第三項若しくは第七十二条第三項の規定による預貯金の合算のいずれもしない場合にあつては、一人とする。）の区分並びに同表の中欄に掲げる場合の区分に応じ、同表の下欄に掲げる額とする。

２　前項の規定にかかわらず、次の各号に掲げる場合における生活維持費は、当該各号に定めるところによることができる。

一　別表第二の上欄に掲げる利用者又は購入者等及びその者と生計を一にする者の合計数及び同表の中欄に掲げる場合の区分の双方について申告を受けることができない場合　二百四十万円

二　別表第二の中欄に掲げる場合の区分について申告を受けることができない場合（前号に該当する場合を除く。）

同表の上欄に掲げる利用者又は購入者等及びその者と生計を一にする者の合計数の区分に応じ、同表の下欄に掲げる額のうち、より高いもの

三　別表第二の上欄に掲げる利用者又は購入者等及びその者と生計を一にする者の合計数について申告を受けることができない場合（第一号に該当する場合を除く。）　別表第二の上欄に掲げる利用者又は購入者等及びその者と生計を一にする者の合計数を四人以上とみなした上で、同表の中欄に掲げる場合の区分に応じ、同表の下欄に掲げる額

四　利用者又は購入者等から当該利用者又は当該購入者等及びその者と生計を一にする者の最低限度の生活を維持するために必要な費用の一年分に相当する実際の額について客観的かつ合理的な方法により把握した場合　当該方法により把握した額（この場合において、別表第二の上欄に掲げる利用者又は購入者等及びその者と生計を一にする者の合計数の区分並びに同表の中欄に掲げる場合の区分に応じ、同表の下欄に掲げる額を下限の目安として、これに留意するものとする。）

3　前二項の規定にかかわらず、次の各号に掲げる場合における生活維持費は、当該各号に定めるところによることができる。

一　包括信用購入あっせん業者が、包括信用購入あっせんをするためカード等を他の者の収入により生計を維持している者であつて当該他の者と同居している者に交付し若しくは付与しようとする場合又は当該者に交付し若しくは付与したカード等についてそれに係る極度額を増額しようとする場合において、当該者の包括支払可能見込額を算定するために法第三十条の二第一項本文の規定に

よる調査をするに当たり、第四十条第二項の規定による預貯金の合算の年収の合算又は同条第三項の規定による預貯金の合算のいずれも行わないとき。　ないものとする。

二　包括信用購入あっせん業者が、包括信用購入あっせんをするためカード等をその収入及び他の者の収入により生計を維持している者に交付し若しくは付与しようとする場合又は当該者に交付し若しくは付与したカード等についてそれに係る極度額を増額しようとする場合において、当該者の包括支払可能見込額を算定するために法第三十条の二第一項本文の規定による調査をするに当たり、第四十条第二項の規定による年収の合算又は同条第三項の規定による預貯金の合算のいずれも行わないとき。　前二項の規定による当該者に係る生活維持費を当該者の年収及び当該他の者の申告その他の適切な方法により把握した当該他の者の年収に応じて按分した額（当該他の者からその年収の申告を受けることができない場合であつてその合理的な推定ができないときにあつては、前二項の規定による当該者に係る生活維持費の二分の一に相当する額。第五号において同じ。）とする。

三　個別信用購入あっせん業者が、主として配偶者の収入により生計を維持している者であつてその配偶者と同居している者を相手方とする個別信用購入あっせん関係受領契約を締結しようとする場合であつて、個別信用購入あっせんに係る販売の方法により商品若しくは指定権利（日常生活において必要とされるものを除く。）を販売する契約又は個別信用購入あっせんに係る提供の方法により役務（日常生活において必要とされるものを除く。）を提供する契約に該当するものに係る個別信用購入あっせん関係受領契約を締結しようとする場合において、当該者の個別支払可能見込額を算定するために法第三十五条の三の三第一項本文の規定による調査をするに当たり、第七十二条第二項の規定による年収の合算又は同条第三項の規定による預貯金の合算のいずれも行わないとき。　ないものとする。

四　個別信用購入あっせん業者が、他の者の収入により生計を維持している者（主として配偶者の収入により生計を維持している者を除く。）であつて当該他の者と同居している者を相手方とする個別信用購入あつせん関係受領契約を締結しようとする場合において、当該者の個別支払可能見込額を算定するために法第三十五条の三の三第一項本文の規定による調査をするに当たり、第七十二条第二項の規定による年収の合算又は同条第三項の規定による預貯金の合算のいずれも行わないとき。　ないものとする。

五　個別信用購入あつせん業者が、その収入及び他の者の収入により生計を維持している者を相手方とする個別信用購入あつせん関係受領契約を締結しようとする場合において、当該者の個別支払可能見込額を算定するために法第三十五条の三の三第一項本文の規定による調査をするに当たり、第七十二条第二項の規定による年収の合算又は同条第三項の規定による預貯金の合算のいずれも行わないとき。　前二項の規定による当該者に係る生活維持費を当該者の年収及び当該他の者の申告その他の適切な方法により把握した当該他の者の年収に応じて按分した額とする。

4　前三項（第二項第四号を除く。）の規定にかかわらず、包括信用購入あつせん業者又は個別信用購入あつせん業者が、利用者又は購入者等の居住地域を確認する場合における当該利用者又は購入者等に係る生活維持費は、前三項（第二項第四号を除く。）の規定による当該利用者又は購入者等に係る生活維持費に、次の各号に掲げる当該利用者又は購入者等の居住地域の区分（別表第三に定める居住地域の区分をいう。次条において同じ。）に応じ、当該各号に定める割合を乗じて得た額とすることができる。

一　第一区分　百分の九十

二　第二区分　百分の八十五

【関連：平成29年施行規則パブリックコメント(1)No．12、13、14、15】

第四十六条　別表第三に掲げる市町村（特別区を含む。以下

３　包括信用購入あっせん業者は、第一項本文の規定による調査を行うときは、第三十五条の三の三十六第一項の規定による指定を受けた者（以下「指定信用情報機関」という。）が保有する特定信用情報（利用者又は購入者（個人である購入者に限る。以下この項、第三十五条の三の三、第三十五条の三の四及び第三節において同じ。）若しくは役務の提供を受ける者（個人である役務の提供を受ける者に限る。以下この項、第三十五条の三の三、第三十五条の三の四及び同節において同じ。）の包括支払可能見込額、第三十条の五の四第一項に規定する利用者支払可能見込額又は第三十五条の三の三第二項に規定する個別支払可能見込額に関する情報（当該利用者又は購入者若しくは役務の提供を受ける者を識別することができる情報を含む。）のうち、信用購入あっせんに係る債務の支払の状況その他経済産業省令・内閣府令で定めるものをいう。以下同じ。）を使用しなければならない。

４　包括信用購入あっせん業者は、包括信用購入あっせんをするためカード等を利用者に交付し若しくは付与した場合

この条及び別表第三において同じ。）の廃置分合があつた場合には、次の各号に掲げる区域に居住する利用者又は購入者等の居住地域の区分は、当該各号に定める市町村により定まる。

一　廃置分合により市町村の区域の全部又は一部が他の市町村に編入された場合における当該廃置分合後の当該市町村の区域　当該他の市町村

二　廃置分合により市町村を新たに置いた場合における当該廃置分合後の当該市町村の区域　当該区域が当該廃置分合前に属していた市町村（当該市町村が二以上あるときは、利用者又は購入者等に係る生活維持費が最も高額なもの）

２　別表第三に掲げる市町村の境界変更があつた場合には、当該境界変更に係る区域に居住する利用者又は購入者等の居住地域の区分は、当該境界変更により当該区域が属することとなつた市町村により定まる。

第四十七条　法第三十条の二第三項の経済産業省令・内閣府令で定めるものは、基礎特定信用情報（信用購入あっせんに係る債務の支払の状況を除き、認定包括信用購入あっせん業者が法第三十条の五の五第二項の規定により特定信用情報を使用する場合及び登録少額包括信用購入あっせん業者が法第三十五条の二の四第二項の規定により特定信用情報を使用する場合には、第百十八条第二項第一号イに規定する事項を除く。）その他利用者又は購入者等の信用購入あっせんに係る支払能力に関する情報をいう。

第四十七条の二　法第三十条の二第四項の規定により、包括信用購入あっせん業者は、次の各号に掲げる場合の区分に

又は利用者に交付し若しくは付与したカード等についてそれに係る極度額を増額した場合には、経済産業省令・内閣府令で定めるところにより、第一項本文の規定による調査に関する記録を作成し、これを保存しなければならない。

応じ、利用者ごとに、次に定める事項の記録を、書面又は電磁的記録をもつて作成し、カード等についてそれに係る有効期間（第一号に掲げる場合には更新された後の有効期間を含み、第二号に掲げる場合には更新された後の有効期間を除く。）の満了の日又は当該有効期間内に締結した全ての包括信用購入あつせん関係受領契約（当該カード等に係るものに限る。）に定められた最終の支払期日のうち最後のもの（これらの契約に基づく包括信用購入あつせんに係る債務の全てが弁済その他の事由により消滅したときにあつては、その消滅した日）のうちいずれか遅い日までの間保存しなければならない。

一　第四十条又は第四十二条で定めるところにより調査を行う場合　次に掲げる事項

イ　契約年月日（カード等についてそれに係る極度額を増額しようとする場合にあつては、増額した年月日）

ロ　利用者に交付し又は付与したカード等についてそれに係る極度額（カード等についてそれに係る極度額を増額しようとする場合にあつては、増額した後の極度額）

ハ　法第三十条の二第一項本文の規定による調査の結果（同条第三項の規定により、指定信用情報機関が保有する特定信用情報を使用して行つた調査の結果を含む。）

ニ　第四十条第二項又は第三項の同意を得たときは、当該同意に関する事項

ホ　その他法第三十条の二第一項本文の規定による調査に使用した書面又はその写し

二　第四十一条で定めるところにより調査を行う場合　次に掲げる事項

イ　利用者に交付し又は付与しているカード等についてそれに係る有効期間を更新しようとする年月日及び法第三十条の二第一項本文の規定による調査を行つた年月日

ロ　利用者に交付し又は付与したカード等についてそれに係る極度額

（包括支払可能見込額を超える場合のカード等の交付等の禁止）

第三十条の二の二　包括信用購入あっせん業者は、包括信用購入あっせんをするためカード等を利用者に交付し若しくは付与しようとする場合又は利用者に交付し若しくは付与したカード等についてそれに係る極度額を増額しようとする場合において、当該利用者に交付し若しくは付与しようとするカード等に係る極度額又は当該増額された後の極度額が、前条第一項本文の規定による調査により得られた事項を基礎として算定した包括支払可能見込額に包括信用購入あっせんに係る購入又は受領の方法により購入される商品若しくは指定権利の代金又は受領される役務の対価に相当する額の受領に係る平均的な期間を勘案して経済産業大臣及び内閣総理大臣が定める割合を乗じて得た額を超えるときは、当該カード等を交付し若しくは付与し、又は極度額を増額してはならない。ただし、当該利用者の保護に支障を生ずることがない場合として経済産業省令・内閣府令で定める場合は、この限りでない。

（包括信用購入あっせん関係受領契約に関する情報の提供等）

第三十条の二の三　包括信用購入あっせん業者は、包括信用購入あっせんに係る購入又は受領の方法により購入される商品若しくは指定権利の代金又は受領される役務の対価に相当する額の受領に係る契約（以下「包括信用購入あっせん関係受領契約」という。）であつて第二条第三項第一号

ハ　法第三十条の二第一項本文の規定による調査の結果（同条第三項の規定により、指定信用情報機関が保有する特定信用情報を使用して行つた調査の結果を含む。）

ニ　第四十条第二項又は第三項の同意を得たときは、当該同意に関する事項

ホ　その他法第三十条の二第一項本文の規定による調査に使用した書面又はその写し

（包括支払可能見込額を超える場合のカード等の交付等の禁止に係る利用者の保護に支障を生ずることがない場合）

第四十八条　法第三十条の二の二ただし書の経済産業省令・内閣府令で定める場合は、第四十三条第一項各号に掲げる場合とする。

〔法第三十条の二の三第一項柱書に対応する経済産業省令は、施行規則第五十条〕

に規定する包括信用購入あっせんに係るものを締結したときは、遅滞なく、経済産業省令・内閣府令で定めるところにより、当該契約に関する次の事項に係る情報を購入者又は役務の提供を受ける者に提供しなければならない。

一　購入者又は役務の提供を受ける者の支払総額（当該商品若しくは当該権利の現金販売価格又は当該役務の現金提供価格及び包括信用購入あっせんの手数料の合計額をいう。第三十条の三及び第三十条の四において同じ。）

二　包括信用購入あっせんに係る各回ごとの商品若しくは権利の代金又は役務の対価（包括信用購入あっせんの手数料を含む。）の支払分の額並びにその支払の時期及び方法

三　前二号に掲げるもののほか、経済産業省令・内閣府令で定める事項

（包括信用購入あっせん関係受領契約に関する情報の提供等）

第四十九条　法第三十条の二の三第一項第三号の経済産業省令・内閣府令で定める事項は、次のとおりとする。ただし、第六号から第九号までに掲げる事項については、法第三十条第一項に基づき、次条第一項第四号に定めるところにより情報を提供した場合には省略することができる。

一　包括信用購入あっせん業者の名称及び住所又は電話番号並びに包括信用購入あっせん関係販売業者又は包括信用購入あっせん関係役務提供事業者の名称その他のこれらの者を特定することができる事項

二　契約年月日

三　支払分の支払回数

四　包括信用購入あっせん関係受領契約について購入者等が問合わせ、相談等を行うことができる機関の名称及び住所又は電話番号

五　法第三十条の四の規定に関する事項

六　包括信用購入あっせん関係受領契約の解除に関する定めがあるときは、その内容

七　支払時期の到来していない支払分の支払を請求することについての定めがあるときは、その内容

八　支払分の支払の義務が履行されない場合（包括信用購入あっせん関係受領契約が解除された場合を除く。）の損害賠償額の予定又は違約金の定めがあるときは、その内容

九　前各号に掲げるもののほか特約があるときは、その内容

第五十条　法第三十条の二の三第一項各号に掲げる事項に係る情報を提供するときは、次の各号に定めるところによらなければならない。

一　購入者等が読みやすく、理解しやすいような用語により、正確に表示すること。

二　書面の交付又は電子情報処理組織を使用する方法その他の情報通信の技術を利用する方法により提供すること。

三　前条第五号に掲げる事項については、その内容に、商品若しくは指定権利の販売につきそれを販売した包括信用購入あっせん関係販売業者又は役務の提供につきそれを提供する包括信用購入あっせん関係役務提供事業者に対して生じている事由をもつて、支払分の支払の請求をする包括信用購入あっせん業者に対抗できる旨が定められていること。

四　前条第六号から第九号までに掲げる事項のうち次の表の上欄に掲げる事項について定めがあるときは、その内容がそれぞれ同表の下欄の基準に合致していること。

事項	内容の基準
一　包括信用購入あつせん関係受領契約の解除に関する事項	イ　購入者等からの契約の解除ができない旨が定められていないこと。 ロ　購入者等の支払義務の不履行により契約を解除することができる場合は、包括信用購入あつせん業者が定める一定期間にわたり義務の不履行があつた場合であつて、包括信用購入あつせん業者が二十日（認定包括信用購入あつせん業者がその交付し又は付与したカード等に係る極度額が令第二十三条第一項で定める金額

以下である利用者と包括信用購入あつせん関係受領契約を締結した場合にあつては同条第二項に定める日数、登録少額包括信用購入あつせん業者がその交付し又は付与したカード等に係る極度額が令第二十四条で定める金額以下である利用者と包括信用購入あつせん関係受領契約を締結した場合にあつては令第二十五条に定める日数）以上の相当な期間を定めてその支払を書面（第五十五条の三第一項第一号及び第六十八条の六第一項第一号に定める場合にあつては書面又は電磁的方法、第五十五条の三第一項第二号及び第六十八条の六第一項第二号に定める場合にあつては電磁的方法）で催告し、その義務が履行されない場合に限る旨が定められていること

ハ　購入者等の責に帰すべき事由により契約が解除された場合の損害賠償等の額についての定めが法第三十条の三第一項の規定に合致していること。

ニ　包括信用購入あつせん業者の責に帰すべき事由により契約が解除された場合における包括信用購入あつせん業者の義務に関し、民法第五百四十五条に規定するものより購入者等に不利な特約が定められていないこと。

二　支払時期の到来していない支払分の支払の請

イ　購入者等の支払義務の不履行により支払時期の到来していない支払分の支払を請求することができる場合

求に関する事項

は、包括信用購入あつせん業者が定める一定期間にわたり義務の不履行があつた場合であつて、包括信用購入あつせん業者が二十日（認定包括信用購入あつせん業者がその交付し又は付与したカード等に係る極度額が令第二十三条第一項で定める金額以下である利用者と包括信用購入あつせん関係受領契約を締結した場合にあつては同条第二項に定める日数、登録少額包括信用購入あつせん業者がその交付し又は付与したカード等に係る極度額が令第二十四条で定める金額以下である利用者と包括信用購入あつせん関係受領契約を締結した場合にあつては令第二十五条に定める日数）以上の相当な期間を定めてその支払を書面（第五十五条の三第一項第一号及び第六十八条の六第一項第一号に定める場合にあつては書面又は電磁的方法、第五十五条の三第一項第二号及び第六十八条の六第一項第二号に定める場合にあつては電磁的方法）で催告し、その期間内にその義務が履行されない場合に限る旨が定められていること。

ロ　購入者等の支払義務の不履行以外の事由により支払時期の到来していない支払分の支払を請求することができる場合として、購入者等の信用が著しく悪化した場合又は重要な契約条項違反があつた場合以外の場合が定められていないこと。

三　支払分の支払の義務が履行されない場合（包括信用購入あっせん関係受領契約が解除された場合を除く。）の損害賠償額又は違約金に関する事項	支払分の支払の義務が履行されない場合（包括信用購入あっせん関係受領契約が解除された場合を除く。）の損害賠償額の予定又は違約金の定めが法第三十条の三第二項の規定に合致していること。
四　前条第六号から第八号までに掲げるもの以外の特約	法令に違反する特約が定められていないこと。

五　日本産業規格Z八三〇五に規定する八ポイント以上の大きさの文字及び数字を用いること。

2　前項第二号の情報通信の技術を利用する方法は、次に掲げる方法とする。

一　電子情報処理組織を使用する方法のうちイ、ロ、ハ又はニに掲げるもの

イ　包括信用購入あっせん業者の使用に係る電子計算機と購入者等の使用に係る電子計算機とを接続する電気通信回線を通じて送信し、受信者の使用に係る電子計算機に備えられたファイルに記録する方法

ロ　包括信用購入あっせん業者の使用に係る電子計算機に備えられたファイルに記録された提供事項を電気通信回線を通じて購入者等の閲覧に供し、当該購入者等の使用に係る電子計算機に備えられたファイルに当該提供事項を記録する方法

ハ　顧客ファイルに記録された提供事項を電気通信回線を通じて購入者等の閲覧に供する方法

ニ　閲覧ファイルに記録された提供事項を電気通信回線を通じて購入者等の閲覧に供する方法

二　磁気ディスク、シー・ディー・ロムその他これらに準

２　包括信用購入あっせん業者は、包括信用購入あっせん関係受領契約であつて第二条第三項第二号に規定する包括信

ずる方法により一定の事項を確実に記録しておくことができる物をもつて調製するファイルに提供事項を記録したものを交付する方法

【関連：令和2年施行規則パブリックコメントNo．2、7】

３　前項に掲げる方法は、次に掲げる基準に適合するものでなければならない。

一　購入者等がファイルへの記録を出力することにより書面を作成できるものであること。

二　前項第一号ハ又はニに掲げる方法にあつては、包括信用購入あつせん関係受領契約に基づく包括信用購入あつせんに係る債務の全てが弁済その他の事由により消滅した日までの間、次に掲げる事項を消去し又は改変することができないものであること。ただし、閲覧に供している提供事項を書面により交付する場合、同号イ若しくはロ若しくは同項第二号に掲げる方法により提供する場合又は購入者等による当該提供事項に係る消去の指図がある場合は、当該提供事項を消去することができる。

イ　前項第一号ハに掲げる方法については、顧客ファイルに記録された提供事項

ロ　前項第一号ニに掲げる方法については、閲覧ファイルに記録された提供事項

三　前項第一号ニに掲げる方法にあつては、次に掲げる基準に適合すること。

イ　購入者等が閲覧ファイルを閲覧するために必要な情報を顧客ファイルに記録すること。

ロ　前号に規定する期間において、イの規定により購入者等が閲覧ファイルを閲覧するために必要な情報を記録した顧客ファイルと当該閲覧ファイルとを電気通信回線を通じて接続可能な状態を維持させること。ただし、閲覧の提供を受けた購入者等が接続可能な状態を維持させることについて不要である旨通知した場合は、この限りでない。

【関連：令和2年施行規則パブリックコメントNo．10、19】

〔法第三十条の二の三第二項柱書に対応する経済産業省令は、施行規則第五十二条〕

用購入あっせんに係るものを締結したときは、遅滞なく、経済産業省令・内閣府令で定めるところにより、当該契約に関する次の事項に係る情報を購入者又は役務の提供を受ける者に提供しなければならない。

一　当該商品若しくは当該権利の現金販売価格又は当該役務の現金提供価格

二　弁済金の支払の方法

三　前二号に掲げるもののほか、経済産業省令・内閣府令で定める事項

第五十一条　法第三十条の二の三第二項第三号の経済産業省令・内閣府令で定める事項は、次のとおりとする。ただし、第五号から第八号までに掲げる事項については、法第三十条第二項に基づき、次条第一項第四号に定めるところにより情報を提供した場合には省略することができる。

一　包括信用購入あっせん業者の名称及び住所又は電話番号並びに包括信用購入あっせん関係販売業者又は包括信用購入あっせん関係役務提供事業者の名称その他のこれらの者を特定することができる事項

二　契約年月日

三　包括信用購入あっせん関係受領契約について購入者等が問合わせ、相談等を行うことができる機関の名称及び住所又は電話番号

四　法第三十条の五の規定に関する事項

五　包括信用購入あっせん関係受領契約の解除に関する定めがあるときは、その内容

六　支払時期の到来していない弁済金の支払を請求することについての定めがあるときは、その内容

七　弁済金の支払の義務が履行されない場合（包括信用購入あっせん関係受領契約が解除された場合を除く。）の損害賠償額の予定又は違約金の定めがあるときは、その内容

八　前各号に掲げるもののほか特約があるときは、その内容

第五十二条　法第三十条の二の三第二項各号に掲げる事項に係る情報を提供するときは、次の各号に定めるところによらなければならない。

一　購入者等が読みやすく、理解しやすいような用語により、正確に表示すること。

二　書面の交付又は電子情報処理組織を使用する方法その他の情報通信の技術を利用する方法により提供すること。

三　前条第四号に掲げる事項については、その内容に、商品若しくは指定権利の販売につきそれを販売した包括信用購入あっせん関係販売業者又は役務の提供につきそれを提供する包括信用購入あっせん関係役務提供事業者に対して生じている事由をもつて、弁済金の支払の請求をする包括信用購入あっせん業者に対抗できる旨が定められていること。

四　前条第五号、第六号及び第八号に掲げる事項のうち次の表の上欄に掲げる事項について定めがあるときは、その内容がそれぞれ同表の下欄の基準に合致していること。

事項	内容の基準
一　包括信用購入あっせん関係受領契約の解除に関する事項	イ　購入者等からの契約の解除ができない旨が定められていないこと。 ロ　購入者等の支払義務の不履行により契約を解除することができる場合は、包括信用購入あっせん業者が定める一定期間にわたり義務の不履行があつた場合であつて、包括信用購入あっせん業者が二十日（認定包括信用購入あっせん業者がその交付し又は付与したカード等に係る極度額が令第二十三条第一項で定める金額以下である利用者と包括信用購入あっせん関係受領契約を締結した場合にあつては同条第二項に定める日数、登録少額包括信用購入あっせん業者が

その交付し又は付与したカード等に係る極度額が令第二十四条で定める金額以下である利用者と包括信用購入あっせん関係受領契約を締結した場合にあつては令第二十五条に定める日数）以上の相当な期間を定めてその支払を書面（第五十五条の三第一項第一号及び第六十八条の六第一項第一号に定める場合にあつては書面又は電磁的方法、第五十五条の三第一項第二号及び第六十八条の六第一項第二号に定める場合にあつては電磁的方法）で催告し、その義務が履行されない場合に限る旨が定められていること。

ハ　包括信用購入あっせん業者の責に帰すべき事由により契約が解除された場合における包括信用購入あっせん業者の義務に関し、民法第五百四十五条に規定するものより購入者等に不利な特約が定められていないこと。

二　支払時期の到来していない弁済金の支払の請求に関する事項

イ　購入者等の支払義務の不履行により支払時期の到来していない弁済金の支払を請求することができる場合は、包括信用購入あっせん業者が定める一定期間にわたり義務の不履行があつた場合であつて、包括信用購入あっせん業者が二十日（認定包括信用購入あっせん業者がその交付し又は付与したカード等に係る極度額が令第二十三条第一項で定める金額以下であ

	る利用者と包括信用購入あつせん関係受領契約を締結した場合にあつては同条第二項に定める日数、登録少額包括信用購入あつせん業者がその交付し又は付与したカード等に係る極度額が令第二十四条で定める金額以下である利用者と包括信用購入あつせん関係受領契約を締結した場合にあつては令第二十五条に定める日数）以上の相当な期間を定めてその支払を書面（第五十五条の三第一項第一号及び第六十八条の六第一項第一号に定める場合にあつては書面又は電磁的方法、第五十五条の三第一項第二号及び第六十八条の六第一項第二号に定める場合にあつては電磁的方法）で催告し、その期間内にその義務が履行されない場合に限る旨が定められていること。 ロ　購入者等の支払義務の不履行以外の事由により支払時期の到来していない弁済金の支払を請求することができる場合として、購入者等の信用が著しく悪化した場合又は重要な契約条項違反があつた場合以外の場合が定められていないこと。
三　前条第五号から第七号までに掲げるもの以外の特約	法令に違反する特約が定められていないこと。

五　日本産業規格Z八三〇五に規定する八ポイント以上の大きさの文字及び数字を用いること。

3　包括信用購入あっせん業者は、商品、指定権利又は役務に係る第二条第三項第二号に規定する包括信用購入あっせんに係る弁済金の支払を請求するときは、あらかじめ、経済産業省令・内閣府令で定めるところにより、次の事項に係る情報を購入者又は役務の提供を受ける者に提供しなければならない。

一　弁済金を支払うべき時期

二　前号の時期に支払われるべき弁済金の額及びその算定根拠

2　前項第二号の情報通信の技術を利用する方法は、第五十条第二項に掲げる方法とする。

3　前項の方法は、第五十条第三項に掲げる基準に適合するものでなければならない。

第五十三条　法第三十条の二の三第三項各号に掲げる事項に係る情報を提供するときは、次の各号に定めるところによらなければならない。

一　購入者等が読みやすく、理解しやすいような用語により、正確に表示すること。

二　書面の交付又は電子情報処理組織を使用する方法その他の情報通信の技術を利用する方法により提供すること。

三　弁済金の算定根拠については、遅延損害金及び包括信用購入あっせんの手数料以外の債務のうち未払として残つている額、弁済金の内訳その他弁済金の額の算出に必要な事項を表示すること。

四　日本産業規格Z八三〇五に規定する八ポイント以上の大きさの文字及び数字を用いること。

2　前項第二号の情報通信の技術を利用する方法は、次に掲げる方法とする。

一　電子情報処理組織を使用する方法のうちイ、ロ又はハに掲げるもの

イ　包括信用購入あっせん業者の使用に係る電子計算機と購入者等の使用に係る電子計算機とを接続する電気通信回線を通じて送信し、受信者の使用に係る電子計算機に備えられたファイルに記録する方法

ロ　包括信用購入あっせん業者の使用に係る電子計算機に備えられたファイルに記録された提供事項を電気通信回線を通じて購入者等の閲覧に供し、当該購入者等の使用に係る電子計算機に備えられたファイルに当該提供事項を記録する方法

ハ　顧客ファイルに記録された提供事項を電気通信回線を通じて購入者等の閲覧に供する方法

二　磁気ディスク、シー・ディー・ロムその他これらに準

4　包括信用購入あっせん業者は、第一項若しくは第二項に規定する契約を締結する場合又は前項に規定する支払を請求する場合において、購入者又は役務の提供を受ける者から第一項各号若しくは第二項各号又は前項各号の事項を記載した書面の交付を求められたときは、遅滞なく、経済産業省令・内閣府令で定めるところにより、当該書面を交付しなければならない。ただし、当該購入者又は当該役務の提供を受ける者の保護に支障を生ずることがない場合として経済産業省令・内閣府令で定める場合は、この限りでない。

ずる方法により一定の事項を確実に記録しておくことができる物をもつて調製するファイルに提供事項を記録したものを交付する方法

【関連：令和2年施行規則パブリックコメントNo．2】

3　前項に掲げる方法は、次に掲げる基準に適合するものでなければならない。

一　購入者等がファイルへの記録を出力することにより書面を作成できるものであること。

二　前項第一号ハに掲げる方法にあつては、弁済金に係る債務の全てが弁済その他の事由により消滅した日（新たに法第三十条の二の三第三項の規定により当該弁済金に係る情報を提供する場合（当該弁済金について一部の弁済を受けた場合及び当該弁済金に当該弁済金以外の弁済金を合算する場合を含む。）には、当該情報を提供する日）までの間、顧客ファイルに記録された提供事項を消去し又は改変することができないものであること。ただし、閲覧に供している提供事項を書面により交付する場合、前項第一号イ若しくはロ若しくは第二号に掲げる方法により提供する場合又は購入者等による当該提供事項に係る消去の指図がある場合は、当該提供事項を消去することができる。

【関連：令和2年施行規則パブリックコメントNo．10、19】

第五十三条の二　法第三十条の二の三第四項本文の規定により同条第一項各号若しくは第二項各号又は第三項各号の事項を記載した書面（包括信用購入あっせんに係る債務が残存する包括信用購入あっせん関係受領契約に係るものに限る。）を交付するときは、第四十九条及び第五十条第一項若しくは第五十一条及び第五十二条第一項又は前条第一項の規定を準用する。

2　法第三十条の二の三第四項ただし書の経済産業省令・内閣府令で定める場合は、次のいずれかに該当する場合とする。

一　包括信用購入あっせん業者が利用者又は購入者等に提供する役務が、次のいずれにも該当する場合

5　包括信用購入あつせん業者と包括信用購入あつせんに係る契約を締結した販売業者（特定の包括信用購入あつせん業者のために、利用者がカード等を提示し若しくは通知して、又はそれと引換えに販売業者から商品若しくは権利を購入し、又は役務提供事業者から役務の提供を受けるときは、自己の名をもつて当該販売業者又は当該役務提供事業者に包括信用購入あつせんに係る購入又は受領の方法により購入された商品若しくは権利の代金又は受領される役務の対価に相当する額の交付（当該販売業者又は当該役務提供事業者以外の者を通じた当該販売業者又は当該役務提供事業者への交付を含む。）をすること（以下「包括信用購入あつせん関係立替払取次ぎ」という。）を業とする者（以下「包括信用購入あつせん関係立替払取次業者」という。）と包括信用購入あつせん関係立替払取次ぎに係る契約を締結した販売業者を含む。以下「包括信用購入あつせん関係販売業者」という。）又は役務提供事業者（包括信用購入

イ　包括信用購入あつせん業者が、カードその他の物を交付することなく、当該利用者にカード等を付与すること。

ロ　当該利用者が、当該利用者の使用に係る電子計算機を用いて、イのカード等を通知して、法第三十条の二の三第一項又は第二項に規定する契約及び同条第五項に規定する契約を締結すること。

ハ　包括信用購入あつせん業者が、法第三十条の二の三第三項に規定する弁済金であつてロに規定する同条第二項に規定する契約に係るものの支払を請求する場合には、電子情報処理組織を使用する方法のうち前条第二項第一号に掲げるものによること。

二　包括信用購入あつせん業者が法第三十条の二の三第一項各号若しくは第二項各号又は第三項各号の事項を記載した書面の交付により同条第一項若しくは第二項又は第三項の規定による情報の提供を行つた場合

【関連：平成29年施行規則パブリックコメント⑴No．17、18、19、20、21、22】

〔法第三十条の二の三第五項柱書に対応する経済産業省令は、施行規則第五十五条〕

あっせん関係立替払取次業者と包括信用購入あっせん関係立替払取次ぎに係る契約を締結した役務提供事業者を含む。以下「包括信用購入あっせん関係役務提供事業者」という。）は、包括信用購入あっせんに係る販売の方法により商品若しくは指定権利を販売する契約又は包括信用購入あっせんに係る提供の方法により役務を提供する契約を締結したときは、遅滞なく、経済産業省令・内閣府令で定めるところにより、当該契約に関する次の事項に係る情報を購入者又は役務の提供を受ける者に提供しなければならない。

一　商品若しくは権利の現金販売価格又は役務の現金提供価格

二　契約の締結時において商品の引渡し若しくは権利の移転又は役務の提供をしないときは、当該商品の引渡時期若しくは当該権利の移転時期又は当該役務の提供時期

三　契約の解除に関する定めがあるときは、その内容

四　前三号に掲げるもののほか、経済産業省令・内閣府令で定める事項

第五十四条　法第三十条の二の三第五項第四号の経済産業省令・内閣府令で定める事項は、次のとおりとする。ただし、包括信用購入あっせん関係役務提供契約であつて当該契約に係る役務（法第二条第五項に規定する指定役務を除く。）の現金提供価格が一万円に満たないもの又は包括信用購入あっせん関係役務提供契約であつて役務の提供を受ける者がカード等を提示し若しくは通知して、若しくはそれと引換えに、役務の提供を受けるときは、直ちに当該役務の全部の履行が行われることが通例である役務（法第二条第五項に規定する指定役務を除く。次項において同じ。）を提供するものを締結した場合においては第四号、第七号、第八号及び第十号に掲げる事項（当該役務の提供を受ける者から当該各号に掲げる事項に係る情報の提供を求められた場合における当該事項を除く。）に係る情報を、包括信用購入あっせん関係販売契約であつて当該契約に係る商品（法第二条第五項に規定する指定商品を除く。）の現金販売価格が一万円に満たないものを締結した場合においては、第四号、第六号、第八号及び第十号に掲げる事項（当該商品の購入者から当該各号に掲げる事項に係る情報の提供を

求められた場合における当該事項を除く。）に係る情報を、包括信用購入あつせん関係販売契約であつて当該契約に係る商品の種類が二以上あるものを締結した場合においては第三号及び第四号に掲げる事項（現金販売価格が三千円に満たない商品（当該契約に係る商品のうち現金販売価格が最も高額であるものを除く。）に係るものに限る。）に係る情報をそれぞれ提供しないことができる。

一　包括信用購入あつせん関係販売業者又は包括信用購入あつせん関係役務提供事業者の名称及び住所又は電話番号

二　契約年月日

三　商品若しくは権利又は役務の種類

四　商品の数量（権利又は役務の場合にあつては、契約上権利を行使し得る回数若しくは期間又は役務の提供を受けることができる回数若しくは期間）

五　包括信用購入あつせんに係る販売の方法により商品若しくは指定権利を販売する契約又は包括信用購入あつせんに係る提供の方法により役務を提供する契約（以下「包括信用購入あつせん関係販売等契約」という。）について購入者等が問合わせ、相談等を行うことができる機関の名称及び住所又は電話番号

六　役務の提供が商品又は指定権利の販売の条件となつているときは、当該役務の内容、提供時期（当該役務を提供する契約の締結時において当該役務の提供をするときを除く。）その他当該役務に関する事項

七　商品の販売が指定権利の販売又は役務の提供の条件となつているときは、当該商品の内容、引渡し時期（当該商品を販売する契約の締結時において当該商品の引渡しをするときを除く。）その他当該商品に関する事項

八　権利の販売が商品の販売又は役務の提供の条件となつているときは、当該権利の内容、移転時期（当該権利を販売する契約の締結時において当該権利の移転をするときを除く。）その他当該権利に関する事項

九　商品が種類又は品質に関して契約の内容に適合しない場合の責任についての定めがあるときは、その内容

十　前各号に掲げるもののほか特約があるときは、その内容

十一　包括信用購入あつせん関係販売等契約が連鎖販売個人契約又は業務提供誘引販売個人契約であるときは、その旨

2　購入者等が、包括信用購入あつせん関係販売業者又は包括信用購入あつせん関係役務提供事業者と対面することなく、かつ、勧誘を受けることなく機器にカード等を提示し若しくは通知して、又はそれと引換えに、商品若しくは指定権利を購入し、又は役務の提供を受ける場合であつて、次の各号に掲げる場合のいずれかに該当する契約を締結した場合においては、前項の規定にかかわらず、同項各号に掲げる事項に係る情報を提供しないことができる。

一　包括信用購入あつせん関係販売契約であつて購入者がカード等を提示し若しくは通知して、又はそれと引換えに、商品若しくは指定権利を購入するときは、直ちに当該商品の引渡し若しくは当該指定権利の移転がされる商品又は指定権利を販売するもの

二　包括信用購入あつせん関係役務提供契約であつて役務の提供を受ける者がカード等を提示し若しくは通知して、又はそれと引換えに、役務の提供を受けるときは、直ちに当該役務の全部の履行が行われることが通例である役務を提供するもの

【関連：平成29年施行規則パブリックコメント(1)No.23】

第五十五条　法第三十条の二の三第五項の規定により同項各号に掲げる事項に係る情報を提供するときは、次の各号に定めるところによらなければならない。

一　購入者等が読みやすく、理解しやすいような用語により、正確に表示すること。

二　書面の交付又は電子情報処理組織を使用する方法その他の情報通信の技術を利用する方法により提供すること。

三　法第三十条の二の三第五項第三号に掲げる事項については、その内容が次の基準に合致していること。

イ　購入者等からの包括信用購入あっせん関係販売等契約の解除ができない旨が定められていないこと。

ロ　包括信用購入あっせん関係販売等契約の締結の前に包括信用購入あっせん関係販売業者又は包括信用購入あっせん関係役務提供事業者が見本、カタログ等により購入者等に対し提示した当該契約の内容と当該購入者等が受領した商品若しくは権利又は提供を受ける役務が相違している場合には、購入者等は、当該契約の解除をすることができる旨が定められていること。

ハ　包括信用購入あっせん関係販売業者又は包括信用購入あっせん関係役務提供事業者の責に帰すべき事由により包括信用購入あっせん関係販売等契約が解除された場合における包括信用購入あっせん関係販売業者又は包括信用購入あっせん関係役務提供事業者の義務に関し、民法第五百四十五条に規定するものより購入者等に不利な特約が定められていないこと。

四　前条第一項第九号及び第十号に掲げる事項のうち次の表の上欄に掲げる事項についての定めがあるときは、その内容がそれぞれ同表の下欄の基準に合致していること。

事項	内容の基準
一　商品が種類又は品質に関して契約の内容に適合しない場合の責任に関する事項	商品が種類又は品質に関して契約の内容に適合しない場合に包括信用購入あっせん関係販売業者がその不適合（道路運送車両法の規定による臨時運行以外の運行の用に供された旨が明示されている自動車に係るものであつて、当該運行の用に供されたことにより通常生ずるものを除く。）について責任を負わない旨が定められていないこと。

二　前条第九号に掲げるもの以外の特約	法令に違反する特約が定められていないこと。

五　日本産業規格Z八三〇五に規定する八ポイント以上の大きさの文字及び数字を用いること。

2　前項第二号の情報通信の技術を利用する方法は、次に掲げる方法とする。

一　電子情報処理組織を使用する方法のうちイ、ロ、ハ又はニに掲げるもの

イ　包括信用購入あつせん関係販売業者又は包括信用購入あつせん関係役務提供事業者の使用に係る電子計算機と購入者等の使用に係る電子計算機とを接続する電気通信回線を通じて送信し、受信者の使用に係る電子計算機に備えられたファイルに記録する方法

ロ　包括信用購入あつせん関係販売業者又は包括信用購入あつせん関係役務提供事業者の使用に係る電子計算機に備えられたファイルに記録された提供事項を電気通信回線を通じて購入者等の閲覧に供し、当該購入者等の使用に係る電子計算機に備えられたファイルに当該提供事項を記録する方法

ハ　包括信用購入あつせん関係販売業者又は包括信用購入あつせん関係役務提供事業者の使用に係る電子計算機に備えられたファイル（専ら利用者又は購入者等の用に供するものに限る。次項において「顧客ファイル」という。）に記録された提供事項を電気通信回線を通じて購入者等の閲覧に供する方法

ニ　閲覧ファイル（包括信用購入あつせん関係販売業者又は包括信用購入あつせん関係役務提供事業者の使用に係る電子計算機に備えられたファイルであつて、同時に複数の購入者等の閲覧に供するための提供事項を記録させるファイルをいう。次項において同じ。）に記録された提供事項を電気通信回線を通じて購入者等の閲覧に供する方法

二　磁気ディスク、シー・ディー・ロムその他これらに準

ずる方法により一定の事項を確実に記録しておくことができる物をもつて調製するファイルに提供事項を記録したものを交付する方法

【関連：令和2年施行規則パブリックコメントNo．2、7】

3　前項に掲げる方法は、次に掲げる基準に適合するものでなければならない。

一　購入者等がファイルへの記録を出力することにより書面を作成できるものであること。

二　前項第一号ハ又はニに掲げる方法にあつては、商品の引渡し若しくは権利の移転若しくは役務の提供を完了する日又は法第三十条の二の三第五項に規定する契約を締結した時から一年を経過する日のうちいずれか遅い日までの間、次に掲げる事項を消去し又は改変することができないものであること。ただし、閲覧に供している提供事項を書面により交付する場合、前項第一号イ若しくはロ若しくは第二号に掲げる方法により提供する場合又は購入者等による当該提供事項に係る消去の指図がある場合は、当該提供事項を消去することができる。

イ　前項第一号ハに掲げる方法については、顧客ファイルに記録された提供事項

ロ　前項第一号ニに掲げる方法については、閲覧ファイルに記録された提供事項

三　前項第一号ニに掲げる方法にあつては、次に掲げる基準に適合すること。

イ　購入者等が閲覧ファイルを閲覧するために必要な情報を顧客ファイルに記録すること。

ロ　前号に規定する期間において、イの規定により購入者等が閲覧ファイルを閲覧するために必要な情報を記録した顧客ファイルと当該閲覧ファイルとを電気通信回線を通じて接続可能な状態を維持させること。ただし、閲覧の提供を受けた購入者等が接続可能な状態を維持させることについて不要である旨通知した場合は、この限りでない。

【関連：令和2年施行規則パブリックコメントNo．10、19】

6　包括信用購入あつせん関係販売業者又は包括信用購入あつせん関係役務提供事業者は、前項に規定する契約の締結時において購入者又は役務の提供を受ける者から同項各号の事項を記載した書面の交付を求められたときは、遅滞なく、経済産業省令・内閣府令で定めるところにより、当該書面を交付しなければならない。ただし、当該購入者又は当該役務の提供を受ける者の保護に支障を生ずることがない場合として経済産業省令・内閣府令で定める場合は、この限りでない。

（契約の解除等の制限）

第三十条の二の四　包括信用購入あつせん業者は、包括信用購入あつせん関係受領契約であつて次の各号に掲げる包括

4　第一項第二号及び第二項第一号の「電子情報処理組織」とは、包括信用購入あつせん関係販売業者又は包括信用購入あつせん関係役務提供事業者の使用に係る電子計算機と、購入者等の使用に係る電子計算機とを電気通信回線で接続した電子情報処理組織をいう。

第五十五条の二　法第三十条の二の三第六項本文の規定により同条第五項各号に掲げる事項を記載した書面を交付するときは、第五十四条及び前条第一項の規定を準用する。

2　法第三十条の二の三第六項ただし書の経済産業省令・内閣府令で定める場合は、次のいずれかに該当する場合とする。

一　包括信用購入あつせん業者が利用者又は購入者等に提供する役務が、次のいずれにも該当する場合

イ　包括信用購入あつせん業者が、カードその他の物を交付することなく、当該利用者にカード等を付与すること。

ロ　当該利用者が、当該利用者の使用に係る電子計算機を用いて、イのカード等を通知して、法第三十条の二の三第一項又は第二項に規定する契約及び同条第五項に規定する契約を締結すること。

ハ　包括信用購入あつせん業者が、法第三十条の二の三第三項に規定する弁済金であつてロに規定する同条第二項に規定する契約に係るものの支払を請求する場合には、電子情報処理組織を使用する方法のうち第五十三条第二項第一号に掲げるものによること。

二　包括信用購入あつせん関係販売業者又は包括信用購入あつせん関係役務提供事業者が法第三十条の二の三第五項各号の事項を記載した書面の交付により同項の規定による情報の提供を行つた場合

【関連：令和2年施行規則パブリックコメントNo．16】

（契約の解除等の制限）

第五十五条の三　法第三十条の二の四第一項の経済産業省令・内閣府令で定める場合は、次のいずれかに該当する場

信用購入あつせんに係るものについて当該各号に定める支払分又は弁済金の支払の義務が履行されない場合において、二十日以上の相当な期間を定めてその支払を書面（購入者又は役務の提供を受ける者の保護に支障を生ずることがない場合として経済産業省令・内閣府令で定める場合にあつては、電磁的方法）により催告し、その期間内にその義務が履行されないときでなければ、支払分又は弁済金の支払の遅滞を理由として、契約を解除し、又は支払時期の到来していない支払分若しくは弁済金の支払を請求することができない。

一　第二条第三項第一号に規定する包括信用購入あつせん　前条第一項第二号の支払分

二　第二条第三項第二号に規定する包括信用購入あつせん　前条第三項第二号の弁済金

合とする。

一　包括信用購入あつせん業者が利用者又は購入者等に提供する役務が、次のいずれにも該当する場合

イ　包括信用購入あつせん業者が、カードその他の物を交付することなく、当該利用者にカード等を付与すること。

ロ　当該利用者が、当該利用者の使用に係る電子計算機を用いて、イのカード等を通知して、法第三十条の二の三第一項又は第二項に規定する契約及び同条第五項に規定する契約を締結すること。

ハ　包括信用購入あつせん業者が、法第三十条の二の三第三項に規定する弁済金であつてロに規定する同条第二項に規定する契約に係るものの支払を請求する場合には、電子情報処理組織を使用する方法のうち第五十三条第二項第一号に掲げるものによること。

二　包括信用購入あつせん業者が電磁的方法による催告について利用者又は購入者等の承諾を得た場合

2　前項第一号に規定する場合には、包括信用購入あつせん業者は、書面により、法第三十条の二の四第一項に規定する催告を行うことができる。

3　第一項第二号に規定する場合には、包括信用購入あつせん業者は、法第三十条の二の四第一項に規定する催告を行うときは、あらかじめ、当該利用者又は購入者等に対し、その用いる電磁的方法の種類及び内容を示し、書面又は電磁的方法による承諾を得なければならない。

4　前項の規定による承諾を得た包括信用購入あつせん業者は、当該利用者又は購入者等から書面又は電磁的方法により電磁的方法による提供を受けない旨の申出があつたときは、当該利用者又は購入者等に対し、法第三十条の二の四第一項に規定する催告を同項の電磁的方法によつてしてはならない。ただし、当該利用者又は購入者等が再び前項の規定による承諾をした場合は、この限りでない。

5　第三項の規定により示すべき方法の種類及び内容は、次に掲げる事項とする。

一　次条第一項に規定する方法のうち包括信用購入あつせ

2　前項の規定に反する特約は、無効とする。

ん業者が使用するもの

二　ファイルへの記録の方式

（情報通信の技術を利用する方法）

第五十五条の四　法第三十条の二の四第一項の電磁的方法は、次に掲げる方法とする。

一　電子情報処理組織を使用する方法のうちイ又はロに掲げるもの

イ　包括信用購入あっせん業者の使用に係る電子計算機と購入者等の使用に係る電子計算機とを接続する電気通信回線を通じて送信し、受信者の使用に係る電子計算機に備えられたファイルに記録する方法

ロ　包括信用購入あっせん業者の使用に係る電子計算機に備えられたファイルに記録された催告に係る事項を電気通信回線を通じて購入者等の閲覧に供し、当該購入者等の使用に係る電子計算機に備えられたファイルに当該事項を記録する方法

二　磁気ディスク、シー・ディー・ロムその他これらに準ずる方法により一定の事項を確実に記録しておくことができる物をもつて調製するファイルに催告に係る事項を記録したものを交付する方法

【関連：令和2年施行規則パブリックコメントNo.2】

2　前項に掲げる方法は、次に掲げる基準に適合するものでなければならない。

一　購入者等がファイルへの記録を出力することにより書面を作成できるものであること。

二　前項第一号ロに掲げる方法にあつては、催告に係る事項を顧客ファイル又は閲覧ファイルに記録した旨を購入者等に対し通知すること。ただし、購入者等が当該催告に係る事項を閲覧したことを確認したときは、この限りでない。

【関連：令和2年施行規則パブリックコメントNo.19】

（契約の解除等に伴う損害賠償等の額の制限）

第三十条の三　包括信用購入あつせん業者は、包括信用購入あつせん関係受領契約であつて第二条第三項第一号に規定する包括信用購入あつせんに係るものが解除された場合には、損害賠償額の予定又は違約金の定めがあるときにおいても、当該契約に係る支払総額に相当する額にこれに対する法定利率による遅延損害金の額を加算した金額を超える額の金銭の支払を購入者又は役務の提供を受ける者に対して請求することができない。

２　包括信用購入あつせん業者は、前項の契約について第三十条の二の三第一項第二号の支払分の支払の義務が履行されない場合（契約が解除された場合を除く。）には、損害賠償額の予定又は違約金の定めがあるときにおいても、当該契約に係る支払総額に相当する額から既に支払われた同号の支払分の額を控除した額にこれに対する法定利率による遅延損害金の額を加算した金額を超える額の金銭の支払を購入者又は役務の提供を受ける者に対して請求することができない。

（包括信用購入あつせん業者に対する抗弁）

第三十条の四　購入者又は役務の提供を受ける者は、第二条第三項第一号に規定する包括信用購入あつせんに係る購入又は受領の方法により購入した商品若しくは指定権利又は受領する役務に係る第三十条の二の三第一項第二号の支払分の支払の請求を受けたときは、当該商品若しくは当該指定権利の販売につきそれを販売した包括信用購入あつせん関係販売業者又は当該役務の提供につきそれを提供する包括信用購入あつせん関係役務提供事業者に対して生じている事由をもつて、当該支払の請求をする包括信用購入あつせん業者に対抗することができる。

２　前項の規定に反する特約であつて購入者又は役務の提供を受ける者に不利なものは、無効とする。

３　第一項の規定による対抗をする購入者又は役務の提供を受ける者は、その対抗を受けた包括信用購入あつせん業者からその対抗に係る同項の事由の内容を記載した書面の提出を求められたときは、その書面を提出するよう努めなければならない。

4　前三項の規定は、第一項の支払分の支払であつて政令で定める金額に満たない支払総額に係るものについては、適用しない。

第三十条の五　第二条第三項第二号に規定する包括信用購入あつせんに係る弁済金の支払については、当該弁済金の支払が、その支払の時期ごとに、次の各号に規定するところにより当該各号に掲げる当該包括信用購入あつせんに係る債務に充当されたものとみなして、前条の規定を準用する。この場合において、同条第一項中「第三十条の二の三第一項第二号の支払分」とあるのは「第三十条の二の三第三項第二号の弁済金」と、同条第四項中「支払分」とあるのは「弁済金」と、「支払総額」とあるのは「第三十条の二の三第二項第一号の現金販売価格又は現金提供価格」と読み替えるものとする。

一　遅延損害金があるときは、それを優先し、次に、当該包括信用購入あつせんの手数料、これら以外の債務の順で、それぞれに充当する。

二　前号の遅延損害金については、その発生が早いものから順次に充当する。

三　第一号の手数料については、その支払うべき時期が早いものから順次に充当する。

四　遅延損害金及び包括信用購入あつせんの手数料以外の債務については、その包括信用購入あつせんの手数料の料率が高いものから順次に充当し、その充当の順位が等しいものについては、その債務が発生した時期が早いものから順次に充当する。

2　前項に定めるもののほか、第二条第三項第二号に規定する包括信用購入あつせんに係る弁済金の支払に関し前条の規定を準用するために弁済金の充当について必要な事項は、政令で定める。

（包括信用購入あつせん業者に対する抗弁）

第二十一条　法第三十条の四第四項の政令で定める金額は、四万円とする。

2　法第三十条の五第一項において準用する法第三十条の四第四項の政令で定める金額は、三万八千円とする。

（包括信用購入あつせんに係る弁済金の支払の充当）

第二十二条　法第三十条の五第一項の規定により法第二条第三項第二号に規定する包括信用購入あつせんに係る弁済金の支払に関し法第三十条の四の規定を準用する場合には、同項に規定するもののほか、当該弁済金の支払が、その支払の時期ごとに、次の各号に規定するところにより当該各

（業務の運営に関する措置）

第三十条の五の二　包括信用購入あっせん業者は、利用者又は購入者若しくは役務の提供を受ける者の利益の保護を図

号に掲げる当該包括信用購入あっせんに係る債務に充当されたものとみなす。

一　遅延損害金で一の時期に発生するものについては、包括信用購入あっせんの手数料（以下この条において単に「手数料」という。）の支払の遅延により発生するもの（以下「手数料に係る遅延損害金部分」という。）を優先し、次に、遅延損害金及び手数料以外の債務（以下「元本債務」という。）の履行の遅延により発生するもの（以下「元本債務に係る遅延損害金部分」という。）に充当する。

二　手数料に係る遅延損害金部分については、第四号に規定する手数料構成要素の支払の遅延により発生するもの（以下この号において「損害金構成要素」という。）のうち、当該損害金構成要素に係る元本債務が発生した時期が早い損害金構成要素から、順次に充当し、その充当の順位が等しい損害金構成要素については、その金額に応じたあん分により充当する。

三　元本債務に係る遅延損害金部分については、各元本債務の履行の遅延により発生するもの（以下この号において「損害金構成要素」という。）のうち、当該損害金構成要素に係る元本債務が発生した時期が早い損害金構成要素から、順次に充当し、その充当の順位が等しい損害金構成要素については、その金額に応じたあん分により充当する。

四　手数料で一の時期をその支払うべき時期とするものについては、各元本債務に係るもの（以下「手数料構成要素」という。）のうち、当該手数料構成要素に係る元本債務が発生した時期が早い手数料構成要素から、順次に充当し、その充当の順位が等しい手数料構成要素については、その金額に応じたあん分により充当する。

五　元本債務で法第三十条の五第一項第四号の規定による充当の順位が等しいものについては、その金額に応じたあん分により充当する。

（業務の運営に関する措置）

第五十六条　包括信用購入あっせん業者は、法第三十条の五の二の規定によりその取り扱う利用者又は購入者等に関す

るため、経済産業省令・内閣府令で定めるところにより、その包括信用購入あつせんの業務に関して取得した利用者又は購入者若しくは役務の提供を受ける者に関する情報の適正な取扱い、その包括信用購入あつせんの業務を第三者に委託する場合における当該業務の適確な遂行及びその利用者又は購入者若しくは役務の提供を受ける者からの苦情の適切かつ迅速な処理のために必要な措置を講じなければならない。

る情報の安全管理、従業者の監督及び当該情報の取扱いを委託する場合には、その委託先の監督について、当該情報の漏えい、滅失又は毀損の防止を図るために必要かつ適切な措置を講じなければならない。

第五十七条　包括信用購入あつせん業者は、法第三十条の五の二の規定により特定信用情報提供等業務を行う者から提供を受けた情報であつて利用者又は購入者等の支払能力に関するものを、支払能力調査以外の目的に使用しないことを確保するための措置を講じなければならない。

第五十八条　包括信用購入あつせん業者は、法第三十条の五の二の規定によりその取り扱う利用者又は購入者等に関する人種、信条、門地、本籍地、保健医療又は犯罪経歴についての情報その他の特別の非公開情報（その業務上知り得た公表されていない情報をいう。第九十一条において同じ。）を、適切な業務の運営の確保その他必要と認められる目的以外に使用しないことを確保するための措置を講じなければならない。

第五十九条　包括信用購入あつせん業者は、法第三十条の五の二の規定により包括信用購入あつせんの業務を第三者に委託する場合には、当該業務の内容に応じ、次に掲げる措置を講じなければならない。

一　当該業務を適確に遂行することができる能力を有する者に委託するための措置

二　当該業務の委託を受けた者（以下この条及び第九十二条において「受託者」という。）における当該業務の実施状況を、定期的に又は必要に応じて確認すること等により、受託者が当該業務を適確に遂行しているかを検証し、必要に応じ改善させる等、受託者に対する必要かつ適切な監督等を行うための措置

三　受託者が行う当該業務に係る利用者又は購入者等からの苦情の適切かつ迅速な処理のために必要な措置

四　受託者が当該業務を適切に行うことができない事態が

生じた場合に他の適切な第三者に当該業務を速やかに委託する等、当該業務に係る利用者又は購入者等の利益の保護に支障が生じること等を防止するための措置

五　受託者が当該業務を適確に遂行していない場合であって当該業務に係る利用者又は購入者等の利益の保護を図るため必要がある場合には、当該業務の委託に係る契約の変更又は解除をする等の必要な措置を講ずるための措置

第六十条　包括信用購入あっせん業者は、法第三十条の五の二の規定により利用者又は購入者等からの苦情（法第三十条の四第一項の規定による対抗を含む。以下この条において同じ。）の適切かつ迅速な処理のために必要な措置を講じるときは、次の各号に定めるところによらなければならない。

一　利用者又は購入者等からの苦情を受け付けたときは、遅滞なく、当該苦情の内容が包括信用購入あっせん業者又は包括信用購入あっせん関係販売業者若しくは包括信用購入あっせん関係役務提供事業者による包括信用購入あっせんに係る業務に関する利用者又は購入者等の利益の保護に欠ける行為に起因するものであるかを判別すること。

二　前号の規定により判別した結果その他の事項からみて、次のいずれかに該当するときは、当該苦情の内容を当該包括信用購入あっせん関係販売業者又は当該包括信用購入あっせん関係役務提供事業者とクレジットカード番号等取扱契約を締結したクレジットカード番号等取扱契約締結事業者に通知すること。

イ　包括信用購入あっせん関係販売業者又は包括信用購入あっせん関係役務提供事業者が包括信用購入あっせん関係販売等契約に関し、法第三十五条の三の七各号のいずれかに該当する行為をしたと認められるとき。

ロ　包括信用購入あっせん関係販売業者又は包括信用購入あっせん関係役務提供事業者による包括信用購入

（改善命令）

第三十条の五の三　経済産業大臣は、包括信用購入あっせん業者が第三十条の二第一項本文、第三項若しくは第四項、第三十条の二の二本文、前条、第三十五条の三の五十六から第三十五条の三の五十八まで又は第三十五条の三の五十九第一項の規定に違反していると認めるときは、その必要の限度において、当該包括信用購入あっせん業者に対し、包括信用購入あっせんに係る業務の運営を改善するため必要な措置をとるべきことを命ずることができる。

2　経済産業大臣は、包括信用購入あっせん業者が第三十条の二第一項本文、第三項若しくは第四項、第三十条の二の二本文又は前条の規定に違反している場合において、前項の規定による命令をしようとするときは、あらかじめ、内閣総理大臣に協議しなければならない。

3　内閣総理大臣は、包括信用購入あっせん業者が第三十条の二第一項本文、第三項若しくは第四項、第三十条の二の

あっせんに係る業務に関する利用者又は購入者等の利益の保護に欠ける行為に係る苦情（苦情の内容がイの行為に起因するものである苦情を除く。）の発生状況からみて、当該包括信用購入あっせん関係販売業者又は当該包括信用購入あっせん関係役務提供事業者が包括信用購入あっせんに係る業務に関し利用者又は購入者等の利益の保護に欠けると認められるとき。

三　第一号の規定により判別した結果その他の事情からみて、包括信用購入あっせん業者が包括信用購入あっせんに係る業務に関し利用者又は購入者等の利益の保護に欠ける行為をしたと認めるときは、当該苦情の処理のために必要な事項を調査すること。

四　利用者又は購入者等から申出を受けた苦情の内容又は前号の規定による調査その他の方法により知つた事項からみて、必要があると認めるときは、包括信用購入あっせんに係る業務の改善その他の所要の措置を講じること。

【関連：平成29年施行規則パブリックコメント(1)No.25、26、27】

二本文又は前条の規定に違反している場合において、利用者又は購入者若しくは役務の提供を受ける者の利益を保護するため必要があると認めるときは、経済産業大臣に対し、第一項の規定による命令に関し、必要な意見を述べることができる。

第二款　包括支払可能見込額の調査等の特例

（認定包括信用購入あつせん業者）

第三十条の五の四　包括信用購入あつせん業者は、包括支払可能見込額に代えて、利用者支払可能見込額（最低限度の生活の維持に支障を生ずることなく、利用者が包括信用購入あつせんに係る購入又は受領の方法により購入しようとする商品若しくは指定権利の代金又は受領しようとする役務の対価に相当する額の支払に充てることができると見込まれる額をいう。以下同じ。）の算定を行おうとする場合は、経済産業省令で定めるところにより、次の各号のいずれにも該当する旨の経済産業大臣の認定を受けることができる。

第二款　包括支払可能見込額の調査等の特例

（認定包括信用購入あつせん業者の認定の申請）

第六十一条　法第三十条の五の四第一項の規定による認定の申請は、次に掲げる事項を記載した申請書を経済産業大臣に提出してしなければならない。

一　法第三十条の五の四第一項第一号の方法

二　延滞率（一定の時点における包括信用購入あつせんに係る債務が残存するカード等の件数に対する当該件数のうち延滞している包括信用購入あつせんに係る債務を含むものの割合をいう。以下同じ。）に関する事項

三　法第三十条の五の四第一項第二号の体制

2　前項の申請書は、様式第十三の二によるものとする。

3　第一項の申請書には、次に掲げる書類を添付しなければならない。

一　法第三十条の五の四第一項第一号の方法及び同項第二号の体制に関する社内規則等（認定包括信用購入あつせん業者又はその役員（業務を執行する社員、取締役若しくは執行役又はこれらに準ずる者をいう。第六十三条第二項第七号、第六十四条第一項第四号、第六十五条第三号、第六十八条の十一第三号、第九十九条第二項第七号、第百条第三号及び第百三十三条の二第二項第三号において同じ。）、使用人その他の従業者が遵守すべき規則その他これに準ずるものであつて認定包括信用購入あつせん業者が作成するものをいう。第六十二条の二第二項において同じ。）

二　法第三十条の五の四第一項第二号の体制に関する組織図

一　当該算定の方法が、利用者の支払能力に関する情報を高度な技術的手法を用いて分析することにより利用者支払可能見込額を適確に算定することを可能とするものとして経済産業省令で定める基準に適合するものであること。

二　当該算定を行う体制が、経済産業省令で定める基準に適合するものであること。

2　経済産業大臣は、前項の認定の申請が同項各号のいずれにも適合していると認めるときは、同項の認定をするものとする。

3　第一項の認定を受けた包括信用購入あつせん業者（以下「認定包括信用購入あつせん業者」という。）は、当該認定に係る同項第一号の方法又は同項第二号の体制を変更しようとするときは、経済産業省令で定めるところにより、経済産業大臣の認定を受けなければならない。

4　第二項の規定は、前項の変更の認定に準用する。

5　経済産業大臣は、認定包括信用購入あつせん業者が次の各号のいずれかに該当するときは、その認定を取り消すことができる。

一　第一項各号のいずれかに適合しなくなつたと認められ

（認定の基準）

第六十二条　法第三十条の五の四第一項第一号の経済産業省令で定める基準は、次のとおりとする。

一　法第三十条の五の四第一項第一号の方法を定めるに当たり、不適正又は不十分な技術及び情報を利用していないこと。

二　利用者の支払能力に関する情報を当該利用者に対する不当な差別、偏見その他の著しい不利益が生じるおそれがあると認められる方法により利用していないこと。

三　この命令に基づいて指定信用情報機関が算定する延滞率を超えないよう延滞率を管理すること。

2　法第三十条の五の四第一項第二号の経済産業省令で定める基準は、法第三十条の五の五第一項本文に規定する算定の円滑な実施を確保するために必要な体制が定められていることとする。

【関連：令和2年施行規則パブリックコメントNo.9】

（変更の認定）

第六十二条の二　法第三十条の五の四第三項の規定による認定の申請は、様式第十三の三による申請書を提出してしなければならない。

2　前項の申請書には、次に掲げる書類を添付しなければならない。

一　法第三十条の五の四第一項の認定に係る同項第一号の方法を変更しようとするときは、変更後の当該方法に関する社内規則等

二　法第三十条の五の四第一項の認定に係る同項第二号の体制を変更しようとするときは、変更後の当該体制に関する社内規則等及び組織図

るとき。

二　第三項の規定に違反して、同項の変更の認定を受けずに、第一項第一号の方法又は同項第二号の体制を変更したとき。

三　第三十条の六第一項（次条第一項本文、第二項及び第三項並びに第三十条の五の六本文に係る部分に限る。）の規定による命令に違反したとき。

四　不正の手段により第一項の認定又は第三項の変更の認定を受けたとき。

6　第三十条の二、第三十条の二の二及び前条の規定は、認定包括信用購入あつせん業者については、適用しない。

（利用者支払可能見込額の算定）

第三十条の五の五　認定包括信用購入あつせん業者は、包括信用購入あつせんをするためカード等を利用者に交付し若しくは付与しようとする場合又は利用者に交付し若しくは付与したカード等についてそれに係る極度額を増額しようとする場合には、その交付若しくは付与又はその増額に先立つて、前条第一項の認定に係る同項第一号の方法により利用者支払可能見込額を算定しなければならない。ただし、当該利用者の保護に支障を生ずることがない場合として経済産業省令・内閣府令で定める場合は、この限りでない。

（利用者支払可能見込額の算定義務の例外）

第六十二条の三　法第三十条の五の五第一項ただし書の経済産業省令・内閣府令で定める場合は、次に掲げる場合とする。

一　包括信用購入あつせんをするため極度額が三十万円以下のカード等を利用者に交付し若しくは付与しようとする場合（包括信用購入あつせんをするため利用者に交付し又は付与しているカード等についてそれに係る有効期間を更新するためにカード等を当該利用者に交付し又は付与しようとする場合を含む。）又は利用者に交付し若しくは付与したカード等についてそれに係る極度額を三十万円を上限として増額しようとする場合（これらのうち、次のいずれかに該当する場合を除く。）

イ　指定信用情報機関が保有する特定信用情報を使用することにより、当該カード等を当該利用者に交付し若しくは付与しようとする時点又は当該カード等についてそれに係る極度額を増額しようとする時点において、当該利用者の支払の義務が履行されないと認めるとき。

ロ　指定信用情報機関が保有する特定信用情報を使用することにより、当該利用者の当該認定包括信用購入あつせん業者に対する包括信用購入あつせんに係る債務の額が五十万円を、又は支払時期の到来していない若しくは支払の義務が履行されていない包括信用購入あっせんに係る債務の額が百万円を超えると認めるとき。

二　利用者に交付し又は付与したカード等についてそれに係る極度額を当該利用者の求めに応じ一時的に増額しようとする場合であつて、当該利用者が当該カード等を提示し又は通知して、包括信用購入あっせん関係販売業者から商品若しくは権利を購入し、又は包括信用購入あっせん関係役務提供事業者から役務の提供を受ける目的及び当該包括信用購入あっせん関係販売業者若しくは当該包括信用購入あっせん関係役務提供事業者の名称又はこれに相当するものをあらかじめ確認した場合において、次のいずれかに該当するとき。

イ　極度額を一時的に増額しようとする期間が三月以内の場合であつて、当該増額された後の極度額が法第三十条の五の五第一項本文の規定により算定した利用者支払可能見込額（正当な理由があつて同項本文の規定による算定を行つていない場合は、当該カード等に係る極度額（現に当該カード等についてそれに係る極度額を利用者の求めに応じ一時的に増額している場合にあつては、一時的に増額する前の極度額））の二倍に相当する額を超えない場合において、当該増額された後の極度額が当該目的に照らして相当であると認めるとき。

ロ　当該利用者が臨時的かつ短期的な収入を得る見込みがあると認められる場合であつて、当該増額された後の極度額が当該収入に照らして相当であると認めるとき。

ハ　当該利用者が当該カード等を提示し又は通知して、包括信用購入あっせん関係販売業者から当該利用者若しくは当該利用者と生計を一にする者の生命若しくは身体を保護するため緊急に必要があると認められる商品若しくは権利を購入し、又は包括信用購入あっせん関係役務提供事業者から当該利用者若しくは当該利用者と生計を一にする者の生命若しくは身体を保護するため緊急に必要があると認められる役務の提供を受ける場合であつて、当該増額された後の極度額が当該目的に照らして相当であると認めるとき。

三　包括信用購入あつせんをするため、利用者に交付し又は付与しているカード等についてそれに係る有効期間を更新するためにカード等を当該利用者に交付し又は付与しようとする場合（付随カード等についてそれに係る有効期間を更新するために付随カード等を当該利用者に交付し又は付与しようとする場合を除く。）において、当該利用者の当該認定包括信用購入あつせん業者に対する包括信用購入あつせんに係る債務の額が五万円に満たないとき。

四　認定包括信用購入あつせん業者が、法第三十条の五の五第一項本文の規定により算定した利用者支払可能見込額（正当な理由があつて同項本文の規定による算定を行つていない場合は、利用者に交付し又は付与したカード等に係る極度額）の範囲内で、付随カード等を利用者に交付し若しくは付与しようとする場合又は当該付随カード等についてそれに係る極度額を増額しようとする場合

五　第一号、第三号又は前号に掲げるもののほか、認定包括信用購入あつせん業者が、カード等を利用者に交付し又は付与した時から当該カード等についてそれに係る有効期間の満了の日までに、当該カード等に代えてカード等を利用者に交付し又は付与しようとする場合（カード等についてそれに係る有効期間を更新しようとする場合を除く。）

2　認定包括信用購入あつせん業者は、前項各号に掲げる場合には、次の各号に掲げる場合の区分に応じ、利用者ごとに、当該各号に定める事項の記録を、書面又は電磁的記録をもつて作成し、カード等（付随カード等を含む。）についてそれに係る有効期間（更新された後の有効期間を除く。）の満了の日又は当該有効期間内に締結した全ての包括信用購入あつせん関係受領契約（当該カード等（付随カー

ド等を含む。）に係るものに限る。）に定められた最終の支払期日のうち最後のもの（これらの契約に基づく包括信用購入あつせんに係る債務の全てが弁済その他の事由により消滅したときにあつては、その消滅した日）のうちいずれか遅い日までの間保存しなければならない。

一　前項第一号に掲げる場合　次に掲げる事項

イ　契約年月日（カード等についてそれに係る極度額を増額しようとする場合にあつては増額した年月日、カード等についてそれに係る有効期間を更新しようとする場合にあつてはその更新しようとする年月日及び指定信用情報機関が保有する特定信用情報を使用して調査を行つた年月日）

ロ　利用者に交付し又は付与したカード等についてそれに係る極度額（カード等についてそれに係る極度額を増額しようとする場合にあつては、増額した後の極度額）

ハ　指定信用情報機関が保有する特定信用情報を使用して行つた調査の結果

ニ　当該認定包括信用購入あつせん業者に対する包括信用購入あつせんに係る債務の額

二　前項第二号に掲げる場合　次に掲げる事項

イ　利用者の求めがあつた日及びカード等についてそれに係る極度額を増額した年月日

ロ　増額した期間

ハ　増額した後の極度額

ニ　利用者がカード等を提示し又は通知して、包括信用購入あつせん関係販売業者から商品若しくは権利を購入し、又は包括信用購入あつせん関係役務提供事業者から役務の提供を受ける目的

ホ　あらかじめ確認した包括信用購入あつせん関係販売業者若しくは包括信用購入あつせん関係役務提供事業者の名称又はこれに相当するもの

ヘ　増額した期間において、利用者がカード等を提示し又は通知して、商品若しくは権利を購入した包括信用購入あつせん関係販売業者、又は役務の提供を受ける

2　認定包括信用購入あっせん業者は、利用者支払可能見込額を算定するために必要な事項の調査を行うときは、指定信用情報機関が保有する特定信用情報を使用しなければならない。

3　認定包括信用購入あっせん業者は、包括信用購入あっせんをするためカード等を利用者に交付し若しくは付与した場合又は利用者に交付し若しくは付与したカード等についてそれに係る極度額を増額した場合には、経済産業省令・内閣府令で定めるところにより、利用者支払可能見込額の算定に関する記録を作成し、これを保存しなければならない。

包括信用購入あっせん関係役務提供事業者の名称又はこれに相当するもの

ト　利用者が得る見込みがあると認められる臨時的かつ短期的な収入（前項第二号ロに該当するときに限る。）

三　前項第三号に掲げる場合　次に掲げる事項

イ　利用者に交付し又は付与しているカード等についてそれに係る有効期間を更新しようとする年月日及び当該利用者の当該認定包括信用購入あっせん業者に対する包括信用購入あっせんに係る債務の額を調査した年月日

ロ　利用者に交付し又は付与したカード等についてそれに係る極度額

ハ　当該認定包括信用購入あっせん業者に対する包括信用購入あっせんに係る債務の額

四　前項第四号に掲げる場合　次に掲げる事項

イ　付随カード等についてそれに係る契約年月日（付随カード等についてそれに係る極度額を増額しようとする場合にあつては、増額した年月日）

ロ　利用者に交付し又は付与した付随カード等についてそれに係る極度額（付随カード等についてそれに係る極度額を増額しようとする場合にあつては、増額した後の極度額）

五　前項第五号に掲げる場合　カード等を利用者に交付し又は付与しようとする年月日

（利用者支払可能見込額の算定に関する記録）

第六十二条の四　法第三十条の五の五第三項の規定により、認定包括信用購入あっせん業者は、次の各号に掲げる場合の区分に応じ、利用者ごとに、次に定める事項の記録を、書面又は電磁的記録をもつて作成し、カード等についてそれに係る有効期間（第一号に掲げる場合には更新された後の有効期間を含み、第二号に掲げる場合には更新された後の有効期間を除く。）の満了の日又は当該有効期間内に締結した全ての包括信用購入あつせん関係受領契約（当該カード等に係るものに限る。）に定められた最終の支払期日のうち最後のもの（これらの契約に基づく包括信用購入あつせんに係る債務の全てが弁済その他の事由により消滅したときにあつては、その消滅した日）のうちいずれか遅い日までの間保存しなければならない。

一　法第三十条の五の五第一項本文の規定により利用者支払可能見込額を算定した場合であつて、包括信用購入あつせんをするためカード等を利用者に交付し若しくは付与したとき又は利用者に交付し若しくは付与したカード等についてそれに係る極度額を増額したとき　次に掲げる事項

イ　契約年月日（カード等についてそれに係る極度額を増額しようとする場合にあつては、増額した年月日）

ロ　利用者に交付し又は付与したカード等についてそれに係る極度額（カード等についてそれに係る極度額を増額しようとする場合にあつては、増額した後の極度額）

ハ　法第三十条の五の五第一項本文の規定により算定した利用者支払可能見込額（ロの極度額と異なる場合に限る。）

ニ　法第三十条の五の五第二項の規定により、指定信用情報機関が保有する特定信用情報を使用して行つた調査の結果

二　法第三十条の五の五第一項本文の規定により利用者支払可能見込額を算定した場合であつて、包括信用購入あつせんをするため、利用者に交付し又は付与しているカード等についてそれに係る有効期間を更新するためにカード等を当該利用者に交付し又は付与したとき　次に掲げる事項

イ　利用者に交付し又は付与しているカード等についてそれに係る有効期間を更新しようとする年月日及び法第三十条の五の五第一項本文の規定による算定を行つた年月日

4　認定包括信用購入あっせん業者は、経済産業省令で定めるところにより、定期的に、利用者支払可能見込額の算定の実績その他経済産業省令で定める事項を経済産業大臣に報告しなければならない。

（利用者支払可能見込額を超える場合のカード等の交付等の禁止）

第三十条の五の六　認定包括信用購入あっせん業者は、包括信用購入あっせんをするためカード等を利用者に交付し若しくは付与しようとする場合又は利用者に交付し若しくは付与したカード等についてそれに係る極度額を増額しようとする場合において、当該利用者に交付し若しくは付与しようとするカード等に係る極度額又は当該増額された後の極度額が、利用者支払可能見込額を超えるときは、当該カード等を交付し若しくは付与し、又は極度額を増額してはならない。ただし、当該利用者の保護に支障を生ずることがない場合として経済産業省令・内閣府令で定める場合は、この限りでない。

ロ　利用者に交付し又は付与したカード等についてそれに係る極度額

ハ　法第三十条の五の五第一項本文の規定により算定した利用者支払可能見込額（ロの極度額と異なる場合に限る。）

ニ　法第三十条の五の五第二項の規定により、指定信用情報機関が保有する特定信用情報を使用して行った調査の結果

（経済産業大臣への定期報告）

第六十二条の五　法第三十条の五の五第四項の報告は、様式第十三の四による報告書を提出してしなければならない。

2　法第三十条の五の五第四項の経済産業省令で定める事項は、報告の対象となる事業年度の延滞率の実績その他利用者支払可能見込額の算定に関する事項とする。

（利用者支払可能見込額を超える場合のカード等の交付等の禁止に係る利用者の保護に支障を生ずることがない場合）

第六十二条の六　法第三十条の五の六ただし書の経済産業省令・内閣府令で定める場合は、第六十二条の三第一項各号に掲げる場合とする。

（契約の解除等の制限の特例）

第三十条の五の七　認定包括信用購入あっせん業者がその交付し又は付与したカード等に係る極度額が政令で定める金額以下である利用者と包括信用購入あっせん関係受領契約を締結した場合における第三十条の二の四第一項の規定の適用については、同項中「二十日」とあるのは、「七日以上二十日以下の間で政令で定める日数」とする。

（改善命令）

第三十条の六　経済産業大臣は、認定包括信用購入あっせん業者が第三十条の五の二、第三十条の五の五第一項本文、第二項若しくは第三項、第三十条の五の六本文、第三十五条の三の五十六から第三十五条の三の五十八まで又は第三十五条の三の五十九第一項の規定に違反していると認めるときは、その必要の限度において、当該認定包括信用購入あっせん業者に対し、包括信用購入あっせんに係る業務の運営を改善するため必要な措置をとるべきことを命ずることができる。

2　経済産業大臣は、認定包括信用購入あっせん業者が第三十条の五の二、第三十条の五の五第一項本文、第二項若しくは第三項又は第三十条の五の六本文の規定に違反している場合において、前項の規定による命令をしようとするときは、あらかじめ、内閣総理大臣に協議しなければならない。

3　内閣総理大臣は、認定包括信用購入あっせん業者が第三十条の五の二、第三十条の五の五第一項本文、第二項若しくは第三項又は第三十条の五の六本文の規定に違反している場合において、利用者又は購入者若しくは役務の提供を受ける者の利益を保護するため必要があると認めるときは、経済産業大臣に対し、第一項の規定による命令に関し、必要な意見を述べることができる。

第三款　包括信用購入あっせん業者の登録等

（包括信用購入あっせん業者の登録）

第三十一条　包括信用購入あっせんは、経済産業省に備える

（認定包括信用購入あっせん業者による契約の解除等の制限の特例に係る極度額の上限等）

第二十三条　法第三十条の五の七の政令で定める金額は、十万円とする。

2　法第三十条の五の七の規定により読み替えて適用する法第三十条の二の四第一項の政令で定める日数は、七日とする。

第三款　包括信用購入あっせん業者の登録等

包括信用購入あっせん業者登録簿に登録を受けた法人（以下「登録包括信用購入あっせん業者」という。）でなければ、業として営んではならない。ただし、第三十五条の三の六十第一項第四号の団体については、この限りでない。

（登録の申請）

第三十二条　前条の登録を受けようとする者は、次の事項を記載した申請書を経済産業大臣に提出しなければならない。

一　名称

二　本店その他の営業所（外国法人にあつては、本店及び国内における主たる営業所その他の営業所）の名称及び所在地

三　資本金又は出資の額

四　役員（業務を執行する社員、取締役若しくは執行役又はこれらに準ずる者をいい、いかなる名称を有する者であるかを問わず、法人に対し、これらの者と同等以上の支配力を有するものと認められる者として経済産業省令で定めるものを含む。以下この節、次節及び第三章の四第二節において同じ。）の氏名

2　前項の申請書には、定款、登記事項証明書その他経済産業省令で定める書類を添付しなければならない。ただし、経済産業省令で定める場合は、登記事項証明書の添付を省略することができる。

（登録の申請）

第六十三条　法第三十二条第一項の申請書は、様式第十四によるものとする。

〔法第三十二条第一項第四号に対応する経済産業省令は、施行規則第六十四条〕

2　法第三十二条第二項の経済産業省令で定める書類は、次のとおりとする。

一　登録申請書提出日前一月以内の一定の日の現在において様式第二により作成した財産に関する調書並びに登録申請書提出日の直前事業年度の貸借対照表（関連する注記を含む。第六十八条の九第二項第一号本文及び第九十九条第二項第一号本文において同じ。）、損益計算書（関連する注記を含む。第六十八条の九第二項第一号本文及び第九十九条第二項第一号本文において同じ。）及び株主資本等変動計算書（関連する注記を含む。第六十八条の九第二項第一号本文及び第九十九条第二項第一号本文において同じ。）又はこれらに代わる書面。ただし、登録の申請の日を含む事業年度に設立された法人にあつては、会社法第四百三十五条第一項又は第六百十七条第一項の規定により成立のときに作成する貸借対照表（関連

する注記を含む。第六十八条の九第二項第一号ただし書及び第九十九条第二項第一号ただし書において同じ。）又はこれに代わる書面

二　兼営事業がある場合には、その種類及び概要を記載した書面

三　役員（法第三十二条第一項第四号に規定する役員をいう。第六十七条第二項第二号、第六十八条の九第二項第三号、第六十八条の十五第二項第二号、第九十九条第二項第三号、第百二条第二項第二号、第百三十三条の二第二項第一号及び第百三十三条の四第二項第二号において同じ。）の履歴書（役員が法人であるときは、当該役員の沿革を記載した書面。第六十七条第二項第二号、第六十八条の九第二項第三号、第六十八条の十五第二項第二号、第九十九条第二項第三号、第百二条第二項第二号、第百三十三条の二第二項第一号及び第百三十三条の四第二項第二号において同じ。）

四　株主若しくは社員の名簿及び親会社（会社法第二条第四号に規定する親会社をいう。以下同じ。）の株主若しくは社員の名簿又はこれらに代わる書面

五　加入指定信用情報機関の商号又は名称を記載した書面

六　特定信用情報提供契約を締結している特定信用情報提供等業務を行う者（加入指定信用情報機関を除く。第六十八条の九第二項第六号及び第九十九条第二項第六号において同じ。）の商号又は名称を記載した書面

七　包括信用購入あっせんに係る業務に関する社内規則等（包括信用購入あっせん業者又はその役員、使用人その他の従業者が遵守すべき規則その他これに準ずるものであつて包括信用購入あっせん業者が作成するものをいう。第六十六条、第六十八条の九第二項第七号、第六十八条の十二及び第六十八条の十四第二項において同じ。）

八　包括信用購入あっせんに係る業務に関する組織図

九　法第三十三条の二第一項第五号から第十一号までの規定に該当しないことを誓約する書面

3　前項の場合において、定款が電磁的記録で作られているときは、書面に代えて電磁的記録（経済産業省令で定めるものに限る。）を添付することができる。

3　第十二条第三項の規定は、法第三十二条第三項の経済産業省令で定める電磁的記録に準用する。

〔法第三十二条第二項ただし書に対応する経済産業省令の規定なし〕

（取締役等と同等以上の支配力を有する者）

第六十四条　法第三十二条第一項第四号に規定する経済産業省令で定めるものは、次の各号のいずれかに該当するものとする。

一　当該法人の総株主等の議決権（総株主、総社員又は総出資者の議決権（株式会社にあつては、株主総会において決議をすることができる事項の全部につき議決権を行使することができない株式についての議決権を除き、会社法第八百七十九条第三項の規定により議決権を有するものとみなされる株式についての議決権を含む。）をいう。以下この条において同じ。）の百分の二十五を超える議決権に係る株式又は出資（以下この条において「株式等」という。）を自己又は他人（仮設人を含む。次号において同じ。）の名義をもつて所有している個人

二　当該法人の親会社の総株主等の議決権の百分の五十を超える議決権に係る株式等を自己又は他人の名義をもつて所有している個人

三　当該法人の業務を執行する社員又はこれに準ずる者が法人である場合におけるその職務を行うべき者

四　当該法人の役員又は前三号に掲げる者が未成年者である場合におけるその法定代理人（法定代理人が法人である場合においては、その役員を含む。）

2　前項第一号又は第二号の場合において、これらの規定に掲げる者が保有する議決権には、社債、株式等の振替に関する法律第百四十七条第一項又は第百四十八条第一項（これらの規定を同法第二百二十八条第一項、第二百三十五条第一項、第二百三十九条第一項及び第二百七十六条（同条第二号に係る部分に限る。）において準用する場合を含む。）の規定により発行者に対抗することができない株式等に係る議決権を含むものとする。

（登録及びその通知）

第三十三条　経済産業大臣は、前条第一項の規定による登録の申請があつたときは、次条第一項の規定により登録を拒否する場合を除くほか、前条第一項各号に掲げる事項及び登録年月日を包括信用購入あっせん業者登録簿に登録しなければならない。

２　経済産業大臣は、第三十一条の登録をしたときは、遅滞なく、その旨を当該登録の申請をした者に通知しなければならない。

（登録の拒否）

第三十三条の二　経済産業大臣は、第三十二条第一項の申請書を提出した者が次の各号のいずれかに該当するとき、又は当該申請書若しくはその添付書類のうちに重要な事項について虚偽の記載があり、若しくは重要な事実の記載が欠けているときは、その登録を拒否しなければならない。

一　法人でない者

二　外国法人である場合には、国内に営業所を有しない者

三　資本金又は出資の額が包括信用購入あっせん関係販売業者又は包括信用購入あっせん関係役務提供事業者を保護するため必要かつ適当であると認められる金額で政令で定めるものに満たない法人

四　資産の合計額から負債の合計額を控除した額が資本金又は出資の額の百分の九十に相当する額に満たない法人

五　第三十四条の二第一項又は第二項の規定により登録を取り消され、その取消しの日から五年を経過しない法人

六　この法律又は貸金業法（昭和五十八年法律第三十二号）の規定により罰金の刑に処せられ、その刑の執行を終わり、又は執行を受けることがなくなつた日から五年を経過しない法人

七　役員のうちに次のいずれかに該当する者のある法人

イ　破産手続開始の決定を受けて復権を得ない者

ロ　禁錮以上の刑に処せられ、その刑の執行を終わり、又は執行を受けることがなくなつた日から五年を経過しない者

（前払式割賦販売業者等の資本金又は出資の額）〔再掲〕

第五条　第一項　略

２　法第三十三条の二第一項第三号に規定する金額は、二千万円とする。

ハ　この法律、貸金業法若しくは暴力団員による不当な行為の防止等に関する法律（平成三年法律第七十七号）の規定（同法第三十二条の三第七項及び第三十二条の十一第一項の規定を除く。）に違反し、又は刑法（明治四十年法律第四十五号）若しくは暴力行為等処罰に関する法律（大正十五年法律第六十号）の罪を犯し、罰金の刑に処せられ、その刑の執行を終わり、又は執行を受けることがなくなつた日から五年を経過しない者

ニ　登録包括信用購入あつせん業者が第三十四条の二第一項又は第二項の規定により登録を取り消された場合において、その処分のあつた日前三十日以内にその登録包括信用購入あつせん業者の役員であつた者で、その処分のあつた日から五年を経過しないもの

ホ　暴力団員による不当な行為の防止等に関する法律第二条第六号に規定する暴力団員（以下この号において「暴力団員」という。）又は暴力団員でなくなつた日から五年を経過しない者（以下「暴力団員等」という。）

八　暴力団員等がその事業活動を支配する法人

九　暴力団員等をその業務に従事させ、又はその業務の補助者として使用するおそれのある法人

十　包括信用購入あつせんに係る業務に関し不正又は不誠実な行為をするおそれがあると認めるに足りる相当の理由がある法人として経済産業省令で定めるもの

（不正な行為等をするおそれがあると認められる法人）

第六十五条　法第三十三条の二第一項第十号に規定する経済産業省令で定めるものは、次の各号のいずれかに該当する法人とする。

一　法第三十四条の二第一項各号又は第二項各号のいずれかに該当するとして登録の取消しの処分に係る行政手続法（平成五年法律第八十八号）第十五条の規定による通知があつた日から当該処分をする日又は処分をしないことの決定をする日までの期間内に法第三十五条の規定による届出をした法人（包括信用購入あつせんの営業の廃止について相当の理由のある法人を除く。以下この条において同じ。）で、当該届出の日から五年を経過しない法人

二　前号の期間内に法第三十五条の規定による届出をした法人の業務を執行する社員又はこれに準ずる者であつた

十一　第三十条の二第一項本文に規定する調査、第三十五条の十六第一項及び第三項に規定する措置その他この法律に定める措置の円滑な実施を確保するために必要な体制、利用者又は購入者若しくは役務の提供を受ける者の苦情を適切かつ迅速に処理するために必要な体制その他の包括信用購入あっせんの公正かつ適確な実施を確保するために必要なものとして経済産業省令で定める体制が整備されていると認められない法人

2　第十五条第二項及び第三項の規定は、第三十二条第一項の規定による登録の申請があつた場合に準用する。

（変更の届出）

第三十三条の三　登録包括信用購入あっせん業者は、第三十二条第一項各号に掲げる事項について変更があつたときは、遅滞なく、その旨を経済産業大臣に届け出なければならない。

2　経済産業大臣は、前項の規定による変更の届出を受理し

者であつて、同号に規定する通知があつた日前三十日に当たる日から当該法人の廃止の日までの間にその地位にあつたもの（法人に限る。）で、当該届出の日から五年を経過しない法人

三　役員のうちに、第一号の期間内に法第三十五条の規定による届出をした法人の役員であつた者であつて同号に規定する通知があつた日前三十日に当たる日から当該法人の廃止の日までの間にその地位にあつたもので当該届出の日から五年を経過しない者のある法人

（包括信用購入あっせんの公正かつ適確な実施を確保するために必要な体制）

第六十六条　法第三十三条の二第一項第十一号に規定する経済産業省令で定める体制は、次のとおりとする。

一　法第三十条の二第一項本文に規定する調査、法第三十五条の十六第一項及び第三項に規定する措置その他法に定める措置の円滑な実施を確保するために必要な体制

二　利用者又は購入者等の苦情を適切かつ迅速に処理するために必要な体制

三　包括信用購入あっせんの公正かつ適確な実施を確保するため十分な社内規則等を定めていること。

四　法若しくは法の規定に基づく命令又は社内規則等を遵守するために必要な体制

2　前項第三号の社内規則等は包括信用購入あっせんに係る業務に関する責任体制を明確化する規定を含むものでなければならない。

（変更の届出）

第六十七条　法第三十三条の三第一項の届出は、様式第十五による届出書を提出してしなければならない。

【関連：平成29年施行規則パブリックコメント(1)No.28】

たときは、その届出があつた事項を包括信用購入あつせん業者登録簿に登録しなければならない。

３　第三十二条第二項及び第三項の規定は、第一項の規定による変更の届出をする場合に準用する。

（登録簿の閲覧）

第三十三条の四　経済産業大臣は、包括信用購入あつせん業者登録簿を一般の閲覧に供しなければならない。

（改善命令）

第三十四条　経済産業大臣は、登録包括信用購入あつせん業者が第三十三条の二第一項第十一号（認定包括信用購入あつせん業者にあつては、第三十条の二第一項本文に規定する調査に係る部分を除く。）の規定に該当することとなつたと認めるときは、その必要の限度において、当該登録包括信用購入あつせん業者に対し、包括信用購入あつせんに係る業務の運営を改善するため必要な措置をとるべきことを命ずることができる。

（登録の取消し等）

第三十四条の二　経済産業大臣は、登録包括信用購入あつせん業者が次の各号のいずれかに該当するときは、その登録を取り消さなければならない。

一　第三十三条の二第一項第二号、第三号又は第六号から第十号までのいずれかに該当することとなつたとき。

二　不正の手段により第三十一条の登録を受けたとき。

２　経済産業大臣は、登録包括信用購入あつせん業者が次の各号のいずれかに該当するときは、その登録を取り消し、

２　法第三十三条の三第三項において準用する法第三十二条第二項の経済産業省令で定める書類は、次のとおりとする。

一　その変更に係る事項を証する書類

二　その変更が新たに就任した役員に係るものであるときは、当該役員の履歴書及び第六十三条第二項第九号に掲げる書面（法第三十三条の二第一項第七号に係るものに限る。）

３　第十二条第三項の規定は、法第三十三条の三第三項において準用する法第三十二条第三項の経済産業省令で定める電磁的記録に準用する。

又は一年以内の期間を定めて、包括信用購入あつせんに係る業務の全部若しくは一部の停止を命ずることができる。

一　第三十条の五の三第一項（当該登録包括信用購入あつせん業者が認定包括信用購入あつせん業者である場合にあつては、第三十条の六第一項（第三十条の五の二、第三十五条の三の五十六から第三十五条の三の五十八まで及び第三十五条の三の五十九第一項に係る部分に限る。））又は前条の規定による命令に違反したとき。

二　第三十三条の二第一項第四号の規定に該当することとなつたとき。

三　第三十三条の三第一項の規定による届出をせず、又は虚偽の届出をしたとき。

3　経済産業大臣は、登録包括信用購入あつせん業者が前項第一号の命令（当該登録包括信用購入あつせん業者が第三十条の二第一項本文、第三項若しくは第四項、第三十条の二の二本文又は第三十条の五の二の規定（当該登録包括信用購入あつせん業者が認定包括信用購入あつせん業者である場合にあつては、同条の規定）に違反している場合におけるものに限る。次項及び第四十条第四項において同じ。）に違反した場合において、前項の規定による処分をしようとするときは、あらかじめ、内閣総理大臣に協議しなければならない。

4　内閣総理大臣は、登録包括信用購入あつせん業者が第二項第一号の命令に違反した場合において、利用者又は購入者若しくは役務の提供を受ける者の利益を保護するため必要があると認めるときは、経済産業大臣に対し、同項の規定による処分に関し、必要な意見を述べることができる。

5　経済産業大臣は、第一項又は第二項の規定により登録を取り消したときは、遅滞なく、その理由を示して、その旨を当該登録包括信用購入あつせん業者であつた者に通知しなければならない。

（登録の消除）

第三十四条の三　経済産業大臣は、次の各号のいずれかに該当するときは、包括信用購入あつせん業者登録簿につき、その登録包括信用購入あつせん業者に関する登録を消除しなければならない。

一　前条第一項又は第二項の規定により登録を取り消したとき。

二　第三十五条の規定による届出があつたときその他包括信用購入あつせんの営業を廃止したことが判明したとき。

三　第三十五条の二の三第一項の登録をしたとき。

２　前条第五項の規定は、前項第二号又は第三号の規定により登録を消除した場合に準用する。

（処分の公示）

第三十四条の四　経済産業大臣は、第三十四条の二第一項若しくは第二項の規定により登録を取り消したとき、同項の規定により包括信用購入あつせんに係る業務の全部若しくは一部の停止を命じたとき、又は前条第一項第二号の規定により登録を消除したときは、経済産業省令で定めるところにより、その旨を公示しなければならない。

（廃止の届出）

第三十五条　登録包括信用購入あつせん業者は、包括信用購入あつせんの営業を廃止したときは、遅滞なく、その旨を経済産業大臣に届け出なければならない。

（販売業者等の契約の解除）

第三十五条の二　登録包括信用購入あつせん業者が第三十四条の二第一項若しくは第二項の規定により登録を取り消され、同項の規定による命令（業務の一部の停止の命令にあつては、カード等を交付し又は付与してはならない旨の命令を含むものに限る。）を受け、又は第三十四条の三第一項第二号の規定により登録を消除されたときは、当該登録包括信用購入あつせん業者と包括信用購入あつせんに係る契約を締結した販売業者（当該登録包括信用購入あつせん業者のために包括信用購入あつせん関係立替払取次ぎを行う包括信用購入あつせん関係立替払取次業者と包括信用購

（処分の公示）

第六十八条　法第三十四条の四の規定による公示は、官報に掲載してするものとする。

（廃止の届出）

第六十八条の二　法第三十五条の規定による届出は、様式第十三による届出書を提出してしなければならない。

入あっせん関係立替払取次ぎに係る契約を締結した販売業者を含む。）又は役務提供事業者（当該登録包括信用購入あっせん業者のために包括信用購入あっせん関係立替払取次ぎを行う包括信用購入あっせん関係立替払取次業者と包括信用購入あっせん関係立替払取次ぎに係る契約を締結した役務提供事業者を含む。）は、将来に向かつてその契約を解除することができる。

2　前項の規定に反する特約は、無効とする。

（登録の取消し等に伴う取引の結了等）

第三十五条の二の二　登録包括信用購入あっせん業者が第三十四条の二第一項若しくは第二項の規定により登録を取り消されたとき、又は第三十四条の三第一項第二号若しくは第三号の規定により登録が消除されたときは、当該登録包括信用購入あっせん業者であつた者又はその一般承継人は、当該登録包括信用購入あっせん業者が交付し又は付与したカード等に係る取引を結了する目的の範囲内においては、なお登録包括信用購入あっせん業者とみなす。

第四款　登録少額包括信用購入あっせん業者

（登録）

第三十五条の二の三　第三十一条の規定にかかわらず、経済産業省に備える少額包括信用購入あっせん業者登録簿に登録を受けた法人（以下「登録少額包括信用購入あっせん業者」という。）は、包括信用購入あっせん（その利用者に交付し又は付与するカード等に係る極度額が政令で定める金額以下のものに限る。以下この款において同じ。）を業として営むことができる。

2　第三十条の二、第三十条の二の二、第三十条の二の四及び第三十条の五の三から第三十条の六までの規定は、登録少額包括信用購入あっせん業者については、適用しない。

（利用者支払可能見込額の算定）

第三十五条の二の四　登録少額包括信用購入あっせん業者は、包括信用購入あっせんをするためカード等を利用者に

（登録少額包括信用購入あっせん業者が営む包括信用購入あっせんに係る極度額の上限）

第二十四条　法第三十五条の二の三第一項の政令で定める金額は、十万円とする。

第四款　登録少額包括信用購入あっせん業者

交付し若しくは付与しようとする場合又は利用者に交付し若しくは付与したカード等についてそれに係る極度額を増額しようとする場合には、その交付若しくは付与又はその増額に先立つて、前条第一項の登録に係る第三十五条の二の九第一項第四号の方法により利用者支払可能見込額を算定しなければならない。ただし、当該利用者の保護に支障を生ずることがない場合として経済産業省令・内閣府令で定める場合は、この限りでない。

（利用者支払可能見込額の算定義務の例外）

第六十八条の三　法第三十五条の二の四第一項ただし書の経済産業省令・内閣府令で定める場合は、次に掲げる場合とする。

一　利用者に交付し又は付与したカード等についてそれに係る極度額を当該利用者の求めに応じ一時的に増額しようとする場合であつて、当該利用者が当該カード等を提示し又は通知して、包括信用購入あつせん関係販売業者から商品若しくは権利を購入し、又は包括信用購入あつせん関係役務提供事業者から役務の提供を受ける目的及び当該包括信用購入あつせん関係販売業者若しくは当該包括信用購入あつせん関係役務提供事業者の名称又はこれに相当するものをあらかじめ確認した場合において、次のいずれかに該当するとき。

イ　極度額を一時的に増額しようとする期間が三月以内の場合であつて、当該増額された後の極度額が法第三十五条の二の四第一項本文の規定により算定した利用者支払可能見込額（正当な理由があつて同項本文の規定による算定を行つていない場合は、当該カード等に係る極度額（現に当該カード等についてそれに係る極度額を利用者の求めに応じ一時的に増額している場合にあつては、一時的に増額する前の極度額））の二倍に相当する額を超えない場合において、当該増額された後の極度額が当該目的に照らして相当であると認めるとき。

ロ　当該利用者が臨時的かつ短期的な収入を得る見込みがあると認められる場合であつて、当該増額された後の極度額が当該収入に照らして相当であると認めるとき。

ハ　当該利用者が当該カード等を提示し又は通知して、包括信用購入あつせん関係販売業者から当該利用者若しくは当該利用者と生計を一にする者の生命若しくは身体を保護するため緊急に必要があると認められる商品若しくは権利を購入し、又は包括信用購入あつせん関係役務提供事業者から当該利用者若しくは当該利用者と生計を一にする者の生命若しくは身体を保護するため緊急に必要があると認められる役務の提供を受ける場合であつて、当該増額された後の極度額が当該目的に照らして相当であると認めるとき。

二　包括信用購入あつせんをするため、利用者に交付し又は付与しているカード等についてそれに係る有効期間を更新するためにカード等を当該利用者に交付し又は付与しようとするとき（付随カード等についてそれに係る有効期間を更新するために付随カード等を当該利用者に交付し又は付与しようとするときを除く。）において、当該利用者の当該登録少額包括信用購入あつせん業者に対する包括信用購入あつせんに係る債務の額が五万円に満たないとき。

三　登録少額包括信用購入あつせん業者が、法第三十五条の二の四第一項本文の規定により算定した利用者支払可能見込額（正当な理由があつて同項本文の規定による算定を行つていない場合は、利用者に交付し又は付与したカード等に係る極度額）の範囲内で、付随カード等を利用者に交付し若しくは付与しようとする場合又は当該付随カード等についてそれに係る極度額を増額しようとする場合

四　前二号に掲げるもののほか、登録少額包括信用購入あつせん業者が、カード等を利用者に交付し又は付与した時から当該カード等についてそれに係る有効期間の満了の日までに、当該カード等に代えてカード等を利用者に交付し又は付与しようとする場合（カード等についてそれに係る有効期間を更新しようとする場合を除く。）

2　登録少額包括信用購入あつせん業者は、前項各号に掲げ

る場合には、次の各号に掲げる場合の区分に応じ、利用者ごとに、当該各号に定める事項の記録を、書面又は電磁的記録をもつて作成し、カード等（付随カード等を含む。）についてそれに係る有効期間（更新された後の有効期間を除く。）の満了の日又は当該有効期間内に締結した全ての包括信用購入あっせん関係受領契約（当該カード等（付随カード等を含む。）に係るものに限る。）に定められた最終の支払期日のうち最後のもの（これらの契約に基づく包括信用購入あっせんに係る債務の全てが弁済その他の事由により消滅したときにあつては、その消滅した日）のうちいずれか遅い日までの間保存しなければならない。

一　前項第一号に掲げる場合　次に掲げる事項

イ　利用者の求めがあつた日及びカード等についてそれに係る極度額を増額した年月日

ロ　増額した期間

ハ　増額した後の極度額

ニ　利用者がカード等を提示し又は通知して、包括信用購入あっせん関係販売業者から商品若しくは権利を購入し、又は包括信用購入あっせん関係役務提供事業者から役務の提供を受ける目的

ホ　あらかじめ確認した包括信用購入あっせん関係販売業者若しくは包括信用購入あっせん関係役務提供事業者の名称又はこれに相当するもの

ヘ　増額した期間において、利用者がカード等を提示し又は通知して、商品若しくは権利を購入した包括信用購入あっせん関係販売業者、又は役務の提供を受ける包括信用購入あっせん関係役務提供事業者の名称又はこれに相当するもの

ト　利用者が得る見込みがあると認められる臨時的かつ短期的な収入（前項第一号ロに該当するときに限る。）

二　前項第二号に掲げる場合　次に掲げる事項

イ　利用者に交付し又は付与しているカード等についてそれに係る有効期間を更新しようとする年月日及び当該利用者の当該登録少額包括信用購入あっせん業者に対する包括信用購入あっせんに係る債務の額を

２　登録少額包括信用購入あつせん業者は、利用者支払可能見込額を算定するために必要な事項の調査を行うときは、指定信用情報機関が保有する特定信用情報を使用しなければならない。

３　登録少額包括信用購入あつせん業者は、包括信用購入あつせんをするためカード等を利用者に交付し若しくは付与した場合又は利用者に交付し若しくは付与したカード等についてそれに係る極度額を増額した場合には、経済産業省令・内閣府令で定めるところにより、利用者支払可能見込額の算定に関する記録を作成し、これを保存しなければならない。

調査した年月日

ロ　利用者に交付し又は付与したカード等についてそれに係る極度額

ハ　当該認定包括信用購入あつせん業者に対する包括信用購入あつせんに係る債務の額

三　前項第三号に掲げる場合　次に掲げる事項

イ　付随カード等についてそれに係る契約年月日（付随カード等についてそれに係る極度額を増額しようとする場合にあつては、増額した年月日）

ロ　利用者に交付し又は付与した付随カード等についてそれに係る極度額（付随カード等についてそれに係る極度額を増額しようとする場合にあつては、増額した後の極度額）

四　前項第四号に掲げる場合　カード等を利用者に交付し又は付与しようとする年月日

（利用者支払可能見込額の算定に関する記録）

第六十八条の四　法第三十五条の二の四第三項の規定により、登録少額包括信用購入あつせん業者は、次の各号に掲げる場合の区分に応じ、利用者ごとに、次に定める事項の記録を、書面又は電磁的記録をもつて作成し、カード等についてそれに係る有効期間（第一号に掲げる場合には更新された後の有効期間を含み、第二号に掲げる場合には更新された後の有効期間を除く。）の満了の日又は当該有効期間内に締結した全ての包括信用購入あつせん関係受領契約（当該カード等に係るものに限る。）に定められた最終の支払期日のうち最後のもの（これらの契約に基づく包括信用購入あつせんに係る債務の全てが弁済その他の事由により消滅したときにあつては、その消滅した日）のうちいずれか遅い日までの間保存しなければならない。

一　法第三十五条の二の四第一項本文の規定により利用者支払可能見込額を算定した場合であつて、包括信用購入あつせんをするためカード等を利用者に交付し若しくは付与したとき又は利用者に交付し若しくは付与したカード等についてそれに係る極度額を増額したとき　次に掲げる事項

イ　契約年月日（カード等についてそれに係る極度額を増額しようとする場合にあつては、増額した年月日）

ロ　利用者に交付し又は付与したカード等についてそれに係る極度額（カード等についてそれに係る極度額を増額しようとする場合にあつては、増額した後の極度額）

ハ　法第三十五条の二の四第一項本文の規定により算定した利用者支払可能見込額（ロの極度額と異なる場合に限る。）

ニ　法第三十五条の二の四第二項の規定により、指定信用情報機関が保有する特定信用情報を使用して行つた調査の結果

二　法第三十五条の二の四第一項本文の規定により利用者支払可能見込額を算定した場合であつて、包括信用購入あつせんをするため、利用者に交付し又は付与しているカード等についてそれに係る有効期間を更新するためにカード等を当該利用者に交付し又は付与したとき　次に掲げる事項

イ　利用者に交付し又は付与しているカード等についてそれに係る有効期間を更新しようとする年月日及び法第三十五条の二の四第一項本文の規定による算定を行つた年月日

ロ　利用者に交付し又は付与したカード等についてそれに係る極度額

ハ　法第三十五条の二の四第一項本文の規定により算定した利用者支払可能見込額（ロの極度額と異なる場合に限る。）

ニ　法第三十五条の二の四第二項の規定により、指定信用情報機関が保有する特定信用情報を使用して行つた調査の結果

（利用者支払可能見込額を超える場合のカード等の交付等の禁止）

第三十五条の二の五　登録少額包括信用購入あっせん業者は、包括信用購入あっせんをするためカード等を利用者に交付し若しくは付与しようとする場合又は利用者に交付し若しくは付与したカード等についてそれに係る極度額を増額しようとする場合において、当該利用者に交付し若しくは付与しようとするカード等に係る極度額又は当該増額された後の極度額が、利用者支払可能見込額を超えるときは、当該カード等を交付し若しくは付与し、又は極度額を増額してはならない。ただし、当該利用者の保護に支障を生ずることがない場合として経済産業省令・内閣府令で定める場合は、この限りでない。

（契約の解除等の制限）

第三十五条の二の六　登録少額包括信用購入あっせん業者は、包括信用購入あっせんに係る購入又は受領の方法により購入される商品若しくは指定権利の代金又は受領される役務の対価に相当する額の受領に係る契約であつて次の各号に掲げる包括信用購入あっせんに係るものについて当該各号に定める支払分又は弁済金の支払の義務が履行されない場合において、七日以上二十日以下の間で政令で定める日数以上の相当な期間を定めてその支払を書面（購入者又は役務の提供を受ける者の保護に支障を生ずることがない場合として経済産業省令・内閣府令で定める場合にあつては、電磁的方法）により催告し、その期間内にその義務が履行されないときでなければ、支払分又は弁済金の支払の遅滞を理由として、契約を解除し、又は支払時期の到来していない支払分若しくは弁済金の支払を請求することができない。

一　第二条第三項第一号に規定する包括信用購入あっせん　第三十条の二の三第一項第二号の支払分

二　第二条第三項第二号に規定する包括信用購入あっせん　第三十条の二の三第三項第二号の弁済金

（登録少額包括信用購入あっせん業者による契約の解除等の制限に係る催告の期間）

第二十五条　法第三十五条の二の六第一項の政令で定める日数は、七日とする。

（利用者支払可能見込額を超える場合のカード等の交付等の禁止に係る利用者の保護に支障を生ずることがない場合）

第六十八条の五　法第三十五条の二の五ただし書の経済産業省令・内閣府令で定める場合は、第六十八条の三第一項各号に掲げる場合とする。

（契約の解除等の制限）

第六十八条の六　法第三十五条の二の六第一項の経済産業省令・内閣府令で定める場合は、次のいずれかに該当する場合とする。

一　登録少額包括信用購入あっせん業者が利用者又は購入者等に提供する役務が、次のいずれにも該当する場合

イ　登録少額包括信用購入あっせん業者が、カードその他の物を交付することなく、当該利用者にカード等を付与すること。

ロ　当該利用者が、当該利用者の使用に係る電子計算機を用いて、イのカード等を通知して、法第三十条の二の三第一項又は第二項に規定する契約及び同条第五項に規定する契約を締結すること。

ハ　登録少額包括信用購入あっせん業者が、法第三十条の二の三第三項に規定する弁済金であつてロに規定する同条第二項に規定する契約に係るものの支払を請求する場合には、電子情報処理組織を使用する方法のうち第五十三条第二項第一号に掲げるものによること。

二　登録少額包括信用購入あっせん業者が電磁的方法による催告について利用者又は購入者等の承諾を得た場合

2　前項第一号に規定する場合には、登録少額包括信用購入あっせん業者は、書面により、法第三十五条の二の六第一項に規定する催告を行うことができる。

3　第一項第二号に規定する場合には、登録少額包括信用購入あっせん業者は、法第三十五条の二の六第一項に規定する催告を行うときは、あらかじめ、当該利用者又は購入者等に対し、その用いる電磁的方法の種類及び内容を示し、書面又は電磁的方法による承諾を得なければならない。

4　前項の規定による承諾を得た登録少額包括信用購入あっせん業者は、当該利用者又は購入者等から書面又は電磁的方法により電磁的方法による提供を受けない旨の申出があつたときは、当該利用者又は購入者等に対し、法第三十五条の二の六第一項に規定する催告を電磁的方法によつてしてはならない。ただし、当該利用者又は購入者等が再び前項の規定による承諾をした場合は、この限りでない。

5　第三項の規定により示すべき方法の種類及び内容は、次に掲げる事項とする。

一　次条第一項に規定する方法のうち登録少額包括信用購入あっせん業者が使用するもの

二　ファイルへの記録の方式

（情報通信の技術を利用する方法）

第六十八条の七　法第三十五条の二の六第一項の電磁的方法は、次に掲げる方法とする。

一　電子情報処理組織を使用する方法のうちイ又はロに掲げるもの

イ　登録少額包括信用購入あっせん業者の使用に係る電子計算機と購入者等の使用に係る電子計算機とを接続する電気通信回線を通じて送信し、受信者の使用に係る電子計算機に備えられたファイルに記録する方法

ロ　登録少額包括信用購入あっせん業者の使用に係る電子計算機に備えられたファイルに記録された催告に係る事項を電気通信回線を通じて購入者等の閲覧に供し、当該購入者等の使用に係る電子計算機に備えら

2　前項の規定に反する特約は、無効とする。

（経済産業大臣への定期報告）

第三十五条の二の七　登録少額包括信用購入あっせん業者は、経済産業省令で定めるところにより、定期的に、利用者支払可能見込額の算定の実績その他経済産業省令で定める事項を経済産業大臣に報告しなければならない。

（改善命令）

第三十五条の二の八　経済産業大臣は、登録少額包括信用購入あっせん業者が第三十条の五の二、第三十五条の二の四第一項本文、第二項若しくは第三項、第三十五条の二の五本文、第三十五条の三の五十六から第三十五条の三の五十八まで又は第三十五条の三の五十九第一項の規定に違反していると認めるときは、その必要の限度において、当該登録少額包括信用購入あっせん業者に対し、包括信用購入あっせんに係る業務の運営を改善するため必要な措置をとるべきことを命ずることができる。

2　経済産業大臣は、登録少額包括信用購入あっせん業者が

れたファイルに当該事項を記録する方法

二　磁気ディスク、シー・ディー・ロムその他これらに準ずる方法により一定の事項を確実に記録しておくことができる物をもつて調製するファイルに催告に係る事項を記録したものを交付する方法

【関連：令和2年施行規則パブリックコメントNo．2】

2　前項に掲げる方法は、次に掲げる基準に適合するものでなければならない。

一　購入者等がファイルへの記録を出力することにより書面を作成できるものであること。

二　前項第一号ロに掲げる方法にあつては、催告に係る事項を顧客ファイル又は閲覧ファイルに記録した旨を購入者等に対し通知すること。ただし、購入者等が当該催告に係る事項を閲覧したことを確認したときは、この限りでない。

【関連：令和2年施行規則パブリックコメントNo．19】

（経済産業大臣への定期報告）

第六十八条の八　法第三十五条の二の七の報告は、様式第十五の二による報告書を提出してしなければならない。

2　法第三十五条の二の七の経済産業省令で定める事項は、報告の対象となる事業年度の延滞率の実績その他利用者支払可能見込額の算定に関する事項とする。

第三十条の五の二、第三十五条の二の四第一項本文、第二項若しくは第三項又は第三十五条の二の五本文の規定に違反している場合において、前項の規定による命令をしようとするときは、あらかじめ、内閣総理大臣に協議しなければならない。

３　内閣総理大臣は、登録少額包括信用購入あっせん業者が第三十条の五の二、第三十五条の二の四第一項本文、第二項若しくは第三項又は第三十五条の二の五本文の規定に違反している場合において、利用者又は購入者若しくは役務の提供を受ける者の利益を保護するため必要があると認めるときは、経済産業大臣に対し、第一項の規定による命令に関し、必要な意見を述べることができる。

（登録の申請）

第三十五条の二の九　第三十五条の二の三第一項の登録を受けようとする者は、次の事項を記載した申請書を経済産業大臣に提出しなければならない。

一　名称

二　本店その他の営業所（外国法人にあつては、本店及び国内における主たる営業所その他の営業所）の名称及び所在地

三　役員の氏名

四　利用者支払可能見込額の算定の方法

五　利用者支払可能見込額の算定を行う体制

２　前項の申請書には、定款、登記事項証明書その他経済産業省令で定める書類を添付しなければならない。ただし、経済産業省令で定める場合は、登記事項証明書の添付を省略することができる。

（登録の申請）

第六十八条の九　法第三十五条の二の九第一項の申請書は、様式第十五の三によるものとする。

２　法第三十五条の二の九第二項の経済産業省令で定める書類は、次のとおりとする。

一　登録申請書提出日前一月以内の一定の日の現在において様式第二により作成した財産に関する調書並びに登録申請書提出日の直前事業年度の貸借対照表、損益計算書及び株主資本等変動計算書又はこれらに代わる書面（次条第一号に規定する要件を満たすものとして法第三十五条の二の三第一項の登録を受ける場合にあつては、当該

３　前項の場合において、定款が電磁的記録で作られているときは、書面に代えて電磁的記録（経済産業省令で定めるものに限る。）を添付することができる。

（登録及びその通知）

第三十五条の二の十　経済産業大臣は、前条第一項の規定による登録の申請があつたときは、次条第一項の規定により

登録を受けようとする者及びその親会社に係るもの）。ただし、登録の申請の日を含む事業年度に設立された法人にあつては、会社法第四百三十五条第一項又は第六百十七条第一項の規定により成立のときに作成する貸借対照表又はこれに代わる書面

二　兼営事業がある場合には、その種類及び概要を記載した書面

三　役員の履歴書

四　株主若しくは社員の名簿及び親会社の株主若しくは社員の名簿又はこれらに代わる書面

五　加入指定信用情報機関の商号又は名称を記載した書面

六　特定信用情報提供契約を締結している特定信用情報提供等業務を行う者の商号又は名称を記載した書面

七　包括信用購入あつせんに係る業務に関する社内規則等（法第三十五条の二の九第一項第四号の方法及び同項第五号の体制に関する社内規則等を含む。）

八　包括信用購入あつせんに係る業務に関する組織図（法第三十五条の二の九第一項第五号の体制に関する組織図を含む。）

九　次条第二号又は第三号に規定する要件を満たすものとして法第三十五条の二の三第一項の登録を受ける場合は、これらの号のうちいずれかを満たすことを明らかにする事業計画書

十　法第三十五条の二の十一第四号から第十一号までの規定に該当しないことを誓約する書面

〔法第三十五条の二の九条第二項ただし書に対応する経済産業省令の規定なし〕

３　第十二条第三項の規定は、法第三十五条の二の九第三項の経済産業省令で定める電磁的記録に準用する。

登録を拒否する場合を除くほか、前条第一項各号に掲げる事項及び登録年月日を少額包括信用購入あっせん業者登録簿に登録しなければならない。

2　経済産業大臣は、第三十五条の二の三第一項の登録をしたときは、遅滞なく、その旨を当該登録の申請をした者に通知しなければならない。

（登録の拒否）

第三十五条の二の十一　経済産業大臣は、第三十五条の二の九第一項の申請書を提出した者が次の各号のいずれかに該当するとき、又は当該申請書若しくはその添付書類のうちに重要な事項について虚偽の記載があり、若しくは重要な事実の記載が欠けているときは、その登録を拒否しなければならない。

一　法人でない者

二　外国法人である場合には、国内に営業所を有しない者

三　資産の合計額から負債の合計額を控除した額が経済産業省令で定める要件を満たさない法人

四　第三十五条の二の十四第一項又は第二項の規定により登録を取り消され、その取消しの日から五年を経過しない法人

五　この法律又は貸金業法の規定により罰金の刑に処せられ、その刑の執行を終わり、又は執行を受けることがなくなつた日から五年を経過しない法人

六　役員のうちに次のいずれかに該当する者のある法人

イ　破産手続開始の決定を受けて復権を得ない者

ロ　禁錮以上の刑に処せられ、その刑の執行を終わり、又は執行を受けることがなくなつた日から五年を経過しない者

ハ　この法律、貸金業法若しくは暴力団員による不当な行為の防止等に関する法律の規定（同法第三十二条の三第七項及び第三十二条の十一第一項の規定を除く。）に違反し、又は刑法若しくは暴力行為等処罰に関する法律の罪を犯し、罰金の刑に処せられ、その刑の執行を終わり、又は執行を受けることがなくなつた

（資産の合計額から負債の合計額を控除した額）

第六十八条の十　法第三十五条の二の十一第一項第三号に規定する経済産業省令で定める要件は、資産の合計額から負債の合計額を控除した額（以下この条において「純資産額」という。）が負の値でないことであつて、次の各号のいずれかに該当するものとする。

一　法第三十五条の二の三第一項の登録を受けようとする者及びその親会社の純資産額の合計額が、これらの者の資本金又は出資の額の合計額の百分の九十に相当する額以上であるもの

二　事業開始の日から五年以内に純資産額が資本金又は出資の額の百分の九十に相当する額以上であることが見込まれるもの

三　事業開始の日から五年以内に純資産額が千万円以上であることが見込まれるもの

日から五年を経過しない者

ニ　登録少額包括信用購入あつせん業者が第三十五条の二の十四第一項又は第二項の規定により登録を取り消された場合において、その処分のあつた日前三十日以内にその登録少額包括信用購入あつせん業者の役員であつた者で、その処分のあつた日から五年を経過しないもの

ホ　暴力団員等

七　暴力団員等がその事業活動を支配する法人

八　暴力団員等をその業務に従事させ、又はその業務の補助者として使用するおそれのある法人

九　包括信用購入あつせんに係る業務に関し不正又は不誠実な行為をするおそれがあると認めるに足りる相当の理由がある法人として経済産業省令で定めるもの

（不正な行為等をするおそれがあると認められる法人）

第六十八条の十一　法第三十五条の二の十一第一項第九号に規定する経済産業省令で定めるものは、次の各号のいずれかに該当する法人とする。

一　法第三十五条の二の十四第一項各号又は第二項各号のいずれかに該当するとして登録の取消しの処分に係る行政手続法第十五条の規定による通知があつた日から当該処分をする日又は処分をしないことの決定をする日までの期間内に法第三十五条の三において準用する法第三十五条の規定による届出をした法人（包括信用購入あつせんの営業の廃止について相当の理由のある法人を除く。以下この条において同じ。）で、当該届出の日から五年を経過しない法人

二　前号の期間内に法第三十五条の三において準用する法第三十五条の規定による届出をした法人の業務を執行する社員又はこれに準ずる者であつた者であつて、同号に規定する通知があつた日前三十日に当たる日から当該法人の廃止の日までの間にその地位にあつたもの（法人に限る。）で、当該届出の日から五年を経過しない法人

三　役員のうちに、第一号の期間内に法第三十五条の三において準用する法第三十五条の規定による届出をした法人の役員であつた者であつて同号に規定する通知があつた日前三十日に当たる日から当該法人の廃止の日までの間にその地位にあつたもので当該届出の日から五年を経

十　第三十五条の十六第一項及び第三項に規定する措置その他この法律に定める措置の円滑な実施を確保するために必要な体制、利用者又は購入者若しくは役務の提供を受ける者の苦情を適切かつ迅速に処理するために必要な体制その他の包括信用購入あっせんの公正かつ適確な実施を確保するために必要なものとして経済産業省令で定める体制が整備されていると認められない法人

十一　利用者支払可能見込額の算定について、次のいずれかに該当する法人

イ　当該算定の方法が、利用者の支払能力に関する情報を高度な技術的手法を用いて分析することにより利用者支払可能見込額を適確に算定することを可能とするものとして経済産業省令で定める基準に適合しないものであること。

ロ　当該算定を行う体制が、経済産業省令で定める基準に適合しないものであること。

過しない者のある法人

（少額の包括信用購入あっせんの公正かつ適確な実施を確保するために必要な体制）

第六十八条の十二　法第三十五条の二の十一第一項第十号に規定する経済産業省令で定める体制は、次のとおりとする。

一　法第三十五条の十六第一項及び第三項に規定する措置その他法に定める措置の円滑な実施を確保するために必要な体制

二　利用者又は購入者等の苦情を適切かつ迅速に処理するために必要な体制

三　法第三十五条の二の三第一項に規定する包括信用購入あっせんの公正かつ適確な実施を確保するため十分な社内規則等を定めていること。

四　法若しくは法の規定に基づく命令又は社内規則等を遵守するために必要な体制

２　前項第三号の社内規則等は包括信用購入あっせんに係る業務に関する責任体制を明確化する規定を含むものでなければならない。

（利用者支払可能見込額の算定の方法等の基準）

第六十八条の十三　法第三十五条の二の十一第一項第十一号イの経済産業省令で定める基準は、次のとおりとする。

一　法第三十五条の二の十一第一項第十一号イの方法を定めるに当たり、不適正又は不十分な技術及び情報を利用していないこと。

二　利用者の支払能力に関する情報を当該利用者に対する不当な差別、偏見その他の著しい不利益が生じるおそれがあると認められる方法により利用していないこと。

三　この命令に基づいて指定信用情報機関が算定する延滞率に照らし、延滞率を適切に管理すること。

２　法第三十五条の二の十一第一項第十一号ロの経済産業省令で定める基準は、法第三十五条の二の四第一項本文に規定する算定の円滑な実施を確保するために必要な体制が定められていることとする。

2　第十五条第二項及び第三項の規定は、第三十五条の二の九第一項の規定による登録の申請があつた場合に準用する。

（変更の登録）

第三十五条の二の十二　登録少額包括信用購入あっせん業者は、第三十五条の二の九第一項第四号又は第五号に掲げる事項を変更しようとするときは、経済産業省令で定めるところにより、経済産業大臣の変更の登録を受けなければならない。

2　第十五条第三項、第三十五条の二の十及び前条第一項（第十一号に係る部分に限る。）の規定は、前項の変更の登録に準用する。この場合において、第三十五条の二の十第一項中「前条第一項各号に掲げる事項」とあるのは、「変更に係る事項」と読み替えるものとする。

（変更の届出）

第三十五条の二の十三　登録少額包括信用購入あっせん業者は、第三十五条の二の九第一項第一号から第三号までに掲げる事項について変更があつたときは、遅滞なく、その旨を経済産業大臣に届け出なければならない。

【関連：令和2年施行規則パブリックコメントNo.9】

（変更の登録）

第六十八条の十四　法第三十五条の二の十二第一項の規定による変更の登録の申請は、様式第十五の四による申請書を提出してしなければならない。

2　前項の申請書には、次に掲げる書類を添付しなければならない。

一　法第三十五条の二の九第一項第四号の方法を変更しようとするときは、変更後の当該方法に関する社内規則等

二　法第三十五条の二の九第一項第五号の体制を変更しようとするときは、変更後の当該体制に関する社内規則等及び組織図

3　前条第一項の規定は法第三十五条の二の十二第二項において準用する法第三十五条の二の十一第一項第十一号イの経済産業省令で定める基準に、前条第二項の規定は法第三十五条の二の十二第二項において準用する法第三十五条の二の十一第一項第十一号ロの経済産業省令で定める基準に準用する。

（変更の届出）

第六十八条の十五　法第三十五条の二の十三第一項の届出は、様式第十五の五による届出書を提出してしなければならない。

2　法第三十五条の二の十三第三項において準用する法第三十五条の二の九第二項本文の経済産業省令で定める書類は、次のとおりとする。

2　経済産業大臣は、前項の規定による変更の届出を受理したときは、その届出があつた事項を少額包括信用購入あつせん業者登録簿に登録しなければならない。

3　第三十五条の二の九第二項及び第三項の規定は、第一項の規定による変更の届出をする場合に準用する。

（登録の取消し等）

第三十五条の二の十四　経済産業大臣は、登録少額包括信用購入あつせん業者が次の各号のいずれかに該当するときは、その登録を取り消さなければならない。

一　第三十五条の二の十一第一項第二号又は第五号から第九号までのいずれかに該当することとなつたとき。

二　第三十五条の二の十二第一項の規定に違反して、同項の変更の登録を受けずに、第三十五条の二の九第一項第四号の方法又は同項第五号の体制を変更したとき。

三　不正の手段により第三十五条の二の三第一項の登録又は第三十五条の二の十二第一項の変更の登録を受けたとき。

2　経済産業大臣は、登録少額包括信用購入あつせん業者が次の各号のいずれかに該当するときは、その登録を取り消し、又は一年以内の期間を定めて、包括信用購入あつせんに係る業務の全部若しくは一部の停止を命ずることができる。

一　第三十五条の二の八第一項の規定又は第三十五条の三において読み替えて準用する第三十四条の規定による命令に違反したとき。

二　第三十五条の二の十一第一項第三号の規定に該当する

一　その変更に係る事項を証する書類

二　その変更が新たに就任した役員に係るものであるときは、当該役員の履歴書及び第六十八条の九第二項第十号に掲げる書面（法第三十五条の二の十一第一項第六号に係るものに限る。）

3　第十二条第三項の規定は、法第三十五条の二の十三第三項において準用する法第三十五条の二の九第三項の経済産業省令で定める電磁的記録に準用する。

こととなつたとき。

三　前条第一項の規定による届出をせず、又は虚偽の届出をしたとき。

3　経済産業大臣は、登録少額包括信用購入あつせん業者が前項第一号の命令（当該登録少額包括信用購入あつせん業者が第三十条の五の二、第三十五条の二の四第一項本文、第二項若しくは第三項又は第三十五条の二の五本文の規定に違反している場合におけるものに限る。次項及び第四十条第四項において同じ。）に違反した場合において、前項の規定による処分をしようとするときは、あらかじめ、内閣総理大臣に協議しなければならない。

4　内閣総理大臣は、登録少額包括信用購入あつせん業者が第二項第一号の命令に違反した場合において、利用者又は購入者若しくは役務の提供を受ける者の利益を保護するため必要があると認めるときは、経済産業大臣に対し、同項の規定による処分に関し、必要な意見を述べることができる。

5　経済産業大臣は、第一項又は第二項の規定により登録を取り消したときは、遅滞なく、その理由を示して、その旨を当該登録少額包括信用購入あつせん業者であつた者に通知しなければならない。

（登録の消除）

第三十五条の二の十五　経済産業大臣は、次の各号のいずれかに該当するときは、少額包括信用購入あつせん業者登録簿につき、その登録少額包括信用購入あつせん業者に関する登録を消除しなければならない。

一　第三十一条の登録をしたとき。

二　前条第一項又は第二項の規定により登録を取り消したとき。

三　次条において準用する第三十五条の規定による届出があつたときその他包括信用購入あつせんの営業を廃止したことが判明したとき。

2　前条第五項の規定は、前項第一号又は第三号の規定により登録を消除した場合に準用する。

（準用規定）

第三十五条の三　第三十三条の四、第三十四条及び第三十四条の四から第三十五条の二の二までの規定は、登録少額包括信用購入あつせん業者に準用する。この場合において、第三十四条中「第三十三条の二第一項第十一号（認定包括信用購入あつせん業者にあつては、第三十条の二第一項本文に規定する調査に係る部分を除く。）」とあるのは「第三十五条の二の十一第一項第十号又は第十一号」と、第三十四条の四、第三十五条の二第一項及び第三十五条の二の二中「第三十四条の二第一項」とあるのは「第三十五条の二の十四第一項」と、第三十四条の四中「前条第一項第二号」とあり、及び第三十五条の二第一項中「第三十四条の三第一項第二号」とあるのは「第三十五条の二の十五第一項第三号」と、第三十五条の二の二中「第三十四条の三第一項第二号」とあるのは「第三十五条の二の十五第一項第一号」と読み替えるものとする。

第二節　個別信用購入あつせん

第一款　業務

（個別信用購入あつせんの取引条件の表示）

第三十五条の三の二　個別信用購入あつせんを業とする者（以下「個別信用購入あつせん業者」という。）と個別信用購入あつせんに係る契約を締結した販売業者（以下「個別信用購入あつせん関係販売業者」という。）又は役務提供事業者（以下「個別信用購入あつせん関係役務提供事業者」という。）は、個別信用購入あつせんに係る販売又は提供の方法により商品若しくは指定権利を販売しようとするとき又は役務を提供しようとするときは、その相手方に対して、経済産業省令・内閣府令で定めるところにより、当該商品、当該指定権利又は当該役務に関する次の事項を示さなければならない。

（処分の公示）

第六十八条の十六　第六十八条の規定は、法第三十五条の三において準用する法第三十四条の四の規定による公示に準用する。

（廃止の届出）

第六十八条の十七　第六十八条の二の規定は、法第三十五条の三において準用する法第三十五条の規定による届出に準用する。

第二節　個別信用購入あつせん

第一款　業務

（個別信用購入あつせんの取引条件の表示）

第六十九条　法第三十五条の三の二第一項各号の事項を示すときは、次の各号に定めるところによらなければならない。ただし、同項第四号の事項にあつては、支払分の支払の方法が購入者等の要求により支払の間隔については第三十六条第五項第一号に、額については同項第二号に該当する場合以外の場合になつたとき又は個別信用購入あつせんの手数料（金利、信用調査費、集金費、事務管理費、貸倒補てん費その他何らの名義をもつてするを問わず個別信用購入あつせんに係る手数料として個別信用購入あつせん業者が購入者等に対し支払わせるものの総額（登記等手数料を個別信用購入あつせんの手数料に含めない旨が明示されているときは、登記等手数料を控除した額）。以下同じ。）が二千五百円未満のときは、示さないことができる。この場合において、同項中「包括信用購入あつせん関係受領契

一　商品若しくは権利の現金販売価格又は役務の現金提供価格

二　購入者又は役務の提供を受ける者の支払総額（個別信用購入あっせんに係る販売又は提供の方法により商品若しくは権利を販売する場合の価格又は役務を提供する場合の価格及び個別信用購入あっせんの手数料の合計額をいう。以下この節において同じ。）

三　個別信用購入あっせんに係る商品若しくは権利の代金又は役務の対価の全部又は一部（当該代金又は当該対価の全部又は一部に係る個別信用購入あっせんの手数料を含む。）の支払の期間及び回数

四　経済産業省令・内閣府令で定める方法により算定した個別信用購入あっせんの手数料の料率

五　前各号に掲げるもののほか、経済産業省令・内閣府令で定める事項

約」とあるのは、「個別信用購入あっせん関係受領契約」と読み替えるものとする。

一　営業所等において見やすい方法により掲示し、又は書面により提示すること。

二　購入者等が読みやすく、理解しやすいような用語により、正確に示すこと。

三　日本産業規格Z八三〇五に規定する八ポイント以上の大きさの文字及び数字を用いること。

四　法第三十五条の三の二第一項第四号の事項は、次項に規定する方法により算定した個別信用購入あっせんの手数料の料率を年利建てで少なくとも〇・一パーセントの単位まで示し、かつ、当該料率以外の料率を示さないこと。

2　法第三十五条の三の二第一項第四号の経済産業省令・内閣府令で定める方法は、別表第一第一号に定める方法とする。ただし、支払分の支払の方法が、支払の間隔については第三十六条第五項第一号に、額については同項第二号に該当する場合以外の場合にあつては、同表第二号に定める方法とすることができる。この場合において、同項中「包括信用購入あっせん関係受領契約」とあるのは、「個別信用購入あっせん関係受領契約」と読み替えるものとする。

〔法第三十五条の三の二第一項第五号に対応する経済産業省令の規定なし〕

２　個別信用購入あっせん関係販売業者又は個別信用購入あっせん関係役務提供事業者は、個別信用購入あっせんに係る販売又は提供の方法により商品若しくは指定権利を販売する場合の販売条件又は役務を提供する場合の提供条件について広告をするときは、経済産業省令・内閣府令で定めるところにより、当該広告に前項各号の事項を表示しなければならない。

（個別支払可能見込額の調査）

第三十五条の三の三　個別信用購入あっせん業者は、個別信用購入あっせんに係る購入又は受領の方法により購入される商品若しくは指定権利の代金又は受領される役務の対価に相当する額の受領に係る契約（以下「個別信用購入あっせん関係受領契約」という。）を締結しようとする場合には、その契約の締結に先立つて、経済産業省令・内閣府令で定めるところにより、年収、預貯金、信用購入あっせんに係る債務の支払の状況、借入れの状況その他の当該購入者又は当該役務の提供を受ける者の個別支払可能見込額を算定するために必要な事項として経済産業省令・内閣府令で定めるものを調査しなければならない。ただし、当該購入者又は当該役務の提供を受ける者の保護に支障を生ずることがない場合として経済産業省令・内閣府令で定める場合は、この限りでない。

第七十条　法第三十五条の三の二第二項の規定により、個別信用購入あっせんに係る販売又は提供の方法により商品若しくは指定権利を販売する場合の販売条件又は役務を提供する場合の提供条件について広告するときは、同条第一項各号の事項について次の各号に定めるところにより表示しなければならない。ただし、同条第一項第四号の事項にあつては、個別信用購入あっせんの手数料が二千五百円未満のときは、表示しないことができる。

一　購入者等が読みやすく、理解しやすいような用語により、正確に表示すること。

二　書面により広告を行う場合にあつては、日本産業規格Ｚ八三〇五に規定する八ポイント以上の大きさの文字及び数字を用いること。

三　法第三十五条の三の二第一項第四号の事項は、前条第二項に規定する方法により算定した個別信用購入あっせんの手数料の料率を年利建てで少なくとも〇・一パーセントの単位まで示し、かつ、当該料率以外の料率を示さないこと。

（個別支払可能見込額の調査等）

第七十一条　法第三十五条の三の三第一項本文の経済産業省令・内閣府令で定める事項は、次のとおりとする。

一　年収

二　預貯金（購入者等の利益の保護を図るため個別支払可能見込額の算定に必要な場合に限る。）

三　信用購入あっせんに係る債務の支払の状況

四　借入れの状況

五　個別信用購入あっせんに係る購入の方法により購入さ

れる商品の価額

六　前各号に掲げるもののほか、個別支払可能見込額の算定に必要な事項であつて客観的に判断することができるもの

第七十二条　法第三十五条の三の三第一項本文の規定により前条各号に掲げる事項を調査するときは、次項から第七項までに定めるところによる。

2　前条第一号に掲げる事項の調査については、購入者等から受ける年収の申告その他の適切な方法により行わなければならない。ただし、他の者の収入又はその収入及び他の者の収入により生計を維持している購入者等を相手方とする個別信用購入あつせん関係受領契約を締結しようとする場合（特定配偶者を相手方とする個別信用購入あつせん関係受領契約を締結しようとする場合であつて個別信用購入あつせんに係る販売の方法により日常生活において必要とされる商品若しくは指定権利を販売する契約又は個別信用購入あつせんに係る提供の方法により日常生活において必要とされる役務を提供する契約に該当するものに係る個別信用購入あつせん関係受領契約を締結しようとする場合以外の場合にあつては事前に書面その他の適切な方法により当該他の者の同意を得たときに限る。）には、当該他の者から受ける当該他の者の年収の申告その他の適切な方法により、当該購入者等及び当該他の者の年収を合算して算定することができる。

3　前条第二号に掲げる事項の調査については、当該購入者等から受ける預貯金の申告その他の適切な方法により行わなければならない。ただし、他の者の収入又はその収入及び他の者の収入により生計を維持している購入者等を相手方とする個別信用購入あつせん関係受領契約を締結しようとする場合（特定配偶者を相手方とする個別信用購入あつせん関係受領契約を締結しようとする場合であつて個別信用購入あつせんに係る販売の方法により日常生活において必要とされる商品若しくは指定権利を販売する契約又は個別信用購入あつせんに係る提供の方法により日常生活にお

いて必要とされる役務を提供する契約に該当するものに係る個別信用購入あっせん関係受領契約を締結しようとする場合以外の場合にあつては事前に書面その他の適切な方法により当該他の者の同意を得たときに限る。）には、当該他の者から受ける当該他の者の預貯金の申告その他の適切な方法により、当該購入者等及び当該他の者の預貯金を合算して算定することができる。

4　前条第三号に掲げる事項の調査については、購入者等の当該個別信用購入あっせん業者に対する信用購入あっせんに係る債務の支払の状況を確認して行わなければならない。ただし、他の者の収入又はその収入及び他の者の収入により生計を維持している購入者等を相手方とする個別信用購入あっせん関係受領契約を締結しようとする場合であつて、第二項ただし書又は第三項ただし書の規定により、当該購入者等及び当該他の者の年収又は預貯金を合算して算定するときは、当該他の者から受ける当該他の者の支払時期の到来していない又は支払の義務が履行されていない信用購入あっせんに係る債務の申告その他の適切な方法により、当該購入者等及び当該他の者の支払時期の到来していない又は支払の義務が履行されていない信用購入あっせんに係る債務を合算して算定しなければならない。

5　前条第四号に掲げる事項の調査については、購入者等の当該個別信用購入あっせん業者からの借入れの状況その他の当該購入者等の借入れの状況を勘案して行わなければならない。

6　前条第五号に掲げる事項の調査については、当該商品と同種の商品を換価して得ることが見込まれる額等を勘案して合理的に算定（算定を適切に行うことができないと認める場合を除く。）しなければならない。

7　前条第六号に掲げる事項の調査については、購入者等から受ける当該事項の申告その他の適切な方法により行わなければならない。

【関連：平成29年施行規則パブリックコメント(1)No.12、13】

第七十三条　法第三十五条の三の三第一項ただし書の経済産

2　この節において「個別支払可能見込額」とは、主として自己の居住の用に供する住宅その他の経済産業省令・内閣府令で定める資産を譲渡し、又は担保に供することなく、かつ、生活維持費に充てるべき金銭を使用することなく、購入者又は役務の提供を受ける者が個別信用購入あっせんに係る購入又は受領の方法により購入しようとする商品若しくは指定権利の代金又は受領しようとする役務の対価に

業省令・内閣府令で定める場合は、特定契約以外の契約であつて、個別信用購入あっせんに係る販売の方法により耐久性を有し、かつ、定型的な条件で販売するのに適する商品で生活に必要とされるもの（購入者（個人である購入者に限る。以下この項及び第七十四条第一項第二号において同じ。）の支払総額が十万円以下である商品に限る。）を販売する契約に該当するものに係る個別信用購入あっせん関係受領契約を締結しようとする場合（指定信用情報機関が保有する特定信用情報を使用することにより、当該契約を締結しようとする時点において当該購入者の支払の義務が履行されないと認めるとき又は個別信用購入あっせんに係る販売の方法により生活に必要とされない分量の商品を販売する契約に該当するものに係る個別信用購入あっせん関係受領契約を締結しようとするときを除く。）とする。

2　個別信用購入あっせん業者は、前項に定める場合には、購入者ごとに、次の各号に掲げる事項の記録を、書面又は電磁的記録をもつて作成し、個別信用購入あっせん関係受領契約に定められた最終の支払期日（当該契約に基づく個別信用購入あっせんに係る債務が弁済その他の事由により消滅したときにあつては、その消滅した日）までの間保存しなければならない。

一　契約年月日

二　当該契約が特定契約以外の契約であること。

三　個別信用購入あっせんに係る販売の方法により販売する商品名及びその数量

四　購入者の支払総額

五　指定信用情報機関が保有する特定信用情報を使用して行つた調査の結果

3　第四十四条の規定は、法第三十五条の三の三第二項の経済産業省令・内閣府令で定める資産に準用する。

相当する額の支払に充てることができると見込まれる一年間当たりの額をいう。

3　個別信用購入あっせん業者は、第一項本文の規定による調査を行うときは、指定信用情報機関が保有する特定信用情報を使用しなければならない。

4　個別信用購入あっせん業者は、個別信用購入あっせん関係受領契約を締結した場合には、経済産業省令・内閣府令で定めるところにより、第一項本文の規定による調査に関する記録を作成し、これを保存しなければならない。

（個別支払可能見込額を超える場合の個別信用購入あっせん関係受領契約の締結の禁止）

第三十五条の三の四　個別信用購入あっせん業者は、個別信用購入あっせん関係受領契約を締結しようとする場合において、購入者又は役務の提供を受ける者の支払総額のうち一年間に支払うこととなる額が、前条第一項本文の規定による調査により得られた事項を基礎として算定した個別支払可能見込額を超えるときは、当該個別信用購入あっせん関係受領契約を締結してはならない。ただし、当該購入者又は当該役務の提供を受ける者の保護に支障を生ずることがない場合として経済産業省令・内閣府令で定める場合は、この限りでない。

第七十三条の二　法第三十五条の三の三第四項の規定により、個別信用購入あっせん業者は、購入者等ごとに、次に掲げる事項の記録を、書面又は電磁的記録をもつて作成し、個別信用購入あっせん関係受領契約に定められた最終の支払期日（当該契約に基づく個別信用購入あっせんに係る債務が弁済その他の事由により消滅したときにあつては、その消滅した日）までの間保存しなければならない。

一　契約年月日

二　購入者等の支払総額

三　法第三十五条の三の三第一項本文の規定による調査の結果（法第三十五条の三の三第三項の規定により、指定信用情報機関が保有する特定信用情報を使用して行つた調査の結果を含む。）

四　第七十二条第二項又は第三項の同意を得たときは、当該同意に関する事項

五　その他法第三十五条の三の三第一項本文の規定による調査に使用した書面又はその写し

（個別支払可能見込額を超える場合の個別信用購入あっせん関係受領契約の締結の禁止に係る購入者等の保護に支障を生ずることがない場合）

第七十四条　法第三十五条の三の四ただし書の経済産業省令・内閣府令で定める場合は、次に掲げる場合とする。

一　第七十三条第一項に定める場合

二　個別信用購入あっせんに係る販売の方法により耐久性を有し、かつ、定型的な条件で販売するのに適する商品で生活に必要とされるものを販売する契約に該当するものに係る個別信用購入あっせん関係受領契約を締結しようとする場合であつて、当該商品の用途、過去の同種の商品の利用の状況その他の購入者が当該商品を生活において必要とする事情及び当該購入者の生活の状況に関し当該購入者から調査した事項並びに法第三十五条の三の三第一項本文の規定による調査により得られた事項に基づき、当該商品が当該購入者の生活に必要であること及び当該購入者が当該商品を購入する意思を有すること並びに当該購入者の支払総額及び当該商品の数量が当該購入者の生活水準に照らして相当であることを確認した場合

三　個別信用購入あっせんに係る提供の方法により役務の提供を受ける者（個人である役務の提供を受ける者に限る。以下この項において同じ。）又は当該役務の提供を受ける者と生計を一にする者を対象とする学力の教授を提供する契約（法第三十五条の三の五第一項第四号に規定する特定継続的役務提供等契約（以下「特定継続的役務提供等契約」という。）を除く。）又は道路交通法（昭和三十五年法律第百五号）第九十八条第二項に基づく届出をした自動車教習所若しくは同法第九十九条第一項に規定する指定自動車教習所において同法第二条第一項第九号の自動車の運転に関する教習を行う契約に該当するものに係る個別信用購入あっせん関係受領契約を締結しようとする場合であつて、当該役務の提供を受ける者が当該役務を必要とする事情及び当該役務の提供を受ける者の生活の状況に関し当該役務の提供を受ける者から調査した事項並びに法第三十五条の三の三第一項本文の規定による調査により得られた事項に基づき、当該役務の提供を受ける者が当該役務を必要とすること及び当該役務の提供を受ける意思を有すること並びに当該役務の提供を受ける者の支払総額及び当該役務の回数又は期間が当該役務の提供を受ける者の生活水準に照らして相当で

あることを確認した場合

四　個別信用購入あっせんに係る販売又は提供の方法により購入者等若しくは当該購入者等と生計を一にする者の生命若しくは身体を保護するため緊急に必要があると認める商品を販売する契約又は役務を提供する契約に該当するものに係る個別信用購入あっせん関係受領契約を締結しようとする場合であつて、当該購入者等が当該商品又は当該役務を緊急に必要とする事情及び当該購入者等の生活の状況に関し当該購入者等から調査した事項並びに法第三十五条の三の三第一項本文の規定による調査により得られた事項に基づき、当該購入者等が当該商品又は当該役務を緊急に必要とすること及び当該商品を購入し又は当該役務の提供を受ける意思を有すること並びに当該購入者等の支払総額及び当該商品の数量又は当該役務の回数若しくは期間が当該購入者等の緊急に必要とする事情に照らして相当であることを確認した場合

五　個別信用購入あっせんに係る提供の方法により役務の提供を受ける者の生活に必要とされる自動車の道路運送車両法（昭和二十六年法律第百八十五号）第四十八条に規定する点検又は同法第六十二条第一項に規定する継続検査を行う契約に該当するものに係る個別信用購入あっせん関係受領契約を締結しようとする場合であつて、当該役務の提供を受ける者が当該役務を必要とする事情及び当該役務の提供を受ける者の生活の状況に関し当該役務の提供を受ける者から調査した事項並びに法第三十五条の三の三第一項本文の規定による調査により得られた事項に基づき、当該役務の提供を受ける者が当該役務を必要とすること及び当該役務の提供を受ける意思を有すること並びに当該役務の提供を受ける者の支払総額が当該役務の提供を受ける者の生活水準に照らして相当であることを確認した場合

2　個別信用購入あっせん業者は、前項第二号から第五号までに掲げる場合には、購入者等ごとに、前項第二号から第五号までの規定に基づく確認に関する記録を、書面又は電磁的記録をもつて作成し、個別信用購入あっせん関係受領

（個別信用購入あつせん関係販売契約等の勧誘に係る調査）

第三十五条の三の五　個別信用購入あつせん業者は、次の各号のいずれかに該当する契約（第三十五条の三の七において「特定契約」という。）であつて、個別信用購入あつせんに係る販売の方法により商品若しくは指定権利を販売する契約（以下「個別信用購入あつせん関係販売契約」という。）又は個別信用購入あつせんに係る提供の方法により役務を提供する契約（以下「個別信用購入あつせん関係役務提供契約」という。）に該当するものに係る個別信用購入あつせん関係受領契約を締結しようとする場合には、その契約の締結に先立つて、経済産業省令・内閣府令で定めるところにより、個別信用購入あつせん関係販売業者又は個別信用購入あつせん関係役務提供事業者による同条各号のいずれかに該当する行為の有無に関する事項であつて経済産業省令・内閣府令で定める事項を調査しなければならない。

一　特定商取引に関する法律第二条第一項に規定する訪問販売（以下「訪問販売」という。）に係る契約

二　特定商取引に関する法律第二条第三項に規定する電話勧誘販売（以下「電話勧誘販売」という。）に係る契約

三　連鎖販売個人契約のうち特定商品販売等契約を除いたもの（以下「特定連鎖販売個人契約」という。）

四　特定商取引に関する法律第四十一条第一項第一号に規定する特定継続的役務提供契約又は同項第二号に規定する特定権利販売契約（以下「特定継続的役務提供等契約」という。）

五　業務提供誘引販売個人契約

契約に定められた最終の支払期日（当該契約に基づく個別信用購入あつせんに係る債務が弁済その他の事由により消滅したときにあつては、その消滅した日）までの間保存しなければならない。

【関連：平成29年施行規則パブリックコメント(1)Ｎｏ．29、30、31】

（個別信用購入あつせん関係販売契約等の勧誘に係る調査等）

第七十五条　法第三十五条の三の五第一項の経済産業省令・内閣府令で定める事項は、次の各号に掲げる場合の区分に応じ、当該各号に定める事項とする。

一　個別信用購入あつせん業者が個別信用購入あつせんに係る契約を販売業者又は役務提供事業者（訪問販売を行う者、電話勧誘販売を行う者、特定商取引に関する法律第三十三条第一項に規定する連鎖販売業（以下「連鎖販売業」という。）を行う者、同法第四十一条第一項に規定する特定継続的役務提供（以下「特定継続的役務提供」という。）を行う者又は同法第五十一条第一項に規定する業務提供誘引販売業（以下「業務提供誘引販売業」という。）を行う者に限る。以下この条及び次条において同じ。）と締結しようとする場合　次に掲げる事項

イ　当該販売業者又は当該役務提供事業者による特定契

約に係る個別信用購入あっせん関係販売契約又は個別信用購入あっせん関係役務提供契約（以下「個別信用購入あっせん関係販売等契約」という。）の申込み又は締結の勧誘に関する基本的な事項

ロ　当該販売業者が個別信用購入あっせんに係る販売の方法により販売しようとする商品若しくは指定権利又は当該役務提供事業者が個別信用購入あっせんに係る提供の方法により提供しようとする役務に関する事項（当該役務又は当該指定権利が特定継続的役務提供等契約に係るものであつて、当該役務の提供又は当該権利の行使による役務の提供に際し当該役務の提供を受ける者又は当該権利の購入者が購入する必要のある商品がある場合には、当該商品に関する事項を含む。）

ハ　当該販売業者又は当該役務提供事業者が連鎖販売業を行う者又は業務提供誘引販売業を行う者である場合にあつては、特定利益（特定商取引に関する法律第三十三条第一項に規定する特定利益をいう。以下同じ。）又はその業務提供誘引販売業に係る業務提供利益（同法第五十一条第一項に規定する業務提供利益をいう。以下同じ。）に関する事項

ニ　当該販売業者又は当該役務提供事業者の取引の状況及び財産の状況

ホ　当該販売業者又は当該役務提供事業者が連鎖販売業を行う者、特定継続的役務提供を行う者又は業務提供誘引販売業を行う者である場合にあつては、特定商取引に関する法律第三十三条第一項に規定する連鎖販売取引（以下「連鎖販売取引」という。）、特定継続的役務提供に係る取引又は同法第五十一条第一項に規定する業務提供誘引販売取引（以下「業務提供誘引販売取引」という。）に係る業務を継続して行うに足りる体制に関する事項

ヘ　当該販売業者又は当該役務提供事業者が行う特定取引（訪問販売若しくは電話勧誘販売に係る取引、連鎖販売取引、特定継続的役務提供に係る取引又は業務提

供誘引販売取引をいう。以下この条及び次条において同じ。）に関する業務の停止の処分等に関する事項

ト　当該販売業者又は当該役務提供事業者が特定契約に係る個別信用購入あっせん関係販売等契約の申込み又は締結の勧誘をするに際し、法第三十五条の三の七各号に掲げる行為をすることを防止するために必要な体制及び当該販売業者又は当該役務提供事業者が行う特定取引に関する苦情を適切かつ迅速に処理するために必要な体制の整備の状況に関する事項

チ　当該販売業者又は当該役務提供事業者が行う特定取引に関する苦情の発生状況及びその内容に関する事項

二　個別信用購入あっせん業者が特定契約であつて個別信用購入あっせん関係販売等契約に該当するものに係る個別信用購入あっせん関係受領契約に係る申込みを受けた場合　次に掲げる事項

イ　当該個別信用購入あっせん関係販売等契約又は当該個別信用購入あっせん関係受領契約に関する事項につき告げられた内容が事実であるとの誤認若しくは当該事項に係る事実が存在しないとの誤認の有無又は当該事項につき提供された断定的判断の内容が確実であるとの誤認の有無に関する事項

ロ　当該個別信用購入あっせん関係販売等契約に係る個別信用購入あっせん関係販売業者又は個別信用購入あっせん関係役務提供事業者による特定商取引に関する法律第六条第三項、第二十一条第三項、第三十四条第三項、第四十四条第三項若しくは第五十二条第二項の規定に違反する行為又は消費者契約法（平成十二年法律第六十一号）第四条第三項に規定する行為に関する事項

第七十六条　法第三十五条の三の五第一項の規定により前条第一号及び第二号に定める事項の調査については、次項から第十二項までに定めるところによる。

2　前条第一号に定める事項の調査は、個別信用購入あっせ

んに係る契約（販売業者又は役務提供事業者と締結しようとするものに限る。以下この条及び第七十八条において同じ。）の締結に先立つて行わなければならない。

3　前条第一号イに掲げる事項は、次に掲げる事項を含むものでなければならない。

一　個別信用購入あつせんに係る契約を締結しようとする販売業者又は役務提供事業者が行う特定取引の種類

二　個別信用購入あつせんに係る契約を締結しようとする販売業者又は役務提供事業者の氏名、生年月日、住所及び電話番号（法人にあつては、名称、住所、電話番号、法人番号（行政手続における特定の個人を識別するための番号の利用等に関する法律（平成二十五年法律第二十七号）第二条第十五項に規定する法人番号をいう。以下同じ。）並びに代表者の氏名及び生年月日）

三　個別信用購入あつせんに係る契約を締結しようとする販売業者又は役務提供事業者の店舗その他の事業所の住所及び電話番号

四　個別信用購入あつせんに係る契約を締結しようとする販売業者又は役務提供事業者が特定契約に係る個別信用購入あつせん関係販売等契約の申込み又は締結の勧誘を行う地域

4　前条第一号ロに掲げる事項については、次に掲げるものを調査しなければならない。

一　個別信用購入あつせんに係る契約を締結しようとする販売業者が個別信用購入あつせんに係る販売の方法により販売しようとする商品若しくは指定権利又は個別信用購入あつせんに係る契約を締結しようとする役務提供事業者が個別信用購入あつせんに係る提供の方法により提供しようとする役務の種類を示すもの

二　見本、カタログその他の個別信用購入あつせんに係る契約を締結しようとする販売業者又は役務提供事業者が特定契約に係る個別信用購入あつせん関係販売等契約の申込み又は締結の勧誘をするに際し当該勧誘の相手方に対し提示するもの

三　個別信用購入あつせんに係る契約を締結しようとする

販売業者又は役務提供事業者が特定契約に係る個別信用購入あつせん関係販売等契約の申込み又は締結の勧誘をするに際して告げた事項（前条第一号チに掲げる事項の調査により知つた苦情の内容が、特定商取引に関する法律第六条第一項、第二十一条第一項、第三十四条第一項、第四十四条第一項若しくは第五十二条第一項の規定に違反する行為又は消費者契約法第四条第一項第一号に規定する行為に起因すると認められる場合における当該告げた事項に限る。）であつて、商品の性能、品質、効能若しくは必要数量又は役務若しくは権利に係る役務の効果に係るものの裏付けとなる根拠を示す資料

5　前条第一号ハに掲げる事項については、個別信用購入あつせんに係る契約を締結しようとする販売業者又は役務提供事業者が特定契約に係る個別信用購入あつせん関係販売等契約の申込み又は締結の勧誘をするに際して告げた事項又は断定的判断を提供した事項（同号チに掲げる事項の調査により知つた苦情の内容が、特定商取引に関する法律第三十四条第一項若しくは第五十二条第一項の規定に違反する行為又は消費者契約法第四条第一項に規定する行為に起因すると認められる場合における当該告げた事項又は当該断定的判断を提供した事項に限る。）であつて、特定商取引に関する法律第三十四条第一項第四号又は第五十二条第一項第四号に掲げるものの裏付けとなる根拠を示す資料を調査しなければならない。

6　前条第一号ニに掲げる事項については、調査の日の直前事業年度の貸借対照表及び損益計算書又はこれらに代わる書面による確認その他の方法により調査しなければならない。

7　前条第一号ホに掲げる事項については、事業計画書その他の連鎖販売取引、特定継続的役務提供に係る取引又は業務提供誘引販売取引に係る業務を継続して行うに足りる体制であることを示すものを調査しなければならない。

8　前条第一号へに掲げる事項は、次に掲げる事項を含むものでなければならない。

一　調査の日前五年間に特定商取引に関する法律の規定に

よる処分（同法第七条、第二十二条、第三十八条、第四十六条若しくは第五十六条の規定による指示又は同法第八条第一項、第二十三条第一項、第三十九条第一項から第三項まで、第四十七条第一項若しくは第五十七条第一項の規定による命令に限る。以下この項において同じ。）を受けたことの有無

二　個別信用購入あつせんに係る契約を締結しようとする販売業者又は役務提供事業者が調査の日前五年間に特定商取引に関する法律の規定による処分を受けたことのある法人の役員であつたことの有無

三　個別信用購入あつせんに係る契約を締結しようとする販売業者又は役務提供事業者が法人である場合にあつては、当該法人の役員のうち次のいずれかに該当する者の有無

イ　第一号の期間内に特定商取引に関する法律の規定による処分を受けたことのある者

ロ　第一号の期間内に特定商取引に関する法律の規定による処分を受けたことのある法人の役員であつた者

9　前条第一号チに掲げる事項については、認定割賦販売協会その他の特定取引に関する苦情の処理の業務を行う者の保有する情報を調査しなければならない。

10　前条第二号に掲げる事項に係る調査は、特定契約であつて個別信用購入あつせん関係販売等契約に該当するものに係る個別信用購入あつせん関係受領契約の申込みを受けた後、相当な期間をおいて、電話その他の方法により当該申込みをした者に対して行わなければならない。

11　前条第二号イに掲げる事項は、次に掲げる事項を含むものでなければならない。

一　法第三十五条の三の八又は第三十五条の三の九第一項に規定する書面に記載すべき事項につき告げられた内容が事実であるとの誤認若しくは当該事項に係る事実が存在しないとの誤認又は当該事項につき提供された断定的判断（将来における変動が不確実な事項につき提供された断定的判断に限る。）の内容が確実であるとの誤認の有無

二　特定契約であつて個別信用購入あっせん関係販売等契約に該当するものに係る個別信用購入あっせん関係受領契約に係る商品の性能、品質、効能若しくは必要数量又は役務若しくは権利に係る役務の効果に係る事項その他当該契約に係る商品若しくは指定権利又は役務に関し将来における変動が不確実な事項（法第三十五条の三の八又は第三十五条の三の九第一項に規定する書面に記載すべき事項を除く。）につき提供された断定的判断の有無

三　特定契約であつて個別信用購入あっせん関係販売等契約に該当するものに係る個別信用購入あっせん関係受領契約に係る商品若しくは指定権利又は役務に付随する商品若しくは権利又は役務その他法第三十五条の三の八又は第三十五条の三の九第一項の書面に記載されていない事項であつて当該申込みをした者の判断に影響を及ぼすこととなる重要なもの（次号において「重要事項」という。）の有無

四　前号の重要事項があるときは、重要事項につき告げられた内容が事実であるとの誤認又は重要事項に係る事実が存在しないとの誤認の有無

五　第一号から前号までに掲げるもののほか、当該個別信用購入あっせん関係販売等契約若しくは当該個別信用購入あっせん関係受領契約に関する事項であつて当該申込みをした者の判断に影響を及ぼすこととなる重要なものにつき告げられた内容が事実であるとの誤認若しくは当該事項に係る事実が存在しないとの誤認の有無又は当該事項につき提供された断定的判断（将来における変動が不確実な事項につき提供された断定的判断に限る。）の内容が確実であるとの誤認の有無

12　前条第二号ロに掲げる事項については、同号ロに規定する行為の有無を調査しなければならない。

第七十七条　個別信用購入あっせん業者は、次の各号に掲げる場合には、第七十五条各号に定める事項のほか、次の各号に掲げる場合の区分に応じ、当該各号に定める事項を調査しなければならない。

一　第七十五条第二号イに掲げる事項の調査により前条第十一項第二号に規定する断定的判断（商品の性能、品質、効能若しくは必要数量又は役務若しくは権利に係る役務の効果に係る事項についての断定的判断に限る。）が提供されたことを知つた場合　当該断定的判断の提供を行つた個別信用購入あつせん関係販売業者又は個別信用購入あつせん関係役務提供事業者の有する当該断定的判断の提供に係る事項の裏付けとなる根拠を示す資料（ただし、既に当該資料を第七十五条第一号ロに掲げる事項の調査（前条第四項第三号に係るものに限る。）により調査した場合にあつては、当該資料を補完する資料）

二　第九十四条第一号の規定により判別した結果その他の事情からみて、個別信用購入あつせん関係販売業者又は個別信用購入あつせん関係役務提供事業者が特定契約に係る個別信用購入あつせん関係販売等契約の申込み又は締結の勧誘をするに際し、法第三十五条の三の七各号のいずれかに該当する行為をしたと認める場合　次に掲げる事項

イ　当該行為の内容

ロ　当該個別信用購入あつせん関係販売業者又は当該個別信用購入あつせん関係役務提供事業者に関する第七十五条第一号トに掲げる事項

ハ　その他当該苦情の内容に応じ、当該苦情に係る法第三十五条の三の七各号に掲げる行為の防止のために必要な事項

三　第九十四条第一号の規定により判別した結果又は認定割賦販売協会の保有する情報の確認その他の方法により知つた事項に基づき、購入者等からの苦情（法第三十五条の三の十二第一項に規定する申込みの撤回等若しくは法第三十五条の三の十三第一項、第三十五条の三の十四第一項、第三十五条の三の十五第一項若しくは第三十五条の三の十六第一項の規定による個別信用購入あつせん関係受領契約の申込み若しくはその承諾の意思表示の取消しの申出又は法第三十五条の三の十九第一項の規定による対抗を含む。以下この条及び第九十四条において同

２　個別信用購入あっせん業者は、経済産業省令・内閣府令で定めるところにより、前項の規定による調査に関する記録を作成し、これを保存しなければならない。

じ。）であつて当該苦情の内容が個別信用購入あっせん関係販売業者又は個別信用購入あっせん関係役務提供事業者による特定契約に係る個別信用購入あっせん関係販売等契約の申込み又は締結の勧誘に係る行為に起因するもの（苦情の内容が前号の行為に起因するものである苦情を除く。以下この号において「特定契約関係苦情」という。）の発生状況及び当該個別信用購入あっせん業者と個別信用購入あっせんに係る契約を締結した販売業者又は役務提供事業者（当該個別信用購入あっせん関係販売業者又は当該個別信用購入あっせん関係役務提供事業者を除く。以下この号及び第九十四条第三号において「他の個別信用購入あっせん関係販売業者等」という。）による特定契約関係苦情の発生状況からみて、当該個別信用購入あっせん関係販売業者又は当該個別信用購入あっせん関係役務提供事業者が当該他の個別信用購入あっせん販売業者等に比し、購入者等の利益の保護に欠けると認められる場合　前号に定める事項

２　第九十四条第一号の規定により判別した結果、同号の苦情の内容が、個別信用購入あっせん関係販売業者又は個別信用購入あっせん関係役務提供事業者による特定契約に係る個別信用購入あっせん関係販売等契約の申込み又は締結の勧誘に係る行為に起因するものと認められる場合であつて、当該個別信用購入あっせん関係販売業者又は当該個別信用購入あっせん関係役務提供事業者に対して第七十五条第一号に定める事項の調査をしていなかつたときは、前項の規定にかかわらず、遅滞なく、当該調査をしなければならない。

（個別信用購入あっせん関係販売契約等の勧誘に係る調査に関する記録の作成等）

第七十八条　法第三十五条の三の五第二項の規定により、次の各号に掲げる調査の区分に応じ、当該各号に定める事項の記録を、書面又は電磁的方法をもつて作成し、作成後五年間保存しなければならない。ただし、第一号に定める事項の記録については、個別信用購入あっせんに係る契約を

（調査の協力）

第三十五条の三の六　個別信用購入あつせん関係販売業者及び個別信用購入あつせん関係役務提供事業者は、前条第一項の規定による調査に協力するよう努めなければならない。

（個別信用購入あつせん関係受領契約の申込みの承諾等の禁止）

第三十五条の三の七　個個別信用購入あつせん業者は、第三十五条の三の五第一項の規定による調査その他の方法により知つた事項からみて、個別信用購入あつせん関係販売業者又は個別信用購入あつせん関係役務提供事業者が特定契約に係る個別信用購入あつせん関係販売契約又は個別信用購入あつせん関係役務提供契約の申込み又は締結の勧誘をするに際し、次の各号のいずれかに該当する行為をしたと認めるときは、当該勧誘の相手方に対し当該個別信用購入あつせん関係販売契約若しくは当該個別信用購入あつせん関係役務提供契約に係る個別信用購入あつせん関係受領契約の申込みをし、又は当該勧誘の相手方から受けた当該個

締結した場合に限る。

一　第七十五条第一号に定める事項の調査　次に掲げる事項

イ　調査年月日

ロ　当該調査の結果（当該調査に関して取得した書面その他の資料がある場合にあつては、当該資料を含む。）

ハ　当該調査に係る個別信用購入あつせん関係販売業者又は個別信用購入あつせん関係役務提供事業者と個別信用購入あつせんに係る契約を締結した場合には、当該契約の締結の年月日

二　第七十五条第二号に定める事項の調査　次に掲げる事項

イ　前号イ及びロに掲げる事項

ロ　当該調査に係る個別信用購入あつせん関係受領契約を締結した場合には、当該契約の締結の年月日

三　前条の規定による調査　第一号イ及びロに掲げる事項

別信用購入あつせん関係販売契約若しくは当該個別信用購入あつせん関係役務提供契約に係る個別信用購入あつせん関係受領契約の申込みを承諾してはならない。ただし、当該勧誘の相手方が当該個別信用購入あつせん関係販売契約又は当該個別信用購入あつせん関係役務提供契約の締結を必要とする特別の事情があることを確認した場合その他当該勧誘の相手方の利益の保護に欠け、又は欠けることとなるおそれがないと認めるときは、この限りでない。

一　特定商取引に関する法律第六条第一項から第三項まで、第二十一条各項、第三十四条第一項から第三項まで、第四十四条各項又は第五十二条第一項若しくは第二項の規定に違反する行為

二　消費者契約法（平成十二年法律第六十一号）第四条第一項から第三項までに規定する行為（同条第二項に規定する行為にあつては、同項ただし書の場合に該当するものを除く。）

（個別信用購入あつせん関係販売業者等による書面の交付）

第三十五条の三の八　個別信用購入あつせん関係販売業者又は個別信用購入あつせん関係役務提供事業者は、個別信用購入あつせん関係販売契約又は個別信用購入あつせん関係役務提供契約を締結したときは、遅滞なく、経済産業省令・内閣府令で定めるところにより、当該契約に関する次の事項を記載した書面を購入者又は役務の提供を受ける者に交付しなければならない。

一　商品若しくは権利又は役務の種類

二　購入者又は役務の提供を受ける者の支払総額

三　個別信用購入あつせんに係る各回ごとの商品若しくは権利の代金又は役務の対価の全部又は一部（当該代金又は当該対価の全部又は一部に係る個別信用購入あつせんの手数料を含む。以下同じ。）の支払分の額並びにその支払の時期及び方法

四　商品の引渡時期若しくは権利の移転時期又は役務の提供時期（当該契約が特定継続的役務提供等契約であるときは、役務の提供期間又は権利の行使により受けること

〔法第三十五条の三の八第一項柱書に対応する経済産業省令は、施行規則第八十条〕

ができる役務の提供期間）

五　当該契約が連鎖販売個人契約であるときは、商品若しくは権利の再販売、受託販売又は同種役務の提供についての条件に関する基本的な事項

六　当該契約が特定継続的役務提供等契約であつて、当該役務の提供に際し当該役務の提供を受ける者が購入する必要のある商品があるときは、その商品名

七　当該契約が業務提供誘引販売個人契約であるときは、商品若しくは権利若しくは提供される役務を利用する業務の提供又はあつせんについての条件に関する基本的な事項

八　当該契約の解除に関する事項（購入者又は役務の提供を受ける者が第三十五条の三の十第一項第四号から第六号までに定める契約の相手方である場合には同条第五項本文の規定により当該契約が解除されたものとみなされることに関する事項を含み、購入者又は役務の提供を受ける者が第三十五条の三の十一第一項に規定する契約の相手方である場合には同条第七項本文の規定により当該契約が解除されたものとみなされることに関する事項を含む。）

九　前各号に掲げるもののほか、経済産業省令・内閣府令で定める事項

（個別信用購入あっせん関係販売業者等による書面の交付）

第七十九条　法第三十五条の三の八第九号の経済産業省令・内閣府令で定める事項は、次のとおりとする。

一　個別信用購入あっせん関係販売業者又は個別信用購入あっせん関係役務提供事業者及び個別信用購入あっせん業者の名称、住所及び電話番号

二　個別信用購入あっせん関係販売等契約及び個別信用購入あっせん関係販売等契約に係る個別信用購入あっせん関係受領契約の締結の年月日

三　商品若しくは権利又は役務の種類

四　商品の数量（権利又は役務の場合にあつては、契約上権利を行使し得る回数若しくは期間又は役務の提供を受けることができる回数若しくは期間）

五　頭金の額

六　個別信用購入あっせん関係販売等契約が連鎖販売個人

契約であるときは、当該連鎖販売取引に伴う特定負担（特定商取引に関する法律第三十三条第一項に規定する特定負担をいう。次条第五号の表第一号上欄、第八十一条第六号、第八十二条第四号の表第一号上欄、第八十三条第六号及び第八十四条第四号の表第一号上欄において同じ。）及び特定利益に関する事項

七　個別信用購入あっせん関係販売等契約が業務提供誘引販売個人契約であるときは、当該業務提供誘引取引に伴う特定負担（特定商取引に関する法律第五十一条第一項に規定する特定負担をいう。次条第五号の表第三号上欄、第八十一条第七号、第八十二条第四号の表第三号上欄、第八十三条第七号及び第八十四条第四号の表第三号上欄において同じ。）に関する事項

八　支払分の支払回数

九　個別信用購入あっせん関係販売等契約及び個別信用購入あっせん関係販売等契約に係る個別信用購入あっせん関係受領契約について購入者等が問合わせ、相談等を行うことができる機関の名称及び住所又は電話番号

十　法第三十五条の三の十九の規定に関する事項

十一　支払時期の到来していない支払分の支払を請求することについての定めがあるときは、その内容

十二　支払分の支払の義務が履行されない場合（個別信用購入あっせん関係受領契約が解除された場合を除く。）の損害賠償額の予定又は違約金の定めがあるときは、その内容

十三　役務の提供が商品又は指定権利の販売の条件となつているときは、当該役務の内容、提供時期その他当該役務に関する事項

十四　商品の販売が指定権利の販売又は役務の提供の条件となつているときは、当該商品の内容、引渡し時期その他当該商品に関する事項

十五　権利の販売が商品の販売又は役務の提供の条件となつているときは、当該権利の内容、移転時期その他当該権利に関する事項

十六　商品が種類又は品質に関して契約の内容に適合しな

い場合の責任についての定めがあるときは、その内容

十七　前各号に掲げるもののほか特約があるときは、その内容

十八　個別信用購入あつせん関係販売等契約が連鎖販売個人契約又は業務提供誘引販売個人契約であるときは、その旨

第八十条　法第三十五条の三の八各号又は法第三十五条の三の九第二項第一号若しくは第四項第一号の規定により法第三十五条の三の八第五号若しくは第七号に掲げる事項を記載した書面を交付するときは、次の各号に定めるところによらなければならない。

一　購入者等が読みやすく、理解しやすいような用語により、正確に記載すること。

二　法第三十五条の三の八第五号に規定する基本的な事項の内容は、次のとおりとする。

イ　商品又は権利の再販売については、購入する商品又は権利の引渡し又は移転の方法その他商品又は権利の再販売についての条件のあるときは、その内容

ロ　商品又は権利の受託販売については、委託を受けて販売する商品又は権利の引渡し又は移転の方法、受け取つた代金の引渡しの時期及び方法その他商品又は権利の受託販売についての条件のあるときは、その内容

ハ　同種役務の提供について、条件のあるときは、その内容

三　法第三十五条の三の八第七号に規定する基本的な事項の内容は、次のとおりとする。

イ　提供し、又はあつせんする業務の内容

ロ　一週間、一月間その他の一定の期間内に提供し、又はあつせんする業務の回数又は時間その他の提供し、又はあつせんする業務の量

ハ　一回当たり又は一時間当たりの業務に対する報酬の単価その他の報酬の単価が定められている場合には、その単価

ニ　ロ及びハにより定められるものその他の業務提供利益の計算の方法

ホ　ニに掲げるもののほか、業務提供利益の全部又は一部が支払われないこととなる場合があるときは、その条件

ヘ　ニ及びホに掲げるもののほか、業務提供利益の支払の時期及び方法その他の業務提供利益の支払の条件

四　法第三十五条の三の八第八号に掲げる事項については、その内容が次の基準に合致していること。

イ　個別信用購入あっせん関係販売等契約について、購入者等からの契約の解除ができない旨が定められていないこと。

ロ　個別信用購入あっせん関係販売等契約の締結の前に個別信用購入あっせん関係販売業者又は個別信用購入あっせん関係役務提供事業者が見本、カタログ等により購入者等に対し提示した当該契約の内容と当該購入者等が受領した商品若しくは権利又は提供を受ける役務が相違している場合には、購入者等は、当該契約の解除をすることができる旨が定められていること。

ハ　購入者等が法第三十五条の三の十第一項第四号から第六号までに定める契約の相手方である場合には同条第五項本文の規定により個別信用購入あっせん関係販売等契約が解除されたものとみなされることを赤枠の中に赤字で記載すること。

ニ　購入者等が法第三十五条の三の十一第一項に規定する契約の相手方である場合には同条第七項本文の規定により個別信用購入あっせん関係販売等契約が解除されたものとみなされることを赤枠の中に赤字で記載すること。

ホ　個別信用購入あっせん関係販売業者若しくは個別信用購入あっせん関係役務提供事業者又は個別信用購入あっせん業者の責に帰すべき事由により個別信用購入あっせん関係販売等契約が解除された場合における個別信用購入あっせん関係販売業者若しくは個

別信用購入あっせん関係役務提供事業者又は個別信用購入あっせん業者の義務に関し、民法第五百四十五条に規定するものより購入者等に不利な特約が定められていないこと。

五　前条第六号及び第七号に掲げる事項については、次の表の上欄に掲げる事項に応じ、それぞれ同表の下欄に掲げる内容を記載しなければならない。

事項	内容
一　当該連鎖販売取引に伴う特定負担に関する事項	イ　商品の購入については、その購入先及び当該商品の引渡しの方法 ロ　権利の購入については、その購入先及び当該権利の移転の方法 ハ　役務の提供の方法 ニ　取引料の提供については、その提供先、金額、性格並びに提供の時期及び方法 ホ　取引料のうち返還されるものがあるときは、その返還の条件
二　特定利益に関する事項	イ　商品若しくは権利の再販売、受託販売若しくは販売のあっせんをする他の者に対する商品若しくは権利の現金販売価格又は同種役務の提供若しくは役務の提供のあっせんをする他の者に対する役務の現金提供価格の支払の金額に対して収受し得る特定利益の金額の割合その他の特定利益の計算の方法 ロ　イに掲げるもののほか、特定利益の全部又は一部が支払われないこととなる場合があるときは、その条件 ハ　イ及びロに掲げるもののほか、特定利益の支払の時期及び方法その他の特定利益の支払の条件

三　当該業務提供誘引販売取引に伴う特定負担に関する事項	イ　商品の購入については、その購入先及び当該商品の引渡しの方法 ロ　権利の購入については、その購入先及び当該権利の移転の方法 ハ　役務の提供の方法 ニ　取引料の提供については、その提供先、金額、性格並びに提供の時期及び方法 ホ　取引料のうち返還されるものがあるときは、その返還の条件

六　前条第十号に掲げる事項については、その内容に、商品若しくは指定権利の販売につきそれを販売した個別信用購入あつせん関係販売業者又は役務の提供につきそれを提供する個別信用購入あつせん関係役務提供事業者に対して生じている事由をもつて、支払分の支払の請求をする個別信用購入あつせん業者に対抗できる旨が定められていること。

七　前条第十一号、第十二号、第十六号及び第十七号に掲げる事項のうち次の表の上欄に掲げる事項についての定めがあるときは、その内容がそれぞれ同表の下欄の基準に合致していること。

事項	内容の基準
一　支払時期の到来していない支払分の支払の請求に関する事項	イ　購入者等の支払義務の不履行により支払時期の到来していない支払分の支払を請求することができる場合は、個別信用購入あつせん業者が定める一定期間にわたり義務の不履行があつた場合であつて、個別信用購入あつせん業者が二十日以上の相当な期間を定めてその支払を書面で催告し、その期間内にその義務が履行されない場合に限る旨が定められて

	いること。 ロ　購入者等の支払義務の不履行以外の事由により支払時期の到来していない支払分の支払を請求することができる場合として、購入者等の信用が著しく悪化した場合又は重要な契約条項違反があつた場合以外の場合が定められていないこと。
二　支払分の支払の義務が履行されない場合（個別信用購入あっせん関係受領契約が解除された場合を除く。）の損害賠償額又は違約金に関する事項	支払分の支払の義務が履行されない場合（個別信用購入あっせん関係受領契約が解除された場合を除く。）の損害賠償額の予定又は違約金の定めが法第三十五条の三の十八第二項の規定に合致していること。
三　商品が種類又は品質に関して契約の内容に適合しない場合の責任に関する事項	商品が種類又は品質に関して契約の内容に適合しない場合に個別信用購入あっせん関係販売業者がその不適合（道路運送車両法の規定による臨時運行以外の運行の用に供された旨が明示されている自動車に係るものであつて、当該運行の用に供されたことにより通常生ずるものを除く。）について責任を負わない旨が定められていないこと。
四　前条第十一号、第十二号及び第十六号に掲げるもの以外の特約	法令に違反する特約が定められていないこと。

八　日本産業規格Z八三〇五に規定する八ポイント以上の

（個別信用購入あっせん業者による書面の交付）

第三十五条の三の九　個別信用購入あっせん業者は、次に掲げる個別信用購入あっせん関係販売契約又は個別信用購入あっせん関係役務提供契約に係る個別信用購入あっせん関係受領契約の申込みを受けたときは、遅滞なく、経済産業省令・内閣府令で定めるところにより、当該契約に関する次項各号の事項を記載した書面を当該申込みをした者に交付しなければならない。

一　個別信用購入あっせん関係販売業者又は個別信用購入あっせん関係役務提供事業者が特定商取引に関する法律第二条第一項第一号に規定する営業所等（以下「営業所等」という。）以外の場所においてその申込みを受けた個別信用購入あっせん関係販売契約又は個別信用購入あっせん関係役務提供契約

二　個別信用購入あっせん関係販売業者又は個別信用購入あっせん関係役務提供事業者が営業所等において、営業所等以外の場所において呼び止めて営業所等に同行させた者その他特定商取引に関する法律第二条第一項第二号に規定する政令で定める方法により誘引した者（以下「個別信用購入あっせん関係特定顧客」という。）からその申込みを受けた個別信用購入あっせん関係販売契約又は個別信用購入あっせん関係役務提供契約

三　個別信用購入あっせん関係販売業者又は個別信用購入あっせん関係役務提供事業者が、電話をかけ又は特定商取引に関する法律第二条第三項に規定する政令で定める方法により電話をかけさせ、その電話において行う個別信用購入あっせん関係販売契約又は個別信用購入あっせん関係役務提供契約の締結についての勧誘により、その相手方（以下「個別信用購入あっせん関係電話勧誘顧客」という。）からその申込みを同条第二項に規定する郵便等（以下「郵便等」という。）により受けた当該個別信用購入あっせん関係販売契約又は当該個別信用購入あっせん関係役務提供契約

四　特定連鎖販売個人契約、特定継続的役務提供等契約又

大きさの文字及び数字を用いること。

〔法第三十五条の三の九第一項柱書に対応する経済産業省令は、施行規則第八十二条〕

【関連・特定商取引に関する法律第二条第一項第二号に規定する政令は四五一頁】

【関連・特定商取引に関する法律第二条第三項に規定する政令は四五一頁】

は業務提供誘引販売個人契約（以下「特定連鎖販売個人契約等」という。）であつて個別信用購入あつせん関係販売契約又は個別信用購入あつせん関係役務提供契約に該当するもの

2　前項の書面には、次の事項を記載するものとする。

一　前条第一号から第七号までの事項

二　当該契約の申込みの撤回又は当該契約の解除に関する事項（購入者又は役務の提供を受ける者が次条第一項第一号から第三号までに定める契約の申込みをした者である場合には同項から同条第三項まで、同条第五項から第七項まで及び同条第九項から第十四項までの規定に関する事項を含み、購入者又は役務の提供を受ける者が第三十五条の三の十一第一項に規定する契約の申込みをした者である場合には同項から同条第五項まで、同条第七項から第九項まで及び同条第十一項から第十四項までの規定に関する事項を含む。）

三　第三十五条の三の五第一項の規定による調査の対象となるべき事項

四　前三号に掲げるもののほか、経済産業省令・内閣府令で定める事項

（個別信用購入あつせん業者による書面の交付）

第八十一条　法第三十五条の三の九第二項第四号の経済産業省令・内閣府令で定める事項は、次のとおりとする。

一　個別信用購入あつせん関係販売業者又は個別信用購入あつせん関係役務提供事業者及び個別信用購入あつせん業者の名称、住所及び電話番号

二　個別信用購入あつせん関係販売等契約に係る個別信用購入あつせん関係受領契約の申込みの年月日

三　商品若しくは権利又は役務の種類

四　商品の数量（権利又は役務の場合にあつては、契約上権利を行使し得る回数若しくは期間又は役務の提供を受けることができる回数若しくは期間）

五　頭金の額

六　個別信用購入あつせん関係販売等契約が特定連鎖販売個人契約であるときは、当該連鎖販売取引に伴う特定負担及び特定利益に関する事項

七　個別信用購入あつせん関係販売等契約が業務提供誘引販売個人契約であるときは、当該業務提供誘引取引に伴う特定負担に関する事項

八　支払分の支払回数

九　個別信用購入あっせん関係販売等契約及び個別信用購入あっせん関係受領契約に係る個別信用購入あっせん関係販売等契約について購入者等が問合わせ、相談等を行うことができる機関の名称及び住所又は電話番号

十　法第三十五条の三の十九の規定に関する事項

十一　支払時期の到来していない支払分の支払を請求することについての定めがあるときは、その内容

十二　支払分の支払の義務が履行されない場合（個別信用購入あっせん関係受領契約が解除された場合を除く。）の損害賠償額の予定又は違約金の定めがあるときは、その内容

十三　前各号に掲げるもののほか特約があるときは、その内容

第八十二条　法第三十五条の三の九第二項各号に掲げる事項を記載した書面を交付するときは、次の各号に定めるところによらなければならない。

一　購入者等が読みやすく、理解しやすいような用語により、正確に記載すること。

二　法第三十五条の三の九第二項第二号に掲げる事項については、その内容が次の基準に合致していること。

イ　個別信用購入あっせん関係受領契約について、購入者等から個別信用購入あっせん関係販売等契約に係る個別信用購入あっせん関係受領契約の解除ができない旨が定められていないこと。

ロ　購入者等が法第三十五条の三の十第一項第一号から第三号までに定める契約の申込みをした者である場合には同条第五項本文の規定により個別信用購入あっせん関係販売等契約の申込みが撤回されたものとみなされることを赤枠の中に赤字で記載すること。

ハ　購入者等が法第三十五条の三の十一第一項に規定する契約の申込みをした者である場合には同条第七項本文の規定により個別信用購入あっせん関係販売等契約の申込みが撤回されたものとみなされることを赤枠の中に赤字で記載すること。

二　購入者等の支払義務の不履行により個別信用購入あつせん関係受領契約を解除することができる場合は、個別信用購入あつせん業者が定める一定期間にわたり義務の不履行があつた場合であつて、個別信用購入あつせん業者が二十日以上の相当な期間を定めてその支払を書面で催告し、その期間内にその義務が履行されない場合に限る旨が定められていること。

ホ　購入者等の責に帰すべき事由により個別信用購入あつせん関係受領契約が解除された場合の損害賠償等の額についての定めが法第三十五条の三の十八第一項の規定に合致していること。

ヘ　個別信用購入あつせん関係販売業者若しくは個別信用購入あつせん関係役務提供事業者又は個別信用購入あつせん業者の責に帰すべき事由により個別信用購入あつせん関係販売等契約に係る個別信用購入あつせん関係受領契約が解除された場合における個別信用購入あつせん関係販売業者若しくは個別信用購入あつせん関係役務提供事業者又は個別信用購入あつせん業者の義務に関し、民法第五百四十五条に規定するものより購入者等に不利な特約が定められていないこと。

三　法第三十五条の三の九第二項第三号に掲げる事項については、第七十五条第二号に定める事項のみを交付することをもつて足りる。

四　前条第六号及び第七号に掲げる事項については、次の表の上欄に掲げる事項に応じ、それぞれ同表の下欄に掲げる内容を記載しなければならない。

事項	内容
一　当該連鎖販売取引に伴う特定負担に関する事項	イ　商品の購入については、その購入先及び当該商品の引渡しの方法 ロ　権利の購入については、その購入先及び当該権利の移転の方法 ハ　役務の提供の方法

	ニ　取引料の提供については、その提供先、金額、性格並びに提供の時期及び方法 ホ　取引料のうち返還されるものがあるときは、その返還の条件
二　特定利益に関する事項	イ　商品若しくは権利の再販売、受託販売若しくは販売のあっせんをする他の者に対する商品若しくは権利の現金販売価格又は同種役務の提供若しくは役務の提供のあっせんをする他の者に対する役務の現金提供価格の支払の金額に対して収受し得る特定利益の金額の割合その他の特定利益の計算の方法 ロ　イに掲げるもののほか、特定利益の全部又は一部が支払われないこととなる場合があるときは、その条件 ハ　イ及びロに掲げるもののほか、特定利益の支払の時期及び方法その他の特定利益の支払の条件
三　当該業務提供誘引販売取引に伴う特定負担に関する事項	イ　商品の購入については、その購入先及び当該商品の引渡しの方法 ロ　権利の購入については、その購入先及び当該権利の移転の方法 ハ　役務の提供の方法 ニ　取引料の提供については、その提供先、金額、性格並びに提供の時期及び方法 ホ　取引料のうち返還されるものがあるときは、その返還の条件

五　前条第十号に掲げる事項については、その内容に、商品若しくは指定権利の販売につきそれを販売した個別信用購入あっせん関係販売業者又は役務の提供につきそれを提供する個別信用購入あっせん関係役務提供事業者に

対して生じている事由をもつて、支払分の支払の請求をする個別信用購入あっせん業者に対抗できる旨が定められていること。

六　前条第十一号から第十三号までに掲げる事項のうち次の表の上欄に掲げる事項についての定めがあるときは、その内容がそれぞれ同表の下欄の基準に合致していること。

事項	内容の基準
一　支払時期の到来していない支払分の支払の請求に関する事項	イ　購入者等の支払義務の不履行により支払時期の到来していない支払分の支払を請求することができる場合は、個別信用購入あっせん業者が定める一定期間にわたり義務の不履行があつた場合であつて、個別信用購入あっせん業者が二十日以上の相当な期間を定めてその支払を書面で催告し、その期間内にその義務が履行されない場合に限る旨が定められていること。 ロ　購入者等の支払義務の不履行以外の事由により支払時期の到来していない支払分の支払を請求することができる場合として、購入者等の信用が著しく悪化した場合又は重要な契約条項違反があつた場合以外の場合が定められていないこと。
二　支払分の支払の義務が履行されない場合（個別信用購入あっせん関係受領契約が解除された場合を除く。）	支払分の支払の義務が履行されない場合（個別信用購入あっせん関係受領契約が解除された場合を除く。）の損害賠償額の予定又は違約金の定めが法第三十五条の三の十八第二項の規定に合致していること。

3　個別信用購入あっせん業者は、次に掲げる個別信用購入あっせん関係販売契約又は個別信用購入あっせん関係役務提供契約に係る個別信用購入あっせん関係受領契約を締結したときは、遅滞なく、経済産業省令・内閣府令で定めるところにより、当該契約に関する次項各号の事項を記載した書面を購入者又は役務の提供を受ける者に交付しなければならない。

一　個別信用購入あっせん関係販売業者若しくは個別信用購入あっせん関係役務提供事業者が営業所等以外の場所において締結した個別信用購入あっせん関係販売契約若しくは個別信用購入あっせん関係役務提供契約（営業所等において個別信用購入あっせん関係特定顧客以外の顧客から申込みを受けた個別信用購入あっせん関係販売契約又は個別信用購入あっせん関係役務提供契約を除く。）又は個別信用購入あっせん関係販売業者若しくは個別信用購入あっせん関係役務提供事業者が営業所等以外の場所においてその申込みを受け、営業所等において締結した個別信用購入あっせん関係販売契約若しくは個別信用購入あっせん関係役務提供契約

二　個別信用購入あっせん関係販売業者又は個別信用購入あっせん関係役務提供事業者が営業所等において個別信用購入あっせん関係特定顧客と締結した個別信用購入あっせん関係販売契約又は個別信用購入あっせん関係役務提供契約

三　個別信用購入あっせん関係販売業者若しくは個別信用

の損害賠償額又は違約金に関する事項	
三　前条第十一号及び第十二号に掲げるもの以外の特約	法令に違反する特約が定められていないこと。

七　日本産業規格Z八三〇五に規定する八ポイント以上の大きさの文字及び数字を用いること。

〔法第三十五条の三の九第三項柱書に対応する経済産業省令は、施行規則第八十四条〕

購入あつせん関係役務提供事業者が個別信用購入あつせん関係電話勧誘顧客と郵便等により締結した当該個別信用購入あつせん関係販売契約若しくは当該個別信用購入あつせん関係役務提供契約又は個別信用購入あつせん関係販売業者若しくは個別信用購入あつせん関係役務提供事業者が個別信用購入あつせん関係電話勧誘顧客から申込みを郵便等により受け、締結した当該個別信用購入あつせん関係販売契約若しくは当該個別信用購入あつせん関係役務提供契約

四　特定連鎖販売個人契約等であつて個別信用購入あつせん関係販売契約又は個別信用購入あつせん関係役務提供契約に該当するもの

4　前項の書面には、次の事項を記載するものとする。

一　前条第一号から第七号までの事項

二　当該契約の解除に関する事項（購入者又は役務の提供を受ける者が次条第一項第四号から第六号までに定める契約の相手方である場合には同項から同条第三項まで、同条第五項から第七項まで及び同条第九項から第十四項までの規定に関する事項のうち契約の解除に関する事項を含み、購入者又は役務の提供を受ける者が第三十五条の三の十一第一項に規定する契約の相手方である場合には同項から同条第五項まで、同条第七項から第九項まで及び同条第十一項から第十四項までの規定に関する事項のうち契約の解除に関する事項を含む。）

三　第三十五条の三の五第一項の規定による調査の結果に関する事項

四　前三号に掲げるもののほか、経済産業省令・内閣府令で定める事項

第八十三条　法第三十五条の三の九第四項第四号の経済産業省令・内閣府令で定める事項は、次のとおりとする。

一　個別信用購入あつせん関係販売業者又は個別信用購入あつせん関係役務提供事業者及び個別信用購入あつせん業者の名称、住所及び電話番号

二　個別信用購入あつせん関係販売等契約に係る個別信用購入あつせん関係受領契約の締結の年月日

三　商品若しくは権利又は役務の種類

四　商品の数量（権利又は役務の場合にあつては、契約上

権利を行使し得る回数若しくは期間又は役務の提供を受けることができる回数若しくは期間）

五　頭金の額

六　個別信用購入あつせん関係販売等契約が特定連鎖販売個人契約であるときは、当該連鎖販売取引に伴う特定負担及び特定利益に関する事項

七　個別信用購入あつせん関係販売等契約が業務提供誘引販売個人契約であるときは、当該業務提供誘引取引に伴う特定負担に関する事項

八　支払分の支払回数

九　個別信用購入あつせん関係販売等契約及び個別信用購入あつせん関係販売等契約に係る個別信用購入あつせん関係受領契約について購入者等が問合わせ、相談等を行うことができる機関の名称及び住所又は電話番号

十　法第三十五条の三の十九の規定に関する事項

十一　支払時期の到来していない支払分の支払を請求することについての定めがあるときは、その内容

十二　支払分の支払の義務が履行されない場合（個別信用購入あつせん関係受領契約が解除された場合を除く。）の損害賠償額の予定又は違約金の定めがあるときは、その内容

十三　前各号に掲げるもののほか特約があるときは、その内容

第八十四条　法第三十五条の三の九第四項各号に掲げる事項を記載した書面を交付するときは、次の各号に定めるところによらなければならない。

一　購入者等が読みやすく、理解しやすいような用語により、正確に記載すること。

二　法第三十五条の三の九第四項第二号に掲げる事項については、その内容が次の基準に合致していること。

イ　個別信用購入あつせん関係販売等契約に係る個別信用購入あつせん関係受領契約について、購入者等からの契約の解除ができない旨が定められていないこと。

ロ　購入者等が法第三十五条の三の十第一項第四号から

第六号までに定める契約の相手方である場合には同条第五項本文の規定により個別信用購入あっせん関係販売等契約が解除されたものとみなされることを赤枠の中に赤字で記載すること。

ハ　購入者等が法第三十五条の三の十一第一項に規定する契約の相手方である場合には同条第七項本文の規定により個別信用購入あっせん関係販売等契約が解除されたものとみなされることを赤枠の中に赤字で記載すること。

ニ　購入者等の支払義務の不履行により個別信用購入あっせん関係受領契約を解除することができる場合は、個別信用購入あっせん業者が定める一定期間にわたり義務の不履行があつた場合であつて、個別信用購入あっせん業者が二十日以上の相当な期間を定めてその支払を書面で催告し、その期間内にその義務が履行されない場合に限る旨が定められていること。

ホ　購入者等の責に帰すべき事由により個別信用購入あっせん関係受領契約が解除された場合の損害賠償等の額についての定めが法第三十五条の三の十八第一項の規定に合致していること。

ヘ　個別信用購入あっせん関係販売業者若しくは個別信用購入あっせん関係役務提供事業者又は個別信用購入あっせん業者の責に帰すべき事由により個別信用購入あっせん関係販売等契約に係る個別信用購入あっせん関係受領契約が解除された場合における個別信用購入あっせん関係販売業者若しくは個別信用購入あっせん関係役務提供事業者又は個別信用購入あっせん業者の義務に関し、民法第五百四十五条に規定するものより購入者等に不利な特約が定められていないこと。

三　法第三十五条の三の九第四項第三号に掲げる事項については、法第三十五条の三の五第一項の規定による調査の結果であつて第七十五条第二号に係るもののみを交付することをもつて足りる。

四　前条第六号及び第七号に掲げる事項については、次の表の上欄に掲げる事項に応じ、それぞれ同表の下欄に掲げる内容を記載しなければならない。

事項	内容
一　当該連鎖販売取引に伴う特定負担に関する事項	イ　商品の購入については、その購入先及び当該商品の引渡しの方法 ロ　権利の購入については、その購入先及び当該権利の移転の方法 ハ　役務の提供の方法 ニ　取引料の提供については、その提供先、金額、性格並びに提供の時期及び方法 ホ　取引料のうち返還されるものがあるときは、その返還の条件
二　特定利益に関する事項	イ　商品若しくは権利の再販売、受託販売若しくは販売のあつせんをする他の者に対する商品若しくは権利の現金販売価格又は同種役務の提供若しくは役務の提供のあつせんをする他の者に対する役務の現金提供価格の支払の金額に対して収受し得る特定利益の金額の割合その他の特定利益の計算の方法 ロ　イに掲げるもののほか、特定利益の全部又は一部が支払われないこととなる場合があるときは、その条件 ハ　イ及びロに掲げるもののほか、特定利益の支払の時期及び方法その他の特定利益の支払の条件
三　当該業務提供誘引販売取引に伴う特定負担に関する事項	イ　商品の購入については、その購入先及び当該商品の引渡しの方法 ロ　権利の購入については、その購入先及び当該権利の移転の方法

	ハ　役務の提供の方法 ニ　取引料の提供については、その提供先、金額、性格並びに提供の時期及び方法 ホ　取引料のうち返還されるものがあるときは、その返還の条件

五　前条第十号に掲げる事項については、その内容に、商品若しくは指定権利の販売につきそれを販売した個別信用購入あつせん関係販売業者又は役務の提供につきそれを提供する個別信用購入あつせん関係役務提供事業者に対して生じている事由をもつて、支払分の支払の請求をする個別信用購入あつせん業者に対抗できる旨が定められていること。

六　前条第十一号から第十三号までに掲げる事項のうち次の表の上欄に掲げる事項についての定めがあるときは、その内容がそれぞれ同表の下欄の基準に合致していること。

事項	内容の基準
一　支払時期の到来していない支払分の支払の請求に関する事項	イ　購入者等の支払義務の不履行により支払時期の到来していない支払分の支払を請求することができる場合は、個別信用購入あつせん業者が定める一定期間にわたり義務の不履行があつた場合であつて、個別信用購入あつせん業者が二十日以上の相当な期間を定めてその支払を書面で催告し、その期間内にその義務が履行されない場合に限る旨が定められていること。 ロ　購入者等の支払義務の不履行以外の事由により支払時期の到来していない支払分の支払を請求することが

（個別信用購入あっせん関係受領契約の申込みの撤回等）

第三十五条の三の十　次の各号に掲げる場合において、当該各号に定める者（以下この条において「申込者等」という。）は、書面により、申込みの撤回等（次の各号の個別信用購入あっせん関係販売契約若しくは個別信用購入あっせん関係役務提供契約に係る個別信用購入あっせん関係受領契約の申込みの撤回又は次の各号の個別信用購入あっせん関係販売契約若しくは個別信用購入あっせん関係役務提供契約に係る個別信用購入あっせん関係受領契約の解除をいう。以下この条において同じ。）を行うことができる。ただし、前条第三項の書面を受領した日（その日前に同条第一項の書面を受領した場合にあつては、当該書面を受領した日）から起算して八日を経過したとき（申込者等が、個別信用購入あっせん関係販売業者若しくは個別信用購入あっせん

	できる場合として、購入者等の信用が著しく悪化した場合又は重要な契約条項違反があつた場合以外の場合が定められていないこと。
二　支払分の支払の義務が履行されない場合（個別信用購入あっせん関係受領契約が解除された場合を除く。）の損害賠償額又は違約金に関する事項	支払分の支払の義務が履行されない場合（個別信用購入あっせん関係受領契約が解除された場合を除く。）の損害賠償額の予定又は違約金の定めが法第三十五条の三の十八第二項の規定に合致していること。
三　前条第十一号及び第十二号に掲げるもの以外の特約	法令に違反する特約が定められていないこと。

七　日本産業規格Ｚ八三〇五に規定する八ポイント以上の大きさの文字及び数字を用いること。

関係役務提供事業者若しくは個別信用購入あっせん業者が個別信用購入あっせん関係販売契約若しくは個別信用購入あっせん関係役務提供契約に係る個別信用購入あっせん関係受領契約の締結について勧誘をするに際し、若しくは申込みの撤回等を妨げるため、申込みの撤回等に関する事項につき不実のことを告げる行為をしたことにより当該告げられた内容が事実であるとの誤認をし、又は個別信用購入あっせん関係販売業者若しくは個別信用購入あっせん関係役務提供事業者若しくは個別信用購入あっせん業者が個別信用購入あっせん関係販売契約若しくは個別信用購入あっせん関係役務提供契約に係る個別信用購入あっせん関係受領契約を締結させ、若しくは申込みの撤回等を妨げるため、威迫したことにより困惑し、これらによつて当該期間を経過するまでに申込みの撤回等を行わなかつた場合には、当該申込者等が、当該個別信用購入あっせん関係販売業者若しくは当該個別信用購入あっせん関係役務提供事業者又は当該個別信用購入あっせん業者が経済産業省令・内閣府令で定めるところにより申込みの撤回等を行うことができる旨を記載して交付した書面を受領した日から起算して八日を経過したとき）は、この限りでない。

一　個別信用購入あっせん関係販売業者又は個別信用購入あっせん関係役務提供事業者が営業所等以外の場所において個別信用購入あっせん関係販売契約又は個別信用購入あっせん関係役務提供契約の申込みを受けた場合　当該申込みをした者

二　個別信用購入あっせん関係販売業者又は個別信用購入あっせん関係役務提供事業者が営業所等において個別信用購入あっせん関係特定顧客から個別信用購入あっせん関係販売契約又は個別信用購入あっせん関係役務提供契約の申込みを受けた場合　当該申込みをした者

三　個別信用購入あっせん関係販売業者又は個別信用購入あっせん関係役務提供事業者が個別信用購入あっせん関係電話勧誘顧客から当該個別信用購入あっせん関係販売契約又は当該個別信用購入あっせん関係役務提供契約の申込みを郵便等により受けた場合　当該申込みをした者

（個別信用購入あっせん関係受領契約の申込みの撤回等の妨害後の書面の交付）

第八十五条　法第三十五条の三の十第一項の規定により交付する書面には、次に掲げる事項を記載しなければならない。

一　法第三十五条の三の十第一項の規定に基づき、当該書面を受領した日から起算して八日を経過するまでは、書面により訪問販売等契約（法第三十五条の三の九第一項第一号から第三号までのいずれか又は第三項第一号から第三号までのいずれかに掲げる個別信用購入あっせん関係販売等契約をいう。以下この号、第五号及び第六号において同じ。）に係る個別信用購入あっせん関係受領契約の申込みの撤回又は訪問販売等契約に係る個別信用購入あっせん関係受領契約の解除を行うことができること。

二　法第三十五条の三の十第二項、第三項、第五項から第七項まで、第九項から第十一項まで、第十三項及び第十四項の規定に関する事項（法第三十五条の三の九第一項第一号若しくは第二号又は第三項第一号若しくは第二号に掲げる個別信用購入あっせん関係販売等契約に係る個

四　個別信用購入あっせん関係販売業者又は個別信用購入あっせん関係役務提供事業者が営業所等以外の場所において個別信用購入あっせん関係販売契約又は個別信用購入あっせん関係役務提供契約を締結した場合（個別信用購入あっせん関係販売業者又は個別信用購入あっせん関係役務提供事業者の営業所等において当該契約の申込みを受けた場合を除く。）　当該契約の相手方

五　個別信用購入あっせん関係販売業者又は個別信用購入あっせん関係役務提供事業者が営業所等において個別信用購入あっせん関係特定顧客と個別信用購入あっせん関係販売契約又は個別信用購入あっせん関係役務提供契約を締結した場合　当該契約の相手方

六　個別信用購入あっせん関係販売業者又は個別信用購入あっせん関係役務提供事業者が個別信用購入あっせん関係電話勧誘顧客と当該個別信用購入あっせん関係販売契約又は当該個別信用購入あっせん関係役務提供契約を郵便等により締結した場合　当該契約の相手方

2　申込みの撤回等は、前項本文の書面を発した時に、その効力を生ずる。

3　申込みの撤回等があつた場合においては、個別信用購入あっせん業者は、当該申込みの撤回等に伴う損害賠償又は違約金の支払を請求することができない。

4　個別信用購入あっせん業者は、第一項本文の書面を受領した時には、直ちに、個別信用購入あっせん関係販売業者又は個別信用購入あっせん関係役務提供事業者にその旨を

別信用購入あっせん関係受領契約に係るものに限る。）

三　法第三十五条の三の十第二項、第三項、第五項から第七項まで、第九項、第十項及び第十二項から第十四項までの規定に関する事項（法第三十五条の三の九第一項第三号又は第三項第三号に掲げる個別信用購入あっせん関係販売等契約に係る個別信用購入あっせん関係受領契約に係るものに限る。）

四　個別信用購入あっせん関係販売業者又は個別信用購入あっせん関係役務提供事業者及び個別信用購入あっせん業者の名称、住所及び電話番号

五　訪問販売等契約に係る個別信用購入あっせん関係受領契約の申込み又は締結の年月日

六　訪問販売等契約に係る個別信用購入あっせん関係受領契約の内容

2　書面には日本産業規格Ｚ八三〇五に規定する八ポイント以上の大きさの文字及び数字を用いなければならない。

3　書面に記載するに際し、第一項第一号及び第二号又は第三号に掲げる事項の内容については赤枠の中に赤字で記載しなければならない。

4　個別信用購入あっせん関係販売業者若しくは個別信用購入あっせん関係役務提供事業者又は個別信用購入あっせん業者は、法第三十五条の三の十第一項の規定により交付する書面を申込者等（同項に規定する申込者等をいう。以下この項において同じ。）に交付した際には、直ちに申込者等が当該書面を見ていることを確認した上で、第一項第一号及び第二号又は第三号に掲げる事項の内容について申込者等に告げなければならない。

通知しなければならない。

5　申込者等が申込みの撤回等を行つた場合には、当該申込みの撤回等に係る第一項本文の書面を発する時において現に効力を有する個別信用購入あっせん関係販売契約若しくは個別信用購入あっせん関係役務提供契約の申込み又は個別信用購入あっせん関係販売契約若しくは個別信用購入あっせん関係役務提供契約は、当該申込者等が当該書面を発した時に、撤回されたものとみなし、又は解除されたものとみなす。ただし、当該申込者等が当該書面において反対の意思を表示しているときは、この限りでない。

6　前項本文の規定により個別信用購入あっせん関係販売契約若しくは個別信用購入あっせん関係役務提供契約の申込みが撤回され、又は個別信用購入あっせん関係販売契約若しくは個別信用購入あっせん関係役務提供契約が解除されたものとみなされた場合においては、個別信用購入あっせん関係販売業者又は個別信用購入あっせん関係役務提供事業者は、当該契約の申込みの撤回又は当該契約の解除に伴う損害賠償又は違約金の支払を請求することができない。

7　個別信用購入あっせん業者は、申込みの撤回等があり、かつ、第五項本文の規定により個別信用購入あっせん関係販売契約若しくは個別信用購入あっせん関係役務提供契約の申込みが撤回され、又は個別信用購入あっせん関係販売契約若しくは個別信用購入あっせん関係役務提供契約が解除されたものとみなされた場合には、既に商品若しくは権利の代金又は役務の対価の全部又は一部に相当する金額の個別信用購入あっせん関係販売業者又は個別信用購入あっせん関係役務提供事業者への交付をしたときにおいても、申込者等に対し、当該個別信用購入あっせん関係販売業者又は当該個別信用購入あっせん関係役務提供業者に対して交付をした当該商品若しくは権利の代金又は役務の対価の全部又は一部に相当する金額その他当該個別信用購入あっせんにより得られた利益に相当する金銭の支払を請求することができない。

8　個別信用購入あっせん関係販売業者又は個別信用購入あっせん関係役務提供事業者は、第五項本文の規定により個別信用購入あっせん関係販売契約若しくは個別信用購入あっせん関係役務提供契約の申込みが撤回され、又は個別信用購入あっせん関係販売契約若しくは個別信用購入あっせん関係役務提供契約が解除されたものとみなされた場合において、個別信用購入あっせん業者から既に商品若しくは権利の代金又は役務の対価の全部又は一部に相当する金額の交付を受けたときは、当該個別信用購入あっせん業者に対し、当該交付を受けた商品若しくは権利の代金又は役務の対価の全部又は一部に相当する金額を返還しなければならない。

9　個別信用購入あっせん業者は、申込みの撤回等があり、かつ、第五項本文の規定により個別信用購入あっせん関係販売契約若しくは個別信用購入あっせん関係役務提供契約の申込みが撤回され、又は個別信用購入あっせん関係販売契約若しくは個別信用購入あっせん関係役務提供契約が解除されたものとみなされた場合において、申込者等から当該個別信用購入あっせん関係受領契約に関連して金銭を受領しているときは、当該申込者等に対し、速やかに、これを返還しなければならない。

10　第五項本文の規定により個別信用購入あっせん関係販売契約の申込みが撤回され、又は個別信用購入あっせん関係販売契約が解除されたものとみなされた場合において、その個別信用購入あっせん関係販売契約に係る商品の引渡し又は権利の移転が既にされているときは、その引取り又は返還に要する費用は、個別信用購入あっせん関係販売業者の負担とする。

11　個別信用購入あっせん関係販売業者又は個別信用購入あっせん関係役務提供事業者は、第五項本文の規定により第一項第一号若しくは第二号の個別信用購入あっせん関係販売契約若しくは個別信用購入あっせん関係役務提供契約の申込みが撤回され、又は同項第四号若しくは第五号の個別信用購入あっせん関係販売契約若しくは個別信用購入あっせん関係役務提供契約が解除されたものとみなされた場合には、既に当該個別信用購入あっせん関係販売契約に基づき引き渡された商品が使用され若しくは指定権利の行使により施設が利用され若しくは役務が提供され又は当該個別信用購入あつせん関係役務提供契約に基づき役務が提供されたときにおいても、同項第一号、第二号、第四号又は第五号に定める者に対し、その商品の使用により得られた利益若しくは当該権利の行使により得られた利益に相当する金銭又は当該個別信用購入あつせん関係役務提供契約に係る役務の対価その他の金銭の支払を請求することができない。

12　個別信用購入あつせん関係役務提供事業者又は個別信用購入あつせん関係販売業者は、第五項本文の規定により第一項第三号の個別信用購入あつせん関係役務提供契約若しくは個別信用購入あつせん関係販売契約であつて指定権利を販売するものの申込みが撤回され、又は同項第六号の個別信用購入あつせん関係役務提供契約若しくは個別信用購入あつせん関係販売契約であつて指定権利を販売するものが解除されたものとみなされた場合には、既に当該個別信用購入あつせん関係役務提供契約に基づき役務が提供され又は当該権利の行使により施設が利用され若しくは役務が提供されたときにおいても、同項第三号又は第六号に定める者に対し、当該個別信用購入あつせん関係役務提供契約に係る役務の対価その他の金銭又は当該権利の行使により得られた利益に相当する金銭の支払を請求することができない。

13　個別信用購入あつせん関係役務提供事業者は、第五項本文の規定により個別信用購入あつせん関係役務提供契約の申込みが撤回され、又は個別信用購入あつせん関係役務提供契約が解除されたものとみなされた場合において、当該個別信用購入あつせん関係役務提供契約に関連して金銭（個別信用購入あつせん業者から交付されたものを除く。）を受領しているときは、申込者等に対し、速やかに、これを返還しなければならない。

14　個別信用購入あつせん関係役務提供契約又は個別信用購入あつせんに係る販売の方法により指定権利を販売する契約における申込者等は、その個別信用購入あつせん関係役務提供契約又は個別信用購入あつせんに係る販売の方法により指定権利を販売する契約につき第五項本文の規定により契約の申込みが撤回され、又は契約が解除されたものとみなされた場合において、当該個別信用購入あっせん関係役務提供契約又は当該個別信用購入あっせんに係る販売の方法により指定権利を販売する契約に係る役務の提供に伴い申込者等の土地又は建物その他の工作物の現状が変更されたときは、当該個別信用購入あっせん関係役務提供事業者又は当該個別信用購入あっせん関係販売業者に対し、その原状回復に必要な措置を無償で講ずることを請求することができる。

15　第一項から第三項まで、第五項から第七項まで及び第九項から前項までの規定に反する特約であつて申込者等に不利なものは、無効とする。

第三十五条の三の十一　個別信用購入あっせん関係販売業者又は個別信用購入あっせん関係役務提供事業者が特定連鎖販売個人契約等であつて個別信用購入あっせん関係販売契約若しくは個別信用購入あっせん関係役務提供契約に該当するものの申込みを受けた場合における当該申込みをした者又は特定連鎖販売個人契約等であつて個別信用購入あっせん関係販売契約若しくは個別信用購入あっせん関係役務提供契約に該当するものを締結した場合における当該契約の相手方（以下この条において「申込者等」という。）は、次に掲げる場合を除き、書面により、その特定連鎖販売個人契約等であつて個別信用購入あっせん関係販売契約若しくは個別信用購入あっせん関係役務提供契約に該当するものに係る個別信用購入あっせん関係受領契約の申込みの撤回又はその特定連鎖販売個人契約等であつて個別信用購入あっせん関係販売契約若しくは個別信用購入あっせん関係役務提供契約に該当するものに係る個別信用購入あっせん関係受領契約の解除を行うことができる。

一　特定連鎖販売個人契約であつて個別信用購入あっせん関係販売契約又は個別信用購入あっせん関係役務提供契約に該当するものの申込者等が第三十五条の三の九第三項の書面を受領した日（その日前に同条第一項の書面を

第八十六条　法第三十五条の三の十一第一項第一号の規定により交付する書面には、次に掲げる事項を記載しなければならない。

一　法第三十五条の三の十一第一項第一号の規定に基づ

受領した場合にあつては、当該書面を受領した日）から起算して二十日を経過したとき（その特定連鎖販売個人契約に係る特定負担が再販売をする商品の購入についてのものである場合において、同条第三項の書面を受領した日がその特定連鎖販売個人契約に基づき購入したその商品につき最初の引渡しを受けた日前の日となる場合には、その引渡しを受けた日から起算して二十日を経過したとき）。ただし、申込者等が、個別信用購入あつせん関係販売業者若しくは個別信用購入あつせん関係役務提供事業者若しくは個別信用購入あつせん業者若しくは特定商取引に関する法律第三十三条第二項に規定する統括者（以下「統括者」という。）、同法第三十三条の二に規定する勧誘者（以下「勧誘者」という。）若しくは同条に規定する一般連鎖販売業者（以下「一般連鎖販売業者」という。）がその統括者の統括する一連の連鎖販売業に係る特定連鎖販売個人契約であつて個別信用購入あつせん関係販売契約若しくは個別信用購入あつせん関係役務提供契約に該当するものに係る個別信用購入あつせん関係受領契約の締結について勧誘をするに際し、若しくは申込みの撤回等（その連鎖販売業に係る特定連鎖販売個人契約であつて個別信用購入あつせん関係販売契約若しくは個別信用購入あつせん関係役務提供契約に該当するものに係る個別信用購入あつせん関係受領契約の申込みの撤回又はその連鎖販売業に係る特定連鎖販売個人契約であつて個別信用購入あつせん関係販売契約若しくは個別信用購入あつせん関係役務提供契約に該当するものに係る個別信用購入あつせん関係受領契約の解除をいう。以下この号において同じ。）を妨げるため、申込みの撤回等に関する事項につき不実のことを告げる行為をしたことにより当該告げられた内容が事実であるとの誤認をし、又は個別信用購入あつせん関係販売業者若しくは個別信用購入あつせん関係役務提供事業者若しくは個別信用購入あつせん業者若しくは統括者、勧誘者若しくは一般連鎖販売業者がその統括者の統括する一連の連鎖販売業に係る特定連鎖販売個人契約であつて個別信用購

き、当該書面を受領した日から起算して二十日を経過するまでは、書面により特定連鎖販売個人契約であつて個別信用購入あつせん関係販売等契約に該当するものに係る個別信用購入あつせん関係受領契約の申込みの撤回又は特定連鎖販売個人契約であつて個別信用購入あつせん関係販売等契約に該当するものに係る個別信用購入あつせん関係受領契約の解除を行うことができること。

二　法第三十五条の三の十一第二項、第四項、第五項、第七項から第九項まで、第十一項及び第十二項の規定に関する事項

三　個別信用購入あつせん関係販売業者又は個別信用購入あつせん関係役務提供事業者及び個別信用購入あつせん業者の名称、住所及び電話番号

四　特定連鎖販売個人契約であつて個別信用購入あつせん関係販売等契約に該当するものに係る個別信用購入あつせん関係受領契約の申込み又は締結の年月日

五　特定連鎖販売個人契約であつて個別信用購入あつせん関係販売等契約に該当するものに係る個別信用購入あつせん関係受領契約の内容

2　書面には日本産業規格Ｚ八三〇五に規定する八ポイント以上の大きさの文字及び数字を用いなければならない。

3　書面に記載するに際し、第一項第一号及び第二号に掲げる事項の内容については赤枠の中に赤字で記載しなければならない。

4　個別信用購入あつせん関係販売業者若しくは個別信用購入あつせん関係役務提供事業者、個別信用購入あつせん業者又は統括者、勧誘者若しくは一般連鎖販売業者は、法第三十五条の三の十一第一項第一号の規定により交付する書面を特定連鎖販売個人契約であつて個別信用購入あつせん関係販売等契約に該当するものに係る個別信用購入あつせん関係受領契約の申込者等（同項各号列記以外の部分に規定する申込者等をいう。以下この条から第八十八条までにおいて同じ。）に交付した際には、直ちに当該申込者等が当該書面を見ていることを確認した上で、第一項第一号及び第二号に掲げる事項の内容について当該申込者等に告げ

入あつせん関係販売契約若しくは個別信用購入あつせん関係役務提供契約に該当するものに係る個別信用購入あつせん関係受領契約を締結させ、若しくは申込みの撤回等を妨げるため、威迫したことにより困惑し、これらによつて当該期間を経過するまでに申込みの撤回等を行わなかつた場合には、当該申込者等が、当該個別信用購入あつせん関係販売業者若しくは当該個別信用購入あつせん関係役務提供事業者若しくは当該個別信用購入あつせん業者又は当該統括者、当該勧誘者若しくは当該一般連鎖販売業者が経済産業省令・内閣府令で定めるところにより申込みの撤回等を行うことができる旨を記載して交付した書面を受領した日から起算して二十日を経過したとき。

二　特定継続的役務提供等契約であつて個別信用購入あつせん関係役務提供契約又は個別信用購入あつせん関係販売契約に該当するものの申込者等が第三十五条の三の九第三項の書面を受領した日（その日前に同条第一項の書面を受領した場合にあつては、当該書面を受領した日）から起算して八日を経過したとき。ただし、申込者等が、個別信用購入あつせん関係役務提供事業者若しくは個別信用購入あつせん関係販売業者若しくは個別信用購入あつせん業者が特定継続的役務提供等契約であつて個別信用購入あつせん関係役務提供契約若しくは個別信用購入あつせん関係販売契約に該当するものに係る個別信用購入あつせん関係受領契約の締結について勧誘をするに際し、若しくは申込みの撤回等（特定継続的役務提供等契約であつて個別信用購入あつせん関係役務提供契約若しくは個別信用購入あつせん関係販売契約に該当するものに係る個別信用購入あつせん関係受領契約の申込みの撤回又は特定継続的役務提供等契約であつて個別信用購入あつせん関係役務提供契約若しくは個別信用購入あつせん関係販売契約に該当するものに係る個別信用購入あつせん関係受領契約の解除をいう。以下この号において同じ。）を妨げるため、申込みの撤回等に関する事項につき不実のことを告げる行為をしたことにより当該告げら

なければならない。

第八十七条　法第三十五条の三の十一第一項第二号の規定により交付する書面には、次に掲げる事項を記載しなければならない。

一　法第三十五条の三の十一第一項第二号の規定に基づき、当該書面を受領した日から起算して八日を経過するまでは、書面により特定継続的役務提供等契約であつて個別信用購入あつせん関係販売等契約に該当するものに係る個別信用購入あつせん関係受領契約の申込みの撤回又は特定継続的役務提供等契約であつて個別信用購入あつせん関係販売等契約に該当するものに係る個別信用購入あつせん関係受領契約の解除を行うことができること。

二　法第三十五条の三の十一第三項から第五項まで、第七項から第九項まで及び第十一項から第十四項までの規定に関する事項

三　個別信用購入あつせん関係販売業者又は個別信用購入あつせん関係役務提供事業者及び個別信用購入あつせん業者の名称、住所及び電話番号

四　特定継続的役務提供等契約であつて個別信用購入あつせん関係販売等契約に該当するものに係る個別信用購入あつせん関係受領契約の申込み又は締結の年月日

五　特定継続的役務提供等契約であつて個別信用購入あつ

れた内容が事実であるとの誤認をし、又は個別信用購入あつせん関係役務提供事業者若しくは個別信用購入あつせん関係販売業者若しくは個別信用購入あつせん業者が特定継続的役務提供等契約であつて個別信用購入あつせん関係役務提供契約若しくは個別信用購入あつせん関係販売契約に該当するものに係る個別信用購入あつせん関係受領契約を締結させ、若しくは申込みの撤回等を妨げるため、威迫したことにより困惑し、これらによつて当該期間を経過するまでに申込みの撤回等を行わなかつた場合には、当該申込者等が、当該個別信用購入あつせん関係役務提供事業者若しくは当該個別信用購入あつせん関係販売業者又は当該個別信用購入あつせん業者が経済産業省令・内閣府令で定めるところにより申込みの撤回等を行うことができる旨を記載して交付した書面を受領した日から起算して八日を経過したとき。

三　業務提供誘引販売個人契約であつて個別信用購入あつせん関係販売契約又は個別信用購入あつせん関係役務提供契約に該当するものの申込者等が第三十五条の三の九第三項の書面を受領した日（その日前に同条第一項の書面を受領した場合にあつては、当該書面を受領した日）から起算して二十日を経過したとき。ただし、申込者等が、個別信用購入あつせん関係販売業者若しくは個別信用購入あつせん関係役務提供事業者若しくは個別信用購入あつせん業者が業務提供誘引販売個人契約であつて個別信用購入あつせん関係販売契約若しくは個別信用購入あつせん関係役務提供契約に該当するものに係る個別信用購入あつせん関係受領契約の締結について勧誘をするに際し、若しくは申込みの撤回等（その業務提供誘引販売個人契約であつて個別信用購入あつせん関係販売契約若しくは個別信用購入あつせん関係役務提供契約に該当するものに係る個別信用購入あつせん関係受領契約の申込みの撤回又はその業務提供誘引販売個人契約であつて個別信用購入あつせん関係販売契約若しくは個別信用購

せん関係販売等契約に該当するものに係る個別信用購入あつせん関係受領契約の内容

２　書面には日本産業規格Ｚ八三〇五に規定する八ポイント以上の大きさの文字及び数字を用いなければならない。

３　書面に記載するに際し、第一項第一号及び第二号に掲げる事項の内容については赤枠の中に赤字で記載しなければならない。

４　個別信用購入あつせん関係販売業者若しくは個別信用購入あつせん関係役務提供事業者又は個別信用購入あつせん業者は、法第三十五条の三の十一第一項第二号の規定により交付する書面を特定継続的役務提供等契約であつて個別信用購入あつせん関係販売等契約に該当するものに係る個別信用購入あつせん関係受領契約の申込者等に交付した際には、直ちに当該申込者等が当該書面を見ていることを確認した上で、第一項第一号及び第二号に掲げる事項の内容について当該申込者等に告げなければならない。

第八十八条　法第三十五条の三の十一第一項第三号の規定により交付する書面には、次に掲げる事項を記載しなければならない。

一　法第三十五条の三の十一第一項第三号の規定に基づき、当該書面を受領した日から起算して二十日を経過するまでは、書面により業務提供誘引販売個人契約であつて個別信用購入あつせん関係販売等契約に該当するものに係る個別信用購入あつせん関係受領契約の申込みの撤回又は業務提供誘引販売個人契約であつて個別信用購入あつせん関係販売等契約に該当するものに係る個別信用購入あつせん関係受領契約の解除を行うことができること。

二　法第三十五条の三の十一第四項、第五項、第七項から第九項まで、第十一項及び第十二項の規定に関する事項

三　個別信用購入あつせん関係販売業者又は個別信用購入あつせん関係役務提供事業者及び個別信用購入あつせん業者の名称、住所及び電話番号

四　業務提供誘引販売個人契約であつて個別信用購入あつ

入あつせん関係役務提供契約に該当するものに係る個別信用購入あつせん関係受領契約の解除をいう。以下この号において同じ。）を妨げるため、申込みの撤回等に関する事項につき不実のことを告げる行為をしたことにより当該告げられた内容が事実であるとの誤認をし、又は個別信用購入あつせん関係販売業者若しくは個別信用購入あつせん関係役務提供事業者若しくは個別信用購入あつせん業者が業務提供誘引販売個人契約であつて個別信用購入あつせん関係販売契約若しくは個別信用購入あつせん関係役務提供契約に該当するものに係る個別信用購入あつせん関係受領契約を締結させ、若しくは申込みの撤回等を妨げるため、威迫したことにより困惑し、これらによつて当該期間を経過するまでに申込みの撤回等を行わなかつた場合には、当該申込者等が、当該個別信用購入あつせん関係販売業者若しくは当該個別信用購入あつせん関係役務提供事業者又は当該個別信用購入あつせん業者が経済産業省令・内閣府令で定めるところにより申込みの撤回等を行うことができる旨を記載して交付した書面を受領した日から起算して二十日を経過したとき。

2　前項第一号ただし書に規定する申込みの撤回等があり、かつ、特定連鎖販売個人契約であつて個別信用購入あつせん関係販売契約又は個別信用購入あつせん関係役務提供契約に該当するものが特定商取引に関する法律第四十条第一項の規定により解除された場合又は第七項本文の規定により解除されたものとみなされた場合において、個別信用購入あつせん関係販売業者又は個別信用購入あつせん関係役務提供事業者が申込者等に対し、当該連鎖販売業に係る商品若しくは権利の販売又は役務の提供を行つており、かつ、特定連鎖販売個人契約であつて個別信用購入あつせん関係販売契約又は個別信用購入あつせん関係役務提供契約に該当するものに係る個別信用購入あつせん関係受領契約を締結した個別信用購入あつせん業者が併せて当該商品若しくは当該権利又は当該役務に係る特定商品販売等契約であつて個別信用購入あつせん関係販売契約又は個別信用購

せん関係販売等契約に該当するものに係る個別信用購入あつせん関係受領契約の申込み又は締結の年月日

五　業務提供誘引販売個人契約であつて個別信用購入あつせん関係販売等契約に該当するものに係る個別信用購入あつせん関係受領契約の内容

2　書面には日本産業規格Ｚ八三〇五に規定する八ポイント以上の大きさの文字及び数字を用いなければならない。

3　書面に記載するに際し、第一項第一号及び第二号に掲げる事項の内容については赤枠の中に赤字で記載しなければならない。

4　個別信用購入あつせん関係販売業者若しくは個別信用購入あつせん関係役務提供事業者又は個別信用購入あつせん業者は、法第三十五条の三の十一第一項第三号の規定により交付する書面を業務提供誘引販売個人契約であつて個別信用購入あつせん関係販売等契約に該当するものに係る個別信用購入あつせん関係受領契約の申込者等に交付した際には、直ちに当該申込者等が当該書面を見ていることを確認した上で、第一項第一号及び第二号に掲げる事項の内容について当該申込者等に告げなければならない。

入あつせん関係役務提供契約に該当するものに係る個別信用購入あつせん関係受領契約を締結している場合には、申込者等は、前項第一号に掲げる場合を除き、当該特定商品販売等契約であつて個別信用購入あつせん関係販売契約又は個別信用購入あつせん関係役務提供契約に該当するものに係る個別信用購入あつせん関係受領契約についても、書面により、当該契約の申込みの撤回又は当該契約の解除を行うことができる。

３　第一項第二号ただし書に規定する申込みの撤回等があり、かつ、特定継続的役務提供等契約であつて個別信用購入あつせん関係販売契約又は個別信用購入あつせん関係役務提供契約に該当するものが特定商取引に関する法律第四十八条第一項の規定により解除された場合又は第七項本文の規定により解除されたものとみなされた場合において、個別信用購入あつせん関係役務提供事業者又は個別信用購入あつせん関係販売業者が関連商品（同条第二項に規定する関連商品をいう。以下同じ。）の販売又はその代理若しくは媒介を行つており、かつ、特定継続的役務提供等契約であつて個別信用購入あつせん関係販売契約又は個別信用購入あつせん関係役務提供契約に該当するものに係る個別信用購入あつせん関係受領契約を締結した個別信用購入あつせん業者が併せて当該関連商品の販売に係る契約（以下「関連商品販売契約」という。）であつて個別信用購入あつせん関係販売契約に該当するものに係る個別信用購入あつせん関係受領契約を締結している場合には、申込者等は、第一項第二号に掲げる場合を除き、当該関連商品販売契約であつて個別信用購入あつせん関係販売契約に該当するものに係る個別信用購入あつせん関係受領契約についても、書面により、当該契約の申込みの撤回又は当該契約の解除を行うことができる。ただし、申込者等が第三十五条の三の九第一項の書面又は同条第三項の書面を受領した場合において、関連商品であつてその使用若しくは一部の消費により価額が著しく減少するおそれがある商品として同法第四十八条第二項に規定する政令で定めるものを使用し又はその全部若しくは一部を消費したとき（当該個別信用購入あつせん関係役務提供事業者若しくは当該個別信用購入あつせん関係販売業者又は当該個別信用購入あつせん業者が当該申込者等に当該商品を使用させ、又はその全部若しくは一部を消費させた場合を除く。）は、この限りでない。

4　第一項、第二項又は前項本文の規定による契約の申込みの撤回又は契約の解除は、当該契約の申込みの撤回又は当該契約の解除を行う旨の書面を発した時に、その効力を生ずる。

5　第一項、第二項又は第三項本文の規定による契約の申込みの撤回又は契約の解除があつた場合においては、個別信用購入あつせん業者は、当該契約の申込みの撤回又は当該契約の解除に伴う損害賠償又は違約金の支払を請求することができない。

6　個別信用購入あつせん業者は、第一項の書面又は第三項本文の書面を受領した時には、直ちに、個別信用購入あつせん関係販売業者又は個別信用購入あつせん関係役務提供事業者にその旨を通知しなければならない。

7　申込者等が第一項第一号ただし書に規定する申込みの撤回等、同項第二号ただし書に規定する申込みの撤回等又は同項第三号ただし書に規定する申込みの撤回等（以下この項において「申込みの撤回等」という。）を行つた場合には、当該申込みの撤回等に係る第一項の書面を発する時において現に効力を有する特定連鎖販売個人契約等であつて個別信用購入あつせん関係販売契約又は個別信用購入あつせん関係役務提供契約に該当するものは、当該申込者等が当該書面を発した時に、解除されたものとみなし、申込者等が第三項本文の規定により契約の申込みの撤回又は契約の解除を行つた場合には、当該契約の申込みの撤回又は当該契約の解除に係る同項本文の書面を発する時において現に効力を有する関連商品販売契約であつて個別信用購入あつせん関係販売契約に該当するものは、当該申込者等が当該書面を発した時に、解除されたものとみなす。ただし、当該申込者等が当該書面において反対の意思を表示しているときは、この限りでない。

8　前項本文の規定により特定連鎖販売個人契約等であつて

【関連：特定商取引に関する法律第四十八条第二項に規定する政令は五八二頁】

個別信用購入あつせん関係販売契約若しくは個別信用購入あつせん関係役務提供契約に該当するもの又は関連商品販売契約であつて個別信用購入あつせん関係販売契約に該当するものが解除されたものとみなされた場合において、個別信用購入あつせん関係販売業者又は個別信用購入あつせん関係役務提供事業者は、当該契約の解除に伴う損害賠償又は違約金の支払を請求することができない。

9　個別信用購入あつせん業者は、第一項又は第三項本文の規定による契約の申込みの撤回又は契約の解除があり、かつ、第七項本文の規定により特定連鎖販売個人契約等であつて個別信用購入あつせん関係販売契約若しくは個別信用購入あつせん関係役務提供契約に該当するもの又は関連商品販売契約であつて個別信用購入あつせん関係販売契約に該当するものが解除されたものとみなされた場合には、既に商品若しくは権利の代金又は役務の対価の全部又は一部に相当する金額の個別信用購入あつせん関係販売業者又は個別信用購入あつせん関係役務提供事業者への交付をしたときにおいても、申込者等に対し、当該個別信用購入あつせん関係販売業者又は当該個別信用購入あつせん関係役務提供事業者に対して交付をした当該商品若しくは権利の代金又は役務の対価の全部又は一部に相当する金額その他当該個別信用購入あつせんにより得られた利益に相当する金銭の支払を請求することができない。

10　個別信用購入あつせん関係販売業者又は個別信用購入あつせん関係役務提供事業者は、第七項本文の規定により特定連鎖販売個人契約等であつて個別信用購入あつせん関係販売契約若しくは個別信用購入あつせん関係役務提供契約に該当するもの又は関連商品販売契約であつて個別信用購入あつせん関係販売契約に該当するものが解除されたものとみなされた場合において、個別信用購入あつせん業者から既に商品若しくは権利の代金又は役務の対価の全部又は一部に相当する金額の交付を受けたときは、当該個別信用購入あつせん業者に対し、当該交付を受けた商品若しくは権利の代金又は役務の対価の全部又は一部に相当する金額を返還しなければならない。

11　個別信用購入あつせん業者は、第一項又は第三項本文の規定による契約の申込みの撤回又は契約の解除があり、かつ、第七項本文の規定により特定連鎖販売個人契約等であつて個別信用購入あつせん関係販売契約若しくは個別信用購入あつせん関係役務提供契約に該当するもの又は関連商品販売契約であつて個別信用購入あつせん関係販売契約に該当するものが解除されたものとみなされた場合において、申込者等から当該個別信用購入あつせん関係受領契約に関連して金銭を受領しているときは、当該申込者等に対し、速やかに、これを返還しなければならない。

12　第七項本文の規定により特定連鎖販売個人契約等であつて個別信用購入あつせん関係販売契約に該当するもの又は関連商品販売契約であつて個別信用購入あつせん関係販売契約に該当するものが解除されたものとみなされた場合において、その特定連鎖販売個人契約等であつて個別信用購入あつせん関係販売契約に該当するもの又は関連商品販売契約であつて個別信用購入あつせん関係販売契約に該当するものに係る商品の引渡し又は権利の移転が既にされているときは、その引取り又は返還に要する費用は、個別信用購入あつせん関係販売業者の負担とする。

13　個別信用購入あつせん関係役務提供事業者又は個別信用購入あつせん関係販売業者は、第七項本文の規定により特定継続的役務提供等契約であつて個別信用購入あつせん関係役務提供契約又は個別信用購入あつせんに係る販売の方法により指定権利を販売する契約に該当するものが解除されたものとみなされた場合には、既に当該特定継続的役務提供等契約であつて個別信用購入あつせん関係役務提供契約に該当するものに基づき役務が提供され、又は当該権利の行使により施設が利用され若しくは役務が提供されたときにおいても、申込者等に対し、当該特定継続的役務提供等契約であつて個別信用購入あつせん関係役務提供契約に該当するものに係る役務の対価その他の金銭又は当該権利の行使により得られた利益に相当する金銭の支払を請求することができない。

14　個別信用購入あつせん関係役務提供事業者は、第七項本文の規定により特定継続的役務提供等契約であつて個別信用購入あつせん関係役務提供契約に該当するものが解除されたものとみなされた場合において、特定継続的役務提供等契約であつて個別信用購入あつせん関係役務提供契約に該当するものに関連して金銭（個別信用購入あつせん業者から交付されたものを除く。）を受領しているときは、申込者等に対し、速やかに、これを返還しなければならない。

15　第一項から第五項まで、第七項から第九項まで及び第十一項から前項までの規定に反する特約であつて申込者等に不利なものは、無効とする。

（通常必要とされる分量を著しく超える商品の販売契約等に係る個別信用購入あつせん関係受領契約の申込みの撤回等）

第三十五条の三の十二　第三十五条の三の十第一項各号に掲げる場合において、当該各号に定める者（以下この条において「申込者等」という。）は、当該各号の個別信用購入あつせん関係販売契約又は個別信用購入あつせん関係役務提供契約であつて特定商取引に関する法律第九条の二第一項各号又は第二十四条の二第一項各号に掲げる契約に該当するもの（以下この条において「特定契約」という。）に係る個別信用購入あつせん関係受領契約の申込みの撤回又は特定契約に係る個別信用購入あつせん関係受領契約の解除（以下この条において「申込みの撤回等」という。）を行うことができる。ただし、申込者等に当該特定契約の締結を必要とする特別の事情があつたときは、この限りでない。

2　前項の規定による権利は、当該個別信用購入あつせん関係受領契約の締結の時から一年以内に行使しなければならない。

3　申込みの撤回等があつた場合においては、個別信用購入あつせん業者は、当該申込みの撤回等に伴う損害賠償又は違約金の支払を請求することができない。

4　個別信用購入あつせん業者は、申込みの撤回等があつた場合には、既に商品若しくは権利の代金又は役務の対価の全部又は一部に相当する金額の個別信用購入あっせん関係販売業者又は個別信用購入あっせん関係役務提供事業者への交付をしたときにおいても、申込者等に対し、当該個別信用購入あっせん関係販売業者又は当該個別信用購入あっせん関係役務提供事業者に対して交付をした当該商品若しくは権利の代金又は役務の対価の全部又は一部に相当する金額その他当該個別信用購入あっせんにより得られた利益に相当する金銭の支払を請求することができない。ただし、申込みの撤回等があつた時前に特定商取引に関する法律第九条第一項、第九条の二第一項、第二十四条第一項又は第二十四条の二第一項の規定により当該特定契約の申込みが撤回され、又は当該特定契約が解除された場合は、この限りでない。

5　個別信用購入あっせん関係販売業者又は個別信用購入あっせん関係役務提供事業者は、申込みの撤回等があつた場合において、個別信用購入あっせん業者から既に商品若しくは権利の代金又は役務の対価の全部又は一部に相当する金額の交付を受けたときは、当該個別信用購入あっせん業者に対し、当該交付を受けた商品若しくは権利の代金又は役務の対価の全部又は一部に相当する金額を返還しなければならない。ただし、申込みの撤回等があつた時前に特定商取引に関する法律第九条第一項、第九条の二第一項、第二十四条第一項又は第二十四条の二第一項の規定により当該特定契約の申込みが撤回され、又は当該特定契約が解除された場合は、この限りでない。

6　個別信用購入あっせん業者は、申込みの撤回等があつた場合において、申込者等から当該個別信用購入あっせん関係受領契約に関連して金銭を受領しているときは、当該申込者等に対し、速やかに、これを返還しなければならない。

7　申込みの撤回等があつた時以後、特定商取引に関する法律第九条第一項、第九条の二第一項、第二十四条第一項又は第二十四条の二第一項の規定により当該特定契約の申込みが撤回され又は当該特定契約が解除された場合においては、同法第九条第六項（同法第九条の二第三項において準用する場合を含む。）及び第二十四条第六項（同法第二十四条の二第三項において準用する場合を含む。）の規定の適用については、同法第九条第六項及び第二十四条第六項中「金銭」とあるのは、「金銭（割賦販売法第三十五条の三の二第一項に規定する個別信用購入あっせん業者から交付されたものを除く。）」とする。

８　第一項から第四項まで及び第六項の規定に反する特約であつて申込者等に不利なものは、無効とする。

（個別信用購入あっせん関係受領契約の申込み又はその承諾の意思表示の取消し）

第三十五条の三の十三　購入者又は役務の提供を受ける者は、個別信用購入あっせん関係販売業者又は個別信用購入あっせん関係役務提供事業者が訪問販売に係る個別信用購入あっせん関係販売契約若しくは個別信用購入あっせん関係役務提供契約に係る個別信用購入あっせん関係受領契約又は電話勧誘販売に係る個別信用購入あっせん関係販売契約若しくは個別信用購入あっせん関係役務提供契約に係る個別信用購入あっせん関係受領契約の締結について勧誘をするに際し、次に掲げる事項につき不実のことを告げる行為をしたことにより当該告げられた内容が事実であるとの誤認をし、又は第一号から第五号までに掲げる事項につき故意に事実を告げない行為をしたことにより当該事実が存在しないとの誤認をし、これらによつて当該契約の申込み又はその承諾の意思表示をしたときは、これを取り消すことができる。

一　購入者又は役務の提供を受ける者の支払総額

二　個別信用購入あっせんに係る各回ごとの商品若しくは権利の代金又は役務の対価の全部又は一部の支払分の額並びにその支払の時期及び方法

三　商品の種類及びその性能若しくは品質又は権利若しくは役務の種類及びこれらの内容その他これらに類するものとして特定商取引に関する法律第六条第一項第一号又は第二十一条第一項第一号に規定する主務省令で定める事項のうち、購入者又は役務の提供を受ける者の判断に影響を及ぼすこととなる重要なもの

【関連・特定商取引に関する法律第六条第一項第一号又は第二十一条第一項第一号に規定する主務省令は四六四、五

四　商品の引渡時期若しくは権利の移転時期又は役務の提供時期

五　個別信用購入あつせん関係受領契約若しくは個別信用購入あつせん関係販売契約若しくは個別信用購入あつせん関係役務提供契約の申込みの撤回又は個別信用購入あつせん関係受領契約若しくは個別信用購入あつせん関係販売契約若しくは個別信用購入あつせん関係役務提供契約の解除に関する事項（第三十五条の三の十第一項から第三項まで、第五項から第七項まで及び第九項から第十四項までの規定に関する事項を含む。）

六　前各号に掲げるもののほか、当該個別信用購入あつせん関係受領契約又は当該個別信用購入あつせん関係販売契約若しくは当該個別信用購入あつせん関係役務提供契約に関する事項であつて、購入者又は役務の提供を受ける者の判断に影響を及ぼすこととなる重要なもの

2　購入者又は役務の提供を受ける者が前項の規定により個別信用購入あつせん関係販売契約又は個別信用購入あつせん関係役務提供契約に係る個別信用購入あつせん関係受領契約の申込み又はその承諾の意思表示を取り消し、かつ、当該個別信用購入あつせん関係販売契約又は当該個別信用購入あつせん関係役務提供契約が取消しその他の事由により初めから無効である場合には、当該個別信用購入あつせん業者は、当該購入者又は当該役務の提供を受ける者に対し、個別信用購入あつせん関係販売業者又は個別信用購入あつせん関係役務提供事業者に対して交付をした商品若しくは指定権利の代金又は役務の対価の全部又は一部に相当する金額の支払を請求することができない。

3　前項の場合において、個別信用購入あつせん関係販売業者又は個別信用購入あつせん関係役務提供事業者は、個別信用購入あつせん業者に対し、当該交付を受けた商品若しくは指定権利の代金又は役務の対価の全部又は一部に相当する金額を返還しなければならない。

4　第二項の場合において、購入者又は役務の提供を受ける者は、個別信用購入あつせん関係受領契約に関連して個別信用購入あつせん業者に対して金銭を支払つているとき

〇六頁】

は、その返還を請求することができる。

５　第一項の規定による個別信用購入あっせん関係受領契約の申込み又はその承諾の意思表示の取消しは、これをもつて善意でかつ過失がない第三者に対抗することができない。

６　第一項の規定は、同項に規定する個別信用購入あっせん関係受領契約の申込み又はその承諾の意思表示に対する民法（明治二十九年法律第八十九号）第九十六条の規定の適用を妨げるものと解してはならない。

７　第一項の規定による取消権は、追認をすることができる時から一年間行わないときは、時効によつて消滅する。当該個別信用購入あっせん関係受領契約の締結の時から五年を経過したときも、同様とする。

第三十五条の三の十四　購入者又は役務の提供を受ける者は、統括者、勧誘者若しくは一般連鎖販売業者が特定連鎖販売個人契約であつて個別信用購入あっせん関係販売契約若しくは個別信用購入あっせん関係役務提供契約に該当するものに係る個別信用購入あっせん関係受領契約の締結について勧誘をするに際し、次に掲げる事項につき不実のことを告げる行為をしたことにより当該告げられた内容が事実であるとの誤認をし、又は統括者若しくは勧誘者が当該契約の締結について勧誘をするに際し、第一号から第六号までに掲げる事項につき故意に事実を告げない行為をしたことにより当該事実が存在しないとの誤認をし、これらによつて当該契約の申込み又はその承諾の意思表示をしたときは、これを取り消すことができる。

一　購入者又は役務の提供を受ける者の支払総額

二　個別信用購入あっせんに係る各回ごとの商品若しくは権利の代金又は役務の対価の全部又は一部の支払分の額並びにその支払の時期及び方法

三　商品の種類及びその性能若しくは品質又は施設を利用し若しくは役務の提供を受ける権利若しくは役務の種類及びこれらの内容その他これらに類するものとして特定商取引に関する法律第三十四条第一項第一号に規定する

【関連：特定商取引に関する法律第三十四条第一項第一号に規定する主務省令は五二九頁】

主務省令で定める事項のうち、購入者又は役務の提供を受ける者の判断に影響を及ぼすこととなる重要なもの

四　当該連鎖販売取引に伴う特定負担に関する事項

五　個別信用購入あっせん関係販売契約若しくは個別信用購入あっせん関係役務提供契約の申込みの撤回又は個別信用購入あっせん関係受領契約若しくは個別信用購入あっせん関係販売契約若しくは個別信用購入あっせん関係役務提供契約の解除に関する事項（第三十五条の三の十一第一項から第五項まで、第七項から第九項まで及び第十一項から第十四項までの規定に関する事項を含む。）

六　特定利益に関する事項

七　前各号に掲げるもののほか、当該個別信用購入あっせん関係受領契約又は当該個別信用購入あっせん関係販売契約若しくは当該個別信用購入あっせん関係役務提供契約に関する事項であつて、購入者又は役務の提供を受ける者の判断に影響を及ぼすこととなる重要なもの

2　前項の規定により特定連鎖販売個人契約であつて個別信用購入あっせん関係販売契約又は個別信用購入あっせん関係役務提供契約に該当するものに係る個別信用購入あっせん関係受領契約の申込み又はその承諾の意思表示が取り消され、かつ、当該特定連鎖販売個人契約であつて個別信用購入あっせん関係販売契約又は個別信用購入あっせん関係役務提供契約に該当するものの申込み又はその承諾の意思表示が特定商取引に関する法律第四十条の三第一項の規定により取り消された場合であつて、個別信用購入あっせん関係販売業者又は個別信用購入あっせん関係役務提供事業者が購入者又は役務の提供を受ける者に対し、当該連鎖販売業に係る商品若しくは権利の販売又は役務の提供を行つており、かつ、当該特定連鎖販売個人契約であつて個別信用購入あっせん関係販売契約又は個別信用購入あっせん関係役務提供契約に該当するものに係る個別信用購入あっせん関係受領契約を締結した個別信用購入あっせん業者が併せて当該商品若しくは当該権利の販売又は当該役務の提供に係る特定商品販売等契約であつて個別信用購入あっせん

関係販売契約又は個別信用購入あつせん関係役務提供契約に該当するものに係る個別信用購入あつせん関係受領契約を締結している場合には、購入者又は役務の提供を受ける者は、当該特定商品販売等契約であつて個別信用購入あつせん関係販売契約又は個別信用購入あつせん関係役務提供契約に該当するものに係る個別信用購入あつせん関係受領契約の解除を行うことができる。

３　前条第二項から第七項までの規定は、第一項の規定による個別信用購入あつせん関係受領契約の申込み又はその承諾の意思表示の取消しに準用する。

第三十五条の三の十五　役務の提供を受ける者又は購入者は、個別信用購入あつせん関係役務提供事業者又は個別信用購入あつせん関係販売業者が特定継続的役務提供等契約であつて個別信用購入あつせん関係役務提供契約又は個別信用購入あつせん関係販売契約に該当するものに係る個別信用購入あつせん関係受領契約の締結について勧誘をするに際し、次に掲げる事項につき不実のことを告げる行為をしたことにより当該告げられた内容が事実であるとの誤認をし、又は第一号から第六号までに掲げる事項につき故意に事実を告げないことにより当該事実が存在しないとの誤認をし、これらによつて当該契約の申込み又はその承諾の意思表示をしたときは、これを取り消すことができる。

一　役務の提供を受ける者又は購入者の支払総額

二　個別信用購入あつせんに係る各回ごとの役務の対価又は権利の代金の全部又は一部の支払分の額並びにその支払の時期及び方法

三　役務又は役務の提供を受ける権利の種類及びこれらの内容又は効果（権利の場合にあつては、当該権利に係る役務の効果）その他これらに類するものとして特定商取引に関する法律第四十四条第一項第一号に規定する主務省令で定める事項のうち、役務の提供を受ける者又は購入者の判断に影響を及ぼすこととなる重要なもの

四　役務の提供又は権利の行使による役務の提供に際し当該役務の提供を受ける者又は当該権利の購入者が購入す

【関連：特定商取引に関する法律第四十四条第一項第一号に規定する主務省令は五七六頁】

る必要のある商品がある場合には、その商品の種類及びその性能又は品質その他これらに類するものとして特定商取引に関する法律第四十四条第一項第二号に規定する主務省令で定める事項のうち、役務の提供を受ける者又は購入者の判断に影響を及ぼすこととなる重要なもの

五　役務の提供期間又は権利の行使により受けることができる役務の提供期間

六　個別信用購入あつせん関係受領契約若しくは個別信用購入あつせん関係役務提供契約若しくは個別信用購入あつせん関係販売契約の申込みの撤回又は個別信用購入あつせん関係受領契約若しくは個別信用購入あつせん関係役務提供契約若しくは個別信用購入あつせん関係販売契約の解除に関する事項（第三十五条の三の十一第一項から第五項まで、第七項から第九項まで及び第十一項から第十四項までの規定に関する事項を含む。）

七　前各号に掲げるもののほか、当該個別信用購入あつせん関係受領契約又は当該個別信用購入あつせん関係役務提供契約若しくは当該個別信用購入あつせん関係販売契約に関する事項であつて、役務の提供を受ける者又は購入者の判断に影響を及ぼすこととなる重要なもの

2　前項の規定により特定継続的役務提供等契約であつて個別信用購入あつせん関係役務提供契約又は個別信用購入あつせん関係販売契約に該当するものに係る個別信用購入あつせん関係受領契約の申込み又はその承諾の意思表示が取り消された場合において、個別信用購入あつせん関係役務提供事業者又は個別信用購入あつせん関係販売業者が役務の提供を受ける者又は購入者に対し、関連商品の販売又はその代理若しくは媒介を行つており、かつ、当該関連商品販売契約であつて個別信用購入あつせん関係販売契約に該当するものが特定商取引に関する法律第四十九条の二第三項において準用する同法第四十九条第五項の規定により解除された場合であつて、当該特定継続的役務提供等契約であつて個別信用購入あつせん関係役務提供契約又は個別信用購入あつせん関係販売契約に該当するものに係る個別信用購入あつせん関係受領契約を締結した個別信用購入あつ

【関連：特定商取引に関する法律第四十四条第一項第二号に規定する主務省令は五七六頁】

せん業者が併せて当該関連商品販売契約であつて個別信用購入あつせん関係販売契約に該当するものに係る個別信用購入あつせん関係受領契約を締結している場合には、役務の提供を受ける者又は購入者は、当該関連商品販売契約であつて個別信用購入あつせん関係販売契約に該当するものに係る個別信用購入あつせん関係受領契約の解除を行うことができる。

３　第三十五条の三の十三第二項から第七項までの規定は、第一項の規定による個別信用購入あつせん関係受領契約の申込み又はその承諾の意思表示の取消しに準用する。

第三十五条の三の十六　購入者又は役務の提供を受ける者は、個別信用購入あつせん関係販売業者又は個別信用購入あつせん関係役務提供事業者が業務提供誘引販売個人契約であつて個別信用購入あつせん関係販売契約又は個別信用購入あつせん関係役務提供契約に該当するものに係る個別信用購入あつせん関係受領契約の締結について勧誘をするに際し、次に掲げる事項につき不実のことを告げる行為をしたことにより当該告げられた内容が事実であるとの誤認をし、又は第一号から第六号までに掲げる事項につき故意に事実を告げない行為をしたことにより当該事実が存在しないとの誤認をし、これらによつて当該契約の申込み又はその承諾の意思表示をしたときは、これを取り消すことができる。

一　購入者又は役務の提供を受ける者の支払総額

二　個別信用購入あつせんに係る各回ごとの商品若しくは権利の代金又は役務の対価の全部又は一部の支払分の額並びにその支払の時期及び方法

三　商品の種類及びその性能若しくは品質又は施設を利用し若しくは役務の提供を受ける権利若しくは役務の種類及びこれらの内容その他これらに類するものとして特定商取引に関する法律第五十二条第一項第一号に規定する主務省令で定める事項のうち、購入者又は役務の提供を受ける者の判断に影響を及ぼすこととなる重要なもの

四　当該業務提供誘引販売取引に伴う特定商取引に関する

【関連・特定商取引に関する法律第五十二条第一項第一号に規定する主務省令は五八九頁】

法律第五十一条第一項に規定する特定負担に関する事項

五　個別信用購入あつせん関係受領契約若しくは個別信用購入あつせん関係販売契約若しくは個別信用購入あつせん関係役務提供契約の申込みの撤回又は個別信用購入あつせん関係受領契約若しくは個別信用購入あつせん関係販売契約若しくは個別信用購入あつせん関係役務提供契約の解除に関する事項（第三十五条の三の十一第一項から第五項まで、第七項から第九項まで及び第十一項から第十四項までの規定に関する事項を含む。）

六　その業務提供誘引販売業に係る特定商取引に関する法律第五十一条第一項に規定する業務提供利益に関する事項

七　前各号に掲げるもののほか、当該個別信用購入あつせん関係受領契約又は当該個別信用購入あつせん関係販売契約若しくは当該個別信用購入あつせん関係役務提供契約に関する事項であつて、購入者又は役務の提供を受ける者の判断に影響を及ぼすこととなる重要なもの

2　第三十五条の三の十三第二項から第七項までの規定は、前項の規定による個別信用購入あつせん関係受領契約の申込み又はその承諾の意思表示の取消しに準用する。

（契約の解除等の制限）

第三十五条の三の十七　個別信用購入あつせん業者は、個別信用購入あつせん関係受領契約について第三十五条の三の八第三号に定める支払分の支払の義務が履行されない場合において、二十日以上の相当な期間を定めてその支払を書面で催告し、その期間内にその義務が履行されないときでなければ、支払分の支払の遅滞を理由として、契約を解除し、又は支払時期の到来していない支払分の支払を請求することができない。

2　前項の規定に反する特約は、無効とする。

（契約の解除等に伴う損害賠償等の額の制限）

第三十五条の三の十八　個別信用購入あつせん業者は、個別信用購入あつせん関係受領契約が解除された場合（第三十

五条の三の十第一項本文、第三十五条の三の十一第一項、第二項若しくは第三項本文又は第三十五条の三の十二第一項本文の規定により解除された場合を除く。）には、損害賠償額の予定又は違約金の定めがあるときにおいても、当該契約に係る支払総額に相当する額にこれに対する法定利率による遅延損害金の額を加算した金額を超える額の金銭の支払を購入者又は役務の提供を受ける者に対して請求することができない。

2　個別信用購入あっせん業者は、前項の契約について第三十五条の三の八第三号の支払分の支払の義務が履行されない場合（契約が解除された場合を除く。）には、損害賠償額の予定又は違約金の定めがあるときにおいても、当該契約に係る支払総額に相当する額から既に支払われた同号の支払分の額を控除した額にこれに対する法定利率による遅延損害金の額を加算した金額を超える額の金銭の支払を購入者又は役務の提供を受ける者に対して請求することができない。

（個別信用購入あっせん業者に対する抗弁）

第三十五条の三の十九　購入者又は役務の提供を受ける者は、個別信用購入あっせん関係販売契約又は個別信用購入あっせん関係役務提供契約に係る第三十五条の三の八第三号の支払分の支払の請求を受けたときは、当該契約に係る個別信用購入あっせん関係販売業者又は個別信用購入あっせん関係役務提供事業者に対して生じている事由をもつて、当該支払の請求をする個別信用購入あっせん業者に対抗することができる。

2　前項の規定に反する特約であつて購入者又は役務の提供を受ける者に不利なものは、無効とする。

3　第一項の規定による対抗をする購入者又は役務の提供を受ける者は、その対抗を受けた個別信用購入あっせん業者からその対抗に係る同項の事由の内容を記載した書面の提出を求められたときは、その書面を提出するよう努めなければならない。

4　前三項の規定は、第一項の支払分の支払であつて政令で定める金額に満たない支払総額に係るものについては、適用しない。

（業務の運営に関する措置）

第三十五条の三の二十　個別信用購入あっせん業者は、購入者又は役務の提供を受ける者の利益の保護を図るため、経済産業省令・内閣府令で定めるところにより、その個別信用購入あっせんの業務に関して取得した購入者又は役務の提供を受ける者に関する情報の適正な取扱い、その個別信用購入あっせんの業務を第三者に委託する場合における当該業務の適確な遂行、その購入者又は役務の提供を受ける者の知識、経験、財産の状況及び個別信用購入あっせん関係受領契約を締結する目的に照らして適切な業務の実施並びにその購入者又は役務の提供を受ける者からの苦情の適切かつ迅速な処理のために必要な措置を講じなければならない。

（個別信用購入あっせん業者に対する抗弁）

第二十六条　法第三十五条の三の十九第四項の政令で定める金額は、四万円とする。

（業務の運営に関する措置）

第八十九条　個別信用購入あっせん業者は、法第三十五条の三の二十の規定によりその取り扱う購入者等に関する情報の安全管理、従業者の監督及び当該情報の取扱いを委託する場合には、その委託先の監督について、当該情報の漏えい、滅失又はき損の防止を図るために必要かつ適切な措置を講じなければならない。

第九十条　個別信用購入あっせん業者は、法第三十五条の三の二十の規定により特定信用情報提供等業務を行う者から提供を受けた情報であつて購入者等の支払能力に関するものを、支払能力調査以外の目的に使用しないことを確保するための措置を講じなければならない。

第九十一条　個別信用購入あっせん業者は、法第三十五条の三の二十の規定によりその取り扱う購入者等に関する人種、信条、門地、本籍地、保健医療又は犯罪経歴についての情報その他の特別の非公開情報を、適切な業務の運営の確保その他必要と認められる目的以外に使用しないことを確保するための措置を講じなければならない。

第九十二条　個別信用購入あっせん業者は、法第三十五条の三の二十の規定により個別信用購入あっせんの業務を第三者に委託する場合には、当該業務の内容に応じ、次に掲げる措置を講じなければならない。

一　当該業務を適確に遂行することができる能力を有する者に委託するための措置

二　受託者における当該業務の実施状況を、定期的に又は必要に応じて確認すること等により、受託者が当該業務を適確に遂行しているかを検証し、必要に応じ改善させる等、受託者に対する必要かつ適切な監督等を行うため

の措置

三　受託者が行う当該業務に係る購入者等からの苦情の適切かつ迅速な処理のために必要な措置

四　受託者が当該業務を適切に行うことができない事態が生じた場合に他の適切な第三者に当該業務を速やかに委託する等、当該業務に係る購入者等の利益の保護に支障が生じること等を防止するための措置

五　受託者が当該業務を適確に遂行していない場合であつて当該業務に係る購入者等の利益の保護を図るため必要がある場合には、当該業務の委託に係る契約の変更又は解除をする等の必要な措置を講ずるための措置

第九十三条　個別信用購入あつせん業者は、法第三十五条の三の二十の規定により法第三十五条の三の九第一項第一号、第二号若しくは第三号又は第三項第一号、第二号若しくは第三号に掲げる個別信用購入あつせん関係販売等契約に係る個別信用購入あつせん関係受領契約を締結しようとする場合において、法第三十五条の三の五第一項の規定による調査その他の方法により知つた事項からみて、当該個別信用購入あつせん関係販売等契約が特定商取引に関する法律第九条の二第一項各号又は第二十四条の二第一項各号に掲げる契約に該当するおそれがあると認めるときは、当該個別信用購入あつせん関係販売等契約に係る個別信用購入あつせん関係受領契約を締結してはならない。ただし、当該購入者等が当該個別信用購入あつせん関係販売等契約の締結を必要とする特別の事情があることを確認したときは、この限りでない。

第九十四条　個別信用購入あつせん業者は、法第三十五条の三の二十の規定により購入者等からの苦情の適切かつ迅速な処理のために必要な措置を講じるときは、次の各号に定めるところによらなければならない。

一　購入者等からの苦情を受け付けたときは、遅滞なく、当該苦情の内容が個別信用購入あつせん業者又は個別信用購入あつせん関係販売業者若しくは個別信用購入あつ

せん関係役務提供事業者による個別信用購入あつせんに係る業務に関する購入者等の利益の保護に欠ける行為に起因するものであるかを判別すること。

二　前号の規定により判別した結果又は認定割賦販売協会の保有する情報の確認その他の方法により知つた事項からみて、次のいずれかに該当するときは、当該苦情の内容に応じ、当該苦情の処理のために必要な事項を調査すること。

イ　個別信用購入あつせん関係販売業者又は個別信用購入あつせん関係役務提供事業者が個別信用購入あつせん関係販売等契約に関し、法第三十五条の三の七各号のいずれかに該当する行為（第七十七条第一項第二号に掲げる行為を除く。）をしたと認められるとき。

ロ　個別信用購入あつせん関係販売業者又は個別信用購入あつせん関係役務提供事業者による個別信用購入あつせんに係る業務に関する購入者等の利益の保護に欠ける行為に係る苦情（苦情の内容が第七十七条第一項第二号及びイの行為に起因するものである苦情並びに第七十七条第一項第三号の苦情を除く。以下この号において同じ。）の発生状況及び他の個別信用購入あつせん関係販売業者等による個別信用購入あつせんに係る業務に関する購入者等の利益の保護に欠ける行為に係る苦情の発生状況からみて、当該個別信用購入あつせん関係販売業者又は当該個別信用購入あつせん関係役務提供事業者が当該他の個別信用購入あつせん関係販売業者等に比し、購入者等の利益の保護に欠けると認められるとき。

三　第一号の規定により判別した結果その他の事情からみて、個別信用購入あつせん業者が個別信用購入あつせんに係る業務に関し購入者等の利益の保護に欠ける行為をしたと認めるときは、当該苦情の処理のために必要な事項を調査すること。

四　購入者等から申出を受けた苦情の内容又は前二号の規定による調査その他の方法により知つた事項からみて、必要があると認めるときは、個別信用購入あつせん

（改善命令）

第三十五条の三の二十一　経済産業大臣は、個別信用購入あっせん業者が第三十五条の三の三第一項本文、第三項若しくは第四項、第三十五条の三の四本文、第三十五条の三の五、第三十五条の三の七本文、第三十五条の三の十第四項、第三十五条の三の十一第六項、前条、第三十五条の三の五十六から第三十五条の三の五十八まで又は第三十五条の三の五十九第一項の規定に違反していると認めるときは、その必要の限度において、当該個別信用購入あっせん業者に対し、個別信用購入あっせんに係る業務の運営を改善するため必要な措置をとるべきことを命ずることができる。

２　経済産業大臣は、個別信用購入あっせん業者が第三十五条の三の三第一項本文、第三項若しくは第四項、第三十五条の三の四本文、第三十五条の三の五、第三十五条の三の七本文又は前条の規定に違反している場合において、前項の規定による命令をしようとするときは、あらかじめ、内閣総理大臣に協議しなければならない。

３　内閣総理大臣は、個別信用購入あっせん業者が第三十五条の三の三第一項本文、第三項若しくは第四項、第三十五条の三の四本文、第三十五条の三の五、第三十五条の三の七本文又は前条の規定に違反している場合において、購入者又は役務の提供を受ける者の利益を保護するため必要があると認めるときは、経済産業大臣に対し、第一項の規定による命令に関し、必要な意見を述べることができる。

（情報通信の技術を利用する方法）

第三十五条の三の二十二　個別信用購入あっせん関係販売業者若しくは個別信用購入あっせん関係役務提供事業者又は個別信用購入あっせん業者は、第三十五条の三の八又は第三十五条の三の九第一項若しくは第三項の規定による書面の交付に代えて、政令で定めるところにより、当該購入者又は当該役務の提供を受ける者の承諾を得て、当該書面に記載すべき事項を電磁的方法により提供することができる。この場合において、当該個別信用購入あっせん関係販

（個別信用購入あっせんに係る情報通信の技術を利用する方法）

第二十七条　個別信用購入あっせん関係販売業者若しくは個別信用購入あっせん関係役務提供事業者又は個別信用購入あっせん業者は、法第三十五条の三の二十二第一項の規定により同項に規定する事項を提供しようとするときは、経済産業省令・内閣府令で定めるところにより、あらかじめ、当該購入者又は当該役務の提供を受ける者に対し、その用いる電磁的方法の種類及び内容を示し、書面又は電磁的方

に係る業務の改善その他の所要の措置を講じること。

（情報通信の技術を利用する方法）

第九十五条　法第三十五条の三の二十二第一項の電磁的方法は、次に掲げる方法とする。

一　電子情報処理組織を使用する方法のうちイ又はロに掲げるもの

イ　個別信用購入あっせん関係販売業者若しくは個別信用購入あっせん関係役務提供事業者又は個別信用購入あっせん業者の使用に係る電子計算機と購入者等の使用に係る電子計算機とを接続する電気通信回線

売業者若しくは当該個別信用購入あっせん関係役務提供事業者又は当該個別信用購入あっせん業者は、当該書面を交付したものとみなす。

法による承諾を得なければならない。

２　前項の規定による承諾を得た個別信用購入あっせん関係販売業者若しくは個別信用購入あっせん関係役務提供事業者又は個別信用購入あっせん業者は、当該購入者又は当該役務の提供を受ける者から書面又は電磁的方法により電磁的方法による提供を受けない旨の申出があつたときは、当該購入者又は当該役務の提供を受ける者に対し、法第三十五条の三の二十二第一項に規定する事項の提供を電磁的方法によつてしてはならない。ただし、当該購入者又は当該役務の提供を受ける者が再び前項の規定による承諾をした場合は、この限りでない。

を通じて送信し、受信者の使用に係る電子計算機に備えられたファイルに記録する方法

ロ　個別信用購入あっせん関係販売業者若しくは個別信用購入あっせん関係役務提供事業者又は個別信用購入あっせん業者の使用に係る電子計算機に備えられたファイルに記録された書面に記載すべき事項を電気通信回線を通じて購入者等の閲覧に供し、当該購入者等の使用に係る電子計算機に備えられたファイルに当該事項を記録する方法（法第三十五条の三の二十二第一項の電磁的方法による提供を受ける旨の承諾又は受けない旨の申出をする場合にあつては、個別信用購入あっせん関係販売業者若しくは個別信用購入あっせん関係役務提供事業者又は個別信用購入あっせん業者の使用に係る電子計算機に備えられたファイルにその旨を記録する方法）

二　磁気ディスク、シー・ディー・ロムその他これらに準ずる方法により一定の事項を確実に記録しておくことができる物をもつて調製するファイルに書面に記載すべき事項を記録したものを交付する方法

２　前項に掲げる方法は、購入者等がファイルへの記録を出力することにより書面を作成できるものでなければならない。

【関連：令和２年施行規則パブリックコメントNo.19】

３　第一項第一号の「電子情報処理組織」とは、個別信用購入あっせん関係販売業者若しくは個別信用購入あっせん関係役務提供事業者又は個別信用購入あっせん業者の使用に係る電子計算機と、購入者等の使用に係る電子計算機とを電気通信回線で接続した電子情報処理組織をいう。

第九十六条　令第二十七条第一項の規定により示すべき方法の種類及び内容は、次に掲げる事項とする。

一　前条第一項に規定する方法のうち個別信用購入あっせん関係販売業者若しくは個別信用購入あっせん関係役務提供事業者又は個別信用購入あっせん業者が使用するもの

2　前項前段に規定する方法（経済産業省令・内閣府令で定める方法を除く。）により第三十五条の三の九第一項又は第三項の規定による書面の交付に代えて行われた当該書面に記載すべき事項の提供は、購入者又は役務の提供を受ける者の使用に係る電子計算機に備えられたファイルへの記録がされた時に当該購入者又は当該役務の提供を受ける者に到達したものとみなす。

第二款　個別信用購入あっせん業者の登録等

（個別信用購入あっせん業者の登録）

第三十五条の三の二十三　個別信用購入あっせんは、経済産業省に備える個別信用購入あっせん業者登録簿に登録を受けた法人（以下「登録個別信用購入あっせん業者」という。）でなければ、業として営んではならない。ただし、第三十五条の三の六十第二項第四号の団体については、この限りでない。

（登録の申請）

第三十五条の三の二十四　前条の登録を受けようとする者は、次の事項を記載した申請書を経済産業大臣に提出しなければならない。

一　名称

二　本店その他の営業所の名称及び所在地

三　資産の合計額から負債の合計額を控除した額

四　役員の氏名

2　前項の申請書には、定款、登記事項証明書その他経済産業省令で定める書類を添付しなければならない。ただし、経済産業省令で定める場合は、登記事項証明書の添付を省略することができる。

3　前二項に規定するもののほか、法第三十五条の三の二十二第二項に規定する事項を電磁的方法（同項の経済産業省令・内閣府令で定める方法を除く。）により提供する個別信用購入あっせん業者は、経済産業省令・内閣府令で定めるところにより、当該事項が当該購入者又は当該役務の提供を受ける者の使用に係る電子計算機に備えられたファイルに記録されたことを確認しなければならない。

二　ファイルへの記録の方式

第九十七条　令第二十七条第三項の規定による確認は、文書、口頭、電信又は電話、電子情報処理組織を使用する方法その他の方法で購入者等の使用に係る電子計算機に備えられたファイルに記録されたことを確認することにより行うものとする。

第九十八条　法第三十五条の三の二十二第二項の経済産業省令・内閣府令で定める方法は、第九十五条第一項第二号に掲げる方法とする。

第二款　個別信用購入あっせん業者の登録等

（登録の申請）

第九十九条　法第三十五条の三の二十四第一項の申請書は、様式第十六によるものとする。

2　法第三十五条の三の二十四第二項の経済産業省令で定める書類は、次のとおりとする。

一　登録申請書提出日前一月以内の一定の日の現在において様式第二により作成した財産に関する調書並びに登録申請書提出日の直前事業年度の貸借対照表、損益計算書及び株主資本等変動計算書又はこれらに代わる書面。た

3　前項の場合において、定款が電磁的記録で作られているときは、書面に代えて電磁的記録（経済産業省令で定めるものに限る。）を添付することができる。

（登録及びその通知）

第三十五条の三の二十五　経済産業大臣は、前条第一項の規定による登録の申請があつたときは、次条第一項の規定により登録を拒否する場合を除くほか、前条第一項各号に掲げる事項及び登録年月日を個別信用購入あつせん業者登録簿に登録しなければならない。

2　経済産業大臣は、第三十五条の三の二十三の登録をしたときは、遅滞なく、その旨を当該登録の申請をした者に通知しなければならない。

だし、登録の申請の日を含む事業年度に設立された法人にあつては、会社法第四百三十五条第一項若しくは第六百十七条第一項の規定により成立のときに作成する貸借対照表又はこれに代わる書面

二　兼営事業がある場合には、その種類及び概要を記載した書面

三　役員の履歴書

四　株主若しくは社員の名簿及び親会社の株主若しくは社員の名簿又はこれらに代わる書面

五　加入指定信用情報機関の商号又は名称を記載した書面

六　特定信用情報提供契約を締結している特定信用情報提供等業務を行う者の商号又は名称を記載した書面

七　個別信用購入あつせんに係る業務に関する社内規則等（個別信用購入あつせん業者又はその役員、使用人その他の従業者が遵守すべき規則その他これに準ずるものであつて個別信用購入あつせん業者が作成するものをいう。第百一条において同じ。）

八　個別信用購入あつせんに係る業務に関する組織図

九　法第三十五条の三の二十六第一項第三号から第九号までの規定に該当しないことを誓約する書面

〔法第三十五条の三の二十四第二項ただし書に対応する経済産業省令の規定なし〕

3　第十二条第三項の規定は、法第三十五条の三の二十四第三項の経済産業省令で定める電磁的記録に準用する。

（登録の拒否）

第三十五条の三の二十六　経済産業大臣は、第三十五条の三の二十四第一項の申請書を提出した者が次の各号のいずれかに該当するとき、又は当該申請書若しくはその添付書類のうちに重要な事項について虚偽の記載があり、若しくは重要な事実の記載が欠けているときは、その登録を拒否しなければならない。

一　法人でない者

二　資産の合計額から負債の合計額を控除した額が個別信用購入あつせんに係る業務を適正に実施し、かつ、購入者又は役務の提供を受ける者を保護するため必要かつ適当であると認められる金額で政令で定めるものに満たない法人

三　第三十五条の三の三十二第一項又は第二項の規定により登録を取り消され、その取消しの日から五年を経過しない法人

四　この法律又は貸金業法の規定により罰金の刑に処せられ、その刑の執行を終わり、又は執行を受けることがなくなつた日から五年を経過しない法人

五　役員のうちに次のいずれかに該当する者のある法人

イ　破産手続開始の決定を受けて復権を得ない者

ロ　禁錮以上の刑に処せられ、その刑の執行を終わり、又は執行を受けることがなくなつた日から五年を経過しない者

ハ　この法律、貸金業法若しくは暴力団員による不当な行為の防止等に関する法律の規定（同法第三十二条の三第七項及び第三十二条の十一第一項の規定を除く。）に違反し、又は刑法若しくは暴力行為等処罰に関する法律の罪を犯し、罰金の刑に処せられ、その刑の執行を終わり、又は執行を受けることがなくなつた日から五年を経過しない者

ニ　登録個別信用購入あつせん業者が第三十五条の三の三十二第一項又は第二項の規定により登録を取り消された場合において、その処分のあつた日前三十日以内にその登録個別信用購入あつせん業者の役員であ

（個別信用購入あつせん業者の資産の合計額から負債の合計額を控除した額）

第二十八条　法第三十五条の三の二十六第一項第二号（法第三十五条の三の二十七第二項において準用する場合を含む。）の政令で定める金額は、五千万円とする。

つた者で、その処分のあつた日から五年を経過しないもの

ホ　暴力団員等

六　暴力団員等がその事業活動を支配する法人

七　暴力団員等をその業務に従事させ、又はその業務の補助者として使用するおそれのある法人

八　個別信用購入あつせんに係る業務に関し不正又は不誠実な行為をするおそれがあると認めるに足りる相当の理由がある法人として経済産業省令で定めるもの

九　第三十五条の三の三第一項本文に規定する調査及び第三十五条の三の五第一項に規定する調査その他この法律

（不正な行為等をするおそれがあると認められる法人）

第百条　法第三十五条の三の二十六第一項第八号に規定する経済産業省令で定めるものは、次の各号のいずれかに該当する法人とする。

一　法第三十五条の三の三十二第一項各号又は第二項各号のいずれかに該当するとして登録の取消しの処分に係る行政手続法第十五条の規定による通知があつた日から当該処分をする日又は処分をしないことの決定をする日までの期間内に法第三十五条の三の三十五において準用する法第二十六条第一項の規定による届出をした法人（個別信用購入あつせんの営業の廃止について相当の理由のある法人を除く。以下この条において同じ。）で、当該届出の日から五年を経過しない法人

二　前号の期間内に法第三十五条の三の三十五において準用する法第二十六条第一項の規定による届出をした法人の業務を執行する社員又はこれに準ずる者であつた者であつて、前号に規定する通知があつた日前三十日に当たる日から当該法人の廃止の日までの間にその地位にあつたもの（法人に限る。）で、当該届出の日から五年を経過しない法人

三　役員のうちに、第一号の期間内に法第三十五条の三の三十五において準用する法第二十六条第一項の規定による届出をした法人の役員であつた者であつて第一号に規定する通知があつた日前三十日に当たる日から当該法人の廃止の日までの間にその地位にあつたもので当該届出の日から五年を経過しない者のある法人

に定める措置の円滑な実施を確保するために必要な体制、購入者又は役務の提供を受ける者の苦情を適切かつ迅速に処理するために必要な体制その他の個別信用購入あつせんの公正かつ適確な実施を確保するために必要なものとして経済産業省令で定める体制が整備されていると認められない法人

２　第十五条第二項及び第三項の規定は、第三十五条の三の二十四第一項の規定による登録の申請があつた場合に準用する。

（登録の更新）

第三十五条の三の二十七　第三十五条の三の二十三の登録は、三年ごとにその更新を受けなければ、その期間の経過によつて、その効力を失う。

２　第十五条第二項及び第三項、第三十五条の三の二十四、第三十五条の三の二十五並びに前条第一項の規定は、前項の登録の更新に準用する。

３　第一項の更新の申請があつた場合において、同項の期間（以下この条において「登録の有効期間」という。）の満了の日までにその申請に対する処分がされないときは、従前の登録は、登録の有効期間の満了後もその処分がされるま

（個別信用購入あつせんの公正かつ適確な実施を確保するために必要な体制）

第百一条　法第三十五条の三の二十六第一項第九号に規定する経済産業省令で定める体制は、次のとおりとする。

一　法第三十五条の三の三第一項本文に規定する調査、法第三十五条の三の五第一項に規定する調査その他法に定める措置の円滑な実施を確保するために必要な体制

二　購入者等の苦情を適切かつ迅速に処理するために必要な体制

三　個別信用購入あつせんの公正かつ適確な実施を確保するため十分な社内規則等を定めていること。

四　法の規定若しくは法の規定に基づく命令又は社内規則等を遵守するために必要な体制

２　前項第三号の社内規則等は個別信用購入あつせんに係る業務に関する責任体制を明確化する規定を含むものでなければならない。

での間は、なおその効力を有する。

4　前項の場合において、登録の更新がされたときは、その登録の有効期間は、従前の登録の有効期間の満了の日の翌日から起算するものとする。

5　第一項の登録の更新を受けようとする者は、実費を勘案して政令で定める額の手数料を納めなければならない。

（変更の届出）

第三十五条の三の二十八　登録個別信用購入あっせん業者は、第三十五条の三の二十四第一項第一号、第二号又は第四号に掲げる事項について変更があつたときは、遅滞なく、その旨を経済産業大臣に届け出なければならない。

2　経済産業大臣は、前項の規定による変更の届出を受理したときは、その届出があつた事項を個別信用購入あっせん業者登録簿に登録しなければならない。

3　第三十五条の三の二十四第二項及び第三項の規定は、第一項の規定による変更の届出をする場合に準用する。

（登録簿の閲覧）

第三十五条の三の二十九　経済産業大臣は、個別信用購入あっせん業者登録簿を一般の閲覧に供しなければならない。

（登録の更新の手数料）

第二十九条　法第三十五条の三の二十七第五項の政令で定める額は、三万七千五百円（情報通信技術を活用した行政の推進等に関する法律（平成十四年法律第百五十一号）第六条第一項の規定により同項に規定する電子情報処理組織を使用して申請を行う場合にあつては、三万四千四百円）とする。

（変更の届出）

第百二条　法第三十五条の三の二十八第一項の届出は、様式第十七による届出書を提出してしなければならない。

2　法第三十五条の三の二十八第三項において準用する法第三十五条の三の二十四第二項の経済産業省令で定める書類は、次のとおりとする。

一　その変更に係る事項を証する書類

二　その変更が新たに就任した役員に係るものであるときは、当該役員の履歴書及び第九十九条第二項第九号に掲げる書面（法第三十五条の三の二十六第一項第五号に係るものに限る。）

3　第十二条第三項の規定は、法第三十五条の三の二十八第三項において準用する法第三十五条の三の二十四第三項の経済産業省令で定める電磁的記録に準用する。

（名義貸しの禁止）

第三十五条の三の三十　登録個別信用購入あっせん業者は、自己の名義をもつて、他人に個別信用購入あっせんを業として営ませてはならない。

（改善命令）

第三十五条の三の三十一　経済産業大臣は、登録個別信用購入あっせん業者が第三十五条の三の二十六第一項第九号の規定に該当することとなつたと認めるときは、その必要の限度において、当該登録個別信用購入あっせん業者に対し、個別信用購入あっせんに係る業務の運営を改善するため必要な措置をとるべきことを命ずることができる。

（登録の取消し等）

第三十五条の三の三十二　経済産業大臣は、登録個別信用購入あっせん業者が次の各号のいずれかに該当するときは、その登録を取り消さなければならない。

一　第三十五条の三の二十六第一項第四号から第八号までのいずれかに該当することとなつたとき。

二　不正の手段により第三十五条の三の二十三の登録（第三十五条の三の二十七第一項の登録の更新を含む。）を受けたとき。

三　第三十五条の三の三十の規定に違反したとき。

2　経済産業大臣は、登録個別信用購入あっせん業者が次の各号のいずれかに該当するときは、その登録を取り消し、又は一年以内の期間を定めて、個別信用購入あっせんに係る業務の全部若しくは一部の停止を命ずることができる。

一　第三十五条の三の二十一第一項又は前条の規定による命令に違反したとき。

二　第三十五条の三の二十六第一項第二号の規定に該当することとなつたとき。

三　第三十五条の三の二十八第一項の規定による届出をせず、又は虚偽の届出をしたとき。

3　経済産業大臣は、登録個別信用購入あっせん業者が前項第一号の命令（当該登録個別信用購入あっせん業者が第三十五条の三の三第一項本文、第三項若しくは第四項、第三十五条の三の四本文、第三十五条の三の五、第三十五条の三の七本文又は第三十五条の三の二十の規定に違反している場合におけるものに限る。次項及び第四十条第四項において同じ。）に違反した場合において、前項の規定による処分をしようとするときは、あらかじめ、内閣総理大臣に協議しなければならない。

4　内閣総理大臣は、登録個別信用購入あつせん業者が第二項第一号の命令に違反した場合において、購入者又は役務の提供を受ける者の利益を保護するため必要があると認めるときは、経済産業大臣に対し、同項の規定による処分に関し、必要な意見を述べることができる。

5　経済産業大臣は、第一項又は第二項の規定により登録を取り消したときは、遅滞なく、その理由を示して、その旨を当該登録個別信用購入あつせん業者であつた者に通知しなければならない。

（登録の消除）

第三十五条の三の三十三　経済産業大臣は、次の各号のいずれかに該当するときは、個別信用購入あつせん業者登録簿につき、その登録個別信用購入あつせん業者に関する登録を消除しなければならない。

一　第三十五条の三の二十七第一項の規定により登録が効力を失つたとき。

二　前条第一項又は第二項の規定により登録を取り消したとき。

三　第三十五条の三の三十五において準用する第二十六条第一項の規定による届出があつたときその他個別信用購入あつせんの営業を廃止したことが判明したとき。

2　前条第五項の規定は、前項第一号又は第三号の規定により登録を消除した場合に準用する。

（販売業者等の契約の解除）

第三十五条の三の三十四　登録個別信用購入あつせん業者が第三十五条の三の三十二第一項若しくは第二項の規定によ

り登録を取り消され、又は前条第一項第一号若しくは第三号の規定により登録を消除されたときは、当該登録個別信用購入あつせん業者と個別信用購入あつせんに係る契約を締結した販売業者又は役務提供事業者は、将来に向かつてその契約を解除することができる。

２　前項の規定に反する特約は、無効とする。

（準用規定）

第三十五条の三の三十五　第二十四条、第二十六条第一項及び第二十八条の規定は、個別信用購入あつせんを業として営む場合に準用する。この場合において、第二十四条中「第二十条第一項の規定による命令をし、若しくは同条第二項の規定によりこれを取り消したとき、又は前条第一項若しくは第二項の規定により許可を取り消したとき」とあるのは「第三十五条の三の三十二第一項の規定により登録を取り消したとき、同条第二項の規定により登録を取り消し、若しくは個別信用購入あつせんに係る業務の全部若しくは一部の停止を命じたとき、又は第三十五条の三の三十三第一項第一号若しくは第三号の規定により登録を消除したとき」と、第二十八条中「第二十三条第一項若しくは第二項」とあるのは「第三十五条の三の三十二第一項若しくは第二項」と、「第二十五条の規定により許可が効力を失つたとき」とあるのは「第三十五条の三の三十三第一項第一号若しくは第三号の規定により登録を消除されたとき」と、「前払式割賦販売の契約」とあるのは「個別信用購入あつせん関係販売業者又は個別信用購入あつせん関係役務提供事業者を相手方とする個別信用購入あつせんに係る契約及び個別信用購入あつせん関係受領契約」と読み替えるものとする。

第三節　指定信用情報機関

第一款　通則

（特定信用情報提供等業務を行う者の指定）

第三十五条の三の三十六　経済産業大臣は、次に掲げる要件を備える者を、その申請により、この節の定めるところに

（準用規定）

第百三条　第二十五条及び第二十六条の規定は、個別信用購入あつせんを業として営む場合に準用する。この場合において、第二十五条中「法第二十四条（法第二十六条において準用する場合を含む。）」とあるのは「法第三十五条の三の三十五において準用する法第二十四条」と、第二十六条中「法第二十六条第一項」とあるのは「法第三十五条の三の三十五において準用する法第二十六条第一項」と読み替えるものとする。

第三節　指定信用情報機関

第一款　通則

より特定信用情報提供等業務（特定信用情報の収集及び包括信用購入あつせん業者又は個別信用購入あつせん業者に対する特定信用情報の提供を行う業務をいう。以下同じ。）を行う者として、指定することができる。

一　法人（人格のない社団又は財団で代表者又は管理人の定めのあるものを含み、外国の法令に準拠して設立された法人その他の外国の団体を除く。第四号ニにおいて同じ。）であること。

二　第三十五条の三の五十四第一項の規定によりこの項の規定による指定を取り消され、その取消しの日から五年を経過しない者でないこと。

三　この法律若しくは個人情報の保護に関する法律（平成十五年法律第五十七号）又はこれらに相当する外国の法令の規定に違反し、罰金の刑（これに相当する外国の法令による刑を含む。）に処せられ、その刑の執行を終わり、又はその刑の執行を受けることがなくなつた日から五年を経過しない者でないこと。

四　役員（業務を執行する社員（業務を執行する社員が法人であるときは、その職務を行うべき者を含む。）、取締役、執行役、会計参与（会計参与が法人であるときは、その職務を行うべき社員を含む。）、監査役、代表者若しくは管理人又はこれらに準ずる者をいう。以下この款及び第三款において同じ。）のうちに、次のいずれかに該当する者がないこと。

イ　心身の故障のため職務を適正に執行することができない者として経済産業省令で定める者

ロ　破産手続開始の決定を受けて復権を得ない者又は外国の法令上これと同様に取り扱われている者

ハ　禁錮以上の刑（これに相当する外国の法令による刑を含む。）に処せられ、その刑の執行を終わり、又は刑の執行を受けることがなくなつた日から五年を経過しない者

ニ　第三十五条の三の五十四第一項の規定によりこの項の規定による指定を取り消された場合又はこの法律に相当する外国の法令の規定により当該外国におい

（法第三十五条の三の三十六第一項第四号イの経済産業省令で定める者）

第百三条の二　法第三十五条の三の三十六第一項第四号イの経済産業省令で定める者は、精神の機能の障害により特定信用情報提供業務を適正に行うに当たつて必要な認知、判断及び意思疎通を適切に行うことができない者とする。

て受けている当該指定に類する行政処分を取り消された場合において、その取消しの日前三十日以内にその法人の役員（外国の法令上これと同様に取り扱われている者を含む。ホにおいて同じ。）であつた者でその取消しの日から五年を経過しない者

ホ　第三十五条の三の五十四第一項の規定又はこの法律に相当する外国の法令の規定により解任を命ぜられた役員でその処分を受けた日から五年を経過しない者

ヘ　この法律若しくは個人情報の保護に関する法律又はこれらに相当する外国の法令の規定に違反し、罰金の刑（これに相当する外国の法令による刑を含む。）に処せられ、その刑の執行を終わり、又はその刑の執行を受けることがなくなつた日から五年を経過しない者

五　その取り扱う特定信用情報の規模として経済産業省令で定めるものが、特定信用情報提供等業務を適正かつ効率的に行うに足りるものとして経済産業省令で定める基準に適合するものであること。

（特定信用情報の規模）

第百四条　法第三十五条の三の三十六第一項第五号の経済産業省令で定めるものは、加入登録包括信用購入あつせん業者（特定信用情報提供等業務を行う者が特定信用情報提供契約を締結した相手方である登録包括信用購入あつせん業者をいう。次項第一号及び第百六条第二項第四号において同じ。）の数、加入登録個別信用購入あつせん業者（特定信用情報提供等業務を行う者が特定信用情報提供契約を締結した相手方である登録個別信用購入あつせん業者をいう。次項第二号及び第百六条第二項第四号において同じ。）の数、保有する基礎特定信用情報に係る支払時期の到来していない又は支払の義務が履行されていない包括信用購入あつせん及び二月払購入あつせんに係る債務の合計額（加入包括信用購入あつせん業者が当該包括信用購入あつせんの手数料の額を提供するときは、当該手数料（第百十八条第三項において「特定包括手数料」という。）の額を含む。次項第三号において同じ。）、保有する基礎特定信用情報に係る支払時期の到来していない又は支払の義務が履行されていない個別信用購入あつせん及び二月払個別購入あつせんに係る債務の合計額（加入個別信用購入あつせん業者が当該個別信用購入あつせんの手数料の額を提供するとき

は、当該手数料（第百十八条第三項において「特定個別手数料」という。）の額を含む。次項第四号において同じ。）並びに保有する基礎特定信用情報に係る個別信用購入あつせん又は二月払個別購入あつせんに係る販売の方法により販売した商品名又は当該商品を特定するに足りる番号、記号その他の符号（保有する基礎特定信用情報に係る個別信用購入あつせんに係る販売又は提供の方法により販売した指定権利又は提供する役務の場合にあつては、当該権利若しくは当該役務の種類又は当該権利若しくは当該役務を特定するに足りる番号、記号その他の符号）の件数の合計数とする。

2　法第三十五条の三の三十六第一項第五号の経済産業省令で定める基準は、次のとおりとする。

一　加入登録包括信用購入あつせん業者の数が五十以上であること。

二　加入登録個別信用購入あつせん業者の数が三十以上であること。

三　保有する基礎特定信用情報に係る支払時期の到来していない又は支払の義務が履行されていない包括信用購入あつせん及び二月払購入あつせんに係る債務の合計額が一兆五千億円以上であること。

四　保有する基礎特定信用情報に係る支払時期の到来していない又は支払の義務が履行されていない個別信用購入あつせん及び二月払個別購入あつせんに係る債務の合計額が三兆円以上であること。

五　保有する基礎特定信用情報に係る個別信用購入あつせん又は二月払個別購入あつせんに係る商品名又は当該商品を特定するに足りる番号、記号その他の符号（指定権利又は役務の場合にあつては、当該権利若しくは当該役務の種類又は当該権利若しくは当該役務を特定するに足りる番号、記号その他の符号）の件数の合計数が四百万件以上であること。

3　この節において「二月払個別購入あつせん」とは、カード等を利用することなく、特定の販売業者が行う購入者への商品若しくは指定権利の販売又は特定の役務提供事業者

六　特定信用情報提供等業務を遂行するために必要と認められる財産的基礎で経済産業省令で定めるものを有すると認められること。

七　その人的構成に照らして、特定信用情報提供等業務を適正かつ確実に遂行することができる知識及び経験を有し、かつ、十分な社会的信用を有すると認められること。

2　経済産業大臣は、前項の規定による指定をしたときは、指定信用情報機関の商号又は名称及び主たる営業所又は事務所の所在地並びに当該指定をした日を官報で公示しなければならない。

（指定の申請）

第三十五条の三の三十七　前条第一項の規定による指定を受けようとする者は、次の事項を記載した申請書を経済産業大臣に提出しなければならない。

一　商号又は名称

二　主たる営業所又は事務所その他特定信用情報提供等業務を行う営業所又は事務所の名称及び所在地

三　役員の氏名又は商号若しくは名称

四　特定信用情報提供等業務及び特定信用情報提供等業務に付随する業務以外の業務を行うときは、その業務の内容

が行う役務の提供を受ける者への役務の提供を条件として、当該商品若しくは当該指定権利の代金又は当該役務の対価の全部又は一部に相当する金額の当該販売業者又は当該役務提供事業者への交付（当該販売業者又は当該役務提供事業者以外の者を通じた当該販売業者又は当該役務提供事業者への交付を含む。）をするとともに、当該購入者等から、当該購入者等が当該販売業者から商品若しくは指定権利を購入する契約を締結し、又は当該役務提供事業者から役務の提供を受ける契約を締結した時から二月を超えない範囲内においてあらかじめ定められた時期までに、当該金額を受領することをいう。

（財産的基礎）

第百五条　法第三十五条の三の三十六第一項第六号の経済産業省令で定めるものは、法第三十五条の三の三十七第二項第四号の貸借対照表に計上された資産の合計額から負債の合計額を控除した額が五億円以上であることとする。

（指定申請の添付書類）

第百六条　法第三十五条の三の三十七第一項の申請書は、様式第十八によるものとする。

2　前項の申請書には、次に掲げる書類を添付しなければならない。
一　前条第一項第三号及び第四号に掲げる要件に該当することを誓約する書面
二　定款及び法人の登記事項証明書（これらに準ずるものを含む。）
三　業務規程
四　財産目録、貸借対照表及び損益計算書又は収支計算書並びに事業報告書
五　前各号に掲げるもののほか、経済産業省令で定める書類

3　前項の場合において、定款、財産目録、貸借対照表、損益計算書若しくは収支計算書又は事業報告書が電磁的記録で作られているときは、書面に代えて電磁的記録（経済産

2　法第三十五条の三の三十七第二項第五号の経済産業省令で定める書類は、次のとおりとする。
一　法第三十五条の三の三十六第一項第二号に掲げる要件に該当することを誓約する書面
二　役員（法第三十五条の三の三十六第一項第四号の役員をいう。以下この号、次号、次条、第百八条、第百十一条第二項第八号及び第九号、第百十三条第十号及び第十一号並びに第百十五条第二項において同じ。）が法第三十五条の三の三十六第一項第四号イ及びロに該当しない旨の官公署の証明書（当該役員が外国人である場合を除く。）
三　役員の履歴書（役員が法人であるときは、当該役員の沿革を記載した書面。第百十一条第二項第九号及び第百十五条第二項第二号において同じ。）
四　加入登録包括信用購入あっせん業者及び加入登録個別信用購入あっせん業者の名称を記載した書面
五　法第三十五条の三の三十六第一項第五号に掲げる規定に適合することを説明した書類
六　特定信用情報提供等業務に関する知識及び経験を有する使用人の確保の状況並びに当該使用人の配置の状況を記載した書面
七　申請者の事務の機構及び分掌を記載した書面
八　その他参考となるべき事項を記載した書類

3　第十二条第三項の規定は、法第三十五条の三の三十七第三項の経済産業省令で定める電磁的記録に準用する。

業省令で定めるものに限る。）を添付することができる。

（指定信用情報機関の役員の兼職の制限）

第三十五条の三の三十八　指定信用情報機関の代表者及び常務に従事する役員は、経済産業大臣の認可を受けた場合を除くほか、包括信用購入あつせん業者又は個別信用購入あつせん業者その他の経済産業省令で定める法人の代表者となり、若しくは常務に従事し、又は貸金業法第二条第一項に規定する貸金業その他の経済産業省令で定める事業を営んではならない。

（役員の兼職の制限）

第百七条　法第三十五条の三の三十八の経済産業省令で定める法人は、次の各号のいずれかに該当する法人とする。

一　包括信用購入あつせん業者又は二月払購入あつせんを業とする法人

二　個別信用購入あつせん業者又は二月払個別購入あつせんを業とする法人

三　貸金業法（昭和五十八年法律第三十二号）第二条第一項に規定する貸金業を営む法人

四　債権管理回収業に関する特別措置法（平成十年法律第百二十六号）第二条第三項に規定する債権回収会社

五　債務の保証を業として営む法人

六　役務の提供を受ける者に対し、その指定する機械類その他の商品を購入してその賃貸をする業務（次項第四号において「リース業」という。）を営む法人

2　法第三十五条の三の三十八の経済産業省令で定める事業は、次に掲げる事業とする。

一　貸金業法第二条第一項に規定する貸金業

二　債権管理回収業に関する特別措置法第二条第二項に規定する債権管理回収業

三　債務の保証

四　リース業

（指定信用情報機関の役員の兼職の認可の申請等）

第百八条　指定信用情報機関の代表者及び常務に従事する役員は、法第三十五条の三の三十八の規定による認可を受けようとするときは、当該認可を受けるべき事項を記載した認可申請書に次に掲げる書面を添付して、当該指定信用情報機関を経由して経済産業大臣に提出しなければならない。

一　理由書

（秘密保持義務）

第三十五条の三の三十九　指定信用情報機関の役員若しくは職員又はこれらの職にあつた者は、特定信用情報提供等業

二　履歴書

三　指定信用情報機関における常務の処理方法又は勤務状況を記載した書面

四　前条第一項各号に掲げる法人（以下この条において「他の法人」という。）の常務に従事しようとする場合には、当該他の法人における常務の処理方法及び指定信用情報機関と当該他の法人との取引その他の関係を記載した書面並びに当該他の法人の定款、最終の業務報告又は事業報告の内容を記載した書面、貸借対照表（関連する注記を含む。第百十一条第二項第七号において同じ。）、損益計算書（関連する注記を含む。同号において同じ。）、剰余金処分計算書若しくは損失金処理計算書又は株主資本等変動計算書（関連する注記を含む。）その他最近における業務、財産及び損益の状況を知ることができる書面

五　現在営んでいる前条第二項各号に掲げる事業を継続して営もうとする場合には、その事業の種類及び方法、その事業の最近における業務、財産及び損益の状況並びに申請の日から起算して一年間における取引及び収支の予想を記載した書面

六　新たに前条第二項各号に掲げる事業を営もうとする場合には、その事業の種類及び方法並びにその事業開始後一年間における取引及び収支の予想を記載した書面

七　その他経済産業大臣が必要と認める事項を記載した書面

2　経済産業大臣は、前項の規定による認可の申請があつたときは、当該申請に係る他の法人を代表し、若しくは常務に従事し、又は前条第二項各号に掲げる事業を営むことが、当該申請に係る指定信用情報機関の代表者又は常務に従事する役員が指定信用情報機関を代表すること又は指定信用情報機関の常務に従事することに対し、何らの支障を及ぼすおそれのないものであるかどうかを審査するものとする。

務に関して知り得た秘密を漏らし、又は盗用してはならない。

第二款　業務

（指定信用情報機関の業務）

第三十五条の三の四十　指定信用情報機関は、この節の規定及び業務規程の定めるところにより、特定信用情報提供等業務を行うものとする。

（兼業の制限）

第三十五条の三の四十一　指定信用情報機関は、特定信用情報提供等業務及び特定信用情報提供等業務に付随する業務のほか、他の業務を行うことができない。ただし、当該指定信用情報機関が割賦販売業者及びローン提携販売業者に対する信用情報（利用者（第二条第一項第二号に規定する利用者及び同条第三項第一号に規定する利用者をいう。）又は購入者若しくは役務の提供を受ける者の支払能力に関する情報をいう。第三十八条及び第三十九条において同じ。）の提供に係る業務その他特定信用情報提供等業務を適正かつ確実に行うにつき支障を生ずるおそれがないと認められる業務について、経済産業省令で定めるところにより、経済産業大臣の承認を受けたときは、この限りでない。

2　指定信用情報機関は、前項ただし書の承認を受けた業務を廃止したときは、経済産業省令で定めるところにより、その旨を経済産業大臣に届け出なければならない。

第二款　業務

（兼業の承認申請）

第百九条　指定信用情報機関は、法第三十五条の三の四十一第一項ただし書の規定により承認を受けようとするときは、次に掲げる事項を記載した承認申請書を経済産業大臣に提出しなければならない。

一　兼業の承認を受けようとする業務（以下この条において「兼業業務」という。）

二　兼業業務の開始予定年月日

2　前項の承認申請書には、次に掲げる書類を添付しなければならない。

一　兼業業務の内容及び方法を記載した書類

二　兼業業務を所掌する組織及び人員配置を記載した書面

三　兼業業務の運営に関する規則

四　兼業業務の開始後三年間における当該兼業業務の収支の見込みを記載した書類

（兼業業務の廃止の届出）

第百十条　指定信用情報機関は、法第三十五条の三の四十一第二項の規定により同条第一項ただし書の承認を受けた業務を廃止した旨の届出をしようとするときは、次に掲げる事項を記載した書面を経済産業大臣に届け出るものとする。

一　廃止したその業務の内容

3　第三十五条の三の三十七第一項の申請書に申請者が特定信用情報提供等業務及び特定信用情報提供等業務に付随する業務以外の業務を行う旨の記載がある場合において、当該申請者が第三十五条の三の三十六第一項の指定を受けたときは、当該業務を行うことにつき第一項ただし書の承認を受けたものとみなす。

（特定信用情報提供等業務の一部の委託）

第三十五条の三の四十二　指定信用情報機関は、経済産業省令で定めるところにより、特定信用情報提供等業務の一部を、経済産業大臣の承認を受けて、他の者に委託することができる。

二　廃止した年月日

三　廃止の理由

（業務の一部委託の承認申請）

第百十一条　指定信用情報機関は、法第三十五条の三の四十二第一項の規定により承認を受けようとするときは、次に掲げる事項を記載した承認申請書を経済産業大臣に提出しなければならない。

一　業務を委託する相手方（以下この条及び次条において「受託者」という。）の氏名又は商号若しくは名称及び住所又は委託する業務を行う営業所若しくは事務所の所在地

二　委託する業務の内容及び範囲

三　委託の期間

2　前項の承認申請書には、次に掲げる書類を添付しなければならない。

一　理由書

二　業務の委託契約の内容を記載した書面

三　受託者が法第三十五条の三の三十六第一項第二号から第四号までに掲げる要件に該当することを誓約する書面

四　受託者の沿革を記載した書面

五　受託者の定款又は寄附行為

六　委託する業務の実施方法を記載した書面

七　受託者の最近三年の各年度における事業報告書、貸借対照表及び損益計算書又はこれらに代わる書面

八　受託者の役員の氏名又は商号若しくは名称を記載した書面

九　受託者の役員の履歴書

十　受託者の取締役（業務を執行する社員、理事その他こ

２　前項の規定による委託を受けた者は、当該委託を受けた特定信用情報提供等業務の一部を、当該委託をした指定信用情報機関の同意を得て、更に他の者に委託することができる。

（業務規程の認可）

第三十五条の三の四十三　指定信用情報機関は、特定信用情報提供等業務に係る次に掲げる事項に関する業務規程を定め、経済産業大臣の認可を受けなければならない。これを変更しようとするときも、同様とする。

一　包括信用購入あつせん業者又は個別信用購入あつせん業者との特定信用情報の提供を内容とする契約（以下「特定信用情報提供契約」という。）の締結に関する事項

二　特定信用情報の収集及び提供に関する事項

三　特定信用情報の漏えい、滅失又はき損の防止その他の特定信用情報の安全管理に関する事項

四　特定信用情報の正確性の確保に関する事項

五　料金に関する事項

六　他の指定信用情報機関があるときは、当該他の指定信用情報機関に対する基礎特定信用情報（特定信用情報のうち、包括信用購入あつせん関係受領契約又は個別信用

れに準ずる者を含むものとし、委員会設置会社にあつては、執行役とする。）の担当業務を記載した書面

十一　その他参考となるべき事項を記載した書類

（業務の一部委託の承認基準）

第百十二条　経済産業大臣は、前条第一項の承認申請書を受理した場合において、その申請が次に掲げる基準に適合していると認められるときは、これを承認するものとする。

一　業務の委託が当該業務の効率化に資すること。

二　受託者が社会的信用のある法人であり、かつ、その受託する業務について、適正な計画を有し、確実にその業務を行うことができるものであること。

三　受託者が法第三十五条の三の三十六第一項第二号から第四号までに掲げる要件に該当すること。

購入あっせん関係受領契約に係る第三十五条の三の五十六第一項各号に掲げる事項に係る情報をいう。以下同じ。）の提供に関する事項その他の当該他の指定信用情報機関との特定信用情報提供等業務の連携に関する事項（第三十五条の三の四十七第二項の規定により手数料を徴収する場合にあつては、当該手数料に関する事項を含む。）

七　特定信用情報提供契約を締結した相手方である包括信用購入あっせん業者（以下「加入包括信用購入あっせん業者」という。）又は特定信用情報提供契約を締結した相手方である個別信用購入あっせん業者（以下「加入個別信用購入あっせん業者」という。）に対する監督に関する事項

八　特定信用情報提供等業務の一部を他の者に委託する場合におけるその委託した業務の適正かつ確実な遂行を確保するための措置に関する事項

九　苦情の処理に関する事項

十　前各号に掲げるもののほか、特定信用情報提供等業務の実施に必要な事項として経済産業省令で定める事項

（業務規程の記載事項）

第百十三条　法第三十五条の三の四十三第一項第十号の経済産業省令で定める事項は、次のとおりとする。

一　特定信用情報提供等業務を行う時間及び休日に関する事項

二　従業者の監督体制に関する事項

三　特定信用情報提供等業務に関する記録の作成に関する事項

四　特定信用情報提供契約に関する契約約款に関する事項

五　特定信用情報提供等業務において取り扱う特定信用情報についての利用者又は購入者等の同意に関する事項

六　特定信用情報提供等業務の用に供する設備が、停電及び地震、火災、水害その他の災害の被害を容易に受けないために必要な措置に関する事項

七　個人情報の保護に関する法律（平成十五年法律第五十七号）第二十九条第一項に規定する開示等の求めに係る措置に関する事項

八　定款又はこれに準ずる定めを変更した場合における当

2　前項第二号に掲げる事項に関する業務規程は、次に掲げる事項を内容とするものでなければならない。

一　加入包括信用購入あつせん業者又は加入個別信用購入あつせん業者から利用者又は購入者若しくは役務の提供を受ける者に係る特定信用情報の提供を依頼された場合には、当該利用者又は購入者若しくは役務の提供を受ける者に係るすべての特定信用情報を提供すること。

二　加入包括信用購入あつせん業者又は加入個別信用購入あつせん業者から、その保有する基礎特定信用情報について、購入者又は役務の提供を受ける者ごとに当該購入者又は当該役務の提供を受ける者に係るすべての基礎特

該変更の届出に関する事項

九　電子情報処理組織の故障その他の偶発的な事情により、特定信用情報提供等業務の全部又は一部を停止する事故が発生した場合における当該事故の概要及び改善策の届出に関する事項

十　指定信用情報機関又はその業務の一部の委託先の役員又は従業員（以下この号及び次号において「役員等」という。）が特定信用情報提供等業務（業務の一部の委託先にあつては、当該指定信用情報機関が委託する業務に係るものに限る。）を遂行するに際して法令又は当該指定信用情報機関の業務規程に反する行為が発生したことを知つた場合における当該行為が発生した営業所又は事務所の名称、当該行為をした役員等の氏名又は商号若しくは名称及び役職名、当該行為の概要並びに改善策の届出に関する事項

十一　加入包括信用購入あつせん業者若しくは加入個別信用購入あつせん業者又はその役員等が法第三十五条の三の五十六、第三十五条の三の五十七若しくは第三十五条の三の五十九又は指定信用情報機関の業務規程に反する行為を行つたことを知つた場合における当該行為が発生した営業所又は事務所の名称、当該行為をした役員等の氏名又は商号若しくは名称及び役職名、当該行為の概要並びに改善策の届出に関する事項

十二　その他特定信用情報提供等業務に関し必要な事項

定信用情報の提供を受けること。

3　第一項第五号に掲げる事項に関する業務規程は、特定信用情報提供等業務に関する料金が能率的な業務運営の下における適正な原価に照らし公正妥当なものであることを内容とするものでなければならない。

4　経済産業大臣は、第一項の認可をした業務規程が特定信用情報提供等業務の適正かつ確実な実施上不適当となつたと認めるときは、指定信用情報機関に対し、その業務規程を変更すべきことを命ずることができる。

（差別的取扱いの禁止）

第三十五条の三の四十四　指定信用情報機関は、包括信用購入あつせん業者又は個別信用購入あつせん業者が特定信用情報提供契約の締結を希望する場合には、正当な理由なくこれを拒否してはならない。

2　指定信用情報機関は、特定の加入包括信用購入あつせん業者又は加入個別信用購入あつせん業者に対し不当な差別的取扱いをしてはならない。

（記録の保存）

第三十五条の三の四十五　指定信用情報機関は、経済産業省令で定めるところにより、特定信用情報提供等業務に関する記録を作成し、これを保存しなければならない。

（特定信用情報提供等業務に関する記録の記録事項等）

第百十四条　法第三十五条の三の四十五の規定により、指定信用情報機関は特定信用情報提供等業務に関し、次に掲げる事項の記録を、書面又は電磁的記録をもつて作成し、作成後三年間保存しなければならない。

一　基礎特定信用情報の提供を依頼した加入包括信用購入あつせん業者若しくは加入個別信用購入あつせん業者の名称又は当該加入包括信用購入あつせん業者若しくは当該加入個別信用購入あつせん業者を特定するに足りる番号、記号その他の符号（他の指定信用情報機関の加入包括信用購入あつせん業者又は加入個別信用購入あつせん業者の依頼に基づき当該他の指定信用情報機関から基礎特定信用情報の提供の依頼を受けたときは、当該他の指定信用情報機関の商号又は名称及び提供の依頼のあつた当該他の指定信用情報機関の加入包括信用購入あつせん業者若しくは加入個別信用購入あつせん業者の名称又は

（加入包括信用購入あっせん業者及び加入個別信用購入あっせん業者に対する監督）

第三十五条の三の四十六　指定信用情報機関は、加入包括信用購入あっせん業者及び加入個別信用購入あっせん業者が指定信用情報機関から提供を受けた特定信用情報を第三十条の二第一項本文の規定による調査、第三十条の五の五第二項の調査、第三十五条の二の四第二項の調査又は第三十五条の三第一項本文の規定による調査その他の利用者又は購入者若しくは役務の提供を受ける者の支払能力に関する事項の調査（第三十五条の三の五十九第一項及び第五十条第二号において「支払能力調査」という。）以外の目的で使用しないよう加入包括信用購入あっせん業者及び加入個別信用購入あっせん業者に対する必要かつ適切な監督を行わなければならない。

（指定信用情報機関の情報提供）

第三十五条の三の四十七　指定信用情報機関は、他の指定信用情報機関の加入包括信用購入あっせん業者又は加入個別信用購入あっせん業者の依頼に基づき当該他の指定信用情報機関から基礎特定信用情報の提供の依頼を受けたときは、正当な理由がある場合その他経済産業省令で定める場合を除き、当該依頼に応じ、基礎特定信用情報を提供しなければならない。

２　指定信用情報機関は、前項の規定による基礎特定信用情報の提供に関し、手数料を徴収することができる。

３　指定信用情報機関は、前項の規定により手数料を徴収する場合には、第一項の規定による基礎特定信用情報の提供に関する能率的な業務運営の下における適正な原価に照らし公正妥当な手数料を定めなければならない。

当該加入包括信用購入あっせん業者若しくは加入個別信用購入あっせん業者を特定するに足りる番号、記号その他の符号）

二　基礎特定信用情報の提供を依頼された個人の氏名

三　基礎特定信用情報の提供の依頼のあった日時

四　提供した基礎特定信用情報の内容

〔法第三十五条の三の四十七に対応する経済産業省令の規定なし〕

4　第三十五条の三の三十九及び第三十五条の三の四十五の規定は、第一項の規定による基礎特定信用情報の提供に係る業務について準用する。

（加入包括信用購入あっせん業者及び加入個別信用購入あっせん業者の名簿の縦覧）

第三十五条の三の四十八　指定信用情報機関は、加入包括信用購入あっせん業者及び加入個別信用購入あっせん業者の名簿を公衆の縦覧に供しなければならない。

（名称の使用制限）

第三十五条の三の四十九　指定信用情報機関でない者（貸金業法第四十一条の十三第一項の規定による指定を受けた者を除く。）は、その名称又は商号中に、指定信用情報機関と誤認されるおそれのある文字を用いてはならない。

第三款　監督

（変更の届出）

第三十五条の三の五十　指定信用情報機関は、第三十五条の三の三十七第一項第一号から第三号までのいずれかに掲げる事項に変更があつたときは、遅滞なく、その旨を経済産業大臣に届け出なければならない。

2　経済産業大臣は、前項の規定により指定信用情報機関の商号若しくは名称又は主たる営業所若しくは事務所の所在地の変更の届出があつたときは、その旨を官報で公示しな

第三款　監督

（変更の届出）

第百十五条　法第三十五条の三の五十第一項の規定による届出は、様式第十九による届出書を提出してしなければならない。

2　前項の規定による届出書には、次の書面を添付しなければならない。

一　変更の届出が商号若しくは名称、主たる営業所若しくは事務所その他特定信用情報提供等業務を行う営業所若しくは事務所の名称若しくは所在地又は役員の氏名若しくは商号若しくは名称に係るものであるときは、その変更を証する書面

二　変更の届出が新たに就任した役員に係るものであるときは、当該役員の履歴書及び法第三十五条の三の三十七第二項第一号に掲げる書面（法第三十五条の三の三十六第一項第四号に係るものに限る。）

ければならない。

（業務及び財産に関する報告書の提出）

第三十五条の三の五十一　指定信用情報機関は、事業年度ごとに、当該事業年度に係る業務及び財産に関する報告書を作成し、経済産業大臣に提出しなければならない。

2　前項の報告書に関する記載事項、提出期日その他必要な事項は、経済産業省令で定める。

（改善命令）

第三十五条の三の五十二　経済産業大臣は、指定信用情報機関の特定信用情報提供等業務の運営に関し、特定信用情報提供等業務の適正かつ確実な遂行を確保するため必要があると認めるときは、その必要の限度において、当該指定信用情報機関に対し、財産の状況又はその業務の運営を改善するため必要な措置をとるべきことを命ずることができる。

（業務及び財産に関する報告書の提出）

第百十六条　法第三十五条の三の五十一第一項の規定による指定信用情報機関が作成すべき業務及び財産に関する報告書は、様式第二十により作成し、事業年度経過後三月以内に経済産業大臣に提出しなければならない。

2　前項の報告書には、最終事業年度に係る会社法第四百三十五条第二項に規定する計算書類（会社でない場合にあっては、これに代わる書面）を添付しなければならない。

3　指定信用情報機関は、やむを得ない理由により第一項に規定する期間内に同項の報告書の提出をすることができない場合には、あらかじめ経済産業大臣の承認を受けて、当該提出を延期することができる。

4　指定信用情報機関は、前項の規定による承認を受けようとするときは、承認申請書に理由書を添付して経済産業大臣に提出しなければならない。

5　経済産業大臣は、前項の規定による承認の申請があったときは、当該申請をした指定信用情報機関が第三項の規定による提出の延期をすることについてやむを得ないと認められる理由があるかどうかを審査するものとする。

〔法第三十五条の三の五十一第二項に対応する経済産業省令の規定なし〕

（特定信用情報提供等業務の休廃止）

第三十五条の三の五十三　指定信用情報機関は、特定信用情報提供等業務の全部又は一部の休止（次項に規定する理由によるものを除く。）をし、又は廃止をしようとするときは、経済産業大臣の認可を受けなければならない。

２　指定信用情報機関が、天災その他のやむを得ない理由により特定信用情報提供等業務の全部又は一部を休止した場合には、直ちにその旨を、理由を付して経済産業大臣に届け出るとともに、加入包括信用購入あつせん業者及び加入個別信用購入あつせん業者並びに他の指定信用情報機関に通知しなければならない。指定信用情報機関がその休止した当該特定信用情報提供等業務の全部又は一部を再開するときも、同様とする。

３　前二項の規定により指定信用情報機関による特定信用情報提供等業務が休止している場合において、包括信用購入あつせん業者又は個別信用購入あつせん業者が指定信用情報機関の保有する特定信用情報の全部又は一部を使用することができないときは、第三十条の二第三項、第三十条の五の五第二項、第三十五条の二の四第二項又は第三十五条の三の三第三項の規定は、適用しない。

（指定の取消し等）

第三十五条の三の五十四　経済産業大臣は、指定信用情報機関が次の各号のいずれかに該当するときは、第三十五条の三の三十六第一項の規定による指定若しくは第三十五条の三の四十一第一項ただし書の承認を取り消し、六月以内の期間を定めて、特定信用情報提供等業務の全部若しくは一部の停止を命じ、又はその役員の解任を命ずることができる。

一　第三十五条の三の三十六第一項第三号から第七号までに掲げる要件に該当しないこととなつたとき、又は指定を受けた時点において同項各号のいずれかに該当していなかつたことが判明したとき。

二　不正の手段により第三十五条の三の三十六第一項の規定による指定を受けたとき。

（休廃止の申請）

第百十七条　法第三十五条の三の五十三第一項の規定による認可の申請は、様式第二十一による申請書を提出してしなければならない。

三　法令又は法令に基づく処分に違反したとき。

２　経済産業大臣は、前項の規定により第三十五条の三の三十六第一項の規定による指定を取り消したときは、その旨を官報で公示しなければならない。

（特定信用情報提供等業務移転命令）

第三十五条の三の五十五　経済産業大臣は、指定信用情報機関が次の各号のいずれかに該当するときは、当該指定信用情報機関に対し、特定信用情報提供等業務の全部又は一部を他の指定信用情報機関に行わせることを命ずることができる。

一　前条第一項の規定により第三十五条の三の三十六第一項の規定による指定を取り消し、又は特定信用情報提供等業務の全部若しくは一部の停止を命ずるとき。

二　第三十五条の三の五十三第一項の認可をするとき。

三　弁済期にある債務の弁済が特定信用情報提供等業務の継続に著しい支障を来すこととなる事態又は破産手続開始の原因となる事実が生ずるおそれがあると認められるとき。

四　指定信用情報機関が天災その他の事由により特定信用情報提供等業務の全部又は一部を実施することが困難となつたとき。

２　経済産業大臣は、前項の規定による命令をしたときは、その旨を官報で公示しなければならない。

第四款　加入包括信用購入あつせん業者及び加入個別信用購入あつせん業者

（基礎特定信用情報の提供）

第三十五条の三の五十六　加入包括信用購入あつせん業者又は加入個別信用購入あつせん業者は、指定信用情報機関と特定信用情報提供契約を締結したときは、当該特定信用情報提供契約の締結前に締結した購入者又は役務の提供を受ける者を相手方とする包括信用購入あつせん関係受領契約又は個別信用購入あつせん関係受領契約で当該特定信用情報提供契約を締結した時点において支払時期の到来してい

第四款　加入包括信用購入あつせん業者及び加入個別信用購入あつせん業者

ない支払分又は弁済金（支払時期が到来しており、かつ、支払の義務が履行されていないものを含む。）があるものに係る次に掲げる事項を、当該指定信用情報機関に提供しなければならない。

一　当該購入者又は当該役務の提供を受ける者の氏名及び住所その他の当該購入者又は当該役務の提供を受ける者を識別することができる事項として経済産業省令で定めるもの

（基礎特定信用情報に含まれる事項）

第百十八条　法第三十五条の三の五十六第一項第一号の経済産業省令で定めるものは、購入者等に係る次に掲げる事項とする。

一　氏名（ふりがなを付す。）

二　住所

三　生年月日

四　電話番号（勤務先の電話番号を除く。）

五　介護保険の被保険者証（当該自然人の氏名、住居及び生年月日の記載があるものに限る。）に記載されている本人を特定するに足りる番号、記号その他の符号（加入包括信用購入あっせん業者が、犯罪による収益の移転防止に関する法律施行規則（平成二十年内閣府・総務省・法務省・財務省・厚生労働省・農林水産省・経済産業省・国土交通省令第一号）第六条第一項第一号ロ、ハ、ニ、ト、チ若しくはリに掲げる方法により犯罪による収益の移転防止に関する法律（平成十九年法律第二十二号）第四条第一項の規定による確認（同項第一号に掲げる事項に係るものに限る。以下「本人確認」という。）を行った場合又は加入個別信用購入あっせん業者が当該介護保険の被保険者証の提示若しくは当該介護保険の被保険者証に記載されている本人を特定するに足りる番号、記号その他の符号の通知を受けた場合（個別信用購入あっせん関係販売業者又は個別信用購入あっせん関係役務提供事業者を通じた加入個別信用購入あっせん業者への提示又は通知を含む。）に限る。）

六　本人確認書類（犯罪による収益の移転防止に関する法律施行規則第六条第一項第二号に規定する旅券等、同令第七条第一号イに規定する運転免許証等、在留カード又は特別永住者証明書をいう。以下この号において同じ。）に記載されている本人を特定するに足りる番号、記号その他の符号（加入包括信用購入あっせん業者が、本人確

二　契約年月日
三　支払時期の到来していない又は支払の義務が履行されていない包括信用購入あつせん又は個別信用購入あつせんに係る債務の額
四　前三号に掲げるもののほか、経済産業省令で定める事項

認書類の提示を受ける方法その他の犯罪による収益の移転防止に関する法律施行規則第六条第一項第一号イ、ホ、ヘ、ト、チ、リ若しくはルに掲げる方法により本人確認を行つた場合又は加入個別信用購入あつせん業者が本人確認書類の提示若しくは本人確認書類に記載されている本人を特定するに足りる番号、記号その他の符号の通知を受けた場合（個別信用購入あつせん関係販売業者又は個別信用購入あつせん関係役務提供事業者を通じた加入個別信用購入あつせん業者への提示又は通知を含む。）に限る。）

【関連：令和2年施行規則パブリックコメントNo．12】

〔法第三十五条の三の五十六第一項第三号に対応する経済産業省令は、施行規則第百十八条第三項〕

2　法第三十五条の三の五十六第一項第四号の経済産業省令で定める事項は、次の各号に掲げる区分に応じ、当該各号に定める事項とする。
一　加入包括信用購入あつせん業者　次に掲げる事項
イ　法第三十五条の三の五十六第一項第三号に規定する包括信用購入あつせんに係る債務の額（当該包括信用購入あつせんの手数料の額を含む。）のうち、購入者等が一年間に支払うことが見込まれる額
ロ　包括信用購入あつせん（加入包括信用購入あつせん業者が二月払購入あつせんを業とする者である場合であつて、支払時期の到来していない又は支払の義務が履行されていない二月払購入あつせんに係る債務の額を提供するとき（当該債務の額を法第三十五条の三の五十六第一項第三号に規定する包括信用購入あつせんに係る債務の額と区分して提供するときを除く。）は当該二月払購入あつせん（第三項において「特定二月払購入あつせん」という。）を含む。ハ及び次条第一項において同じ。）に係る債務又は包括信用購入あつせんの手数料の支払の遅延の有無
ハ　包括信用購入あつせんを特定するに足りる番号、記

２　加入包括信用購入あっせん業者又は加入個別信用購入あ

号その他の符号

二　加入個別信用購入あっせん業者　次に掲げる事項

イ　法第三十五条の三の五十六第一項第三号に規定する個別信用購入あっせんに係る債務の額（当該個別信用購入あっせんの手数料の額を含む。）のうち、購入者等が一年間に支払うことが見込まれる額

ロ　個別信用購入あっせんに係る債務又は個別信用購入あっせんの手数料の支払の遅延の有無

ハ　個別信用購入あっせんを特定するに足りる番号、記号その他の符号

ニ　次に掲げるいずれかの事項

（１）　個別信用購入あっせんに係る販売の方法により販売した商品名又は当該商品を特定するに足りる番号、記号その他の符号

（２）　個別信用購入あっせんに係る販売の方法により販売した権利の種類又は当該権利を特定するに足りる番号、記号その他の符号

（３）　個別信用購入あっせんに係る提供の方法により提供する役務の種類又は当該役務を特定するに足りる番号、記号その他の符号

ホ　次に掲げるいずれかの事項

（１）　個別信用購入あっせんに係る販売の方法により販売した商品の数量又は個別信用購入あっせん関係受領契約の単位

（２）　個別信用購入あっせんに係る販売の方法により販売した権利を行使し得る回数若しくは期間又は個別信用購入あっせん関係受領契約の単位

（３）　個別信用購入あっせんに係る提供の方法により提供する役務の提供を受けることができる回数若しくは期間又は個別信用購入あっせん関係受領契約の単位

３　法第三十五条の三の五十六第一項第三号に掲げる債務の額には、特定包括手数料の額、特定個別手数料の額及び特定二月払購入あっせんに係る債務の額を含むものとする。

つせん業者は、購入者又は役務の提供を受ける者を相手方とする包括信用購入あつせん関係受領契約又は個別信用購入あつせん関係受領契約を締結したときは、遅滞なく、当該契約に係る基礎特定信用情報を加入指定信用情報機関（特定信用情報提供契約を締結した指定信用情報機関をいう。以下同じ。）に提供しなければならない。

３　前二項の規定による基礎特定信用情報の提供をした加入包括信用購入あつせん業者又は加入個別信用購入あつせん業者は、当該提供をした基礎特定信用情報に変更があつたときは、遅滞なく、その変更内容を加入指定信用情報機関に提供しなければならない。

（指定信用情報機関への特定信用情報の提供等に係る同意の取得等）

第三十五条の三の五十七　加入包括信用購入あつせん業者又は加入個別信用購入あつせん業者は、加入指定信用情報機関に利用者又は購入者若しくは役務の提供を受ける者に係る特定信用情報の提供の依頼（当該利用者又は購入者若しくは役務の提供を受ける者に係る他の指定信用情報機関が保有する基礎特定信用情報の提供の依頼を含む。）をする場合には、経済産業省令で定める場合を除き、あらかじめ、当該利用者又は購入者若しくは役務の提供を受ける者から書面又は電磁的方法による同意を得なければならない。

２　加入包括信用購入あつせん業者又は加入個別信用購入あつせん業者は、購入者又は役務の提供を受ける者を相手方とする包括信用購入あつせん関係受領契約又は個別信用購入あつせん関係受領契約を締結しようとする場合には、あ

（特定信用情報の提供等に係る同意を不要とする場合）

第百十九条　法第三十五条の三の五十七第一項の経済産業省令で定める場合は、次に掲げる時前に提供した包括信用購入あつせん若しくは個別信用購入あつせんに係る債務又は包括信用購入あつせん若しくは個別信用購入あつせんの手数料の管理に必要な場合とする。

一　包括信用購入あつせん業者又は個別信用購入あつせん業者と特定信用情報提供契約を締結している特定信用情報提供等業務を行う者が、法第三十五条の三の三十六第一項の指定を受けた時

二　包括信用購入あつせん業者又は個別信用購入あつせん業者が指定信用情報機関と特定信用情報提供契約を締結した時

２　加入包括信用購入あつせん業者は、あらかじめ、法第三十五条の三の五十七第二項各号に掲げる同意を購入者等から書面又は電磁的方法により包括的に得ることができる。

らかじめ、次に掲げる同意を当該購入者又は当該役務の提供を受ける者から書面又は電磁的方法により得なければならない。

一　当該購入者又は当該役務の提供を受ける者に関する基礎特定信用情報を加入指定信用情報機関に提供する旨の同意

二　前号の基礎特定信用情報を加入指定信用情報機関が当該加入指定信用情報機関の他の加入包括信用購入あつせん業者又は加入個別信用購入あつせん業者に提供する旨の同意

三　第一号の基礎特定信用情報を第三十五条の三の四十七第一項の規定による依頼に応じ、他の指定信用情報機関の加入包括信用購入あつせん業者又は加入個別信用購入あつせん業者に提供する旨の同意

（情報通信の技術を利用する方法）

第百二十条　法第三十五条の三の五十七第一項及び第二項の電磁的方法は、次に掲げる方法とする。

一　電子情報処理組織を使用する方法のうちイ又はロに掲げるもの

イ　加入包括信用購入あつせん業者又は加入個別信用購入あつせん業者の使用に係る電子計算機と利用者又は購入者等の使用に係る電子計算機とを接続する電気通信回線を通じて送信し、当該加入包括信用購入あつせん業者又は当該加入個別信用購入あつせん業者の使用に係る電子計算機に備えられたファイルに記録する方法

ロ　加入包括信用購入あつせん業者又は加入個別信用購入あつせん業者の使用に係る電子計算機に備えられたファイルに記録された利用者又は購入者等による同意に関する事項を電気通信回線を通じて利用者又は購入者等の閲覧に供し、当該加入包括信用購入あつせん業者又は当該加入個別信用購入あつせん業者の使用に係る電子計算機に備えられたファイルに当該利用者又は購入者等の同意に関する事項を記録する方法

3 加入包括信用購入あつせん業者又は加入個別信用購入あつせん業者は、前二項の同意を得た場合には、経済産業省令で定めるところにより、当該同意に関する記録を作成し、保存しなければならない。

(加入指定信用情報機関の商号等の公表)

第三十五条の三の五十八 加入包括信用購入あつせん業者又は加入個別信用購入あつせん業者は、加入指定信用情報機関の商号又は名称を公表しなければならない。

(目的外使用等の禁止)

第三十五条の三の五十九 加入包括信用購入あつせん業者若しくは加入個別信用購入あつせん業者又はこれらの役員若しくは職員は、支払能力調査以外の目的のために加入指定信用情報機関に特定信用情報の提供の依頼(当該利用者又は購入者若しくは役務の提供を受ける者に係る他の指定信用情報機関が保有する基礎特定信用情報の提供の依頼を含む。)をし、又は加入指定信用情報機関から提供を受けた特定信用情報を支払能力調査以外の目的に使用し、若しくは第三者に提供してはならない。

2 加入包括信用購入あつせん業者若しくは加入個別信用購入あつせん業者又はこれらの役員若しくは職員は、加入指定信用情報機関から提供を受けた特定信用情報について、これらの者に該当しなくなつた後において、当該特定信用情報を使用し、又は第三者に提供してはならない。

第四節 適用除外

第三十五条の三の六十 この章の規定は、次の包括信用購入あつせん及び包括信用購入あつせんに係る販売又は提供の

二 磁気ディスク、シー・ディー・ロムその他これらに準ずる方法により一定の事項を確実に記録しておくことができる物をもつて調製するファイルに利用者又は購入者等の同意に関する事項を記録したものを得る方法

(特定信用情報の提供等に係る同意に関する記録の作成等)

第百二十一条 加入包括信用購入あつせん業者又は加入個別信用購入あつせん業者は、法第三十五条の三の五十七第三項に規定する同意に関する記録を、書面又は電磁的記録をもつて作成し、当該同意に基づき指定信用情報機関が特定信用情報を保有している間保存しなければならない。

方法による販売又は提供については、適用しない。

一　商品若しくは指定権利を販売する契約又は役務を提供する契約（連鎖販売個人契約及び業務提供誘引販売個人契約に係るものを除く。）であつて、当該契約の申込みをした者が営業のために若しくは営業として締結するもの又は購入者若しくは役務の提供を受ける者が営業のために若しくは営業として締結するものに係る包括信用購入あつせん及び包括信用購入あつせんに係る販売又は提供の方法による販売又は提供

二　本邦外に在る者に対して行う包括信用購入あつせん及び包括信用購入あつせんに係る販売又は提供の方法による販売又は提供

三　国又は地方公共団体が行う包括信用購入あつせん及び包括信用購入あつせんに係る販売又は提供の方法による販売又は提供

四　次の団体がその直接又は間接の構成員に対して行う包括信用購入あつせん及び包括信用購入あつせんに係る販売又は提供の方法による販売又は提供（当該団体が構成員以外の者にその事業又は施設を利用させることができる場合には、これらの者に対して行う包括信用購入あつせん及び包括信用購入あつせんに係る販売又は提供の方法による販売又は提供を含む。）

イ　特別の法律に基づいて設立された組合並びにその連合会及び中央会

ロ　国家公務員法第百八条の二又は地方公務員法第五十二条の団体

ハ　労働組合

五　事業者がその従業者に対して行う包括信用購入あつせん及び包括信用購入あつせんに係る販売又は提供の方法による販売又は提供

六　不動産を販売する契約に係る包括信用購入あつせん及び包括信用購入あつせんに係る販売又は提供の方法による販売又は提供

２　この章の規定は、次の個別信用購入あつせん及び個別信用購入あつせんに係る販売又は提供の方法による販売又は

提供については、適用しない。

一　商品若しくは指定権利を販売する契約又は役務を提供する契約（連鎖販売個人契約及び業務提供誘引販売個人契約に係るものを除く。）であつて、当該契約の申込みをした者が営業のために若しくは営業として締結するもの又は購入者若しくは役務の提供を受ける者が営業のために若しくは営業として締結するものに係る個別信用購入あつせん及び個別信用購入あつせんに係る販売又は提供の方法による販売又は提供

二　本邦外に在る者に対して行う個別信用購入あつせん及び個別信用購入あつせんに係る販売又は提供の方法による販売又は提供

三　国又は地方公共団体が行う個別信用購入あつせん及び個別信用購入あつせんに係る販売又は提供の方法による販売又は提供

四　次の団体がその直接又は間接の構成員に対して行う個別信用購入あつせん及び個別信用購入あつせんに係る販売又は提供の方法による販売又は提供（当該団体が構成員以外の者にその事業又は施設を利用させることができる場合には、これらの者に対して行う個別信用購入あつせん及び個別信用購入あつせんに係る販売又は提供の方法による販売又は提供を含む。）

イ　特別の法律に基づいて設立された組合並びにその連合会及び中央会

ロ　国家公務員法第百八条の二又は地方公務員法第五十二条の団体

ハ　労働組合

五　事業者がその従業者に対して行う個別信用購入あつせん及び個別信用購入あつせんに係る販売又は提供の方法による販売又は提供

六　不動産を販売する契約に係る個別信用購入あつせん及び個別信用購入あつせんに係る販売又は提供の方法による販売又は提供

3　第三十五条の三の五、第三十五条の三の七、第三十五条の三の九、第三十五条の三の十、第三十五条の三の十二及

び第三十五条の三の十三の規定は、次の個別信用購入あつせん及び個別信用購入あつせんに係る販売又は提供の方法による販売又は提供については、適用しない。

一　特定商取引に関する法律第二十六条第一項第六号から第八号までの販売又は役務の提供で訪問販売又は電話勧誘販売に該当するものに係る個別信用購入あつせん及び個別信用購入あつせんに係る販売又は提供の方法による販売又は提供

二　特定商取引に関する法律第二十六条第六項各号の訪問販売及び同条第七項各号の電話勧誘販売に係る個別信用購入あつせん及び個別信用購入あつせんに係る販売又は提供の方法による販売又は提供

4　第三十五条の三の十の規定は、次の個別信用購入あつせん及び個別信用購入あつせんに係る販売又は提供の方法による販売又は提供については、適用しない。

一　特定商取引に関する法律第二十六条第三項に規定する役務の提供であつて訪問販売又は電話勧誘販売に該当するものが同項に規定する主務省令で定める場合に該当する場合における当該役務の提供に係る個別信用購入あつせん及び個別信用購入あつせんに係る提供の方法による提供

二　特定商取引に関する法律第二十六条第四項各号に規定する販売又は役務の提供で訪問販売又は電話勧誘販売に該当するものに係る個別信用購入あつせん及び個別信用購入あつせんに係る販売又は提供の方法による販売又は提供

三　訪問販売又は電話勧誘販売に該当する販売又は役務の提供が特定商取引に関する法律第二十六条第五項第一号又は第二号の場合に該当する場合における当該販売又は役務の提供に係る個別信用購入あつせん及び個別信用購入あつせんに係る販売又は提供の方法による販売又は提供

【関連：特定商取引に関する法律第二十六条第三項に規定する主務省令は五一八頁】

第三章の二　前払式特定取引

（前払式特定取引業の許可）

第三十五条の三の六十一　前払式特定取引は、経済産業大臣の許可を受けた者でなければ、業として営んではならない。ただし、次の場合は、この限りでない。

一　商品又は指定役務の前払式特定取引の方法による年間の取引額が政令で定める金額に満たない場合

二　指定役務が新たに定められた場合において、現に当該指定役務につき前払式特定取引の方法による取引を業として営んでいる者が、その定められた日から六月間（その期間内に次条において準用する第十二条第一項の申請書を提出した場合には、その申請につき許可又は不許可の処分があるまでの間を含む。）当該指定役務につき取引をするとき。

三　前号の期間が経過した後において、その期間の末日までに締結した同号の指定役務についての前払式特定取引の契約に基づく取引を結了する目的の範囲内で営む場合

（準用規定）

第三十五条の三の六十二　第八条の規定は前払式特定取引に、第十二条及び第十五条から第二十九条までの規定は前払式特定取引を業として営む場合に準用する。この場合において、第八条第一号中「指定商品若しくは指定権利を販売する契約又は指定役務を提供する契約」とあるのは「商品又は指定役務についての前払式特定取引の契約」と、同条第六号中「割賦販売」とあるのは「前払式特定取引及び旅行業法（昭和二十七年法律第二百三十九号）その他の政令で定める法律の規定に基づき前受金の保全のための措置を講じている者が当該法律の規定に基づいて行う前払式特定取引」と、第十二条第一項第四号中「前払式割賦販売の方法により販売しようとする指定商品の種類」とあるのは「前払式特定取引の方法による取引をしようとする商品又は指定役務の種類又は範囲」と、同条第二項、第十五条第一項第五号並びに第十九条第二項及び第三項中「前払式割

（許可に係る前払式割賦販売業者等の年間の販売額等）

第四条　法第十一条第一号及び第三十五条の三の六十一第一号の政令で定める金額は、千万円とする。

（法第三十五条の三の六十二において準用する法第八条第六号の政令で定める法律）

第三十条　法第三十五条の三の六十二において準用する法第八条第六号の政令で定める法律は、旅行業法（昭和二十七年法律第二百三十九号）とする。

第四章　前払式特定取引

（許可の申請）

第百二十二条　法第三十五条の三の六十二において準用する法第十二条第一項の申請書は、様式第二十二によるものとする。

2　法第三十五条の三の六十二において準用する法第十二条第二項の経済産業省令で定める書類は、次のとおりとする。

一　許可申請書提出日前一月以内の一定の日の現在において様式第二により作成した財産に関する調書及び様式第三により作成した許可申請書提出日の直前事業年度の収支に関する調書並びに許可申請書提出日の直前五事業年度（事業年度が六月の法人にあつては、直前十事業年度）の貸借対照表、損益計算書及び株主資本等変動計算書又はこれらに代わる書面

二　次の事項を記載した許可後五事業年度（事業年度が六月の法人にあつては、許可後十事業年度）の業務計画書

イ　前払式特定取引の方法による取引の計画

賦販売契約約款」とあるのは「前払式特定取引契約約款」と、第十五条第一項及び第三項並びに第二十三条第一項第四号中「第十一条」とあるのは「第三十五条の三の六十一」と、第十五条第一項第二号、第二十条第一項ただし書、第二十条の二第一項及び第四項並びに第二十三条第四項中「購入者」とあるのは「購入者又は指定役務の提供を受ける者」と、第十八条の三第一項及び第二項並びに第十八条の五第一項中「商品の代金」とあるのは「商品の代金又は指定役務の対価」と、第二十七条第一項中「商品の引渡し」とあるのは「商品の引渡し又は指定役務の提供」と読み替えるものとする。

ロ　収支計画
ハ　資金計画
三　役員の履歴書
四　法第三十五条の三の六十二において準用する法第十五条第一項第六号から第八号までの規定に該当しないことを誓約する書面
五　前払式特定取引に関する代理店を有するときは、代理店契約書の写し
六　前払式特定取引に関する取次ぎ先を有するときは、取次ぎに係る契約書の写し
七　申請の日前一年間における前払式特定取引の方法による取引額

3　第十二条第三項の規定は、法第三十五条の三の六十二において準用する法第十二条第三項の経済産業省令で定める電磁的記録に準用する。

（前払式特定取引契約約款の基準）

第百二十三条　法第三十五条の三の六十二において準用する法第十五条第一項第五号の経済産業省令で定める基準は、次のとおりとする。

一　次の事項が記載される欄があること。
イ　法第三十五条の三の六十一の許可を受けた者（以下この章において「前払式特定取引業者」という。）の名称及び住所
ロ　契約に係る商品又は指定役務の種類又は範囲
ハ　購入者又は指定役務の提供を受ける者（以下この章において「購入者等」という。）が当該契約に基づき支払う金額の総額（以下「契約金額」という。）
ニ　前払式特定取引に係る各回ごとの支払金額、その支払回数並びに支払の時期及び方法
ホ　前払式特定取引契約約款の交付の時期及び交付の方法
二　次の表の上欄の事項が記載されており、かつ、その内容がそれぞれ同表の下欄の基準に合致していること。

記載すべき事項	内容の基準
一　領収書の発行に関すること。	支払の方法が集金又は持参の場合には、領収書を発行する旨が定められていること。
二　商品の代金又は指定役務の対価の完済後の通知に関すること。	商品の代金又は指定役務の対価が完済された場合には、その旨の通知の方法が定められていること。
三　商品の引渡し又は指定役務の提供の時期に関すること。	商品の引渡し又は指定役務の提供の時期が商品の引渡し又は指定役務の提供を受ける前に支払うべき代金又は対価の完済後一月以内の一定の日以後と定められていること。
四　購入者等が支払うべき契約金額以外の金銭に関すること。	購入者等が支払うべき契約金額以外の金銭があるかどうか、及び当該金銭がある場合におけるその額の決定について、購入者等が商品の引渡し又は指定役務の提供を受ける前に購入者等に必要と認められる内容を説明し、了解を得なければならない旨が定められていること。
五　営業保証金又は前受業務保証金の供託等に関すること。	営業保証金若しくは前受業務保証金を供託している供託所又は供託委託契約の受託者の名称及び所在地が表示されていること。
六　営業保証金及び前受業務保証金の還付に関すること。	購入者等は、その契約によつて生じた債権に関し、営業保証金又は前受業務保証金から弁済を受けることができる旨が表示されていること。
七　契約の解除に関すること。	購入者等の支払義務の不履行により契約を解除する場合には、前払式特定取引業者が定める一定期間にわたり義務の不履行があつた場合であつて、前払

	式特定取引業者が二十日以上の相当な期間を定めてその支払を書面で催告し、その期間内にその義務が履行されない場合に限る旨並びに前払式特定取引業者の責に帰すべき事由により契約の目的を達することができなくなつた場合その他購入者等が必要と認める場合には、購入者等が当該契約を解除することができる旨及びその申出の手続が定められていること。
八　契約の解除に伴う損害賠償等の額に関すること。	購入者等の責に帰すべき事由により契約を解除する場合には当該契約解除の日から、購入者等の申出により契約を解除する場合には七の項の手続による申出があつた日から、それぞれ四十五日以内の一定の期間内に購入者等がすでに支払つた金額から契約の締結及び履行のために通常要する費用の額を控除した額の金銭を払い戻す旨が定められており、かつ、その額が購入者等が容易に計算することができる方法により明確に表示されていること。ただし、前払式特定取引業者の責に帰すべき事由により契約を解除する場合には、遅滞なく、支払済金額及び支払済金額に法定利率を乗じた額以上の一定額の合計額の金銭を払い戻す旨が定められていること。
九　契約の問合わせ等に関すること。	当該契約について購入者等が問合わせ、相談等を行うことができる機関の名称、住所及び電話番号が表示されていること。
十　前払式特定取引契約約款の交	前払式特定取引契約約款を交付する場合にあつては、その交付の時期及び交

付及び再交付に関すること。	付の方法並びに購入者等から当該約款の再交付を求められたときは、遅滞なく、当該約款を再交付する旨が定められていること。

三　次の事項が記載されていないこと。

イ　前払式特定取引契約約款の再交付をする場合において、その再交付に通常要する費用を超えて手数料を徴収すること。

ロ　契約締結後に前払式特定取引業者が購入者等の同意を得ることなく及び民法第五百四十八条の四の規定によることなく契約内容の変更（契約金額の引上げを除く。）を行うことができること並びに購入者等の同意を得ることなく契約金額の引上げを行うことができること。

ハ　法第三十五条の三の六十二において準用する法第二十七条第二項に規定する特約

ニ　購入者等からの契約の解除ができない旨の特約

ホ　当該契約に係る訴の属する裁判所の管轄につき購入者等に著しく不利となる特約

へ　契約に係る商品又は指定役務の内容について、著しく事実に相違する事項若しくは実際のものよりも著しく優良であると人を誤認させるような事項又は商品又は指定役務の取引条件について、著しく有利であると人を誤認させるような事項

ト　イからへまでに掲げるもののほか、法令に違反する特約又は購入者等に著しく不利となる特約

四　次に掲げる事項を赤枠の中に赤字で記載していること。

イ　前払式特定取引契約約款の内容を十分に読むべき旨

ロ　法第三十五条の三の六十二において準用する法第十八条の三の規定により前払式特定取引業者が前受金の合計額の二分の一に相当する額について前受金保全措置を講じることが義務付けられている旨

ハ　購入者等の申出により契約を解除する場合（前払式

特定取引業者の責に帰すべき事由により契約を解除する場合を除く。）における当該解除に係る金銭の払戻しに要する日数

2　前項の前払式特定取引契約約款には、日本産業規格Z八三〇五に規定する八ポイント（同項第四号に掲げる事項にあつては、十ポイント）以上の大きさの文字及び数字を用いなければならない。

（改善命令等に係る収支率等）

第百二十四条　法第三十五条の三の六十二において準用する法第二十条の二第一項第一号の経済産業省令で定める率は、百分の百とする。

2　法第三十五条の三の六十二において準用する法第二十条の二第一項第二号の経済産業省令で定める率は、百分の八十とする。

3　法第三十五条の三の六十二において準用する法第二十条の二第一項第三号の経済産業省令で定める場合は、次のとおりとする。

一　資産の合計額から負債の合計額を控除した額が資本金又は出資の額に満たないとき。

二　予約前受金の合計額又は負債の合計額が財産の状況に照らし著しく過大であるとき。

三　前払式特定取引に係る繰延費用を過大に計上しているときその他経理処理が不健全なとき。

四　基準日において前受金保全措置により前払式特定取引の契約によつて生じた債務の弁済に充てることができる額が当該基準日に係る基準額を下回つたとき。

五　募集員その他従業員に対する指導監督が十分でないとき。

六　前払式特定取引の業務の委託先（委託先が法人であるときは、その業務を執行する社員、取締役、執行役その他の法人の代表者）又は代理店（代理店が法人であるときは、その業務を執行する社員、取締役、執行役その他の法人の代表者）に対する指導が十分でないとき。

七　購入者等に対して、前払式特定取引の契約に関する事

項であつてその判断に影響を及ぼすこととなる重要なものにつき、事実を告げないとき、又は不実のこと若しくは誤解させるおそれのあることを告げ、若しくは表示したとき。

八　購入者等に対して、不利益となるべき事実を告げずに、既に成立している前払式特定取引の契約を消滅させて新たな前払式特定取引の契約の申込みをさせ、又は新たな前払式特定取引の契約の申込みをさせて既に成立している前払式特定取引の契約を消滅させる行為を行つたとき。

九　前払式特定取引の契約を締結させ、又は前払式特定取引の契約の解除を妨げるため、購入者等を威迫したとき。

十　購入者等からの前払式特定取引の契約の解除の申出を受けることを拒否し、又は不当に遅延させたとき。

十一　前払式特定取引の業務に関して取得した購入者等に関する情報の適切な取扱い及び購入者等からの苦情の適切かつ迅速な処理のために必要な措置を講じていないとき。

十二　前払式特定取引契約約款に記載されている義務を履行しないとき、又は履行できなくなるおそれがあるとき。

十三　前払式特定取引契約約款の内容が前条の基準に適合しないとき。

4　前項第一号に規定する資産の合計額又は負債の合計額、同項第二号に規定する予約前受金の合計額又は負債の合計額及び同項第三号に規定する前払式特定取引に係る繰延費用は、計算日における帳簿価額により計算するものとする。ただし、資産にあつてはその帳簿価額が当該資産を計算日において評価した額を超えるとき、負債にあつてはその帳簿価額が当該負債を計算日において評価した額を下るときは、その評価した額により計算するものとする。

（準用規定）

第百二十五条　第十四条から第二十一条まで及び第二十三条から第二十六条までの規定は、前払式特定取引を業として営む場合に準用する。この場合において、第十四条中「法

第十六条第二項（法第十八条第二項及び第二十二条第三項において準用する場合を含む。）」とあるのは「法第三十五条の三の六十二並びに同条において準用する法第十八条第二項及び第二十二条第三項において準用する法第十六条第二項」と、第十五条及び第十六条第一項中「法第十七条第二項（法第十八条第二項、第十八条の三第五項、第二十二条第三項及び第二十二条の二第三項において準用する場合を含む。）」とあるのは「法第三十五条の三の六十二並びに同条において準用する法第十八条第二項、第十八条の三第五項、第二十二条第三項及び第二十二条の二第三項において準用する法第十七条第二項」と、第十七条中「法第十八条の四第一項及び第二十二条第二項」とあるのは「法第三十五条の三の六十二において準用する法第十八条の四第一項及び第二十二条第二項」と、第十八条第一項中「法第十八条の五第三項」とあるのは「法第三十五条の三の六十二において準用する法第十八条の五第三項」と、同条第二項中「法第十八条の五第五項」とあるのは「法第三十五条の三の六十二において準用する法第十八条の五第五項」と、第十九条第一項及び第二項中「法第十八条の六第二項」とあるのは「法第三十五条の三の六十二において準用する法第十八条の六第二項」と、同条第二項第一号中「第十二条第二項第四号」とあるのは「第百二十二条第二項第四号」と、第二十条第一項中「法第十九条第一項」とあるのは「法第三十五条の三の六十二において準用する法第十九条第一項」と、同条第二項中「法第十九条第二項」とあるのは「法第三十五条の三の六十二において準用する法第十九条第二項」と、同条第三項中「法第十九条第四項において準用する法第十二条第二項」とあるのは「法第三十五条の三の六十二において準用する法第十九条第四項において準用する法第十二条第二項」と、同項第一号中「法第十九条第一項」とあるのは「法第三十五条の三の六十二において準用する法第十九条第一項」と、同号ロ中「第十二条第二項第四号」とあるのは「第百二十二条第二項第四号」と、「法第十五条第一項第八号」とあるのは「法第三十五条の三の六十二において準用する法第十五条第一項第八号」と、同項第二号中「法第十九条第二項」とあるのは「法第三十五条の三の六十二において準用する法第十九条第二項」と、「前払式割賦販売契約約款」とあるのは「前払式特定取引契約約款」と、第二十一条第一項及び第三項中「法第十九条の二」とあるのは「法第三十五条の三の六十二において準用する法第十九条の二」と、同条第三項第三号中「商品名」とあるのは「契約に係る商品又は指定役務の種類又は範囲」と、同項第四号中「商品の代金」とあるのは「商品の代金又は指定役務の対価」と、第二十三条中「法第二十条の二第二項」とあるのは「法第三十五条の三の六十二において準用する法第二十条の二第二項」と、第二十四条中「法第二十条の四第二項」とあるのは「法第三十五条の三の六十二において準用する法第二十条の四第二項」と、第二十五条中「法第二十四条（法第二十六条において準用する場合を含む。）」とあるのは「法第三十五条の三の六十二並びに同条において準用する法第二十六条において準用する法第二十四条」と、第二十六条中「法第二十六条第一項」とあるのは「法第三十五条の三の六十二において準用する法第二十六条第一項」と読み替えるものとする。

第十九条　法第十八条の二第一項の規定により許可割賦販売業者が営業保証金の取戻しをしようとするには、官報に次の各号に掲げる事項を公告しなければならない。ただし、同条第二項ただし書の規定に該当するときは、この限りでない。

一　当該許可割賦販売業者の名称及び代表者の氏名並びに主たる営業所その他の営業所及び代理店の名称及び所在地

二　廃止した営業所又は代理店の名称及び所在地並びにその廃止の年月日

三　当該許可割賦販売業者の営業保証金の総額及び取戻しをしようとする営業保証金の額

四　前号の営業保証金につき法第二十一条第一項の権利を有する者は、六月を下らない一定期間内に、そ

の債権の額及び債権発生の原因たる事実並びに住所及び氏名又は名称を記載した申出書三通を経済産業局長に提出すべき旨

五　前号の申出書の提出がないときは、第三号の取戻しをしようとする営業保証金が取り戻される旨

2　法第二十九条第一項の規定により許可割賦販売業者であつた者又はその承継人（法第二十八条の規定により許可割賦販売業者とみなされる者を除く。）が営業保証金又は前受業務保証金の取戻しをしようとするには、官報に次の各号に掲げる事項を公告しなければならない。ただし、法第二十九条第二項ただし書の規定に該当するときは、この限りでない。

一　当該許可割賦販売業者であつた者の名称及び代表者の氏名並びに主たる営業所その他の営業所及び代理店の名称及び所在地

二　当該許可割賦販売業者であつた者の許可の年月日及び許可の取消し又は失効の年月日

三　当該許可割賦販売業者であつた者の営業保証金又は前受業務保証金の額

四　前号の営業保証金又は前受業務保証金につき法第二十一条第一項の権利を有する者は、六月を下らない一定期間内に、その債権の額及び債権発生の原因たる事実並びに住所及び氏名又は名称を記載した申出書三通を経済産業局長に提出すべき旨

五　前号の申出書の提出がないときは、第三号の取戻しをしようとする営業保証金又は前受業務保証金が取り戻される旨

3　法第三十五条の三の六十二において準用する法第十八条の二第一項の規定により、法第三十五条の三の六十一の許可を受けた者が営業保証金の取戻しをしようとするには、官報に次の各号に掲げる事項を公告しなければならない。ただし、法第三十五条の三の六十二において準用する法第十八条の二第二項ただし書の規定に該当するときは、この限りでない。

一　当該法第三十五条の三の六十一の許可を受けた者

の名称及び代表者の氏名並びに主たる営業所その他の営業所及び代理店の名称及び所在地

二　廃止した営業所又は代理店の名称及び所在地並びにその廃止の年月日

三　当該法第三十五条の三の六十一の許可を受けた者の営業保証金の総額及び取戻しをしようとする営業保証金の額

四　前号の営業保証金につき法第三十五条の三の六十二において準用する法第二十一条第一項の権利を有する者は、六月を下らない一定期間内に、その債権の額及び債権発生の原因たる事実並びに住所及び氏名又は名称を記載した申出書三通を経済産業局長に提出すべき旨

五　前号の申出書の提出がないときは、第三号の取戻しをしようとする営業保証金が取り戻される旨

4　法第三十五条の三の六十二において準用する法第二十九条第一項の規定により、法第三十五条の三の六十一の許可を受けた者であつた者又はその承継人（法第三十五条の三の六十二において準用する法第二十八条の規定により法第三十五条の三の六十一の許可を受けた者とみなされる者を除く。）が営業保証金又は前受業務保証金の取戻しをしようとするには、官報に次の各号に掲げる事項を公告しなければならない。ただし、法第三十五条の三の六十二において準用する法第二十九条第二項ただし書の規定に該当するときは、この限りでない。

一　当該法第三十五条の三の六十一の許可を受けた者であつた者の名称及び代表者の氏名並びに主たる営業所その他の営業所及び代理店の名称及び所在地

二　当該法第三十五条の三の六十一の許可を受けた者であつた者の許可の年月日及び許可の取消し又は失効の年月日

三　当該法第三十五条の三の六十一の許可を受けた者であつた者の営業保証金又は前受業務保証金の額

四　前号の営業保証金又は前受業務保証金につき法第三十五条の三の六十二において準用する法第二十一条第一項の権利を有する者は、六月を下らない一定期間内に、その債権の額及び債権発生の原因たる事実並びに住所及び氏名又は名称を記載した申出書三通を経済産業局長に提出すべき旨

五　前号の申出書の提出がないときは、第三号の取戻しをしようとする営業保証金又は前受業務保証金が取り戻される旨

5　営業保証金又は前受業務保証金の取戻しをしようとする者が第一項から前項までの規定により公告をしたときは、遅滞なく、その旨を経済産業局長に届け出なければならない。

第二十条　前条第五項の規定により届出をした者は、当該公告に定める期間内に、同条第一項第四号、第二項第四号、第三項第四号又は第四項第四号の申出書の提出がなかつたときは、その旨の証明書の交付を経済産業局長に請求することができる。

2　前条第五項の規定により届出をした者は、当該公告に定める期間内に、同条第一項第四号、第二項第四号、第三項第四号又は第四項第四号の申出書の提出があつたときは、当該申出書各一通及び申出に係る債権の総額に関する証明書の交付を経済産業局長に請求することができる。

第二十一条　第十九条第一項本文又は第二項本文の公告をした場合において、供託物の取戻しをしようとする者が供託規則第二十五条第一項の規定により供託物払渡請求書に添付すべき書類（以下「添付書類」という。）は、次の各号に掲げる書類をもつて足りる。

一　前条第一項の場合においては、同項の規定により交付を受けた証明書

二　前条第二項の場合においては、同項の規定により交付を受けた書類及び申出に係る法第二十一条第

第三章の三　指定受託機関

（指定）

第三十五条の四　第十八条の三第四項（前条において準用する場合を含む。）の指定（以下この章において「指定」という。）は、前受金保全措置としての供託委託契約に係る受託の事業（以下「受託事業」という。）を営もうとする者の申請により行う。

2　指定を受けようとする者は、次の事項を記載した申請書を経済産業大臣に提出しなければならない。

一　商号

二　本店その他の営業所の名称及び所在地

三　資本金の額及び役員の氏名

3　前項の申請書には、定款、業務方法書、事業計画書、前受業務保証金供託委託契約約款その他経済産業省令で定める書類を添付しなければならない。

一項の権利が存在しないこと又は消滅したことを証する書類

2　第十九条第三項本文又は第四項本文の公告をした場合において、添付書類は、次の各号に掲げる書類をもつて足りる。

一　前条第一項の場合においては、同項の規定により交付を受けた証明書

二　前条第二項の場合においては、同項の規定により交付を受けた書類及び申出に係る法第三十五条の三の六十二において準用する法第二十一条第一項の規定による権利が存在しないこと又は消滅したことを証する書類

第五章　指定受託機関

（指定の申請）

第百二十六条　法第三十五条の四第二項の申請書は、様式第二十三によるものとする。

2　法第三十五条の四第三項の経済産業省令で定める書類は、次のとおりとする。

一　登記事項証明書

二　指定申請書提出日前一月以内の一定の日の現在において様式第二により作成した財産に関する調書及び様式第三により作成した指定申請書提出日の直前事業年度の収支に関する調書並びに指定申請書提出日の直前二事業年

４　前項の場合において、定款が電磁的記録で作られているときは、書面に代えて電磁的記録（経済産業省令で定めるものに限る。）を添付することができる。

（指定の基準）

第三十五条の五　経済産業大臣は、指定を申請した者が次の各号のいずれかに該当すると認めるときは、その指定をしてはならない。

度（事業年度が六月の法人にあつては、直前四事業年度）の貸借対照表（関連する注記を含む。）、損益計算書（関連する注記を含む。）及び株主資本等変動計算書（関連する注記を含む。）

三　役員の履歴書

四　法第三十五条の五第五号から第七号までの規定に該当しないことを誓約する書面

３　第十二条第三項の規定は、法第三十五条の四第四項の経済産業省令で定める電磁的記録に準用する。

〔法第三十五条の四第三項に対応する経済産業省令は、本項に加えて第百二十七条〕

（業務方法書等）

第百二十七条　法第三十五条の四第三項の業務方法書には、次の事項を記載しなければならない。

一　受託事業の目的の範囲

二　受託の限度

三　前受業務保証金供託委託契約の委託者（以下単に「委託者」という。）一人に係る受託の限度

四　前受業務保証金供託委託契約（以下「供託委託契約」という。）の締結の方法に関する事項

五　委託手数料に関する事項

六　供託委託契約の締結拒否の基準に関する事項

七　委託者の業務及び財産の状況の調査方法に関する事項

八　資産の運用方法に関する事項

九　その他業務の運営に関し必要な事項

２　法第三十五条の四第三項の事業計画書には、指定後三事業年度（事業年度が六月の法人にあつては、六事業年度）の主要な委託者別受託事業計画、収支計画及び資金計画を記載しなければならない。

一　資本金の額が五千万円以上の株式会社でない者
二　前号に掲げるもののほか、その行おうとする受託事業を健全に遂行するに足りる財産的基礎を有しない者
三　定款の規定又は業務方法書若しくは事業計画書の内容が法令に違反し、又は事業の適正な運営を確保するのに十分でない者
四　前受業務保証金供託委託契約約款の内容が経済産業省令で定める基準に適合しない者
五　第三十五条の十四第二項の規定により指定を取り消され、その取消しの日から三年を経過しない者
六　この法律の規定により罰金の刑に処せられ、その刑の執行を終わり、又は執行を受けることがなくなつた日から三年を経過しない者

（前受業務保証金供託委託契約約款の基準）

第百二十八条　法第三十五条の五第四号の経済産業省令で定める基準は、次のとおりとする。

一　次の事項が記載される欄があること。
イ　供託委託契約の受託者（以下単に「受託者」という。）の名称及び住所
ロ　委託者の名称及び住所
ハ　契約番号
ニ　契約年月日
ホ　供託委託契約に基づく受託額
ヘ　委託手数料の額
ト　契約期間
二　次の表の上欄の事項が記載されており、かつ、その内容がそれぞれ同表の下欄の基準に合致していること。

記載すべき事項	内容の基準
一　供託義務に関する事項	供託義務の発生事由及び内容が法第十八条の三第三項（法第三十五条の三の六十二において準用する場合を含む。）の規定に合致していること。
二　供託義務の履行により生ずる債権の保全に関する事項	受託者は、供託義務の履行により生ずる債権の保全のため必要と認めたときは、委託者に担保を提供させることができる旨が定められていること。
三　委託者の通知義務に関する事項	委託者の業務の運営に重大な影響を及ぼすおそれのある事実が生じた場合には、委託者は、当該事実を、遅滞なく、受託者に通知すべき旨が定められていること。

七　役員のうちに次のいずれかに該当する者のある者
イ　心身の故障のため職務を適正に執行することができない者として経済産業省令で定める者
ロ　破産手続開始の決定を受けて復権を得ない者
ハ　禁錮以上の刑に処せられ、又はこの法律の規定により罰金の刑に処せられ、その刑の執行を終わり、又は執行を受けることがなくなつた日から三年を経過しない者
ニ　指定を受けた者（以下「指定受託機関」という。）が第三十五条の十四第二項の規定により指定を取り消された場合において、その処分のあつた日前三十日以内にその指定受託機関の役員であつた者で、その処分のあつた日から三年を経過しないもの

（変更の届出）
第三十五条の六　指定受託機関は、第三十五条の四第二項各号の事項又は定款、業務方法書若しくは前受業務保証金供託委託契約約款に記載し、若しくは記録した事項について変更があつたときは、遅滞なく、その旨を経済産業大臣に届け出なければならない。

四　調査に関する事項	受託者は、受託事業を遂行する上で必要と認める場合には、委託者の業務及び財産の状況について調査を行い、又は報告を求めることができる旨が定められていること。

三　次の事項が記載されていないこと。
イ　供託委託契約に基づいて、前受業務保証金を供託した場合に、委託者に対して有することとなる求償権を放棄する旨の定め
ロ　イに掲げる事項のほか、受託事業の健全な遂行に重大な支障となる定め

（第三十五条の五第七号イの経済産業省令で定める者）
第百二十六条の二　法第三十五条の五第七号イの経済産業省令で定める者は、精神の機能の障害により受託事業を適正に行うに当たつて必要な認知、判断及び意思疎通を適切に行うことができない者とする。

（変更の届出）
第百二十九条　法第三十五条の六の規定による届出は、様式第九による届出書を提出してしなければならない。
2　前項の規定による届出書には、次の書面を添付しなければならない。
一　変更の届出が商号、本店その他の営業所の名称若しくは所在地、資本金の額、役員の氏名若しくは住所又は定款に係るものであるときは、その変更を証する書面
二　変更の届出が新たに就任した役員に係るものであると

（廃止の届出）

第三十五条の七　指定受託機関は、受託事業を廃止したときは、遅滞なく、その旨を経済産業大臣に届け出なければならない。

２　前項の規定による届出があつたときは、指定は、その効力を失う。

（事業計画書等の提出）

第三十五条の八　指定受託機関は、毎事業年度開始前に、その事業年度の事業計画書を作成し、経済産業大臣に提出しなければならない。

２　指定受託機関は、事業計画書に記載した事項を変更したときは、遅滞なく、その旨を経済産業大臣に届け出なければならない。

３　指定受託機関は、毎事業年度経過後三月以内に、その事業年度の事業報告書を作成し、経済産業大臣に提出しなければならない。

（兼業の制限）

第三十五条の九　指定受託機関は、受託事業以外の事業を営んではならない。ただし、受託事業以外の事業を営むことが受託事業の適正な運営に支障を及ぼすおそれがないと認められる場合で、経済産業大臣の承認を受けたときは、この限りでない。

（責任準備金の計上）

第三十五条の十　指定受託機関は、事業年度末においてまだ経過していない供託委託契約があるときは、次の各号に掲げる金額のうちいずれか多い金額を、事業年度ごとに責任準備金として計上しなければならない。

一　当該供託委託契約の契約期間のうちまだ経過していな

きは、当該役員の履歴書及び第百二十六条第二項第四号に掲げる書面（法第三十五条の五第七号に係るものに限る。）

（廃止の届出）

第百三十条　法第三十五条の七第一項の規定による届出は、様式第二十四による届出書を提出してしなければならない。

（事業計画書等の提出）

第百三十一条　法第三十五条の八第一項の事業計画書には、主要な委託者別受託事業計画、収支計画及び資金計画を記載しなければならない。

２　法第三十五条の八第二項の規定による届出は、様式第二十五による届出書を提出してしなければならない。

３　法第三十五条の八第三項の規定による事業報告書は、様式第二十六によるものとする。

い期間に対応する委託手数料の総額に相当する金額

二　当該事業年度において受領した委託手数料の総額から当該委託手数料に係る供託委託契約に基づいて供託した前受業務保証金（当該前受業務保証金の供託による委託者からの収入金を除く。）、当該委託手数料に係る供託委託契約のために積み立てるべき供託備金及び当該事業年度の事業費の合計額を控除した残額に相当する金額

（供託備金の積立て）

第三十五条の十一　指定受託機関は、決算期ごとに、次の各号の一に掲げる金額がある場合においては、供託備金として当該各号に掲げる金額を積み立てなければならない。

一　供託委託契約に基づいて供託すべき前受業務保証金の額のうちに決算期までにその供託が終わらないものがある場合においては、その金額

二　供託委託契約に基づいて供託する義務が生じたと認められる前受業務保証金の額がある場合においては、その供託すべきものと認められる金額

三　現に前受業務保証金の額について訴訟が係属しているために供託していないものがある場合においては、その金額

（受託事業基金）

第三十五条の十二　指定受託機関は、定款の定めるところにより、受託事業基金を設けなければならない。

2　指定受託機関は、責任準備金をもつて前受業務保証金を供託することができない場合においては、当該前受業務保証金の供託に充てる場合に限り、受託事業基金を使用することができる。

（改善命令）

第三十五条の十三　経済産業大臣は、指定受託機関が第三十五条の五第二号から第四号までの規定に該当することとなつたと認めるときは、当該指定受託機関に対し、財産の状況又はその事業の運営を改善するため必要な措置をとるべ

きことを命ずることができる。

（指定の取消し等）

第三十五条の十四　経済産業大臣は、指定受託機関が指定を受けた日から六月以内に受託事業を開始しないとき、又は引き続き六月以上受託事業を休止したときは、その指定を取り消すことができる。

２　経済産業大臣は、指定受託機関が次の各号の一に該当するときは、その指定を取り消し、又は六月以内の期間を定めて受託事業の全部若しくは一部の停止を命ずることができる。

一　この法律の規定に違反したとき。

二　第三十五条の五第一号、第六号又は第七号の規定に該当することとなつたとき。

三　前条の規定による命令に違反したとき。

四　前号に掲げるもののほか、この法律の規定に基づく経済産業大臣の処分に違反したとき。

五　不正の手段により指定を受けたとき。

（経済産業省令への委任）

第三十五条の十五　この章に定めるもののほか、指定並びに指定受託機関の業務、財務及び会計に関し必要な事項は、経済産業省令で定める。

第三章の四　クレジットカード番号等の適切な管理等

第一節　クレジットカード番号等の適切な管理

（クレジットカード番号等の適切な管理）

第三十五条の十六　クレジットカード番号等取扱業者（次の各号のいずれかに該当する者をいう。以下同じ。）は、経済産業省令で定める基準に従い、その取り扱うクレジットカード番号等（包括信用購入あつせん業者又は二月払購入あつせんを業とする者（以下「クレジットカード等購入あつせん業者」という。）が、その業務上利用者に付与する

第六章　クレジットカード番号等の適切な管理等

第一節　クレジットカード番号等の適切な管理

（クレジットカード番号等の適切な管理）

第百三十二条　法第三十五条の十六第一項の経済産業省令で定める基準は、次のとおりとする。

一　クレジットカード番号等の漏えい、滅失、毀損その他のクレジットカード番号等の管理に係る事故（以下「漏えい等の事故」という。）の発生を防止するため必要かつ適切な措置を講ずること。

第二条第三項第一号の番号、記号その他の符号をいう。以下同じ。）の漏えい、滅失又は毀損の防止その他のクレジットカード番号等の適切な管理のために必要な措置を講じなければならない。

一　クレジットカード等購入あつせん業者

二　包括信用購入あつせん又は二月払購入あつせん（以下この項及び第三十五条の十七の二において「クレジットカード等購入あつせん」という。）に係る販売の方法により商品若しくは権利を販売する販売業者（以下「クレジットカード等購入あつせん関係販売業者」という。）又はクレジットカード等購入あつせんに係る提供の方法により役務を提供する役務提供事業者（以下「クレジットカード等購入あつせん関係役務提供事業者」という。）

三　特定のクレジットカード等購入あつせん業者のために、自己の名をもつて特定のクレジットカード等購入あつせん関係販売業者又はクレジットカード等購入あつせん関係役務提供事業者にクレジットカード等購入あつせんに係る購入の方法により購入された商品若しくは権利の代金又は受領される役務の対価に相当する額の交付（当該クレジットカード等購入あつせん関係販売業者又はクレジットカード等購入あつせん関係役務提供事業者以外の者を通じた当該クレジットカード等購入あつせん関係販売業者又はクレジットカード等購入あつせん関係役務提供事業者への交付を含む。次号において同じ。）をすることを業とする者（同号において「立替払取次業者」という。）

四　特定の立替払取次業者のために、自己の名をもつて特定のクレジットカード等購入あつせん関係販売業者又はクレジットカード等購入あつせん関係役務提供事業者にクレジットカード等購入あつせんに係る購入の方法により購入された商品若しくは権利の代金又は受領される役務の対価に相当する額の交付をすることを業とする者

五　利用者からクレジットカード番号等の提供を受けて、当該クレジットカード番号等を決済用情報（当該クレジットカード番号等以外の番号、記号その他の情報であ

二　クレジットカード番号等取扱業者において漏えい等の事故が発生し、又は発生したおそれがあるときは、直ちに当該事故の状況を把握し、当該事故の拡大を防止するとともに当該事故の状況に応じて速やかに、その原因を究明するために必要な調査（当該事故に係るクレジットカード番号等の特定を含む。）を行うこと。

三　クレジットカード番号等取扱業者又はクレジットカード番号等取扱受託業者において漏えい等の事故が発生し、又は発生したおそれがあるときは、当該事故に係るクレジットカード番号等を利用者に付与したクレジットカード等購入あつせん業者は当該利用者以外の者が当該クレジットカード番号等を通知して特定の販売業者から商品若しくは権利を購入し、又は特定の役務提供事業者から役務の提供を受けることを防止するために必要な措置を講ずること。

四　クレジットカード番号等取扱業者において漏えい等の事故が発生し、又は発生したおそれがあるときは、当該クレジットカード番号等取扱業者は類似の漏えい等の事故の再発防止のために必要な措置を講ずること。

五　クレジットカード番号等をクレジットカード等購入あつせんに係る取引の健全な発達を阻害し、又は利用者若しくは購入者等の利益の保護に欠ける方法により取り扱わないこと。

つて、当該利用者がそれを提示し又は通知して、特定の販売業者から商品若しくは権利を購入し、又は特定の役務提供事業者から役務の提供を受けることができるものをいう。以下この項において同じ。）と結び付け、当該決済用情報を当該利用者に提供することを業とする者

六　前号に掲げる者から委託（二以上の段階にわたる委託を含む。）を受け、クレジットカード番号等をその結び付けられた決済用情報により特定することができる状態で管理することを業とする者

七　第三号から前号までに掲げる者のほか、大量のクレジットカード番号等を取り扱う者として経済産業省令で定める者

2　前項の「二月払購入あつせん」とは、カード等を利用者に交付し又は付与し、当該利用者がそのカード等を提示し若しくは通知して、又はそれと引換えに特定の販売業者から商品若しくは権利を購入し、又は特定の役務提供事業者から役務の提供を受けるときは、当該販売業者又は当該役務提供事業者に当該商品若しくは当該権利の代金又は当該役務の対価に相当する額の交付（当該販売業者又は当該役務提供事業者以外の者を通じた当該販売業者又は当該役務提供事業者への交付を含む。）をするとともに、当該利用者から当該代金又は当該対価に相当する額を、当該利用者が当該販売業者から商品若しくは権利を購入する契約を締結し、又は当該役務提供事業者から役務の提供を受ける契約を締結した時から二月を超えない範囲内においてあらかじめ定められた時期までに受領することをいう。

3　クレジットカード番号等取扱業者は、クレジットカード番号等取扱受託業者（当該クレジットカード番号等取扱業者からクレジットカード番号等の取扱いの全部若しくは一

（大量のクレジットカード番号等を取り扱う者）

第百三十二条の二　法第三十五条の十六第一項第七号の経済産業省令で定める者は、特定のクレジットカード等購入あつせん関係販売業者又はクレジットカード等購入あつせん関係役務提供事業者のために、クレジットカード番号等を特定の立替払取次業者に提供（当該立替払取次業者以外の者を通じた当該立替払取次業者への提供を含む。）することを業とする者とする。

【関連：令和2年施行規則パブリックコメントNo.15】

（クレジットカード番号等取扱受託業者に対する必要な指導その他の措置の基準）

第百三十三条　法第三十五条の十六第三項の経済産業省令で

部の委託を受けた第三者又は当該第三者から委託（二以上の段階にわたる委託を含む。）を受けた者をいう。以下同じ。）の取り扱うクレジットカード番号等の適切な管理が図られるよう、経済産業省令で定める基準に従い、クレジットカード番号等取扱受託業者に対する必要な指導その他の措置を講じなければならない。

定める基準は、次項から第六項までに定めるところによる。

2　クレジットカード番号等取扱業者は、あらかじめクレジットカード番号等取扱受託業者に、次に掲げる措置を講じさせるために必要な措置を講じなければならない。

一　クレジットカード番号等取扱受託業者において漏えい等の事故が発生し、又は発生したおそれがあるときは、直ちに当該事故の状況を把握し、その状況を当該クレジットカード番号等取扱業者に対して連絡するとともに当該事故の拡大を防止すること。

二　クレジットカード番号等取扱受託業者において漏えい等の事故が発生し、又は発生したおそれがあるときは、当該事故の状況に応じて速やかに、その原因を究明するために必要な調査（当該事故に係るクレジットカード番号等の特定を含む。）を行い、当該調査の結果を当該クレジットカード番号等取扱業者に通知すること。

三　クレジットカード番号等取扱受託業者において漏えい等の事故が発生し、又は発生したおそれがあるときは類似の漏えい等の事故の再発防止のために必要な措置

四　前各号に掲げるもののほか、クレジットカード番号等の適切な管理のために必要な措置

3　クレジットカード番号等取扱業者は、クレジットカード番号等取扱受託業者において漏えい等の事故が発生し、又は発生したおそれがあるときは、当該クレジットカード番号等取扱受託業者に対し、直ちに当該事故の状況を把握し、その状況を当該クレジットカード番号等取扱業者に対して連絡するとともに当該事故の拡大を防止することについて指導しなければならない。

4　クレジットカード番号等取扱業者は、クレジットカード番号等取扱受託業者において漏えい等の事故が発生し、又は発生したおそれがあるときは、当該クレジットカード番号等取扱受託業者に対し、当該事故の状況に応じて速やかに、その原因を究明するために必要な調査（当該事故に係るクレジットカード番号等の特定を含む。）を行い、当該調査の結果を当該クレジットカード番号等取扱業者に通知することについて指導しなければならない。

（改善命令）

第三十五条の十七　経済産業大臣は、クレジットカード番号等取扱業者（前条第一項第二号に該当するものを除く。以下この条において同じ。）が講ずる前条第一項又は第三項に規定する措置がそれぞれ同条第一項又は第三項に規定する基準に適合していないと認めるときは、その必要の限度において、当該クレジットカード番号等取扱業者に対し、当該措置に係る業務の方法の変更その他必要な措置をとるべきことを命ずることができる。

第二節　クレジットカード番号等取扱契約

（クレジットカード番号等取扱契約締結事業者の登録）

第三十五条の十七の二　次の各号のいずれかに該当する者は、経済産業省に備えるクレジットカード番号等取扱契約締結事業者登録簿に登録を受けなければならない。

一　クレジットカード等購入あっせんに係る販売又は提供の方法により商品若しくは権利を販売し、又は役務を提供しようとする販売業者又は役務提供事業者に対して、自ら利用者に付与するクレジットカード番号等を取り扱うことを認める契約を当該販売業者又は当該役務提供事業者との間で締結することを業とするクレジットカード等購入あっせん業者

二　特定のクレジットカード等購入あっせん業者のために、クレジットカード等購入あっせんに係る販売又は提

5　クレジットカード番号等取扱業者は、漏えい等の事故を発生させたクレジットカード番号等取扱受託業者又はそのおそれがあるクレジットカード番号等取扱受託業者に対し、類似の漏えい等の事故の再発防止のために必要な措置を講ずることについて指導しなければならない。

6　クレジットカード番号等取扱業者は、クレジットカード番号等受託業者においてクレジットカード番号等の適切な管理が図られるよう、クレジットカード番号等取扱受託業者に対する指導その他の必要な措置を講じなければならない。

第二節　クレジットカード番号等取扱契約

供の方法により商品若しくは権利を販売し、又は役務を提供しようとする販売業者又は役務提供事業者に対して、当該クレジットカード等購入あつせん業者が利用者に付与するクレジットカード番号等を取り扱うことを認める契約を当該販売業者又は当該役務提供事業者との間で締結することを業とする者

（登録の申請）

第三十五条の十七の三　前条の登録を受けようとする者は、次の事項を記載した申請書を経済産業大臣に提出しなければならない。

一　名称

二　本店その他の営業所（外国法人にあつては、本店及び国内における主たる営業所その他の営業所）の名称及び所在地

三　役員の氏名

2　前項の申請書には、定款、登記事項証明書その他経済産業省令で定める書類を添付しなければならない。ただし、経済産業省令で定める場合は、登記事項証明書の添付を省略することができる。

（登録の申請）

第百三十三条の二　法第三十五条の十七の三第一項の申請書は、様式第二十六の二によるものとする。

2　法第三十五条の十七の三第二項の経済産業省令で定める書類は、次のとおりとする。

一　役員の履歴書

二　株主若しくは社員の名簿及び親会社の株主若しくは社員の名簿又はこれらに代わる書面

三　クレジットカード番号等取扱契約の締結に係る業務及び法第三十五条の十七の八第一項又は第三項の規定による調査に関する社内規則等（クレジットカード番号等取扱契約締結事業者又はその役員、使用人その他の従業者が遵守すべき規則その他これに準ずるものであつてクレジットカード番号等取扱契約締結事業者が作成するものをいう。次条において同じ。）

四　クレジットカード番号等取扱契約の締結に係る業務及び法第三十五条の十七の八第一項又は第三項の規定による調査に関する組織図

五　法第三十五条の十七の五第一項第三号から第八号までの規定に該当しないことを誓約する書面

〔法第三十五条の十七の三第二項ただし書に対応する経済産業省令の規定なし〕

3　前項の場合において、定款が電磁的記録で作られているときは、書面に代えて電磁的記録（経済産業省令で定めるものに限る。）を添付することができる。

（登録及びその通知）

第三十五条の十七の四　経済産業大臣は、前条第一項の規定による登録の申請があつたときは、次条第一項の規定により登録を拒否する場合を除くほか、前条第一項各号に掲げる事項及び登録年月日をクレジットカード番号等取扱契約締結事業者登録簿に登録しなければならない。

2　経済産業大臣は、第三十五条の十七の二の登録をしたときは、遅滞なく、その旨を当該登録の申請をした者に通知しなければならない。

（登録の拒否）

第三十五条の十七の五　経済産業大臣は、第三十五条の十七の三第一項の申請書を提出した者が次の各号のいずれかに該当するとき、又は当該申請書若しくはその添付書類のうちに重要な事項について虚偽の記載があり、若しくは重要な事実の記載が欠けているときは、その登録を拒否しなければならない。

一　法人でない者

二　外国法人である場合には、国内に営業所を有しない者

三　第三十五条の十七の十一第一項又は第二項の規定により登録を取り消され、その取消しの日から五年を経過しない法人

四　この法律の規定により罰金の刑に処せられ、その刑の執行を終わり、又は執行を受けることがなくなつた日から五年を経過しない法人

五　役員のうちに次のいずれかに該当する者のある法人

イ　破産手続開始の決定を受けて復権を得ない者

ロ　禁錮以上の刑に処せられ、その刑の執行を終わり、又は執行を受けることがなくなつた日から五年を経過しない者

ハ　この法律若しくは暴力団員による不当な行為の防止

3　第十二条第三項の規定は、法第三十五条の十七の三第三項の経済産業省令で定める電磁的記録に準用する。

等に関する法律の規定（同法第三十二条の三第七項及び第三十二条の十一第一項の規定を除く。）に違反し、又は刑法若しくは暴力行為等処罰に関する法律の罪を犯し、罰金の刑に処せられ、その刑の執行を終わり、又は執行を受けることがなくなつた日から五年を経過しない者

ニ　クレジットカード番号等取扱契約締結事業者（第三十五条の十七の二の登録を受けた者をいう。以下同じ。）が第三十五条の十七の十一第一項又は第二項の規定により登録を取り消された場合において、その処分のあつた日前三十日以内にそのクレジットカード番号等取扱契約締結事業者の役員であつた者で、その処分のあつた日から五年を経過しないもの

ホ　暴力団員等

六　暴力団員等がその事業活動を支配する法人

七　暴力団員等をその業務に従事させ、又はその業務の補助者として使用するおそれのある法人

八　クレジットカード番号等取扱契約（第三十五条の十七の二各号に規定する契約をいう。以下同じ。）の締結に係る業務及び第三十五条の十七の八第一項又は第三項の規定による調査の適確な実施を確保するために必要なものとして経済産業省令で定める体制が整備されていると認められない法人

（クレジットカード番号等取扱契約の締結に係る業務等の適確な実施を確保するために必要な体制）

第百三十三条の三　法第三十五条の十七の五第一項第八号に規定する経済産業省令で定める体制は、次のとおりとする。

一　クレジットカード番号等取扱契約の締結に係る業務又は法第三十五条の十七の八第一項若しくは第三項の規定による調査を第三者に委託する場合には、次に掲げる措置の適確な実施を確保するために必要な体制

イ　当該業務又は当該調査を適確に遂行することができる能力を有する者に委託するための措置

ロ　当該業務又は当該調査の委託を受けた者（以下この号において「受託者」という。）における当該業務又は当該調査の実施状況を、定期的に又は必要に応じて確認すること等により、受託者が当該業務又は当該調査を適確に遂行しているかを検証し、必要に応じ改善させる等、受託者に対する必要かつ適切な監督等を行うための措置

ハ　受託者が当該業務又は当該調査を適切に行うことが

2　第十五条第三項の規定は、第三十五条の十七の三第一項の規定による登録の申請があつた場合に準用する。

（変更の届出）

第三十五条の十七の六　クレジットカード番号等取扱契約締結事業者は、第三十五条の十七の三第一項各号に掲げる事項について変更があつたときは、遅滞なく、その旨を経済産業大臣に届け出なければならない。

2　経済産業大臣は、前項の規定による変更の届出を受理したときは、その届出があつた事項をクレジットカード番号等取扱契約締結事業者登録簿に登録しなければならない。

3　第三十五条の十七の三第二項及び第三項の規定は、第一項の規定による変更の届出をする場合に準用する。

できない事態が生じた場合に他の適切な第三者に当該業務又は当該調査を速やかに委託する等、当該業務又は当該調査に係る利用者又は購入者等の利益の保護に支障が生じること等を防止するための措置

ニ　受託者が当該業務又は当該調査を適確に遂行していない場合であつて当該業務又は当該調査に係るクレジットカード番号等の適切な管理等を図るため必要がある場合には、当該業務又は当該調査の委託に係る契約の変更又は解除をする等の必要な措置を講ずるための措置

二　クレジットカード番号等取扱契約の締結に係る業務及び法第三十五条の十七の八第一項又は第三項の規定による調査の適確な実施を確保するため十分な社内規則等を定めていること。

三　法若しくは法の規定に基づく命令又は社内規則等を遵守するために必要な体制

2　前項第二号の社内規則等はクレジットカード番号等取扱契約の締結に係る業務又は法第三十五条の十七の八第一項又は第三項の規定による調査に関する責任体制を明確化する規定を含むものでなければならない。

（変更の届出）

第百三十三条の四　法第三十五条の十七の六第一項の届出は、様式第二十六の三による届出書を提出してしなければならない。

2　法第三十五条の十七の六第三項において準用する法第三十五条の十七の三第二項の経済産業省令で定める書類は、次のとおりとする。

一　その変更に係る事項を証する書類

（登録簿の閲覧）

第三十五条の十七の七　経済産業大臣は、クレジットカード番号等取扱契約締結事業者登録簿を一般の閲覧に供しなければならない。

（クレジットカード番号等取扱契約締結事業者の調査等）

第三十五条の十七の八　クレジットカード番号等取扱契約締結事業者は、クレジットカード番号等取扱契約を締結しようとする場合には、その契約の締結に先立つて、経済産業省令で定めるところにより、販売業者又は役務提供事業者によるクレジットカード番号等の適切な管理及び利用者によるクレジットカード番号等の不正な利用の防止を図るため、クレジットカード番号等取扱契約を締結しようとする販売業者又は役務提供事業者に関し、クレジットカード番号等の適切な管理又は利用者によるクレジットカード番号等の不正な利用の防止（以下「クレジットカード番号等の適切な管理等」という。）に支障を及ぼすおそれの有無に関する事項であつて経済産業省令で定める事項を調査しなければならない。

二　その変更が新たに就任した役員に係るものであるときは、当該役員の履歴書及び第百三十三条の二第二項第五号に掲げる書面（法第三十五条の十七の五第一項第五号に係るものに限る。）

3　第十二条第三項の規定は、法第三十五条の十七の六第三項において準用する法第三十五条の十七の三第三項の経済産業省令で定める電磁的記録に準用する。

（クレジットカード番号等取扱契約締結事業者の調査等）

第百三十三条の五　法第三十五条の十七の八第一項の経済産業省令で定める事項は、次のとおりとする。

一　クレジットカード番号等取扱契約を締結しようとする販売業者若しくは役務提供事業者（以下「加盟申込店」という。）又はクレジットカード番号等取扱契約を締結したクレジットカード等購入あつせん関係販売業者若しくはクレジットカード等購入あつせん関係役務提供事業者（以下「加盟店」という。）に関する基本的な事項

二　加盟申込店がクレジットカード等購入あつせんに係る販売の方法により販売しようとする商品若しくは権利若しくは提供しようとする役務又は加盟店がクレジットカード等購入あつせんに係る販売方法により販売する商

品若しくは権利若しくは提供する役務に関する事項

三　加盟申込店が講じようとし、又は加盟店が講じる法第三十五条の十六第一項及び第三項並びに法第三十五条の十七の十五に規定する措置に関する事項

四　加盟申込店又は加盟店がクレジットカード等購入あつせんに係る販売の方法により商品若しくは権利を販売する契約又は役務を提供する契約に関して行つた法第三十五条の三の七各号のいずれかに該当する行為の有無及びその内容

五　加盟申込店又は加盟店がクレジットカード等購入あつせんに係る販売の方法により商品若しくは権利を販売する契約又は役務を提供する契約に関し、前号に掲げる行為をすることを防止するために必要な体制の整備の状況に関する事項

六　加盟申込店又は加盟店によるクレジットカード等購入あつせんに係る業務に関する利用者又は購入者等の利益の保護に欠ける行為に係る苦情の発生状況

七　加盟申込店又は加盟店がクレジットカード等購入あつせんに係る販売の方法により商品若しくは権利を販売する契約又は役務を提供する契約に関し、前号に掲げる行為（第四号に該当する行為を除く。）をすることを防止するために必要な体制及び当該加盟申込店又は当該加盟店によるクレジットカード等購入あつせんに係る業務に関する苦情を適切かつ迅速に処理するために必要な体制の整備の状況に関する事項

八　前各号に掲げる事項のほか、加盟申込店又は加盟店によるクレジットカード番号等の適切な管理等を図るために必要かつ適切な事項

第百三十三条の六　法第三十五条の十七の八第一項の規定により前条各号に定める事項の調査については、次項から第九項までに定めるところによる。ただし、前条第六号及び第七号に定める事項の調査については、次の各号に掲げる場合の区分に応じ、当該各号に定めるところによることができる。

一　次項及び第三項に基づく調査の結果その他の事情から、加盟申込店がクレジットカード等購入あつせんに係る販売の方法により商品若しくは権利を販売する契約又は役務を提供する契約に関し、利用者又は購入者等の利益の保護に欠ける行為を行う危険性の程度が低いと認められる場合　第七項及び第八項に基づく調査を省略し又は第七項及び第八項に定める調査手法のうち、より簡易な方法による調査によること。

二　先進的な技術又は手法を用いた調査により、加盟申込店がクレジットカード等購入あつせんに係る販売の方法により商品若しくは権利を販売する契約又は役務を提供する契約に関し、利用者又は購入者等の利益の保護に欠ける行為を行う危険性の程度について、第七項の調査と同等の効果を確保できると認められる場合　当該調査をもつて第七項に基づく調査に代えること。

2　前条第一号に定める事項は、次に掲げる事項を含むものでなければならない。

一　加盟申込店が行う取引の種類

二　加盟申込店の氏名、生年月日、住所及び電話番号（法人にあつては、名称、住所、電話番号、法人番号並びに代表者の氏名及び生年月日）

3　前条第二号に定める事項については、加盟申込店がクレジットカード等購入あつせんに係る販売の方法により販売しようとする商品若しくは権利又は提供しようとする役務の種類を示すものについて調査しなければならない。

4　前条第三号に定める事項については、加盟申込店が講じようとする法第三十五条の十六第一項及び第三項並びに法第三十五条の十七の十五に規定する措置がそれぞれ第百三十二条各号、第百三十三条第二項から第六項まで又は第百三十三条の十四各号に定める基準に適合しているかどうかについて調査しなければならない。

5　前条第四号に定める事項については、調査の日前五年間に特定商取引に関する法律による処分を受けたことの有無及びその内容その他の事項について、加盟申込店からの申告又は利用者若しくは購入者等から申出を受けた苦情の確

2　クレジットカード番号等取扱契約締結事業者は、前項の規定による調査その他の方法により知つた事項からみて、販売業者又は役務提供事業者が講じようとする第三十五条の十六第一項若しくは第三項又は第三十五条の十七の十五に規定する措置がそれぞれ第三十五条の十六第一項若しくは第三項又は第三十五条の十七の十五に規定する基準に適合せず、又は適合しないおそれがあると認めるときは、クレジットカード番号等取扱契約を締結してはならない。

3　クレジットカード番号等取扱契約締結事業者は、そのクレジットカード番号等取扱契約を締結したクレジットカー

認その他の適切な方法により調査しなければならない。

6　前条第五号に定める事項については、前項の調査の結果、調査の日前五年間に特定商取引に関する法律による処分を受けたことその他法第三十五条の三の七各号のいずれかに該当する行為があつたことが明らかである場合に、必要かつ適切な方法により調査しなければならない。

7　前条第六号に定める事項については、加盟申込店からの申告、利用者若しくは購入者等から申出を受けた苦情の確認、認定割賦販売協会の保有する情報の確認、又はインターネットを用いた情報の取得その他の適切な方法により調査しなければならない。

8　前条第七号に定める事項については、前項の調査の結果、加盟申込店によるクレジットカード等購入あつせんに係る業務に関する利用者又は購入者等の利益の保護に欠ける行為に係る苦情の発生状況及び加盟申込店以外の加盟店（以下この項において「他の加盟店」という。）によるクレジットカード等購入あつせんに係る業務に関する利用者又は購入者等の利益の保護に欠ける行為に係る苦情の発生状況からみて、当該加盟申込店が当該他の加盟店に比し、著しく利用者又は購入者等の利益の保護に欠けると認められる場合に、必要かつ適切な方法により調査しなければならない。

9　前条第八号に定める事項については、加盟申込店によるクレジットカード番号等の適切な管理等を図るため必要かつ適切な方法により調査しなければならない。

第百三十三条の七　法第三十五条の十七の八第三項の規定により第百三十三条の五第三号、第六号及び第八号に定める

ド等購入あつせん関係販売業者又はクレジットカード等購入あつせん関係役務提供事業者について、定期的に、又は必要に応じて、経済産業省令で定めるところにより、第一項に規定する事項を調査しなければならない。

事項の定期的な調査については、次項から第四項までに定めるところにより、それぞれ適切な頻度で行わなければならない。ただし、当該調査は、加盟店におけるクレジットカード等購入あつせんに係る販売の方法により商品若しくは権利を販売する契約又は役務を提供する契約に係る取引状況等を常時監視することその他これと同等以上の措置を講ずることをもつて代えることができる。

2　第百三十三条の五第三号に定める事項については、加盟店が講じる法第三十五条の十六第一項及び第三項並びに法第三十五条の十七の十五に規定する措置がそれぞれ第百三十二条各号、第百三十三条第二項から第六項まで又は第百三十三条の十四各号に定める基準に適合しているかどうかについて調査しなければならない。

3　第百三十三条の五第六号に定める事項については、クレジットカード番号等取扱契約締結事業者が把握している当該加盟店によるクレジットカード等購入あつせんに係る業務に関する利用者又は購入者等の利益の保護に欠ける行為に係る苦情の発生状況に鑑み、適切な頻度及び方法により調査しなければならない。この場合において、適切な方法とは、認定割賦販売協会の保有する情報の確認その他の当該苦情の発生状況に応じた方法をいう。

4　第百三十三条の五第八号に定める事項は、加盟店における漏えい等の事故及び利用者又は購入者等によるクレジットカード番号等の不正な利用（以下「不正利用」という。）の発生状況に関する事項を含むものでなければならず、クレジットカード番号等取扱契約締結事業者が把握している情報に鑑み、当該加盟店における漏えい等の事故又は不正利用が発生する危険性の程度に応じた適切な頻度及び方法により調査しなければならない。この場合において、適切な方法とは、認定割賦販売協会の保有する情報の確認その他の当該危険性の程度に応じた方法をいう。

第百三十三条の八　法第三十五条の十七の八第三項の規定により第百三十三条の五第一号、第二号及び第四号から第八号までに掲げる事項については、次の各号に掲げる場合の区分に応じ、当該各号に定める事項を調査しなければならない。

一　加盟店からの申告、利用者若しくは購入者等から申出を受けた苦情の確認、認定割賦販売協会の保有する情報の確認又はインターネットを用いた情報の取得その他の適切な方法により知つた事項からみて、第百三十三条の五第一号及び第二号に掲げる事項に変更があつた場合　これらの事項のうち変更があつた事項

二　利用者から申出を受けた苦情（クレジットカード等購入あつせん業者を通じて申出を受けたものを含む。）の内容の調査その他の方法により知つた事項に基づき、加盟店がクレジットカード等購入あつせんに係る販売の方法により商品若しくは権利を販売する契約又は役務を提供する契約に関し、法第三十五条の三の七各号のいずれかに該当する行為をしたと認める場合　次に掲げる事項

イ　第百三十三条の五第四号に定める事項

ロ　第百三十三条の五第五号に定める事項

ハ　第百三十三条の五第七号に定める事項（クレジットカード等購入あつせんに係る業務に関する苦情を適切かつ迅速に処理するために必要な体制の整備の状況に関する事項に限る。）

三　利用者又は購入者等から申出を受けた苦情（クレジットカード等購入あつせん業者を通じて申出を受けたものを含む。）の内容の調査その他の方法により知つた事項に基づき、加盟店によるクレジットカード等購入あつせんに係る業務に関する利用者又は購入者等の利益の保護に欠ける行為に係る苦情（苦情の内容が前号の行為に起因するものである苦情を除く。以下この号において同じ。）の発生状況及び当該加盟店以外の加盟店（以下この号において「他の加盟店」という。）によるクレジットカード等購入あつせんに係る業務に関する利用者又は購入者等の利益の保護に欠ける行為に係る苦情の発生状況からみて、当該加盟店が他の加盟店に比し、利用者又は購入者等の利益の保護に欠けると認められる場合　次に掲げる事項

4　クレジットカード番号等取扱契約締結事業者は、前項の規定による調査その他の方法により知つた事項からみて、クレジットカード等購入あつせん関係販売業者又はクレジットカード等購入あつせん関係役務提供事業者が講ずる第三十五条の十六第一項若しくは第三項又は第三十五条の十七の十五に規定する措置がそれぞれ第三十五条の十六第

イ　当該加盟店によるクレジットカード等購入あつせんに係る業務に関する利用者又は購入者等の利益の保護に欠ける行為の内容
ロ　第百三十三条の五第七号に定める事項
四　加盟店からの連絡その他の方法により知つた事項からみて、当該加盟店による漏えい等の事故が発生し、又は発生したおそれがあると認める場合　次に掲げる事項
イ　当該事故に関し、当該加盟店が行つた第百三十二条第二号の規定による調査の結果
ロ　次条第一号及び第二号に掲げる措置を適切に講ずるために必要な事項
五　クレジットカード等購入あつせん業者からの連絡その他の方法により知つた事項に基づき、加盟店における不正利用の発生状況その他の事情からみて、当該加盟店による不正利用の防止に支障を生じ、又は生ずるおそれがあると認める場合　次に掲げる事項
イ　当該不正利用の内容
ロ　当該加盟店が当該不正利用の防止を図るために講ずる第百三十三条の十四第一号の規定による措置の実施状況
ハ　次条第一号及び第三号に掲げる措置を適切に講ずるために必要な事項
六　前各号に掲げるもののほか、加盟店によるクレジットカード番号等の適切な管理等に支障を生じ、又は生ずるおそれがあると認められる場合　次条第一号から第三号までに掲げるいずれかの措置を適切に講ずるために必要な事項

【関連：令和2年施行規則パブリックコメントNo.17】

第百三十三条の九　法第三十五条の十七の八第四項の規定により、クレジットカード番号等取扱契約締結事業者は次に掲げる措置を講じなければならない。
一　加盟店が講ずる法第三十五条の十六第一項若しくは第三項又は法第三十五条の十七の十五に規定する措置がそれぞれ第百三十二条各号、第百三十三条第二項から第六

一項若しくは第三項又は第三十五条の十七の十五に規定する基準に適合せず、又は適合しないおそれがあると認めるときは、クレジットカード番号等取扱契約の解除その他の経済産業省令で定める必要な措置を講じなければならない。

5　クレジットカード番号等取扱契約締結事業者は、経済産業省令で定めるところにより、第一項及び第三項の規定による調査に関する記録を作成し、これを保存しなければならない。

項まで又は第百三十三条の十四各号に定める基準に適合せず、又は適合しないおそれがあると認めるときは、合理的な期間内に当該基準に適合した措置を講じるよう指導すること。

二　加盟店において、漏えい等の事故が発生し、又は発生したおそれがあるときは、類似の漏えい等の事故の再発防止のために必要な措置を講じるよう指導すること。

三　加盟店における不正利用の発生状況を踏まえ、類似の不正利用の再発防止のために必要な措置を講じるよう指導すること。

四　加盟店が前三号の指導に従わないとき又は加盟店が講ずる法第三十五条の十六第一項若しくは第三項又は法第三十五条の十七の十五に規定する措置がそれぞれ第百三十二条各号、第百三十三条第二項から第六項まで又は第百三十三条の十四各号に定める基準に適合することが見込まれないときは当該加盟店とのクレジットカード番号等取扱契約を解除すること。

五　第六十条第二号の規定により包括信用購入あつせん業者から苦情の内容の通知を受けたときであつて、前条第二号又は第三号に該当するためこれらの号の規定による調査を行つたときは、必要に応じて当該調査に関する情報を当該包括信用購入あつせん業者に提供すること。

第百三十三条の十　法第三十五条の十七の八第五項の規定により、同条第一項の規定による調査として、第百三十三条の五各号に掲げる事項の調査を行い、クレジットカード番号等取扱契約を締結したときは、次に掲げる事項の記録を、書面又は電磁的方法をもつて作成し、第一号及び第二号に掲げる事項にあつては、第百三十三条の五各号に掲げる事項ごとに当該調査の後最初に行う法第三十五条の十七の八第三項の規定による調査に関する記録の作成を終えるまでの間（当該調査に係る加盟店とのクレジットカード番号等取扱契約が終了したときにあつては、当該終了の日から五年間）、第三号に掲げる事項にあつては、当該加盟店とのクレジットカード番号等取扱契約が終了した日から五年間保存しなければならない。

一　調査年月日

二　当該調査の結果（当該調査に関して取得した書面その他の資料がある場合にあつては、当該資料を含む。次項において同じ。）

三　当該調査に係る加盟店とクレジットカード番号等取扱契約を締結した年月日

2　法第三十五条の十七の八第五項の規定により、同条第三項の規定による調査として、第百三十三条の七の規定による調査を行つたときは、各事項ごとに、次に掲げる事項の記録を、書面又は電磁的方法をもつて作成し、各事項ごとに当該調査の後最初に行う調査に関する記録の作成を終えるまでの間（当該調査に係る加盟店とのクレジットカード番号等取扱契約が終了したときにあつては、当該終了の日から五年間）保存しなければならない。

一　調査年月日

二　調査の結果（当該調査の結果を踏まえ、法第三十五条の十七の八第四項の規定による措置を講じたときは、当該措置の内容を含む。）

3　法第三十五条の十七の八第五項の規定により、同条第三項の規定による調査として、第百三十三条の八第一号の規定による調査を行つたときは、第百三十三条の五第一号及び第二号に掲げる事項のうち変更があつた事項の記録を、書面又は電磁的記録をもつて作成し、当該記録を新たに作成するまでの間（当該調査に係る加盟店とのクレジットカード番号等取扱契約が終了したときにあつては、当該終了の日から五年間）保存しなければならない。

【関連：令和2年施行規則パブリックコメントNo．17】

4　法第三十五条の十七の八第五項の規定により、同条第三項の規定による調査として、第百三十三条の八第二号から第六号までの規定による調査を行つたときは、第二項各号に掲げる事項の記録を、書面又は電磁的方法をもつて作成し、作成後五年間保存しなければならない。

（業務の運営に関する措置）

第三十五条の十七の九　クレジットカード番号等取扱契約締結事業者は、経済産業省令で定めるところにより、そのクレジットカード番号等取扱契約の締結に係る業務に関して取得したクレジットカード番号等に関する情報の適切な管理のために必要な措置を講じなければならない。

（改善命令）

第三十五条の十七の十　経済産業大臣は、クレジットカード番号等取扱契約締結事業者が第三十五条の十七の五第一項第八号の規定に該当することとなつたと認めるとき、又は前二条の規定に違反していると認めるときは、その必要の限度において、当該クレジットカード番号等取扱契約締結事業者に対し、クレジットカード番号等取扱契約の締結に係る業務の運営を改善するため必要な措置をとるべきことを命ずることができる。

（登録の取消し）

第三十五条の十七の十一　経済産業大臣は、クレジットカード番号等取扱契約締結事業者が次の各号のいずれかに該当するときは、その登録を取り消さなければならない。

一　第三十五条の十七の五第一項第二号又は第四号から第七号までのいずれかに該当することとなつたとき。

二　不正の手段により第三十五条の十七の二の登録を受けたとき。

2　経済産業大臣は、クレジットカード番号等取扱契約締結事業者が次の各号のいずれかに該当するときは、その登録を取り消すことができる。

一　前条の規定による命令に違反したとき。

二　第三十五条の十七の六第一項の規定による届出をせず、又は虚偽の届出をしたとき。

3　経済産業大臣は、前二項の規定により登録を取り消したときは、遅滞なく、その理由を示して、その旨を当該クレジットカード番号等取扱契約締結事業者であつた者に通知しなければならない。

（業務の運営に関する措置）

第百三十三条の十一　クレジットカード番号等取扱契約締結事業者は、法第三十五条の十七の九の規定によりその取り扱うクレジットカード番号等に関する情報の安全管理、従業者の監督及び当該情報の取扱いを委託する場合には、その委託先の監督について、当該情報の漏えい、滅失又は毀損の防止を図るために必要かつ適切な措置を講じなければならない。

（登録の消除）

第三十五条の十七の十二　経済産業大臣は、次の各号のいずれかに該当するときは、クレジットカード番号等取扱契約締結事業者登録簿につき、そのクレジットカード番号等取扱契約締結事業者に関する登録を消除しなければならない。

一　前条第一項又は第二項の規定により登録を取り消したとき。

二　第三十五条の十七の十四の規定による届出があつたときその他クレジットカード番号等取扱契約の締結に係る業務を廃止したことが判明したとき。

2　前条第三項の規定は、前項第二号の規定により登録を消除した場合に準用する。

（処分の公示）

第三十五条の十七の十三　経済産業大臣は、第三十五条の十七の十一第一項若しくは第二項の規定により登録を取り消したとき、又は前条第一項第二号の規定により登録を消除したときは、経済産業省令で定めるところにより、その旨を公示しなければならない。

（廃止の届出）

第三十五条の十七の十四　クレジットカード番号等取扱契約締結事業者は、クレジットカード番号等取扱契約の締結に係る業務を廃止したときは、遅滞なく、その旨を経済産業大臣に届け出なければならない。

（クレジットカード番号等の不正な利用の防止）

第三十五条の十七の十五　クレジットカード等購入あつせん関係販売業者又はクレジットカード等購入あつせん関係役務提供事業者は、経済産業省令で定める基準に従い、利用者によるクレジットカード番号等の不正な利用を防止するために必要な措置を講じなければならない。

（処分の公示）

第百三十三条の十二　法第三十五条の十七の十三の規定による公示は、官報に掲載してするものとする。

（廃止の届出）

第百三十三条の十三　法第三十五条の十七の十四の規定による届出は、様式第十三による届出書を提出してしなければならない。

（クレジットカード番号等の不正な利用の防止）

第百三十三条の十四　法第三十五条の十七の十五の経済産業省令で定める基準は、次のとおりとする。

一　クレジットカード番号等の通知を受けたとき、当該通知がクレジットカード等購入あつせん業者から当該クレジットカード番号等の交付又は付与を受けた利用者によるものであるかの適切な確認その他の不正利用を防止するために必要かつ適切な措置を講ずること。

第三章の五　認定割賦販売協会

（認定割賦販売協会の認定及び業務）

第三十五条の十八　経済産業大臣は、政令で定めるところにより、割賦販売業者、ローン提携販売業者、包括信用購入あっせん業者、個別信用購入あっせん業者、クレジットカード等購入あっせん業者（包括信用購入あっせん業者を除く。）、第三十五条の十六第一項第三号から第七号までに掲げる者又はクレジットカード番号等取扱契約締結事業者（以下この章において「割賦販売業者等」と総称する。）が設立した一般社団法人であつて、次に掲げる要件に該当すると認められるものを、その申請により、次項に規定する業務（以下「認定業務」という。）を行う者として認定することができる。

一　割賦販売、ローン提携販売、包括信用購入あっせん又は個別信用購入あっせんに係る取引（以下この章において「割賦販売等に係る取引」という。）の健全な発達及び利用者（第二条第一項第二号に規定する利用者及び同条第三項第一号に規定する利用者をいう。）又は購入者若しくは役務の提供を受ける者（以下この章において「利用者等」という。）の利益の保護に資することを目的とすること。

二　割賦販売業者等を社員とする旨の定款の定めがあること。

三　次項に規定する業務を適正かつ確実に行うに必要な業務の実施の方法を定めているものであること。

四　次項に規定する業務を適正かつ確実に行うに足りる知識及び能力並びに財産的基礎を有するものであること。

2　前項の規定により認定された一般社団法人（以下「認定割賦販売協会」という。）は、次に掲げる業務を行うものとする。

（認定割賦販売協会の認定の申請）

第三十一条　法第三十五条の十八第一項の規定による認定の申請は、次に掲げる事項を記載した申請書を経済産業大臣に提出してしなければならない。

一　名称

二　事務所の所在の場所

三　役員の氏名及び会員の名称

2　前項の申請書には、定款その他経済産業省令で定める書類を添付しなければならない。

二　加盟店において不正利用されたときは、その発生状況を踏まえ、類似の不正利用を防止するために必要な措置を講ずること。

第七章　認定割賦販売協会

（認定割賦販売協会の認定の申請）

第百三十四条　法第三十五条の十八の申請書は、様式第二十七によるものとする。

2　令第三十一条第二項の経済産業省令で定める書類は、次のとおりとする。

一　業務規程その他の規則

二　最近の事業年度（申請の日の属する事業年度に設立された法人にあつては、その設立の時）における財産目録その他の財産的基礎を有することを明らかにする書類

三　役員の履歴書

一　割賦販売等に係る取引の公正の確保及びクレジットカード番号等の適切な管理等を図るために必要な規則の制定
二　会員のこの法律の規定若しくはこの法律に基づく命令若しくはこれらに基づく処分又は前号の規則の遵守の状況の調査
三　会員にこの法律の規定若しくはこの法律に基づく命令又は第一号の規則を遵守させるための会員に対する指導又は勧告その他の業務
四　利用者等の利益を保護するために必要な情報の収集、整理及び提供
五　会員の行う業務に関する利用者等からの苦情の処理
六　利用者等に対する広報その他認定割賦販売協会の目的を達成するため必要な業務
七　前各号に掲げるもののほか、クレジットカード番号等の適切な管理等に資する業務

（社員名簿の縦覧等）

第三十五条の十九　認定割賦販売協会は、社員名簿を公衆の縦覧に供しなければならない。

2　認定割賦販売協会でない者は、その名称又は商号中に、認定割賦販売協会と誤認されるおそれのある文字を用いてはならない。

3　認定割賦販売協会に加入していない者は、その名称又は商号中に、認定割賦販売協会会員と誤認されるおそれのある文字を用いてはならない。

（認定割賦販売協会への報告）

第三十五条の二十　会員である包括信用購入あつせん業者又は個別信用購入あつせん業者は、包括信用購入あつせん関係販売業者若しくは包括信用購入あつせん関係役務提供事業者（会員である包括信用購入あつせん業者又は会員である包括信用購入あつせん業者のために包括信用購入あつせん関係立替払取次ぎを行う包括信用購入あつせん関係立替払取次業者と包括信用購入あつせん又は包括信用購入あつ

せん関係立替払取次ぎに係る契約を締結した者に限る。以下この条において「包括信用購入あつせん関係販売業者等」という。）又は個別信用購入あつせん関係販売業者若しくは個別信用購入あつせん関係役務提供事業者（会員である個別信用購入あつせん業者と個別信用購入あつせんに係る契約を締結した者に限る。以下この条において「個別信用購入あつせん関係販売業者等」という。）が行つた利用者等の保護に欠ける行為に関する情報その他利用者等の利益を保護するために必要な包括信用購入あつせん関係販売業者等又は個別信用購入あつせん関係販売業者等に係る情報として経済産業省令で定めるものを取得したときは、これを認定割賦販売協会に報告しなければならない。

（利用者等の利益を保護するために必要な包括信用購入あつせん関係販売業者等又は個別信用購入あつせん関係販売業者等に係る情報及びクレジットカード番号等の適切な管理等のために必要な情報）

第百三十五条　法第三十五条の二十第一項の経済産業省令で定めるものは、次に掲げる情報とする。

一　利用者から受け付けた苦情の内容が法第三十五条の二十第一項に規定する包括信用購入あつせん関係販売業者等（以下この項において「包括信用購入あつせん関係販売業者等」という。）による包括信用購入あつせんに係る業務に関し利用者の利益の保護に欠ける行為に起因するものと認められる場合における当該苦情の内容

二　第六十条第二号の規定による通知をした場合における当該通知の事実

三　第七十七条第一項第二号若しくは第三号又は第九十四条第二号の規定による調査を行つた場合における当該調査の事実及び事由

四　法第三十五条の二十第一項に規定する個別信用購入あつせん関係販売業者等（以下この項において「個別信用購入あつせん関係販売業者等」という。）が個別信用購入あつせんに係る業務に関し購入者等の利益の保護に欠ける行為をしたことを理由として、当該個別信用購入あつせん関係販売業者等と締結した個別信用購入あつせんに係る契約を解除した場合における当該解除の事実及び事由

五　前各号に掲げる情報に係る包括信用購入あつせん関係販売業者等（会員である包括信用購入あつせん業者と包括信用購入あつせんに係る契約を締結した販売業者又は役務提供事業者に限る。）又は個別信用購入あつせん関係販売業者等の氏名、生年月日、住所及び電話番号（法人にあつては、名称、住所、電話番号、法人番号並びに

2　会員であるクレジットカード番号等取扱契約締結事業者は、そのクレジットカード番号等取扱契約を締結したクレジットカード等購入あつせん関係販売業者又はクレジットカード等購入あつせん関係役務提供事業者が行つたクレジットカード番号等の適切な管理等に支障を及ぼす行為に関する情報その他クレジットカード番号等の適切な管理等のために必要な情報として経済産業省令で定めるものを取得したときは、これを認定割賦販売協会に報告しなければならない。

（認定割賦販売協会による情報提供）

第三十五条の二十一　認定割賦販売協会は、その保有する前条に規定する情報について会員である包括信用購入あつせん業者、個別信用購入あつせん業者又はクレジットカード番号等取扱契約締結事業者から提供の請求があつたときは、正当な理由がある場合を除き、当該情報を提供しなければならない。

（役職員の秘密保持義務等）

第三十五条の二十二　認定割賦販売協会の役員若しくは職員又はこれらの職にあつた者は、その職務に関して知り得た秘密を漏らし、又は盗用してはならない。

2　認定割賦販売協会の役員若しくは職員又はこれらの職にあつた者は、その職務に関して知り得た秘密を、認定業務

代表者の氏名及び生年月日）

2　法第三十五条の二十第二項の経済産業省令で定めるものは、次に掲げる情報とする。

一　第百三十三条の八第二号から第六号までの規定による調査を行つた場合における当該調査の事実及び事由

二　第百三十三条の九第一号、第二号、第三号又は第四号の規定による措置を講じた場合における当該措置を講じたことの事実及び事由

三　前二号に掲げる情報に係る販売業者若しくは役務提供事業者又は法第三十五条の二十第二項に規定するクレジットカード等購入あつせん関係販売業者又はクレジットカード等購入あつせん関係役務提供事業者の氏名、生年月日、住所及び電話番号（法人にあつては、名称、住所、電話番号、法人番号並びに代表者の氏名及び生年月日）

の用に供する目的以外に利用してはならない。

（定款の必要的記載事項）

第三十五条の二十三　一般社団法人及び一般財団法人に関する法律（平成十八年法律第四十八号）第十一条第一項各号に掲げる事項及び第三十五条の十八第一項第二号に規定する定款の定めのほか、認定割賦販売協会は、その定款において、この法律の規定若しくはこの法律に基づく命令若しくはこれらに基づく処分又は同条第二項第一号の規則に違反した社員に対し、定款で定める社員の権利の停止若しくは制限を命じ、又は除名する旨を定めなければならない。

（改善命令等）

第三十五条の二十四　経済産業大臣は、認定業務の運営に関し改善が必要であると認めるときは、この法律の施行に必要の限度において、認定割賦販売協会に対し、その改善に必要な措置をとるべきことを命ずることができる。

２　経済産業大臣は、認定割賦販売協会の業務の運営がこの法律の規定若しくはこの法律に基づく命令又はこれらに基づく処分に違反していると認めるときは、その認定を取り消すことができる。

第四章　雑則

（消費経済審議会及び消費者委員会への諮問）

第三十六条　主務大臣は、第七条、第十一条第一号、第十五条第一項第二号（第三十五条の三の六十二において準用する場合を含む。）、第三十三条の二第一項第三号、第三十五条の三の二十六第一項第二号、第三十五条の三の六十一第一号若しくは第四十条第十項（密接関係者の定めに係るものに限る。）に規定する政令の制定若しくは改廃の立案をし、又は第九条の割合若しくは期間を定めようとするときは、消費経済審議会に諮問しなければならない。

２　主務大臣は、第二条第五項若しくは第六項、第三十条の四第四項、第三十条の五第二項又は第三十五条の三の十九

（消費経済審議会及び消費者委員会への諮問）

第三十二条　法第三十六条第二項の規定による諮問は、次の

第八章　雑則

第四項に規定する政令の制定又は改廃の立案をしようとするときは、政令で定めるところにより、消費経済審議会及び消費者委員会に諮問しなければならない。

（カード等の譲受け等の禁止）

第三十七条　何人も、業として、カード等（第二条第一項第二号のカードその他の物及び同条第三項第一号のカードその他の物をいう。以下この条及び第五十一条の三において同じ。）を譲り受け、又は資金の融通に関してカード等の提供を受けてはならない。

（支払能力を超える購入等の防止）

第三十八条　割賦販売業者及びローン提携販売業者は、共同して設立した信用情報機関（信用情報の収集並びに割賦販売業者及びローン提携販売業者に対する信用情報の提供を業とする者をいう。以下同じ。）を利用すること等により得た正確な信用情報に基づき、それにより利用者又は購入者若しくは役務の提供を受ける者が支払うこととなる賦払金等が当該利用者又は購入者若しくは役務の提供を受ける者の支払能力を超えると認められる割賦販売又はローン提携販売を行わないよう努めなければならない。

（信用情報の適正な使用等）

第三十九条　割賦販売業者、ローン提携販売業者、包括信用購入あつせん業者若しくは個別信用購入あつせん業者又はこれらの役員若しくは職員は、利用者（第二条第一項第二号に規定する利用者及び同条第三項第一号に規定する利用者をいう。以下この条において同じ。）又は購入者若しくは役務の提供を受ける者の支払能力に関する事項の調査以外の目的のために信用情報機関に信用情報の提供の依頼をし、又は信用情報機関から提供を受けた信用情報を支払能

各号に掲げる主務大臣が、当該各号に定める消費経済審議会及び消費者委員会に対してするものとする。

一　経済産業大臣　消費経済審議会

二　内閣総理大臣　消費者委員会

三　法第四十六条第五号の当該商品の流通を所掌する大臣、当該権利に係る施設若しくは役務の提供を行う事業を所管する大臣又は当該役務の提供を行う事業を所管する大臣　消費経済審議会

力に関する事項の調査以外の目的に使用し、若しくは第三者に提供してはならない。

２　信用情報機関は、信用情報を利用者又は購入者若しくは役務の提供を受ける者の支払能力に関する事項の調査以外の目的のために使用してはならない。

３　信用情報機関は、正確な信用情報を割賦販売業者、ローン提携販売業者、包括信用購入あつせん業者及び個別信用購入あつせん業者に提供するよう努めなければならない。

（登録等に関する意見聴取）

第三十九条の二　経済産業大臣は、第三十三条第一項の登録をしようとするときは第三十三条の二第一項第七号ホ、第八号又は第九号に該当する事由、第三十三条の二第一項第七号ホに該当する事由、第三十三条の三第二項の登録をしようとするときは第三十五条の二の十第一項の登録をしようとするときは第三十五条の二の十一第一項第六号ホ、第七号又は第八号に該当する事由、第三十五条の二の十三第二項の登録をしようとするときは第三十五条の二の十一第一項第六号ホに該当する事由、第三十五条の三の二十五第一項（第三十五条の三の二十七第二項において準用する場合を含む。）の登録をしようとするときは第三十五条の三の二十六第一項第五号ホ、第六号又は第七号に該当する事由、第三十五条の三の二十八第二項の登録をしようとするときは第三十五条の三の二十六第一項第五号ホに該当する事由、第三十五条の十七の四第一項の登録をしようとするときは第三十五条の十七の五第一項第五号ホ、第六号又は第七号に該当する事由、第三十五条の十七の六第二項の登録をしようとするときは第三十五条の十七の五第一項第五号ホに該当する事由の有無について、警察庁長官の意見を聴くものとする。

２　経済産業大臣は、第三十四条の二第一項の規定による登録の取消しをするときは第三十三条の二第一項第七号ホ、第八号又は第九号に該当する事由、第三十五条の二の十四第一項の規定による登録の取消しをするときは第三十五条の二の十一第一項第六号ホ、第七号又は第八号に該当する事由、第三十五条の三の三十二第一項の規定による登録の取消しをするときは第三十五条の三の二十六第一項第五号ホ、第六号又は第七号に該当する事由、第三十五条の十七の十一第一項の規定による登録の取消しをするときは第三十五条の十七の五第一項第五号ホ、第六号又は第七号に該当する事由の有無について、警察庁長官の意見を聴くことができる。

（経済産業大臣への意見）

第三十九条の三　警察庁長官は、登録包括信用購入あっせん業者、登録少額包括信用購入あっせん業者、登録個別信用購入あっせん業者又はクレジットカード番号等取扱契約締結事業者について、第三十三条の二第一項第七号ホ、第八号若しくは第九号、第三十五条の二の十一第一項第六号ホ、第七号若しくは第八号、第三十五条の三の二十六第一項第五号ホ、第六号若しくは第七号又は第三十五条の十七の五第一項第五号ホ、第六号若しくは第七号に該当する事由があると疑うに足りる相当な理由があるため、経済産業大臣が当該登録包括信用購入あっせん業者、当該登録少額包括信用購入あっせん業者、当該登録個別信用購入あっせん業者又は当該クレジットカード番号等取扱契約締結事業者に対して適当な措置をとることが必要であると認める場合には、経済産業大臣に対し、その旨の意見を述べることができる。

（関係行政機関への照会等）

第三十九条の四　経済産業大臣は、第三十九条の二に規定するもののほか、この法律の規定に基づく事務に関し、関係行政機関又は関係地方公共団体に対し、照会し、又は協力を求めることができる。

（報告の徴収）

第四十条　主務大臣は、この法律の施行に必要な限度において、政令で定めるところにより、第二条第一項第一号に規定する割賦販売を業とする者に対し、その業務に関し報告

（割賦販売を業とする者等に対する報告の徴収等）

第三十三条　法第四十条第一項の規定により経済産業大臣及び当該商品の流通を所掌する大臣が法第二条第一項第一号に規定する割賦販売（以下この項において単に「割賦販売」

（報告の徴収）

第百三十六条　次の表の第一欄に掲げる者は、同表の第二欄に掲げる書類を同表の第三欄に掲げる期限により、同表第四欄に掲げる者に提出しなければならない。

をさせることができる。

という。）を業とする者から報告をさせることができる事項は、次のとおりとする。
一　指定商品の販売額並びに当該指定商品の割賦販売の方法及びその方法による割賦販売額
二　指定商品の割賦販売価格に対する第一回の賦払金の額の割合、指定商品の割賦販売に係る代金の支払の期間その他割賦販売の方法により指定商品を販売する契約に関する事項
三　指定商品の割賦販売に係る代金債権の回収の状況
2　法第四十条第一項の規定により経済産業大臣が許可割賦販売業者から報告をさせることができる事項は、次のとおりとする。
一　財産の状況に関する事項
二　前払式割賦販売に係る業務の運営に関する事項
三　兼営事業に関する事項

提出義務者	提出書類	提出期限	提出先
一　許可割賦販売業者又は法第三十五条の三の六十一の許可を受けた者	事業年度の終了の日の現在において様式第二十八により作成した財産及び収支に関する報告書並びにその事業年度の貸借対照表（関連する注記を含む。以下同じ。）、損益計算書（関連する注記を含む。以下同じ。）及び株主資本等変動計算書（関連する注記を含む。以下同じ。）（当該許可割賦販売業者又は当該法第三十五条の三の六十一の許可を受けた者と密接な関係を有する者として経済産業大臣が定める者がある場合にあつては、当該者の直近の事業年度における貸借対照表、損益計算書及び株主資本等変動計算書を含む。）又はこれらに代わる書面	毎事業年度終了後遅滞なく	主たる営業所の所在地を管轄する経済産業局長を経由して経済産業大臣
	四月から九月まで及び十月から三月までの期間における予約前受金の状況及び前払式割賦販売又は前	毎年、各期間における最後の月の末日から起	

	払式特定取引の契約の件数についての様式第二十九による報告書	算して五十日以内	
二　登録包括信用購入あつせん業者、登録少額包括信用購入あつせん業者又は登録個別信用購入あつせん業者	事業年度の終了の日の現在において様式第二により作成した財産に関する調書並びにその事業年度の貸借対照表、損益計算書及び株主資本等変動計算書又はこれらに代わる書面並びに事業報告書	毎事業年度終了後遅滞なく	登録包括信用購入あつせん業者又は登録個別信用購入あつせん業者にあつては、主たる営業所の所在地を管轄する経済産業局長登録少額包括信用購入あつせん業者にあつては、経済産業大臣
三　指定受託機関（事業年度が六月以下のものを除く。）	毎事業年度終了の日から起算して六月を経過した日において様式第三十により作成した財産概要報告書	毎事業年度終了の日から起算して六月を経過した日から起算して五十日以内	経済産業大臣
四　指定受託機関	基準日の翌日から起算して五十日を経過する日における供託	基準日の翌日から起算して	経済産業大臣

2　内閣総理大臣は、第二十条の二第四項又は第二十三条第四項の規定により意見を述べるため必要があると認めるときは、その必要な限度において、政令で定めるところにより、その前払式割賦販売に係る業務の運営が第二十条の二第一項第三号に該当する許可割賦販売業者又は第二十三条第二項第四号の命令に違反した許可割賦販売業者に対し、その業務に関し報告をさせることができる。

3　経済産業大臣は、この法律の施行に必要な限度において、政令で定めるところにより、包括信用購入あつせん業者又は個別信用購入あつせん業者に対し、その業務に関し報告又は帳簿、書類その他の物件の提出を命ずることができる。

3　法第四十条第二項の規定により内閣総理大臣が許可割賦販売業者から報告をさせることができる事項は、前払式割賦販売に係る業務の運営に関する事項とする。

4　法第四十条第三項の規定により経済産業大臣が包括信用購入あつせん業者に対し報告又は帳簿、書類その他の物件の提出を命ずることができる事項は、次のとおりとする。

一　法第三十条の二第一項本文の規定による調査に関する事項

二　当該包括信用購入あつせん業者が行うカード等の交付若しくは付与又は当該カード等に係る極度額の増額に関

	委託契約の締結状況についての様式第三十一による報告書	五十日を経過する日から起算して三十日以内	
五　クレジットカード番号等取扱契約締結事業者	事業報告書	毎事業年度終了後遅滞なく	主たる営業所の所在地を管轄する経済産業局長
六　認定割賦販売協会	前事業年度末における財産目録、前事業年度の収支決算書及び当該事業年度の収支予算書並びに前事業年度の事業報告書及び当該事業年度の事業計画書	毎事業年度経過後三月以内	経済産業大臣

【関連：平成29年施行規則パブリックコメント(2)No.7】

する事項
三　法第三十条の五の二に規定する措置の実施状況
四　特定信用情報の取扱い及び加入指定信用情報機関の商号又は名称の公表に関する事項
五　利用者支払可能見込額（法第三十条の五の四第一項に規定する利用者支払可能見込額をいう。第六項第四号において同じ。）の算定に関する事項
六　法第三十三条の二第一項第十一号に規定する体制の整備の状況（登録包括信用購入あっせん業者に係るものに限る。）
七　法第三十五条の二の十一第一項第十号に規定する体制の整備の状況（登録少額包括信用購入あっせん業者に係るものに限る。）
八　販売業者又は役務提供事業者と締結した包括信用購入あっせんに係る契約の内容及びその締結の状況（登録包括信用購入あっせん業者及び登録少額包括信用購入あっせん業者に係るものに限る。）
九　包括信用購入あっせんに係るカード等の交付又は付与、利用及び回収の状況（登録包括信用購入あっせん業者及び登録少額包括信用購入あっせん業者に係るものに限る。）
十　資産及び負債に関する事項（登録包括信用購入あっせん業者及び登録少額包括信用購入あっせん業者に係るものに限る。）
十一　兼営事業に関する事項（登録包括信用購入あっせん業者及び登録少額包括信用購入あっせん業者に係るものに限る。）

5　法第四十条第三項の規定により経済産業大臣が個別信用購入あっせん業者に対し報告又は帳簿、書類その他の物件の提出を命ずることができる事項は、次のとおりとする。
一　法第三十五条の三の三第一項本文の規定による調査に関する事項
二　当該個別信用購入あっせん業者が行う個別信用購入あっせん関係受領契約の締結に関する事項
三　販売業者又は役務提供事業者と締結した個別信用購入

4　内閣総理大臣は、第三十条の五の三第三項、第三十条の六第三項、第三十四条の二第四項、第三十五条の二の八第三項若しくは第三十五条の二の十四第四項又は第三十五条の三の二十一第三項若しくは第三十五条の三の三十二第四項の規定により意見を述べるため必要があると認めるときは、その必要な限度において、政令で定めるところにより、第三十条の二第一項本文、第三項若しくは第四項、第三十条の二の二本文、第三十条の五の二、第三十条の五の五第一項本文、第二項若しくは第三項、第三十条の五の六本文、第三十五条の二の四第一項本文、第二項若しくは第三項若しくは第三十五条の二の五本文の規定に違反し若しくは第三十四条の二第二項第一号若しくは第三十五条の二の十四第二項第一号の命令に違反した包括信用購入あっせん業者又は第三十五条の三の三第一項本文、第三項若しくは第四項、第三十五条の三の四本文、第三十五条の三の五、第三十五条の三の七本文若しくは第三十五条の三の二十の規定

あっせんに係る契約の内容及びその締結の状況

四　法第三十五条の三の五第一項の規定による調査に関する事項

五　当該個別信用購入あっせん業者が行う個別信用購入あっせん関係受領契約の申込み又は当該個別信用購入あっせん業者が受ける個別信用購入あっせん関係受領契約の申込みに係る承諾に関する事項

六　法第三十五条の三の十第四項又は第三十五条の三の十一第六項の規定による通知に関する事項

七　法第三十五条の三の二十に規定する措置の実施状況

八　特定信用情報の取扱い及び加入指定信用情報機関の商号又は名称の公表に関する事項

九　法第三十五条の三の二十六第一項第九号に規定する体制の整備の状況（登録個別信用購入あっせん業者に係るものに限る。）

十　資産及び負債に関する事項（登録個別信用購入あっせん業者に係るものに限る。）

十一　兼営事業に関する事項（登録個別信用購入あっせん業者に係るものに限る。）

6　法第四十条第四項の規定により内閣総理大臣が包括信用購入あっせん業者に対し報告又は帳簿、書類その他の物件の提出を命ずることができる事項は、次のとおりとする。

一　法第三十条の二第一項本文の規定による調査に関する事項

二　当該包括信用購入あっせん業者が行うカード等の交付若しくは付与又は当該カード等に係る極度額の増額に関する事項

三　法第三十条の五の二に規定する措置の実施状況

四　利用者支払可能見込額の算定に関する事項

7　法第四十条第四項の規定により内閣総理大臣が個別信用購入あっせん業者に対し報告又は帳簿、書類その他の物件の提出を命ずることができる事項は、次のとおりとする。

一　法第三十五条の三の三第一項本文の規定による調査に関する事項

二　当該個別信用購入あっせん業者が行う個別信用購入あ

に違反し若しくは第三十五条の三の三十二第二項第一号の命令に違反した個別信用購入あっせん業者に対し、その業務に関し報告又は帳簿、書類その他の物件の提出を命ずることができる。

5　経済産業大臣は、この法律の施行に必要な限度において、政令で定めるところにより、第三十五条の三の六十一の許可を受けた者又は指定受託機関に対し、その業務に関し報告をさせることができる。

6　内閣総理大臣は、第三十五条の三の六十二において準用する第二十条の二第四項又は第二十三条第四項の規定により意見を述べるため必要があると認めるときは、その必要な限度において、政令で定めるところにより、その前払式特定取引に係る業務の運営が第三十五条の三の六十二において準用する第二十条の二第一項第三号に該当する第三十五条の三の六十一の許可を受けた者又は第三十五条の三の

っせん関係受領契約の締結に関する事項

三　販売業者又は役務提供事業者と締結した個別信用購入あっせんに係る契約の内容及びその締結の状況

四　法第三十五条の三の五第一項の規定による調査に関する事項

五　当該個別信用購入あっせん業者が行う個別信用購入あっせん関係受領契約の申込み又は当該個別信用購入あっせん業者が受ける個別信用購入あっせん関係受領契約の申込みに係る承諾に関する事項

六　法第三十五条の三の二十に規定する措置の実施状況

8　法第四十条第五項の規定により経済産業大臣が法第三十五条の三の六十一の許可を受けた者から報告をさせることができる事項は、次のとおりとする。

一　商品又は指定役務の前払式特定取引の方法による取引額

二　前払式特定取引に係る商品の代金又は指定役務の対価の支払の期間その他前払式特定取引契約に関する事項

三　前払式特定取引に係る商品の代金債権又は指定役務の対価に係る債権の回収の状況

四　財産の状況に関する事項

五　前払式特定取引の業務の運営に関する事項

六　兼営事業に関する事項

9　法第四十条第五項の規定により経済産業大臣が指定受託機関から報告をさせることができる事項は、次のとおりとする。

一　財産の状況に関する事項

二　受託事業の運営に関する事項

三　兼営事業に関する事項

10　法第四十条第六項の規定により内閣総理大臣が法第三十五条の三の六十一の許可を受けた者から報告をさせることができる事項は、次のとおりとする。

一　商品又は指定役務の前払式特定取引の方法による取引額

二　前払式特定取引に係る商品の代金又は指定役務の対価の支払の期間その他前払式特定取引契約に関する事項

六十二において準用する第二十三条第二項第四号の命令（当該第三十五条の三の六十一の許可を受けた者の前払式特定取引に係る業務の運営が第三十五条の三の六十二において準用する第二十条の二第一項第三号に該当する場合におけるものに限る。）に違反した第三十五条の三の六十一の許可を受けた者に対し、その業務に関し報告をさせることができる。

7　経済産業大臣は、この法律の施行に必要な限度において、政令で定めるところにより、クレジットカード番号等取扱業者（包括信用購入あつせん業者を除く。次条第三項において同じ。）又はクレジットカード番号等取扱受託業者に対し、クレジットカード番号等の適切な管理等の状況に関し報告をさせることができる。

8　経済産業大臣は、この法律の施行に必要な限度において、政令で定めるところにより、クレジットカード番号等取扱契約締結事業者に対し、その業務に関し報告又は帳簿、書類その他の物件の提出を命ずることができる。

三　前払式特定取引に係る商品の代金債権又は指定役務の対価に係る債権の回収の状況

四　前払式特定取引の業務の運営に関する事項

11　法第四十条第七項の規定により経済産業大臣がクレジットカード番号等取扱業者から報告をさせることができる事項は、次の各号（法第三十五条の十六第一項第一号及び第三号から第七号までに掲げる者にあつては、第一号及び第二号）に掲げるものとする。

一　法第三十五条の十六第一項に規定するクレジットカード番号等の適切な管理のために必要な措置の実施状況

二　法第三十五条の十六第三項に規定する指導その他の措置の実施状況

三　法第三十五条の十七の十五に規定する利用者によるクレジットカード番号等の不正な利用を防止するために必要な措置の実施状況に関する事項

12　法第四十条第七項の規定により経済産業大臣がクレジットカード番号等取扱受託業者から報告をさせることができる事項は、クレジットカード番号等取扱業者による法第三十五条の十六第三項に規定する指導その他の措置に関する事項とする。

13　法第四十条第八項の規定により経済産業大臣がクレジットカード番号等取扱契約締結事業者に対し報告又は帳簿、書類その他の物件の提出を命ずることができる事項は、次のとおりとする。

一　販売業者又は役務提供事業者と締結した法第三十五条の十七の五第一項第八号に規定するクレジットカード番号等取扱契約の内容及びその締結の状況

二　法第三十五条の十七の五第一項第八号に規定する体制の整備の状況

三　法第三十五条の十七の八第一項又は第三項の規定による調査に関する事項

9　経済産業大臣は、この法律の施行のため特に必要があると認めるときは、その必要な限度において、政令で定めるところにより、包括信用購入あっせん業者から包括信用購入あっせんに係る業務の委託を受けた者に対し、その委託を受けた包括信用購入あっせんに係る業務に関し報告をさせることができる。

10　経済産業大臣は、この法律の施行のため特に必要があると認めるときは、その必要な限度において、政令で定めるところにより、個別信用購入あっせん関係販売業者、個別信用購入あっせん関係役務提供事業者その他の個別信用購入あっせん業者と密接な関係を有する者として政令で定める者（次条第五項において「密接関係者」という。）に対し、当該個別信用購入あっせん業者の第三十五条の三の五及び第三十五条の三の七本文の規定の遵守の状況に関し参考となるべき報告又は帳簿、書類その他の資料の提出を命ずることができる。

四　法第三十五条の十七の八第四項又は第三十五条の十七の九に規定する措置の実施状況

14　法第四十条第九項の規定により経済産業大臣が包括信用購入あっせん業者から包括信用購入あっせんに係る業務の委託を受けた者から報告をさせることができる事項は、その委託を受けた包括信用購入あっせんに係る業務に関する事項とする。

（密接関係者に対する報告の徴収等）

第三十四条　法第四十条第十項の規定により経済産業大臣が報告又は帳簿、書類その他の資料の提出を命ずることができる事項は、次のとおりとする。

一　法第三十五条の三の五第一項の規定による調査に関する事項

二　特定契約（法第三十五条の三の五第一項各号のいずれかに該当する契約をいう。以下この項において同じ。）であって個別信用購入あっせん関係販売契約又は個別信用購入あっせん関係役務提供契約に該当するものの申込み又は締結についての勧誘に関する事項

三　特定契約であって個別信用購入あっせん関係販売契約又は個別信用購入あっせん関係役務提供契約に該当するものの内容及びその履行に関する事項

四　個別信用購入あっせん関係販売業者若しくは個別信用購入あっせん関係役務提供事業者が受ける特定契約であって個別信用購入あっせん関係販売契約若しくは個別信用購入あっせん関係役務提供契約に該当するものの申込みの撤回又は個別信用購入あっせん関係販売業者若しくは個別信用購入あっせん関係役務提供事業者が締結する特定契約であって個別信用購入あっせん関係販売契約若しくは個別信用購入あっせん関係役務提供契約に該当するものの解除に関する事項

五　特定継続的役務提供等契約（法第三十五条の三の五第一項第四号に規定する特定継続的役務提供等契約をいう。次号において同じ。）であって個別信用購入あっせん関係販売

11　経済産業大臣は、特定信用情報提供等業務の適正な運営を確保するため必要があると認めるときは、指定信用情報機関に対し、その業務又は財産に関し報告又は帳簿、書類その他の物件の提出を命ずることができる。

12　経済産業大臣は、特定信用情報提供等業務の適正な運営を確保するため特に必要があると認めるときは、その必要な限度において、加入包括信用購入あつせん業者、加入個別信用購入あつせん業者その他の指定信用情報機関を利用する者又は第三十五条の三の四十二各項の規定による委託を受けた者に対し、当該指定信用情報機関の業務又は財産に関し参考となるべき報告をさせることができる。

13　経済産業大臣は、認定業務の適正な運営を確保するため

契約に該当するものに係る関連商品販売契約（特定商取引に関する法律（昭和五十一年法律第五十七号）第四十八条第二項に規定する関連商品販売契約をいい、当該個別信用購入あつせん関係役務提供事業者又は当該個別信用購入あつせん関係販売業者が当該商品の販売又はその代理若しくは媒介を行つている場合における当該関連商品販売契約に限る。次号において同じ。）の内容及びその履行に関する事項

六　特定継続的役務提供等契約であつて個別信用購入あつせん関係役務提供契約又は個別信用購入あつせん関係販売契約に該当するものに係る関連商品販売契約の解除に関する事項

七　個別信用購入あつせん関係販売業者又は個別信用購入あつせん関係役務提供事業者が行う特定商取引に関する法律第五十一条第一項に規定する業務提供誘引販売取引であつてその相手方が同項に規定する業務提供誘引販売業に関して提供され、又はあつせんされる業務を事業所その他これに類似する施設によらないで行う個人であるものに係る当該業務提供誘引販売取引に係る業務を提供する契約の内容及びその履行に関する事項

2　法第四十条第十項の政令で定める者は、個別信用購入あつせん関係販売業者及び個別信用購入あつせん関係役務提供事業者とする。

必要があると認めるときは、認定割賦販売協会に対し、その業務又は財産に関し報告をさせることができる。

14　内閣総理大臣は、第二項若しくは第六項の規定による報告の徴収をしようとするとき又は第四項の規定による報告若しくは帳簿、書類その他の物件の提出を命じようとするときは、あらかじめ、経済産業大臣に協議しなければならない。

（立入検査）

第四十一条　経済産業大臣は、この法律の施行に必要な限度において、その職員に、許可割賦販売業者、包括信用購入あつせん業者、個別信用購入あつせん業者、指定信用情報機関、第三十五条の三の六十一の許可を受けた者、指定受託機関、クレジットカード番号等取扱契約締結事業者又は認定割賦販売協会の営業所又は事務所に立ち入り、帳簿、書類その他の物件の検査をさせることができる。

2　内閣総理大臣は、前条第二項、第四項又は第六項に規定する場合において利用者又は購入者若しくは役務の提供を受ける者若しくは指定役務の提供を受ける者の利益を保護するため特に必要があると認めるときは、その必要な限度において、その職員に、許可割賦販売業者、包括信用購入あつせん業者、個別信用購入あつせん業者又は第三十五条の三の六十一の許可を受けた者の営業所又は事務所に立ち入り、帳簿、書類その他の物件の検査をさせることができる。

3　経済産業大臣は、この法律の施行に必要な限度において、その職員に、クレジットカード番号等取扱業者又はクレジットカード番号等取扱受託業者の営業所又は事務所に立ち入り、帳簿、書類その他の物件の検査（クレジットカード番号等の適切な管理等の状況に係るものに限る。）をさせることができる。

4　経済産業大臣は、この法律の施行のため特に必要があると認めるときは、その必要な限度において、その職員に、包括信用購入あつせん業者から包括信用購入あつせんに係る業務の委託を受けた者の営業所又は事務所に立ち入り、帳簿、書類その他の物件の検査（その委託を受けた包括信用購入あつせんに係る業務に係るものに限る。）をさせることができる。

5　経済産業大臣は、この法律の施行のため特に必要があると認めるときは、その必要な限度において、その職員に、密接関係者の営業所又は事務所に立ち入り、帳簿、書類その他の物件の検査（個別信用購入あつせん業者の第三十五条の三の五及び第三十五条の三の七本文の規定の遵守の状況に係るものに限る。）をさせることができる。

6　経済産業大臣は、特定信用情報提供等業務の適正な運営を確保するため特に必要があると認めるときは、その必要な限度において、その職員に、加入包括信用購入あつせん業者、加入個別信用購入あつせん業者その他の指定信用情報機関を利用する者又は第三十五条の三の四十二各項の規定による委託を受けた者の営業所又は事務所に立ち入り、帳簿、書類その他の物件の検査（当該指定信用情報機関の業務又は財産に係るものに限る。）をさせることができる。

7　前各項の規定により立入検査をする職員は、その身分を示す証明書を携帯し、関係人に提示しなければならない。

8　第一項から第六項までの規定による立入検査の権限は、犯罪捜査のために認められたものと解釈してはならない。

9　内閣総理大臣は、第二項の規定による立入検査をしようとするときは、あらかじめ、経済産業大臣に協議しなければならない。

（内閣総理大臣への資料提供等）

第四十一条の二　内閣総理大臣は、利用者又は購入者若しくは役務の提供を受ける者若しくは指定役務の提供を受ける者の利益の保護を図るため必要があると認めるときは、経済産業大臣に対し、資料の提供、説明その他必要な協力を求めることができる。

（意見の聴取）

第四十二条　第三十三条の二第一項、第三十五条の二の十一第一項（第三十五条の二の十二第二項において準用する場

（身分を示す証明書）

第百三十七条　法第四十一条第六《ママ》項に規定する職員の身分を示す証明書は、様式第三十二のとおりとする。

（意見の聴取）

第百三十八条　法第四十二条第一項又は法第四十四条第一項の規定による意見の聴取は、経済産業大臣若しくはその指

合を含む。）、第三十五条の三の二十六第一項（第三十五条の三の二十七第二項において準用する場合を含む。）又は第三十五条の十七の五第一項の規定による処分をしようとするときは、当該処分に係る者に対し、相当な期間をおいて予告をした上、公開による意見の聴取を行わなければならない。

名する職員又は経済産業局長若しくはその指名する職員が議長として主宰する意見聴取会によつて行う。

2　経済産業大臣又は経済産業局長は、意見聴取会を開こうとするときは、その期日の二十日前までに、件名、意見聴取会の期日及び場所並びに事案の要旨を異議申立人又は審査請求人及び参加人に通知し、かつ、告示しなければならない。

3　利害関係人（参加人を除く。）として意見聴取会に出席して意見を述べようとする者は、意見聴取会の期日の十日前までに、次に掲げる事項を記載した書面を経済産業大臣又は経済産業局長に届け出なければならない。

一　氏名又は名称及び住所

二　その事案に利害関係があることを疎明する事実

三　意見の概要

4　経済産業大臣又は経済産業局長は、前項の規定による届出をした者のうちから、意見聴取会に出席して意見を述べることができる者を指定し、意見聴取会の期日の三日前までに、その指定した者に対し、その旨を通知するものとする。

5　意見聴取会においては、異議申立人若しくは審査請求人、参加人、前項の規定による指定を受けた者又はこれらの代理人以外の者は、意見を述べることができない。

6　異議申立人若しくは審査請求人、参加人又は第四項の規定による指定を受けた者の代理人は、その代理権を証する書類を議長に提出しなければならない。

7　意見聴取会に出席して意見を述べる者が事案の範囲を超えて発言するとき、又は意見聴取会に出席している者が意見聴取会の秩序を乱し、若しくは不穏な言動をするときは、議長は、これらの者に対し、その発言を禁止し、又は退場を命ずることができる。

8　議長は、必要があると認めるときは、意見聴取会を延期し、又は続行することができる。この場合は、議長は、次回の期日及び場所を定め、異議申立人若しくは審査請求人、参加人又は第四項の規定による指定を受けた者に通知し、かつ、告示しなければならない。

2　前項の予告においては、期日、場所及び事案の内容を示さなければならない。

3　第一項の意見の聴取に際しては、当該処分に係る者及び利害関係人に対し、当該事案について証拠を提示し、意見を述べる機会を与えなければならない。

（聴聞の特例）

第四十三条　経済産業大臣は、第二十条第一項（第三十五条の三の六十二において準用する場合を含む。）、第二十三条第二項（第三十五条の三の六十二において準用する場合を含む。）、第三十四条の二第二項、第三十五条の二の十四第二項、第三十五条の三の三十二第二項、第三十五条の三の

9　議長は意見聴取会について次に掲げる事項を記載した調書を作成し、これに署名押印しなければならない。

一　事案の表示

二　意見聴取会の期日及び場所

三　議長の職名及び氏名

四　出席した異議申立人若しくは審査請求人、参加人又はこれらの代理人の氏名及び住所

五　出席した第四項の規定による指定を受けた者又はその代理人の氏名及び住所

六　その他の出席者の氏名

七　弁論及び陳述又はそれらの要旨

八　提示された証拠の内容

九　その他意見聴取会の経過に関する主要な事項

10　異議申立人若しくは審査請求人又はこれらの代理人は前項に規定する調書を閲覧することができる。参加人、第四項の規定による指定を受けた者その他書面をもつて当該事案について利害関係があることを疎明した者及びその代理人も、同様とする。

（聴聞）

第百三十九条　行政手続法第十五条第一項の規定による通知は、聴聞を行うべき期日の二十一日前までに行わなければならない。

五十四第一項又は第三十五条の十四第二項の規定による命令をしようとするときは、行政手続法（平成五年法律第八十八号）第十三条第一項の規定による意見陳述のための手続の区分にかかわらず、聴聞を行わなければならない。

2　第二十条第一項（第三十五条の三の六十二において準用する場合を含む。）、第二十三条第一項若しくは第二項（第三十五条の三の六十二において準用する場合を含む。）、第三十四条の二第一項若しくは第二項、第三十五条の二の十四第一項若しくは第二項、第三十五条の三の三十二第一項若しくは第二項、第三十五条の三の五十四第一項、第三十五条の十四、第三十五条の十七の十一第一項若しくは第二項又は第三十五条の二十四第二項の規定による処分に係る聴聞の期日における審理は、公開により行わなければならない。

（審査請求の手続における意見の聴取）

第四十四条　この法律又はこの法律に基づく命令の規定による処分又はその不作為についての審査請求に対する裁決は、行政不服審査法（平成二十六年法律第六十八号）第二十四条の規定により当該審査請求を却下する場合を除き、審査請求人に対し、相当な期間をおいて予告をした上、同法第十一条第二項に規定する審理員が公開による意見の聴取を行った後にしなければならない。

（意見の聴取）〔再掲〕

第百三十八条　法第四十二条第一項又は法第四十四条第一項の規定による意見の聴取は、経済産業大臣若しくはその指名する職員又は経済産業局長若しくはその指名する職員が議長として主宰する意見聴取会によって行う。

2　経済産業大臣又は経済産業局長は、意見聴取会を開こうとするときは、その期日の二十日前までに、件名、意見聴取会の期日及び場所並びに事案の要旨を異議申立人又は審査請求人及び参加人に通知し、かつ、告示しなければならない。

3　利害関係人（参加人を除く。）として意見聴取会に出席して意見を述べようとする者は、意見聴取会の期日の十日前までに、次に掲げる事項を記載した書面を経済産業大臣又は経済産業局長に届け出なければならない。

一　氏名又は名称及び住所

二　その事案に利害関係があることを疎明する事実

三　意見の概要

4　経済産業大臣又は経済産業局長は、前項の規定による届出をした者のうちから、意見聴取会に出席して意見を述べることができる者を指定し、意見聴取会の期日の三日前までに、その指定した者に対し、その旨を通知するものとする。

5　意見聴取会においては、異議申立人若しくは審査請求人、参加人、前項の規定による指定を受けた者又はこれらの代理人以外の者は、意見を述べることができない。

6　異議申立人若しくは審査請求人、参加人又は第四項の規定による指定を受けた者の代理人は、その代理権を証する書類を議長に提出しなければならない。

7　意見聴取会に出席して意見を述べる者が事案の範囲を超えて発言するとき、又は意見聴取会に出席している者が意見聴取会の秩序を乱し、若しくは不穏な言動をするときは、議長は、これらの者に対し、その発言を禁止し、又は退場を命ずることができる。

8　議長は、必要があると認めるときは、意見聴取会を延期し、又は続行することができる。この場合は、議長は、次回の期日及び場所を定め、異議申立人若しくは審査請求人、参加人又は第四項の規定による指定を受けた者に通知し、かつ、告示しなければならない。

9　議長は意見聴取会について次に掲げる事項を記載した調書を作成し、これに署名押印しなければならない。

一　事案の表示
二　意見聴取会の期日及び場所
三　議長の職名及び氏名
四　出席した異議申立人若しくは審査請求人、参加人又はこれらの代理人の氏名及び住所
五　出席した第四項の規定による指定を受けた者又はその代理人の氏名及び住所
六　その他の出席者の氏名
七　弁論及び陳述又はそれらの要旨
八　提示された証拠の内容
九　その他意見聴取会の経過に関する主要な事項

10　異議申立人若しくは審査請求人又はこれらの代理人は前項に規定する調書を閲覧することができる。参加人、第四項の規定による指定を受けた者その他書面をもつて当該事案について利害関係があることを疎明した者及びその代理

2　第四十二条第三項の規定は、前項の意見の聴取に準用する。この場合において、同条第三項中「当該処分に係る者」とあるのは、「審査請求人」と読み替えるものとする。

3　第一項に規定する審査請求については、行政不服審査法第三十一条の規定は適用せず、同項の意見の聴取については、同条第二項から第五項までの規定を準用する。

（経過措置）

第四十五条　この法律の規定に基づき命令を制定し、又は改廃する場合においては、その命令で、その制定又は改廃に伴い合理的に必要と判断される範囲内において、所要の経過措置（罰則に関する経過措置を含む。）を定めることができる。

（主務大臣）

第四十六条　この法律において主務大臣は、次のとおりとする。

一　商品に係る事項については、経済産業大臣及び当該商品の流通を所掌する大臣

二　指定権利に係る事項については、経済産業大臣及び当該権利に係る施設又は役務の提供を行う事業を所管する大臣

三　役務に係る事項については、経済産業大臣及び当該役務の提供を行う事業を所管する大臣

四　第三十六条第一項の規定による消費経済審議会への諮問に関する事項については、経済産業大臣及び当該商品の流通を所掌する大臣、当該権利に係る施設若しくは役務の提供を行う事業を所管する大臣又は当該役務の提供を行う事業を所管する大臣

人も、同様とする。

（聴聞）〔再掲〕

第百三十九条　行政手続法第十五条第一項の規定による通知は、聴聞を行うべき期日の二十一日前までに行わなければならない。

五　第三十六条第二項の規定による消費経済審議会及び消費者委員会への諮問に関する事項については、経済産業大臣、内閣総理大臣及び当該商品の流通を所掌する大臣、当該権利に係る施設若しくは役務の提供を行う事業を所管する大臣又は当該役務の提供を行う事業を所管する大臣

（都道府県が処理する事務）

第四十七条　この法律に規定する主務大臣又は経済産業大臣の権限に属する事務の一部は、政令で定めるところにより、都道府県知事が行うこととすることができる。

（都道府県が処理する事務）

第三十五条　次に掲げる経済産業大臣の権限に属する事務は、当該個別信用購入あっせん業者に係る個別信用購入あっせん関係販売業者又は個別信用購入あっせん関係役務提供事業者が法第三十五条の三の五第一項第一号又は第三号から第五号までのいずれかに該当する契約に係る個別信用購入あっせん関係販売契約又は個別信用購入あっせん関係役務提供契約の申込み又は締結の勧誘を行う場所を含む都道府県の区域を管轄する都道府県知事が行うこととする。ただし、二以上の都道府県の区域にわたり個別信用購入あっせんに係る取引の公正及び購入者若しくは役務の提供を受ける者の利益が害されるおそれがあり、経済産業大臣がその事態に適正かつ効率的に対処するため特に必要があると認めるとき、又は都道府県知事から要請があつたときは、経済産業大臣が自らその事務を行うことを妨げない。

一　法第三十五条の三の二十一第一項の規定による命令（法第三十五条の三の五第一項第一号又は第三号から第五号までのいずれかに該当する契約に係るものであつて、同条又は第三十五条の三の七本文の規定に違反している場合におけるものに限る。次号において同じ。）に関する事務

二　法第三十五条の三の三十二第二項（同項第一号に係る部分に限る。次項第二号において同じ。）の規定による命令（当該個別信用購入あっせん業者が前号の規定により当該都道府県知事が行う法第三十五条の三の二十一第一項の規定による命令に違反している場合におけるものに限る。）に関する事務

三　前二号に掲げる事務に係る法第四十条第三項及び第十

項並びに第四十一条第一項及び第五項に規定する事務

2　次に掲げる経済産業大臣の権限に属する事務は、当該個別信用購入あつせん業者に係る個別信用購入あつせん関係販売業者又は個別信用購入あつせん関係役務提供事業者が法第三十五条の三の五第一項第二号に該当する契約に係る個別信用購入あつせん関係販売契約又は個別信用購入あつせん関係役務提供契約の申込み又は締結の勧誘を行うに際し、当該勧誘の相手方が当該勧誘を受けた場所を含む都道府県の区域を管轄する都道府県知事が行うこととする。ただし、二以上の都道府県の区域にわたり個別信用購入あつせんに係る取引の公正及び購入者若しくは役務の提供を受ける者の利益が害されるおそれがあり、経済産業大臣がその事態に適正かつ効率的に対処するため特に必要があると認めるとき、又は都道府県知事から要請があつたときは、経済産業大臣が自らその事務を行うことを妨げない。

一　法第三十五条の三の二十一第一項の規定による命令（法第三十五条の三の五第一項第二号に該当する契約に係るものであつて、同条又は第三十五条の三の七本文の規定に違反している場合におけるものに限る。次号において同じ。）に関する事務

二　法第三十五条の三の三十二第二項の規定による命令（当該個別信用購入あつせん業者が前号の規定により当該都道府県知事が行う法第三十五条の三の二十一第一項の規定による命令に違反している場合におけるものに限る。）に関する事務

三　前二号に掲げる事務に係る法第四十条第三項及び第十項並びに第四十一条第一項及び第五項に規定する事務

3　法第四十条第一項及び第五項並びに第四十一条第一項に規定する経済産業大臣の権限に属する事務であつて許可割賦販売業者又は法第三十五条の三の六十一の許可を受けた者でその営業所及び代理店が一の都道府県内のみにあるものに係るものは、当該都道府県知事が行うこととする。ただし、経済産業大臣が自らその事務を行うことを妨げない。

4　前三項の規定により当該各項に規定する事務を行つた都道府県知事は、経済産業省令で定めるところにより、その

第百四十一条　令第三十五条第四項の都道府県知事の報告は、当該都道府県の区域を管轄する経済産業局長を経由し

（権限の委任）

第四十八条　この法律により主務大臣又は経済産業大臣の権限に属する事項は、政令で定めるところにより、地方支分部局の長に行わせることができる。

結果を経済産業大臣に報告しなければならない。

5　第一項本文、第二項本文及び第三項本文の場合においては、法中第一項本文、第二項本文及び第三項本文に規定する事務に係る経済産業大臣に関する規定（法第三十五条の三の三十二第二項及び第三項並びに第三十五条の三の三十二第三項及び第四項の規定を除く。）は、都道府県知事に関する規定として都道府県知事に適用があるものとする。

（権限の委任）

第三十六条　法に基づく経済産業大臣の権限であつて次に掲げるものは、割賦販売業者、包括信用購入あつせん業者、個別信用購入あつせん業者、法第三十五条の三の六十一の許可を受けた者、クレジットカード番号等取扱業者、クレジットカード番号等取扱契約締結事業者若しくはクレジットカード番号等取扱受託業者又は指定信用情報機関を利用する者の主たる営業所の所在地を管轄する経済産業局長が行うものとする。ただし、第一号から第三号まで、第五号、第七号及び第九号から第十三号までに掲げる権限は、経済産業大臣が自らその権限を行うことを妨げない。

一　法第十条第一項の規定に基づく権限（経済産業大臣以外の大臣がその流通を所掌する商品に係るものを除く。）

二　法第十六条第二項（法第十八条第二項及び第二十二条第三項（これらの各規定を法第三十五条の三の六十二において準用する場合を含む。）並びに第三十五条の三の六十二において準用する場合を含む。）並びに第十八条の四第一項、第十八条の五第三項及び第五項、第二十条の三第一項から第三項まで及び第五項、第二十条の四第二項並びに第二十二条第二項（これらの各規定を法第三十五条の三の六十二において準用する場合を含む。）の規定に基づく権限

三　法第三十条の五の三第一項、第三十四条、第三十四条の二第一項、第二項及び第五項並びに第三十四条の四の規定に基づく権限

四　法第三十二条第一項、第三十三条及び第三十三条の二第一項、同条第二項において準用する法第十五条第三

てしなければならない。

（書類の経由等）

第百四十条　次の申請、届出及び報告は、その申請者、届出者又は報告者の主たる営業所の所在地を管轄する経済産業局長を経由してしなければならない。ただし、当該申請、届出及び報告を情報通信技術活用法第六条第一項の規定により行う場合は、この限りでない。

一　法第十二条（法第三十五条の三の六十二において準用する場合を含む。）の許可の申請

二　法第十八条の六第二項（法第三十五条の三の六十二において準用する場合を含む。）の承継の届出

三　法第十九条第一項及び第二項（法第三十五条の三の六十二において準用する場合を含む。）の変更の届出

四　法第二十六条（法第三十五条の三の六十二において準用する場合を含む。）の廃止の届出

項、法第三十三条の三第一項及び第二項、第三十三条の四並びに第三十四条の三第一項、同条第二項において準用する法第三十四条の二第五項並びに法第三十五条の規定に基づく権限

五　法第三十五条の三の二十一第一項、第三十五条の三十一並びに第三十五条の三の三十二第一項、第二項及び第五項並びに法第三十五条の三の三十五において準用する法第二十四条の規定に基づく権限

六　法第三十五条の三の二十四第一項、第三十五条の三の二十五及び第三十五条の三の二十六第一項（これらの各規定を法第三十五条の三の二十七第二項において準用する場合を含む。）、法第三十五条の三の二十六第二項及び第三十五条の三の二十七第二項において準用する法第十五条第三項、法第三十五条の三の二十八第一項及び第二項、第三十五条の三の二十九並びに第三十五条の三の三十二第一項、同条第二項において準用する法第三十五条の三の三十二第五項並びに法第三十五条の三の三十五において準用する法第二十六条第一項の規定に基づく権限

七　法第三十五条の十七の規定に基づく権限

八　法第三十五条の十七の三第一項、第三十五条の十七の四及び第三十五条の十七の五第一項、同条第二項において準用する法第十五条第三項、法第三十五条の十七の六第一項及び第二項、第三十五条の十七の七並びに第三十五条の十七の十二第一項、同条第二項において準用する法第三十五条の十七の十一第三項並びに法第三十五条の十七の十四の規定に基づく権限

九　法第三十五条の十七の十、第三十五条の十七の十一及び第三十五条の十七の十三の規定に基づく権限

十　法第四十条第一項の規定に基づく権限（経済産業大臣以外の大臣がその流通を所掌する商品に係るものを除く。）

十一　法第四十条第三項、第五項、第七項から第十項まで及び第十二項の規定に基づく権限

十二　法第四十一条第一項及び第三項から第六項までの規定に基づく権限

２　内閣総理大臣は、この法律による権限（政令で定めるものを除く。）を消費者庁長官に委任する。

第五章　罰則

第四十九条　次の各号のいずれかに該当する場合には、当該違反行為をした者は、三年以下の懲役又は三百万円以下の罰金に処し、又はこれを併科する。

一　第十一条の規定に違反して前払式割賦販売を業として営んだとき。

二　第三十一条の規定に違反して包括信用購入あつせんを業として営んだとき。

三　第三十五条の三の二十三の規定に違反して個別信用購入あつせんを業として営んだとき。

四　第三十五条の三の三十の規定に違反したとき。

五　第三十五条の三の六十一の規定に違反して前払式特定取引を業として営んだとき。

六　第三十五条の十七の二の規定に違反してクレジットカード番号等取扱契約の締結を業として行つたとき。

第四十九条の二　クレジットカード番号等取扱業者若しくはクレジットカード番号等取扱受託業者又はこれらの役員若しくは職員若しくはこれらの職にあつた者が、その業務に

十三　法第四十三条第一項の規定に基づく権限（登録包括信用購入あつせん業者及び登録個別信用購入あつせん業者に係るものに限る。）

（消費者庁長官に委任されない権限）

第三十七条　法第四十八条第二項の政令で定める権限は、法第二十条の二第三項及び第四項並びに第二十三条第三項及び第四項（これらの規定を法第三十五条の三の六十二において準用する場合を含む。）、第三十条の五の三第二項及び第三項、第三十条の六第二項及び第三項、第三十四条の二第三項及び第四項、第三十五条の二の八第二項及び第三項、第三十五条の二の十四第三項及び第四項、第三十五条の三の二十一第二項及び第三項、第三十五条の三の三十二第三項及び第四項、第三十六条第二項並びに第四十一条の二の規定による権限とする。

関して知り得たクレジットカード番号等を自己若しくは第三者の不正な利益を図る目的で、提供し、又は盗用したときは、三年以下の懲役又は五十万円以下の罰金に処する。

2　人を欺いてクレジットカード番号等を提供させた者も、前項と同様とする。クレジットカード番号等を次の各号のいずれかに掲げる方法で取得した者も、同様とする。

一　クレジットカード番号等が記載され、又は記録された人の管理に係る書面又は記録媒体の記載又は記録について、その承諾を得ずにその複製を作成すること。

二　不正アクセス行為（不正アクセス行為の禁止等に関する法律（平成十一年法律第百二十八号）第二条第四項に規定する不正アクセス行為をいう。）を行うこと。

3　正当な理由がないのに、有償で、クレジットカード番号等を提供し、又はその提供を受けた者も、第一項と同様とする。正当な理由がないのに、有償で提供する目的で、クレジットカード番号等を保管した者も、同様とする。

4　前三項の規定は、刑法その他の罰則の適用を妨げない。

第五十条　次の各号のいずれかに該当する場合には、当該違反行為をした者は、二年以下の懲役若しくは三百万円以下の罰金に処し、又はこれを併科する。情を知つて、第二号又は第三号の違反行為をした者から特定信用情報の提供を受けた者も、同様とする。

一　第三十五条の三の三十九（第三十五条の三の四十七第四項において準用する場合を含む。）の規定に違反して秘密を漏らし、又は盗用したとき。

二　第三十五条の三の五十九第一項の規定に違反して支払能力調査以外の目的のために加入指定信用情報機関に特定信用情報の提供を依頼し、又は加入指定信用情報機関から提供を受けた特定信用情報を支払能力調査以外の目的に使用し、若しくは第三者に提供したとき。

三　第三十五条の三の五十九第二項の規定に違反して加入指定信用情報機関から提供を受けた特定信用情報を使用し、又は第三者に提供したとき。

第五十一条　次の各号のいずれかに該当する場合には、当該違反行為をした許可割賦販売業者、登録包括信用購入あつせん業者、登録少額包括信用購入あつせん業者又は第三十五条の三の六十一の許可を受けた者の代表者、代理人、使用人その他の従業者は、二年以下の懲役若しくは三百万円以下の罰金に処し、又はこれを併科する。

一　第二十条第一項（第三十五条の三の六十二において準用する場合を含む。）の規定による命令に違反したとき。

二　第二十三条第二項（第三十五条の三の六十二において準用する場合を含む。）の規定による命令に違反したとき。

三　第三十四条の二第二項の規定による命令に違反したとき。

四　第三十五条の二の十四第二項の規定による命令に違反したとき。

五　第三十五条の三の三十二第二項の規定による命令に違反したとき。

第五十一条の二　第三十五条の十四第二項の規定による命令に違反した指定受託機関の代表者、代理人、使用人その他の従業者は、一年以下の懲役若しくは百万円以下の罰金に処し、又はこれを併科する。

第五十一条の三　第三十七条の規定に違反して、業として、カード等を譲り受け、又は資金の融通に関してカード等の提供を受けた場合には、当該違反行為をした者は、一年以下の懲役又は百万円以下の罰金に処する。

第五十一条の四　第三十五条の二十二の規定に違反した場合には、当該違反行為をした者は、一年以下の懲役又は五十万円以下の罰金に処する。

第五十一条の五　次の各号のいずれかに該当する場合には、当該違反行為をした登録包括信用購入あつせん業者、登録少額包括信用購入あっせん業者、登録個別信用購入あっせん業者、指定信用情報機関、指定受託機関、クレジットカード番号等取扱契約締結事業者又は認定割賦販売協会の代表者、管理人、代理人、使用人その他の従業者は、百万円以下の罰金に処する。

一　第三十四条（第三十五条の三において準用する場合を含む。）の規定による命令に違反したとき。

二　第三十五条の三の三十一の規定による命令に違反したとき。

三　第三十五条の三の五十二の規定による命令に違反したとき。

四　第三十五条の十三の規定による命令に違反したとき。

五　第三十五条の十七の十の規定による命令に違反したとき。

六　第三十五条の二十四第一項の規定による命令に違反したとき。

第五十一条の六　次の各号のいずれかに該当する場合には、当該違反行為をした者は、百万円以下の罰金に処する。

一　第三十条の五の三第一項の規定による命令に違反したとき。

二　第三十条の六第一項の規定による命令に違反したとき。

三　第三十五条の二の八第一項の規定による命令に違反したとき。

四　第三十五条の三の二十一第一項の規定による命令に違反したとき。

五　第三十五条の十七の規定による命令に違反したとき。

第五十二条　次の各号のいずれかに該当する場合には、当該違反行為をした許可割賦販売業者、供託委託契約の受託者、指定信用情報機関、第三十五条の三の六十一の許可を受けた者又は指定受託機関の代表者、管理人、代理人、使用人その他の従業者は、五十万円以下の罰金に処する。

一　第十六条第三項（第十八条第二項（第三十五条の三の

六十二において準用する場合を含む。）又は第三十五条の三の六十二において準用する場合を含む。）の規定に違反して前払式割賦販売又は前払式特定取引の営業を開始したとき。

二　第十八条の三第一項（第三十五条の三の六十二において準用する場合を含む。）の規定に違反して新たに前払式割賦販売又は前払式特定取引の契約を締結したとき。

三　第十九条の二（第三十五条の三の六十二において準用する場合を含む。）の規定に違反して帳簿を備えず、第十九条の二（第三十五条の三の六十二において準用する場合を含む。）に規定する事項の記載をせず、若しくは虚偽の記載をし、又は帳簿を保存しなかつたとき。

四　第二十条の三第四項（第三十五条の三の六十二において準用する場合を含む。）の規定に違反して前受業務保証金を供託しなかつたとき。

五　第三十五条の三の四十一第一項本文の規定に違反して、他の業務を行つたとき。

六　第三十五条の三の四十三第一項の規定に違反して業務規程を定めず、若しくは経済産業大臣の認可を受けず、又は経済産業大臣の認可を受けずに業務規程の変更をしたとき。

七　第三十五条の三の四十五（第三十五条の三の四十七第四項において準用する場合を含む。）の規定による記録の作成若しくは保存をせず、又は虚偽の記録を作成したとき。

八　第三十五条の三の五十一第一項の規定による業務及び財産に関する報告書を提出せず、又は虚偽の記載をした業務及び財産に関する報告書を提出したとき。

九　第三十五条の三の五十三第一項の規定に違反したとき。

十　第三十五条の八第一項の事業計画書若しくは同条第三項の事業報告書を提出せず、又は虚偽の記載をした事業計画書若しくは事業報告書を提出したとき。

十一　第三十五条の九の規定に違反して受託事業以外の事業を営んだとき。

第五十三条　次の各号のいずれかに該当する場合には、当該違反行為をした者は、五十万円以下の罰金に処する。

一　第三条第一項又は第三十五条の三の二第一項の規定に違反して示さなかつたとき。

二　第三条第四項、第二十九条の二第三項、第三十条第四項又は第三十五条の三の二第二項の規定に違反して表示しなかつたとき。

三　第三条第二項若しくは第三項、第四条、第二十九条の二第一項若しくは第二項、第二十九条の三、第三十条第三項、第三十条の二の三第四項若しくは第六項、第三十五条の三の八又は第三十五条の三の九第一項若しくは第三項の規定に違反して書面を交付しなかつたとき。

四　第三十条第一項若しくは第二項又は第三十条の二の三第一項から第三項まで若しくは第五項の規定に違反して情報を提供しなかつたとき。

五　第三十条の二第四項、第三十五条の三の三第四項、第三十五条の三の五第二項又は第三十五条の十七の八第五項の規定に違反して調査に関する記録を作成せず、若しくは虚偽の記録を作成し、又はこれを保存しなかつたとき。

六　第三十条の五の五第三項又は第三十五条の二の四第三項の規定に違反して算定に関する記録を作成せず、若しくは虚偽の記録を作成し、又はこれを保存しなかつたとき。

七　第四十条第一項、第二項、第五項から第七項まで、第九項、第十二項若しくは第十三項の規定による報告をせず、又は虚偽の報告をしたとき。

八　第四十条第三項、第四項、第八項又は第十一項の規定による報告をせず、若しくは虚偽の報告をし、又はこれらの規定による物件を提出せず、若しくは虚偽の物件を提出したとき。

九　第四十条第十項の規定による報告をせず、若しくは虚偽の報告をし、又は同項の規定による資料を提出せず、若しくは虚偽の資料を提出したとき。

十　第四十一条第一項から第六項までの規定による検査を

拒み、妨げ、又は忌避したとき。

第五十三条の二　次の各号のいずれかに該当する場合には、当該違反行為をした許可割賦販売業者、登録包括信用購入あつせん業者、登録少額包括信用購入あつせん業者、登録個別信用購入あつせん業者、指定信用情報機関、第三十五条の三の六十一の許可を受けた者、指定受託機関又はクレジットカード番号等取扱契約締結事業者の代表者、管理人、代理人、使用人その他の従業者は、三十万円以下の罰金に処する。

一　第十九条第一項若しくは第二項（第三十五条の三の六十二において準用する場合を含む。）、第三十三条の三第一項、第三十五条の二の十三第一項、第三十五条の三の二十八第一項、第三十五条の三の五十第一項、第三十五条の六、第三十五条の七第一項、第三十五条の八第二項又は第三十五条の十七の六第一項の規定による届出をせず、又は虚偽の届出をしたとき。

二　第三十五条の三の五十三第二項の規定による届出をせず、若しくは虚偽の届出をし、又は同項の規定による通知をせず、若しくは虚偽の報告をしたとき。

第五十三条の三　第三十五条の十九第三項の規定に違反して、その名称又は商号中に認定割賦販売協会会員であると誤認されるおそれのある文字を用いた場合には、当該違反行為をした者は、三十万円以下の罰金に処する。

第五十四条　法人（人格のない社団又は財団で代表者又は管理人の定めのあるものを含む。以下この項において同じ。）の代表者若しくは管理人又は法人若しくは人の代理人、使用人その他の従業者が、その法人又は人の業務に関し第四十九条又は第五十条から前条までの違反行為をしたときは、行為者を罰するほか、その法人又は人に対して各本条の罰金刑を科する。

2　人格のない社団又は財団について前項の規定の適用がある場合には、その代表者又は管理人が、その訴訟行為につきその人格のない社団又は財団を代表するほか、法人を被告人又は被疑者とする場合の刑事訴訟に関する法律の規定を準用する。

第五十五条　次の各号のいずれかに該当する者は、三十万円以下の過料に処する。

一　第十八条の六第二項（第三十五条の三の六十二において準用する場合を含む。）の規定による届出をせず、又は虚偽の届出をした者

二　第二十条の二第一項（第三十五条の三の六十二において準用する場合を含む。）の規定による命令に違反した者

三　第二十六条第一項（第三十五条の三の三十五又は第三十五条の三の六十二において準用する場合を含む。）、第三十五条（第三十五条の三において準用する場合を含む。）又は第三十五条の十七の十四の規定による届出をせず、又は虚偽の届出をした者

第五十五条の二　次の各号のいずれかに該当する場合においては、その行為をした指定信用情報機関の取締役、執行役、会計参与若しくはその職務を行うべき社員、監査役、理事、監事、代表者、管理人、業務を執行する社員若しくは清算人又は認定割賦販売協会の役員（仮理事を含む。）若しくは代表者であつた者は、三十万円以下の過料に処する。

一　第三十五条の三の三十八の規定に違反して、経済産業大臣の認可を受けずに、法人の代表者となり、若しくは常務に従事し、又は事業を営んだとき。

二　第三十五条の三の四十八又は第三十五条の十九第一項の規定に違反したとき。

第五十五条の三　第三十五条の三の四十九又は第三十五条の十九第二項の規定に違反した者は、十万円以下の過料に処する。

※別表（参考資料①）、附則は後掲する。

※別表（参考資料①）、附則は後掲する。

参考資料①

割賦販売法施行令・施行規則別表
割賦販売法施行令・施行規則パブリックコメント
割賦販売法・施行令・施行規則附則
割賦販売法（後払分野）に基づく監督の基本方針（抄）
割賦販売法（後払分野）に基づく監督の基本方針
　パブリックコメント
割賦販売法に基づく経済産業大臣の処分に係る
　審査基準等について（抄）
割賦販売法に基づく経済産業大臣の処分に係る
　審査基準等についてパブリックコメント
「平均延滞率」及び「上限延滞率」の公表（抄）

割賦販売法施行令別表

別表第一（第一条関係）

一　動物及び植物の加工品（一般の飲食の用に供されないものに限る。）であつて、人が摂取するもの（医薬品（医薬品、医療機器等の品質、有効性及び安全性の確保等に関する法律（昭和三十五年法律第百四十五号）第二条第一項の医薬品をいう。）を除く。）
二　真珠並びに貴石及び半貴石
三　幅が十三センチメートル以上の織物
四　衣服（履物及び身の回り品を除く。）
五　ネクタイ、マフラー、ハンドバック、かばん、傘、つえその他の身の回り品及び指輪、ネックレス、カフスボタンその他の装身具
六　履物
七　床敷物、カーテン、寝具、テーブル掛け及びタオルその他の繊維製家庭用品
八　家具及びついたて、びょうぶ、傘立て、金庫、ロッカーその他の装備品並びに家庭用洗濯用具、屋内装飾品その他の家庭用装置品（他の号に掲げるものを除く。）
九　なべ、かま、湯沸かしその他の台所用具及び食卓用ナイフ、食器、魔法瓶その他の食卓用具
十　書籍
十一　ビラ、パンフレット、カタログその他これらに類する印刷物
十二　シャープペンシル、万年筆、ボールペン、インクスタンド、定規その他これらに類する事務用品
十三　印章
十四　太陽光発電装置その他の発電装置
十五　電気ドリル、空気ハンマその他の動力付き手持ち工具
十六　ミシン及び手編み機械
十七　農業用機械器具（農業用トラクターを除く。）及び林業用機械器具
十八　農業用トラクター及び運搬用トラクター
十九　ひよう量二トン以下の台手動はかり、ひよう量百五十キログラム以下の指示はかり及び皿手動はかり
二十　時計（船舶用時計、塔時計その他の特殊用途用の時計を除く。）
二十一　光学機械器具（写真機械器具、映画機械器具及び電子応用機械器具を除く。）
二十二　写真機械器具
二十三　映画機械器具（八ミリ用又は十六ミリ用のものに限る。）
二十四　事務用機械器具（電子応用機械器具を除く。）
二十五　物品の自動販売機
二十六　医療用機械器具
二十七　はさみ、ナイフ、包丁その他の利器、のみ、かんな、のこぎりその他の工匠具及びつるはし、ショベル、スコップその他の手道具
二十八　浴槽、台所流し、便器その他の衛生器具（家庭用井戸ポンプを含む。）
二十九　浄水器
三十　レンジ、天火、こんろその他の料理用具及び火鉢、こたつ、ストーブその他の暖房用具（電気式のものを除く。）
三十一　はん用電動機
三十二　家庭用電気機械器具
三十三　電球類及び照明器具
三十四　電話機及びファクシミリ
三十五　インターホーン、ラジオ受信機、テレビジョン受信機及び録音機械器具、レコードプレーヤーその他の音声周波機械器具
三十六　レコードプレーヤー用レコード及び磁気的方法又は光学的方法により音、影像又はプログラムを記録した物
三十七　自動車及び自動二輪車（原動機付き自転車を含む。）
三十八　自転車
三十九　運搬車（主として構内又は作業場において走行するものに限る。）、人力けん引車及び畜力車
四十　ボート、モーターボート及びヨット（運動用のものに限る。）
四十一　パーソナルコンピュータ
四十二　網漁具、釣漁具及び漁網
四十三　眼鏡及び補聴器
四十四　家庭用の電気治療器、磁気治療器及び医療用物質生成器
四十五　コンドーム
四十六　化粧品
四十七　囲碁用具、将棋用具その他の室内娯楽用具
四十八　おもちゃ及び人形
四十九　運動用具（他の号に掲げるものを除く。）
五十　滑り台、ぶらんこ及び子供用車両
五十一　化粧用ブラシ及び化粧用セット
五十二　かつら

五十三　喫煙具
五十四　楽器

別表第一の二（第一条関係）

一　人の皮膚を清潔にし若しくは美化し、体型を整え、又は体重を減ずるための施術を受ける権利（次号に掲げるものを除く。）
二　人の皮膚を清潔にし若しくは美化し、体型を整え、体重を減じ、又は歯牙を漂白するための医学的処置、手術及びその他の治療（美容を目的とするものであつて、経済産業省令・内閣府令で定める方法によるものに限る。別表第一の三第二号において同じ。）を受ける権利
三　保養のための施設又はスポーツ施設を利用する権利
四　語学の教授（学校教育法（昭和二十二年法律第二十六号）第一条に規定する学校、同法第百二十四条に規定する専修学校若しくは同法第百三十四条第一項に規定する各種学校の入学者を選抜するための学力試験に備えるため又は同法第一条に規定する学校（大学を除く。）における教育の補習のための学力の教授に該当するものを除く。）を受ける権利
五　学校教育法第一条に規定する学校（幼稚園及び小学校を除く。）、同法第百二十四条に規定する専修学校若しくは同法第百三十四条第一項に規定する各種学校の入学者を選抜するための学力試験（義務教育学校にあつては、後期課程に係るものに限る。次号及び別表第一の三において「入学試験」という。）に備えるため又は学校教育（同法第一条に規定する学校（幼稚園及び大学を除く。）における教育をいう。次号及び別表第一の三において同じ。）の補習のための学力の教授（次号に規定する場所以外の場所において提供されるものに限る。）を受ける権利
六　入学試験に備えるため又は学校教育の補習のための学校教育法第一条に規定する学校（幼稚園及び大学を除く。）の児童、生徒又は学生を対象とした学力の教授（役務提供事業者の事業所その他の役務提供事業者が当該役務提供のために用意する場所において提供されるものに限る。）を受ける権利
七　電子計算機又はワードプロセッサーの操作に関する知識又は技術の教授を受ける権利
八　結婚を希望する者を対象とした異性の紹介を受ける権利

別表第一の三（第一条関係）

一　人の皮膚を清潔にし若しくは美化し、体型を整え、又は体重を減ずるための施術を行うこと（次号に掲げるものを除く。）。
二　人の皮膚を清潔にし若しくは美化し、体型を整え、体重を減じ、又は歯牙を漂白するための医学的処置、手術及びその他の治療を行うこと。
三　保養のための施設又はスポーツ施設を利用させること。
四　家屋、門又は塀の修繕又は改良
五　語学の教授（学校教育法第一条に規定する学校、同法第百二十四条に規定する専修学校若しくは同法第百三十四条第一項に規定する各種学校の入学者を選抜するための学力試験に備えるため又は同法第一条に規定する学校（大学を除く。）における教育の補習のための学力の教授に該当するものを除く。）
六　入学試験に備えるため又は学校教育の補習のための学力の教授（次号に規定する場所以外の場所において提供されるものに限る。）
七　入学試験に備えるため又は学校教育の補習のための学校教育法第一条に規定する学校（幼稚園及び大学を除く。）の児童、生徒又は学生を対象とした学力の教授（役務提供事業者の事業所その他の役務提供事業者が当該役務提供のために用意する場所において提供されるものに限る。）
八　電子計算機又はワードプロセッサーの操作に関する知識又は技術の教授
九　結婚を希望する者を対象とした異性の紹介
十　家屋における有害動物又は有害植物の防除
十一　技芸又は知識の教授（第五号から第八号までに掲げるものを除く。）

割賦販売法施行規則
（令別表第一の二第二号及び別表第一の三第二号の経済産業省令・内閣府令で定める方法）
第百四十二条　令別表第一の二第二号及び別表第一の三第二号の経済産業省令・内閣府令で定める方法は、次の各号に掲げる治療について、それぞれ当該各号に定めるものとする。
一　脱毛　光の照射又は針を通じて電気を流すことによる方法
二　にきび、しみ、そばかす、ほくろ、入れ墨その他の皮膚に付着しているものの除去又は皮膚の活性化　光若しくは音波の照射、薬剤の使用又は機器を用いた刺激による方法
三　皮膚のしわ又はたるみの症状の軽減　薬剤の使用又は糸の挿入による方法
四　脂肪の減少　光若しくは音波の照射、薬剤の使用又は機器を用いた刺激による方法
五　歯牙の漂白　歯牙の漂白剤の塗布による方法

別表第二（第一条関係）

一　婚礼（結婚披露を含む。）のための施設の提供、衣服の貸与その他の便益の提供及びこれに附随する物品の給付
二　葬式のための祭壇の貸与その他の便益の提供及びこれに附随する物品の給付

割賦販売法施行規則別表

別表第一（第一条―第三条・第二七条・第二八条・第三六条・第三七条・第六九条）

一 次の算式により算定すること。

$$R=\frac{F}{\sum_{i=1}^{n}U_i\cdot T_i}$$

イ この式において、R、F、n及びTiは、それぞれ次の値を表すものとする。

R 割賦手数料（ローン提携販売にあつては、融資手数料、包括信用購入あつせん又は個別信用購入あつせんにあつては、包括信用購入あつせん又は個別信用購入あつせんの手数料。以下同じ。）の料率

F 割賦手数料の総額

n 支払回数（ローン提携販売にあつては、返済回数）

Ti 前回の賦払金（ローン提携販売にあつては、分割返済金、包括信用購入あつせん又は個別信用購入あつせんにあつては、支払分。以下同じ。）の支払日から当該賦払金の支払日の前日までの期間又は契約の締結された日から第一回の賦払金の支払日の前日までの期間（年を単位として表すものとする。）。ただし、契約の締結された日から第一回の賦払金の支払日の前日までの期間については、当該期間が二月未満の場合は、十二分の一年とすることができる。

ロ Uiは、次の値とし、当該値を算式に代入してRを計算するものとする。

(1) iが一のときは、商品若しくは権利の現金販売価格又は役務の現金提供価格（割賦販売業者（ローン提携販売にあつては、ローン提携販売業者、包括信用購入あつせん又は個別信用購入あつせんにあつては、包括信用購入あつせん関係販売業者若しくは包括信用購入あつせん関係役務提供事業者又は個別信用購入あつせん関係販売業者若しくは個別信用購入あつせん関係役務提供事業者。以下同じ。）が購入者等から頭金若しくは初回金又は申込金の支払を受けている場合にあつては、これらの金額を控除した額）

(2) iが二以上のときは、次に掲げる値

$$U_i=U_{i-1}-\{P_{i-1}-(R\cdot U_{i-1}\cdot T_{i-1})\}$$

(3) Piは、各回の賦払金の額とする。

賦払金の額が、第一条第二項第二号ロ、第二十七条第一項第三号又は第三十六条第五項第二号ロに掲げる場合に該当する場合にあつては、賦払金の額が全て等しいものとして計算することができるものとし、第一条第二項第二号ハ、第二十七条第二項第二号ハ又は第三十六条第五項第二号ハに掲げる場合に該当する場合にあつては、特定月の賦払金又は特定の二月の賦払金を除く賦払金の額が全て等しいものとして計算することができる。

二 前号の算式により、Uiの値を同号ロに掲げる値に代えて、次に掲げる値として算定すること。

(1) iが一のときは、商品若しくは権利の現金販売価格又は役務の現金提供価格（割賦販売業者等が購入者等から頭金若しくは初回金又は申込金の支払を受けている場合にあつては、これらの金額を控除した額）

(2) iが二以上のときは、賦払金の支払日の前日における元本の額

三 次の算式により算出すること。

$$R=r/T$$

この式において、R、r及びTは、それぞれ次の値を表すものとする。

R 割賦手数料の料率

r 一の時期に支払うべき割賦手数料の額を、当該手数料を算出するための基準日における元本の額で除した値

T 弁済金を支払うべき時期と時期との間隔（年を単位として表すものとする。）

別表第二〔第四〇条・第四四条・第四五条〕

上欄	中欄	下欄
一人	利用者又は購入者等又はその配偶者が自己の居住の用に供する建物（当該建物が二以上ある場合には、これらの建物のうち、当該利用者又は購入者等が主として居住の用に供する一の建物に限る。以下この表において「住宅」という。）を所有し、かつ、当該住宅の建設又は購入に必要な資金（住宅の用に供する土地又は借地権の取得に必要な資金を含む。以下この表において同じ。）の貸付けに係る契約を締結していない場合	九十万円
	利用者又は購入者等又はその配偶者が住宅を所有せず、かつ、当該住宅の借賃を支払わない場合	
	利用者又は購入者等又はその配偶者が住宅を所有し、かつ、当該住宅の建設又は購入に必要な資金の貸付けに係る契約を締結している場合	百十六万円
	利用者又は購入者等又はその配偶者が住宅を所有せず、かつ、当該住宅の借賃を支払う場合	
二人	利用者又は購入者等又はその配偶者が住宅を所有し、かつ、当該住宅の建設又は購入に必要な資金の貸付けに係る契約を締結していない場合	百三十六万円
	利用者又は購入者等又はその配偶者が住宅を所有せず、かつ、当該住宅の借賃を支払わない場合	
	利用者又は購入者等又はその配偶者が住宅を所有し、かつ、当該住宅の建設又は購入に必要な資金の貸付けに係る契約を締結している場合	百七十七万円
	利用者又は購入者等又はその配偶者が住宅を所有せず、かつ、当該住宅の借賃を支払う場合	
三人	利用者又は購入者等又はその配偶者が住宅を所有し、かつ、当該住宅の建設又は購入に必要な資金の貸付けに係る契約を締結していない場合	百六十九万円
	利用者又は購入者等又はその配偶者が住宅を所有せず、かつ、当該住宅の借賃を支払わない場合	
	利用者又は購入者等又はその配偶者が住宅を所有し、かつ、当該住宅の建設又は購入に必要な資金の貸付けに係る契約を締結している場合	二百九万円
	利用者又は購入者等又はその配偶者が住宅を所有せず、かつ、当該住宅の借賃を支払う場合	
四人以上	利用者又は購入者等又はその配偶者が住宅を所有し、かつ、当該住宅の建設又は購入に必要な資金の貸付けに係る契約を締結していない場合	二百万円
	利用者又は購入者等又はその配偶者が住宅を所有せず、かつ、当該住宅の借賃を支払わない場合	
	利用者又は購入者等又はその配偶者が住宅を所有し、かつ、当該住宅の建設又は購入に必要な資金の貸付けに係る契約を締結している場合	二百四十万円
	利用者又は購入者等又はその配偶者が住宅を所有せず、かつ、当該住宅の借賃を支払う場合	

別表第三〔第四五条・第四六条〕

第一区	北海道のうち北見市、網走市、留萌市、稚内市、美唄市、芦別市、赤平市、紋別市、士別市、名寄市、三笠市、根室市、滝川市、砂川市、歌志内市、深川市、富良野市、伊達市、石狩市、北斗市、亀田郡七飯町、山越郡長万部町、檜山郡江差町、虻田郡京極町、同郡倶知安町、岩内郡岩内町、余市郡余市町、空知郡奈井江町、同郡上砂川町、同郡南富良野町、上川郡鷹栖町、同郡東神楽町、同郡上川町、同郡東川町、同郡新得町、勇払郡占冠村、同郡安平町、中川郡音威子府村、同郡中川町、同郡幕別町、天塩郡天塩町、同郡幌延町、宗谷郡猿払村、枝幸郡浜頓別町、同郡枝幸町、網走郡美幌町、斜里郡斜里町、同郡清里町、紋別郡遠軽町、同郡滝上町、同郡興部町、同郡西興部村、同郡雄武町、沙流郡日高町、浦河郡浦河町、河東郡音更町、河西郡芽室町、同郡中札内村、足寄郡陸別町、釧路郡釧路町、川上郡弟子屈町、標津郡中標津町、同郡標津町、目梨郡羅臼町及び日高郡新ひだか町　青森県のうち弘前市、八戸市、黒石市、五所川原市、十和田市、三沢市及びむつ市　岩手県のうち宮古市、大船渡市、花巻市、北上市、久慈市、遠野市、一関市、陸前高田市、釜石市、二戸市、奥州市及び岩手郡滝沢村　宮城県のうち石巻市、気仙沼市、白石市、角田市、岩沼市、大崎市、柴田郡大河原町、同郡柴田町、宮城郡七ケ浜町、同郡利府町及び黒川郡富谷町　秋田県のうち能代市、横手市、大館市、男鹿市、湯沢市、鹿角市、由利本荘市及び大仙市　山形県のうち米沢市、鶴岡市、酒田市、新庄市、寒河江市、上山市、村山市、長井市、天童市、東根市、尾花沢市及び南陽市　福島県のうち会津若松市、郡山市、いわき市、白河市、須賀川市、喜多方市、相馬市、二本松市及び南相馬市　茨城県のうち石岡市、龍ケ崎市、常陸太田市、高萩市、牛久市、つくば市、ひたちなか市、鹿嶋市、守谷市、筑西市、那珂郡東海村、稲敷郡美浦村及び北相馬郡利根町　栃木県のうち栃木市、佐野市、鹿沼市、日光市、小山市、真岡市、大田原市、矢板市、那須塩原市、下野市、河内郡上三川町及び下都賀郡壬生町　群馬県のうち伊勢崎市、太田市、沼田市、館林市、渋川市、藤岡市、富岡市、安中市、吾妻郡草津町、利根郡みなかみ町及び邑楽郡大泉町　埼玉県のうち行田市、秩父市、飯能市、加須市、本庄市、東松山市、羽生市、鴻巣市、深谷市、久喜市、北本市、蓮田市、坂戸市、幸手市、鶴ケ島市、日高市、吉川市、北足立郡伊奈町、入間郡毛呂山町、同郡越生町、比企郡嵐山町、同郡小川町、同郡鳩山町、南埼玉郡宮代町、同郡白岡町、北葛飾郡栗橋町、同郡鷲宮町、同郡杉戸町及び同郡松伏町　千葉県のうち銚子市、館山市、木更津市、茂原市、成田市、東金市、旭市、勝浦市、鴨川市、君津市、富津市、袖ケ浦市、白井市、匝瑳市、香取市及び印旛郡酒々井町　東京都のうち西多摩郡日の出町、同郡檜原村、同郡奥多摩町、大島町、利島村、新島村、神津島村、三宅村、御蔵島村、八丈町、青ケ島村及び小笠原村　神奈川県のうち足柄上郡中井町、同郡山北町、愛甲郡愛川町及び同郡清川村　新潟県のうち三条市、柏崎市、新発田市、小千谷市、加茂市、十日町市、見附市、村上市、燕市、糸魚川市、五泉市、上越市、佐渡市、魚沼市、妙高市、南魚沼郡湯沢町及び刈羽郡刈羽村　富山県のうち魚津市、氷見市、滑川市、黒部市、砺波市、小矢部市、南砺市、射水市、中新川郡舟橋村、同郡上市町、同郡立山町、下新川郡入善町及び同郡朝日町　石川県のうち七尾市、輪島市、珠洲市、加賀市、羽咋市、かほく市、白山市、能美市、能美郡川北町、石川郡野々市町、河北郡津幡町及び同郡内灘町　福井県のうち敦賀市、小浜市、大野市、勝山市、鯖江市、あわら市、越前市、坂井市、吉田郡永平寺町、南条郡南越前町及び丹生郡越前町　山梨県のうち富士吉田市、都留市、山梨市、大月市、韮崎市、甲斐市、笛吹市、上野原市、甲州市、中央市及び中巨摩郡昭和町　長野県のうち飯田市、須坂市、小諸市、伊那市、駒ヶ根市、中野市、大町市、飯山市、茅野市、塩尻市、佐久市、千曲市、東御市、安曇野市、北佐久郡軽井沢町、諏訪郡下諏訪町、同郡富士見町、上伊那郡辰野町、同郡箕輪町、木曽郡木曽町、東筑摩郡波田町、埴科郡坂城町及び上高井郡小布施町　岐阜県のうち高山市、関市、中津川市、美濃市、羽島市、恵那市、美濃加茂市、可児市、瑞穂市、羽島郡岐南町、同郡笠松町及び本巣郡北方町　静岡県のうち富士宮市、島田市、磐田市、焼津市、掛川市、藤枝市、御殿場市、袋井市、下田市、裾野市、湖西市、伊豆市、伊豆の国市、田方郡函南町、駿東郡清水町、同郡長泉町、同郡小山町、富士郡芝川町及び浜名郡新居町　愛知県のうち半田市、津島市、碧南市、西尾市、蒲郡市、犬山市、常滑市、江南市、小牧市、稲沢市、新城市、知多市、高浜市、田原市、愛西市、弥富市、愛知郡東郷町、同郡長久手町、西春日井郡豊山町、丹羽郡大口町、同郡扶桑町、海部郡七宝町、同郡美和町、同郡甚目寺町、同郡大治町、同郡蟹江町、同郡飛島村、知多郡阿久比町、同郡東浦町、同郡南知多町、同郡美浜町、同郡武豊町、幡豆郡一色町、同郡吉良町、同郡幡豆町、額田郡幸田町、西加茂郡三好町、北設楽郡設楽町、同郡東栄町及び宝飯郡小坂井町　三重県のうち伊勢市、鈴鹿市、名張市、尾鷲市、亀山市、鳥羽市、熊野市、志摩市、伊賀市、桑名郡木曽岬町、員弁郡東員町、三重郡菰野町、同郡朝日町、同郡川越町　滋賀県のうち彦根市、長浜市、近江八幡市、守山市、栗東市、甲賀市、野洲市、湖南市及び東近江市　京都府のうち福知山市、舞鶴市、綾部市、宮津市、亀岡市、南丹市、木津川市、綴喜郡井手町、同郡宇治田原町及び相楽郡精華町　大阪府のうち阪南市、豊能郡豊能町、同郡能勢町、泉南郡岬町、南河内郡太子町、同郡河南町及び同郡千早赤阪村　兵庫県のうち洲本市、相生市、豊岡市、赤穂市、西脇市、三木市、小野市、

	三田市、加西市、たつの市、川辺郡猪名川町、加古郡稲美町及び揖保郡太子町　奈良県のうち大和高田市、大和郡山市、天理市、桜井市、五條市、御所市、香芝市、葛城市、宇陀市、生駒郡平群町、同郡三郷町、同郡斑鳩町、同郡安堵町、磯城郡川西町、同郡三宅町、同郡田原本町、高市郡高取町、同郡明日香村、北葛城郡上牧町、同郡王寺町、同郡広陵町、同郡河合町、吉野郡吉野町、同郡大淀町及び同郡下市町　和歌山県のうち海南市、橋本市、有田市、御坊市、田辺市、新宮市、岩出市、海草郡紀美野町、伊都郡高野町、有田郡湯浅町、日高郡美浜町、西牟婁郡白浜町、東牟婁郡那智勝浦町、同郡太地町及び同郡串本町　鳥取県のうち米子市、倉吉市、境港市及び西伯郡日吉津村　島根県のうち浜田市、出雲市、益田市、大田市、安来市、江津市、八束郡東出雲町及び隠岐郡隠岐の島町　岡山県のうち津山市、笠岡市、井原市、総社市、高梁市、新見市、備前市、瀬戸内市、赤磐市、浅口市、都窪郡早島町、浅口郡里庄町及び小田郡矢掛町　広島県のうち竹原市、三次市、庄原市、東広島市、安芸高田市、江田島市及び安芸郡熊野町　山口県のうち萩市、下松市、光市、長門市、柳井市、美祢市、山陽小野田市、玖珂郡和木町、熊毛郡田布施町及び同郡平生町　徳島県のうち鳴門市、小松島市及び阿南市　香川県のうち丸亀市、坂出市、善通寺市、観音寺市、香川郡直島町、綾歌郡宇多津町、仲多度郡琴平町及び同郡多度津町　愛媛県のうち今治市、新居浜市、西条市及び四国中央市　福岡県のうち柳川市、八女市、筑後市、大川市、豊前市、小郡市、朝倉市及び嘉麻市　佐賀県のうち唐津市及び鳥栖市　長崎県のうち諫早市、大村市、西彼杵郡長与町及び同郡時津町　大分県のうち中津市　宮崎県のうち都城市及び延岡市　鹿児島県のうち鹿屋市、枕崎市、阿久根市、出水市、伊佐市、指宿市、西之表市、垂水市、薩摩川内市、日置市、いちき串木野市、霧島市、南さつま市、奄美市、姶良郡加治木町及び同郡姶良町　沖縄県のうち宜野湾市、石垣市、浦添市、名護市、糸満市、沖縄市、うるま市及び宮古島市
第二区	北海道のうち石狩郡当別町、同郡新篠津村、松前郡松前町、同郡福島町、上磯郡知内町、同郡木古内町、茅部郡鹿部町、同郡森町、二海郡八雲町、檜山郡上ノ国町、同郡厚沢部町、爾志郡乙部町、久遠郡せたな町、奥尻郡奥尻町、瀬棚郡今金町、島牧郡島牧村、寿都郡寿都町、同郡黒松内町、磯谷郡蘭越町、虻田郡ニセコ町、同郡真狩村、同郡留寿都村、同郡喜茂別町、同郡豊浦町、同郡洞爺湖町、岩内郡共和町、古宇郡泊村、同郡神恵内村、積丹郡積丹町、古平郡古平町、余市郡仁木町、同郡赤井川村、空知郡南幌町、同郡上富良野町、同郡中富良野町、夕張郡由仁町、同郡長沼町、同郡栗山町、樺戸郡月形町、同郡浦臼町、同郡新十津川町、雨竜郡妹背牛町、同郡秩父別町、同郡雨竜町、同郡北竜町、同郡沼田町、同郡幌加内町、上川郡当麻町、同郡比布町、同郡愛別町、同郡美瑛町、同郡和寒町、同郡剣淵町、同郡下川町、同郡清水町、中川郡美深町、同郡池田町、同郡豊頃町、同郡本別町、増毛郡増毛町、留萌郡小平町、苫前郡苫前町、同郡羽幌町、同郡初山別村、天塩郡遠別町、同郡豊富町、枝幸郡中頓別町、礼文郡礼文町、利尻郡利尻町、同郡利尻富士町、網走郡津別町、同郡大空町、斜里郡小清水町、常呂郡訓子府町、同郡置戸町、同郡佐呂間町、紋別郡上湧別町、同郡湧別町、有珠郡壮瞥町、白老郡白老町、勇払郡厚真町、同郡むかわ町、沙流郡平取町、新冠郡新冠町、様似郡様似町、幌泉郡えりも町、河東郡士幌町、同郡上士幌町、同郡鹿追町、河西郡更別村、広尾郡大樹町、同郡広尾町、足寄郡足寄町、十勝郡浦幌町、厚岸郡厚岸町、同郡浜中町、川上郡標茶町、阿寒郡鶴居村、白糠郡白糠町及び野付郡別海町　青森県のうちつがる市、平川市、東津軽郡平内町、同郡今別町、同郡蓬田村、同郡外ヶ浜町、西津軽郡鰺ヶ沢町、同郡深浦町、中津軽郡西目屋村、南津軽郡藤崎町、同郡大鰐町、同郡田舎館村、北津軽郡板柳町、同郡鶴田町、同郡中泊町、上北郡野辺地町、同郡七戸町、同郡六戸町、同郡横浜町、同郡東北町、同郡六ヶ所村、同郡おいらせ町、下北郡大間町、同郡東通村、同郡風間浦村、同郡佐井村、三戸郡三戸町、同郡五戸町、同郡田子町、同郡南部町、同郡階上町及び同郡新郷村　岩手県のうち八幡平市、岩手郡雫石町、同郡葛巻町、同郡岩手町、紫波郡紫波町、同郡矢巾町、和賀郡西和賀町、胆沢郡金ヶ崎町、西磐井郡平泉町、東磐井郡藤沢町、気仙郡住田町、上閉伊郡大槌町、下閉伊郡山田町、同郡岩泉町、同郡田野畑村、同郡普代村、同郡川井村、九戸郡軽米町、同郡野田村、同郡九戸村、同郡洋野町及び二戸郡一戸町　宮城県のうち登米市、栗原市、東松島市、刈田郡蔵王町、同郡七ヶ宿町、柴田郡村田町、同郡川崎町、伊具郡丸森町、亘理郡亘理町、同郡山元町、宮城郡松島町、黒川郡大和町、同郡大郷町、同郡大衡村、加美郡加美町、同郡色麻町、遠田郡涌谷町、同郡美里町、牡鹿郡女川町及び本吉郡南三陸町　秋田県のうち潟上市、北秋田市、仙北市、にかほ市、鹿角郡小坂町、北秋田郡上小阿仁村、山本郡藤里町、同郡三種町、同郡八峰町、南秋田郡五城目町、同郡八郎潟町、同郡井川町、同郡大潟村、仙北郡美郷町、雄勝郡羽後町及び同郡東成瀬村　山形県のうち東村山郡山辺町、同郡中山町、西村山郡河北町、同郡西川町、同郡朝日町、同郡大江町、北村山郡大石田町、最上郡金山町、同郡最上町、同郡舟形町、同郡真室川町、同郡大蔵村、同郡鮭川村、同郡戸沢村、東置賜郡高畠町、同郡川西町、西置賜郡小国町、同郡白鷹町、同郡飯豊町、東田川郡三川町、同郡庄内町及び飽海郡遊佐町　福島県のうち田村市、伊達市、本宮市、伊達郡桑折町、同郡国見町、同郡川俣町、安達郡大玉村、岩瀬郡鏡石町、同郡天栄村、南会津郡下郷町、同郡檜枝岐村、同郡只見町、同郡南会津町、耶麻郡北塩原村、同郡西会津町、同郡磐梯町、同郡猪苗代町、

河沼郡会津坂下町、同郡湯川村、同郡柳津町、大沼郡三島町、同郡金山町、同郡昭和村、同郡会津美里町、西白河郡西郷村、同郡泉崎村、同郡中島村、同郡矢吹町、東白川郡棚倉町、同郡矢祭町、同郡塙町、同郡鮫川村、石川郡石川町、同郡玉川村、同郡平田村、同郡浅川町、同郡古殿町、田村郡三春町、同郡小野町、双葉郡広野町、同郡楢葉町、同郡富岡町、同郡川内村、同郡大熊町、同郡双葉町、同郡浪江町、同郡葛尾村、相馬郡新地町及び同郡飯舘村　茨城県のうち結城市、下妻市、北茨城市、笠間市、潮来市、常陸大宮市、那珂市、坂東市、稲敷市、かすみがうら市、神栖市、行方市、桜川市、鉾田市、常総市、つくばみらい市、小美玉市、東茨城郡茨城町、同郡大洗町、同郡城里町、久慈郡大子町、稲敷郡阿見町、同郡河内町、結城郡八千代町、猿島郡五霞町及び同郡境町　栃木県のうちさくら市、那須烏山市、上都賀郡西方町、芳賀郡益子町、同郡茂木町、同郡市貝町、同郡芳賀町、下都賀郡野木町、同郡大平町、同郡藤岡町、同郡岩舟町、同郡都賀町、塩谷郡塩谷町、同郡高根沢町、那須郡那須町及び同郡那珂川町　群馬県のうちみどり市、北群馬郡榛東村、同郡吉岡町、多野郡神流町、同郡上野村、甘楽郡下仁田町、同郡南牧村、同郡甘楽町、吾妻郡中之条町、同郡長野原町、同郡嬬恋村、同郡六合村、同郡高山村、同郡東吾妻町、利根郡片品村、同郡川場村、同郡昭和村、佐波郡玉村町、邑楽郡板倉町、同郡明和町、同郡千代田町及び同郡邑楽町　埼玉県のうち比企郡滑川町、同郡川島町、同郡吉見町、同郡ときがわ町、秩父郡横瀬町、同郡皆野町、同郡長瀞町、同郡小鹿野町、同郡東秩父村、児玉郡美里町、同郡神川町、同郡上里町、大里郡寄居町、北埼玉郡騎西町、同郡北川辺町、同郡大利根町及び南埼玉郡菖蒲町　千葉県のうち八街市、印西市、富里市、いすみ市、南房総市、山武市、印旛郡印旛村、同郡本埜村、同郡栄町、香取郡神崎町、同郡多古町、同郡東庄町、山武郡横芝光町、同郡大網白里町、同郡九十九里町、同郡芝山町、長生郡一宮町、同郡睦沢町、同郡長生村、同郡白子町、同郡長柄町、同郡長南町、夷隅郡大多喜町、同郡御宿町及び安房郡鋸南町　新潟県のうち阿賀野市、南魚沼市、胎内市、北蒲原郡聖籠町、西蒲原郡弥彦村、南蒲原郡田上町、東蒲原郡阿賀町、三島郡出雲崎町、北魚沼郡川口町、中魚沼郡津南町、岩船郡関川村及び同郡粟島浦村　石川県のうち羽咋郡志賀町、同郡宝達志水町、鹿島郡中能登町、鳳珠郡穴水町及び同郡能登町　福井県のうち今立郡池田町、三方郡美浜町、大飯郡高浜町、同郡おおい町及び三方上中郡若狭町　山梨県のうち南アルプス市、北杜市、西八代郡市川三郷町、南巨摩郡増穂町、同郡鰍沢町、同郡早川町、同郡身延町、同郡南部町、南都留郡道志村、同郡西桂町、同郡忍野村、同郡山中湖村、同郡鳴沢村、同郡富士河口湖町、北都留郡小菅村及び同郡丹波山村　長野県のうち南佐久郡小海町、同郡川上村、同郡南牧村、同郡南相木村、同郡北相木村、同郡佐久穂町、北佐久郡御代田町、同郡立科町、小県郡青木村、同郡長和町、諏訪郡原村、上伊那郡飯島町、同郡南箕輪村、同郡中川村、同郡宮田村、下伊那郡松川町、同郡高森町、同郡阿南町、同郡阿智村、同郡平谷村、同郡根羽村、同郡下條村、同郡売木村、同郡天龍村、同郡泰阜村、同郡喬木村、同郡豊丘村、同郡大鹿村、木曽郡上松町、同郡南木曽町、同郡木祖村、同郡王滝村、同郡大桑村、東筑摩郡麻績村、同郡生坂村、同郡山形村、同郡朝日村、同郡筑北村、北安曇郡池田町、同郡松川村、同郡白馬村、同郡小谷村、上高井郡高山村、下高井郡山ノ内町、同郡木島平村、同郡野沢温泉村、上水内郡信州新町、同郡信濃町、同郡小川村、同郡中条村、同郡飯綱町及び下水内郡栄村　岐阜県のうち山県市、飛騨市、本巣市、郡上市、下呂市、海津市、養老郡養老町、不破郡垂井町、同郡関ヶ原町、安八郡神戸町、同郡輪之内町、同郡安八町、揖斐郡揖斐川町、同郡大野町、同郡池田町、加茂郡坂祝町、同郡富加町、同郡川辺町、同郡七宗町、同郡八百津町、同郡白川町、同郡東白川村、可児郡御嵩町及び大野郡白川村　静岡県のうち御前崎市、菊川市、牧之原市、賀茂郡東伊豆町、同郡河津町、同郡南伊豆町、同郡松崎町、同郡西伊豆町、榛原郡吉田町、同郡川根本町及び周智郡森町　愛知県のうち北設楽郡豊根村　三重県のうちいなべ市、多気郡多気町、同郡明和町、同郡大台町、度会郡玉城町、同郡度会町、同郡大紀町、同郡南伊勢町、北牟婁郡紀北町、南牟婁郡御浜町及び同郡紀宝町　滋賀県のうち高島市、米原市、蒲生郡安土町、同郡日野町、同郡竜王町、愛知郡愛荘町、犬上郡豊郷町、同郡甲良町、同郡多賀町、東浅井郡虎姫町、同郡湖北町、伊香郡高月町、同郡木之本町、同郡余呉町及び同郡西浅井町　京都府のうち京丹後市、相楽郡笠置町、同郡和束町、同郡南山城村、船井郡京丹波町、与謝郡伊根町及び同郡与謝野町　兵庫県のうち篠山市、養父市、丹波市、南あわじ市、朝来市、淡路市、宍粟市、加東市、多可郡多可町、神崎郡市川町、同郡福崎町、同郡神河町、赤穂郡上郡町、佐用郡佐用町、美方郡香美町、及び同郡新温泉町　奈良県のうち山辺郡山添村、宇陀郡曽爾村、同郡御杖村、吉野郡黒滝村、同郡天川村、同郡野迫川村、同郡十津川村、同郡下北山村、同郡上北山村、同郡川上村及び同郡東吉野村　和歌山県のうち紀の川市、伊都郡かつらぎ町、同郡九度山町、有田郡広川町、同郡有田川町、日高郡日高町、同郡由良町、同郡印南町、同郡みなべ町、同郡日高川町、西牟婁郡上富田町、同郡すさみ町、東牟婁郡古座川町及び同郡北山村　鳥取県のうち岩美郡岩美町、八頭郡若桜町、同郡智頭町、同郡八頭町、東伯郡三朝町、同郡湯梨浜町、同郡琴浦町、同郡北栄町、西伯郡大山町、同郡南部町、同郡伯耆町、日野郡日南町、同郡日野町及び同郡江府町　島根県のうち雲南市、仁多郡奥出雲町、飯石郡飯南町、簸川郡斐川町、邑智郡川本町、同郡美郷町、同郡邑南町、鹿足郡津和野町、同郡吉賀町、隠岐郡海士町、同郡西ノ島町及び同郡知夫村　岡山県のうち真庭市、美作市、和気郡和気町、真庭郡新庄村、苫田郡鏡野町、勝田郡勝央町、同郡奈義町、英田郡西粟倉村、久米郡久米南町、同郡美咲町及び

加賀郡吉備中央町　広島県のうち山県郡安芸太田町、同郡北広島町、豊田郡大崎上島町、世羅郡世羅町及び神石郡神石高原町　山口県のうち大島郡周防大島町、熊毛郡上関町、阿武郡阿武町及び同郡阿東町　徳島県のうち吉野川市、阿波市、美馬市、三好市、勝浦郡勝浦町、同郡上勝町、名東郡佐那河内村、名西郡石井町、同郡神山町、那賀郡那賀町、海部郡牟岐町、同郡美波町、同郡海陽町、板野郡松茂町、同郡北島町、同郡藍住町、同郡板野町、同郡上板町、美馬郡つるぎ町及び三好郡東みよし町　香川県のうち東かがわ市、さぬき市、三豊市、小豆郡土庄町、同郡小豆島町、木田郡三木町、綾歌郡綾川町及び仲多度郡まんのう町　愛媛県のうち宇和島市、八幡浜市、大洲市、伊予市、西予市、東温市、越智郡上島町、上浮穴郡久万高原町、伊予郡松前町、同郡砥部町、喜多郡内子町、西宇和郡伊方町、北宇和郡松野町、同郡鬼北町及び南宇和郡愛南町　高知県のうち室戸市、安芸市、南国市、土佐市、須崎市、宿毛市、土佐清水市、四万十市、香南市、香美市、安芸郡東洋町、同郡奈半利町、同郡田野町、同郡安田町、同郡北川村、同郡馬路村、同郡芸西村、長岡郡本山町、同郡大豊町、土佐郡土佐町、同郡大川村、吾川郡いの町、同郡仁淀川町、高岡郡中土佐町、同郡佐川町、同郡越知町、同郡檮原町、同郡日高村、同郡津野町、同郡四万十町、幡多郡大月町、同郡三原村及び同郡黒潮町　福岡県のうち前原市、うきは市、宮若市、みやま市、鞍手郡小竹町、同郡鞍手町、嘉穂郡桂川町、朝倉郡筑前町、同郡東峰村、糸島郡二丈町、同郡志摩町、三井郡大刀洗町、三潴郡大木町、八女郡黒木町、同郡立花町、同郡広川町、同郡矢部村、同郡星野村、田川郡香春町、同郡添田町、同郡糸田町、同郡川崎町、同郡大任町、同郡赤村、同郡福智町、京都郡みやこ町、築上郡吉富町、同郡上毛町及び同郡築上町　佐賀県のうち多久市、伊万里市、武雄市、鹿島市、小城市、嬉野市、神埼市、神埼郡吉野ヶ里町、三養基郡基山町、同郡上峰町、同郡みやき町、東松浦郡玄海町、西松浦郡有田町、杵島郡大町町、同郡江北町、同郡白石町及び藤津郡太良町　長崎県のうち島原市、平戸市、松浦市、対馬市、壱岐市、五島市、雲仙市、南島原市、東彼杵郡東彼杵町、同郡川棚町、同郡波佐見町、北松浦郡小値賀町、同郡江迎町、同郡鹿町町、同郡佐々町及び南松浦郡新上五島町　熊本県のうち八代市、人吉市、水俣市、玉名市、山鹿市、菊池市、宇土市、上天草市、宇城市、阿蘇市、合志市、天草市、下益城郡城南町、同郡美里町、玉名郡玉東町、同郡南関町、同郡長洲町、同郡和水町、鹿本郡植木町、菊池郡大津町、同郡菊陽町、阿蘇郡南小国町、同郡小国町、同郡産山村、同郡高森町、同郡西原村、同郡南阿蘇村、上益城郡御船町、同郡嘉島町、同郡益城町、同郡甲佐町、同郡山都町、八代郡氷川町、葦北郡芦北町、同郡津奈木町、球磨郡錦町、同郡あさぎり町、同郡多良木町、同郡湯前町、同郡水上村、同郡相良村、同郡五木村、同郡山江村、同郡球磨村及び天草郡苓北町　大分県のうち日田市、佐伯市、臼杵市、津久見市、竹田市、豊後高田市、杵築市、宇佐市、豊後大野市、由布市、国東市、東国東郡姫島村、速見郡日出町、玖珠郡九重町及び同郡玖珠町　宮崎県のうち日南市、小林市、日向市、串間市、西都市、えびの市、宮崎郡清武町、北諸県郡三股町、西諸県郡高原町、同郡野尻町、東諸県郡国富町、同郡綾町、児湯郡高鍋町、同郡新富町、同郡西米良村、同郡木城町、同郡川南町、同郡都農町、東臼杵郡門川町、同郡諸塚村、同郡椎葉村、同郡美郷町、西臼杵郡高千穂町、同郡日之影町及び同郡五ヶ瀬町　鹿児島県のうち曽於市、志布志市、南九州市、鹿児島郡三島村、同郡十島村、薩摩郡さつま町、出水郡長島町、姶良郡蒲生町、同郡湧水町、曽於郡大崎町、肝属郡東串良町、同郡錦江町、同郡南大隅町、同郡肝付町、熊毛郡中種子町、同郡南種子町、同郡屋久島町、大島郡大和村、同郡宇検村、同郡瀬戸内町、同郡龍郷町、同郡喜界町、同郡徳之島町、同郡天城町、同郡伊仙町、同郡和泊町、同郡知名町及び同郡与論町　沖縄県のうち豊見城市、南城市、国頭郡国頭村、同郡大宜味村、同郡東村、同郡今帰仁村、同郡本部町、同郡恩納村、同郡宜野座村、同郡金武町、同郡伊江村、中頭郡読谷村、同郡嘉手納町、同郡北谷町、同郡北中城村、同郡中城村、同郡西原町、島尻郡与那原町、同郡南風原町、同郡久米島町、同郡渡嘉敷村、同郡座間味村、同郡粟国村、同郡渡名喜村、同郡南大東村、同郡北大東村、同郡伊平屋村、同郡伊是名村、同郡八重瀬町、宮古郡多良間村、八重山郡竹富町及び同郡与那国町

割賦販売法施行令パブリックコメント

【平成二十一年四月四日公表のパブリックコメントの結果】

番号	御意見の概要	御意見に対する考え方
1	〈割賦販売法（以下「法」という。）第四十条第四項関係〉 ①　報告徴収事項として「クレジットカード番号等の適切な管理のために必要な措置の実施状況」とあるが、法第四十条第四項に合わせ、「適切な管理」を「安全な管理」に修正すべきとの意見があった。 ②　報告徴収事項として、「クレジットカード番号等の適切な管理措置のために必要な措置の実施状況、加盟店への指導状況等」とあるが、当該状況を誰が誰にいつ報告するのか、また、「適切な管理措置」の内容を具体的に規定すべきとの意見があった。	①　本規定は、法第三十五条の十六に規定する義務の履行状況についての報告を求めるものであり、同条の規定ぶりに合わせる形で「適切な管理のために必要な措置の実施状況」と規定しているところであるが、当然、安全な管理という意味を排除しているものではない。 ②　本規定は、クレジットカード等購入あっせん業者又は立替払取次業者による法第三十六条の十六の規定に違反するおそれのある行為があったような場合に、経済産業大臣が当該事業者に対して報告を求めることを予定している。また、当該適切な措置の具体的内容については、割賦販売法施行規則で規定することとしており、改めてパブリックコメントに付した上で策定する予定である。
2	〈法第四十条第六項関係〉 ①　クレジットカード取引において苦情が多い決済代行業者についても密接関係者に含めるべきとの意見があった。 ②　個別クレジットにおける決済代行業者についても密接関係者に含めるべきとの意見があった。	①　法第四十条第六項は、個別クレジット業者における訪問販売等を行う加盟店の勧誘行為に関する調査義務等の履行状況の把握のため参考となる報告を当該密接関係者に求めるものであり、包括クレジットに関連する事業者を当該密接関係者に含めることは、法律上できないこととなっている。 　しかしながら、包括クレジット業者には、消費者からの苦情の適切かつ迅速な処理のために必要な措置を講ずることを義務づけており、当該措置の実施状況を包括クレジット業者からの報告徴収事項として規定する予定である。 ②　個別クレジットに関する決済代行業者は、消費者に対する勧誘に関与する者ではないことから、個別クレジットにおける訪問販売等を行う加盟店の勧誘方法等を調査することを個別クレジット業者に義務づけた当該調査義務等の履行状況の参考とするための報告を求めることを難しいと考える。 　しかしながら、個別クレジット業者は、御意見にあるような業者が存在したとしても消費者に対して勧誘を行う加盟店の勧誘方法等を調査することとなっており、消費者保護を図ることは可能であると考える。
3	特定商取引に関する法律及び割賦販売法の指定商品・役務制撤廃に伴い、通信・放送サービスについても規制対象とすべきとの意見があった。	割賦販売法では、指定商品・役務制の撤廃に伴い、不動産の販売に係る包括クレジット及び個別クレジット以外は、原則、割賦販売法の規制対象としたところである。 ただし、クーリング・オフ等の特定商取引に関する法律と関連のある一部の規定につい

		ては、適用範囲を同法と合わせており、同法で適用が除外される役務については、割賦販売法における一部の規定が除外されることになる。
4	携帯電話の販売に関し、割賦販売法の改正に伴う過剰与信防止義務等の導入により、手続き上の負荷増大が懸念されるとの意見があった。	割賦販売法の改正によって新たに導入された過剰与信防止義務等に関する詳細な規定は、割賦販売法施行規則で規定することとしているが、規制の実効性を確保するとともに、事業者への過剰負担が発生しないよう配慮しつつ施行規則を策定する予定である。
5	チャージバックルールに関する法整備を早急に行うべきとの意見があった。	割賦販売法の改正事項について議論を行った産業構造審議会割賦販売分科会基本問題小委員会において、チャージバックルールに関しては、特に法律で新たな規定を置く必要はないとの意見が多数であったことから、今回の改正事項とはしていない。
6	その他個別クレジット業者に対する抗弁をなしうる支払総額の下限額を四万円とすること、個別クレジット業者の登録拒否要件のうち、最低純資産額を五千万円とすることにつき賛成する意見があった。	－

【平成二十九年十一月二十二日公表のパブリックコメントの結果】

割賦販売法施行令の一部を改正する政令案　パブリックコメント募集に対する意見

番号	分野	御意見の内容	御意見に対する当省の考え方
1	施行令第31条関係	クレジットカード番号等の「不正な利用」の中に、消費者がお金を支援してもらえるという話を鵜呑みにして決済してしまう事例や、簡単に儲かるという話を信じて決済する事例、さらにはサクラサイトに誘導され次々と決済してしまったという場合を含むことを明記して欲しい。	今回の割賦販売法の改正の趣旨に基づき、本法における「不正な利用」については、主として偽造カードの使用やなりすましといった内容を想定している。
2	施行令第31条関係	海外アクワイアラー及びその代理店の利用についての把握等を行う必要がある。海外アクワイアラー及びその代理店の利用により、組織犯罪者に近しい国際的な望ましくない金融組織に資金が流れ込むような事態についても、必要に応じ報告徴収を行えるようにしておくべきではないか。	経済産業大臣が有する報告徴収権限は、割賦販売法の執行に必要な限度において政令で定められるものとされており、御指摘のような「組織犯罪者に近しい国際的な望ましくない金融組織」への資金流入対策は、割賦販売法の法目的を超えるものであるため、対応は困難である。
3	施行令別表第1の2及び別表第1の3関係	特定商取引法において特定継続的役務に「いわゆる美容医療」が新たに追加された。現行の割賦販売法施行令において規定される指定役務及び指定権利には、既に特定継続的役務に位置づけられている6役務が追加されていることを踏まえれば、「いわゆる美容医療」についても指定役務及び指定権利に加えるべきではないか。	御指摘を踏まえ、令別表第1の2及び第1の3に一定の美容医療サービスの規定を追加した。

4	経済産業省組織令第92条関係	国は、クレジットカード関係の監督についても金融庁に行わせるようにして頂きたい。	クレジット業は、商取引一般を所管している経済産業省が、商業の健全な発展あるいは一般消費者の利益保護という観点から所管しており、引き続き、経済産業省が監督をしていくことが適切であると考える。
5		令第3条や第31条の改正について賛成する意見、また、令34条の権限の委任について、改正に反対ではないとの意見があった。	
6		セキュリティ対策対応済み加盟店を積極的に公開し、セキュリティ対応することが加盟店にとってもメリットがある雰囲気を作るべき。	改正割賦販売法の衆議院・参議院付帯決議において「認定割賦販売協会とも緊密に連携し、加盟店のセキュリティ対策の進捗状況を「見える化」するための方策を積極的に講じ、消費者が安全な加盟店を選択できる環境を整備すること。」とされており、これに基づいた取組を進めている。
7		高齢者、若者の判断力低下や不足に乗じて、これにつけ込んで契約させた場合に当該契約を取り消すことができるという規定を追加すべき。	他の消費者関連法制や割賦販売を巡る状況を踏まえ、現時点において、必要かつ十分な規定をしていると考える。

【令和二年十一月二十四日公表のパブリックコメントの結果】

「割賦販売法施行令の一部を改正する政令案に対する意見募集」で寄せられた御意見の概要と御意見に対する考え方

番号	寄せられた御意見の概要	御意見に対する考え方
1	・該当箇所 第二十三条 ・意見内容 以前は「包括信用購入あっせんに係る情報通信の技術を利用する方法」であったが、改正により「認定包括信用購入あっせん業者による契約の解除等の制限の特例に係る極度額の上限等」に置き換えられているが、「包括信用購入あっせんに係る情報通信の技術を利用する方法」の条項は削除されたという認識でよいか・	そのとおり。
2	1、極度額10万円について 少額分割払い利用者のほとんどは若年者か低所得者です。また、日用品の買い物の支払いをカード払いにしている人の利用額のほとんどは月に10万円以下と思われますので、カード利用者のほとんどは審査の緩い少額カード利用者となる可能性があります。それらの人にとって10万円は高額すぎます。もっと極度額を低くすべきです。	登録少額包括信用購入あっせん業者が営む包括信用購入あっせんに係る極度額の上限額は、「産業構造審議会 商務流通情報分科会 割賦販売小委員会」令和元年十二月二十日付報告書七頁を踏まえ、十万円と規定した。 また、登録少額包括信用購入あっせん業者には、その登録に際して、改正法による改正後の割賦販売法（以下「新法」という。）第三十五条の二の十一第一項第十一号に基づいて、限度額の算定方法及び当該算定を行う体制が法律上の要件に適合していることが求められ、限度額の算定に際しては当該算定方法によること等が求められる（新法第三十五条の二の四及び

		第三十五条の二の五）。
3	2、支払い遅延による契約解除を見据えた催告期間が7日間となることについて 　電磁的な方法による催告は、携帯電話（スマートフォン）の利用頻度が上がるにつれ、すぐに見ることができるという利点はあるが、情報が多すぎて埋没してしまう恐れがあります。それだけでなく、年末年始やお盆休みなど、比較的長期の休みにかかる7日間であった場合、催告を見逃してしまう可能性もあります。海外出張や入院等、すぐに対応したくてもできない事情を抱える場合もあります。 　近年、実在するクレジットカード会社名をかたるフィッシング詐欺のメールによるトラブルが多く発生し、そのことからメールが偽物だと勘違いする人も出ると思われ、それによって気付くのが遅れる可能性もあります。7日間はあっという間に過ぎてしまい、それで期限の利益が失われることは大きな問題です。催告期間はもっと長くすべきです。どうしても7日になるのであれば、せめて金融機関の営業日を考慮すべきです。	認定包括信用購入あっせん業者及び登録少額包括信用購入あっせん業者による極度額十万円以下の包括信用購入あっせんに係る契約の解除等における催告期間は「産業構造審議会 商務流通情報分科会 割賦販売小委員会」（令和元年十二月二十日付報告）十頁を踏まえ、七日間と規定した。
4	3、AIによる与信について 　最近は何かとAIを利用することが増えていますが、AIで計算するにあたりどのようなデータが予め取り込まれているのかによって計算結果に偏りが出ると言われています。AIがどのような計算をしたか人間がわからないブラックボックスだとも言われています。結果に対する不当性を訴える人に対し、計算方法を説明できないのにAIの結果だけを利用するのは問題があります。EUでは、AIを利用した場合でも人間が異論を主張できる余地を残しておくよう取り決めがあると聞いています。アメリカのカリフォルニア州でもEUに似た規定があるようです。AIによって不利な結果が出た場合のことを考えると、AIだけで与信することに問いえません。人間が関わるよう取り決めが必要だと思います。	新法第三十条の五の四第一項第一号及び第三十五条の二の十一第一項イに規定する基準に関する参考意見として承る。
5	4、書面でない催告通知について 　催告期間が7日間になることと関連して、催告されていることに必ず気付くよう、たとえばメールで数回催告書が送られていることを通知するよう、二重、三重の注意をする必要があると思います。	新法第三十条の二の四第一項及び第三十五条の二の六第一項に規定する電磁的方法による催告に関する参考意見として承る。
6	闇金業者がやっている、クレジットカードでものを買わせて、それを安く買い取ることで実質金を高利で貸している業者はどこで規制されているのでしょうか？	具体的事実関係により適用される法規制は異なるものと考えられるが、例えば、ご意見中の闇金業者とクレジットカードを利用することができる加盟店が画策することにより、高利貸し目的でクレジットカードを利用させている場合等には、悪質加盟店によるトラブル事例として対応していく場合があるものと考えられる。
7	当方、自治体の消費生活相談員。 「50万円の契約につき、業者からお金がなくてもクレジットカードで支払えばよいといわれ、その日のうちに4枚のクレジットカードを作り、各カードの限度額で決済した。」というような、高額な契約をす	ご意見中の事例は、クレジットカードを利用することができる加盟店に起因したトラブル事例であり、悪質加盟店によるトラブル事例として対応していくものと考えられる。

るために1日の内に何枚ものカードを作って支払うが、結局支払えないというトラブル事例が増えている。

1つ1つの信販契約は少額でも、実態は50万円の契約である。

従来の包括信用購入あっせんと同様の規制が必要と考える。

割賦販売法施行規則パブリックコメント

【平成二十一年六月二十六日公表のパブリックコメントの結果】

（一）支払可能見込額調査義務・過剰与信防止義務について

番号	該当箇所	御意見の内容	御意見に対する考え方
1	省令第三十九条	支払可能見込額調査の算定式を具体的に出すべき。また、法第三十条の二の二の「経済産業大臣が定める割合」については、例えば年間の支払可能見込額又は一か月間の支払可能見込額を算出するなどし、そのいずれかの額から極度額を算定するという方法が道筋としては正当ではないか。	過剰与信防止義務については、クレジット業者が様々な審査項目に基づき総合判断して与信を行っている実態を踏まえ、年収、預貯金、クレジット債務などを例示とした上で、各クレジット業者が自ら与信判断を行う枠組みとなっている。 また、経済産業大臣が定める割合の考え方としては、消費経済審議会特定商取引部会・割賦販売部会合同会合（第二回）において示しているとおり、本邦の割賦払いにおける平均的な支払期間である一年を勘案して定めている。
2	省令第三十九条第五号	利用者から受け付ける申込書に質問事項として、「その他包括支払可能見込額の算定に影響を与える事項」をあげて、回答欄を設け、利用者に回答させるとの運用で問題はないか。 条文は、「前各号に掲げるもののほか、包括支払可能見込額の算定に影響を与える事項であって客観的に判断することができるもの。」とされているが、具体的にどのような事項かが不明確である。他方、規則案第四十条第六項の調査方法には、「利用者から受ける当該事項の申告その他の適切な方法により行わなければならない。」とされていることから、上記のような運用にて自己申告をさせることが適切ではないか。	利用者から受け付ける申込書に質問事項として「その他包括支払可能見込額の算定に影響を与える事項」を回答欄として設け、利用者から申告を受けるという方法もありうるものと想定しているが、申告を受けた事項が客観的に判断することができるものである場合に限って、支払可能見込額調査義務における調査項目となる。
3	省令第三十九条第五号	指定信用情報機関を使用し、住宅ローンを除く自動車ローン等の個別信用購入あっせん債務やキャッシング債務の年間返済額を勘案しなければならないと解してよいか。また、省令に、勘案すべき年間返済額について例示列挙いただきたい。	指定信用情報機関が保有する特定信用情報を使用し、個別信用購入あっせんに係る年間支払見込額や遅延の有無等を確認するとともに、借入の状況を勘案することとなっている。なお、クレジット業者に対する行為規制等を課している割賦販売法において、キャッシング債務の年間返済額を規定することは不可能である。
4	省令第四十条第二項	「申告を受けることができない場合」には「申告年収の妥当性に欠ける場合」も含まれると解してよいか。	「申告を受けることができない場合」には、適切な調査を行ったにもかかわらず、社会通念上妥当と考えられる年収の申告を受けることができない場合についても含まれると解される。
5	省令第四十条第二項	「自己申告に基づく収入」では、事業者から唆されて不実の収入を申告するような事例に対応できないので、少なくとも、自己申告には源泉徴収票、給与明細書等相当の資料を添付するなどして疎明を要求するべき。 この他、「契約金額がある一定金額を超える場合（自社の契約につき五十万円、	加盟店が消費者を唆して不実の収入を申告するような事例に関し、消費者から苦情があった場合であって、苦情の発生状況が他の加盟店による苦情の発生状況と比べて多いような場合には、苦情の内容に応じ必要な事項を調査すること等を義務づけている。また、改正割賦販売法附帯決議において「支払可能見込額の調

		他社との契約を合わせて百万円を超える場合）は、貸金業法省令の考え方と同様に源泉徴収票の提示を受ける等の調査を課すべき」との意見があった。	査に当たっては、利用者の預貯金等のプライバシーに過度に立ち入ることのないよう指導すること。」「支払可能見込額の調査に際しては、利用者の個人情報の収集を必要かつ十分な最小限のものにとどめる」とされており、支払可能見込額の調査に当たっては、個人情報の保護に留意しつつ調査項目を定める必要があることから、源泉徴収票等をクレジット業者の調査項目とはしていない。
6	省令第四十条第二項	「年収の合理的な推定」の「合理的」とは、どのような要素をもってどのように判断すべきか。「合理的」の意味が必ずしも明らかではないため、どのように考えるべきかお示しいただきたい。	客観的な情報（年齢、勤務先等）に基づいて、統計資料等を用いて算出することを想定している。
7	省令第四十条第二項	「収入」とは年収又は預貯金を指すとあるが合算はしないのか。また保有有価証券等は「収入」には含まれないのか。	年収と預貯金を合算することを否定するものではない。また、保有有価証券等については、支払可能見込額の定義（法第三十条の二第二項、法第三十五条の三の三第二項）からすると、消費者の年収等として得ることが見込まれる一年間当たりの額に関しては年収等に含むことは可能である。
8	省令第四十条第二項	利用者から受ける年収の申告であるが、「申告を受けることができない場合」との記載があるが、そもそも申告を受けられない場合にクレジットカードを交付することができるのか。包括支払可能見込額調査において年収は極めて重要な要素であるが、これを回答しない申込者にクレジットカードを交付することは矛盾するのではないか。	利用者から年収の申告を受けることができない場合であっても、当該利用者から申告を受けた年齢、勤務先等の情報により年収の合理的な推定は可能であると考えている。このようにして得られた推定年収等を基礎とし、包括支払可能見込額を算定することとなる。
9	省令第四十条第三項	「利用者の利益の保護を図るため必要があると認める場合」とは、どのような場合が想定されるか。必要性なき場合には、申告だけでは足りず、預金通帳等の提示を必要とするのか。	無収入者や年金生活者であって多く資産を有する者等に対して与信を行う場合に、補完的に調査するときなどを想定している。なお、改正割賦販売法附帯決議において「支払可能見込額の調査に当たっては、利用者の預貯金等のプライバシーに過度に立ち入ることのないよう指導すること。」「支払可能見込額の調査に際しては、利用者の個人情報の収集を必要かつ十分な最小限のものにとどめる」とされており、支払可能見込額の調査に当たっては、個人情報の保護に留意しつつ調査方法を定める必要があることから、預貯金の調査方法を定める省令第四十条第三項において「利用者の利益の保護を図るため必要があると認める場合」預貯金を調査することとしている。
10	省令第四十条第五項	「その他の当該利用者の借入れの状況」を調査する方法は、利用者の自己申告によれば足りるとされているようであるが、指定信用情報機関の情報を利用するべきか。借入れ状況の調査方法については、特に規定されていないが、自己申告でも足りるのか。	指定信用情報機関を利用し、借入れの状況に関する情報を取得した場合や自社に対する借入れがある場合等において、勘案することとなっている。なお、生活維持費の算定に当たっては、別表第二において住宅の建設又は購入に必要な資金の貸付けに係る契約の締結の有無に応じて生活維持費が異なることから、自己申告等により当該有無を調査することは想定している。

11	省令第四十条第六項	適切な方法には、指定信用情報機関の使用が該当すると解してよいか。また、省令に適切な方法を例示列挙いただきたい。	指定信用情報機関が保有する特定信用情報の中に、支払可能見込額調査を行う包括信用購入あっせん業者にとって、信用購入あっせんに係る債務の支払の状況（省令第四十条第四項に定める方法で調査）以外の信用購入あっせんに係る支払能力に関する情報であって、省令第三十九条第五号に掲げる事項に該当するものがあるのであれば、「適切な方法」に指定信用情報機関の使用は該当しうる。
12	省令第四十一条	支払可能見込額調査をするにあたり、指定信用情報機関の使用を含む調査時期について、更新カード発行の場合については、有効期間の更新日の前日から起算し、六か月以内に調査すればよいと解してよいか。また、省令に、調査する時期について明確に期間を定めていただきたい。	更新カード発行の場合の調査時期に関しては、省令第四十一条第二項において明記している。その際、「有効期間を更新しようとする日」については、事業者による恣意的な運用がなされないよう、あらかじめ社内規則等で特定日を明確にしておく必要があると考えている。当該「有効期間を更新しようとする日」の六か月前から当該「有効期間を更新しようとする日」までの間に、調査を行うこととなっている。
13	省令第四十一条	カード等の更新時に、消費者が高齢（特に後期高齢の七十五歳以上）になっている場合、カードの更新が必要か否かも含めて、調査することの明示が必要ではないか。高齢者の更新時の調査には、トラブル防止のためにも、更新が必要か否かも含めて電話等で確認すべき。	高齢者へのカード更新に当たっては、どのような調査方法が適切かも含めて事業者に適切な調査を行うよう促していきたいと考えている。
14	省令第四十一条	更新カード発行の場合については、指定信用情報機関の使用及び調査時点で当該包括信用購入あっせん業者が把握する省令第三十九条事項に基づき、調査を完了することができると解してよいか。（更新カードの発行にあたり、該当顧客すべてに再度各事項の調査が必要である場合は、連絡が取れないことなどにより、更新カードを発行できないことが頻発すると考える。）	更新カードの発行に当たっては、省令第四十一条に規定しているように、指定信用情報機関の使用、当該包括信用購入あっせん業者が調査時点で把握している省令第三十九条第一号から第三号まで、第五号に掲げる事項及び利用者の当該包括信用購入あっせん業者に対する信用購入あっせんに係る債務の支払の状況を確認すること、借入れの状況を勘案することとなっており、該当消費者全てに連絡が必要とは考えていない。
15	省令第四十一条第二項	「有効期間を更新しようとする日」は「実際に更新を行おうとする日（あらかじめ社内規則等で定めた日）」という理解でよいか。	「有効期間を更新しようとする日」は、事業者による恣意的な運用がなされないよう、あらかじめ社内規則等で特定日を明確にしておく必要があると考えている。
16	省令第四十三条	省令第四十三条、第四十八条、第七十三条及び第七十四条における消費者の保護に支障を生ずることがない契約が既に締結されている場合において通常のクレジット契約を締結しようとする際には既契約の消費者の保護に支障を生ずることがない契約の年間支払見込額は支払可能見込額から差し引く必要はないか。	消費者の保護に支障を生ずることがない場合に該当するカード等の交付等や個別信用購入あっせん関係受領契約の締結がされている状態においても、当該カード等が利用された結果締結される包括信用購入あっせん関係受領契約に係る年間支払見込額、当該個別信用購入あっせん関係受領契約に係る年間支払見込額は加入指定信用情報機関に提供することとなっており（法第三十五条の三の五十六）、通常のクレジット契約を締結しようとする際、こうした事項を基礎として支払可能見込額を算定することとなっている。

17	省令第四十三条第一項第一号	極度額が三十万円以下のカード等を交付等する場合又は極度額を三十万円を上限として増額する場合の措置は、発行枚数制限がないままに安易に認めるべきではない。また、極度額三十万円についても、利用者の保護に支障がないほど低額とは考えられず、せいぜい十万円以内であると考えられる。 この他、「支払可能見込額調査の例外として、個別信用購入あっせんにつき店舗販売等における十万円以下の耐久消費財の購入が規定されているが、高額であって例外とするのは適当ではない」との意見があった。	支払可能見込額調査義務・過剰与信防止義務は、極度額の上限に関する規制であって、枚数に関して規制しているものではない（法第三十条の二、法第三十条の二の二）。また、指定信用情報機関を利用して延滞がある場合や過剰な債務がある場合等については消費者の保護に支障を生ずることがない場合に該当しないことを明記しているので、省令第四十三条第一項第一号の場合を安易に認めているものではない。 さらに、「三十万円」や「十万円」という水準に関しては学識経験者、消費者、事業者等各方面から構成された消費経済審議会割賦販売部会における審議を経て、消費者被害の救済という法律が求める趣旨を踏まえた実効性のある規制が求められつつ、クレジット取引が持つ消費者の利便性と消費者の適正な購買意思を阻害することのないよう、健全な事業活動に対する過剰規制とならないような規制内容とすることが同時に求められる中、確定されたものである。
18	省令第四十三条第一項第一号	法第三十条の二第一項ただし書きの規定で、信用情報機関の利用を含め包括支払可能見込額調査を要しない場合として、「極度額が1万円程度以内のカードを利用者に交付し若しくは交付しようとする場合であり、かつ初回購入時であって、後に速やかに行う信用情報機関を用いた調査により、与信が不適切と判断される場合には、以後の与信についてはこれを行わないこととする場合」を省令にて規定していただきたい。	消費者の保護に支障を生ずることがない場合として省令第四十三条第一項各号に掲げる場合があるが、これは学識経験者、消費者、事業者等各方面から構成された消費経済審議会割賦販売部会における審議を経て、消費者被害の救済という法律が求める趣旨を踏まえた実効性のある規制が求められつつ、クレジット取引が持つ消費者の利便性と消費者の適正な購買意思を阻害することのないよう、健全な事業活動に対する過剰規制とならないような規制内容とすることが同時に求められる中、確定されたものである。
19	省令第四十三条第一項第一号	第四十一条のカード更新時調査に関して、利用者の当該包括信用購入あっせん業者に対する包括信用購入あっせんに係る債務の額が五万円以上の場合でも、第四十三条一項一号に基づき利用者に交付等したカードについては、同号イまたはロに該当しない限りにおいて、交付等時と同様に簡易な審査をもってカードを更新できることを認めて頂きたい。 業の実態として、カードの更新時の極度額については顧客のクレジットヒストリー等を勘案し、増額することもあれば、一定の極度額を維持し増額しないケースもある。 特に、専業主婦や二親等内の親族に極度額三十万円以下のカードの交付等を行った場合において、カードの更新時に極度額を増額しないケースも多いが、このような場合においても更新時調査の段階で世帯主の収入やクレジット債務等の申告を受けなければならなくなると第一項第一号で一定の基準のもとで認められた、利便性維持のための適用除外規定が、更新までの限定されたものとなってしまう。	更新カードを発行するにあたり、利用者の当該包括信用購入あっせん業者に対する包括信用購入あっせんに係る債務の額が五万円以上の場合であっても、極度額が三十万円以下のカード等の交付等、三十万円を上限として増額しようとする場合に関して、省令第四十三条第一項第一号に該当することを明確化するため、「第四十一条又は第四十二条の場合に該当する場合を含み」という規定を同号に規定することとする。

		このような観点から、極度額三十万円以下のカードを交付等した場合に、カードの更新時に三十万円以下の極度額を維持するのであれば、審査についても同様の条件で行うことが適切であると考える。	
20	省令第四十三条第一項第一号	複数のブランドとフランチャイズ契約を締結している包括信用購入あっせん業者などが、一利用者に対し、複数枚のクレジットカードを交付する場合、それぞれの極度額が三十万円以下であれば、合算すると三十万円を超えても、調査不要と考えて良いのかご教示願いたい（極度額増額の場合も同じ）。	同一包括信用購入あっせん業者が同一消費者に対して複数枚の極度額が付されたカード等を交付等するに当たっては、当該消費者が利用できる極度額を三十万円以下とするか、当該極度額の総和が三十万円以下とするかの対応が必要となる。極度額の増額に関しても同様。
21	省令第四十三条第一項第一号	極度額が三十万円以下のカードを交付する場合には、調査が不要であるとされているが、三十万円の極度額のカードを同一人に二枚発行する場合においても、調査をする必要はないか。同時発行と異時発行において結論が異なるか。	支払可能見込額調査義務・過剰与信防止義務は、極度額の上限に関する規制であって、枚数に関して規制しているものではない（法第三十条の二、法第三十条の二の二）。また、同一包括信用購入あっせん業者が同一消費者に対して複数枚の極度額が付されたカード等を交付等するに当たっては、当該消費者が利用できる極度額を三十万円以下とするか、当該極度額の総和が三十万円以下とするかの対応が必要となる。
22	省令第四十三条第一項第一号ロ	①「支払い時期の到来していない」及び「支払の義務が履行されていないとき」とは、他社債務残高のみを対象としていると解してよいか。 ②「支払い時期の到来していない債務」及び「支払の義務が履行されていない債務」の合算額が百万円超であるか否かをもって、判断すると解してよいか。 上記二点について、省令に明確に記載していただきたい。	省令第四十三条第一項第一号ロに規定する「支払時期の到来していない若しくは支払の義務が履行されていない包括信用購入あっせんに係る債務の額」とは、自社債務・他社債務を含めた包括信用購入あっせんに係る債務額を指している。当該債務の額が百万円を超えている場合、消費者の保護に支障を生ずることがない場合には該当しないことが省令上明記されている。
23	省令第四十三条第一項第二号	そもそも、一時的な増額であっても、その後の支払いが困難になるような与信が許されることにならないか。少なくとも、省令第四十三条第一項第二号ロ・ハの場合の「一時的」について、安易な拡張解釈を防止するために、目途となる具体的な期間（例えば「六か月程度」）を示すべきではないか。 省令第四十三条第一項第二号ハ、省令第七十四条第一項第四号の「緊急の必要がある場合」であっても、その場合に不用意にカードに頼ることが果たして適当かについては、慎重に検討すべきである。目的との関係で相当であれば足りるとすることには躊躇を覚えるので、収入・資産等の観点から一定の歯止めないし枠組み明示すべきではないか。 この他、「極度額を一時的に増額することを認めるのは疑問」との意見があった。	消費者の中には特定の地域・期間における利便性の高い支払手段として、一時的にクレジットカードの極度額の増加をクレジットカード会社に求めている実態があることから省令第四十三条第一項第二号に規定する一時的増額を消費者の保護に支障を生ずることがない場合としている。同号ロ及びハに関しては増額期間を明記していないが、ロについては「臨時的かつ短期的な収入を得る見込みがあると認められる場合」であり、ハについては消費者にとって緊急に必要があると認められる場合であり、増額期間は各場合に応じて合理的に推定される限度で認められるものであるが、目処としてはイの場合に準じて運用されることが適切である。
24	省令第四十三条第一項第二号	利用者が一時的に極度額増額を希望した場合、利用者の目的、利用加盟店等を聴取し、問題なければ増額可能と解釈できるが、増額期間が六か月以内であることから、増額分として決済された売上については、六か月以内に返済する必要があると解釈してよいか（リボルビング払いについては事実上不可能と考えてよい	省令第四十三条第二号の場合に関し、増額期間は三か月以内、増額幅は、当初極度額の二倍に相当する額を超えない場合を規定していることから、三か月以内に少なくとも当初極度額の水準までは債務が支払われているものと想定している。リボルビング払いであっても、三か月以内に当初極度額の水準まで債務が支

		か)。	払われることは可能である。
25	省令第四十三条第一項第二号	既に一時増額済みのカードであっても、新たに増額しようとする際に、増額の目的等（販売業者等の名称を含む。）をあらかじめ確認した場合であって同号イからハのいずれかに該当した場合（例えば、新たな増額が、一時増額前（当初）の極度額の二倍以内であってかつ増額期間が三か月以内の場合等）であれば、適用除外として認めて頂きたい。	省令第四十三条第一項第二号柱書中「(現に当該カード等についてそれに係る極度額を利用者の求めに応じ一時的に増額している場合を除く。)」という規定を削除するとともに、同号イ中「当該カード等についてそれに係る極度額」を「法第三十条の二第一項本文の規定による調査により得られた事項を基礎として算定した包括支払可能見込額に法第三十条の二の二本文の割合を乗じて得た額」に修正し、第四十三条第一項第二号柱書の要件を満たすとともに、増額期間が三か月以内、増額幅は当初極度額に二倍以内の場合において当該増額された後の極度額が目的に照らして相当であるときは、消費者の保護に支障を生ずることがない場合とする。
26	省令第四十三条第一項第二号	「これに相当するもの」とは、同時に聴取した『目的』に合致する範囲であれば、個別の名称ではなく、業種（加盟店、加盟店業種を特定するに足りる番号等を含む。）や、渡航国の確認を行えばいいという理解でよいか。	そのとおり。
27	省令第四十三条第一項第三号	当該包括信用購入あっせん業者の極度額及び他の包括信用購入あっせん業者に対する残高に関係なく、当該包括信用購入あっせん業者に対する債務の残高が五万円未満であれば、指定信用情報機関を使用する必要はなく、また、法第三十条の二に定める調査を要することもなく、更新カードを発行することができると解してよいか。	そのとおり。
28	省令第四十三条第一項第三号	更新カードを発行するにあたり、当該包括信用購入あっせん業者に対する債務の残高が五万円未満であることを、指定信用情報機関を使用することなく、自社の債権管理情報から把握した場合は、記録を保存する必要がないと解してよいか。	省令第四十三条第二項第三号において、更新カードを発行するに当たり、利用者の当該包括信用購入あっせん業者に対する包括信用購入あっせんに係る債務の額が五万円未満である場合の記録保存事項を定めている。
29	省令第四十三条第二項第三号イ	クレジットカード契約の場合、契約年月日は契約当初から変動するものではない。また、当該規定は、省令第四十三条第一項第三号に規定する適用除外に該当するか否かの調査記録を、作成・保存する旨を定めたものである。 よって、当該規定については、第四十一条第二項に定める「有効期間を更新しようとする日」及び第四十三条第一項第三号に定める「包括信用購入あっせんに係る債務の額について調査を行った日」への修正が望ましいと思われる。	省令第四十三条第二項第三号イについて「契約年月日」を「利用者に交付し又は付与しているカード等についてそれに係る有効期間を更新しようとする年月日及び当該利用者の当該包括信用購入あっせん業者に対する包括信用購入あっせんに係る債務の額を調査した年月日」と修正する。この場合において「有効期間を更新しようとする年月日」とは、事業者による恣意的な運用がなされないよう、あらかじめ社内規則等で特定日を明確にしておく必要があると考えている。
30	省令第四十三条第二項第四号イ	「交付し若しくは付与した年月日」とした場合、消費者が実際に受領した年月日という解釈もありうるが、消費者が包括信用購入あっせん業者に住所変更を届けずに引っ越す場合等もあり、事業者が義務を履行することが困難であることも想定されるため、当該規定について「交付し若しくは付与した年月日」ではなく、	省令第四十三条第二項第四号イを「付随カード等についてそれに係る契約年月日（付随カード等についてそれに係る極度額を増額しようとする場合にあつては増額した年月日）」と修正する。

		「付随カード等に関する契約年月日」に修正して頂きたい。	
31	省令第四十三条第二項第五号	「交付し若しくは付与した年月日」とした場合、消費者が実際受領した年月日という解釈もありうるが、消費者が包括信用購入あっせん業者に住所変更を届けずに引っ越す場合等もあり、事業者が義務を履行することが困難であることも想定されるため、当該規定について「交付し又は付与した年月日」ではなく、「交付し又は付与しようとした年月日」に修正して頂きたい。	省令第四十三条第二項第五号を「交付し又は付与しようとする年月日」と修正する。この場合において「交付又は付与しようとする年月日」とは、事業者による恣意的な運用がなされないよう、あらかじめ社内規則等で特定日を明確にしておく必要があると考えている。
32	省令第四十五条	生活維持費の額が低すぎる。実態から乖離しているためもっと高く規定すべき。	生活維持費の額については、人事院が毎年公表する「標準生計費」という客観的な指標を元に導出したものである。
33	省令第四十五条	包括支払可能見込額を算出するにあたり、顧客からヒアリングした「生活維持費」が、別表第二に記載された「生活維持費」と異なる場合、ヒアリング内容を採用して包括支払可能見込額を算出することが可能であると解してよいか。また、いずれか高いほうを採用することは可能か。	包括支払可能見込額に算定不可である法第三十条の二第二項において規定する生活維持費は省令第四十五条、省令別表第二、省令別表第三から求めるものであって、当該額は変わらない。ただし、消費者から申告を受けた事項が省令第三十九条第五号に該当する事項であって、省令第四十条第六項に定めるところによる調査により得られた事項を基礎として包括支払可能見込額を算定することは可能である。
34	省令第四十七条の二	推定年収の算定根拠を記録保存義務の記載内容に加えるべき。年収の推定が合理的かどうかを、事後的に検証できるように算定根拠の記録を保存させるべきである。割賦販売協会が推定年収の目安に関する自主規制を策定中ではあるが、「目安」が全ての職業を網羅できるか疑問であるし、「目安」への当てはめ自体が問題となる場面も考えられ、その場合にはまさに算定根拠が記録される必要がある。	推定年収を算定するための基礎となる情報（年齢、勤務先等）に関しては、省令第四十七条の二第一号ホ等において規定する書面等に記載されていることが想定される。なお、推定年収の目安は策定するようクレジット業者を促していきたいと考えている。ただし、当該目安と異なる推定年収を用いることを否定するものではないが、その場合、合理的な説明は求められるものである。
35	省令第四十七条の二第一項第二号イ	クレジットカード契約の場合、契約年月日は契約当初から変動するものではない。 よって、当該規定については、省令第四十一条第二項に定める「有効期間を更新しようとする日」及び省令第四十三条第一項第三号に定める「包括信用購入あっせんに係る債務の額について調査を行った日」への修正が望ましいと思われる。仮に省令第四十一条の調査を行った日と修正する場合、当該調査年月日は複数日にわたる調査期間のうち、特定日（社内規則等で定めたもの等に限ることとする。）を記録保存することでよいか。	省令第四十七条の二第一項第二号イを「利用者に交付し又は付与しているカード等についてそれに係る有効期間を更新しようとする年月日及び法第三十条の二第一項本文の規定による調査を行つた年月日」と修正する。この場合において「有効期間を更新しようとする年月日」「法第三十条の二第一項本文の規定による調査を行つた年月日」とは、事業者による恣意的な運用がなされないよう、あらかじめ社内規則等で特定日を明確にしておく必要があると考えている。
36	省令第七十一条第四号（注1）	個別支払可能見込額の調査対象とされている上記「商品の価額」は、なぜ調査対象とされたのか。省令第七十二条第六項の調査方法から推定すれば、商品価額が類似商品等に比して高きに失するような場合や当該購入者等の収入にクレジット契約を止めるべきとの趣旨か。	個別信用購入あっせんは包括信用購入あっせんと異なり、個別契約毎に与信契約を締結する取引であって、消費者が購入しようとする商品の価額や当該商品が日常生活において必要とされるものであるかどうかを調査して与信可能であることから、調査事項としている。

		個別支払可能見込額を算出するには、収入から生活維持費やクレジット債務を控除して支払うことが見込まれる金額であり、商品の価額自体は、調査に必須の要素ではないと思われるが、規則案第七十二条第六項の規定からすれば、当該商品と同種の商品を換価することによって見込まれる額等を勘案して合理的に算定するべきとされていることからすれば、合理性のない商品購入を止めさせるという趣旨か。	また、省令第七十二条第六項において「合理的に算定（算定を適切に行うことができないと認める場合を除く。）」としているのは、自動車等担保価値を合理的に算定可能なものは個別支払可能見込額の算定要素としつつ、骨董品等主観的解釈によって価格が大きく変動する商品はその価額を「合理的に算定」することは不可能と解されることを明確化するためである。この場合であっても、個別信用購入あっせん関係受領契約の締結は、法第三十五条の三の三、法第三十五条の三の四の規定に抵触しない範囲内で許容されるものである。
37	省令第七十二条第一項第一号	専業主婦等が、日常生活において必要とされない商品の個別信用購入あっせんを利用した購入等については、世帯収入の申告が必要となり、かつ世帯主の同意が必要となっている。省令が想定している世帯は、家庭円満な世帯を標準世帯としているようであるが、世間にはその範疇には属さない世帯があることを考慮していないのではないか。	今般の省令の策定に当たっては、学識経験者、消費者、事業者等各方面から構成された消費経済審議会割賦販売部会における審議を経て、消費者被害の救済という法律が求める趣旨を踏まえた実効性のある規制が求められつつ、クレジット取引が持つ消費者の利便性と消費者の適正な購買意思を阻害することのないよう、健全な事業活動に対する過剰規制とならないような規制内容とすることが同時に求められる中、確定されたものであり、多角的な観点から検討がなされたものである。
38	省令第七十二条第二項第一号	「日常生活において必要とされる商品」等については、特定配偶者の自己申告で足りるとされているが、「日常生活に必要な商品」に次のものは含まれるか。 ①冷蔵庫や洗濯機などの白物家電 ②携帯電話 ③化粧品 ④洋服 この他、日常生活に必要な商品等の定義に関して御意見があった。	質問にある①～④に関して一般的に日常生活において必要とされる商品であると推定されるが、過量販売となる場合等は日常生活において必要とされる商品とはなりえない。
39	省令第七十三条	過剰与信の問題は与信専業者であるクレジット会社固有の責任であり、販売業者が店舗販売か特定商取引法適用対象取引であるかは関係ない。なぜ店舗販売の場合のみ例外が許されるのか疑問である。 たとえ「丁寧な審査」がなされ、当該購入者の支払総額及び当該商品の数量が当該購入者の生活水準に照らして相当であることが確認できたとしても、そのクレジットを組むことで最低水準の生活維持費すら確保できなくなる以上、「消費者の保護に支障を生ずる」としか言いようがない。例外としては、あくまで法三十五条の三の三による画一的な支払可能見込額調査だけでは把握しきれない事情があり、画一的調査によれば過剰与信に該当するものの、実際にはその事情によって、最低の生活維持費を確保しながら支払を行うことが可能な場合に限るべきである。例えば農家であるため食費がほとんどかからず、最低生活維持費が基準よ	少額かつ生活に必要とされる耐久消費財であろうと過量販売されると支払可能見込額を超える与信が行われる可能性はありうること等から、消費者被害が構造的に起こりやすい取引類型として特定商取引法で規制されており、加盟店調査義務の対象ともなる取引類型で個別信用購入あっせん取引がなされる場合には支払可能見込額調査を行うこととし、それ以外の取引類型に関しては簡易な審査による個別信用購入あっせん関係受領契約の締結を消費者の保護に支障を生ずることがない場合としているところである。 なお、省令第七十四条第一項第二号に規定する「当該購入者の支払総額及び当該商品の数量が当該購入者の生活水準に照らして相当であること」とは、当該商品に係るクレジット債務の月々の支払によって当該購入者の生活の維持が困難となるほど当該商品の支払総額及び数量が高額・多量である場合は相当であるとは

		りも低いという事情が存在する場合などである。	いえないと解される。
40	省令第七十三条第一項	購入者等の支払総額が十万円以下とは、消費税を含んだ価格と考えてよいか。	そのとおり。
41	省令第七十三条第一項	携帯電話の個別信用購入あっせん契約については、当該契約の締結において必要とされる「簡易な審査」（指定信用情報機関への審査）義務化の対象外としていただきたい。	省令第七十三条第一項の策定に当たっては、消費経済審議会割賦販売部会における社団法人電気通信事業者協会からの説明（当該説明の中で信用情報機関を利用した調査については対応するとのことであった。）も踏まえつつ確定したものである。
42	省令第七十四条	仮に、改正割販法が現状で施行された場合、これを機に家電を買い替えようと思っていても、現金の持ち合わせがなく、クレジットを利用しようとしても、簡易な審査の範囲の十万円以下の家電商品しか買えなかった、という人も多く現れることとなる。現金で購入できる人や丁寧な審査に耐えられる人は、実質上税金の還付となるエコポイントをより有利に利用できるのに対して、十万円以下の簡易な審査しか耐えられない人は、エコポイント制度のおこぼれを頂戴するしかないのだろうか。太陽光発電制度の補助金助成制度についても、同様なことが言えるのではないか。 また、収入が目減りした分を教育ローンで、と思っていたら、丁寧な審査の結果、与信が通らなかったとなると、教育を受ける機会を奪うことにもなりかねない。生命・身体を保護するため緊急に必要とされる場合も同様の恐れがあるのではないか。	エコポイントや補助金助成制度を前提に支払可能見込額調査義務・過剰与信防止義務は設けられたものではない。
43	省令第七十四条	省令第七十三条及び省令第七十四条の個別信用購入あっせんにおける消費者の保護に支障を生ずることがない場合には冠婚葬祭（結婚式費用や葬式費用）に関連する個別信用購入あっせん関係受領契約締結も含むべき。 この他、「生活に必要とされる耐久消費財」「大学の費用等」「生命・身体を保護するため緊急に必要とされる商品・役務」であるから契約を認めるといった除外は行うべきではない、との意見があった。	消費者の保護に支障を生ずることがない場合として省令第七十三条及び省令第七十四条に定める場合があるが、これは学識経験者、消費者、事業者等各方面から構成された消費経済審議会割賦販売部会における審議を経て、消費者被害の救済という法律が求める趣旨を踏まえた実効性のある規制が求められつつ、クレジット取引が持つ消費者の利便性と消費者の適正な購買意思を阻害することのないよう、健全な事業活動に対する過剰規制とならないような規制内容とすることが同時に求められる中、確定されたものであり、必要十分な範囲で定められている。
44	省令第七十四条第一項第二号	省令第七十四条第一項第二号において規定されている生活に必要とされる耐久消費財には車は含まれるという解釈で良いのか。	自動車は一般的に省令第74条第1項第2号において規定されている生活に必要とされる耐久消費財に含まれ、同号に掲げる場合には法第三十五条の三の四ただし書の経済産業省令で定める場合に該当する。

45	省令第七十四条第一項第三号	学校教育法第一条に定める学校における学力の教授及び同法に定める専修学校の専門課程による学力の教授に係る個別信用購入あっせんについては、明らかに支払能力を超えると認められる場合を除き、改正割賦販売法第三十五条の三の三第一項ただし書に定める場合に該当するものとすべき。 なお、省令第七十四条第一項第三号においては、役務提供を受ける者又は役務提供を受ける者と生計を一にする親族が締結する個別信用購入あっせん関係受領契約について規定しつつ、「当該役務の提供を受ける者の支払総額」が「当該役務の提供を受ける者の生活水準に照らして相当である」と規定しており、平仄が合っていないため、修正すべき。	学校教育法第一条に定める学校における学力の教授及び同法に定める専修学校の専門課程による学力の教授に係る個別信用購入あっせんについては、省令第七十四条第一項第三号に規定する学力の教授を提供する契約に該当するものであるが、当該契約に関し、消費者にとっての必要性や役務の提供を受ける意思、生活水準に照らして相当であることを確認した場合について消費者の保護に支障を生ずることがない場合に該当するものである。 なお、「役務の提供を受ける者」が個別信用購入あっせん関係受領契約を締結する者であって、適切に規定されている。
46	省令第七十四条第一項第四号	人の生命若しくは身体を保護するため緊急に必要があるとの要件は削除し、医療関連費用（但し、いわゆる美容整形など一定の範囲のものを除く。）であれば、明らかに支払能力を超えると認められる場合を除き、原則として改正割賦販売法第三十五条の三の三第一項ただし書に定める場合に該当するものとすべき。 当該要件が人の生命身体の保護にかかわるものであることに鑑みれば、その必要性、緊急性がないと個別信用購入あっせん業者が判断してクレジットの利用ができなかった場合、当該購入者等が十分な治療等を受けられずに死亡、重度障害等の結果を将来するおそれがあるのであり、このような重大なリスクを伴う判断を個別信用購入あっせん業者が行い得ると想定することはできず、結果として本要件は骸化するか、さもなければ個別信用購入あっせん業者は本号の適用を回避するようになるかのいずれかと考えられる。 また、人の生命身体の保護のために必要がない場合であっても、例えば外貌に大きな傷を受けた者の形成外科手術のように、手術を受けることがその後の生活の質の改善に重要な場合も想定できるのであり、このような場合に、個別信用購入あっせん業者が自らの審査基準で合理的に判断して与信可能と判断するものまで、購入者等の利益保護を名目として契約締結を禁止する必要もなく相当でもない。	医療関連費用という要件にのみ限定すると、消費者相談の多い美容整形等についても消費者の保護に支障を生ずることがない場合となり、適当とはいえない。
47	省令第七十四条第二項	支払可能見込額調査の記録保存期間が、個別信用購入あっせんの場合は「最終返済日」とされているが、事後に与信判断の当否が問題となることも多い実情に照らし、少なくとも「最終返済日から三年又は契約締結日から五年のいずれか遅い日」までを保存期間とすべき。 この他、 ・信用購入あっせん業者と購入者等の相互の権利関係の主張が時効により消滅するまでの間、すなわち完済後五年程度の記録保存義務とすべき	割賦販売法上、加盟店調査義務はこれを履行していれば、相当程度、既払金返還ルール（法第三十五条の三の十三～法第三十五条の三の十六）に基づく取消しを回避できるものと思われる。よって、当該民事ルールと平仄を合わせ、契約締結後、記録を作成した時以後五年間を記録保存期間としているところ。 他方、過剰与信防止義務は割賦販売法上の民事ルールとの関係は無く、「契約締結日から五年」等とすることは法的説明が困難である。

		・完済後十年程度の記録保存義務とすべきとの意見があった。	
48	支払可能見込額調査義務・過剰与信防止義務全体	今回の改正は、運用面・システム面ともに全面的な見直しが必要になるものであり、利用者保護に万全を期するために十分な期間を確保する必要があるため、法第三十条の二等の施行期日について、十分な期間を確保していただきたい。	改正割賦販売法の大部分（第三条改正）は本年十二月十七日までに施行される必要があるが、規制対象事業者等に対する周知期間等を踏まえ本年十二月一日としたところである。支払可能見込額調査義務・過剰与信防止義務（法第三十条の二、法第三十条の二の二、法第三十五条の三の三、法第三十五条の三の四。第四条改正。）については、来年十二月十七日までに政令で定める日に施行されることとなるが、第三条施行の状況を見極めつつ施行期日が策定されることとなる。
49	支払可能見込額調査義務・過剰与信防止義務全体	一枚のカードでショッピングとキャッシングの双方が可能なものについては、与信枠という意味では区別する必要がないので、キャッシング部分の与信枠もショッピング（包括信用購入あっせん）の与信枠とみなして（合算して）扱うべきではないか。	キャッシングに係る極度額については貸金業法改正、ショッピングに係る極度額については割賦販売法改正というように、各々の取引の特性、消費者被害の実態を踏まえた規制強化を図っているところ。これに加え、さらに横断的、統一的な規制を導入することについては、改正法の施行状況を踏まえて、その適否を判断すべきものと考える。
50	支払可能見込額調査義務・過剰与信防止義務全体	過剰与信の防止に関しては、近く施行が予定されている改正貸金業法と規制の趣旨が同じであり、また、相互に連動しなければ多重債務の防止は果たせないことから、改正化資金業法の施行内容の詳細が明らかになった段階で、相互の規律の整合性や連携を考えて、割販法省令の規律の見直しを行うべき。	貸金業法改正による総量規制の導入、割賦販売法改正によるクレジットの過剰与信規制や既払金返還規定の導入というように、各々の取引の特性、消費者被害の実態を踏まえた規制強化を図っているところ。これに加え、さらに新たな規制を導入することについては、改正法の施行状況を踏まえて、その適否を判断すべきものと考える。
51	支払可能見込額調査義務・過剰与信防止義務全体	世帯主名義でクレジットカードを作り、その配偶者は世帯主の家族カードを用いて買い物をしている場合、法改正によって世帯主及びその配偶者のカードの限度額は、世帯主の年収の三分の一になるのか。世帯主の年収の三分の一以上の買い物については、現金で支払うか、配偶者名義のカードを新たに作成する必要が生じるか。	当該家族カードが省令において規定する「付随カード等」に該当する場合、当該世帯主の極度額（法第三十条の二、法第三十条の二の二の規定に抵触しない範囲内で交付等されたものに限る。）の範囲内で当該カードを利用可能。なお、支払可能見込額調査義務・過剰与信防止義務は年収の三分の一という総量規制ではなく、包括支払可能見込額を事業者が算定し、これに法第三十条の二の二の割合を乗じて得た額の範囲内で極度額を設定可能。
52	支払可能見込額調査義務・過剰与信防止義務全体	「支払可能見込額調査義務」及び「過剰与信防止義務」については、第四条施行から義務化されるという理解でよいか。	支払可能見込額調査義務・過剰与信防止義務（法第三十条の二、法第三十条の二の二、法第三十五条の三の三、法第三十五条の三の四）については、第四条施行から義務化されることとなっており、第三条施行から第四条施行までの間は努力義務である。

【編者注】（注1）「省令第七十一条第四号」と記載されているが、「省令第七十一条第五号」の誤記であると思われる。

（二） 指定信用情報機関について

番号	該当箇所	御意見の概要	御意見に対する考え方
53	省令第百十八条第二項第一号イ	「一年間の支払見込額」は、指定信用情報機関への情報提供日を起算日とすると解してよいか。また、支払見込額は、追加の利用がないと仮定した約定返済金額の十二か月分と解してよいか。	年間支払見込額の計算基準日を起算日として、当該日の翌日から一年間に消費者が支払うことが見込まれる額と考えている。この場合において、「計算基準日」とは、事業者による恣意的な運用がなされないよう、あらかじめ社内規則等で特定日を明確にしておく必要があると考えている。
54	省令第百十八条第二項第一号ロ	「遅延の有無」とは、一日でも遅延がある場合には「遅延あり」と報告すると解してよいか。	約定返済日より六十一日以上又は三か月以上支払の遅延が発生した場合に支払の遅延の有無を指定信用情報機関に提供するよう事業者を促していきたいと考えている。
55	省令第百十九条第三項（注2）	基礎特定信用情報を指定信用情報機関に提供するにあたっては、個人情報保護法上も、購入者の同意は必須であると考えており、法の施行後においては、購入者の同意を販売時点で取得する運用を実施する予定（同意を得られない場合は、法の趣旨に反するため、個別信用購入あっせん関係受領契約は締結できない運用となる）。しかしながら、法の施行前に締結した個別信用購入あっせん関係受領契約については、同意を必ずしも得ているものでなく、また、事後的に同意を得ることは極めて困難であることから、包括信用購入あっせん業者において、省令第百十九条第三項で定めているように、個別信用購入あっせん業者においても、改正法への移行期において、柔軟な対応をお願いしたい。	省令第百十九条第一項において、同項各号に掲げる時よりも前に提供した個別信用購入あっせんに係る債務又は個別信用購入あっせんの手数料の管理に必要な場合は、指定信用情報機関への特定信用情報の提供の依頼に係る既存顧客からの同意を不要としている。他方、新規の個別信用購入あっせん関係受領契約の締結時は、包括信用購入あっせん関係受領契約とは異なり、その都度購入者等から指定信用情報機関への特定信用情報の提供等の同意取得が可能のため、省令第百十九条第三項において個別信用購入あっせん関係受領契約については定める必要はないものと考えている。また、法令に基づく指定信用情報機関への信用情報の提供等（法第三十五条の三の五十六）に関しては、個人情報の保護に関する法律第十六条及び第二十三条に規定する「法令に基づく場合」に該当するものである。
56	省令第百十九条第三項（注2）	「時前に」とは、「時よりも前に」との意味か。	そのとおり。
57	その他	銀行が発行するクレジットカードについて、保証依頼先であるクレジットカード会社・保証会社等に指定信用情報機関への照会・登録及び支払可能見込額の調査を業務委託し、当該保証依頼先が適切に当該業務を履行している場合は、銀行が指定信用情報機関に加盟する必要はないものとして取り扱っていただきたい。	クレジット業者が委託先であるクレジットカード会社等に指定信用情報機関への照会、登録及び支払可能見込額調査に係る業務を委託することを妨げるものではない。ただし、法令上の義務は委託元であるクレジット業者に履行責任があるため、指定信用情報機関への照会及び登録は委託先が行う場合、当該照会及び当該登録は委託元のクレジット業者の名称で行われる必要がある。委託元のクレジットの名称で登録及び照会が行われていれば、当該クレジット業者自らが指定信用情報機関に加盟する必要はない。

【編者注】（注2） パブリックコメント募集時は「省令第百十九条第三項」であったが、施行時には「附則第十条」に移動されている。

（三）加盟店調査義務について

番号	該当箇所	御意見の内容	御意見に対する考え方
58	省令第七十五条、七十六条	省令第七十五条及び省令第七十六条における加盟店調査において特商法に基づく指示、業務停止命令の事実が確認された場合においても新規の加盟店契約を締結することは可能か。	制度上は加盟店契約を禁止していないが、御意見のような事業者については、消費者等から寄せられる苦情を契機として、個別信用購入あっせん業者が加盟店に対して行う調査を通じて悪質な加盟店が市場から排除されていくものと考えている。
59	省令第七十五条第二号イ	契約締結時の電話確認により不実告知等の調査（省令第七十五条第二号イ）を行い、購入者に誤認があることを知ったときも、加盟店調査を行うべきことを明示すべき。	加盟店調査は、途上調査として、省令第七十七条に基づき、省令第九十四条第一号に規定する苦情の原因究明により行うこととしている。この苦情には、省令第七十五条第二号に基づき、購入者に誤認があることを知った場合も含まれることとしている。
60	省令第七十六条第八項第二号、第三号	特商法の処分状況については、役員だけでなく、従業員、株主等についても、可能な限り調査をすべき。 この他、加盟店契約に先立って販売業者等に対して行う調査の項目として、 ・消費者保護関連の法令違反による行政処分歴、刑事処分歴 ・特約の有無及び内容を記載した書類 ・同類商品等の価格の状況 ・過去の売上高 ・直近決算期間中における特定商取引の種類毎の制約件数及び成約件数全体に占める割合 ・株主構成、主要な取引先 ・訪問販売協会の苦情処理に関する情報 ・社員に対する処分 ・販売・勧誘方法（販売・勧誘マニュアル等の資料及び聴取） を追加すべき、「勧誘書類」には広告等を含むと解釈すべき、勧誘書類については加盟店契約締結後も調査を継続すべきとの意見があった。	改正法第35条の3の5に基づく個別信用購入あっせん関係販売契約等の勧誘に係る調査は、①加盟店契約に先立って販売業者等に対して行う調査、②個々の与信契約調査に先立って消費者等に対して行う調査、③消費者等から寄せられる苦情の内容に応じて行う調査から構成されている。①の調査にあたっては、消費者保護を図ることと健全な事業活動に対する過剰規制とならないことの両立させることを配慮し、省令案のような規定振りとしている。悪質な事業者に対しては、消費者等から寄せられる苦情を契機として、個別信用購入あっせん業者が加盟店に対して行う③の調査のなかで対応することとなる。
61	省令第七十六条第十項	「相当な期間」とは、物理的な期間（時間）ではなく、販売業者又は役務提供事業者から勧誘を受けた「当該申込みをした者」が、申込の判断を行うにあたり、販売業者又は役務提供事業者の影響を受けなくなったときと解してよいか。 この他、「相当な期間」とは三日又は六日程度あれば良いとの意見があった。	「相当な期間」とは、物理的な一定の期間（時間）という趣旨ではなく、申込者が販売業者等から申込の判断に影響を受けなくなったときという趣旨である。
62	省令第七十六条第十一項第五号	個別信用購入あっせん関係受領契約の調査における「契約内容等に関する調査事項」として、「申込者の判断に影響を及ぼすこととなる重要事項に関する誤認の有無」が掲げられているが、「申込者の支払い負担を不要とする旨の虚偽説明」を例示すべき。	御意見については、個別事案にもよるが、省令第七十六条第十一項第一号に規定する支払総額等の書面に記載すべき事項につき告げられた内容が事実であるとの誤認の有無や、同項第五号に規定する申込者の判断に影響を及ぼすことのある重要なものにつき告げられた内容が事実であるとの誤認等の有無に含まれている。具体的な運用においては、消費者に過度な負担をかけず、また、健全な加盟店を萎縮させることがないよう配慮しつつ、過去のトラブル実態等を踏まえ、消

			費者被害を未然に防止すべく丁寧な調査を行うよう個別信用購入あっせん業者を促して行きたいと考えている。
63	省令第七十八条	加盟店調査の記録保存義務は、個別信用購入あっせん業者と加盟店相互の権利関係の主張が時効により消滅するまでの間、すなわち、加盟店契約終了後十年間の記録本義務を定めるべき。 この他、 ・加盟店契約終了後一定期間（五年又は十年）保存すべき ・個別信用購入あっせん関係受領契約終了後十年間保存すべき との意見があった。	割賦販売法上、加盟店調査義務はこれを履行していれば、相当程度、既払金返還ルール（法第三十五条の三の十三～法第三十五条の三の十六）に基づく取消しを回避できるものと思われる。よって、当該民事ルールと平仄を合わせ、契約締結後、記録を作成した時以後五年間を記録保存期間としているところ。なお、悪質な加盟店に対しては消費者等から寄せられる苦情を契機として個別信用購入あっせん業者が加盟店に対して調査を行うこととしており、これらの記録も調査毎に作成後五年間保存するので、実質的には相応な期間となっている。

（四）業務の運営に関する措置について

番号	該当箇所	御意見の内容	御意見に対する考え方
64	省令第五十八条、省令第九十一条	「特別の非公開情報」とは、「経済産業分野のうち信用分野における個人情報保護ガイドライン」における「機微（センシティブ）情報」と同義と解してよいか。同義であるとする場合、改正案に定められた場合には同ガイドラインにおいて機微（センシティブ）情報の取得・利用・第三者提供の例外事項とされているの「法令等に基づく場合」に該当するという趣旨か。 例外事由に該当する場合であるという整理であるとすると、信用分野ガイドラインでは取得も禁止する規定となっているため、取得後のことのみを規定する改正案とは使用の前提たる取得の可否の点において矛盾する。また、信用分野ガイドラインの例外事由とは無関係とすると、信用分野ガイドラインと改正案とは矛盾するのではないか。 改正案につき、「適正な業務の運営の確保その他必要と認められる目的達成に必要な範囲を超えた取扱いを行わないことを確保するための措置を講じなければならない」と修正することが適切と考える。	省令第五十八条及び省令第九十一条における「特別の非公開情報」とは、「経済産業分野のうち信用分野における個人情報保護ガイドライン」における「機微（センシティブ）情報」と同義であると考えられる。ただし、同条においては「特別の非公開情報を、適切な業務の運営の確保その他必要と認められる目的以外に使用しないことを確保するための措置」を講ずることを規定しているのであり、特別の非公開情報についての取得、利用又は第三者提供を義務付けるものではない。よって、同ガイドライン上の「法令等に基づく場合」には該当しない。
65	省令第六十条、省令第九十四条	第四号の措置が具体的でないので、具体的な例示を行うべき。また、問題が指摘されている決済代行業者が介在した取引への対応が規則案において十分なものとなっているか、具体的な対応を明示すべき。 この他、 ・「所定の措置」として、加盟店契約における契約解除規定や損害賠償規定を設けて民事的な制裁を加えるべき	「所要の措置」では、苦情の内容に応じて必要な改善措置をとることが求められる。具体的な運用にあたっては苦情を契機として加盟店に対して適切な措置をとるようクレジット業者を促して行きたいと考えている。

		・加盟店に対する苦情があり、苦情の内容が事実であって、加盟店に対する指導が奏功しない場合には、加盟店契約を解除するとともに、損害賠償責任を負わせるべきとの意見があった。	
66	省令第九十四条	購入者から寄せられた苦情の分析により、苦情の原因が不実告知等に「該当すると認める場合」、行為の内容・違法行為防止体制等を調査することとされているが、「該当するおそれがあると認める場合」とすべきである。	法令上の義務として「おそれ」という規定は、可能性が相当低い場合でも調査義務が生じうるため用いていない。 当該規定の趣旨としては、苦情の原因究明の結果、不実告知等が行われた可能性が相当程度ある場合には調査が必要ということである。

(五) 書面交付義務について

番号	該当箇所	御意見の内容	御意見に対する考え方
67	省令第七十九条、省令第八十一条、省令第八十三条	購入者等が個別信用購入あっせん関係受領契約のクーリング・オフ通知書を発するためには個別信用購入あっせん業者の住所の記載が不可欠であることから、個別信用購入あっせん業者が交付すべき契約書面の記載事項として、個別信用購入あっせん業者の「名称並びに住所又は電話番号」としている点を、「名称、住所及び電話番号」とすべき。	省令第七十九条第一号、第八十一条第一号及び第八十三条第一号の事項は、「個別信用購入あつせん関係販売業者又は個別信用購入あつせん関係役務提供事業者及び個別信用購入あつせん業者の名称、住所及び電話番号」と修正した。
68	省令第七十九条、省令第八十一条、省令第八十三条	「一過性の役務」について、記載の省略を認めることは、いわゆる「情報商材」の提供行為などについても、記載の省略が認められるということにならないか。	情報商材の定義が定かでないが、「一過性の役務」は、タクシーの役務提供契約などを想定している。
69	省令第八十二条、省令第八十四条	省令案には、書面交付の具体的な方法が定められていないが、個別信用購入あっせん関係販売業者又は個別信用購入あっせん関係役務提供事業者を通して交付することでよいか。 従来からクレジット契約関係書類は、個別信用購入あっせん関係販売業者又は個別信用購入あっせん関係役務提供事業者を介して購入者等に交付していたが、改正法では書面の記載事項等が新たに法定されていることから、個別信用購入あっせん関係販売業者又は個別信用購入あっせん関係役務提供事業者を介して交付しても消費者保護上、ある程度実効性のある制度となり得るものと考える。加えて、個別信用購入あっせん関係販売業者又は個別信用購入あっせん関係役務提供事業者に対して調査義務を負っており、監督指導をすることも可能であるから、	法定交付義務者と同一者が、必ずしも書面を交付する必要はなく、個別信用購入あっせん関係販売業者又は個別信用購入あっせん関係役務提供事業者を通じて書面交付が可能な事項もあるが、個別信用購入あっせん関係販売業者又は個別信用購入あっせん関係役務提供事業者を通じて交付する際もその責任は、法定交付義務者である個別信用購入あっせん業者にあり、適正な書面が交付されていることが重要となる。 なお、法第三十五条の三の九第四項第三号の事項については、調査対象者である、個別信用購入あっせん関係販売業者又は個別信用購入あっせん関係役務提供事業者を通じて書面を交付することはできない。

番号	該当箇所	御意見の内容	御意見に対する考え方
		個別信用購入あっせん業者が改めて交付することはないのではないか。	

（六）クレジットカード番号等の適切な管理について

番号	該当箇所	御意見の内容	御意見に対する考え方
70	省令第百三十二条	省令案において「アクセス管理」「教育及び訓練」「物理セキュリティ」「不正アクセス、不正操作の防止」「動作の記録」などの概要を規定されたことについて評価、支持する。ただし、より具体的な施策案の提示が望まれる。ＰＣＩＤＳＳのような国際的に通用する基準などを明示するなど、より具体的な施策案の提示が望まれる。 この他、 ・省令で定める基準とＰＣＩＤＳＳとの整合性を省令で示すべき ・ＰＣＩＤＳＳ認証を義務付けるべき ・省令で定める基準に、「クレジットカード番号等データを暗号化して保管すること」等を追加すべき ・第百三十二条第一項第四号をさらに具体的な規定にすべき との意見があった。	クレジットカード会社に対して義務付ける、クレジットカード番号等の適切な管理のために必要な措置又は加盟店等に対する指導等に関する基準については、省令において当該基準の枠組みを設計し、当該基準の具体的な内容については、ガイドライン又は業界自主ルールにおいて規定する予定である。
71	省令第百三十二条第四項（注3）	省令第百三十二条第一項第四号において、正当な権限を有しない者による作動の防止を義務付けるなら、正当な権限を有する者が、不正にカード情報を操作することを防ぐ技術的措置も講じさせる必要があるのではないか。	省令第百三十二条第一項第二号において、クレジットカード番号等を取り扱う従業者の監督を義務付けるとともに、同項第四号においてクレジットカード番号等の処理に係る電子計算機及び端末装置を操作する際のいわゆるアクセスログを記録を義務付けることにより、正当な権限を有する者が不正にクレジットカード番号等を取り扱うことを防止する措置を講ずることができると考えている。

【編者注】（注3）「省令第百三十二条第四項」とあるが、「省令第百三十二条第一項第四号」の誤記であると思われる。

（七）その他割賦販売法全体について

番号	該当箇所	御意見の内容	御意見に対する考え方
72	—	「個別信用購入あっせん」の定義規定における「特定の販売業者」及び「特定の役務提供事業者」の考え方は、「割賦購入あっせん」の定義規定（現行割賦販売法第二条第三項）と変わらず、「特定の」に係るものとして「密接な牽連関係」の考え方に変更はないか。	「個別信用購入あっせん」の定義は、①特定の販売業者等からの、②商品等の購入等を条件として、③代金等に相当する額を当該販売業者等に交付し、④二か月を超えて当該額を受領するという基本要件で構成されている。また、③については平成十一年に直接販売業者等に交付される場合のみならず、当該販売業者等

		以外の者を通じて販売業者等に交付する場合も対象となる旨を明確にするための改正が行われている。 この基本要件については、今般の割賦販売法の改正においても変更されていないので、金銭消費貸借契約形式による取引についても、割賦販売法の対象の範囲に含まれる。 なお、特定の販売業者等によるモノの販売やサービスの提供を条件としたものであるかどうかは、モノの販売やサービスの提供が存在していることを前提に行われる金銭消費貸借であることに加えて、金融機関等が販売業者等の間に密接な牽連性が認められるかどうかという観点から判断される。 この金融機関等と販売業者等との密接な牽連関係は、いわゆる加盟店契約が代表的なものである。しかしながら加盟店契約が存在しない場合でも、例えば以下のような関係がある場合には、金融機関等と販売業者等との間に加盟店契約に類する密接な牽連関係が認められる場合が多いと考えられる。 (1) 金銭消費貸借契約と販売契約とが手続的あるいは内容的に一体である場合 ・両契約が同一機会等に一体的に締結されていること。 (2) 反復継続的取引関係・相互依存関係がある場合 ・販売業者等が継続的に金融機関等に顧客をあっせん・仲介等をしていること。 ・販売業者等が継続的に金融機関等の信用供与契約書式を提供していること。 ・販売業者等と金融機関等の間に人的関係又は資本関係があること。 その他、販売の目的物が金融機関等に所有権留保される場合、購入者に信用供与契約の処分可能性がない場合などもその他の事情と併せて密接な牽連関係の証左となると考えられる。

【平成二十一年八月三十一日公表のパブリックコメントの結果】

番号	御意見の概要	御意見に対する考え方
73	省令第四十三条第一項第一号に定める極度額三十万円以下のカード更新の際には、省令第四十三条第二項第一号の規定に基づく記録のみ作成、保存すれば良いと理解してよいか。	そのとおり。なお、省令第四十一条の規定に基づきカード更新時調査を行った場合は、省令第四十七条の二第二号の規定に基づく記録作成・保存義務があることを明確化すべく改正を行った。

【平成二十九年十一月二十二日公表のパブリックコメントの結果】

（1）後払関係

番号	分野	御意見の内容	御意見に対する当省の考え方
1	省令第三十六条第三項から第五項まで、及び第三十七条第三項から第五項まで	省令第三十六条第三項第三号から第七号まで及び同第三十七条第三項第三号から第七号までの追加には反対である（記載事項については、これまでどおり、カード利用時の交付書面に詳細な記載を求めつつ、実務運用及び解釈で対応することが良いと考える。）。	省令第三十六条第三項第三号から第七号まで、同条第四項及び第五項、並びに第三十七条第三項第三号から第七号まで、同条第四項及び第五項は削除し、第四十九条から第五十二条までの規定中、削ることとしていた規定部分を元に戻した上で、第四十九条第一項柱書き及び第五十一条第一項の柱書きにそれぞれただし書きを追加することとする。
2		省令第三十六条第五項の柱書に次の文言を加筆すべきである。「但し、法第三十条第三項に基づく広告の表示については、本項を適用しない。」	
3		省令第三十七条第五項の柱書の後に次の文言を加筆すべきである。「但し、法第三十条第三項に基づく広告の表示については、本項を適用しない。」	
4		規則第三十七条第六項に次の文言を付け加えるべきである。 「第三項の規定にかかわらず、法第三十条第三項に基づく広告の表示については、法第三十条第二項第三号の経済産業省令・内閣府令で定める事項は、次のとおりとする。 一　支払総額の具体的算定例 二　カード等の利用に関する特約のうち、利用者の判断に影響を及ぼす重要なものがあるときは、その内容」	
5		規則三十六条第六項に次の文言を付け加えるべきである。 「第三項の規定にかかわらず、法第三十条第三項に基づく広告の表示については、法第三十条第一項第三号の経済産業省令・内閣府令で定める事項は、次のとおりとする。 一　支払総額の具体的算定例 二　カード等の利用に関する特約のうち、利用者の判断に影響を及ぼす重要なものがあるときは、その内容」	
6		省令第三十六条第三号から第八号を削除し、取引のどの段階でどのような情報を提供することが適切かを踏まえた性能規定的な条項とすべきである。	

No.	該当箇所	意見	回答
7		広告時の表示事項が現在よりも多くなることのないよう、規則案第三十六条第三項三号乃至八号および第三十七条第三項三号乃至八号については、法第三十条第三項の対象とならないように規定するか、第三十六条及び第三十七条は現行通りとし、現行規則四十九条六号から九号及び同五十一条五号から八号については、法三十条の二第一項及び同二項の書面に記載していた場合には省略できるものとする旨の規定を追加すべきである。	
8		以下いずれかのような修正を行うなどして、取引条件について広告する際の表示事項が現在よりも多くなることのないよう、合理化を図るべきである。 （1）規則案第三十六条第三項三号乃至八号および第三十七条第三項三号乃至八号については、法第三十条第三項の対象とならないように規定する （2）第三十六条及び第三十七条は現行通りとし、現行規則四十九条六号から九号及び同五十一条五号から八号については、法三十条の二第一項及び同二項の書面に記載していた場合には省略できるものとする旨の規定を追加する。	
9		広告時の情報提供項目（施行規則三十八条）について、カード交付時の情報提供項目（施行規則三十八条及び三十七条）よりも限定的なものに修正すべきである。	
10	省令第三十六条、第三十七条、第五十条、第五十二条、第五十三条、第六十九条、第七十条等	情報提供義務や書面交付義務の記載事項について、省令で用語を統一せず、現代社会の用語例を踏まえて「利用者が読みやすく、理解しやすいような用語により、正確に記載すること」とすることは基本的に賛成である。ただし、各事業者がバラバラな用語を使用することによって却って誤解を招くような事態となることが危惧される。 したがって、業界内である程度共通のモデル用語例を示すなどの措置が必要である。 わかりやすさと正確性は二律背反的な性質をもつため，カード利用者に混乱や疑義が生じないよう，業界団体に対しては， 1．団体が率先して利用者にわかりやすく，かつ，混乱や疑義の生じない表現方法を検討すること， 2．業界に加盟する各事業者に対する指導を徹底すること，	認定割賦販売協会においてモデル用語例を作成することとしたい。

		の二点についての努力義務を法文上明記すべきである。	
11	省令第四十条	包括支払可能見込額の調査における年収の算定対象について、改正省令四十条は「特定配偶者」の定義から「年収百三万円以下の者」という限定を撤廃し、かつ「主として配偶者の収入またはその収入及びその配偶者の収入により生計を維持している者」という定義に拡大したうえで、「特定配偶者」に対する与信調査においては他方配偶者の同意なく申込人と他方配偶者の年収を合算できるとすることには、強く反対する。 改正省令四十条二項の特定配偶者の定義のうち「その収入及びその配偶者の収入により生計を維持している者」は削除すべきである。	産業構造審議会 商務流通情報分科会 割賦販売小委員会の報告書（平成二十九年五月十日）では、「配偶者の年収等を合算しようとする場合、利用者の年収が百三万円以下か百三万円超かにより、申告の主体が異なること」について「規制手段として合理性があるか、改めて問い直すべきである。」との提言があったところである。これを踏まえ、特定配偶者の定義から当該基準を削除することとしている。 一方、御意見を踏まえ、「その収入及びその配偶者の収入により生計を維持している者」については、改正省令第四十条第二項の特定配偶者の定義から削除し、年収等の合算を行うにあたっては、被合算者の同意を求めることとする。
12	省令第四十条第二項から第四項まで、第七十二条第二項から第四項まで及び第四十五条三項	例えば第四十条第二項但し書きにおいて、他の者と年収を合算する場合、原則として当該「他の者の申告」によって調査することとなっている。これについて、当該「利用者」からの申告によることとするべきではないか。	申告内容の正確性を担保するためには「他の者の申告」によることとすることが必要であると考える。 なお、年収百三万円以下の配偶者による他方配偶者の年収申告ついては、従前よりこれをもって内容の正確性が担保されているものと取り扱ってきたのと同様、「その他の適切な方法」に該当すると認められる。
13	省令第四十条及び第七十二条	支払可能見込額の調査において、年収の調査方法を、「申告その他の適切な方法により」とする改正は、内容が無限定であり反対である。	年収の調査方法については「利用者から受ける年収の申告その他の適切な方法」又は「当該他の者から受ける当該他の者の年収の申告その他の適切な方法」と規定しているところ、「その他の適切な方法」としては利用者や当該他の者からの申告に相当する適切性を備えた調査方法が含まれる。本条の改正は、産業構造審議会 商務流通情報分科会 割賦販売小委員会の報告書（平成二十九年五月十日）において、「現行省令においては、調査の手法として消費者からの申告を原則としているが…現在では例えば家計簿アプリ事業者等のＦｉｎＴｅｃｈを活用することにより…消費者の支払能力を確認することも可能となりつつある。こうした環境変化を踏まえ、調査手法の在り方についても必要な見直しを行っていく必要がある。」旨言及されたことを踏まえたものであり、具体的には、例えばAPI連携による給与等の状況の確認や家計簿アプリ事業者等のＦｉｎＴｅｃｈの活用を通じた年収情報の調査が許容され得ることを意図している。なお、これらの方法による調査ができない場合において年齢、勤務先等による合理的な推定を行うことも従来同様許容される。 当局等による検査の結果、当該手段による年収情報の調査に合理性が認められない場合においては「適切な方法」とは認められないため、無限定な拡

			大を許容する趣旨ではない。
14	省令第四十五条第二項	生活維持費の算定に際し、世帯人数等について、申告がなかった場合だけでなく、申告された人数等が信憑性に欠ける場合にも規則第四十五条第二項に従って算定できることと理解してよいか。	そのとおり。
15	省令第四十五条第三項第一号から第五号	「主として配偶者の収入により生計を維持している者」は、申込者に収入があることを前提とした規定であると思われるが、そうであるとした場合「他の者の収入により生計を維持している者」と「その収入及び他の者の収入により生計を維持している者」との区分けが不明瞭である。 それぞれどのような場合を云うのか明瞭にすべきである。	第四十五条第三項第一号の「他の者の収入により生計を維持している者」は、他の者の収入により生計を維持しており、自らは生計維持者となっていない者を指す。 同項二号の「その収入及び他の者の収入の双方により生計を維持している者」は、自らの収入と他の者の収入の双方により生計を維持している者を指す。 同項第三号の「主として配偶者の収入により生計を維持している者」には、年収百三万円以下の配偶者等が含まれる。 同項第四号の「他の者の収入により生計を維持している者（主として配偶者の収入により生計を維持している者を除く。）」は、主として配偶者の収入により生計を維持している者以外の、自らは生計維持者となっていない者を指す。 同項第五号の「その収入及び他の者の収入により生計を維持している者」は、主として配偶者の収入により生計を維持している者以外の、自らの収入と他の者の収入の双方により生計を維持している者を指す。 以上のとおりの区分がなされているものとご理解頂きたい。
16	支払可能見込額調査全般	本年五月に公表された割賦販売小委員会報告書に記載の、『「性能規定」の考え方に基づき、過剰与信防止という目的を達成するための具体的な手続や方法を特定しない規定とした上で、過剰与信防止の観点から各社の手法の実効性をチェックするための一定の共通指標を設け、検証できるようにする方向での改正を目指すべきであるとの多数の意見があった』、『今回多数意見として示された「性能規定」化については、継続課題として引き続き検討すべきである』のとおり、「性能規定」化については、継続して検討いただきたい。	参考意見として承る。
17	省令第五十四条第一項	「当該役務の提供を受ける者から当該各号に掲げる事項を記載した書面の交付を求められた場合における当該事項を除く。」となると、結局は加盟店において「当該各号に掲げる事項を記載した書面の交付」を必ず備え付けなければならず、「加盟店におけるペーパレス化」が進展しにくくなる。	省令第五十四条第一項は、加盟店が書面交付等の方法により利用者に対し情報提供を行う際に提供すべき情報の項目について規定しているものであり、書面交付等の方法による情報提供が適切に実施されることを前提に、その際の情報提供項目について、一部簡略化を認める趣旨の規定であるところ、ご質問は、情報提供義務の履行自体についての内容に関するものであるため、

		例えば、「書面」を加盟店で備え付けていない場合、取引前に「書面の交付を求められた」場合、カード取引を停止しなければならず、「事前にその旨の確認が必要となる」のか。また、もし「書面の交付を求められた」のが、取引の後であると、当該書面を備え付けていない場合、法令違反になるのか。 　また、予め顧客に「書面の交付を行わない」旨を通知した上での取引であれば、交付を求められても「交付」しなくても構わないとするのか。あるいは、後日送付でもよいのか。	法第三十条の二の三第四項及び同条第五項の解釈に係るものであるため今回のパブリックコメントの直接の対象ではないが密接な関連性を有するものである。 　この点、加盟店による書面交付義務に関しては、原則として消費者に対して電子メール等の電磁的方法により必要な情報を提供すれば良く、例外的に消費者からの求めがあった場合には書面を交付しなければならないとされている。このような例外を設けた趣旨は、パソコンやスマートフォン等を持たない高齢者等に配慮し、消費者の保護に欠けることがないようにするためのものである。 　このような例外規定は存するものの、ネット取引においては、消費者から書面交付を常時求められることは通常想定されないため、書面に代わって電磁的方法により情報提供を行う承諾を個別に取る手間が不要となり、業務が大幅に効率化される効果が見込まれる。 　また、対面取引においては、「求めがあった場合の書面交付義務」が残る限り、完全にプリンタを必要としない環境を実現することは困難であるが、書面交付しなければならない場面は減少し、人件費も含めたオペレーションコストが削減されるものと考えている。 　他方、対面取引においても書面の交付が求められた場合には「遅滞なく」書面交付を行うことが求められるため、この時間的制約を超過して書面の交付を行わない場合には法令違反となることは免れない。
18	省令第五十四条第一項第一号	「包括信用購入あっせん関係販売業者又は包括信用購入あっせん関係役務提供事業者の名称」は、消費者が購入した商品や提供を受けた役務を正確に特定するためのものであることからすれば、厳密な法人名称ではなく、店舗名称等の柔軟な記載で足りると考えられるが、そのような理解で良いか。例えば、法人名称は消費者にはなじみがないが、レストラン店舗の名称の方が消費者に通りが良い場合等においては、レストラン店舗名称を表示すべきと考えられる。	本規定では「名称」を柔軟に解釈することにより店舗名称もこれに含まれると解することは可能であると考える。
19	省令第五十四条第一項第一号及び第五号	第一号及び第五号の「住所又は電話番号」について、加盟店の種類によっては、消費者とのメールでのやりとりに親和性がある場合があるため、「メールアドレス」の記載も加えた上で、加盟店の任意の選択を認めるべきである。	メールアドレスが住所や電話番号と比べ、容易に変更可能であることに鑑みると、メールアドレスのみの記載で足りるとすることは適当ではない。したがって、加盟店に任意の選択権を認めることはできない。なお、住所や電話番号の記載に加えてメールアドレスをも記載することを否定するものではない。

20	省令第五十四条第一項第一号及び第五号	第一号の記載がある場合であって、加盟店に特段の相談窓口又はコールセンター等が設置されていない場合には、第五号の記載は不要という理解で間違いないか。また、大企業等で、消費者からの問い合わせ窓口を一か所に集約しているような場合には、第一号の「住所又は電話番号」と第五号の「住所又は電話番号」の重複記載は不要という理解で良いか。	第五号の記載は原則として必須である。ただし、仮に第一号に基づき表示した連絡先が相談窓口の連絡先と同一である場合には、当該連絡先が相談窓口としての連絡先も兼ねていることが分かるような表示をする場合には、一つの連絡先表示によって一号に基づく表示と五号に基づく表示の双方に該当するものであると考えることは可能であると考える。
21	省令第五十四条第一項第四号	第一項柱書において、「包括信用購入あっせん関係役務提供契約であって役務の提供を受ける者がカード等を提示し若しくは通知して、若しくはそれと引換えに、役務の提供を受けるときは、直ちに当該役務の全部の履行が行われることが通例である役務」である場合には、第四号に掲げる事項に係る情報提供は不要とされているところ、「当該役務の提供を受ける者から当該各号に掲げる事項に係る情報の提供を求められた場合」には、情報の提供が求められることとなっている。しかしながら、かかる役務提供の場合には、「役務の提供を受けることができる回数若しくは期間」について提供すべき事項はないはずであるから、「当該役務の提供を受ける者から当該各号に掲げる事項に係る情報の提供を求められた場合」であっても、四号の情報提供は不要であると考える。	「包括信用購入あっせん関係役務提供契約であって役務の提供を受ける者がカード等を提示し若しくは通知して、若しくはそれと引換えに、役務の提供を受けるときは、直ちに当該役務の全部の履行が行われることが通例である役務」であって「役務の提供を受けることができる回数若しくは期間」が観念し得ないような場合においては、当該事項についての情報提供を求められた場合であっても、解釈上、当該事項についての情報提供を行わないことも認められる。
22	省令第五十四条第一項第六号から第十一号まで	第五十四条第一項第六号から第十一号によれば、記載された場合に該当する場合に情報提供を行えば足り、これらの場合に該当しない取引を行う場合には記載不要という理解でよいか。	そのとおり。
23	省令第五十五条第二号	第五十四条第一項各号の記載事項は必ずしもカード専用プリンタで印刷する必要はなく、ＰＯＳ端末から出力されるレシート等何らかの書面に印刷することでも差し支えないという理解でよいか。	書面の印刷方法について限定はない。
24	省令第五十五条第二号	消費者による記録保存が担保され，不正利用の早期発見等紛争の未然防止に資することになるため，これに賛成する。	ご賛同の意見として承る。
25	省令第六十条	包括信用購入あっせん業者の苦情の適切処理義務の具体的方法について、苦情情報をアクワイアラーに伝達する義務に整理することは賛成であるが、アクワイアラーに苦情情報を伝達すればイシュアーの義務が終了するのではなく、苦情を伝達したのにアクワイアラーが加盟店調査・措置を迅速に行わない場合は、アクワイアラーに対し迅速な調査・措置・回答を促すことも、包括信用購入あっせん業者の苦情の	包括信用購入あっせん業者からクレジットカード番号等取扱契約締結事業者に直接苦情情報の通知がなされ、これを受けたクレジットカード番号等取扱契約締結事業者が登録事業者として、自ら苦情に基づく加盟店調査義務を主体的に負っている以上、その義務の履行を促す義務を包括信用購入あっせん業者に負わせなくとも足りると考える。 なお、アクワイアラーが省令第百三十三条の九第五号に基づきイシュアー

<table>
<tr><td></td><td></td><td>迅速かつ適切な処理義務（法三十条の五の二）の内容として存在することを、省令に記載するか少なくとも監督指針に明記すべきである。
また、調査、及び、加盟店への対応は、アクワイアラーが行うとしても、きちんとアクワイアラーに調査をさせて、その情報をイシュアーにフィードバックをしてもらい、その上で、苦情の情報提供者が消費者等であれば、当該消費者との関係において、適切に書類を連携することまでがイシュアー（包括信用購入あっせん業者）の義務と考えるべきである。この点、そういった一連の対応が、省令六十条四号の「その他の所要の措置」に含まれていることを明記すべきである。</td><td>に加盟店調査に関する情報をフィードバックした場合であって、当該情報が消費者の利益保護のために必要なものである場合にはイシュアーは、「その他の所要の措置」（省令第六十条第四号）として、これを当該消費者に当該情報の伝達をすることが求められる。</td></tr>
<tr><td>26</td><td>省令第六十条</td><td>アクワイアラー等の加盟店調査義務となる法三十五条一七の八においては、支払回数を問わず調査すべきところ、アクワイアラー等は、イシュアーからの情報は、極めて重要な情報であり、その他の国民生活センター等からの情報も当然に重要であるが、個別の加盟店の情報という点では、イシュアーからの情報は不可欠である。
その点から考えれば、法第三十条の五の二、省令第六十条におけるアクワイアラー等への苦情の伝達義務も、支払回数を問わず実施されることが望ましいことは、いずれかに明記すべきである。</td><td>省令において、いわゆるマンスリークリア取引に関する苦情についての伝達義務は明記していないが、衆議院経済産業委員会における付帯決議及び参議院経済産業委員会における付帯決議並びに産業構造審議会　商務流通情報分科会　割賦販売小委員会において取りまとめられた報告書の内容を踏まえ、認定割賦販売協会の自主ルールに基づく業界の自主的取組として、マンスリークリア取引に関する苦情情報も加盟店情報交換制度への登録が行われ、アクワイアラー等による加盟店調査等に活用されることが期待される。</td></tr>
<tr><td>27</td><td>省令第六十条第二号</td><td>包括信用購入あっせん業者が、第六十条第二号イ又はロに該当した場合に通知するクレジットカード番号等取扱契約締結事業者は、当該苦情となった取引の売上を計上したクレジットカード番号等取扱契約締結事業者と解することでよいか。</td><td>そのとおり。</td></tr>
<tr><td>28</td><td>省令第六十七条及び第百三十三条の四</td><td>クレジットカード番号等取扱契約締結事業者が、包括信用購入あっせん業者や個別信用購入あっせん業者である場合で、新たに就任した役員に係る変更の届出を行おうとした場合、第六十七条・第百二条（変更登録の申請）に基づく届出と、第百三十三条の四（変更の届出）に基づく変更の届出を二重に行うこととなるが、申請者がクレジットカード番号等取扱契約締結事業者であり、かつ包括信用購入あっせん業者や個別信用購入あっせん業者である場合については、それぞれの届出の添付書類については兼用できるように検討願いたい。</td><td>両者は、互いに独立した地位にある登録事業者としての届出であるため、省令上はそれぞれの届出との関係で各一部ずつの添付書類をご用意頂くこととなる。</td></tr>
<tr><td>29</td><td>省令第七十四条第一項第三号</td><td>特例の拡大には反対する。</td><td rowspan="2">省令第七十四条第一項第三号を「道路交通法（昭和三十五年法律第百五号）第九十八条第二項に基づく届出をした自動車教習所若しくは同法第九十九条第一項に規定する指定自動車教習所において同法第二条第一項第九号の自</td></tr>
<tr><td>30</td><td>省令第七十四条第一項第三号</td><td>購入者等の保護に支障を生ずることがない場合について、運転免許の教習を行う契約が追加されているが、指定自動車教習所（道路交通</td></tr>
</table>

		法第九十九条第一項）で行うものだけでなく、届出自動車教習所（同法第九十八条第二項）も規則第七十四条第一項第三号の対象としていただきたい。	動車の運転に関する教習を行う契約」と修正する。 なお、同号の規定は、当該役務を必要とする事情、当該役務の提供を受ける者が当該役務を受ける意思を有すること、支払総額及び当該役務の回数若しくは機関が当該役務の提供を受ける者の生活水準に照らして相当であることについての確認を求めていることから、特例の拡大を認めることをもって消費者の保護の程度が不当に緩和されるものではないと考える。
31	省令第七十四条第一項第五号	購入者等の保護に支障を生ずることがない場合について、道路運送車両法上の「点検（法定点検）」が追加されているが、道路運送車両法第六十二条に規定されている「検査（車検）」についても対象としていただきたい。あわせて、点検に伴い発生する修理代等も対象としていただきたい。	省令第七十四条第一項第五号を「道路運送車両法（昭和二十六年法律第百八十五号）第四十八条に規定する点検又は同法第六十二条第一項に規定する継続検査を行う契約に該当するものに係る個別信用購入あっせん関係受領契約」と修正する。 なお、点検の結果を踏まえて交換する部品等の売買契約に係る個別信用購入あっせん関係受領契約は本適用除外規定の対象外である。
32	省令第百三十二条第一号	第百三十二条では、「カード番号等の管理に係る事故の発生を防止するため必要かつ適切な措置」を講じる義務が課されている。加盟店が「実行計画」に準拠していれば、原則として「必要かつ適切な措置」規則の基準をクリアーしたことになるということか。換言すれば、「実行計画」を実行できない合理的な理由があり、その弊害が大きくないと言えるのであれば、「必要かつ適切な措置」を講じていると言えるか。	クレジット取引セキュリティ対策協議会が策定する「クレジットカード取引におけるセキュリティ対策の強化に向けた実行計画」（以下「実行計画」という。）を実務上の指針としつつ、その中で求められている措置部分に相当する措置を実施している場合には、基本的には、百三十二条第一号に定める「（漏えい等の事故）の発生を防止するため必要かつ適切な措置」を講じているものと評価される。他方、実行計画上で示された措置をそのまま実現していない場合であっても、当該措置に相当する措置が講じられている場合には、実行計画上に示された措置をそのまま実現していないことのみをもって直ちに法令違反となるものではない。
33	省令第百三十二条第一号	セキュリティ対策の義務付けに関しては、加盟店調査の方法と同様、「性能規定」の考え方に基づき、省令改正にあたっては不可欠な機能のみを定めるといった方向性が示されているに過ぎない。また、「クレジットカード加盟店契約に関するガイドライン」（二〇一七年七月三日）によれば、「『実行計画』は、改正割賦販売法により加盟店に義務付けられる不正利用防止措置に関する実務上の指針と位置付けられ、対面加盟店における決済端末のＩＣ対応化等の措置は同法上も求められることになる。」とされている。 セキュリティ対策については、加盟店調査の場合と異なり、クレジットカードに関する情報技術の進展や事故態様の多様化などの変化に柔	賛同意見として承る。

		軟に対応するためには、「性能規定」の考え方がより整合的であるといえる。そのため、上記のとおり実務上の指針と位置付けられている実行計画に詳細を記載することにより、より柔軟な対応を可能にする省令案の方針に賛成である。	
34	省令第百三十二条第五号	①「クレジットカード等購入あっせんに係る取引の健全な発達を阻害」する「方法により取り扱わないこと」について、各主体（クレジットカード等購入あっせん業者、立替払取次業者及び加盟店）ごとに、どのような具体例があるのか、コンメンタール等で明示していただきたい。 ②「利用者若しくは購入者等の利益の保護に欠ける方法により取り扱わないこと」について、各主体（クレジットカード等購入あっせん業者、立替払取次業者及び加盟店）ごとに、どのような具体例があるか、コンメンタール等で明示していただきたい。	「クレジットカード等購入あっせんに係る取引の健全な発達を阻害し、又は利用者若しくは購入者等の利益の保護に欠ける方法により取り扱」う典型例としては、従業員が業務上取り扱うクレジットカード番号等を流用して不正使用するような場合を想定している。具体例については、コンメンタール（割賦販売法の解説）等において明確化することを想定している。
35	省令第百三十二条第五号	今回の改正では、クレジット加盟店にもクレジットカード番号等の漏えい、滅失、毀損の防止、その他クレジットカード番号等の適切な管理のために必要な措置を講ずべきことが義務付けられた。 現在、一部の加盟店においては、消費者が代金の支払いをクレジットカードでの決済を申し出た際、加盟店の店員がクレジットカードを預かり、レジの端末機で処理をしている（特にデパート等流通系店舗）。このような行為はクレジットカード番号の漏えいに繋がりかねず、今回の改正によって、禁止すべきではないか。クレジットカードの端末機による決済処理は、消費者の目面前で行われるべきであり、外国においては、クレジットカードを他人に渡すこと自体リスクが高いという認識である。	消費者が代金の支払いをクレジットカードでの決済を申し出た際に、加盟店（クレジットカード番号等取扱業者）の店員がクレジットカードを預かり、レジの端末機で処理する対応を実施している場合であっても、必ずしもクレジットカード番号等の漏えい等の事故につながるものではないため、このことのみをもって直ちに当該加盟店が「クレジットカード等購入あっせんに係る取引の健全な発達を阻害し、又は利用者若しくは購入者等の利益の保護に欠ける方法」によるカード番号等の取扱いを行っているとみなされるものではない。
36	省令第百三十三条の二第一項及び様式二十六の二	事業者については、法人番号がある場合には、住所、名称、代表者氏名だけでなく、法人番号の記載を義務として行なわせるようにしていただきたい。 それだけで事業者に関する問題の発生可能性の減少や、また、何か問題があった際の行政（他省庁や捜査機関等含む）による調査が容易になる事が期待出来るはずである（これは市民にとっても非常に恩恵が大きい事である。何らかの問題が発生した場合等において、法人番号を鍵として事業者情報の取得を容易に行なえる事の利益は大きい。）。	クレジットカード番号等取扱契約締結事業者については、登録の申請書への添付書類として登記事項証明書を求めており、その確認を通じて必要十分な程度で法人番号の把握が可能であると考える。

		よって、全ての様式中において、事業者についての法人番号の記入欄を設けて、その記載を行なわせるようにしていただきたい（事業者側は一三桁の数字が記載されたゴム印一つを作る等すれば容易にその記載を行なえるのではないかと思われる。故に事業者側に発生する負担は非常に低いと思われるが、これにより社会が得る利益は大きい。）。 　金融に関係する所での法人番号の利用は、絶対的に望ましいと考えられるものであるが、国は、国・社会・国民の安全と効率を維持・向上のため、法人番号の利用を積極的に行なっていっていただきたい。	
37	省令第百三十三条の五及び第百三十三条の六	第百三十三条の五第四号以下を削除し、第四号として性能規定の考え方に整合的な条項（例えば、「四　前各号に掲げる事項のほか、加盟申込み店又は加盟店によるクレジットカード番号等の適切な管理等を図るため必要かつ適切な事項」）とすべきである。併せて、第一三三条の六第四項から第十項を削除し、リスクベース及び性能規定の考え方に整合的な条項（例えば、「前条第四号に掲げる事項については、加盟申込み店又は加盟店によるクレジットカード番号等の適切な管理等を図るため必要かつ適切と認める場合に、必要かつ適切な方法態様で調査しなければならない。」）とすべきである。	ご意見を踏まえ、省令第百三十三条の五から第百三十三条の十の規定を修正する。 　なお、省令百三十三条の六条第一項第二号の「先進的な技術又は手法」における「先進」性については、本改正省令の施行時又は適用時を基準とし、いずれかの基準により認められれば足りるものと考える。
38	省令第百三十三条の五及び百三十三条の六	百三十三条の五第四号以下を削減し、第四号としてリスクベースアプローチ及び性能規定的考え方に整合的な条項を置くべきである。併せて、百三十三条の六第四項から十項までを削除し、リスクベースアプローチ及び性能規定的考え方に整合的な条項を置くべきである。	
39	省令第百三十三条の五の四第九号から十二号まで及び第百三十三条の六第四号から九号まで	契約時調査項目のうち漏洩、不正利用の調査を省略可能としていただきたい。	
40	省令第百三十三条の五第三号、第百三十三条の六第四項及び第百三十三条の七第三項	第百三十三条の五第三号、第百三十三条の六第四項及び第百三十三条の七第三項からすれば、初期調査及び途上調査の双方において、加盟店におけるクレジットカード番号等の適切な管理及び不正な利用の防止の完全な調査を求めているように思われるが、このような規定は、「性能規定」の考え方に従い、契約締結時の調査及び締結後の途上調査を事業者の合理的判断により組み合わせて行うことを認めるとする、割賦販売小委員会報告書の趣旨に合致しない。とりわけ初期調査を偏重するのではなく、初期調査及び途上調査を総合して勘案し、加	

		盟店におけるクレジットカード番号等の適切な管理及び不正な利用の防止が達成されるようにすべきではないか。※「性能規定」はセキュリティレベルを下げるものではなく、方法・手段を縛らないとする考え方であるとの反論が考えられるが、実行計画に基づく対応ができているかどうかを、初期・途上双方において確認しなければならないとすれば、自ずと確認する内容と手段も固定化されることになるのであり、完全な調査が必要とされる非常に重たい義務となってしまうように思われる。	
41	省令第百三十三条の五各号、第百三十三条の六各項、第百三十三条の七各項及び第百三十三条の八各号	法定調査項目数を削減していただきたい。	
42	省令第百三十三条の五から第百三十三条の十まで	クレジットカード番号等取扱い契約締結事業者（以下「アクワイアラ」という）の中には、いわゆるイシュア事業も行っている事業者と、そうでない事業者が存在する可能性があることから、「アクワイアラ」と「イシュア」の役割を区別したうえで、各条項に規定されている「認める場合」「認められる場合」「知った事項」等の趣旨を明確にするとともに、イシュア事業も行っているアクワイアラと、そうでないアクワイアラとの間で、加盟店調査にかかる義務の内容が不公平とならないように配慮すべきである。	
43	省令第百三十三条の六第六項及び七項	「利用者から申出を受けた苦情（クレジットカード等購入あっせん業者を通じて申出を受けたものを含む。）の内容」とはどのような内容を想定しているのか確認したい。加盟店初期調査の段階では、加盟店におけるカードの取扱いは開始されておらず、その段階で利用者からの申出を受けるとはどのような場面を想定しているのか。	クレジットカード番号等取扱契約締結事業者が包括信用購入あっせん業者をも兼ねている等の事情により利用者からの苦情を保有していることはあり得るものと考える。
44	省令第百三十三条の五第四号及び第百三十三条の六第五項	第百三十三条の五第四号に掲げる事項の調査義務は、認定割賦販売協会の加盟店情報交換制度の情報と加盟店情報のマッチングを行うことで満たされるという理解で間違いないか。	ご指摘の方法によることでも調査義務は満たされると考えられる。
45	省令第百三十三条の六第五項及び第百三十三条の七第四項	認定割賦販売法協会の保有する情報の確認は任意としていただきたい。	加盟店調査の実施態様等に応じて認定割賦販売協会の加盟店情報交換制度を利用する方法以外の方法によることも許容され得る。
46	省令第百三十三条の七	定期的調査の頻度が「適切な頻度」（省令百三十三条の七第一号）	「適切な頻度」の在り方については今後、「割賦販売法（後払分野）に基づ

		というだけでどの程度か不明確である。「適切な頻度」の具体的な内容としては、国民生活センターからクレジットトラブルに関するＰＩＯ－ＮＥＴ情報を定期的に提供する運用が予定されていることから、その情報提供と同程度の頻度、すなわち少なくとも年四回程度の定期的調査を定めるべきである。	く監督の基本方針」等を通じて明確化する予定である。
47	省令第百三十三条の七	省令第百三十三条の七における定期調査の頻度や内容については、アクワイアラがリスクベースの考え方のもとで適切な調査を実施できるよう、監督指針等においても柔軟性を持たせるべきである。	
48	省令第百三十三条の五から第百三十三条の八まで	省令案においては、加盟店調査の方法につき「性能規定」の考えに基づき「必要かつ適切な方法」とのみ言及されている規定が多く見られる。しかし、かかる規定の仕方では、アクワイアラの調査義務の範囲が不明確であるため、義務履行による業務負担の予測を立てることが困難となり、アクワイアラの本来の業務にとって過大な負担となりかねない。標準的な調査方法がガイドライン等によって示されるとしても、それらの法令上の位置付けは必ずしも明確ではない。加盟店調査に関する体制整備の欠缺が、業務改善命令や登録の取消につながることとの均衡を考慮すれば、より高位の施行規則において明確かつ詳細に定めるべきである。 具体例として、加盟店が省令のもとで従うべき基準として考えられるのは、グローバルなＰＣＩ（Ｐａｙｍｅｎｔ　Ｃａｒｄ　Ｉｎｄｕｓｔｒｙ）基準である。この基準は、ＰＣＩ　Ｓｅｃｕｒｉｔｙ　Ｓｔａｎｄａｒｄｓ　Ｃｏｕｎｃｉｌが定めるグローバルなものであり、守るべき必須の義務とされている。同基準のもとでは、以下の事項が定められている。すなわち、加盟店は、アクワイアラに対し、四半期に一度、同基準に則っているかの進捗・達成度につき報告することが求められる。また、加盟店に十分な進捗が見られない場合、アクワイアラは助言を行い、その状況改善のために何が必要であるかのガイダンスを行うとともに、期限を設定することになる。さらに、加盟店が最終的にアクワイアラとともにＰＣＩ基準に則った措置をとることができない場合、加盟店は加盟店契約を解除されることになる。	省令において調査方法やクレジットカード番号等取扱業者が備えるべきクレジットカード番号等の管理に係る体制の基準をより詳細に規定することは、産業構造審議会　商務流通情報分科会割賦販売小委員会において結論に至った性能規定の考え方に整合しないため、ご意見の内容をそのまま採用することは困難である。 もっとも、今後「割賦販売法（後払分野）に基づく監督の基本方針」等に記載すること等を通じた具体化を図ることにより実務運営に支障を来すことのないように配慮していくことを考えている。
49	省令第百三十三条の五から第百	カード番号取扱契約締結事業者の加盟店調査義務（法三十五条の十	ご賛同の意見として承る。

	三十三条の九まで	七の八）についてカード番号取扱契約締結事業者の加盟店調査義務（法三十五条の十七の八）の具体化として、加盟店契約締結時の調査義務（省令百三十三条の五、百三十三条の六）と、定期的な調査（省令百三十三条の七）、利用者の苦情または漏えい事故等の発生時の調査（省令百三十三条の八）を定めていることは賛成である。 　また、クレジットカード番号等取扱契約締結事業者による契約締結時、定時的、及び苦情発生時における加盟店調査義務並びに調査及び指導の結果として加盟店契約を解除するなどの措置をとる義務など、クレジットカード番号等取扱契約締結事業者の加盟店管理の責任の内容が詳細に定められたことに賛成するとの意見もあった。	
50	省令第百三十三条の六から第百三十三条の八まで	「適切な方法」、「必要かつ適切な方法」という文言が多用されているが、この趣旨は、事業者の創意工夫に基づく加盟店調査を許容する趣旨でよいか。リスクベースド・アプローチの観点から、真に調査が不要であると判断できる場合には、調査をしないことも含まれることを明確化いただきたい。	リスクベースの判断によって、定期的な調査を実施する頻度に差異を設けることは許容され得る反面、調査を実施しないことは加盟店管理を放棄することと同義であるため原則として認められない。
51	省令第百三十三条の七	第百三十三条の五第一号から四号までの事項に関する途上調査については、「適切な頻度で行わなければならない」となっているが、リスクベースド・アプローチの観点からは、売り上げが発生していたとしてもセキュリティ上の問題が極めて小さい加盟店もあるはずであり、途上調査の必要性自体が（調査を行うとして、どのような内容の調査を行うかも）、事業者の判断に委ねられるべきである。そのため、必ず途上調査を行わなければならないとの趣旨ではなく、途上調査が必要であると客観的、合理的に判断される場合に調査義務があるという趣旨であることを明確化いただきたい。	
52	省令第百三十三条の七	途上調査の実施は事業者の判断に委ねることにしていただきたい。	
53	省令第百三十三条の八第二号ニ	規則第百三十三条の八第二号ニにおいて、「第百三十三条の五第十二号に定める事項のうち、次条第一号又は第四号に定める措置を適切に講ずるために必要な事項」とあるが、第百三十三条の九第一号から第三号までに掲げる措置しか記載されておらず、四号は記載されていないので、誤植ではないか。	関連箇所を含め適切な見直しを図る。
54	省令第百三十三条の九	平成二十八年十二月九日に公布された改正割賦販売法では、加盟店に対して、クレジットカード情報を適切に管理する義務、及び不正使	決済端末のＩＣ対応については、その実現に向け着実に取り組んでいくことが必要であるが、特に、中小企業においては、事業者によって多額の投資

		用を防止するために必要な措置を講ずる義務を課しており、その状況については、加盟店契約会社等による加盟店調査によって確認されることになっている。省令第百三十三条の九では、加盟店調査の結果、加盟店の対策が基準に適合しない場合には「合理的な期間内」に適合するよう指導し、その指導に従わない場合はクレジットカード番号等取扱契約を解除できることが規定されている。 　現在、クレジット取引セキュリティ対策協議会が取りまとめた「実行計画」に基づき、例えば対面加盟店であれば「実行計画」が定めた目標期限の二〇二〇年三月を目途に具体的な対策を進めているところである。 　対策には設備投資が必要であり、体制の整備にも一定の期間を要することから、無理のない対策を推進していくためにも、「実行計画」が定めた目標期限までの間については、加盟店調査結果の評価等にあたって弾力的な運用を行っていただきたい。	等を要することにも配慮することが必要である。 　セキュリティ対策を着実に進めている加盟店が一方的に契約解除とならないようアクワイアラー等を指導してまいりたい。 　また、機器全体の入替等により企業体力に比し極めて多額の投資を要する、不正利用による多大な被害が生じていない、かつ、ＩＣ対応のための具体的な計画が策定され着実に取組を進めている場合には、機器・システム更新時に合わせる等、事業者の責任の下で計画的にＩＣ対応を進めていただく。 　なお、改正割賦販売法の施行後、決済端末のＩＣ対応は加盟店の義務となるが、加盟店に対する直接の改善命令や罰則は規定されていない。
55	省令第百三十五条第一項第二号	クレジットカード等購入あっせん業者（イシュアー）から認定割賦販売協会への報告事項として、「他社加盟店にて発生した苦情を契約アクワイアラーに通知した場合、当該通知の事実および事由」が定められているが、イシュアーからの報告は不要ではないか。	法三十五条の二十第一項において包括信用購入あっせん業者（イシュアー）には、認定割賦販売協会に対し、法定事項及び省令で定める事項を報告する義務（すなわちＪＤＭ登録義務）が課されている。同様に、クレジットカード番号等取扱契約締結事業者にも法三十五条の二十第二項において、法定事項及び省令で定める事項の報告義務が課されている。 この点、イシュアーが消費者からの苦情受付窓口としての役割を、アクワイアラーがイシュアーから通知を受けた苦情に基づく加盟店調査を実施する役割をそれぞれ担っていることに鑑み、省令においては、イシュアーには利用者から受け付けた苦情の内容と、アクワイアラーに当該苦情を通知した事実の報告を求め、アクワイアラーに対しては実施した加盟店調査の事由や、当該調査結果を踏まえ行った指導等の措置の内容を報告することを求めている。係る趣旨がより明確となるように省令第百三十五条第一項第一号及び第二号の文言を一部修正する。 　なお、報告すべき時期について法令上の規定はないことからイシュアーは、苦情を受けた後、直ちに報告する義務までは課せられておらず、苦情内容の真実性を検証した後に報告することも認められると考える。
56	その他	前回の改正により個別信用購入あっせん契約の適正な運用が図られるようになった。常識では考えられないような契約の相談はかなり件数を減らし、個別信用購入あっせん契約での過量販売＝過剰与信も、	参考意見として承る。

		少なくなった。しかし、その代わりに、包括信用購入あっせん契約が増加している。 クレジットカードでの精算が本来できないはずの販売者でも決済代行に高額な手数料を払うことによりクレジットカード決済ができるようになっている。そこで、この度の改正となったと心得ている。 この決済代行業者の登録要件があるようであるが、すべての決済代行業者を登録することが今後の取引の上でも大切である。なぜなら、どこまで要件にかなっているのかは、調査でもしない限り不明であるからである。どのような決済ルートをたどったのかを消費者がネット上で追及できるようにする仕組みづくりが必要である。	
57	その他	誤字脱字と思われる箇所が多くあるため、適切にご修正頂きたい（例えば、初期調査を定める規則百三十三条の五第一号～十号の「加盟店」を削除すべき、規則百三十三条の五第九号の「加盟申込店又は」を削除すべき、規則百三十三条の八第二号ニの「又は第四号」を削除すべき、規則百三十五条二項三号の「法三十五条の二十」には「第」をつけるべき等）。	ご指摘頂いた箇所を含み、誤字脱字が存する箇所については適切に修正する。
58	法三十五条の十七の二	改正割賦販売法可決時に、決済代行業者・決済代行会社の登録が必要となる範囲の明確化につき政府が措置を講ずるべき旨の附帯決議が、衆参両議院においてなされているものの、その範囲については省令において示されるものではない。しかしながら、決済代行業者にとっては、登録の要否こそが最大の懸念事項であるから、割賦販売小委員会報告書等で言及されている「最終判断権限」の所在を含めて、ガイドライン等でより詳細な判断基準を示すべきである。	今後の改正法を適切に運用するにあたっての参考意見として承る。

（2）前払関係

番号	分野	御意見の内容	御意見に対する当省の考え方
1	省令第二十三条（収益の額等の計算）	前払式特定取引に準用される省令二十三条（収益の額等の計算）について、流動資産と流動負債の記載を一般の会計原則に照らして分かりやすいように整理することに賛成である。 これに加えて、業務委託先や代理店の会計処理についても同様に明	今回の改正では、許可事業者の財産の状況を適切に把握する観点から、流動比率の計算に当たっての流動資産及び流動負債の構成科目を一般の会計原則等に照らして適正化を図るものである。委託先及び代理店については、直接の許可事業者ではないため、これらの規定は適用されない。

		確化することを徹底すべきである。	なお、委託先及び代理店については、その委託及び代理業務の適切性を確保する観点から、これらに対する指導が十分でないときを改善命令事由に追加する改正を行うこととしている。
2	省令第百二十三条二項の一覧表八	改正事項ではないが、「契約の解除に伴う損害賠償等の額」及び省令百二十三条二項の一覧表八の三項の契約約款の記載事項に関し、解約料・違約金等の上限規制を強化することを検討されたい。	解約手数料については、平成二十五年に「冠婚葬祭互助会の解約手数料のあり方等に係る研究会」を開催し、同年十二月に報告書を公表している。これを受け、多くの許可事業者は、報告書で示された各費用項目の考え方にのっとり、自主的な引き下げを行っていると認識している。 しかしながら、当省や各地の消費生活センター等に寄せられる消費者苦情・相談の内容をみると、「解約手数料が高額である」といった内容が多くを占めているのも実情である。 他方で、各地で解約金の返還請求訴訟が提起されており、地裁及び高裁レベルで様々な判決がなされている。また、適格消費者団体による約款条項の使用差止訴訟でも、その判決結果は大きく分かれている状況である（平成二十五年一月大阪高裁判決（平成二十七年一月最高裁上告不受理決定）、平成二十七年十一月福岡高裁判決（平成二十八年十月最高裁上告不受理決定））。 当省としては、引き続き、許可事業者の取組状況、司法における判断や消費者苦情・相談の動向等に注視していく考えである。
3	省令第百二十三条第二号の一覧表十	契約約款の記載の基準として、「契約約款の交付及び再交付に関すること」を追加したことは賛成である。なお、現行法（契約約款の交付義務は明定されていない）の下での省令では、「契約約款を交付する場合にあっては」という前提条件となることはやむをえないが、今後、契約約款交付の運用が進まない場合には、速やかに書面交付義務の法改正を行うべきである。	御意見にあるように今回の改正では契約約款の記載の基準として、契約約款の交付及び再交付に関する事項を追加したものである。本規定に基づく監督を適切に行ってまいりたい。
4	省令第百二十四条第三項第九号から第十一号	省令百二十四条三項九号から十一号を追加して不当勧誘行為に関する監督をすること（これら行為を改善命令事由に追加すること）は、消費者トラブルの実態に添うものであり、賛成である。	消費者の利益の保護を図る観点から、今回の改正内容を適切に運用してまいりたい。
5	省令第百二十四条三項六号	前払式特定取引業者に対する改善命令の対象事由として、「業務の委託先」を加えることは賛成である。 そのうえで、業務委託先や代理店に対する「指導」が十分でないときの意味が、顧客に対する勧誘行為、解約対応、会計処理など、前払式特定取引に関する業務の適正さ全般について適切に指導が行われているか否かが監督対象であることを、監督指針等によって明示すべき	本号による委託先及び代理店に対する指導対象については、委託又は代理業務に関し、顧客に対する行き過ぎた勧誘行為等、消費者の利益の保護に欠けるような行為も対象となると考えており、これらは今後策定する「監督の基本方針」等を通じて明確にしていく考えである。

		である。	
6	省令第百三十六条	改正案の第百三十六条による報告規定（これまでの前払式特定取引業者等に加え、新たに関係会社についての決算書類等を求めることを追加）の適用時期については、事業者の混乱を回避するために、必要な経過規定を設けるべきである。	御指摘を踏まえ、必要な経過規定を設けることとする。
7	省令第百三十六条の一覧表一号告示（省令第百三十六条関係）	事業運営の健全性・透明性の確保のため、関係会社の財務状況について報告徴収の対象が拡大されるのは評価できる。 しかし、報告徴収の対象の基準が不明確かつ不適切なため、省令あるいは監督指針にて、報告徴収対象の基準をより明確に示し、経営的判断にかかる重要性の有無にかかわらず、消費者に最も近い立場にある関係会社（例えば冠婚葬祭互助会における「代理店」など、消費者と直接取引を行う会社）の財務内容はすべて対象とすべきである。	許可事業者は、資本取引等を通じ支配関係にある別法人（結婚式・葬儀の施行会社、取次ぎ先の百貨店等）と一体的にグループとして運営していることが多く、これらの財産の状況が許可事業者に大きく影響しているため、こうした関係会社がある場合については、これらの決算書類等についても報告を求める改正を行うこととしている。 この報告の対象となる関係会社の範囲は、告示において詳細に規定することとしており、許可事業者の実態に即して重要性の有無等を判断していく考えである。 また、今回の改正は、許可事業者と資本取引等を通じ支配関係にあるグループ全体の財産の状況をより適切に把握するためであり、支配関係にない代理店は対象とはならない。 なお、代理店については、その代理業務の適切性を確保する観点から、代理店に対する指導が十分でないときを改善命令事由としている。
8	省令第百三十六条関係様式二十八　別表（二）「従業員数に関する事項」	決算に係る報告書における従業員数の記載ルールを徹底すべきである。	御指摘を踏まえ、許可事業者に対して記載ルールを周知・徹底することとする。
9	別記算式	改正案の別記算式（割引債を供託する場合における価額の計算式）について、額面金額十円ごとに計算した一年あたりの差益を「一円未満」で切り捨てることとなると、計算精度が粗くなり、当該差益分が正確に反映されなくなるため不適切である。	御指摘を踏まえ、「額面金額十円ごと」を削除することとする。
10	その他	割賦販売法の後払分野（クレジット）については既に詳細な「割賦販売法（後払分野）に基づく監督の基本方針」が定められ公表されているが、前払い分野についても同様な「監督指針」を定め公表すべきである。	今後、前払分野についても監督に係る理念や取組の方針を明示した「監督の基本方針」を策定・公表する予定であり、これにより、監督行政の透明性及び均一性を確保し、もって許可事業者による財務の健全化及び業務の適切化を促進していく考えである。

【令和二年九月二十三日公表のパブリックコメントの結果】

パブリックコメントに寄せられたご意見及びご意見に対する考え方

番号	該当箇所	御意見の内容	御意見に対する当省の考え方
1	割賦販売法施行規則第１１８条第１項第６号	介護保険の被保険者証だけを残すのではなく、第６号全体を削除しては如何か。	医療保険制度の適正かつ効率的な運営を図るための健康保険法等の一部を改正する法律（令和元年法律第九号）には介護保険法（平成九年法律第百二十三号）は含まれておりません。
2	割賦販売法施行規則第１１８条第１項第６号	介護保険の被者証に 記載されている本人を特定するに足りる足りる「番号、記その 他符」」を指定信用情報機関への提供事項とすることはやめていただきたい。	医療保険制度の適正かつ効率的な運営を図るための健康保険法等の一部を改正する法律（令和元年法律第九号）には介護保険法（平成九年法律第百二十三号）は含まれておりません。

【令和二年十一月二十四日公表のパブリックコメントの結果】

「割賦販売法施行規則の一部を改正する省令案に対する意見募集」で寄せられた御意見の概要と御意見に対する考え方

番号	寄せられた御意見の概要	御意見に対する考え方
1	今般の省令案では、法第三十五条の十六第一項第七号の経済産業省令で定める者についての規定がされております。今般の法律で新規追加された四号～六号について、とりわけ六号事業者について以下の通り、確認したいと存じます。 法第三十五条の十六第一項六号では、「前号に掲げる者から委託（二以上の段階にわたる委託を含む。）を受け、クレジットカード番号等をその結び付けられた決済用情報により特定することができる状態で管理することを業とする者」と規定されております。 前号（第五号）の事業者が、第六号事業者にカード情報の取扱いを委託している場合、当該五号事業者は「カード情報保護に関する法的義務者」に該当するものの、五号事業者自身における具体的な（法的）措置は第六号事業者に転嫁されるものと考えてよろしいでしょうか? 尚、この場合、当該五号事業者は六号事業者におけるカード情報取扱に関して、委託元としての管理・監督責任を負うものと認識しております。	改正法による改正後の割賦販売法（以下「新法」という。）第三十五条の十六第一項第五号の事業者が同項第六号の事業者に「クレジットカード番号等をその結び付けられた決済用情報により特定することができる状態で管理すること」を委託している場合には、当該委託関係を含めて、「クレジットカード番号等の適切な管理のために必要な措置」（同項柱書）を講じているか否かが判断される。 また、同項第五号の事業者は、同条第三項の「クレジットカード番号等取扱業者」として、「クレジットカード番号等取扱受託業者」である同条第一項第六号の事業者に対して、同条第三項に規定する措置を講じる必要がある。
2	現在、現行の省令第61条1項1号ロによって、利用者から事前の同意を取得の上、会員ID・PASSを用いてログインした先のページで情報提供（ダウンロード機能具備）を行っている。当該方法において行っている情報提供は、改正後においても、各条文のロによる情報提供に該当するという理解で良いか。	そのとおり（省令第三十六条第二項第一号ロ、第五十条第二項第一号ロ、第五十三条第二項第一号ロ、第五十五条第二項第一号ロ、第五十五条の四第一項第一号ロ及び第六十八条の七第一項第一号ロ）。

3	「当該記録を新たに作成するまでの間保存しなければならない」と記載されている文言について、「当該調査に係る加盟店とのクレジットカード番号等取扱契約が終了したときにあっては、当該終了の日から五年間」を付加いただきたい。	ご指摘を踏まえ、省令第百三十三条の十第三項を「3　法第三十五条の十七の八第五項の規定により、同条第三項の規定による調査として、第百三十三条の八第一号の規定による調査を行つたときは、第百三十三条の五第一号及び第二号に掲げる事項のうち変更があつた事項の記録を、書面又は電磁的記録をもつて作成し、当該記録を新たに作成するまでの間（当該調査に係る加盟店とのクレジットカード番号等取扱契約が終了したときにあつては、当該終了の日から五年間）保存しなければならない。」に修正した。
4	該当条文：第四十九条 包括信用購入あつせん関係受領契約に関する情報の提供等は現行の法第三十条の六（準用規定）と現行の政令第二十三条（包括信用購入あつせんに係る情報通信の技術を利用する方法）が削除されているようだが、情報提供方法において、電磁的方法で行う場合において、明示的な同意は不要になるという理解でよいか。もし、明示的な同意が必要な場合において、示している条文をお知らせいただきたい。	今回の割賦販売法の改正では、包括信用購入あつせん業者による包括信用購入あつせん関係受領契約に関する情報の提供等の規定について、書面交付義務を情報提供義務とする改正を行った（新法第三十条の二の三第一項から第三項まで）。当該改正により、包括信用購入あつせん業者は、「書面の交付又は電子情報処理組織を使用する方法その他の情報通信の技術を利用する方法」（省令第五十条第一項第二号、第五十二条第一項第二号及び第五十三条第一項第二号）により情報提供を行えば足りることとなるため、「情報通信の技術を利用する方法」による場合であっても、購入者又は役務の提供を受ける者の同意を取得する必要はない。 ただ、「情報通信の技術を利用する方法」を用いて情報提供を行った場合において、購入者又は役務の提供を受ける者から書面の交付を請求された場合には、新法第三十条の二の三第四項ただし書に該当しない限り、書面を交付しなければならない点には、留意が必要である。
5	該当条文：第四十九条 上記の設問に対し、電磁的方法による提供の場合で明示的な同意が不要の場合、現行で明示的同意がない顧客においても、事前に告知する等により電磁的方法での提供が出来ると解釈してよいか。	そのとおり。 なお、法令上、「情報通信の技術を利用する方法」（省令第五十条第一項第二号、第五十二条第一項第二号及び第五十三条第一項第二号）による情報提供について購入者又は役務の提供を受ける者の同意が不要とされていても、新法施行前に、これらの者について「情報通信の技術を利用する方法」の同意がなく、これらの者に対して書面を交付していた場合において、新たに「情報通信の技術を利用する方法」により情報提供を行う場合等においては、ご意見のとおり、事前に告知する等した上で、当該情報提供を行うことが望ましい。
6	該当条文：第五十一条第一項の四 法第三十条の五の規定に対する抗弁に関する事項の「に対する抗弁」が削除されているがこの趣旨は何か。	情報提供事項として内容の変更を行ったものではなく、他の条項と表現を合わせた修正である（省令四十九条五号参照）。
7	該当条文：第三十六条第二項第一号ハ、ニ 「包括信用購入あつせん業者の使用に係る電子計算機に備えられたファイル（専ら利用者又は購入者等の用に供するものに限る。）」「閲覧ファイル（包括信用購入あつせん業者の	例えば、包括信用購入あつせん業者が当該業者のウェブサイトにおいて、いわゆるマイページ（利用者がID又はパスワード等を用いてログイン等することにより利用することが可能となるページをいう。本項番において同じ。）を開設して極度額等の利用者ごとに

	使用に係る電子計算機に備えられたファイルであつて、同時に複数の利用者又は購入者等の閲覧に供するための提供事項を記録させるファイルをいう。」について、割賦販売法施行規則の一部を改正する省令案の概要では、それぞれ「利用者ごとのウェブ等閲覧」「複数の利用者を対象とするウェブ等閲覧」と説明されているが、具体例を教えてほしい。	異なる情報を閲覧に供するとともに、利用者が一般的に閲覧することができるページにおいて会員規約等を閲覧に供している場合、マイページにより閲覧に供する方法が省令第三十六条第二項第一号ハに、利用者が一般的に閲覧することができるページにより閲覧に供する方法が同号ニに該当する。
8	該当条文：第三十六条第三項第二号 但書きにおいて「当該提供事項を消去することができるものであること。」とあり、消去できることを条件をしている趣旨は何か。	「当該提供事項を消去することができるものであること。」は「閲覧に供している提供事項を書面により交付する場合、同号イ若しくはロ若しくは同項第二号に掲げる方法により提供する場合又は利用者による当該提供事項に係る消去の指図がある場合」には、省令第三十六条第三項第二号本文の条件にかかわらず、提供事項を消去できることを示している。 その旨を明確にするため、「…当該事項を消去することができるものであること。」を「…当該事項を消去することができる。」に修正した。
9	該当条文：第六十二条、第六十八条 規則第62条に定められてる認定包括信用購入あっせん業者の認定基準、及び規則第68条に定められている利用者支払可能見込額の算定の方法等の基準については、今後具体的なガイドライン等が示されるのか。 理由：「不適正又は不十分な技術及び情報」、「不当な差別、偏見その他の著しい不利益が生じるおそれがあると認められる方法」といった文言が抽象的であるため。	省令第六十二条の認定の基準及び省令第六十八条の十三の利用者支払可能見込額の算定の方法等の基準の内容は、「割賦販売法に基づく経済産業大臣の処分に係る審査基準等について」において、その具体例等を記載することを予定している。
10	提出意見：いつも大変お世話になっております。条文の解釈についての質問になります。 Ｎｏ．１ 第三十六条３の二　条文中の「消去し又は改変することができないもの」とは『削除・更新処理の禁止をシステム規約として制定することにより適切にデータ保護を行いデータの保全を行う』との解釈でよろしいでしょうか？ Ｎｏ．２ 同じく第三十六条３の二　条文中の「利用者による当該提供事項に係る消去の指図がある場合は、当該提供事項を消去することができるもの」とは『利用者に属する取引条件情報ではなく、あくまで利用者に提供した取引条件提供情報について消去することができるもの』と解釈してよろしいでしょうか？ Ｎｏ．３ 第五十条３の二　条文中の「消去し又は改変することができないもの」とは『削除・更新処理の禁止をシステム規約として制定することにより適切にデータ保護を行いデータの保全を行う』との解釈でよろしいでしょうか？ Ｎｏ．４ 同じく第五十条３の二　条文中の「購入者等による当該提供事項に係る消去の指図があ	Ｎｏ．１ 省令第三十六条第三項第二号本文の「消去し又は改変することができないもの」とは、「カード等に係る取引が終了する日までの間」、同号イ又はロに掲げる事項（利用者に適用される包括信用購入あつせんの取引条件に係るものに限る。）を削除することなく、かつ当該事項に変更を加えることなく継続して閲覧に供することを意味する。 Ｎｏ．２ 省令第三十六条第三項第二号ただし書の「利用者による当該提供事項に係る消去の指図がある場合は、当該提供事項を消去することができるものであること。」とは、利用者の指図に基づいて当該利用者の閲覧に供した提供事項を閲覧に供しない状態にすることができることを意味する。 なお、「…当該提供事項を消去することができるものであること。」については、項番８のとおり、「…当該提供事項を消去することができる。」に修正する。 Ｎｏ．３ 省令第五十条第三項第二号本文の「消去し又は改変することができないもの」とは、「包

11

る場合は、当該提供事項を消去することができるもの」とは『購入者等に属する取引情報ではなく、あくまで購入者等に提供した取引提供情報について消去することができるもの』と解釈してよろしいでしょうか?

理由

1．取引条件情報の削除・更新処理は厳格に禁止されているのが一般的であり、もし更新処理を認めてしまうとシステム運用に重大な不安定要因となるため（通常、取引条件情報はプログラムの分岐制御に使用されている）

2．取引情報の削除・更新処理についても禁止されているのが一般的であり、もし更新処理を認めてしまうと、周辺システムおよび後続システムとのデータ完全性を失う事になるため。

改正概要の中に「利用者又は購入者等による書面交付請求がなされた場合に当該義務が課されない場合として、いわゆるスマートフォン・パソコン完結型及び複数回の書面交付請求を措置」という項目がございました。

この件につきまして、サービスの対象者すべてに対していわゆるバーチャルカード（券面を発行しないクレジットカード）を発行し、そのうちの希望者にはいわゆる物理カード（券面を発行するクレジットカード）も発行するという場合も、スマートフォン等完結型に該当するような制度への改正を希望しております。また、スマートフォン等完結型の要件の1つとして「カードその他の物を交付することなく、当該利用者にカード等…を付与すること」（第37条第2項1号イなど）と、一部でも物理カードを発行するとスマートフォン等完結型に該当しないように定められた趣旨のご説明をいただけますと幸いでございます。

括信用購入あっせん関係受領契約に基づく包括信用購入あっせんに係る債務の全てが弁済その他の事由により消滅した日までの間」、同号イ又はロに掲げる事項を削除することなく、かつ当該事項に変更を加えることなく継続して閲覧に供することを意味する。

No．4

省令第五十条第三項第二号ただし書の「購入者等による当該提供事項に係る消去の指図がある場合は、当該提供事項を消去することができるものであること。」とは、購入者等の指図に基づいて当該購入者等の閲覧に供した提供事項を閲覧に供しない状態にすることができることを意味する。

なお、「…当該提供事項を消去することができるものであること。」については、項番8のとおり、「…当該提供事項を消去することができる。」に修正する。

「産業構造審議会商務流通情報分科会割賦販売小委員会」令和元年十二月二十日付報告書三十一頁における以下の記載を踏まえ、物理的カードを用いないサービスをいわゆる「スマートフォン・パソコン完結型サービス」として規定した（省令第三十七条の二第二項、第五十三条の二第二項、第五十五条の二第二項、第五十五条の三第一項及び第六十八条の六第一項）。

「スマートフォン・パソコンを用いたサービスを提供する事業者や当該サービスを利用する利用者の利便性、デジタル・ディバイドの観点を踏まえ、（a）カード番号等の交付・付与時、（b）カード番号等の利用時及び（c）債務請求時に、スマートフォン・パソコンのみによって行われているサービスを「スマートフォン・パソコン完結型サービス」とする。

…（略）…

なお、現時点においては、以下のような場合は、上記（a）（b）（c）の少なくともいずれかの時点でスマートフォン・パソコンのみによって行われている場合とは言えず、「スマートフォン・パソコン完結型サービス」とはみなさない。これらの「完全電子化」については、今後、スマートフォン・パソコンの利用状況、デジタル・ディバイドの観点を踏まえ、検討を深める必要がある。

現時点において、「スマートフォン・パソコン完結型サービス」に該当しないとする例

□物理的カードを同時に／追加で交付する場合

□物理的カードのクレジットカード番号をオンライン入力して決済する場合

□物理的カードをスマートフォンに紐づけて決済（QRコード決済やNFC決済等）する場合」

12	13	14
新旧対照表を確認しておりましたところ、基礎特定信用情報から「勤務先の商号又は名称」が削除されるという内容の改正がございました（規則第118条第1項第5号）。 そこで、指定信用情報機関への提供情報（必須）から、「勤務先の商号又は名称」が除かれる理由、および信用調査業務への影響について、ご説明いただけますと幸いでございます。	（1）登録少額包括信用購入あっせん業者について 登録少額包括信用購入あっせん業者について、取引時確認を含め犯罪収益移転防止法は少額分割払いの提供にあたり適用されないという理解でよいか。	（2）認定包括信用購入あっせん業者について 1．規則第61条、規則第62条および規則第62条の2（認定包括信用購入あっせん業者の認定の申請、認定の基準および変更の認定）について、申請から認定まで、又はその変更が生じた場合の変更の認定まで、当局による判断にはどれぐらいの時間を要すると考えてい
「勤務先の商号又は名称」は、加入包括信用購入あつせん業者及び加入個別信用購入あつせん業者が申告を受けることにより調査しているのが実態であるところ、当該調査がこれらの事業者の負担となっている。他方、「当該購入者又は当該役務の提供を受ける者を識別することができる事項」として規定されているところ、省令第百十八条第一項のうち、「勤務先の商号又は名称」以外の事項により、購入者又は役務の提供を受ける者を識別することが可能である。 また、「勤務先の商号又は名称」は、これらの者の識別のほかに包括支払可能見込額の調査（割賦販売法第三十条の二第一項本文）における年収申告（省令第四十条第二項本文）の正確性を担保するために必要な情報にはなり得るものの、当該調査において勤務先の商号又は名称の申告を受けることは法令上の義務とされていないことから、任意に勤務先の商号又は名称の申告を受けて、それを登録することや使用することは事業者の判断に委ねられるべきものと考えられる。 以上の理由から、「勤務先の商号又は名称」を削除することとした。	犯罪による収益の移転防止に関する法律は警察庁が所管する法令であることを前提に、以下回答する。 同法第二条第二項第三十九号は、「それを提示し又は通知して、特定の販売業者から商品若しくは権利を購入し、又は特定の役務提供事業者（役務の提供の事業を営む者をいう。以下この号において同じ。）から有償で役務の提供を受けることができるカードその他の物又は番号、記号その他の符号（以下「クレジットカード等」という。）をこれにより商品若しくは権利を購入しようとする者又は役務の提供を受けようとする者（以下「利用者たる顧客」という。）に交付し又は付与し、当該利用者たる顧客が当該クレジットカード等を提示し又は通知して特定の販売業者から商品若しくは権利を購入し、又は特定の役務提供事業者から有償で役務の提供を受けたときは、当該販売業者又は役務提供事業者に当該商品若しくは権利の代金又は当該役務の対価に相当する額の金銭を直接に又は第三者を経由して交付するとともに、当該利用者たる顧客から、あらかじめ定められた時期までに当該代金若しくは当該対価の合計額の金銭を受領し、又はあらかじめ定められた時期ごとに当該合計額を基礎としてあらかじめ定められた方法により算定して得た額の金銭を受領する業務を行う者」を「特定事業者」として規定しており、登録少額包括信用購入あつせん業者は同号の「特定事業者」として同法上の規定が適用されるものと思料する。	

	るか。 また、認定制度の具体的な運用方法に関して、「不適正・不十分な技術及び情報」とは具体的にどのようなものが想定されているのか。当該適正性・十分性の判断においては、申請者は具体的にどのような情報を提示する必要があるか。（審査をする当局においても、秘匿性・機密性の高い高度な技術の取扱いが発生すると思料される。） 2．2019年12月に公表された「割賦販売小委員会報告書」においては、新たな与信審査手法が設置されつつも、与信審査においては引き続き指定信用情報機関の使用義務を課し、段階的に見直すとなっている。この点の見直しのスケジュールや方向性などはどうなっているか。 3．規則第62条の4（利用者支払可能見込額の算定に関する記録）について、与信審査の技術手法の実施を外部に委託する場合、委託者が認定包括信用購入あっせん業者であり、受託者は委託業務の範囲において委託先の監督に従い法令上必要な措置を実施するという理解でよいか。（当該受託者自身が当局から直接認定を受けるというものではない、という理解でよいか。）	1．前段について、割賦販売法第三十三条第一項に基づく包括信用購入あっせん業者の登録の標準処理期間が60日とされていることを踏まえ、認定包括信用購入あっせん業者の認定及び変更の認定並びに登録少額包括信用購入あっせん業者の登録及び変更の登録に対する標準処理期間を今後公表する。 後段について、「割賦販売法に基づく経済産業大臣の処分に係る審査基準等について」において、その具体例等を記載することを予定している。 2．新法の施行状況を踏まえ、検討する。 3．そのとおり。
15	（3）クレジットカード番号等の適切管理義務の主体の拡充 1．法第35条16関係では、ECモール事業者・QRコード決済事業者・決済代行業者、特定の加盟店のためにクレジットカード番号等を特定の立替払取次業者に提供することを業とする者など、新たにクレジットカード番号等の適切管理義務が課される事業者がある。こういった、新たに管理義務を負う規制対象事業者は、登録制は導入されないという理解でよいか。 2．同一法人においてECモール事業とアクワイアラー事業の両方を営んでいる場合のように、複数の条文に基づいて番号適切管理義務の規制対象となる場合、根拠条文ごとにそれぞれ異なる対応を求められるようなことはあるか。また、複数の条文の適用にあたっての優先劣後関係など、事業者が実務面で留意すべき事項をお示しいただきたい。	1．そのとおり。 2．同一法人が新法第35条の16第1項各号のうち、複数の号に該当する場合があり得る。この場合、該当するそれぞれの号の事業者として、同項に規定する「クレジットカード番号等の適切な管理のために必要な措置」を講じなければならず、それぞれの号が優劣関係にあるものではない（もっとも、それぞれの号の地位に基づいて行うべき措置が重なる場合があり得る。）。これは、各号の事業者に当該措置を講じる義務が課されるのは、それぞれの号の属性を有することに起因するものであり、仮に当該義務に違反する場合には、どの号の地位に基づく行為から生じた違反であるかを特定して改善命令（新法第35条の17）等が行われることとなる。
16	（4）クレジットカード会社や加盟店の書面交付義務の見直し 規則第55条の2第2項に定める加盟店による紙の書面交付義務の免除について、インターネット上で物・サービスを販売する加盟店では（特に同項イ・ハ）、包括信用購入あっせん業者の対応形態は認識し得ないため、書面交付義務の適用の有無が分からないという懸念があるが、どのように考えればよいか。	加盟店がいわゆるスマートフォン・パソコン完結型サービス（本項番において「完結型サービス」という。）を提供する包括信用購入あっせん業者のクレジットカード番号等のみを利用することができるものとしている場合には、当該加盟店は、購入者等に書面交付請求を受けたとしても書面交付義務を負わないこととなる（新法第三十条の二の三第四項ただし書）。 他方、加盟店が複数の包括信用購入あっせん業者が交付又は付与するクレジットカード番号等を利用することができるものとしている場合は、完結型サービスを提供する事業者及び完結型サービスを提供しない事業者が混在する場合（本項番において「本件場合」という。）があり得る。本件場合には、購入者等が完結型サービスを提供しない事業者のク

		レジットカード番号等を利用する場合において、購入者等から加盟店が書面交付請求を受けたときには、書面交付義務を負うこととなるため、加盟店が書面交付義務を一切負わないとすることは難しい。もっとも、加盟店が包括信用購入あっせん業者と連携すること等により、完結型サービスのみを提供する包括信用購入あっせん業者や完結型サービスを特定することができる場合には、特定した完結型サービスを用いた決済の限度において、書面交付の対応を行わないことが可能となる。
17	（5）加盟店調査事項の見直し 1．規則第133条の8に定めるクレジットカード番号取扱事業者による加盟店に対する随時調査について、加盟店情報に変更があった場合、これまでは最低年に1回の確認でよいとされていた。改正規則案では、これが「加盟店からの申告、利用者若しくは購入者等から申出を受けた苦情の確認、認定割賦販売協会の保有する情報の確認又はインターネットを用いた情報の取得その他の適切な方法により知つた事項からみて…変更があつた場合」となり、アクワイアラーは加盟店情報について常時調査をすべきであるかのようにも読めるが、常にインターネットで加盟店情報を確認等していくことは困難である。加盟店からの申告をベースとしつつ、利用者申告等のトリガーがあった場合に確認をしていくといった方法で問題はないと考えるが、どうか。 2．規則第133条の10に定める加盟店の随時調査の記録作成について、アクワイアラーは加盟店から受領した変更情報を遅滞なく加盟店情報データベース上更新していればよいと考えるが、どうか。また、加盟店からの申告以外の事象により発覚した事項の調査結果（インターネット上で確認できた事項等）を、アクワイアラーは記録しておく必要があるか。	1．省令第百三十三条の八第一号は、「加盟店からの申告、利用者若しくは購入者等から申出を受けた苦情の確認、認定割賦販売協会の保有する情報の確認又はインターネットを用いた情報の取得その他の適切な方法」により知った事項を機縁として第百三十三条の五第一号及び第二号に掲げる事項に変更があったこと又はその可能性を認識した場合に、当該事項の調査を求めるものであり、上記の方法により常に加盟店情報を確認等することまでを求めるものではない。 2．前段について、クレジットカード番号等取扱契約締結事業者は、省令第百三十三条の八第一号に基づく調査の結果を自社のデータベース等において記録及び保存することで、省令第百三十三条の十第三項の要件を満たすこととなる。 後段について、クレジットカード番号等取扱契約締結事業者は、「加盟店からの申告、利用者若しくは購入者等から申出を受けた苦情の確認、認定割賦販売協会の保有する情報の確認又はインターネットを用いた情報の取得その他の適切な方法により知つた事項からみて、第百三十三条の五第一号及び第二号に掲げる事項に変更があつた場合」には、これらの事項のうち変更があった事項の調査義務を負い、当該調査を行った結果を省令第百三十三条の十第三項に基づいて記録及び保存しておく必要がある。
18	〈該当箇所〉 ・省令第68条の3「法第35条の2の4第1項ただし書の経済産業省令・内閣府令で定める場合は、次に掲げる場合とする。（利用者支払可能見額の算定義務の例外） ・省令第68条の5「法第35条の2の5ただし書の経済産業省令・内閣府令で定める場合は、第68条の3第1項各号に掲げる場合とする。」（利用者支払可能見込額を超える場合のカード等の交付等の禁止に係る利用者の保護に支障を生ずることがない場合） 〈意見内容〉 法第35条の2の4（利用者支払可能見込額の算定）、法第35条の2の5（利用者支払可能見込額を超える場合のカード等の交付等の禁止）につき、適切与信のためにカード付与の決定を8日後とするなど、支払い可能見込額の算定にあたり期間を設ける規定の追加を	認定包括信用購入あっせん業者によるカード等の交付又は付与について、参考意見として承る。 認定包括信用購入あっせん業者には、以下のとおり、利用者保護に関する規定が適用される。すなわち、認定包括信用購入あっせん業者は、包括信用購入あっせん業者（新法第三十条第一項）であることから、割賦販売法第三十条の五の二が適用される。よって、同条に基づき、利用者又は購入者若しくは役務の提供を受ける者からの苦情の適切かつ迅速な処理のために必要な措置を講じる義務等が課されることとなる。また、認定包括信用購入あっせん業者は、包括信用購入あっせんを業として営むために、同法第三十一条本文に規定する登録包括信用購入あっせん業者の登録を受ける必要がある。よって、登録包括信用購入あっせん業者として、同法第三十三条第一項第十一号により、「包括信用購入あっせんの公正かつ適確な実施を確保するために必要なものとして経済産業省令で定める体

	希望する。また、利用者からの苦情への適切な対応など利用者保護規定の追加を希望する。あわせて、クレジットカード番号等取扱契約締結事業者の加盟店管理責任の拡充を希望する。 〈理由〉 当方、自治体の消費生活相談員。 「50万円の契約につき、業者からお金がなくてもクレジットカードで支払えばよいといわれ、その日のうちに4枚のクレジットカードを作り、各カードの限度額で決済した。」というような、高額な契約をするために1日の内に何枚ものカードを作って支払うが、結局支払えないというトラブル事例が増えている。 これらは、契約時にカードの事故情報がなければ、1日で複数のカードの与信が通り、カード付与が簡単になされることが一因といえる。 少額分割後払いサービスは、支払い能力の乏しい消費者でも簡単にカードを作ることができるという一面がある。悪質業者にクレジットカードの利用を悪用されないためには、カード付与にあたり、適切な与信が必須である。 1日で複数のカードを作れることで高額な契約が可能となる実態を鑑みて、適切与信のためには、カード付与の決定を8日後とするなど、支払い可能見込額の算定にあたり期間を設ける規定が必要と考える。 また、「簡易迅速な決済を容易にする」趣旨を逆手にとった脱法行為の増加が懸念されることから、利用者からの苦情への適切な対応等利用者保護規定の追加、あわせて、脱法行為の悪質加盟店排除のため、クレジットカード番号等取扱契約締結事業者の加盟店管理責任の拡充が必要と考える。	制」を整備する必要がある。これを踏まえ、省令第66条には、「利用者又は購入者等の苦情を適切かつ迅速に処理するために必要な体制」（同条第一項第二号）等を規定している。 クレジットカード番号等取扱契約締結事業者による加盟店管理責任の拡充については、参考意見として承る。当該事業者による加盟店の調査等については、引き続き、割賦販売法第百三十三条の十七の八及び省令第百三十三条の五から第百三十三条の十に基づき適切に運用していく。
19	規則第36条第3項1号にいう、「ファイルへの記録を出力することにより書面を作成できるもの」については、例えばスマートフォンの画面をキャプチャし印刷するなど利用者の電子計算機等の端末の画面を印刷可能であれば足り、ダウンロード可能な電子ファイルを提供することまでは要さないという理解でよいか。	そのとおり。
20	＞割賦販売法施行規則新旧対照表 総じて、であるが、各種の書面又は電磁的記録及びその提供媒体については、利用者等の求めに応じ、その求めによる形式での交付・提供がなされるのが、利用者保護のために適切と考える。（電気通信については、その通信において第三者が中間に存在する可能性を疑うべき場合というのもあるので、その他の手段での情報の交付・提供が行われるのが適切な場合もあると考える。）	参考意見として承る。なお、新法において、利用者等は、書面交付請求の例外事由に該当しない限り、利用者等が包括信用購入あっせん業者に対して書面交付請求を行うことが可能である（新法第三十条第三項並びに第三十条の二の三第四項及び第六項）。

	であるので、利用者等が媒体について、事業者側が標準で用いている情報提示手段以外による媒体での提示・提供を求めた場合は、事業者側は、その際に、求めに応じて、法にある他手段での提供も行えるようにしておくべきと考えるが、その事について、本省令又は通知等による解釈の通達で、明らかにするようにされたい。 なお、国民としては、電気通信での情報提供は、物理書面での同内容の情報提供も可能な形にしておくと、事業者側及び第三者による書面にかかる犯罪行為について、かなりの抵抗力を持つ事になるのではないかと考える。また、それにより、犯罪行為が行われない蓋然性について、相当に高まると考える。 実際に、物理書面を情報提供媒体として選ぶ率が1%を切っている様な場合であっても、その提供が可能としている事による公正性の保護は、大したものであると考えられる事から、ペーパーレスや手続きの簡易化・迅速化の流れの中にあっても、国は、基本として、各種の契約等における、情報提示の媒体に、物理書面での提供を求められる事について、保証するようにしていただきたいと考える。	
21	＞割賦販売法施行規則様式新旧対照表…頼むから、法人事業者による申請・届出の場合は、法人の法人番号について、提出させるようにしていただけないであろうか。 電子的な、市井及び行政での各種処理が増える場合において、法人番号による事業者の特定容易性・確実性は重要な要素であるはずであるが、それを、経済産業省が阻害していてどうするのだ。（経済産業省のうち、貿易経済協力局については、各種の重要・取扱注意・管理必要となる物品の、他国との輸出入についても、法人の法人番号を提出させないようにしている病性があるのであるが（管理対象海産物や各種危険物、薬品、廃棄物、生物など、当方が知る限り全てについてそうである。…頭痛がする。国際秩序をイレギュラーにより乱す算段を整えているように見える（道理的には正しくそうなるはずである。）。）、商務情報政策局商務・サービスグループ商取引監督課、貴課もであろうか。日本国民として頭が痛い。公正性の確保のために法人番号の利用が望ましいという事の理解が出来ないのか…？あるいは理解していて世界に叛逆しているのか…？） 13桁の数字列である法人番号を記載させる事のメリットは、それを記載させない場合のメリットを大きく上回るものであるので、頼むから、経済産業省は、この様な書類において、事業者が法人である場合は法人番号を提出させるようにしていただきたい。様式について、今回改正対象となっているもの及びその他のものも含めて、申請・届出等における、事業者が法人の場合に用いる、法人番号記載欄を、追加していただきたい。	参考意見として承る。

22	・該当箇所 第百三十二条（クレジットカード番号等の適切な管理） 五　クレジットカード番号等を～購入者等の利益の保護に欠ける方法により取り扱わないこと。 ・意見内容 「原則、クレジットカードの電子機器への挿入や裏面の確認等は所有者本人が行うこととし」という文言を入れて欲しいです。 ・理由 新型コロナウイルスの蔓延やクレジットカードの不正利用防止で、殆どの店舗では顧客が自分で挿入していますが、職員が取り上げて裏面のセキュリティコードまで他の顧客に見えるように確認して、職員が差し込みをする店舗があります。不安で仕方が無いので、法整備が必要と感じました。（通達の発出でも構いません）	「クレジットカード等購入あっせん関係販売業者」及び「クレジットカード等購入あっせん関係役務提供事業者」（いわゆる加盟店）は、新法第三十五条の十六第一項第二号に基づき、クレジットカード番号等の適切な管理のために必要な措置を講じなければならず、「クレジットカード番号等をクレジットカード等購入あっせんに係る取引の健全な発達を阻害し、又は利用者若しくは購入者等の利益の保護に欠ける方法により取り扱わないこと。」（省令第百三十二条第五号）が求められる。具体的には、従業員が業務上取り扱うクレジットカード番号等を流用して不正使用するような場合を想定している。

割賦販売法の一部を改正する法律　附則

附　則〔令和二年六月二四日法律第六四号〕

（施行期日）

第一条　この法律は、公布の日から起算して一年を超えない範囲内において政令で定める日から施行する。

（包括信用購入あっせん関係受領契約に関する情報の提供等に関する経過措置）

第二条　この法律による改正後の割賦販売法（以下「新法」という。）第三十条の二の三第一項及び第二項の規定は、この法律の施行の日（以下「施行日」という。）以後に締結する同条第一項に規定する包括信用購入あっせん関係受領契約について適用し、施行日前に締結したこの法律による改正前の割賦販売法（以下「旧法」という。）第三十条の二の三第一項に規定する包括信用購入あっせん関係受領契約についての書面の交付については、なお従前の例による。

2　新法第三十条の二の三第六項の規定は、施行日以後に締結する同条第五項に規定する契約について適用し、施行日前に締結した旧法第三十条の二の三第四項に規定する契約についての書面の交付については、なお従前の例による。

（包括信用購入あっせん関係受領契約に係る契約の解除等の制限に関する経過措置）

第三条　新法第三十条の二の四第一項の規定は、施行日以後に締結する新法第三十条の二の三第一項に規定する包括信用購入あっせん関係受領契約について適用し、施行日前に締結した旧法第三十条の二の三第一項に規定する包括信用購入あっせん関係受領契約についての催告については、なお従前の例による。

（カード等の交付等の禁止の廃止に関する経過措置）

第四条　旧法第三十四条第一項の規定による命令は、新法の規定の適用については、新法第三十四条の二第二項の規定による命令であって新法第二条第三項第一号に規定するカード等を交付し又は付与してはならない旨の命令を含むものとみなす。

2　旧法第三十四条の二第一項（第二号及び第三号に係る部分に限る。）の規定による登録の取消しは、新法の規定の適用については、新法第三十四条の二第一項の規定による登録の取消しとみなす。

（罰則に関する経過措置）

第五条　この法律の施行前にした行為及びこの附則の規定によりなお従前の例によることとされる場合におけるこの法律の施行後にした行為に対する罰則の適用については、なお従前の例による。

（政令への委任）

第六条　附則第二条から前条までに定めるもののほか、この法律の施行に関し必要な経過措置（罰則に関する経過措置を含む。）は、政令で定める。

（検討）

第七条　政府は、この法律の施行後五年を目途として、この法律による改正後の規定の実施状況を勘案し、必要があると認めるときは、当該規定について検討を加え、その結果に応じて必要な措置を講ずるものとする。

（登録免許税法の一部改正）

第八条　登録免許税法（昭和四十二年法律第三十五号）の一部を次のように改正する。

別表第一第百十八号㈥を同号㈦とし、同号㈢から㈤までを同号㈣から㈥までとし、同号㈡の次に次のように加える。

㈢　割賦販売法第三十五条の二の三第一項（登録）の登録少額包 登録件数一件につき十五万 括信用購入あつせん業者の登録	登録件数	一件につき十五万円

割賦販売法施行令の一部を改正する政令（政令第三五一号）

附　則〔令和二年一二月一六日政令第三五一号〕

この政令は、割賦販売法の一部を改正する法律（令和二年法律第六十四号）の施行の日（令和三年四月一日）から施行する。

割賦販売法施行規則の一部を改正する省令

附　則〔令和二年一二月一六日内閣府・経済産業省令第六号〕

この命令は、割賦販売法の一部を改正する法律〔令和二年六月法律第六四号〕の施行の日〔令和三年四月一日〕から施行する。

割賦販売法（後払分野）に基づく監督の基本方針（抄）

第1章　信用購入あっせん業者等の監督に関する基本的考え方

Ⅰ－1　監督の目的

信用購入あっせん取引（以下「クレジット取引」という。）は、消費者等の購入者に対して、信用を供与（与信）することで、購入代金の後払い及び分割払いを可能とする取引である。この特性から、信用購入あっせん業は、消費者の消費生活における利便性向上等に寄与するとともに、販売店等の加盟店にとっては、販売やサービスの提供を促進する効果を有するため、消費者及び事業者の双方にとってメリットのある取引形態となっている。また同時に、消費支出の合理化、計画化を通じた国民生活の向上や商品の販売やサービス提供の促進による経済の活性化にも寄与することで、国民経済上でも有意義な役割を果たしている。

一方、支払が商品の購入やサービス受領より後となることから、一般的に消費者が支払総額を把握しにくいうえ、1回ごとの支払額が少額で済むため負担感が少ないことから過剰な支出につながりやすい、三者間の取引となるため契約が複雑である等、消費者トラブルが発生しやすい特性も併せ持っている。また、近年ではクレジットカード番号等の漏えい事件や不正利用被害が増加している。このため、クレジット取引に備わった利便性を確保しながら、消費者トラブル、クレジットカード番号等の漏えい、不正利用被害を未然に防止し、健全なクレジット取引の発達を促すことが非常に重要である。

このような割販法の制定及び改正の趣旨に鑑みれば、経済産業省は、割販法に基づき信用購入あっせん業者に対する監督を適正に実施することを通じ、当該業者の事業の健全かつ適切な運営を確保すること及び購入者等の利益保護を図り、商品等の流通及び役務の提供を円滑にし、安全かつ安心な決済手段としてのクレジット取引の健全な発達を促し、もって国民経済の発展に寄与することが求められている。

Ⅰ－2　監督基本方針の策定趣旨

割販法は上記の社会的要請を踏まえ制定されたものであり、時々の社会情勢を踏まえた累次の改正を経て、契約書面の交付やクーリング・オフ制度の拡充、抗弁権の接続等の取引の適正化を図る取組等に係る規定に加えて、悪質な加盟店がクレジット取引を利用する事例や不適正な与信ないし過剰与信が行われる事例等を踏まえ、支払可能見込額調査や加盟店調査を義務付ける等のクレジット取引が持つ特性から発生しやすい消費者トラブルに対応するための規定も整備されてきた。

また、近年、取引が拡大しているインターネット取引において、クレジットカード番号等の漏えい等の事故や不正利用の被害が増加しており、商取引形態の変化及び革新に伴う課題に対応するべく、クレジットカード番号等の適切な管理等に関する義務規定も整備された。

このような社会的要請の実現に向け、経済産業省が行う監督にかかる理念や取組の方針を明示することで、監督行政の透明性及び均一性を確保し、もって信用購入あっせん業者、クレジットカード番号等取扱業者及びクレジットカード番号等取扱契約締結事業者（以下「信用購入あっせん業者等」という。）による適切な事業運営を促進するため、本基本方針を策定する。

各々の信用購入あっせん業者等は、公益又は消費者保護の観点から、本基本方針で示された監督上の評価項目の内容を、必要に応じて各々の経営に反映することで、クレジット取引の適正化に努めていくことが求められる。

なお、本基本方針については、必要に応じて適時適切に見直しを行うものとする。

Ⅰ－3　監督の定義及び本基本方針の構成

本基本方針において監督とは

（1）任意の事情聴取、報告徴収及び検査等の情報収集

（2）（1）を活用して行う監督上の措置（行政処分及び行政指導）

を主とする包括的な取組を意味している。

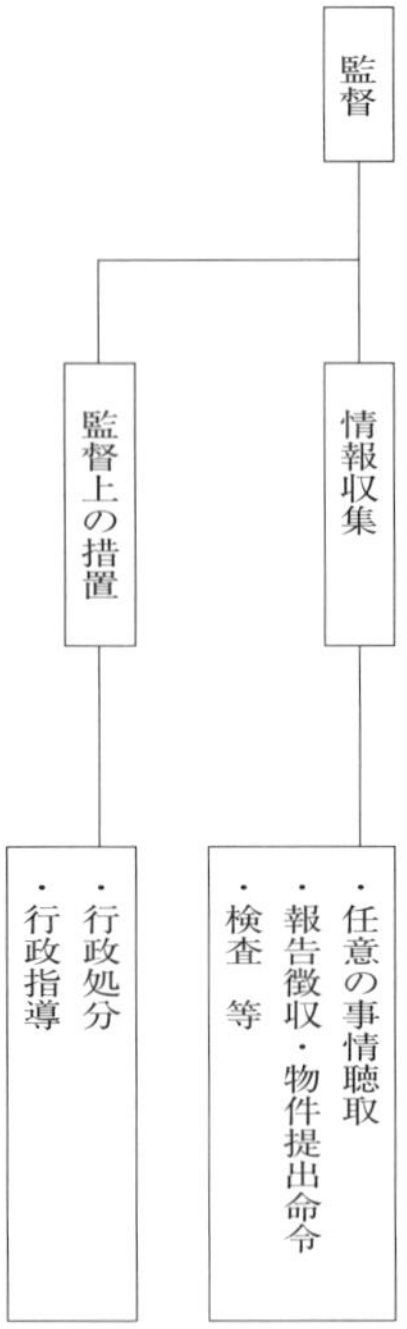

なお、特に検査に関しては、法令に基づき信用購入あっせん業者の営業所等に立ち入り、帳簿や書類等を直接検査することになるため、検査を受ける業者における影響が非常に大きく行政の取組としても一定の完結性を有していることから、本基本方針では第3章として独立させ、検査に係る具体的な手法や確認事項を詳細に記述することとした。

Ⅰ－4　監督の実施の枠組み

信用購入あっせん業者等の監督については、割販法に規定された社会的要請の実現のため、同業者に求める基本事項（法令に定める登録要件等）に加えて、過剰与信の防止、公正

かつ適切な取引の確保及び適正な情報管理等の観点に基づき実施するものとする。

そのための手法として、経済産業省においては、立入検査を効果的に実施するとともに、関係省庁等とも連携を図りつつ、継続的な情報収集及び分析を行うことで信用購入あっせん業者等の業務の健全性や適切性に係る問題点を早期に把握し、それらに対して改善に向けた行政処分等の監督上の措置を講じることで、消費者被害等の未然防止を図ることとする。

このような監督が適正かつ有効に実施されるためには、以下の事項に十分に留意することが必要である。

Ｉ－４－１　オンサイトとオフサイトの適切な組合せ

信用購入あっせん業者等の監督に当たり、立入検査によるオンサイトのモニタリング手法と、信用購入あっせん業者等から提出された各種報告書や消費者からの苦情等に基づいて行うオフサイトのモニタリング手法を適切に組合せることで、監督の実効性を高めるよう努めることが重要である。

Ｉ－４－２　自主的な取組の働きかけ

信用購入あっせん業者等は、自己責任原則に則った経営判断の下、割販法に基づいた業務運営を行い、必要に応じて業務改善を行うことが求められる。

一方、経済産業省は、個々の信用購入あっせん業者等の自主的な取組に配慮しつつ、業務運営の状況について法令等に基づき検証し、問題がある場合は改善を求める立場にあるが、それにとどまらず、クレジット業界の自主規制機能を活用し、信用購入あっせん業者による業務の適正な運営の確保等に向けた自主的な取組を促進するよう働きかけることも重要である。

Ｉ－４－３　十分な意思疎通の確保

信用購入あっせん業者等の監督に当たっては、信用購入あっせん業者等の経営に関する情報を適確に把握及び分析をし、必要に応じて、適時適切に監督上の対応につなげていくことが重要である。このため、経済産業省は、信用購入あっせん業者等からの報告だけでなく、日頃から関係機関等との意思疎通を十分に図ることを通じて積極的に情報を収集する必要がある。具体的には、信用購入あっせん業者等との日常的なコミュニケーションを確保し、財務情報のみならず、経営に関する様々な情報についても把握するとともに、消費生活センター等の消費者関係機関等から寄せられる苦情にも注意を払うよう努める必要がある。

Ｉ－４－４　認定割賦販売協会の活用及び自主規制規則の位置づけ

信用購入あっせん業者等の業務の健全性を高めるためには、信用購入あっせん業等の実状を把握した上で適切な行政上の措置を行うとともに、業界の自主規制機能を活用して、業務の適正な運営を行うための自主的な取組を推進するよう促すことが重要である。

割販法に基づき経済産業大臣が認定した認定割賦販売協会である一般社団法人日本クレジット協会（以下「認定割賦販売協会」という。）は、割販法上、事業者の自主規制機能を発揮することにより購入者等の利益の保護とクレジット取引の健全な発達を目指すための団体として位置づけられていることから、経済産業省は、認定割賦販売協会と密接な連携のもと、同協会の機能の活用を図りつつ、適正なクレジット取引の発達を目指すものとする。

なお、割販法において認定割賦販売協会は、クレジット業界の実態を踏まえつつ、割賦販売等に係る取引の公正の確保及びクレジットカード番号等の適切な管理等を図るために必要な規則（以下「自主規制規則」という。）を制定することとされていることから、経済産業省は、監督及び検査の実施において、協会会員による自主規制規則の遵守状況にも留意する必要がある。

Ｉ－４－５　効率的かつ効果的な監督の確保

監督の実施に当たっては、信用購入あっせん業者等や加盟店は多種多様な業種・業態であることに留意し、健全な信用購入あっせん業者等や加盟店に対して過度の負担を課すことのないよう配慮しつつ、効率的かつ効果的に行う必要がある。こうしたことから、信用購入あっせん業者等に報告や資料の提出を求める等の場合には、監督上、真に必要なものに限定するよう配慮することが必要である。

また、現在、実施している監督の手法、手続等については、必要に応じて点検し、改善を図るなど、効率性及び実効性の向上を図るよう努めなければならない。

Ｉ－５　関係機関等との連携

信用購入あっせん業者等の監督に当たっては、信用購入あっせん業等の実態と割販法の監督の枠組みを十分に踏まえつつ、関係機関等との連携を図ることとする。

（１）信用購入あっせん業者等の監督は、経済産業省本省並びに経済産業局及び沖縄総合事務局が認定割賦販売協会を活用しつつ、連携して行うものとする。特に、信用購入あっせん業者等の登録、監督を行っている経済産業局及び沖縄総合事務局は、管轄地域内の信用購入あっせん業者等の経営の状況等について幅広く把握し得る立場であることから、当該信用購入あっせん業者等についての情報を収集し、業務の適切性に係る情報等の把握に努めるとともに、経済産業省本省と監督情報の共有を図りつつ、問題が認められる場合には、その解決に努めなければならない。

（２）また、購入者等がクレジット取引を安心して利用するためには、割販法の適正な執行のみならず、特定商取引に関する法律（昭和51年6月4日法律第57号。以下「特商法」という。）に基づく悪質な販売業者の取締り、クレジットカード番号等の不正利用の防止等に関する対策を講じる必要性があることから、関係省庁とも連携を図りつつ監督を行うものとする。

Ⅰ－6　用語の定義

本基本方針における用語の定義は以下のとおりとする。なお、割販法に定めがある用語のうち、以下に列挙されておらず、かつ、本文中で特段の定義を設けていない用語については、割販法の定めのとおりの意味で用いる。

(1) 割販法
割賦販売法（昭和36年法律第１５９号）

(2) 割販法政令
割賦販売法施行令（昭和36年政令第３４１号）

(3) 割販法省令
割賦販売法施行規則（昭和36年通商産業省令第95号）

(4) 行政手続法
行政手続法（平成5年法律第88号）

(5) 犯収法
犯罪による収益の移転防止に関する法律（平成19年法律第22号）

(6) 犯収法政令
犯罪による収益の移転防止に関する法律施行令（平成20年政令第20号）

(7) 犯収法省令
犯罪による収益の移転防止に関する法律施行規則（平成20年内閣府・総務省・法務省・財務省・厚生労働省・農林水産省・経済産業省・国土交通省令第1号）

(8) 個人情報保護法
個人情報の保護に関する法律（平成15年法律第57号）

(9) 保護法ガイドライン
個人情報の保護に関する法律についてのガイドライン（通則編）（平成28年個人情報保護委員会告示第6号）、個人情報の保護に関する法律についてのガイドライン（外国にある第三者への提供編）（平成28年個人情報保護委員会告示第7号）、個人情報の保護に関する法律についてのガイドライン（第三者提供時の確認・記録義務編）（平成28年個人情報保護委員会告示第8号）及び個人情報の保護に関する法律についてのガイドライン（匿名加工情報編）（平成28年個人情報保護委員会告示第9号）

(10) 信用分野ガイドライン
信用分野における個人情報保護に関するガイドライン（平成29年個人情報保護委員会・経済産業省告示第1号）

(11) 経済産業局
各経済産業局及び内閣府沖縄総合事務局

(12) 主管局
信用購入あっせん業者等の主たる営業所の所在地を管轄する経済産業局

(13) 主管局担当課
主管局が経済産業局（関東経済産業局を除く。）の場合においては当該経済産業局産業部消費経済課、主管局が関東経済産業局の場合においては関東経済産業局産業部商務・取引信用課、主管局が四国経済産業局の場合においては四国経済産業局産業部商務・流通・サービス産業課、主管局が内閣府沖縄総合事務局の場合においては沖縄総合事務局経済産業部商務通商課

(14) 信用購入あっせん
割販法第2条第３項に規定する包括信用購入あっせん及び同条第４項に規定する個別信用購入あっせん
※なお、信用購入あっせん業者と購入者の間の契約が金銭消費貸借契約や貸付契約等である場合にも、それらの契約と販売契約等との間に密接な牽連関係が存在すると認められる場合や、信用購入あっせん業者と販売業者又は役務提供事業者の間に密接な牽連関係が存在すると認められる場合には、信用購入あっせんに該当し得る。

(15) 信用購入あっせん業者
信用購入あっせんを業とする者

(16) クレジットカード番号等取扱業者
割販法第35条の16第1項柱書に規定するクレジットカード番号等取扱業者

(17) クレジットカード等購入あっせん業者
割販法第35条の16第1項第1号に規定するクレジットカード等購入あっせん業者

(18) 加盟店
① 割販法第30条の2の3第4項柱書に規定する包括信用購入あっせん関係販売業者又は包括信用購入あっせん関係役務提供事業者
② 割販法第35条の3の2第1項柱書に規定する個別信用購入あっせん関係販売業者又は個別信用購入あっせん関係役務提供事業者
③ 割販法第35条の16第1項第2号に規定するクレジットカード等購入あっせん関係販売業者又はクレジットカード等購入あっせん関係役務提供事業者
※上記①、②及び③のいずれにおいても販売業者又は役務提供事業者が中間事業者を介して信用購入あっせん業者、クレジットカード等購入あっせん業者、立替払取次業者又はクレジットカード番号等取扱契約締結事業者と契約関係を有する場合、当該販売業者又は役務提供事業者は加盟店に該当する。

(19) 立替払取次業者
割販法第35条の16第1項第3号に規定する立替払取次業者

(20) クレジットカード番号等取扱契約締結事業者

割販法第35条の17の5第1項第5号ニに規定するクレジットカード番号等取扱契約締結事業者

(21) カード等

割販法第2条第3項第1号に規定するそれを提示し若しくは通知して、又はそれと引換えに、特定の販売業者から商品若しくは権利を購入し、又は特定の役務提供業者から有償で役務の提供を受けることができるカードその他の物又は番号、記号その他の符号

(22) カード等の交付等

カード等の交付又は付与

(23) 特定契約

割販法第35条の3の5第1項各号のいずれかに該当する契約

(24) 特定取引

特定契約に係る取引

第2章　信用購入あっせん業者等に対する監督

Ⅱ-1 本章の趣旨

経済産業省本省及び経済産業局における監督の目的は、割販法等が求める信用購入あっせん業者等の業務の健全性及び適切性の確保、信用購入あっせんの購入者等の利益の保護及びクレジットカード番号等の適切な管理等のため、信用購入あっせん業者等に係る情報の収集及び分析を行い、信用購入あっせん業者等の業務の健全性及び適切性に係る問題を早期に発見するとともに、必要に応じて行政処分等の監督上の措置を行い、問題が深刻化する以前に改善に向けた働きかけを行っていくことである。

具体的には、信用購入あっせん業者等からの業務及び法令違反に関する報告、購入者等からの苦情等から当該事業者の信用購入あっせん等に係る業務の状況を把握し、また、検査官による立入検査において把握した問題点の検証を行い、業務の適正な運営に向けた自主的な取組を信用購入あっせん業者等に促すとともに、必要に応じ行政処分等の措置を行うことである。

本章は、上記の目的を達成するために実施する信用購入あっせん業者等に対する監督に係る基本的考え方等を定めるものである。

Ⅱ-2 監督に係る考え方と評価項目

信用購入あっせん業者等に対する監督は、下記の各評価項目に即して、その業務実態を確認するものであり、当該評価項目は、信用購入あっせん業者等に対する業務改善の指摘、行政処分の判断基準ともなることから、信用購入あっせん業者等は、当該評価項目の充足状況を自ら検証し、必要に応じ業務運営を改善しなければならない。

なお、監督に当たっては、信用購入あっせん業者等の業態等の多様性に鑑み、必ずしも全ての評価項目を適用しえない可能性があり、機械的かつ画一的な評価、運用に陥らないよう配慮する必要がある。同様に、評価項目が形式的に具備されていても、割販法の趣旨である信用購入あっせん業者等の業務の適切性の確保並びに公益及び消費者等の保護の観点から、必ずしも十分とは判断されない場合もあることに留意が必要である。

また、本章においては割販法、割販法政令及び割販法省令に基づき信用購入あっせん業者等に求められる取組を中心に記載しているが、一部、法令には規定されていないものの、割販法の趣旨である消費者保護や適正なクレジット取引の実現のためには実施されることが望ましいと考えられる事項についても記載している（◇で示している項目）。また、包括信用購入あっせん業者に対しては、犯収法に基づき取引時確認等の義務が課せられていることにも留意が必要である。

なお、本章の項目の記載方法は、包括信用購入あっせん業者、個別信用購入あっせん業者において共通の項目を【信用購入あっせん業者対象項目】、包括信用購入あっせん業者、クレジットカード番号等取扱契約締結事業者、個別信用購入あっせん業者それぞれのうち、特定の者のみが対象となる項目については、【包括信用購入あっせん業者対象項目】、【クレジットカード番号等取扱契約締結事業者対象項目】、【個別信用購入あっせん業者対象項目】、【クレジットカード番号等取扱業者（加盟店を除く。）対象項目】等と記載している。

Ⅱ-2-1 基本事項、法令等遵守（コンプライアンス）体制等【信用購入あっせん業者等対象項目】

Ⅱ-2-1-1 基本的体制整備、社内教育等

信用購入あっせん業者等は、購入者等からの信頼及びクレジット市場の健全性を確保する観点から、割販法第33条の2第1項第11号、割販法第35条の2の11第1項第10号及び第35条の3の26第1項第9号に規定する信用購入あっせんの公正かつ適確な実施を確保するために必要な体制並びに同法第35条の17の5第1項第8号に規定するクレジットカード番号等取扱契約の締結に係る業務及び加盟店調査の適確な実施を確保するために必要な体制を確立する必要がある。具体的には、割販法等に規定する各種規定の適正な履行等が可能な社内体制を整備することである。

また、信用購入あっせん業者等は、適正な業務の運営を確保する観点から、法令に定める登録要件を維持しなければならない。

信用購入あっせん業者等は以下の点に留意し、コンプライアンス体制を整備しなければならない。

(1) 法令等に定める各種行為規制の履行が確保される内容の社内規則等（具体的な業務の執行方法等を定めたマニュアル等を含む。以下同じ。）を定めていること。また、社内規則等の内容の適切性について定期的な検討を行い、必要性がある場合には見直しを

行っていること。また、実効性の観点から、社内規則等に法令等遵守に関して違反があった場合の制裁等が定められていること。

（２）法令等遵守を監督する部署及び責任者を明確に定め、定期的なモニタリングを実施し、問題が認められる場合には改善策を策定し、実施していること。また、重大な問題がある場合には、経営陣への報告等が行われていること。

（３）役職員に法令等の遵守に関する研修を定期的に受講させる等社内教育の体制を整備し、実践していること。

認定割賦販売協会会員については、役職員を同協会が主催する研修又は同等の内容の研修に定期的に参加させていること。また、認定割賦販売協会非会員についても同等の内容の研修に参加させる体制になっているかという点に留意しなければならない。

Ⅱ－２－１－２　反社会的勢力による被害の防止

反社会的勢力を社会から排除していくことは、社会の秩序や安全を確保する上で極めて重要な課題であり、反社会的勢力との関係を遮断するための取組を推進していくことは、企業にとって社会的責任を果たす観点から必要かつ重要なことである。

信用購入あっせん業者等として公共の信頼や社会的信用を維持し、業務の適切性及び健全性を確保するためには、反社会的勢力に対して屈することなく法令等に則して対応することが不可欠であり、信用購入あっせん業者等においては、以下の点に留意し、平素より、反社会的勢力との関係遮断に向けた体制整備に取り組む必要がある。

（１）経営陣が、断固たる態度で反社会的勢力との関係を遮断し排除していくことが、信用購入あっせん業者等に対する公共の信頼や社会的信用を維持し、信用購入あっせん業者等の業務の適切性及び健全性を確保するために不可欠であることを十分認識し、「企業が反社会的勢力による被害を防止するための指針について」（平成19年6月19日犯罪対策閣僚会議幹事会申合せ。以下「政府指針」という。）の内容を踏まえて決定した基本方針を社内外に宣言していること。さらに、政府指針を踏まえた基本方針を実現するための社内規則等及び体制を整備するとともに、定期的又は必要に応じてその有効性を確認するなど、法令等遵守及びリスク管理事項として、反社会的勢力による被害の防止を明確に位置付けていること。

（２）反社会的勢力との関係を遮断するための対応を統括する部署（以下「反社会的勢力対応部署」という。）を整備し、反社会的勢力による被害を防止するための一元的な管理体制が構築され、機能していること。特に、一元的な管理体制の構築に当たっては、以下の点に十分留意していること。

①　反社会的勢力対応部署において反社会的勢力に関する情報（自社が行った過去の審査等において判明した、反社会的勢力に該当しない旨の情報を含む。）を積極的に収集及び分析するとともに一元的に管理する体制となっていること。また、利用者若しくは購入者等又は加盟店若しくは委託先等の審査を行う際に、当該収集した情報と暴力追放運動推進センターや一般社団法人日本クレジット協会が蓄積する反社会的勢力に関する情報をあわせて活用する体制となっていること。さらに、信用購入あっせん業者等がグループを構成する1社である場合には、グループ内で反社会的勢力に関する情報の共有に努める体制となっていること。なお、中間事業者を介して信用購入あっせん業者等と間接的な契約関係を有する販売事業者等も加盟店に該当することに留意すること。

②　反社会的勢力との取引が判明した場合及び反社会的勢力により不当要求がなされた場合等において、当該情報を反社会的勢力対応部署へ適時及び適切に報告又は相談する体制となっていること。また、反社会的勢力対応部署は、当該情報を速やかに経営陣に報告し、経営陣の適切な指示及び関与のもと対応を行う体制となっていること。さらに、反社会的勢力対応部署において実際に反社会的勢力に対応する担当者の安全を確保し担当部署を支援する体制となっていること。

③　反社会的勢力対応部署において対応マニュアルの整備や継続的な研修活動、警察、暴力追放運動推進センター及び弁護士等の外部専門機関と平素から緊密な連携体制の構築を行うとともに、反社会的勢力との取引の解消を図る際には、上記機関と緊密に連携するほか、株式会社整理回収機構のサービサー機能を活用する体制を整備するなど、反社会的勢力との関係を遮断するための取組みの実効性を確保する体制となっていること。特に、平素から警察とのパイプを強化し、組織的な連絡体制と問題発生時の協力体制を構築することにより、脅迫又は暴力行為の危険性が高く緊急を要する場合には直ちに警察に通報する体制となっていること。

（３）反社会的勢力とは一切の関係をもたないよう、相手方が反社会的勢力であるかどうかについて、常に、通常必要と思われる注意を払うとともに、反社会的勢力であることを知らずに関係を有してしまった場合には、相手方が反社会的勢力であるとの疑いが生じた時点で必要な調査等を行い、反社会的勢力であると判明した時点で可能な限り速やかに関係を解消できるよう、以下の点に留意した取組みを行うとしていること。

①　反社会的勢力との取引を未然に防止するため、反社会的勢力に関する情報等を活用した適切な事前審査を実施し、契約書や取引約款への暴力団排除条項の導入を徹底するとともに、利用者若しくは購入者等又は加盟店若しくは委託先等が反社会的勢力に該当しないか、定期的又は必要に応じて確認すること。

②　反社会的勢力との関係遮断を徹底する観点から、既存の債権や契約の事後検証を行うこと。

③　事後検証の実施等により、取引開始後に取引の相手方が反社会的勢力であると判明した場合には、反社会的勢力への利益供与にならないよう配意し、可能な限り速やかに関係を解消すること。

④　いかなる理由であれ、反社会的勢力であることが判明した場合には与信や不適切又は異例な取引を行わないこと。

（4）　反社会的勢力から不当要求がなされた場合には、反社会的勢力との関係の遮断に組織的に対応する必要性及び重要性を踏まえ、担当者や担当部署だけに任せることなく経営陣が適切に関与し、組織として対応するとしていること。また、その際の対応は、以下の点に留意したものとなっていること。

①　反社会的勢力から不当要求がなされた場合には、積極的に警察、暴力追放運動推進センター等が示している不当要求対応要領等を踏まえた対応を行うこと。特に、脅迫又は暴力行為の危険性が高く緊急を要する場合には直ちに警察に通報を行うこと。

②　反社会的勢力からの不当要求に対しては、あらゆる民事上の法的対抗手段を講ずるとともに、積極的に被害届を提出するなど、刑事事件化も躊躇しない対応を行うこと。

③　反社会的勢力からの不当要求が、事業活動上の不祥事や役職員の不祥事を理由とする場合には、反社会的勢力対応部署の要請を受けて、不祥事案を担当する部署が速やかに事実関係を調査すること。

（参考）「企業が反社会的勢力による被害を防止するための指針について」（平成19年6月19日犯罪対策閣僚会議幹事会申合せ）

（a）　反社会的勢力による被害を防止するための基本原則

○　組織としての対応
○　外部専門機関との連携
○　取引を含めた一切の関係遮断
○　有事における民事と刑事の法的対応
○　裏取引や資金提供の禁止

（b）　反社会的勢力のとらえ方

暴力、威力と詐欺的手法を駆使して経済的利益を追求する集団又は個人である「反社会的勢力」をとらえるに際しては、暴力団、暴力団関係企業、総会屋、社会運動標榜ゴロ、政治活動標榜ゴロ、特殊知能暴力集団等といった属性要件に着目するとともに、暴力的な要求行為、法的な責任を超えた不当な要求といった行為要件にも着目することが重要である（平成16年10月25日付警察庁次長通達「組織犯罪対策要綱」参照）。

Ⅱ－2－2　業務の適切性

Ⅱ－2－2－1　過剰与信防止義務【信用購入あっせん業者対象項目】

信用購入あっせん業者は、クレジット利用者の多重債務を防止するため、クレジット契約申込者の支払能力を適切に調査し、その結果に基づき適正な与信となるクレジット契約を締結しなければならない。このような割販法の要請を踏まえ、信用購入あっせん業者には、以下の取組を適確に実施することが求められている。

Ⅱ－2－2－1－1　支払可能見込額の調査【信用購入あっせん業者及び登録少額包括信用購入あっせん業者（認定包括信用購入あっせん業者を除く。）対象項目】

信用購入あっせん業者は、過剰な与信の発生を未然に防止するため、割販法に基づく支払可能見込額調査を適切に行い、その調査の結果に基づいた与信を行わなければならない。そのためには、適正な支払可能見込額調査を円滑に実施するための体制が整備され、業務の運営の中で実践されていることが必要である。

こうしたことから、信用購入あっせん業者は、以下の点に留意し、支払可能見込額調査を行わなければならない。

（1）　支払可能見込額調査に関する責任部署及び責任者、支払可能見込額調査の調査事項、調査方法及び算定方法を明確に定め、業務運営において実践していること。

（2）　支払可能見込額調査義務の適用除外、支払可能見込額を超える与信の禁止義務の適用除外の要件、調査の記録事項、保存方法、保存期間について、法令に基づき必要事項を明確に定め、日常業務において実践していること。

また、支払可能見込額調査及び支払可能見込額を超える与信の禁止義務の履行状況について定期的に事後検証を行い、問題があれば業務の見直しを行っていること。

なお、個別信用購入あっせんにおいては、支払可能見込額調査義務の適用除外として、特定契約以外の契約であって、耐久性を有し定型的な条件で販売するのに適した支払総額が10万円以下の生活必要品に係るクレジット契約が該当する。【個別信用購入あっせん業者対象項目】

また、支払可能見込額を超える与信の禁止義務の適用除外としては、上記要件に該当する商品、耐久性を有する生活必要品、特定継続的役務以外の教育及び自動車運転の教習、生命又は身体の保護を目的とした緊急を要する商品又は役務、自動車の道路運送車両法第48条に規定する点検又は同法第62条第1項に規定する継続検査に係る契約が該当するが、個々の契約が適用除外に該当するか否かは、当該購入者の生活環境、必要性等を勘案し、社会通念上判断されるべき性質のものであり、一律の基準の下に運用されるべきでない点に留意が必要である。したがって、支払可能見込額を超える与信の禁止義務の適用除外については、購入者の生活実態、必要性、購入意思に関する丁寧な調査及び確認を行い、取引ごとに判断することが必要となる。また、適用除外に該当することを証するために、その結果の記録を作成、保存しなければならない。【個別信用購入あっせん業者対象項目】

（3）　信用購入あっせん業者が与信審査業務を他事業者に委託している場合において、当該信用購入あっせん業者が、過剰与信防止に係る義務を遂行することができる体制となっていること。

（４）　支払可能見込額調査の調査事項である年収、預貯金及び固定資産等その他の支払可能見込額の算定に影響を与える事項であって客観的に判断することができるものについては、以下の取扱いが行われていることが求められる。（割販法省令第39条第1号、第2号及び第5号並びに第71条第1号、第2号及び第6号）

①　年収

申込者の申告又はその他の適切な方法により調査した申込者の年収を加算していること。申込者から年収の申告を受けることができない場合又はその他の適切な方法により申込者の年収を調査することができない場合においては、申込者の申告、又はその他の適切な方法により調査した当該申込者の年齢、勤務先等の情報により合理的に推定した年収の額（以下「推定年収」という。）を加算していること。なお、上記の申告を受けることができない場合又はその他の適切な方法により申込者の年収を調査することができない場合とは、適切に調査を行ったにもかかわらず、社会通念上妥当と考えられる年収を調査できない場合も含まれる。

なお、「その他の適切な方法」とは、利用者からの申告に相当する適切性を備えた調査方法でなければならず、当該手段による年収情報の調査に合理性が認められない場合においては「適切な方法」とは認められないことに留意すること。

②　預貯金

購入者等から申告された預貯金の金額を基礎として、包括信用購入あっせんにおいてはクレジットカードの有効期間等、個別信用購入あっせんにおいては支払金額、支払期間に応じて合理的に算定した額を必要に応じ加算すること。

なお、預貯金の調査は、購入者等が希望するクレジットカードの極度額や購入者等が個別信用購入あっせんにより購入しようとする商品の個別年間請求予定額に支払可能見込額が不足しており、預貯金の額を考慮する必要がある場合等、利用者の利益の保護を図るため必要があると認める場合に限定すること。

③　固定資産等

換金可能性に特に留意しつつ、合理的に算定した額を必要に応じて加算すること。

また、生活に必要とされる資産を加算しないこと。

なお、自動車等の資産についても同様とする。

（５）　生活維持費の調査方法を社内規則等に明確に定めていること。

Ⅱ－２－２－１－２　利用者支払可能見込額の算定【認定包括信用購入あっせん業者及び登録少額包括信用購入あっせん業者対象項目】

認定包括信用購入あっせん業者及び登録少額包括信用購入あっせん業者は、過剰な与信の発生を未然に防止するため、割販法に基づく利用者支払可能見込額の算定を適切に行い、その算定の結果に基づいた与信を行わなければならない。

そのためには、適正な利用者支払可能見込額の算定を円滑に実施するための体制が整備され、業務の運営の中で実践されていることが必要である。

こうしたことから、認定包括信用購入あっせん業者及び登録少額包括信用購入あっせん業者は、以下の点に留意し、利用者支払可能見込額の算定を行わなければならない。

（１）　利用者支払可能見込額の算定に関する責任部署及び責任者、利用者支払可能見込額の算定方法を明確に定め、業務運営において実践していること。

（２）　利用者支払可能見込額算定義務の適用除外、利用者支払可能見込額を超える与信の禁止義務の適用除外の要件、算定の記録事項、保存方法、保存期間について、法令に基づき必要事項を明確に定め、日常業務において実践していること。

また、利用者支払可能見込額の算定及び利用者支払可能見込額を超える与信の禁止義務の履行状況について定期的に事後検証を行い、問題があれば業務の見直しを行っていること。

（３）　利用者の支払能力に関する情報を当該利用者に対する不当な差別、偏見その他の著しい不利益が生じるおそれがあると認められる方法により利用していないことを定期的に点検し、当該方法により利用していることが発見され、又は疑われた場合には、利用者支払可能見込額の算定の方法の見直しを行っていること。

（４）　事業年度末日時点の延滞率が割販法省令第62条第1項第3号及び第68条第1項第3号に規定する基準に適合するよう日常業務において延滞率を管理していること。

（５）　認定包括信用購入あっせん業者又は登録少額包括信用購入あっせん業者が与信審査業務を他事業者に委託している場合において、これらの事業者が、過剰与信防止に係る義務を遂行することができる体制となっていること。

Ⅱ－２－２－１－３　信用購入あっせんの手数料【信用購入あっせん業者対象項目】

信用購入あっせんの手数料の割合については、割販法に義務規定はないものの、消費者保護及び適正な業務の運営の観点から、以下の点に留意するものとする。〈◇〉

①　信用購入あっせん業者が購入者等から徴収する手数料については、出資の受入れ、預り金及び金利等の取締りに関する法律（昭和29年法律第195号。以下「出資法」という。）第5条第2項に規定される割合を超えていないこと。

②　購入者等から信用購入あっせんに係る手数料を徴収しない場合には、手数料率、現金販売価格又は現金提供価格及び支払総額の記載等により、信用購入あっせんの手数料を徴収しない旨を明確にすること。

Ⅱ－２－２－２　公正かつ適切な取引の確保【信用購入あっせん業者対象項目】

購入者等との支払関係が長期にわたって継続し、契約内容が複雑になる信用購入あっせんにおいては、購入者等へ取引に係る情報の提供が適正に行われること、購入者等自らが取引の内容を十分理解できる環境にあること、また、取引に起因する苦情等の対応が適切に図られる環境が確立していることが重要である。

また、特定取引に係る個別信用購入あっせん関係受領契約に起因する消費者トラブルが多数発生したことを踏まえ、個別信用購入あっせん業者は特定取引に関し、加盟店契約締結前及び購入者等との与信契約の締結前に加盟店の勧誘行為等に関する調査を行うことが義務付けられている。また、与信契約のクーリング・オフや不適切な勧誘行為があった場合の契約についての意思表示の取消し、既払金返還等の民事ルールが定められている。

信用購入あっせん業者には、これらの点を十分に認識し、以下の事項について適切な取組を実践することが求められている。

Ⅱ－２－２－２－１　取引条件の表示等における情報の提供【包括信用購入あっせん業者対象項目】

契約締結前の段階でクレジット取引の条件を適切かつ正確に情報提供することが、公正な取引の履行の観点から重要である。

特にクレジット取引は、支払関係が長期にわたって継続し、契約内容が複雑になる蓋然性が高いことから、包括信用購入あっせん業者が契約締結後に契約の内容に係る情報を適切に書面又は情報通信の技術を利用する方法により提供することが重要である。

このため、包括信用購入あっせん業者は、以下の点に留意し、取引条件及び契約内容を適切かつ明確に表示して情報を提供し、広告を行わなければならない。

（１）広告、情報提供の内容が、法定事項を満たしているとともに、利用者等にとって読みやすく、正確に表示されていること。

（２）情報の提供に当たっては、利用者等が契約の内容を正確に理解できるような用語の使用を社内規則等で定め、運用していること。

（３）情報提供の方法、タイミングが適正であること。複数の方法により情報の提供を行う場合には、利用者等に適切に情報提供を行う観点から、情報提供の一体性が確保されていること。

Ⅱ－２－２－２－２　特定取引に係る書面の交付【個別信用購入あっせん業者対象項目】

特定取引に係る個別信用購入あっせん関係受領契約の締結においては、契約内容の複雑性等に加え、特定取引を行う販売業者等（以下「特定取引販売業者等」という。）による勧誘方法や取引の特性から、消費者トラブルが発生する蓋然性が高いため、購入者等が当該契約の内容を十分に確認できる環境の整備が重要である。

このため、個別信用購入あっせん業者は、以下の点に留意し、特定取引に係る個別クレジット契約の申込み及び締結に際し、契約の重要事項を記載した書面を交付しなければならない。

（１）書面の記載内容が、法定事項を満たしているとともに、購入者等にとって読みやすく、正確な記載になっていること。

（２）書面の記載に当たっては、消費者が契約の内容を正確に理解できるような用語の使用を社内規則等で定め、運用していること。

（３）書面交付の方法、タイミングが適正であること。

（４）個別信用購入あっせんに係る団体信用生命保険（以下「団信保険」という。）の取扱いは以下のとおりであること。

①　特定取引に係る個別クレジット契約の締結に団信保険の加入が伴う場合には、当該団信保険加入は、割販法省令第81条第14号及び第83条第14号に定める「前各号に掲げるもののほか特約があるときは、その内容」の「特約」に該当するため、書面に団信保険への加入に関する内容を記載し、交付しなければならない。

②　上記①の場合には、個別クレジット契約に団信保険への加入が伴う旨を購入者等に口頭で十分に説明した上で当該加入の同意を得ること。

なお、加盟店に対し、割販法第35条の3の8に規定する書面交付を行う際に、上記①、②の措置を講ずることを指導することが求められる。（◇）

Ⅱ－２－２－２－３　加盟店管理【個別信用購入あっせん業者対象項目】

１．加盟店管理に係る社内体制の整備

個別信用購入あっせん業者が購入者等と直接の取引を行う加盟店の状況を把握し、適切な取引を確保することは、購入者等の利益の保護、健全なクレジット取引の環境の整備という観点から重要である。

このため、個別信用購入あっせん業者は、以下の点に留意して加盟店管理体制を整備しなければならない。

なお、販売業者又は役務提供事業者が中間事業者を介して個別信用購入あっせん業者と契約関係を有する場合、当該販売業者又は役務提供事業者は加盟店に該当し、加盟店管理に係る規制対象となることに留意すること。

（１）加盟店の審査、管理に関する責任部署が社内規則等に明確に定められていること。また、加盟店管理業務に係る手続及び手法を社内規則等に明確に定め、日常業務の運営において実践していること。

（２）加盟店契約件数に応じた、加盟店管理を適切に行うことができるシステムや組織等の体制を整備していること。

（３）認定割賦販売協会会員については、加盟店情報交換制度に登録された情報の分析を行い、関係部署への情報共有、経営陣への報告がなされていること。また、認定割賦販売協会非会員についても同等の体制が整備されていること。

（４）悪質な勧誘行為等の法令違反行為を行うような加盟店であることを知り得た場合、加盟店契約の解除も含めた対応をとるべき方針を社内規則等に定めていること。

2. 特定取引に係る加盟店契約時調査

特定取引に係る個別信用購入あっせん関係受領契約は、加盟店が行う取引の特性により消費者トラブルが起こる蓋然性が高いことから、個別信用購入あっせん業者には、特定取引販売業者等と加盟店契約を締結する際には、当該販売業者が適正な取引を実施するための社内体制等を整備しているか調査することが求められている。

このため、個別信用購入あっせん業者は、以下の点に留意し、加盟店契約時調査を行わなければならない。

(1) 特定取引に係る加盟店契約時調査について、法令に定めた事項を適確に確認できるシステムや組織等の体制を整備していること。

(2) 特定取引に係る加盟店契約時調査について、割販法に基づいた調査事項、手法、手続を明確に定め、日常業務の運営において実践していること。

(3) 調査記録の保存体制が整備され、適確に記録、保存がされていること。

(4) 加盟店契約時に特定取引を行っていなかった加盟店に対して特定取引に係る勧誘行為に関する苦情が寄せられた場合に、割販法に基づく特定取引販売業者等に対する加盟店契約時調査を行う体制となっていること。
(なお、苦情に限らず特定取引を行っている事実を把握した場合にも当該調査を実施する体制となっていることが望ましい。(◇))

3. 特定取引に係るクレジット契約時調査

個別信用購入あっせんは、加盟店が与信契約及び販売等契約を一体的に勧誘する取引構造であるという特性から、特に特定取引において不実告知等の違法な勧誘行為を原因とした消費者トラブルが発生する蓋然性が高い。

このため、個別信用購入あっせん業者が行う特定取引に係る勧誘行為が適正であり、購入者等が自らの意思によって契約を締結したことを確認することはトラブルの未然防止、クレジット市場の適正化の観点から重要である。

以上の観点から、個別信用購入あっせん業者は、以下の点に留意して特定取引に係るクレジット契約時調査を行わなければならない。

(1) 特定取引に係るクレジット契約時調査について、法令に定めた事項を適確に確認できるシステムや組織等の体制を整備していること。

(2) 特定取引に係る勧誘行為の調査において、割販法に基づいた調査事項、手法、手続を明確に定め、日常業務の運営において実践していること。

(3) 調査結果に基づき与信契約を締結しない場合の明確な基準を定めていること。また、その基準に基づいた運用を行っていること。

(4) 調査記録の保存体制が整備され、適確に記録、保存がされていること。

Ⅱ-2-2-4 苦情処理等【信用購入あっせん業者対象項目】

1. 苦情処理

信用購入あっせん業者が、購入者等からの苦情を受け付けることを信用購入あっせん業者及び加盟店の業務運営に係る問題を把握する機会と捉え、業務改善や購入者等へのサービス向上のための有益な情報であると認識し、苦情に適切かつ迅速に対応することは、購入者等の利益の保護のみならず、クレジット業界の信頼性確保のためにも重要である。

購入者等からの苦情に対して適切に対応するためには、内部管理体制を整備し、適確な措置の実施が確保されていること、また、担当部署のみならず、経営陣が苦情の状況を把握し、対応について経営陣の責任の下で判断する体制が整備されていることも重要である。

また、購入者等による支払停止の抗弁の申出について適切な対応を図ることができる体制となっている必要がある。

こうしたことから、信用購入あっせん業者は、以下の点に留意して苦情処理を行わなければならない。

(1) 苦情処理を担当する窓口を設置していること。また、購入者等を含め消費者がその存在を把握することが可能な状況にしていること。

(2) 苦情処理手続を定め、苦情処理担当部署及び担当者に周知徹底し、日常業務の運営において実践していること。

(3) 苦情処理体制について定期的な検討及び見直しを経営陣の指揮下において行う体制となっていること。

(4) 苦情の内容、重要性に則した合理的な苦情の類型化の基準を社内規則等に定め、類型化した苦情を加盟店調査担当部署や営業部署等の関係部署との間で共有するとともに、重要案件については、経営陣に対して報告をしていること。

(5) 包括信用購入あっせん業者においては、加盟店に関する苦情を類型化し、クレジットカード番号等取扱契約締結事業者へ通知を行う基準を社内規則等に定めていること。

(6) 個別信用購入あっせん業者においては、加盟店に対し苦情対応調査を行う基準を明確に定め、当該基準に従い、購入者等からの苦情を適確に抽出し、苦情の内容に応じた調査を行っていること。

(7) 苦情処理の調査の結果に基づき講ずる措置について経営陣の責任の下で判断する体制となっていること。また、調査結果から自社の業務改善、購入者等への情報提供その他の所要の措置を講じていること。個別信用購入あっせん業者においては、加盟店に対して必要に応じて業務改善等の措置を適確に実施していること。

(8) 苦情処理に関する業務を実施するため、記録、保存、分析を行い、業務の改善、再発防止策の策定に反映させる体制となっていること。

（9）認定割賦販売協会会員については、自主規制規則に基づき加盟店情報交換制度へ情報を適切に登録していること。また、同協会から提供される自社の業務に関する苦情についても適切に処理していること。

（10）購入者等からの支払停止の抗弁申出に係る対応について、手続、運用が明確に定められ、日常業務の運用において実践していること。

（11）信用購入あっせんを利用した特定継続的役務提供等契約の中途解約については、その清算においてトラブルが発生する蓋然性が高いため、以下の対応を図る体制となっていることが望ましい。（◇）

① 信用購入あっせん業者は、特定継続的役務提供等契約の中途解約の申出について、割販法第30条の4及び第35条の3の19に規定するあっせん業者に対する抗弁事由に該当するものとして対応すること。

② 中途解約につき合意がなされた場合であっても、購入者等への解約清算金の返還が行われるまでの間は抗弁事由が存続するものとして、購入者等への支払請求を行わないこと。ただし、購入者等の同意が得られた場合には、既に提供を受けた役務の代金に係る代金相当額について、支払請求することができるものとする。

2．個別信用購入あっせん契約のクーリング・オフ等【個別信用購入あっせん業者対象項目】

個別信用購入あっせん業においては、特定取引の勧誘方法の特性に鑑み割販法にクーリング・オフの規定が設けられている。また、通常必要とされる分量を著しく超える商品の訪問販売又は電話勧誘販売（以下「過量販売」という。）に係る与信契約の申込みの撤回又は契約解除、及び特定取引において不実告知等があった場合の申込等の意思表示の取消しに係る義務が割販法に規定されている。

さらに、訪問販売又は電話勧誘販売において購入者等の知識、経験、財産の状況に鑑み、過量販売に該当するおそれがあると認められる場合に、個別信用購入あっせん業者が与信契約を締結することは割販法により禁止されている。

購入者等の利益の保護の観点から、個別信用購入あっせん業者は、これらの規定に適切かつ迅速に対応することができる体制が求められ、以下の点に留意する必要がある。

（1）クーリング・オフ、過量販売による契約の申込みの撤回又は解除、及び不実告知等による申込等の意思表示の取消しに関する手続を定め、役職員に周知していること。

（2）クーリング・オフに係る書面を受け取った場合、過量販売による契約の申込みの撤回又は解除があった場合、及び不実告知等による申込等の意思表示の取消しがあった場合において、購入者等から受領した代金を速やかに返還していること。

（3）割販法第35条の3の9及び第35条の3の10又は第35条の3の11に規定する書面において、クーリング・オフに関する事項を割販法に基づき記載していること。

（4）個別信用購入あっせん業者は、消費者保護及び適正な業務の運営の観点から過量販売に係る与信契約の締結を防ぐため、以下の対応を図ることが望ましい。（◇）

① 訪問販売に係る契約に際し、割販法第35条の3の5第1項に規定する勧誘行為調査において過量販売の該当性について調査を行うことを定め、日常業務の運営において実践すること。

② 訪問販売に係る契約に際し、自社が保有する購入者等の情報及び指定信用情報機関から提供された商品名等及び数量等の調査を行うことを定め、日常業務の運営において実践すること。

Ⅱ－2－2－3　適切な情報管理【信用購入あっせん業者対象項目】

信用購入あっせん業を行う上で、購入者等に関する情報の取扱いは必要不可欠のものであり、かつ、大量の情報を取り扱うことから、購入者等に関する情報を適切に管理することは極めて重要である。また、支払可能見込額調査時及び利用者支払可能見込額算定時に指定信用情報機関が保有する情報を利用することが義務づけられており、購入者等に関する情報の取扱いや管理について、厳重な対応が求められている。

このため、信用購入あっせん業者は、購入者等に関する情報の漏えいの防止や従業者等による目的外利用の防止を図るための情報管理措置の実施体制を整備し、当該措置を適確に遂行しなければならない。また、購入者等に関する情報の漏えい等が発生した場合に、速やかに二次被害等を防止するための措置を講ずることが可能な体制が整備されているかという点も重要な評価項目となる。

これらを踏まえ、信用購入あっせん業者においては以下の事項に係る取組が求められる。

Ⅱ－2－2－3－1　情報の管理【信用購入あっせん業者対象項目】

購入者等に関する情報の漏えい等が発生した場合、当該情報が悪用されることにより購入者等の利益が著しく損なわれるおそれがあるため、信用購入あっせん業者による情報の適切な管理は極めて重要であり、割販法の規定に加え、個人情報保護法、保護法ガイドライン及び信用分野ガイドラインの規定に基づく措置が求められる。

このため、信用購入あっせん業者は、以下の点に留意して購入者等に関する情報を管理する体制を整備しなければならない。

（1）購入者等に関する情報を管理する責任部署及び責任者を明確に定めていること。

（2）個人情報保護法、保護法ガイドライン及び信用分野ガイドラインに基づく情報の取扱基準を定め、日常業務の運営において実践していること。

（3）情報の漏えい及び目的外利用を防止するための情報管理体制の整備及び運用手順が整備されていること。

（4）購入者等の情報の管理及び取扱いを委託する場合は、委託先が上記（2）と同等の水準の安全管理措置及び従業者の監督を実施することを定めていること。また、委託先の監督に係る基準や手続を定め、日常業務の運営において実践していること。

（5） 購入者等に関する情報の漏えい又は目的外利用が発生した場合における関係企業、漏えい等の対象者及び行政への連絡体制を整備し、役職員に周知徹底していること。

（6） 認定割賦販売協会会員については、認定個人情報保護団体で主催する研修に役職員を定期的に参加させることとなっていること。また、認定割賦販売協会非会員については、会員と同等の内容の社内教育を行っていること。

（7） 人種、信条、門地、本籍地、保健医療又は犯罪の経歴についての情報その他の特別の非公開情報（注）については、信用分野ガイドラインⅡ．2．（2） 1）①～⑧に列挙する場合を除き、利用、取得又は第三者提供を行わない措置を講じていること。また、上記の場合に該当し、これら非公開情報を取得した場合には、適切な業務の運営の確保その他必要と認められる目的以外に使用しないことを確保するための措置を講じていること。

（注） その他の特別な非公開情報とは、以下の情報をいう。

① 労働組合への加盟に関する情報
② 民族に関する情報
③ 性生活に関する情報
④ 個人情報の保護に関する法律施行令第2条第4号に定める事項に関する情報
⑤ 個人情報の保護に関する法律施行令第2条第5号に定める事項に関する情報
⑥ 犯罪により害を被った事実に関する情報
⑦ 社会的身分に関する情報

Ⅱ－2－2－3－2 特定信用情報の提供等【信用購入あっせん業者対象項目】

信用購入あっせん業者は、支払可能見込額調査及び利用者支払可能見込額算定の正確性確保の観点から、指定信用情報機関が保有する特定信用情報を利用するとともに、自社が保有する購入者等の信用情報を指定信用情報機関に提供しなければならない。また、信用購入あっせん業者は、購入者等の重要な情報を取り扱うことから、特定信用情報を厳格に管理し、適切に利用しなければならない。

このため、信用購入あっせん業者は、以下の点に留意して、特定信用情報の管理体制を整備しなければならない。

（1） 特定信用情報の取扱い及び購入者等からの同意取得に係る手続を定め、日常業務の運用において実践していること。

（2） 支払能力調査以外の目的のために、指定信用情報機関に対して特定信用情報の提供を依頼すること並びに指定信用情報機関から提供を受けた特定信用情報を使用すること及び第三者へ提供することを禁止し、役職員に周知徹底していること。

また、目的外の利用及び提供を防止するためのモニタリング等の措置を講じていること。

Ⅱ－2－2－4 その他【信用購入あっせん業者対象項目】

信用購入あっせん業者においては、業務の効率化等の関係から、一部の業務を第三者に委託するケースが見られるが、購入者等の利益の保護を図る観点から、その委託を受けた者（以下「委託先」という。）における適確な業務の遂行を確保するため、委託先の管理及び監督に係る体制を整備し、それを適確に運用することが重要である。

また、割販法においては、購入者等による債務不履行が発生した場合にも、購入者等に一方的に不利な契約とならないよう契約解除の制限及び損害賠償額の上限等の規定が設けられており、これらの履行のための体制の整備も求められる。

さらに、クレジット取引が犯罪により得た資金の洗浄（マネーローンダリング）等の犯罪収益の拡大手段として利用されることがないよう、犯収法上の義務の履行も必須である。

これらを踏まえ、信用購入あっせん業者においては以下の事項に係る取組が求められている。

Ⅱ－2－2－4－1 委託先の管理【信用購入あっせん業者対象項目】

信用購入あっせん業者が信用購入あっせんに係る業務を第三者に委託する際には、委託先を管理及び監督する体制を整備し、適確かつ適正な業務の運営を確保する必要がある。このため、信用購入あっせん業者は、以下の点に留意して委託先の管理を行わなければならない。

（1） 委託先の選定基準及び手続を定め、日常業務の運用において実践していること。

（2） 委託先における業務状況を定期的又は必要に応じて確認する体制を整備し、日常業務において実践していること。また、確認の結果、問題があると認められる場合には改善を指示する等の措置を講じる体制が定められていること。

（3） 委託業務に関する苦情の処理体制について、自社の苦情と同様、適切かつ迅速な対応をとる体制となっていること。

（4） 購入者等の利益の保護のため、委託先が法令違反を行う等の行為が認められた場合、速やかに委託契約を解除する等の措置を明確に定めていること。

（5） 委託先との契約等において、委託先が法令違反を行った場合、委託元である信用購入あっせん業者に報告することを定めていること。

（6） 委託先との契約等において、委託先が受託業務を適切に遂行できないと認められた場合には、契約を解除することや契約内容を変更すること等を定めていること。

Ⅱ－2－2－4－2 債権管理、契約の解除の制限等【信用購入あっせん業者対象項目】

信用購入あっせんに係る契約において、購入者等による支払の義務が履行されない場合について、割販法では購入者等の利益の保護の観点から、契約解除及び期限の利益の喪失並びに契約解除及び債務不履行に係る損害賠償額を制限している。

このため、信用購入あっせん業者は、債権の取扱い等に関しては、以下の点に留意しなければならない。

（1）契約解除及び期限の利益の喪失に係る手続、運用を明確に定め、日常業務の運用において実践していること。

（2）遅延損害金の請求に係る手続、金額の算定方法が明確に定められ、日常業務の運用において実践されていること。また、法令の上限を超えた遅延損害金を請求していないこと。

（3）消費者保護の観点から、購入者等による支払の義務が履行されない場合（契約が解除された場合及び期限の利益喪失の場合を除く。）の遅延損害金については、割販法第30条の3第2項及び割販法第35条の3の18第2項に規定する額に比べ、消費者契約法（平成12年5月12日法律第61号）第9条第2号に定める額が低い場合には、当該額を上限として請求することが望ましい。（◇）

（4）債権回収に当たっては、信用購入あっせん業者又は当該事業者から債権回収の事務の委託先が、以下のような取立て行為を行わないように留意が必要である。（◇）

① 購入者等を威迫する言動

② 購入者等の私生活又は業務の平穏を害する言動

③ 債務の弁済に充てる目的で、貸金業者等からの借入等を強要すること

④ 債権処理に関する債権を弁護士若しくは認定司法書士に委任した旨、調停その他の裁判手続をとった旨、又は公益財団法人日本クレジットカウンセリング協会から介入した旨の通知を受けた後に、正当な理由なく購入者等に支払の請求をすること。

⑤ 法律上支払の義務のない者に対し、支払請求をし、又は必要以上に取立てへの協力を要求すること。

⑥ その他正当とは認められない方法により請求又は取立てを行うこと。

Ⅱ－2－2－4－3　犯収法等に係る事項【包括信用購入あっせん業者対象項目】

クレジット事業者が組織犯罪、資金洗浄（マネーローンダリング）及びテロリズムへの資金供与にクレジット取引を悪用され、犯罪収益の移転を助長すること等を防ぎ、クレジット取引に対する信頼を確保するためにも、犯収法に規定する取引時確認、取引記録等の保存、疑わしい取引の届出（以下「取引時確認等の措置」という。）及びリスクベース・アプローチを含む「クレジットカード業におけるマネー・ローンダリング及びテロ資金供与対策に関するガイドライン」（以下「マネロン・テロ資金供与対策ガイドライン」という。）に記載された措置に関する内部管理体制を整備することは重要な意義を有している。

このため、包括信用購入あっせん業者は、取引時確認等の措置及び「マネロン・テロ資金供与対策ガイドライン」に記載された措置について、以下の点に留意しなければならない。

※リスクベース・アプローチとは、自己のマネー・ローンダリング及びテロ資金供与リスクを特定・評価し、これを実効的に低減するため、当該リスクに見合った対策を講ずることをいう。

（1）取引時確認をした事項に係る情報を最新の内容に保つための措置を講じていること。

（2）取引時確認等の措置の実施に関する社内規則等を定めていること。

（3）取引時確認等の措置に関して役職員に対し教育訓練を実施することとしていること。

（4）取引時確認等の措置の的確な実施のために必要な監査その他の業務を統括管理する者を選任していること。

（5）クレジットカードは、一旦交付等が行われると、国内外を問わず販売店等において利用することができるという特性を有することから、クレジットカード等が交付される時点までに取引時確認が実施されていること。

（6）疑わしい取引の届出については、「クレジットカード事業者における疑わしい取引の参考事例」（平成31年4月1日経済産業省商取引監督課）を参考としていること。

（7）「マネロン・テロ資金供与対策ガイドライン」に記載された措置について、リスクに応じて、社内規則等を定め、これに基づき業務を実施する体制となっていること。

※取引時確認等の措置及び「マネロン・テロ資金供与対策ガイドライン」に記載された措置に関する監督手法・対応

包括信用購入あっせん業者の取引時確認等の措置の履行又はマネロン・テロ資金供与対策ガイドラインに記載された措置に関する内部管理体制の課題については、深度あるヒアリングを行うことや、必要に応じて割販法第40条第3項の規定に基づく報告を求めることを通じて、包括信用購入あっせん業者における自主的な業務改善状況を把握することとする。また、取引時確認等の措置又は「マネロン・テロ資金供与対策ガイドライン」に記載された措置（リスクに応じた措置）に係る体制整備の観点から重大な問題があると認められる場合には、割販法第34条（第35条の3において読み替えて準用する場合を含む。）の規定に基づく改善命令を発出する等の対応を行うものとする。

Ⅱ－2－2－4－4　その他【信用購入あっせん業者対象項目】

割販法第35条の3の60第1項第1号及び第2項第1号において、営業のため又は営業として締結する信用購入あっせんに係る販売については、割販法の適用除外としているが、個人による自動販売機の購入に係るクレジット取引において、勧誘方法、解約及び損害賠償額等に関するトラブルが多発してきたことから、自動販売機に係るクレジット取引については、「他に事業を行っていない個人による1台目の自動販売機の購入に係る信用購入あっせん及び信用購入あっせんに係る販売の方法による販売については割販法が適用されるものとして取り扱うこと」に留意する。（◇）

Ⅱ－２－２－５　クレジットカード番号等の適切な管理等

Ⅱ－２－２－５－１　クレジットカード番号等の適切な管理【クレジットカード番号等取扱業者（加盟店を除く。）対象項目】

　クレジットカード番号等は、不正に取り扱われた場合には、利用者等の財産被害に直結し得るものであり、要保護性が高い情報である。また、クレジットカード決済は、クレジットカード会社の他、加盟店、委託先といった多数の事業者がクレジットカード番号等を取り扱うことで成立するものであり、安全なクレジットカード取引環境を維持するためには、これらの関係事業者それぞれがクレジットカード番号等を適切に管理するための措置を講じる必要がある。

　これらを踏まえ、クレジットカード番号等取扱業者は、自社が取り扱うクレジットカード番号等の漏えい等の事故を防止するとともに、漏えい等の事故が発生した場合の被害拡大を防止するための措置を講じなければならない。

　クレジットカード番号等の適切な管理に関しては、法令においてはセキュリティ確保に不可欠な機能のみを定め、その実現手段及び方法については、各事業者の創意工夫に基づく多様な手法に対してオープンなものとする「性能規定」の考えの下、クレジットカード番号等取扱業者に、必要かつ適切な措置を講ずることを求めている。この「必要かつ適切な措置」については、最新の技術動向等を踏まえて毎年見直しが行われる「クレジットカード・セキュリティガイドライン」（以下「ガイドライン」という。）に掲げられる措置が実務上の指針となるものであり、ガイドラインに掲げる措置又はそれと同等以上の措置を講じている場合には「必要かつ適切な措置」が講じられているものと認められる。また、クレジットカード番号等の取扱いを委託している委託先の事業者に対しても、自社が実施するクレジットカード番号等の適切な管理と同等の措置を講じるため指導等を実施することが求められる。

　これらを踏まえ、クレジットカード番号等取扱業者は、以下の点に留意してクレジットカード番号等を適切に管理する体制を整備しなければならない。なお、クレジットカード等購入あっせん業者には二月払購入あっせん（マンスリークリア）を業とする者も含まれ、また、マンスリークリア専用のクレジットカード番号等も本項目の対象となる。

（１）クレジットカード番号等の管理を行う責任部署及び責任者を定めていること。

（２）クレジットカード番号等の管理者を限定する等、自社の役職員によるクレジットカード番号等の不正な取扱いを防止するための措置を講じていること。

（３）ガイドラインの対象となるクレジットカード番号等については、ガイドラインに掲げられた漏えい等の事故の防止措置又はそれと同等以上の措置を講ずることを定め、これらの措置を講じていること。また、毎年のガイドラインの見直し等を踏まえて、自社の漏えい等の事故の防止措置について見直すこととしていること。

　ガイドラインの対象ではないクレジットカード番号等については、不正利用のリスク等に応じて必要かつ適切な漏えい等の事故の防止措置を定め、当該措置を実施していること。

（４）クレジットカード番号等の漏えい等の事故が発生し、又は発生したおそれがある場合の対応部署を定め、直ちに事故の状況を把握し、当該事故の発生状況に応じた事故の拡大防止措置を実施する体制を整備していること。また、事故の対象となるクレジットカード番号等を速やかに特定し、事故の原因を究明するための調査を速やかに実施するための体制を整備していること。クレジットカード決済システムからの漏えい等の事故の発生、又はそのおそれがある場合には、デジタルフォレンジック調査等の調査を実施する体制を整備していること。

（５）クレジットカード等購入あっせん業者は、自社が利用者等に付与したクレジットカード番号等の漏えい等の事故が発生し、又は発生したおそれがある場合に、当該利用者以外の者による不正利用を防止するため、不正利用検知モニタリングの実施やクレジットカード番号等の差し替え等の必要な措置を実施する体制を整備していること。

（６）クレジットカード番号等の漏えい等の事故が発生し、又は発生したおそれがある場合に、類似の漏えい等の事故を再発防止するための措置を検討し、実施する体制を整備していること。

（７）クレジットカード番号等の漏えい等の事故が発生し、又は発生したおそれがある場合に関係機関、関係事業者への連絡体制を整備し、事故発生時に迅速かつ適切な対応を実施するよう役職員に周知していること。

（８）クレジットカード番号等の取扱いを委託する場合、委託先との契約に当該委託先が実施するべきクレジットカード番号等の管理措置の内容、クレジットカード番号等の漏えい等の事故が発生し、又は発生したおそれがある場合の事故の状況把握及び自社への報告、事故の拡大防止、原因究明調査及び再発防止措置を実施することを定めていること。また、これらの措置を適切に実施できないと認められた場合には、契約内容を変更することや契約を解除することを定めていること。

（９）クレジットカード番号等の取扱いを委託する場合、当該委託先の監督の基準や手続を定め、日常業務の運営において実践していること。

（10）委託先においてクレジットカード番号等の漏えい等の事故が発生し、又は発生したおそれがある場合の対応部署を明確化し、事故の状況把握及び自社への報告、事故の拡大防止、原因究明調査及び再発防止措置等の実施を指導する体制を整備していること。

Ⅱ－２－２－５－２　加盟店調査及び措置【クレジットカード番号等取扱契約締結事業者対象項目】

　販売店等がクレジットカード決済を行うためには、クレジットカード番号等取扱契約締結事業者とクレジットカード番号等取扱契約（以下「加盟店契約」という。）を締結することが必須であることから、クレジットカード番号等取扱契約締結事業者にはクレジットカード加盟店網のゲートキーパーとして、加盟店のクレジットカード番号等の適切な管理、不正利用の防止、消費者トラブル防止の措置の実施状況等について調査することが求められる。なお、クレジットカード会社と加盟店との間に決済代行業者等の中間業者が介在している場合には、加盟店契約の締結及び解除について最終決定権限を有する者がクレジットカード番号等取扱契約締結事業者に該当することに留意すること。

また、クレジットカード決済システムの信頼性を確保する観点から、加盟店調査の結果等を踏まえ、加盟店に対して必要かつ適切な指導等の措置を実施しなければならない。

これらを踏まえ、クレジットカード番号等取扱契約締結事業者は、以下の点に留意し、加盟店調査及び措置を実施する体制を整備しなければならない。

1. 加盟店調査及び措置に係る社内体制の整備

（1）加盟店の調査及び措置に関する責任部署を社内規則等に明確に定めていること。また、加盟店調査の調査事項に応じた適切な調査方法（割販法省令第133条の6第1項ただし書きに基づく調査の省略等及び代替を含む。）及び措置の方法を社内規則等に定め、日常業務の運営において実践していること。

（2）加盟店が講じるべきクレジットカード番号等の漏えい等の事故及び不正利用を防止するための基準を明確に定め、これに基づき加盟店の措置の実施状況等を確認する体制となっていること。この際、加盟店がガイドラインの対象となるクレジットカード番号等を取り扱う場合には、ガイドラインに掲げられた措置又はそれと同等以上の措置を当該基準としていること。

（3）購入者等からクレジットカード等購入あっせん業者に申出のあった加盟店に対する苦情を当該クレジットカード等購入あっせん業者から受ける体制を整備していること。

（4）購入者等からの苦情について、苦情の内容及び重要性に則した合理的な苦情の類型化の基準を社内規則等に定め、類型化した苦情を加盟店調査の担当部署や加盟店営業部署等の関係部署との間で共有するとともに、重要案件については、経営陣に対して報告をしていること。

（5）加盟店契約件数に応じ、加盟店管理を適切に行うことができるシステムや組織等の体制を整備していること。

（6）加盟店の苦情、漏えい等の事故又は不正利用の発生状況を踏まえ、加盟店情報交換制度に登録された情報又はそれと同等の情報を必要に応じて確認する体制を整備していること。また、それらの情報を必要に応じて、加盟店調査、苦情処理及び営業等の関係部署への共有を行う体制を整備していること。

2. 加盟店調査及び措置

（1）加盟店契約の締結に先立って行う調査（以下「初期調査」という。）について、加盟店の属性、取引の種類等の基本的な事項（以下「基本的事項」という。）及び商品、権利又は役務に関する事項（以下「取扱商材」という。）の調査の結果等からみて、割販法省令第133条の6第1項第1号に基づき調査の一部を省略等する場合、あらかじめその基準及び当該基準を満たした場合に実施する調査方法（省略を含む。）を定め、当該方法により実施していること。

（2）割販法省令第133条の6第1項第2号に基づき、同条第7項に基づく調査の代替調査を行う場合、あらかじめ当該代替調査の方法を定め、当該方法により実施していること。

（3）初期調査の結果、加盟店契約を締結しない場合の基準を社内規則等に定め、当該基準を踏まえて加盟店契約を締結していること。

（4）加盟店契約締結後の定期的な調査（以下「定期調査」という。）のうち、割販法省令第133条の7第2項に定める調査については、当該調査の前、最後に実施した定期調査等により確認した当該加盟店が実施する措置の基準の適合状況等を踏まえ実施頻度を定めて運用していること。

（5）定期調査のうち、割販法省令第133条の7第3項に定める調査については、自社で把握する加盟店に対する購入者等の利益の保護に欠ける行為に係る苦情の発生状況を踏まえ、実施頻度及び調査方法を定めて運用していること。

（6）定期調査のうち、割販法省令第133条の7第4項に定める調査については、自社で把握する加盟店の漏えい等の事故又は不正利用の発生状況に鑑み、漏えい等の事故又は不正利用の防止措置の実施状況、取引の種類及び取扱商材に関する情報等を踏まえた危険性の程度を判断し、実施頻度及び調査方法を定めて運用していること。

（7）割販法第35条の17の8第3項に基づいて必要に応じて行う調査（以下「随時調査」という。）のうち、割販法省令第133条の8第1号に定める事項の調査については、基本的事項又は取扱商材に変更があった場合に加盟店がクレジットカード番号等取扱契約締結事業者に報告する旨を加盟店契約に規定する方法その他の適切な方法により、基本的事項又は取扱商材の変更を把握するための措置を講じていること。

（8）随時調査のうち、割販法省令第133条の8第2号から第6号までに定める事項の調査については、調査を実施する基準を定め、当該基準に応じて実施していること。

（9）定期調査及び随時調査の結果等を踏まえ、加盟店に対して講ずる指導等の措置の実施基準、措置の内容及び手法を定め、運用していること。また、加盟店契約の解除に関して、その実施要件を定めていること。

なお、定期調査及び随時調査等により、加盟店がガイドラインの対象となるクレジットカード番号等についてガイドラインに掲げる措置又はそれと同等以上の措置を講じていないことを確認した場合には、合理的な期間内に当該措置の実施を指導し、当該指導に従った措置が実施されているかについて確認すること。

(10)　加盟店調査の記録事項、保存方法、保存期間等の必要事項を明確に定め、日常業務において実践していること。
(11)　認定割賦販売協会会員については、自主規制規則に基づき加盟店情報交換制度へ情報を適切に登録していること。

Ⅱ－2－2－5－3　委託先の管理【クレジットカード番号等取扱契約締結事業者対象項目】

クレジットカード番号等取扱契約締結事業者が、加盟店契約の締結に係る業務又は加盟店調査を第三者に委託する場合には、委託先を管理及び監督する体制を整備し、当該業務の適確かつ適正な運営を確保する必要がある。このため、クレジットカード番号等取扱契約締結事業者は、以下の点に留意して委託先の管理を行わなければならない。
(1)　委託先の選定基準及び手続を定め、日常業務において実践していること。
(2)　委託先の業務実施状況を定期的又は必要に応じて確認する体制を整備し、日常業務において実践していること。また、確認の結果、問題があると認められる場合には、改善を指示する等の措置を講じる体制が定められていること。
(3)　委託先との契約等において、委託先が法令違反を行った場合、委託元であるクレジットカード番号等取扱契約締結事業者に報告することを定めていること。
(4)　利用者等の利益の保護のため、委託先が法令違反を行う等の行為が認められた場合、速やかに委託契約を解除する等の措置を明確に定めていること。
(5)　委託先の委託業務の実施状況等から、当該委託先によるクレジットカード番号等の適切な管理等に支障を生じ、又は生ずるおそれが認められた場合、速やかに委託契約を変更し、又は解除する等の措置を明確に定めていること。

Ⅱ－2－2－5－4　クレジットカード番号等の管理【クレジットカード番号等取扱契約締結事業者対象項目】

割販法第35条の17の9に規定する「クレジットカード番号等に関する情報」とは、クレジットカード番号等取扱契約の締結に係る業務に関して取得したクレジットカード番号等取扱契約締結事業者が加盟店契約の締結に係る業務を実施するに当たって取得した購入者等のクレジットカード番号等に加え、当該クレジットカード番号等に付随した購入者等の個人情報（氏名、住所等）、購買情報（購入日時、場所及び購入時のサイン情報等）（以下「購入者等情報」という。）が含まれる。このため、クレジットカード番号等取扱契約締結事業者は、クレジットカード番号等及び購入者等情報の漏えい等の事故を防止するための安全管理措置、従業者の監督を実施しなければならない。また、当該情報を第三者に委託する場合には、委託先による当該情報の取扱いについて監督する必要がある。

したがって、クレジットカード番号等取扱契約締結事業者は、以下の点に留意し、クレジットカード番号等及び購入者等の個人情報の漏えい等の事故を防止するための措置を講じるための体制を整備しなければならない。

1. クレジットカード番号等の取扱い
(1)　クレジットカード番号等の管理を行う責任部署及び責任者を定めていること。
(2)　クレジットカード番号等の管理者を限定する等、自社の役職員によるクレジットカード番号等の不正な取扱いを防止するための措置を講じていること。
(3)　ガイドラインの対象となるクレジットカード番号等については、ガイドラインに掲げられた漏えい等の事故の防止措置又はそれと同等以上の措置を講ずることを定め、これらの措置を講じていること。また、毎年のガイドラインの見直し等を踏まえて、自社の漏えい等の事故の防止措置について見直すこととしていること。
ガイドラインの対象ではないクレジットカード番号等については、不正利用のリスク等に応じて必要かつ適切な漏えい等の事故の防止措置を定め、当該措置を実施していること。
(4)　クレジットカード番号等の漏えい等の事故が発生し、又は発生したおそれがある場合の対応部署を定め、直ちに事故の状況を把握し、当該事故の発生状況に応じた事故の拡大防止措置を実施する体制を整備していること。また、事故の対象となるクレジットカード番号等を速やかに特定し、事故の原因を究明するための調査を速やかに実施するための体制を整備していること。クレジットカード決済システムからの漏えい等の事故の発生、又はそのおそれがある場合には、デジタルフォレンジック調査等の調査を実施する体制を整備していること。
(5)　クレジットカード番号等の漏えい等の事故が発生し、又は発生したおそれがある場合に、類似の漏えい等の事故を再発防止するための措置を検討し、実施する体制を整備していること。
(6)　クレジットカード番号等の漏えい等の事故が発生し、又は発生したおそれがある場合に関係機関、関係事業者への連絡体制を整備し、事故発生時に迅速かつ適切な対応を実施するよう役職員に周知していること。
(7)　クレジットカード番号等の取扱いを委託する場合、委託先との契約に当該委託先が実施するべきクレジットカード番号等の管理措置の内容、クレジットカード番号等の漏えい等の事故が発生し、又は発生したおそれがある場合の事故の状況把握及び自社への報告、事故の拡大防止、原因究明調査、再発防止措置を実施することを定めていること。また、これらの措置を適切に実施できないと認められた場合には、契約内容を変更することや契約を解除することを定めていること。
(8)　委託先の監督に係る基準や手続を定め、日常業務の運営において実践していること。
(9)　委託先においてクレジットカード番号等の漏えい等の事故が発生し、又は発生したおそれがある場合に委託先に指導等の措置を実施する体制を整備していること。

2. 購入者等情報の取扱い

（1） 購入者等に関する情報を管理する責任部署及び責任者を明確に定めていること。

（2） 個人情報保護法及び保護法ガイドラインに基づく情報の取扱基準を定め、日常業務の運営において実践していること。

（3） 情報の漏えい及び目的外利用を防止するための情報管理体制の整備及び運用手順が整備されていること。

（4） 購入者等の情報の管理及び取扱いを委託する場合は、委託先が上記（2）と同等の水準の安全管理措置及び従業者の監督等を実施することを定めていること。また、委託先の監督に係る基準や手続を定め、日常業務の運営において実践していること。

（5） 情報の漏えい又は目的外利用が発生した場合における関係企業、漏えい対象者及び行政への連絡体制を整備し、役職員に周知徹底していること。

（6） 認定割賦販売協会会員については、認定個人情報保護団体で主催する研修に役職員を定期的に参加させることとなっていること。また、認定割賦販売協会非会員については、会員と同等の内容の社内教育を行っていること。

Ⅱ－2－2－5－5　加盟店におけるクレジットカード番号等の適切な管理等

クレジットカード番号等は、不正に取り扱われた場合には、利用者等の財産被害に直結し得るものであり、要保護性が高い情報であり、クレジットカード番号等を取り扱う事業者それぞれがクレジットカード番号等を適切に管理し、クレジットカード番号等が不正に取り扱われることを防止するための措置を講じる必要がある。

これらを踏まえ、割賦販売法では漏えい等の事故、不正利用及び自社の役職員等によるクレジットカード番号等の不適切な方法による取扱いを防止するための措置を講じることを義務付けている。

クレジットカード番号等の漏えい等の事故の防止措置及び不正利用の防止措置に関しては、法令においてはセキュリティ確保に不可欠な機能のみを定め、その実現手段及び方法については、各事業者の創意工夫に基づく多様な手法に対してオープンなものとする「性能規定」の考えの下、加盟店に対して必要かつ適切な措置を講ずることを求めている。この「必要かつ適切な措置」については、最新の技術動向等を踏まえて毎年見直しが行われるガイドラインに掲げられる措置が実務上の指針となるものであり、ガイドラインに掲げる措置又はそれと同等以上の措置を講じている場合には「必要かつ適切な措置」が講じられているものと認められる。

これらを踏まえ、加盟店は、以下の点に留意してクレジットカード番号等の適切な管理及び不正利用を防止するための措置を講じなければならない。なお、マンスリークリア専用のクレジットカード番号等も本項目の対象となることに留意すること。

（1） ガイドラインの対象となるクレジットカード番号等については、ガイドラインに掲げられた漏えい等の事故の防止措置又はそれと同等以上の措置を講じていること。

ガイドラインの対象ではないクレジットカード番号等については、不正利用のリスク等に応じた必要かつ適切な漏えい等の事故の防止措置を実施していること。

（2） ガイドラインの対象となるクレジットカード番号等については、ガイドラインに掲げられた不正利用の防止措置又はそれと同等以上の措置を講じていること。

ガイドラインの対象ではないクレジットカード番号等については、不正利用のリスク等に応じた必要かつ適切な不正利用の防止措置を講じていること。

（3） クレジットカード番号等の管理者を限定する等、自社の役職員によるクレジットカード番号等の不正な取扱いを防止するための措置を講じていること。

Ⅱ－3　監督の手法

信用購入あっせん業者に対する監督は、先述したように、信用購入あっせん業者の業況に関する情報を適確に把握、分析し、信用購入あっせん業者の業務の健全性及び適切性に係る問題を早期に発見するとともに、必要に応じて行政処分等の監督上の措置を行うものである。

具体的には、オンサイト（立入検査）とオフサイト（報告徴収等）の多様な手法を適切に組合せ、適確な情報収集を行い、その情報を元に、業務の健全性・適正性・違法性（行為規制違反、社内体制整備等の不備等）について分析・検証を行い、購入者等の利益の保護及びクレジット取引の健全な発展の観点から、改善に向けた指摘（以下「改善指摘」という。）や行政処分等の必要性について判断し、実施することである。監督の基本的な手法は、以下のとおり。

なお、監督に当たっては信用購入あっせん業者の多種多様な業態に配慮しながら実施することに留意する必要がある。

Ⅱ－3－1　情報収集

Ⅱ－3－1－1　事情聴取等

（1） 経済産業省本省又は主管局は、定期的に提出される事業報告書等、行政機関に寄せられる苦情、及び職員による信用購入あっせん業等の業務に関し法令に違反する行為又は信用購入あっせんの業務の適正な運営に支障を来す行為（以下「不祥事件」という。）の発生に関する報告を受ける等により情報を入手し、実態把握に努める。

なお、信用購入あっせん業者等は、不祥事件があったことを知った場合には、迅速かつ適切な対応による購入者等の利益の保護の観点から、経済産業省本省又は主管局に速やかに当該事実を申し出ることが望まれる。

（注） 不祥事件とは、信用購入あっせん業等の業務に関し法令に違反する行為の外、次に掲げる行為が該当する。

・信用購入あっせん業等の業務に関し、購入者等の利益を損なうおそれのある詐欺、横

領、背任等
・信用購入あっせん業等の業務に関し、利用者等から告訴、告発され又は検挙された行為
・外部からのサイバー攻撃等によるクレジット決済システムの遅延、停止
・その他信用購入あっせん業等の業務の適正な運営に支障を来す行為又はそのおそれのある行為 等

（2） 経済産業省本省又は主管局は、入手した情報を精査した結果、信用購入あっせん業者等に法令違反行為や体制整備要件の不備（以下「法令違反」という。）等のおそれがあると認めるときは、当該事業者に対して事情聴取や関係資料の提出等を求めるものとする。

Ⅱ－3－1－2 報告徴収・物件提出命令、立入検査

Ⅱ－3－1－2－1 法令違反の事実確認

（1） 事情聴取等の結果、法令違反等のおそれが認められ処分の実施を検討する上で必要がある場合、又は事情聴取の求めに応じない場合等には、報告徴収命令又は立入検査により、当該法令違反等に関する事実関係、改善措置等を確認することとする。
ただし、信用購入あっせん業者等による適正な業務運営に向けた自主的な取組を促進する観点から、信用購入あっせん業者等から法令違反等に関する報告を受け、当該報告の内容から法令違反等の改善措置、再発防止策及び購入者等の利益の保護に関する措置が適切に講じられると判断される場合には、引き続き事情聴取及び書面による報告等により、改善措置等に関するフォローアップを行うものとする。

（2） 購入者等の利益の保護及び被害の拡大防止等の観点から緊急性が高いと認められる場合並びに処分の発動要件を充足することが明白な場合は、報告徴収命令及び立入検査を行うことなく、直ちに処分の実施を検討することを妨げない。

（3） 上記（1）の報告内容を検証した結果、処分の必要性が認められない場合、すなわち購入者等の利益の保護及び業務の健全性及び適切性等の観点から重大な問題が発生しておらず、かつ、当該事業者の自主的な改善措置を求めることが可能な場合においては、事情聴取等を通じて、上記（1）において報告された改善措置のフォローアップを行うものとし、改善措置が講じられたと認められるまで継続的に報告を求めるものとする。

（4） 上記（1）の報告徴収又は立入検査の結果を検証した結果、法令違反その他購入者等の利益の保護及び業務の健全性・適切性等の観点から重大な問題が認められる場合、又は当該事業者の自主的な改善措置を求めることが可能ではない場合には、処分の実施を検討するものとする。

Ⅱ－3－1－2－2 改善命令、改善指摘の履行状況の確認

信用購入あっせん業者等に対して改善命令を発出する場合、改善命令と併せて改善命令事項の履行状況を確認するための報告徴収命令を発出することとする。また、改善命令には至らなかったが、改善指導をしたものについても履行状況を確認する。なお、詳細はⅡ－3－2－1－6に記述する。

Ⅱ－3－1－3 立入検査

監督を実施するに当たって、検査は主要な手段の一つであり、立入検査（定期検査、機動検査）によるオンサイトの取組により信用購入あっせん業者の法令等遵守状況等を検証した上で、問題点の把握を行うものとする。なお、検査の詳細については第3章に記述する。

Ⅱ－3－2 監督上の措置

Ⅱ－3－2－1 行政処分

Ⅱ－3－2－1－1 行政処分の定義

本基本方針において「行政処分」とは、包括信用購入あっせん業者、個別信用購入あっせん業者、クレジットカード番号等取扱業者（加盟店を除く。）及びクレジットカード番号等取扱契約締結事業者に対する行政手続法第2条第4号に規定する不利益処分であり、具体的には以下のとおり定義する。

（1） 「改善命令」とは、以下の処分をいう。
① 割販法第30条の5の3第1項の規定に基づく包括信用購入あっせん業者（認定包括信用購入あっせん業者及び登録少額包括信用購入あっせん業者を除く。）への改善命令
② 割販法第30条の6第1項の規定に基づく認定包括信用購入あっせん業者への改善命令
③ 割販法第34条の規定に基づく登録包括信用購入あっせん業者への改善命令
④ 割販法第35条の2の8第1項の規定に基づく登録少額包括信用購入あっせん業者への改善命令
⑤ 割販法第35条の3において読み替えて準用する割販法第34条の規定に基づく登録少額包括信用購入あっせん業者への改善命令
⑥ 割販法第35条の3の21第1項の規定に基づく個別信用購入あっせん業者への改善命令
⑦ 割販法第35条の3の31の規定に基づく登録個別信用購入あっせん業者への改善命令
⑧ 割販法第35条の17の規定に基づくクレジットカード番号等取扱業者への改善命令
⑨ 割販法第35条の17の10の規定に基づくクレジットカード番号等取扱契約締結事業者への改善命令

（2） 「認定取消し」とは、割販法第30条の5の4第5項の規定に基づく認定包括信用購入

あっせん業者に対する認定の取消しをいう。

（3）「業務停止命令」とは、以下の処分をいう。

①　割販法第34条の2第2項の規定に基づく登録包括信用購入あっせん業者に対する業務停止命令

②　割販法第35条の2の14第2項の規定に基づく登録少額包括信用購入あっせん業者に対する業務停止命令

③　割販法第35条の3の32第2項の規定に基づく登録個別信用購入あっせん業者に対する業務停止命令

（4）「登録取消し」とは、以下の処分をいう。

①　割販法第34条の2第1項の規定に基づく登録包括信用購入あっせん業者の登録の取消し

②　割販法第34条の2第2項の規定に基づく登録包括信用購入あっせん業者の登録の取消し

③　割販法第35条の2の14第1項の規定に基づく登録少額包括信用購入あっせん業者の登録の取消し

④　割販法第35条の2の14第2項の規定に基づく登録少額包括信用購入あっせん業者の登録の取消し

⑤　割販法第35条の3の32第1項の規定に基づく登録個別信用購入あっせん業者の登録の取消し

⑥　割販法第35条の3の32第2項の規定に基づく登録個別信用購入あっせん業者の登録の取消し

⑦　割販法第35条の17の11第1項の規定に基づくクレジットカード番号等取扱契約締結事業者の登録の取消し

⑧　割販法第35条の17の11第2項の規定に基づくクレジットカード番号等取扱契約締結事業者の登録の取消し

Ⅱ－3－2－1－2　行政処分の基準

経済産業省本省及び主管局担当課は、事情聴取、報告徴収及び検査等の監督手段を用い情報収集をし、当該情報を分析し、業務改善等の必要性を検討した結果、法令違反行為を確認し、業務の改善等を求める必要がある場合には、行政処分を講じることとし、その判断に当たっては、「割賦販売法に基づく経済産業大臣の処分に係る審査基準等について（平成21年9月15日付平成21・09・08商第4号）」及び割賦販売法に基づく主管局長の処分に係る審査基準等について（以下「審査基準」と総称する。）に規定する以下（Ⅱ－3－2－1－3、Ⅱ－3－2－1－4及びⅡ－3－2－1－5）の基準に従うものとする。その際、「重大性又は悪質性の有無等の観点」とは、主に以下の（1）から（3）に掲げる事項のことを意味するものとする。

（1）当該行為の重大性・悪質性

①　購入者等被害の程度

広範囲にわたって多数の購入者等が被害を受けた又は受ける可能性があるか。また、個々の事案における被害が深刻なものであるか。

②　行為自体の悪質性

例えば、特定取引に係る加盟店の悪質な勧誘行為について、契約者から多数の苦情が寄せられているにもかかわらず、苦情の原因究明等を行わない上、当該加盟店から持ち込まれるクレジット契約を引き続き締結するなどの行為が見られるか。

③　故意性の有無

当該行為が故意に行われたのか、過失によるものか。

④　組織性の有無

当該行為が現場の個人の判断で行われたものか、あるいは担当管理職又は管理部門も関わっていたのか。さらに、経営陣の関与があったのか。

⑤　隠蔽の有無

問題を認識した後に隠蔽行為はなかったか。隠蔽がある場合には、それが組織的なものであったか。

⑥　当該行為が行われた期間や反復性

当該行為が長期間にわたって行われたのか、短期間のものだったのか。反復・継続して行われたものか、一回限りのものか。また、過去に同様の違反行為が行われたことがあるか。

（2）当該行為の背景となった経営管理体制及び業務運営体制の適切性

①　代表取締役や取締役会の法令等遵守に関する認識や取組は十分か。

②　内部監査部門の体制は十分か、また適切に機能しているか。

③　コンプライアンス部門やリスク管理部門の体制は十分か。また適切に機能しているか。

④　職員の法令等遵守に関する認識は十分か。また、社内教育が十分なされているか。

（3）軽減事由

上記（1）及び（2）の他に、行政による対応に先行して、自主的に当該行為を経済産業省本省又は主管局に申し出ている、当該事業者自身が自主的に購入者等の保護のために所要の対応に取り組んでいる、といった処分内容の軽減あるいは猶予を考慮すべき事由があるか。

Ⅱ－3－2－1－3　包括信用購入あっせん業者に対する行政処分

（1）改善命令（割販法第30条の5の3）

割販法第30条の5の3第1項の規定に基づく包括信用購入あっせん業者（認定包括信用購

入あっせん業者及び登録少額包括信用購入あっせん業者を除く。）への改善命令に係る処分基準は、同項の規定を基本としつつ、重大性又は悪質性の有無等の観点から総合的に勘案して判断するものとする。

なお、割販法第30条の2の2本文の規定に違反しているか否かの判断のうち、支払可能見込額の算定に係る判断については、審査基準別紙3を基本とするものとする。

また、割販法第30条の5の2の規定に違反していると認めるときとは、審査基準別紙2の1．の（4）、（5）又は2．の（1）に定める体制に基づき業務を運営していない場合とする。

（2）　認定取消し（割販法第30条の5の4第5項）

割販法第30条の5の4第5項第1号の規定に基づく認定包括信用購入あっせん業者の認定取消しに係る処分基準は、同条第1項第1号に係るものについては審査基準別紙5を、同項第2号に係るものについては審査基準別紙2を基本としつつ、消費者保護等の観点から総合的に勘案して判断するものとする。

同条第5項第2号については、審査基準別紙6を基本としつつ、消費者保護等の観点から総合的に勘案して判断するものとする。

同項第3号及び第4号については、これらの号の規定を基本としつつ、重大性又は悪質性の有無等の観点から総合的に勘案して判断するものとする。

（3）　改善命令（割販法第30条の6）

割販法第30条の6第1項の規定に基づく認定包括信用購入あっせん業者への改善命令に係る処分基準は、同項の規定を基本としつつ、重大性又は悪質性の有無等の観点から総合的に勘案して判断するものとする。

なお、割販法第30条の5の5第1項本文の規定に違反しているか否かの判断のうち、認定包括信用購入あっせん業者の延滞率に係る判断については、審査基準別紙7を基本とするものとする。

また、割販法第30条の5の2の規定に違反していると認めるときとは、審査基準別紙2の1．の（4）、（5）又は2．の（1）に定める体制のとおり業務を運営していない場合とする。

（4）　改善命令（割販法第34条）

割販法第34条の規定に基づく登録包括信用購入あっせん業者への改善命令に係る処分基準は、審査基準別紙2の1．及び2．に定める要件を満たしていないことを基本としつつ、重大性又は悪質性の有無等を勘案して総合的に判断するものとする。

（5）　登録取消し（割販法第34条の2第1項）

割販法第34条の2第1項の規定に基づく登録包括信用購入あっせん業者の登録取消しについては、同項に規定する登録取消しの基準に該当することを確認した場合には、登録包括信用購入あっせん業者の登録を取り消すこととする。

（6）　登録取消し（割販法第34条の2第2項）

割販法第34条の2第2項の規定に基づく登録包括信用購入あっせん業者の登録取消しに係る処分基準は、同項各号のいずれかに該当し、かつ、重大性又は悪質性が相当程度に認められ、業務を継続させるのが適当でないと認められることとする。

（7）　業務停止命令（割販法第34条の2第2項）

割販法第34条の2第2項の規定に基づく登録包括信用購入あっせん業者への業務停止命令に係る処分基準は、同項各号のいずれかに該当する場合において、重大性又は悪質性の有無等の観点から、当該事業者の業務の改善に係る取組に一定期間を要し、業務改善に専念・集中させる必要があるか、業務を継続させることが適当かどうかを検討して判断するものとする。

（8）　改善命令（割販法第35条の2の8）

割販法第35条の2の8第1項の規定に基づく登録少額包括信用購入あっせん業者への改善命令に係る処分基準は、同項の規定を基本としつつ、重大性又は悪質性の有無等の観点から総合的に勘案して判断するものとする。

なお、登録少額包括信用購入あっせん業者の延滞率に関して、割販法第35条の2の4第1項本文の規定に違反しているか否かの判断については、審査基準別紙7を基本とするものとする。

また、割販法第30条の5の2の規定に違反していると認めるときとは、別紙2の1．の（4）、（5）又は2．の（1）に定める体制のとおり業務を運営していない場合とする。

（9）　登録取消し（割販法第35条の2の14第1項）

割販法第35条の2の14第1項の規定に基づく登録少額包括信用購入あっせん業者の登録取消しについては、同項に規定する登録取消しの基準に該当することを確認した場合には、登録少額包括信用購入あっせん業者の登録を取り消すこととする。

同項第2号の規定による登録少額包括信用購入あっせん業者への登録取消しに係る処分基準は、審査基準別紙6を基本としつつ、消費者保護等の観点から総合的に勘案して判断するものとする。

（10）　登録取消し（割販法第35条の2の14第2項）

割販法第35条の2の14第2項の規定に基づく登録少額包括信用購入あっせん業者の登録取消しに係る処分基準は、同項各号のいずれかに該当し、かつ、重大性又は悪質性が相当程度に認められ、業務を継続させるのが適当でないと認められることとする。

（11）　業務停止命令（割販法第35条の2の14第2項）

割販法第35条の2の14第2項の規定による登録少額包括信用購入あっせん業者への業務停止命令に係る処分基準は、同項各号のいずれかに該当する場合において、重大性又は悪質性の有無等の観点から、当該事業者の業務の改善に係る取組に一定期間を要し、業務改善に専念・集中させる必要があるか、業務を継続させることが適当かどうかを検討して判断するものとする。

(12) 改善命令（割販法第35条の3において読み替えて準用する割販法第34条）

割販法第35条の3において読み替えて準用する割販法第34条の規定による登録少額包括信用購入あっせん業者への改善命令に係る処分基準は、割販法第35条の2の11第1項第10号及び同項第11号ロに係るものについては、審査基準別紙2の1．及び2．に定める要件を満たしていないことを基本としつつ、重大性又は悪質性の有無等の観点から総合的に勘案して判断するものとする。

また、同号イに係るものについては、審査基準別紙5に定める要件を満たしていないことを基本としつつ、消費者保護の観点から総合的に勘案して判断するものとする。

Ⅱ－3－2－1－4 個別信用購入あっせん業者に対する行政処分

(1) 改善命令（割販法第35条の3の21）

割販法第35条の3の21第1項の規定に基づく個別信用購入あっせん業者への改善命令に係る処分基準は、同項の規定を基本としつつ、重大性又は悪質性の有無等を勘案して総合的に判断するものとする。

なお、割販法第35条の3の4本文の規定に違反しているか否かの判断のうち、支払可能見込額の算定に係る判断については、審査基準別紙3を基本とするものとする。また、割販法第35条の3の20の規定に違反していると認めるときとは、審査基準別紙2の1．の(4)、(5)又は3．の(2)に定める体制に基づき業務を運営していない場合とする。

(2) 改善命令（割販法第35条の3の31）

割販法第35条の3の31の規定に基づく登録個別信用購入あっせん業者への改善命令に係る処分基準は、審査基準別紙2の3．に定める要件を満たしていないことを基本としつつ、重大性又は悪質性の有無等を勘案して総合的に判断するものとする。

(3) 登録取消し（割販法第35条の3の32第1項）

割販法第35条の3の32第1項の規定に基づく登録個別信用購入あっせん業者の登録取消しについては、同項に規定する登録取消しの基準に該当することを確認した場合には、登録個別信用購入あっせん業者の登録を取り消すこととする。

(4) 登録取消し（割販法第35条の3の32第2項）

割販法第35条の3の32第2項の規定に基づく登録個別信用購入あっせん業者の登録取消しに係る処分基準は、同項各号のいずれかに該当し、かつ、重大性又は悪質性が相当程度に認められ、業務を継続させるのが適当でないと認められることとする。

(5) 業務停止命令（割販法第35条の3の32第2項）

割販法第35条の3の32第2項の規定に基づく登録個別信用購入あっせん業者への業務停止命令に係る処分基準は、同項各号のいずれかに該当する場合において、重大性又は悪質性の有無等の観点から、当該事業者の業務の改善に係る取組に一定期間を要し、業務改善に専念・集中させる必要があるか、業務を継続させることが適当かどうかを検討して判断するものとする。

Ⅱ－3－2－1－5 クレジットカード番号等取扱業者（加盟店を除く。）又はクレジットカード番号等取扱契約締結事業者に対する行政処分

(1) 改善命令（割販法第35条の17）

割販法第35条の17の規定に基づくクレジットカード番号等取扱業者への改善命令に係る処分基準は、割販法第35条の16の規定に基づく割販法省令で定める基準に適合していないと認められる場合において、重大性又は悪質性の有無等を勘案して総合的に判断するものとする。

(2) 改善命令（割販法第35条の17の10）

割販法第35条の17の10に基づくクレジットカード番号等取扱契約締結事業者への改善命令に係る処分基準は、審査基準別紙2の4．に定める要件を満たしていないこと、又は同条の規定を基本としつつ、重大性又は悪質性の有無等の観点から総合的に勘案して判断するものとする。なお、割販法第35条の17の9の規定に違反していると認めるときとは、審査基準別紙2の4．の(2)又は(3)に定める体制に基づき業務を運営していない場合とする。

(3) 登録取消し（割販法第35条の17の11第1項）

割販法第35条の17の11第1項の規定に基づくクレジットカード番号等取扱契約締結事業者の登録取消しについては、同項に規定する登録取消しの基準に該当することを確認した場合には、クレジットカード番号等取扱契約締結事業者の登録を取り消すこととする。

(4) 登録取消し（割販法第35条の17の11第2項）

割販法第35条の17の11第2項の規定に基づくクレジットカード番号等取扱契約締結事業者の登録取消しに係る処分基準は、同項各号のいずれかに該当し、かつ、重大性又は悪質性が相当程度に認められ、業務を継続させるのが適当でないと認められることとする。

Ⅱ－3－2－1－6 行政手続法等に基づく手続

(1) 行政処分に係る事務処理

① 認定取消し、登録取消し、業務停止命令及び改善命令の処分に先立ち、下記の手順において、行政手続法、経済産業省聴聞手続規則（平成6年通商産業省令第62号）、割販法第43条、割販法省令第139条の規定等に基づく聴聞を行う。

ア) 聴聞の実施に当たっては、当該処分に係る者（以下「当事者」という。）に聴聞通知書が送付される。

イ) 上記ア)の通知後、経済産業省は告示を行う。当該告示に基づき、利害関係人から経済産業省へ聴聞への出席を求める書面の提出が行われた場合には、聴聞への出席を許可する利害関係人を選定し、当該利害関係人に通知を行う。

ウ) 聴聞の期日又は場所を変更される場合においては、当事者及びイ)において聴聞

への出席を許可した利害関係人に変更後の期日又は場所が通知される。

エ）聴聞が当初予定の期日で終結せず続行する必要があるときは、次回の期日及び場所を、当事者及びイ）において聴聞への出席を許可した利害関係人に通知される。

② 改善命令が発出されるに先立って、下記の手順において、行政手続法に基づく弁明の機会の付与を行う。

ア）弁明の機会の付与に係る通知は、原則として当事者に手交される。なお、手交には応じられない場合には、郵送により交付することは妨げない。

イ）弁明書及び証拠書類等の提出期限は、上記ア）の通知書の手交を受けた日の翌日から起算して原則として10日後の日とする。ただし、天災又は火災その他人的災害で自己の責任によらないものに起因する災害の発生その他当該事業者の責めに帰することができない状態にあることにより、当該期限までに弁明書及び証拠書類等を提出できなかったときは期限を延長することができる。

ウ）弁明の内容において、法令の適用又は処分の原因となる事実について当事者との間で見解の相違が認められる場合は、これが参酌され得る。

(2) 行政処分通知書の交付

行政手続法等に基づく手続を経て処分を実施するときは、原則として、当事者に対して、経済産業省本省又は主管局への来庁を処分日（処分通知書交付日）の前日に要請し、処分日当日に処分通知書を手交する。

なお、当事者が出頭しないときその他やむを得ない事情があるときは、処分通知書は郵送により交付する。

(3) 行政処分の公表

認定取消し、登録取消し、業務停止命令及び改善命令に係る処分通知書の交付が行われたときは、原則として、主管局のホームページにおいて行政処分の内容等を公表する。なお、公表内容には、原則として、次の事項を掲載するものとする。

ア）事業者の名称

イ）代表者の氏名

ウ）本社の所在地

エ）処分の年月日

オ）処分の内容

カ）処分の理由

(4) 行政処分の公示

登録取消し及び業務停止命令の処分が行われたときは、割販法第34条の4（第35条の3において読み替えて準用する場合を含む。）、割販法第35条の3の35において準用する割販法第24条の規定又は割販法第35条の17の13の規定により官報公示を行う。

(5) 行政処分の発効

① 認定取消し、登録取消し及び業務停止命令の執行に当たっては、当該行政処分による消費者その他関係者への影響等を必要最小限に抑制する観点から、行政処分が発効する日は、以下のとおりとする。ただし、消費者保護の観点から必要と認められる場合は、行政処分の発効までの期間を短縮又は延長することがある。

ア）認定取消し及び登録取消しは、行政処分通知書の交付日の翌日から起算して概ね1月後の日から発効させるものとする。

イ）業務停止命令は、行政処分通知書の交付日の翌日から起算して、概ね2週間後の日から発効させるものとする。

② 改善命令については、消費者保護の観点から命令事項を直ちに履行に着手させる必要があるため、行政処分通知書の交付日から発効させるものとする。

(6) 改善命令の履行状況に係る報告徴収命令

① 改善命令の発出に当たっては、事後に改善命令の履行状況を確認する必要があるため、改善命令と併せて報告徴収命令を発出し、行政処分通知書の交付日から原則として1月後を期限として、以下の事項について報告を求める。

ア）法令違反等の責任の所在及び責任者に対する措置

イ）法令違反等の原因（財務、組織、管理方法等のすべての原因）

ウ）改善命令に対して既に実施した改善措置並びに今後実施予定の改善措置及びその実施時期

② 上記①の報告内容を検証した結果、改善措置が不十分であると認められた場合には、必要に応じて当該報告書の修正や追加報告等を求める。

③ 上記①の報告内容を検証した結果、改善命令により課された義務を履行していないと認められた場合には、改善命令違反として、更なる行政処分の実施が検討されることに留意すること。

(7) 標準的な処理期間

行政処分に係る処理は、立入検査後又は報告徴収命令に基づく報告書を受領後、原則として、概ね3月（消費者庁との調整を要する場合は概ね4月）以内を目途に行うものとする。ただし、聴聞、弁明の機会の付与又は意見の聴取に要する期間は、上記の標準処理期間には含まれないものとする。

また、「報告書を受領」したときとは、報告書に関し、資料の訂正、追加提出等を経た最終的な報告書を受領したときとする。

Ⅱ-3-2-2 行政指導

Ⅱ-3-2-2-1 行政指導を行う際の留意点

上記の行政処分の基準に照らし、行政処分には至らないが業務の是正が適当と判断される場合には、行政指導（行政手続法第2条第6号に規定する行政指導をいう。以下同じ。）を行うこととし、その際には、以下の点に留意する。

（１）行政指導の内容があくまでも相手方の任意の協力によってのみ実現されていること。

（２）相手方が行政指導に従わなかったことを理由として不利益な取扱いをしないこと。

Ⅱ-3-2-2-2　行政指導の方式

行政指導を行う際には、以下の方式に従い行うこととする。

（１）相手方に対し、行政指導の趣旨及び内容並びに責任者を明確に示すこと。

（２）相手方から、行政指導の趣旨及び内容並びに責任者を記載した書面の交付を求められた時には、行政上特別の支障がない限り、原則としてこれを交付すること。

割賦販売法（後払分野）に基づく監督の基本方針パブリックコメント

【平成三十年二月十六日公表のパブリックコメントの結果】

番号	該当箇所	意見の内容	回答
1	Ⅰ-6 用語の定義（18）加盟店	以下の内容に修正して頂きたい。 以下のいずれかに該当するものをいう。 ① 割販法第三十条の二の三第四項柱書に規定する包括信用購入あっせん関係販売業者又は包括信用購入あっせん関係役務提供事業者 ② 割販法第三十五条の三の二第一項柱書に規定する個別信用購入あっせん関係販売業者又は個別信用購入あっせん関係役務提供事業者 ③ 割販法第三十五条の十六第一項第三号に規定するクレジットカード等購入あっせん関係販売業者又はクレジットカード等購入あっせん関係役務提供事業者	ご指摘を踏まえて修正いたします。
2	Ⅱ-2-2-1-1 与信審査等【信用購入あっせん業者対象項目】（2）	「・・・車検に係る契約が該当するが、・・・」と記載のあるところ、法定点検に係る契約を追加すべきではないか。	ご指摘を踏まえ修正いたします。
3	Ⅱ-2-2-2-4 苦情処理等【信用購入あっせん業者対象項目】	（4） 苦情の内容、重要性に即した合理的な苦情の類型化の基準 （5） 包括信用購入あっせん業者が加盟店に関する苦情を類型化し、クレジットカード番号等取扱契約締結事業者へ通知を行う基準 （6） 個別信用購入あっせん業者が加盟店に対し苦情対応調査を行う基準 （10） 支払停止の抗弁申出に係る対応についての手続、運用 上記四項目については、社内規則に定めるに止まらず、購入者等に対して事前に情報提供したり、問い合わせに対してわかりやすく説明したりすることを求めるべきである。	左記の基準等については、法令に基づいて信用購入あっせん業者の体制整備として社内規則等に定めることを求めておりますが、当該基準等を事前に情報提供することは、信用購入あっせん業者の事業活動の状況や信用購入あっせん業者と消費者との関係に鑑み、基本方針として求めることとはしないこととしております。 ご意見につきましては今後の参考として承らせていただきます。
4	Ⅱ-2-2-5-2 加盟店調査及び措置【クレジットカード番号等取扱契約締結事業者対象項目】	決済代行業者が介在する契約の場合、どの業者がクレジットカード番号等取扱契約締結事業者に該当するか明確に記載してはどうか。	クレジットカード会社と加盟店との間に決済代行業等の中間業者が介在している場合には、加盟店契約の締結及び解除について最終決定権限を有する者がクレジットカード番号等取扱契約締結事業者に該当することになります。 ご指摘を踏まえ、その旨を記載いたします。
5	Ⅱ-2-2-5-2 加盟店調査及び措置【クレジットカード番号等取扱契約締結事業者対象項目】1.（4）	・「類型化の基準を社内規則等に定め・・・加盟店営業部署とのあいだで共有」の表記について、共有部署は営業部署に限定しない表記としてはどうか。 ・「営業部署等の関連部署」という表記もあり、こちらの方が適切ではないか。	ご指摘を踏まえ修正いたします。

6	Ⅱ－2－2－5－4 クレジットカード番号等の管理【クレジットカード番号等取扱契約締結事業者対象項目】 2．購入者等情報の取扱い	「購入者等情報」という用語や概念は、割賦販売法や割賦販売法施行規則等の法令にも、旧方針にも登場しない、新しいものであるため、当該項目を項目ごと削除するとともに、個人情報保護について監督の基本方針を定める必要があるのであれば、クレジットカード番号等取扱契約締結事業者に限らず、また、「購入者等情報」に限らない内容とすべきである。	法第三十五条の十七の九に定める「クレジットカード番号等取扱契約の締結に係る業務に関して取得したクレジットカード番号等に関する情報」には、クレジットカード番号等に加え、当該クレジットカード番号等に付随した利用者又は購入者等の個人情報（氏名、住所等）、購買情報（購入日時、場所及び購入時のサイン情報等）が含まれるものと法制上整理しており、基本方針においては当該情報を「購入者等情報」として定義しております。この旨をⅡ－2－2－5－4に明記いたします。 その他のご意見については参考として承らせていただきます。
7	Ⅱ－2－2－5－4 クレジットカード番号等の管理【クレジットカード番号等取扱契約締結事業者対象項目】 2．購入者等情報の取扱い	「加盟店契約の締結に係る業務の実施に際して取得した購入者等の個人情報」とは何か具体的に記載していただきたい。	加盟店契約の締結に係る業務の実施に際して取得したクレジットカード番号等に付随する利用者又は購入者等の個人情報（氏名、住所等）、購買情報（購入日時、場所及び購入時のサイン情報等）が該当いたします。この旨をⅡ－2－2－5－4に明記いたします。
8	Ⅱ－2－2－5－5 加盟店におけるクレジットカード番号等の適切な管理等	本条項は加盟店におけるクレジットカード番号等の管理に関する規定であるところ、クレジットカード等購入あっせん業者に関する規定は不要と思料されるため、本文第四段落目、なお書き以降は削除してはどうか。	ご指摘を踏まえ修正いたします。
9	Ⅲ－4－2－3－3 クレジットカード番号等の適切な管理 2．クレジットカード番号等の適切な管理の実施状況（1）	改正箇所は、現行の基本方針が「（2）クレジットカード番号等を取り扱う施設等への不正アクセス防止措置を講じているか。」とし、物理的安全管理に相当する措置を求めていることに替えて、対象を自社の役職員に絞った上で、技術的安全管理に相当する措置あるいはそれ以上に広範な措置を求めることに、検査のポイントを変更したようにも見える。もしそうであれば、該当箇所の規定は、（1）対象を自社内の役職員に限定したものであること、（2）求める措置は、技術的安全管理に相当する措置に限定したものであること、もしくは、（3）求める措置は、物理的ないし技術的安全管理に限らず、それ以上に広範な措置を求めるものであること、を明確にしていただきたい。 合わせて、今回の改正では、同様の内容を、第三章の「検査」だけではなく、第2章の「監督」の項に盛り込んだことの趣旨を、明確にしていただきたい。	クレジットカード番号等を取り扱う施設等への不正アクセス等の物理的安全管理措置は、改正案Ⅲ－4－2－3－3 2．（2）に規定するクレジットカード番号等の防止措置として講じていただくこととなります。 なお、包括信用購入あっせん業者が自社のクレジットカード番号等の取り扱いの状況等に応じて、技術的安全管理措置に限らず、自社の役職員が業務上取り扱うクレジットカード番号等の不正な取り扱いを防止する措置を講じることを求めるものです。 また、包括信用購入あっせん業者の適正な業務運営の確保の観点から、第2章信用購入あっせん業者に対する監督においても同様の取り組みを求めております。

【令和三年一月十九日公表のパブリックコメントの結果】

「「割賦販売法（後払分野）に基づく監督の基本方針」に関する意見募集」で寄せられた御意見の概要と御意見に対する考え方

番号	寄せられた御意見の概要	御意見に対する考え方
1	苦情であるが、意見公募要領については、様式がある場合も、ＰＤＦでの掲載を行われたい。（なお、意見提出用の様式部分については、意見公募要領とは別ファイルとして掲載する方がより望ましいと考える。）Ｗｏｒｄファイルや一太郎ファイルを掲載する場合、併行しての掲載を行うようにされたい。ＰＤＦファイルであれば、多くの環境で閲覧が可能となるものであるが、ユニバーサルアクセスについてはちゃんと確保するようにされたい。	今後のパブリックコメントの実施に際しては、ご指摘の点を踏まえ、意見提出を検討される方の利便を踏まえた形での公表の仕方を検討してまいります。
2	今回の改正対象部分には無かったが、国は、信用購入あっせん業者等について、その法人番号を取得するようにされたい。	信用購入あっせん業者等については、登録の申請書への添付書類として登記事項証明書を求めており、その確認を通じて必要十分な程度で法人番号の把握が可能であると考えております。

割賦販売法に基づく経済産業大臣の処分に係る審査基準等について（抄）

経済産業省

平成21・09・08商第4号
平成21年9月15日

改正
平成22・08・31商第7号
平成22・12・13商第1号
20140407商第6号
20170516商第14号
20180214商第4号
20190820商第8号
20210210商第30号

割賦販売法に基づく経済産業大臣の処分に係る審査基準等について

経済産業大臣　二階　俊博

割賦販売法（昭和36年法律第159号。以下「法」という。）に基づく経済産業大臣の処分に係る行政手続法（平成5年法律第88号）第5条第1項の規定による審査基準及び第12条第1項の規定による処分基準は、次のとおりとする。

なお、本審査基準等の施行に伴い、「割賦販売法に基づく通商産業大臣の処分に係る審査基準等について」（平成12・07・26産第1号）は、廃止する。

第1　申請に対する処分

1．審査基準

（略）

(3)　法第30条の5の4第1項の規定による包括信用購入あっせん業者の認定

法第30条の5の4第1項の規定による包括信用購入あっせん業者の認定に係る審査基準は、同項の規定を基としつつ、同項第1号に定める利用者支払可能見込額の算定の方法については、「割賦販売法第30条の5の4第1項第1号の方法及び第35条の2の11第1項第11号イの方法の審査基準」（別紙5）を参照し、消費者保護等の観点から総合的に勘案するものとする。

なお、同項第2号に定める算定を行う体制に係る社内規則等の審査に当たっては、「割賦販売法第30条の5の4第1項第2号、第33条の2第1項第11号、第35条の2の11第1項第10号、同項第11号ロ、第35条の3の26第1項第9号及び第35条の17の5第1項第8号に定める体制整備に係る社内規則等の審査基準」（別紙2）を参照するものとする。

(4)　法第30条の5の4第3項の規定による認定包括信用購入あっせん業者の変更の認定

法第30条の5の4第3項の規定による認定包括信用購入あっせん業者の変更の認定に係る審査基準は、法第30条の5の4第1項の規定による包括信用購入あっせん業者の認定に係る審査基準を準用するものとする。なお、変更の認定が必要であるか否かは、「割賦販売法第30条の5の4第5項第2号の規定による認定の取消し及び第35条の2の14第1項第2号の規定による登録の取消しの処分基準」（別紙6）を参照するものとする。

（略）

(6)　法第35条の2の3第1項の規定による少額の包括信用購入あっせん業者の登録

法第35条の2の3第1項の規定による少額の包括信用購入あっせん業者の登録に係る審査基準は、法第35条の2の11（登録の拒否）の規定を基にしつつ、同条第1項中「重要な事項について虚偽の記載があり、若しくは重要な事実の記載が欠けているとき」については、純資産の額、役員が禁錮以上の刑に処せられた事実、体制整備に係る社内規則等について、実際と異なる記載をし、あるいはその記載をしないこと等に関して、消費者保護等の観点から総合的に勘案するものとする。

なお、同項第11号イに定める利用者支払可能見込額の算定の方法については、「割賦販売法第30条の5の4第1項第1号の方法及び第35条の2の11第1項第11号イの方法の審査基準」（別紙5）を参照するものとする。

また、同項第10号及び同項第11号ロの体制整備に係る社内規則等の審査に当たっては、「割賦販売法第30条の5の4第1項第2号、第33条の2第1項第11号、第35条の2の11第1項第10号、同項第11号ロ、第35条の3の26第1項第9号及び第35条の17の5第1項第8号に定める体制整備に係る社内規則等の審査基準」（別紙2）を参照するものとする。

(7)　法第35条の2の12第1項の規定による登録少額包括信用購入あっせん業者の変更の登録

法第35条の2の12第1項の規定による登録少額包括信用購入あっせん業者の変更の登録に係る審査基準は、法第35条の2の3第1項の規定による少額の包括信用購入あっせん業者の登録に係る審査基準を準用するものとする。なお、変更の認定が必要であるか否かは、

「割賦販売法第30条の5の4第5項第2号の規定による認定の取消し及び第35条の2の14第1項第2号の規定による登録の取消しの処分基準」（別紙6）を参照するものとする。

（略）

（別紙5）

割賦販売法第30条の5の4第1項第1号の方法及び第35条の2の11第1項第11号イの方法に関する審査基準

1．施行規則第62条第1項第1号及び第68条の13第1項第1号に関することについて

（1）「不適正…な技術」

例えば、利用者支払可能見込額の算定の方法の試験的な運用において、認定包括信用購入あっせん業者又は登録少額包括信用購入あっせん業者が設定する次期事業年度の延滞率（以下「想定延滞率」という。）について、その設定の過程が示されていないことや、定期的又は必要に応じて利用者支払可能見込額の算定の方法の妥当性の検証を行い、当該算定の方法の調整（当該検証の結果、見直しを不要として現状維持とする場合を含む。）を行っていないことが考えられる。

（2）「不十分な技術」

例えば、包括支払可能見込額調査の調査項目を削減等した算定の方法や、審査プロセスの主たる部分が人的判断による算定の方法が考えられる。ただし、利用者支払可能見込額の算定において人的判断によることの必要性が認められる場合であって、人的判断が高度な技術的手法による利用者支払可能見込額の算定に際して付随的に用いられる場合は、例外的に、人的判断を用いていることのみをもって「不十分な技術」には該当しない。

（3）「不適正な…情報」

法令に違反する方法により取得した情報（法令違反の方法により取得した情報を取得する場合を含む。）をいう。

（4）「不十分な…情報」

包括信用購入あっせん業者が保有する情報量に比して算定の方法の構築に用いる顧客の過去情報の項目や顧客の過去情報の量が著しく不足していることをいう。

2．施行規則第62条第1項第2号及び第68条の13第1項第2号に関することについて

「利用者の支払能力に関する情報を当該利用者に対する不当な差別、偏見その他の著しい不利益が生じるおそれがあると認められる方法により利用していないこと。」とは、保有している顧客の過去情報のうち、算定の方法の構築に用いる顧客の過去情報及び各利用者の利用者支払可能見込額の算定に用いる当該各利用者の情報に合理的な理由（利用者支払可能見込額の算定方法の構築において、自社の包括信用購入あっせんの対象顧客に共通する属性等の顧客情報を抽出する場合等）なく偏りがあることをいい、例えば、特定の信条を有することのみをもって与信を拒否するよう算定の方法を構築すること及び利用者支払可能見込額を算定することが考えられる。

3．施行規則第62条第1項第3号の「この命令に基づいて指定信用情報機関が算定する延滞率を超えないよう延滞率を管理すること。」に関することについて

（1）施行規則第61条第1項第2号の「延滞率（一定の時点における包括信用購入あつせんに係る債務が残存するカード等の件数に対する当該件数のうち延滞している包括信用購入あつせんに係る債務を含むものの割合…）…」とは、以下のとおりとする。

延滞率＝Bに対するAの割合

A：「当該件数のうち延滞している包括信用購入あつせんに係る債務を含むもの」

Bのうち、Bに定める時点で延滞（施行規則第118条第2項第1号ロに規定する「支払の遅延」をいう。以下同じ。）している包括信用購入あっせんに係る債務を含むカード等の契約件数

B：「一定の時点における包括信用購入あつせんに係る債務が残存するカード等の件数」

一定の時点における包括信用購入あっせんに係る債務が残存するカード等（当該時点において5年を超えて延滞が継続する包括信用購入あっせんに係る債務を含むカード等を除く。）の契約件数

（2）法第30条の5の4第1項の認定を受けようとする包括信用購入あっせん業者及び認定包括信用購入あっせん業者は、当該包括信用購入あっせん業者の過去延滞率（各包括信用購入あっせん業者の過去3年分の事業年度における延滞率の平均値をいう。以下同じ。）に照らし、想定延滞率を設定する。

（3）過去延滞率を算定することができない包括信用購入あっせん業者は、平均延滞率（包括信用購入あっせん業者全体（一定の時点の6か月前から当該時点までの間カード等を新規に交付し又は付与していない包括信用購入あっせん業者を除く。）のカード等の総契約件数に基づいて算定した延滞率の過去3年分の平均値をいう。以下同じ。）に照らし、想定延滞率を設定する。

（4）想定延滞率は、上限延滞率（包括信用購入あっせん業者全体（一定の時点の6か月前から当該時点までの間カード等を新規に交付し又は付与していない包括信用購入あっせん業者を除く。）から過去延滞率の高い5％の包括信用購入あっせん業者を除いた場合における各包括信用購入あっせん業者の過去延滞率のうち、最も高い過去延滞率の過去3年分の平均値をいう。以下同じ。）を超えてはならない。

（5）想定延滞率の設定に際しては、（2）に規定する包括信用購入あっせん業者及び認定包括信用購入あっせん業者は過去延滞率を、（3）に規定する包括信用購入あっせん業者は平均延滞率を踏まえ、当該想定延滞率とする理由を説明するものとする。

4．施行規則第68条の13第1項第3号の「この命令に基づいて指定信用情報機関が算定する延滞率に照らし、延滞率を適切に管理すること。」に関することについて

（1）法第35条の2の3第1項の登録を受けようとする包括信用購入あっせん業者及び登録少額包括信用購入あっせん業者は、当該包括信用購入あっせん業者の事業計画等を基本として、平均延滞率及び上限延滞率を参考にした上で、想定延滞率を設定する。

（2）（1）の想定延滞率の設定に際しては、（1）の事業計画等を基本として、平均延滞率及び上限延滞率にも鑑み、当該想定延滞率とする理由を説明するものとする。

（3）登録少額包括信用購入あっせん業者が過去延滞率を算定することができる場合には、当該登録少額包括信用購入あっせん業者の事業計画等及び過去延滞率を踏まえ、想定延滞率を設定する。

（4）（3）の想定延滞率の設定に際しては、（3）の事業計画等及び過去延滞率を踏まえ、当該想定延滞率とする理由を説明するものとする。

（別紙6）

割賦販売法第30条の5の4第5項第2号の規定による認定の取消し及び第35条の2の14第1項第2号の規定による登録の取消しの処分基準

1．法第30条の5の4第1項第1号の方法及び第35条の2の9第1項第4号の方法に関することについて

「…第一項第一号の方法…を変更したとき。」（法第30条の5の4第5項第2号）、「…第三十五条の二の九第一項第四号の方法…を変更したとき。」（法第35条の2の14第1項第2号）に該当する場合とは、これらの方法（延滞率に関する事項を除く。）について、以下に掲げる場合その他利用者支払可能見込額の算定の方法の構築に重大な影響を与える変更を行った場合をいう。

① 算定の方法の構築に新たな技術又は統計手法等を導入し又は廃止した場合

② 顧客の過去情報の取得先の変更に伴い、算定の方法の構築に用いる当該過去情報の項目を追加し又は削減した場合

他方、上記の「以下に掲げる場合その他…を与える変更を行った場合」に該当しない場合とは、例えば、以下の場合が考えられる。なお、以下の場合であっても、変更前に認定又は登録を受けた想定延滞率自体の変更が認められるものではないことに留意する。

③ 算定の方法の構築に用いる技術又は統計手法等の改善、保守点検又はバージョンの更新等を行った場合（当該改善等が上記①に該当する場合を除く。）

④ 算定の方法の構築に用いる顧客の過去情報を更新した場合

⑤ 顧客の過去情報の取得先を変更した場合（上記②に該当する場合を除く。）

⑥ 各利用者に対する利用者支払可能見込額の算定に用いる当該各利用者の情報を更新した場合

2．法第30条の5の4第1項第2号の体制及び第35条の12第1項第2号の体制に関することについて

（1）「…同項第二号の体制を変更したとき。」（法第30条の5の4第5項第2号）及び「…同項第五号の体制を変更したとき。」（法第35条の2の14第1項第2号）とは、利用者支払可能見込額の算定及び管理を行う部署又は内部監査を行う部署を変更した場合その他利用者支払可能見込額の算定を行う体制に重大な変更が生じた場合をいう。

（2）「…同項第二号の体制を変更したとき。」（法第30条の5の4第5項第2号）及び「…同項第五号の体制を変更したとき。」（法第35条の2の14第1項第2号）に該当しない場合には、例えば、利用者支払可能見込額の算定及び管理を行う部署又は内部監査を行う部署の責任者又は部署名を変更する場合等の利用者支払可能見込額の算定を行う体制に実質的な変更がない場合が考えられる。

割賦販売法に基づく経済産業大臣の処分に係る審査基準等についてパブリックコメント

【令和三年一月十九日公表のパブリックコメントの結果】

「「割賦販売法に基づく経済産業大臣の処分に係る審査基準等について」に対する意見募集」で寄せられたご意見の概要に対する考え方

番号	寄せられた御意見の概要	御意見に対する考え方
1	・該当箇所（どの部分についての意見か、該当箇所がわかるように明記してください。）審査基準　別紙5　3.（4） ・意見内容 上限延滞率の定義から、過去延滞率の高い5％の包括信用購入あっせん業者を除くのはなぜか。5％については、認定制度の運用実態を踏まえ、適切に見直しをしていただきたい。 ・理由（可能であれば、根拠となる出典等を添付又は併記してください。） 上限延滞率の設定方法が全事業者の「5％」を除いた最も高い事業者と記載してしまうと、事業者が延滞率を抑えることで年々上限が下がっていくことが懸念されるため。	直近における包括信用購入あっせん業者全体のカード等の契約件数に基づいて算定した延滞率の実態を踏まえ、5％の包括信用購入あっせん業者を除くこととしております。このように、5％は、包括信用購入あっせん業者全体の実態を踏まえて定められるものであるため、将来的に、上限延滞率が認定制度の指標として実態に即しないものとなった場合には、適切に見直しを行ってまいります。
2	・該当箇所（どの部分についての意見か、該当箇所がわかるように明記してください。） 別紙5 1（4）「不十分な…情報」包括信用購入あっせん業者が保有する情報量に比して算定の方法の構築に用いる顧客の過去情報の項目や顧客の過去情報の量が著しく不足していることをいう。 ・意見内容 新規で認定包括信用購入あっせん業や登録少額包括信用購入あっせん業に参入する事業者には過去情報がない場合もあるかと思われるが、そのような場合には、認定包括信用購入あっせん業の認定や登録少額包括信用購入あっせん業の登録にあたって過去情報についてどのように考慮されるのか。	割賦販売法施行規則第六十二条第一項第一号及び第六十八条の十三第一項第一号において、利用者支払可能見込額の算定の方法を定めるに当たり、不十分な情報を利用していないことを審査の基準としたのは、各包括信用購入あっせん業者が保有する情報量や情報項目を基準として、算定の方法の構築に用いる情報を合理的な理由なく限定することにより過去情報が著しく不足する場合を認定や少額の登録の対象から除外するためです。このように、「不十分な…情報」は、情報の絶対量を法令上求めるものではなく、各包括信用購入あっせん業者の情報の保有実態に応じて個別に判断されるものであり、顧客の過去情報を保有していない時点においては、そのことのみをもって、新規事業者が認定や少額の登録を取得することが制限されるものではありません。 もっとも、認定や少額の登録の申請時点において顧客の過去情報を保有していないとしても、認定包括信用購入あっせん業者及び登録少額包括信用購入あっせん業者が包括信用購入あっせんを行うことにより、顧客の過去情報を取得及び保有することとなるため、当該過去情報を利用することなく包括信用購入あっせん業を長期にわたり継続した場合等には、「不十分な…情報」に該当する可能性があることに留意が必要です。
3	P42．別紙5 1．施行規則第62条第1項第1号及び第68条の13第1項第1号に関することについて （4）「不十分な…情報」	御認識の通り、割賦販売法施行規則第六十二条第一項第一号及び第六十八条の十三第一項第一号において、利用者支払可能見込額の算定の方法を定めるに当たり、不十分な情報を利用していないことを審査の基準としたのは、各包括信用購入あっせん業者が保有する情報量や情報項目を基準として、算定の方法の構築に用いる情報を合理的な理由なく限定することにより過去情報が著しく不足する場合を認定や少額の登録の対象

包括信用購入あっせん業者が保有する情報量に比して算定の方法の構築に用いる顧客の過去情報の項目や顧客の過去情報の量が著しく不足していることをいう。

上記について、
保有している情報すべてを用いるべきという趣旨でなく、適正な与信審査を行う上で、除くべき合理性のない情報を除いて審査をしている場合、という理解でよいでしょうか。例えば、10年分の情報を保持しているが５年分で十分な審査が可能なモデルの場合や、５年間のうち経済の状況がとりわけ不安定であった期間についてはかえって審査結果をゆがめる可能性があり除く、といったことを排除するものではないということです。

から除外するためです。

「平均延滞率」及び「上限延滞率」の公表（抄）

「平均延滞率」及び「上限延滞率」（令和元年度）の公表

令和３年３月２日
経済産業省
商取引監督課

割賦販売法（昭和３６年法律第１５９号。以下「法」という。）では、「割賦販売法の一部を改正する法律」（令和２年法律第６４号）により、「認定包括信用購入あっせん業者」（法第３０条の５の４第３項）及び「登録少額包括信用購入あっせん業者」（法第３５条の２の３第１項）を新設いたしました。

これらの事業者は、既存の画一的な与信審査手法である包括支払可能見込額の調査（法第３０条の２）によらず、認定又は少額の登録を受けた各社の与信審査手法により与信限度額を算定するため、過剰与信防止の観点から、延滞率を管理することが求められます。これらの事業者が当該管理のために使用する指標として、平均延滞率及び上限延滞率を公表します。なお、平均延滞率及び上限延滞率は、割賦販売法において許容される与信審査手法により発行されたクレジットカード等の延滞情報を基に算定しております。

※平均延滞率及び上限延滞率の定義及び算出方法は別紙を、延滞率の管理に関する事項の詳細は「割賦販売法に基づく経済産業大臣の処分に係る審査基準等について」（平成２１・０９・０８商第４号）をご参照ください。

令和元年度の平均延滞率及び上限延滞率は、以下の通り。

平均延滞率：２・６０％
上限延滞率：６・４８％

（略）

「平均延滞率」及び「上限延滞率」（令和２年度）の公表

令和３年４月１４日
経済産業省
商取引監督課

（略）

令和２年度の平均延滞率及び上限延滞率は、以下の通り。

平均延滞率：２・６５％
上限延滞率：６・６０％

（以下略）

別紙

延滞率について

1.「延滞率」の定義

(1) 延滞率の定義

○延滞率：Ｂに対するＡの割合。

Ａ：Ｂのうち、Ｂに定める時点で延滞（施行規則第１１８条第２項第１号ロに規定する「支払の遅延」をいう。以下同じ。）している包括信用購入あっせんに係る債務を含むカード等の契約件数

Ｂ：一定の時点における包括信用購入あっせんに係る債務が残存するカード等（当該時点において5年を超えて延滞が継続する包括信用購入あっせんに係る債務を含むカード等を除く。）の契約件数

(2) 平均延滞率及び上限延滞率算出の利用データ

○平均延滞率及び上限延滞率は、割賦販売法施行規則第６２条第１項第３号及び第６８条の１３第１項第３号に基づき、株式会社シー・アイ・シー（割賦販売法第３５条の３の３６第１項に基づく指定信用情報機関）が保有するクレジットカード契約に関する情報により算出。

2. 平均延滞率及び上限延滞率の定義

平均延滞率	包括信用購入あっせん業者全体のカード等の総契約件数に基づいて算出した延滞率の過去3年分※1の平均値。
上限延滞率	包括信用購入あっせん業者全体から過去延滞率の高い5%の包括信用購入あっせん業者を除いた場合における各包括信用購入あっせん業者の過去延滞率のうち、最も高い過去延滞率の過去3年分※2の平均値。

※1、※2：過去3年の3月時点の延滞率を平均した値。

（以下略）

特定商取引法・施行令・施行規則三段対照表

特定商取引に関する法律

目次

特定商取引法施行令

特定商取引に関する法律施行規則

目次

第一章　総則

（目的）

第一条　この法律は、特定商取引（訪問販売、通信販売及び電話勧誘販売に係る取引、連鎖販売取引、特定継続的役務提供に係る取引、業務提供誘引販売取引並びに訪問購入に係る取引をいう。以下同じ。）を公正にし、及び購入者等が受けることのある損害の防止を図ることにより、購入者等の利益を保護し、あわせて商品等の流通及び役務の提供を適正かつ円滑にし、もつて国民経済の健全な発展に寄与することを目的とする。

第二章　訪問販売、通信販売及び電話勧誘販売

第一節　定義

第二条　この章及び第五十八条の十八第一項において「訪問販売」とは、次に掲げるものをいう。

一　販売業者又は役務の提供の事業を営む者（以下「役務提供事業者」という。）が営業所、代理店その他の主務省令で定める場所（以下「営業所等」という。）以外の場所において、売買契約の申込みを受け、若しくは売買契約を締結して行う商品若しくは特定権利の販売又は役務を有償で提供する契約（以下「役務提供契約」という。）の申込みを受け、若しくは役務提供契約を締結して行う役務の提供

二　販売業者又は役務提供事業者が、営業所等において、営業所等以外の場所において呼び止めて営業所等に同行させた者その他政令で定める方法により誘引した者（以下「特定顧客」という。）から売買契約の申込みを受け、若しくは特定顧客と売買契約を締結して行う商品若しくは特定権利の販売又は特定顧客から役務提供契約の申込みを受け、若しくは特定顧客と役務提供契約を締結して行う役務の提供

（特定顧客の誘引方法）

第一条　特定商取引に関する法律（以下「法」という。）第二条第一項第二号の政令で定める方法は、次のいずれかに該当する方法とする。

一　電話、郵便、民間事業者による信書の送達に関する法律（平成十四年法律第九十九号）第二条第六項に規定する一般信書便事業者若しくは同条第九項に規定する特定信書便事業者による同条第二項に規定する信書便（以下「信書便」という。）、電報、ファクシミリ装置を用いて送信する方法若しくは法第十二条の三第一項に規定する

第一章　訪問販売、通信販売及び電話勧誘販売

第一節　定義

（営業所等）

第一条　特定商取引に関する法律（以下「法」という。）第二条第一項第一号の主務省令で定める場所は、第一号から第四号まで及び第六号に掲げるものとし、法第五十八条の四において定める場所は第一号から第三号まで、第五号及び第六号に掲げるものとする。

一　営業所

二　代理店

三　露店、屋台店その他これらに類する店

四　前三号に掲げるもののほか、一定の期間にわたり、商品を陳列し、当該商品を販売する場所であつて、店舗に類するもの

五　第一号から第三号までに掲げるもののほか、一定の期間にわたり、購入する物品の種類を掲示し、当該種類の物品を購入する場所であつて、店舗に類するもの

六　自動販売機その他の設備であつて、当該設備により売買契約又は役務提供契約の締結が行われるものが設置されている場所

【関連：平成25年パブリックコメントNo．1－1】

2　この章及び第五十八条の十九において「通信販売」とは、販売業者又は役務提供事業者が郵便その他の主務省令で定める方法（以下「郵便等」という。）により売買契約又は役務提供契約の申込みを受けて行う商品若しくは特定権利の販売又は役務の提供であつて電話勧誘販売に該当しないものをいう。

3　この章及び第五十八条の二十第一項において「電話勧誘販売」とは、販売業者又は役務提供事業者が、電話をかけ又は政令で定める方法により電話をかけさせ、その電話において行う売買契約又は役務提供契約の締結についての勧誘（以下「電話勧誘行為」という。）により、その相手方（以下「電話勧誘顧客」という。）から当該売買契約の申込みを郵便等により受け、若しくは電話勧誘顧客と当該売買契約を郵便等により締結して行う商品若しくは特定権利の販

電磁的方法（以下「電磁的方法」という。）により、若しくはビラ若しくはパンフレットを配布し若しくは拡声器で住居の外から呼び掛けることにより、又は住居を訪問して、当該売買契約又は役務提供契約の締結について勧誘をするためのものであることを告げずに営業所その他特定の場所への来訪を要請すること。

二　電話、郵便、信書便、電報、ファクシミリ装置を用いて送信する方法若しくは電磁的方法により、又は住居を訪問して、他の者に比して著しく有利な条件で当該売買契約又は役務提供契約を締結することができる旨を告げ、営業所その他特定の場所への来訪を要請すること（当該要請の日前に当該販売又は役務の提供の事業に関して取引のあつた者に対して要請する場合を除く。）。

（電話をかけさせる方法）

第二条　法第二条第三項の政令で定める方法は、次のいずれかに該当する方法とする。

一　電話、郵便、信書便、電報、ファクシミリ装置を用いて送信する方法若しくは電磁的方法により、又はビラ若しくはパンフレットを配布して、当該売買契約又は役務提供契約の締結について勧誘をするためのものであることを告げずに電話をかけることを要請すること。

（電磁的方法）

第十一条の二　法第十二条の三第一項に規定する電磁的方法（以下単に「電磁的方法」という。）は第一号及び第二号に掲げるものとし、令第一条第一号の電磁的方法は第一号から第三号までに掲げるものとする。

一　電話番号を送受信のために用いて電磁的記録を相手方の使用に係る携帯して使用する通信端末機器に送信する方法（他人に委託して行う場合を含む。）

二　電子メールを送信する方法（他人に委託して行う場合を含む。）

三　前号に規定するもののほか、その受信をする者を特定して情報を伝達するために用いられる電気通信（電気通信事業法（昭和五十九年法律第八十六号）第二条第一号に規定する電気通信をいう。）を送信する方法（他人に委託して行う場合を含む。）

（郵便等）

第二条　法第二条第二項の主務省令で定める方法は、次の各号に掲げるものとする。

一　郵便又は民間事業者による信書の送達に関する法律（平成十四年法律第九十九号）第二条第六項に規定する一般信書便事業者若しくは同条第九項に規定する特定信書便事業者による同条第二項に規定する信書便

二　電話機、ファクシミリ装置その他の通信機器又は情報処理の用に供する機器を利用する方法

三　電報

四　預金又は貯金の口座に対する払込み

売又は電話勧誘顧客から当該役務提供契約の申込みを郵便等により受け、若しくは電話勧誘顧客と当該役務提供契約を郵便等により締結して行う役務の提供をいう。

4　この章並びに第五十八条の十九及び第六十七条第一項において「特定権利」とは、次に掲げる権利をいう。

一　施設を利用し又は役務の提供を受ける権利のうち国民の日常生活に係る取引において販売されるものであつて政令で定めるもの

二　社債その他の金銭債権

三　株式会社の株式、合同会社、合名会社若しくは合資会社の社員の持分若しくはその他の社団法人の社員権又は外国法人の社員権でこれらの権利の性質を有するもの

第二節　訪問販売

（訪問販売における氏名等の明示）

第三条　販売業者又は役務提供事業者は、訪問販売をしようとするときは、その勧誘に先立つて、その相手方に対し、販売業者又は役務提供事業者の氏名又は名称、売買契約又は役務提供契約の締結について勧誘をする目的である旨及び当該勧誘に係る商品若しくは権利又は役務の種類を明らかにしなければならない。

（契約を締結しない旨の意思を表示した者に対する勧誘の禁止等）

第三条の二　販売業者又は役務提供事業者は、訪問販売をしようとするときは、その相手方に対し、勧誘を受ける意思があることを確認するよう努めなければならない。

2　販売業者又は役務提供事業者は、訪問販売に係る売買契約又は役務提供契約を締結しない旨の意思を表示した者に対し、当該売買契約又は当該役務提供契約の締結について

二　電話、郵便、信書便、電報、ファクシミリ装置を用いて送信する方法又は電磁的方法により、他の者に比して著しく有利な条件で当該売買契約又は役務提供契約を締結することができる旨を告げ、電話をかけることを要請すること（当該要請の日前に当該販売又は役務の提供の事業に関して取引のあつた者に対して要請する場合を除く。）。

（法第二条第四項第一号の政令で定める権利）

第三条　法第二条第四項第一号の政令で定める権利は、別表第一に掲げる権利とする。

【関連：平成29年パブリックコメントNo．3、4】

第二節　訪問販売

勧誘をしてはならない。

（訪問販売における書面の交付）

第四条　販売業者又は役務提供事業者は、営業所等以外の場所において商品若しくは特定権利につき売買契約の申込みを受け、若しくは役務につき役務提供契約の申込みを受けたとき又は営業所等において特定顧客から商品若しくは特定権利につき売買契約の申込みを受け、若しくは役務につき役務提供契約の申込みを受けたときは、直ちに、主務省令で定めるところにより、次の事項についてその申込みの内容を記載した書面をその申込みをした者に交付しなければならない。ただし、その申込みを受けた際その売買契約又は役務提供契約を締結した場合においては、この限りでない。

一　商品若しくは権利又は役務の種類

二　商品若しくは権利の販売価格又は役務の対価

三　商品若しくは権利の代金又は役務の対価の支払の時期及び方法

四　商品の引渡時期若しくは権利の移転時期又は役務の提供時期

五　第九条第一項の規定による売買契約若しくは役務提供契約の申込みの撤回又は売買契約若しくは役務提供契約の解除に関する事項（同条第二項から第七項までの規定に関する事項（第二十六条第二項、第四項又は第五項の規定の適用がある場合にあつては、当該各項の規定に関する事項を含む。）を含む。）

六　前各号に掲げるもののほか、主務省令で定める事項

〔法第四条柱書に対応する主務省令は、施行規則第五条〕

〔法第四条第五号に対応する主務省令は、施行規則第六条〕

（訪問販売における書面の交付等）

第三条　法第四条第六号の主務省令で定める事項は、次のとおりとする。

一　販売業者又は役務提供事業者の氏名又は名称、住所及び電話番号並びに法人にあつては代表者の氏名

二　売買契約又は役務提供契約の申込み又は締結を担当した者の氏名

三　売買契約又は役務提供契約の申込み又は締結の年月日

四　商品名及び商品の商標又は製造者名

五　商品に型式があるときは、当該型式

第五条　販売業者又は役務提供事業者は、次の各号のいずれかに該当するときは、次項に規定する場合を除き、遅滞なく（前条ただし書に規定する場合に該当するときは、直ちに）、主務省令で定めるところにより、同条各号の事項（同条第五号の事項については、売買契約又は役務提供契約の解除に関する事項に限る。）についてその売買契約又は役務提供契約の内容を明らかにする書面を購入者又は役務の提供を受ける者に交付しなければならない。

一　営業所等以外の場所において、商品若しくは特定権利につき売買契約を締結したとき又は役務につき役務提供契約を締結したとき（営業所等において特定顧客以外の顧客から申込みを受け、営業所等以外の場所において売買契約又は役務提供契約を締結したときを除く。）。

二　営業所等以外の場所において商品若しくは特定権利又は役務につき売買契約又は役務提供契約の申込みを受け、営業所等においてその売買契約又は役務提供契約を締結したとき。

三　営業所等において、特定顧客と商品若しくは特定権利につき売買契約を締結したとき又は役務につき役務提供契約を締結したとき。

2　販売業者又は役務提供事業者は、前項各号のいずれかに該当する場合において、その売買契約又は役務提供契約を締結した際に、商品を引き渡し、若しくは特定権利を移転し、又は役務を提供し、かつ、商品若しくは特定権利の代金又は役務の対価の全部を受領したときは、直ちに、主務省令で定めるところにより、前条第一号及び第二号の事項並びに同条第五号の事項のうち売買契約又は役務提供契約の解除に関する事項その他主務省令で定める事項を記載し

六　商品の数量

七　引き渡された商品が種類又は品質に関して契約の内容に適合しない場合の販売業者の責任についての定めがあるときは、その内容

八　契約の解除に関する定めがあるときは、その内容

九　前二号に掲げるもののほか特約があるときは、その内容

〔法第五条柱書に対応する主務省令は、施行規則第五条〕

第四条　法第五条第二項の主務省令で定める事項は、次のとおりとする。

一　販売業者又は役務提供事業者の氏名又は名称、住所及び電話番号並びに法人にあつては代表者の氏名

た書面を購入者又は役務の提供を受ける者に交付しなければならない。

二　売買契約又は役務提供契約の締結を担当した者の氏名
三　売買契約又は役務提供契約の締結の年月日
四　商品名及び商品の商標又は製造者名
五　商品に型式があるときは、当該型式
六　商品の数量
七　引き渡された商品が種類又は品質に関して契約の内容に適合しない場合の販売業者の責任についての定めがあるときは、その内容
八　契約の解除に関する定めがあるときは、その内容
九　前二号に掲げるもののほか特約があるときは、その内容

第五条　法第四条又は法第五条の規定により交付する書面（以下この条において「書面」という。）は、次の表の上欄に掲げる事項について、それぞれ同表の下欄の基準に合致したものでなければならない。

事項	基準
一　引き渡された商品が種類又は品質に関して契約の内容に適合しない場合の責任に関する事項	引き渡された商品が種類又は品質に関して契約の内容に適合しない場合に販売業者がその不適合について責任を負わない旨が定められていないこと。
二　契約の解除に関する事項	イ　購入者又は役務の提供を受ける者からの契約の解除ができない旨が定められていないこと。 ロ　販売業者又は役務提供事業者の責めに帰すべき事由により契約が解除された場合における販売業者又は役務提供事業者の義務に関し、民法（明治二十九年法律第八十九号）に規定するものより購入者又は役務の提供を受ける者に不

	利な内容が定められていないこと。
三　その他の特約に関する事項	法令に違反する特約が定められていないこと。

２　書面には書面の内容を十分に読むべき旨を赤枠の中に赤字で記載しなければならない。

３　書面には日本産業規格Ｚ八三〇五に規定する八ポイント以上の大きさの文字及び数字を用いなければならない。

第六条　法第四条又は法第五条の規定により交付する書面に記載する法第四条第五号に掲げる事項については、次項、第三項及び第五項に規定する場合を除き、次の表の上欄に掲げる区分に応じ、それぞれ同表の下欄に掲げる内容を記載しなければならない。

一　商品の売買契約の申込みの撤回又はその売買契約の解除に関する事項	イ　法第五条の書面を受領した日（その日前に法第四条の書面を受領した場合にあつては、その書面を受領した日）から起算して八日を経過するまでは、申込者等（法第九条第一項の申込者等をいう。以下この条及び第七条の四において同じ。）は、書面により商品の売買契約の申込みの撤回又はその売買契約の解除を行うことができること。 ロ　イに記載した事項にかかわらず、申込者等が、販売業者が法第六条第一項の規定に違反して商品の売買契約の申込みの撤回又はその売買契約の解除に関する事項につき不実のことを告げる行為をしたことにより誤認をし、又は販売

業者が同条第三項の規定に違反して威迫したことにより困惑し、これらによつて当該契約の申込みの撤回又は契約の解除を行わなかつた場合には、当該販売業者が交付した法第九条第一項ただし書の書面を当該申込者等が受領した日から起算して八日を経過するまでは、当該申込者等は、書面により当該契約の申込みの撤回又は契約の解除を行うことができること。

ハ　イ又はロの契約の申込みの撤回又は契約の解除は、申込者等が、当該契約の申込みの撤回又は契約の解除に係る書面を発した時に、その効力を生ずること。

ニ　イ又はロの契約の申込みの撤回又は契約の解除があつた場合においては、販売業者は、申込者等に対し、その契約の申込みの撤回又は契約の解除に伴う損害賠償又は違約金の支払を請求することができないこと。

ホ　イ又はロの契約の申込みの撤回又は契約の解除があつた場合において、その売買契約に係る商品の引渡しが既にされているときは、その引取りに要する費用は販売業者の負担とすること。

ヘ　イ又はロの契約の申込みの撤回又は契約の解除があつた場合には、既に当該売買契約に基づき引き渡された商品が使用されたときにおいても、当該販売業者は、申込者等に対し、当該商品の使用により得られた利益に相当する金銭の支払を請求することができないこと。

ト　イ又はロの契約の申込みの撤回又は契約の解除があつた場合において、商品の代金が支払われているときは、販売業者は、申込者等に対し、速やかに、その全額を返還すること。

二　権利の売買契約の申込みの撤回又はその売買契約の解除に関する事項

イ　法第五条の書面を受領した日（その日前に法第四条の書面を受領した場合にあつては、その書面を受領した日）から起算して八日を経過するまでは、申込者等は、書面により権利の売買契約の申込みの撤回又はその売買契約の解除を行うことができること。

ロ　イに記載した事項にかかわらず、申込者等が、販売業者が法第六条第一項の規定に違反して権利の売買契約の申込みの撤回又はその売買契約の解除に関する事項につき不実のことを告げる行為をしたことにより誤認をし、又は販売業者が同条第三項の規定に違反して威迫したことにより困惑し、これらによつて当該契約の申込みの撤回又は契約の解除を行わなかつた場合には、当該販売業者が交付した法第九条第一項ただし書の書面を当該申込者等が受領した日から起算して八日を経過するまでは、当該申込者等は、書面により当該契約の申込みの撤回又は契約の解除を行うことができること。

ハ　イ又はロの契約の申込みの撤回又は契約の解除は、申込者等が、当該契約の申込みの撤回又は契約の解除に係る書面を発した時に、その効力を生ずること。

ニ　イ又はロの契約の申込みの撤回又は契約の解除があつた場合においては、販売業者は、申込者等に対し、その契約の申込みの撤回又は契約の解除に伴う損害賠償又は違約金の支払を請求することができないこと。

ホ　イ又はロの契約の申込みの撤回又は契約の解除があつた場合において、その売買契約に係る権利の移転が既にされているときは、その返還に要する費用は販売業者の負担とすること。

ヘ　イ又はロの契約の申込みの撤回又は契約の解除があつた場合には、既に権利の行使により施設が利用され又は役務が提供されたときにおいても、当該販売業者は、申込者等に対し、当該権利の行使により得られた利益に相当する金銭の支払を請求することができないこと。

ト　イ又はロの契約の申込みの撤回又は契約の解除を行つた場合において、当該権利に係る役務の提供に伴い申込者等の土地又は建物その他の工作物の現状が変更されたときは、当該申込者等は、当該販売業者に対し、その原状回復に必要な措置を無償で講ずることを請求することができること。

チ　イ又はロの契約の申込みの撤回又は契約の解除があつた場合において、権利の代金が支払われているときは、販売業者は、申込者等に対し、速やかに、その全額を返還すること。

三　役務提供契約の申込みの撤回又は役務提供契約の解除に関する事項

イ　法第五条の書面を受領した日（その日前に法第四条の書面を受領した場合にあつては、その書面を受領した日）から起算して八日を経過するまでは、申込者等は、書面により役務提供契約の申込みの撤回又は役務提供契約の解除を行うことができること。

ロ　イに記載した事項にかかわらず、申込者等が、役務提供事業者が法第六条第一項の規定に違反して役務提供契約の申込みの撤回又は役務提供契約の解除に関する事項につき不実のことを告げる行為をしたことにより誤認をし、又は役務提供事業者が同条第三項の規定に違反して威迫したことにより困惑し、これらによつて当該契約の申込みの撤回又は契約の解除を行わなかつた場合には、当該役務提供事業者が交付した法第九条第一項ただし書の書面を当該申込者等が受領した日から起算して八日を経過するまでは、当該申込者等は、書面により当該契約の申込みの撤回又は契約の解除を行うことができること。

ハ　イ又はロの契約の申込みの撤回又は契約の解除は、申込者等が、当該契約の申込みの撤回又は契約の解除に係る書面を発した時に、その効力を生ずること。

ニ　イ又はロの契約の申込みの撤回又は契約の解除があつた場合においては、役務提供事業者は、申込者等に対し、その契約の申込みの撤回又は契約の解除に伴う損害賠償又は違約金の支払を請求することができないこと。

ホ　イ又はロの契約の申込みの撤回又は契約の解除があつた場合には、既に当該役務提供契約に基づき役務が提供されたときにおいても、役務提供事業者は、申込者等に対し、当該役務提供契約に係る役務の対価その他の金銭の支払を請求することができないこと。

ヘ　イ又はロの契約の申込みの撤回又は契約の解除があつた場合において、当該役務提供契約に関連して金銭を受領しているときは、役務提供事業者は、申込者等に対し、速やかに、その全額を返還すること。

ト　イ又はロの契約の申込みの撤回又は契約の解除を行つた場合において、当該役務提供契約に係る役務の提供に伴い申込者等の土地又は建物その他の工作物の現状が変更されたときは、当該申込者等は、当該役務提供事業者に対し、その原状回復に必要な措置を無償で講ずることを請求することができること。

2　当該売買契約又は役務提供契約に係る商品又は役務の提供が法第二十六条第四項第一号の政令で定める商品又は役務の提供に該当する場合において、その売買契約又は役務提供契約の申込みの撤回又はその売買契約又は役務提供契約の解除を行うことができないこととするときは、前項の書面には、次の各号に掲げる内容を記載しなければならない。

一　商品又は役務の名称その他当該商品又は役務を特定し得る事項

二　当該商品又は役務については契約の申込みの撤回又は契約の解除を行うことができないこと。

3　当該役務提供契約に係る役務の提供が法第二十六条第四項第二号の政令で定める役務の提供に該当する場合において、その役務提供契約の申込みの撤回又はその役務提供契約の解除を行うことができないこととするときは、第一項の書面には、次の各号に掲げる内容を記載しなければならない。

一　役務の名称その他当該役務を特定し得る事項

二　当該役務については契約の申込みの撤回又は契約の解除を行うことができないこと。

4　当該売買契約に係る商品が法第二十六条第五項第一号の政令で定める商品に該当する場合において、当該商品を使用し又はその全部若しくは一部を消費したときはその売買契約の申込みの撤回又はその売買契約の解除を行うことができないこととするときは、第一項の書面には、同項の表第一号の下欄に掲げる内容のほか、次の各号に掲げる内容を記載しなければならない。

一　商品の名称その他当該商品を特定し得る事項

二　当該商品を使用し又はその全部若しくは一部を消費し

（禁止行為）

第六条　販売業者又は役務提供事業者は、訪問販売に係る売買契約若しくは役務提供契約の締結について勧誘をするに際し、又は訪問販売に係る売買契約若しくは役務提供契約の申込みの撤回若しくは解除を妨げるため、次の事項につき、不実のことを告げる行為をしてはならない。

一　商品の種類及びその性能若しくは品質又は権利若しくは役務の種類及びこれらの内容その他これらに類するものとして主務省令で定める事項

二　商品若しくは権利の販売価格又は役務の対価

三　商品若しくは権利の代金又は役務の対価の支払の時期及び方法

四　商品の引渡時期若しくは権利の移転時期又は役務の提供時期

五　当該売買契約若しくは当該役務提供契約の申込みの撤回又は当該売買契約若しくは当該役務提供契約の解除に関する事項（第九条第一項から第七項までの規定に関する事項（第二十六条第二項、第四項又は第五項の規定の適用がある場合にあつては、当該各項の規定に関する事項を含む。）を含む。）

たとき（当該販売業者が当該申込者等に当該商品を使用させ、又はその全部若しくは一部を消費させた場合を除く。）は契約の申込みの撤回又は契約の解除を行うことができないこと。

5　法第五条第二項に規定する場合であつて、当該売買契約に係る商品若しくは特定権利の代金又は当該役務提供契約に係る役務の対価の総額が法第二十六条第五項第三号の政令で定める金額に満たない場合において、その売買契約若しくは役務提供契約の申込みの撤回又はその売買契約若しくは役務提供契約の解除を行うことができないこととするときは、第一項の書面には、その契約の申込みの撤回又は契約の解除を行うことができない旨を記載しなければならない。

6　前各項に掲げる事項は赤枠の中に赤字で記載しなければならない。

（訪問販売における重要事項）

第六条の二　法第六条第一項第一号の主務省令で定める事項は、次の各号に掲げるものとする。

一　商品の効能

二　商品の商標又は製造者名

三　商品の販売数量

四　商品の必要数量

五　役務又は権利に係る役務の効果

六　顧客が当該売買契約又は当該役務提供契約の締結を必要とする事情に関する事項

七　前各号に掲げるもののほか、当該売買契約又は当該役務提供契約に関する事項であつて、顧客又は購入者若しくは役務の提供を受ける者の判断に影響を及ぼすこととなる重要なもの

２　販売業者又は役務提供事業者は、訪問販売に係る売買契約又は役務提供契約の締結について勧誘をするに際し、前項第一号から第五号までに掲げる事項につき、故意に事実を告げない行為をしてはならない。

３　販売業者又は役務提供事業者は、訪問販売に係る売買契約若しくは役務提供契約を締結させ、又は訪問販売に係る売買契約若しくは役務提供契約の申込みの撤回若しくは解除を妨げるため、人を威迫して困惑させてはならない。

４　販売業者又は役務提供事業者は、訪問販売に係る売買契約又は役務提供契約の締結について勧誘をするためのものであることを告げずに営業所等以外の場所において呼び止めて同行させることその他政令で定める方法により誘引した者に対し、公衆の出入りする場所以外の場所において、当該売買契約又は当該役務提供契約の締結について勧誘をしてはならない。

（合理的な根拠を示す資料の提出）

第六条の二　主務大臣は、前条第一項第一号に掲げる事項につき不実のことを告げる行為をしたか否かを判断するため必要があると認めるときは、当該販売業者又は当該役務提供事業者に対し、期間を定めて、当該告げた事項の裏付けとなる合理的な根拠を示す資料の提出を求めることができる。この場合において、当該販売業者又は当該役務提供事業者が当該資料を提出しないときは、次条第一項及び第八条第一項の規定の適用については、当該販売業者又は当該役務提供事業者は、同号に掲げる事項につき不実のことを告げる行為をしたものとみなす。

（勧誘目的を告げない誘引方法）

第三条の二　法第六条第四項、第三十四条第四項及び第五十二条第三項の政令で定める方法は、電話、郵便、信書便、電報、ファクシミリ装置を用いて送信する方法若しくは電磁的方法により、若しくはビラ若しくはパンフレットを配布し若しくは拡声器で住居の外から呼び掛けることにより、又は住居を訪問して、営業所その他特定の場所への来訪を要請する方法とする。

（指示等）

第七条　主務大臣は、販売業者又は役務提供事業者が第三条、第三条の二第二項若しくは第四条から第六条までの規定に違反し、又は次に掲げる行為をした場合において、訪問販売に係る取引の公正及び購入者又は役務の提供を受ける者の利益が害されるおそれがあると認めるときは、その販売業者又は役務提供事業者に対し、当該違反又は当該行為の是正のための措置、購入者又は役務の提供を受ける者の利益の保護を図るための措置その他の必要な措置をとるべきことを指示することができる。

一　訪問販売に係る売買契約若しくは役務提供契約に基づく債務又は訪問販売に係る売買契約若しくは役務提供契約の解除によつて生ずる債務の全部又は一部の履行を拒否し、又は不当に遅延させること。

二　訪問販売に係る売買契約又は役務提供契約の締結について勧誘をするに際し、当該売買契約又は当該役務提供契約に関する事項であつて、顧客の判断に影響を及ぼすこととなる重要なもの（第六条第一項第一号から第五号までに掲げるものを除く。）につき、故意に事実を告げないこと。

三　訪問販売に係る売買契約又は役務提供契約の申込みの撤回又は解除を妨げるため、当該売買契約又は当該役務提供契約に関する事項であつて、顧客又は購入者若しくは役務の提供を受ける者の判断に影響を及ぼすこととなる重要なものにつき、故意に事実を告げないこと。

四　正当な理由がないのに訪問販売に係る売買契約又は役務提供契約であつて日常生活において通常必要とされる分量を著しく超える商品若しくは特定権利（第二条第四項第一号に掲げるものに限る。）の売買契約又は日常生活において通常必要とされる回数、期間若しくは分量を著しく超えて役務の提供を受ける役務提供契約の締結について勧誘することその他顧客の財産の状況に照らし不適当と認められる行為として主務省令で定めるもの

（顧客の財産の状況に照らし不適当と認められる行為）

第六条の三　法第七条第一項第四号の主務省令で定める行為は、次の各号に掲げるものとする。

一　正当な理由がないのに訪問販売に係る売買契約又は役

五　前各号に掲げるもののほか、訪問販売に関する行為であつて、訪問販売に係る取引の公正及び購入者又は役務の提供を受ける者の利益を害するおそれがあるものとして主務省令で定めるもの

務提供契約の締結について、当該売買契約又は役務提供契約に基づく債務を履行することにより顧客にとつて当該売買契約に係る商品若しくは特定権利（法第二条第四項第一号に掲げるものに限る。以下この号及び次号において同じ。）と同種の商品若しくは特定権利の分量がその日常生活において通常必要とされる分量を著しく超えることとなること又は当該役務提供契約に係る役務と同種の役務の提供を受ける回数若しくは期間若しくはその分量がその日常生活において通常必要とされる回数、期間若しくは分量を著しく超えることとなることを知りながら勧誘すること。

二　正当な理由がないのに訪問販売に係る売買契約又は役務提供契約の締結について、当該売買契約に係る商品若しくは特定権利と同種の商品若しくは特定権利の分量がその日常生活において通常必要とされる分量を既に著しく超えていること又は当該役務提供契約に係る役務と同種の役務の提供を受ける回数若しくは期間若しくはその分量がその日常生活において通常必要とされる回数、期間若しくは分量を既に著しく超えていることを知りながら勧誘すること。

（訪問販売における禁止行為）

第七条　法第七条第一項第五号の主務省令で定める行為は、次の各号に掲げるものとする。

一　訪問販売に係る売買契約若しくは役務提供契約の締結について迷惑を覚えさせるような仕方で勧誘をし、又は訪問販売に係る売買契約若しくは役務提供契約の申込みの撤回若しくは解除について迷惑を覚えさせるような仕方でこれを妨げること。

二　若年者、高齢者その他の者の判断力の不足に乗じ、訪問販売に係る売買契約又は役務提供契約を締結させること。

三　顧客の知識、経験及び財産の状況に照らして不適当と認められる勧誘を行うこと（法第七条第一項第四号に定めるものを除く。）。

四　訪問販売に係る売買契約又は役務提供契約を締結するに際し、当該契約に係る書面に年齢、職業その他の事項について虚偽の記載をさせること。

五　訪問販売に係る売買契約又は役務提供契約を締結するに際し、次に掲げる書面であつて、購入者又は役務の提供を受ける者（以下この号において「購入者等」という。）が生命保険に関する契約又は生命共済に関する契約（以下「生命保険契約等」という。）の被保険者又は被共済者（以下「被保険者等」という。）となることに同意する旨記載されているもの（当該生命保険契約等についての同意に関する事項が赤枠の中に日本産業規格Z八三〇五に規定する八ポイント以上の大きさの赤字で記載されており、かつ当該売買契約又は役務提供契約に関する署名又は押印とは別に当該生命保険契約等に関する署名及び押印をする欄が設けられているものを除く。）に、当該購入者等の署名又は押印をさせること。

イ　法第四条又は法第五条の規定により交付する書面

ロ　第三者が販売業者又は役務提供事業者に当該売買契約に係る商品若しくは権利の代金若しくは当該役務提供契約に係る役務の対価（以下「代金等」という。）を交付することを条件として購入者等が当該第三者に当該代金等に相当する額を支払う旨を記載した書面又は購入者等が代金等の全部若しくは一部に充てるための金銭を借り入れる旨を記載した書面

六　訪問販売に係る売買契約又は役務提供契約の相手方に当該契約に基づく債務を履行させるため、次に掲げる行為を行うこと。

イ　当該訪問販売に係る売買契約又は役務提供契約の相手方の年収、預貯金又は借入れの状況その他の支払能力に関する事項について虚偽の申告をさせること。

ロ　当該訪問販売に係る売買契約又は役務提供契約の相手方の意に反して貸金業者の営業所、銀行の支店その他これらに類する場所に連行すること。

ハ　当該訪問販売に係る売買契約又は役務提供契約の相手方に割賦販売法（昭和三十六年法律第百五十九号）

2　主務大臣は、前項の規定による指示をしたときは、その旨を公表しなければならない。

（業務の停止等）

第八条　主務大臣は、販売業者若しくは役務提供事業者が第三条、第三条の二第二項若しくは第四条から第六条までの規定に違反し若しくは前条第一項各号に掲げる行為をした場合において訪問販売に係る取引の公正及び購入者若しくは役務の提供を受ける者の利益が著しく害されるおそれがあると認めるとき、又は販売業者若しくは役務提供事業者が同項の規定による指示に従わないときは、その販売業者又は役務提供事業者に対し、二年以内の期間を限り、訪問販売に関する業務の全部又は一部を停止すべきことを命ずることができる。この場合において、主務大臣は、その販売業者又は役務提供事業者が個人である場合にあつては、その者に対して、当該停止を命ずる期間と同一の期間を定めて、当該停止を命ずる範囲の業務を営む法人（人格のない社団又は財団で代表者又は管理人の定めのあるものを含む。以下同じ。）の当該業務を担当する役員（業務を執行する社員、取締役、執行役、代表者、管理人又はこれらに準ずる者をいい、相談役、顧問その他いかなる名称を有す

第三十五条の三の三第一項に規定する個別信用購入あつせん関係受領契約若しくは金銭の借入れに係る契約を締結させ、又は預貯金を引き出させるため、迷惑を覚えさせるような仕方でこれを勧誘すること。

七　訪問販売に係る売買契約又は役務提供契約の締結について勧誘をするため、道路その他の公共の場所において、顧客の進路に立ちふさがり、又は顧客につきまとうこと。

八　法第二十六条第五項第一号の政令で定める商品の売買契約の解除を妨げるため、当該売買契約を締結した際、購入者に当該商品を使用させ又はその全部若しくは一部を消費させること。

【関連：平成29年パブリックコメントNo．2、3、4、5、6】

る者であるかを問わず、法人に対し業務を執行する社員、取締役、執行役、代表者、管理人又はこれらに準ずる者と同等以上の支配力を有するものと認められる者を含む。以下同じ。）となることの禁止を併せて命ずることができる。

２　主務大臣は、前項の規定による命令をしたときは、その旨を公表しなければならない。

（業務の禁止等）

第八条の二　主務大臣は、販売業者又は役務提供事業者に対して前条第一項の規定により業務の停止を命ずる場合において、次の各号に掲げる場合の区分に応じ、当該各号に定める者が当該命令の理由となつた事実及び当該事実に関してその者が有していた責任の程度を考慮して当該命令の実効性を確保するためにその者による訪問販売に関する業務を制限することが相当と認められる者として主務省令で定める者に該当するときは、その者に対して、当該停止を命ずる期間と同一の期間を定めて、当該停止を命ずる範囲の業務を新たに開始すること（当該業務を営む法人の当該業務を担当する役員となることを含む。）の禁止を命ずることができる。

一　当該販売業者又は当該役務提供事業者が法人である場合　その役員及び当該命令の日前六十日以内においてその役員であつた者並びにその営業所の業務を統括する者その他の政令で定める使用人（以下単に「使用人」という。）及び当該命令の日前六十日以内においてその使用人であつた者

二　当該販売業者又は当該役務提供事業者が個人である場合　その使用人及び当該命令の日前六十日以内においてその使用人であつた者

２　主務大臣は、前項の規定による命令をしたときは、その旨を公表しなければならない。

（法第八条の二第一項第一号の政令で定める使用人）

第三条の三　法第八条の二第一項第一号の政令で定める使用人は、使用人のうち、次に掲げる者とする。

一　営業所又は事務所の業務を統括する者その他これに準ずる者として主務省令で定める者

二　法第八条第一項、第十五条第一項、第二十三条第一項、第三十九条第一項から第三項まで、第四十七条第一項、第五十七条第一項又は第五十八条の十三第一項の規定により停止を命ぜられた業務を統括する者その他これに準ずる者として主務省令で定める者（前号に掲げる者を除く。）

（法第八条の二第一項の主務省令で定める者）

第七条の二　法第八条の二第一項の主務省令で定める者は、法第八条第一項の規定により停止を命ぜられた業務の遂行に主導的な役割を果たしている者とする。

【関連：平成29年パブリックコメントNo.7】

（業務を統括する者に準ずる者）

第七条の三　特定商取引に関する法律施行令（昭和五十一年政令第二百九十五号。以下「令」という。）第三条の三第一号又は第二号の主務省令で定める者は、部長、次長、課長その他いかなる名称を有する者であるかを問わず、これらの号に規定する業務を統括する者の職務を日常的に代行する地位にある者その他の実質的に当該職務を代行する者とする。

【関連：平成29年パブリックコメントNo.8】

（訪問販売における契約の申込みの撤回等）

第九条　販売業者若しくは役務提供事業者が営業所等以外の場所において商品若しくは特定権利若しくは役務につき売買契約若しくは役務提供契約の申込みを受けた場合若しくは販売業者若しくは役務提供事業者が営業所等において特定顧客から商品若しくは特定権利若しくは役務につき売買契約若しくは役務提供契約の申込みを受けた場合におけるその申込みをした者又は販売業者若しくは役務提供事業者が営業所等以外の場所において商品若しくは特定権利若しくは役務につき売買契約若しくは役務提供契約を締結した場合（営業所等において申込みを受け、営業所等以外の場所において売買契約又は役務提供契約を締結した場合を除く。）若しくは販売業者若しくは役務提供事業者が営業所等において特定顧客と商品若しくは特定権利若しくは役務につき売買契約若しくは役務提供契約を締結した場合におけるその購入者若しくは役務の提供を受ける者（以下この条から第九条の三までにおいて「申込者等」という。）は、書面によりその売買契約若しくは役務提供契約の申込みの撤回又はその売買契約若しくは役務提供契約の解除（以下この条において「申込みの撤回等」という。）を行うことができる。ただし、申込者等が第五条の書面を受領した日（その日前に第四条の書面を受領した場合にあつては、その書面を受領した日）から起算して八日を経過した場合（申込者等が、販売業者若しくは役務提供事業者が第六条第一項の規定に違反して申込みの撤回等に関する事項につき不実のことを告げる行為をしたことにより当該告げられた内容が事実であるとの誤認をし、又は販売業者若しくは役務提供事業者が同条第三項の規定に違反して威迫したことにより困惑し、これらによつて当該期間を経過するまでに申込みの撤回等を行わなかつた場合には、当該申込者等が、当該販売業者又は当該役務提供事業者が主務省令で定めるところにより当該売買契約又は当該役務提供契約の申込みの撤回等を行うことができる旨を記載して交付した書面を受領した日から起算して八日を経過した場合）においては、この限りでない。

第七条の四　法第九条第一項ただし書の書面には、次に掲げる事項を記載しなければならない。

一　商品若しくは権利の販売価格又は役務の対価

二　法第九条第一項ただし書の規定に基づき、当該書面を受領した日から起算して八日を経過するまでは、書面により売買契約若しくは役務提供契約の申込みの撤回又は売買契約若しくは役務提供契約の解除を行うことができること。

三　法第九条第二項から第七項までの規定に関する事項

四　売買契約の申込みの撤回又は売買契約の解除があつた場合において、商品又は権利の代金が支払われているときは、販売業者は、申込者等に対し、速やかに、その全額を返還すること。

五　販売業者又は役務提供事業者の氏名又は名称、住所及び電話番号並びに法人にあつては代表者の氏名

2　申込みの撤回等は、当該申込みの撤回等に係る書面を発した時に、その効力を生ずる。

3　申込みの撤回等があつた場合においては、販売業者又は役務提供事業者は、その申込みの撤回等に伴う損害賠償又は違約金の支払を請求することができない。

4　申込みの撤回等があつた場合において、その売買契約に係る商品の引渡し又は権利の移転が既にされているときは、その引取り又は返還に要する費用は、販売業者の負担とする。

5　販売業者又は役務提供事業者は、商品若しくは特定権利の売買契約又は役務提供契約につき申込みの撤回等があつた場合には、既に当該売買契約に基づき引き渡された商品が使用され若しくは当該権利が行使され又は当該役務提供契約に基づき役務が提供されたときにおいても、申込者等に対し、当該商品の使用により得られた利益若しくは当該権利の行使により得られた利益に相当する金銭又は当該役務提供契約に係る役務の対価その他の金銭の支払を請求することができない。

6　役務提供事業者は、役務提供契約につき申込みの撤回等があつた場合において、当該役務提供契約に関連して金銭を受領しているときは、申込者等に対し、速やかに、これを返還しなければならない。

7　役務提供契約又は特定権利の売買契約の申込者等は、その役務提供契約又は売買契約につき申込みの撤回等を行つた場合において、当該役務提供契約又は当該特定権利に係る役務の提供に伴い申込者等の土地又は建物その他の工作物の現状が変更されたときは、当該役務提供事業者又は当該特定権利の販売業者に対し、その原状回復に必要な措置を無償で講ずることを請求することができる。

8　前各項の規定に反する特約で申込者等に不利なものは、無効とする。

（通常必要とされる分量を著しく超える商品の売買契約等の申込みの撤回等）

第九条の二　申込者等は、次に掲げる契約に該当する売買契

六　売買契約又は役務提供契約の申込み又は締結を担当した者の氏名

七　売買契約又は役務提供契約の申込み又は締結の年月日

八　商品名及び商品の商標又は製造者名

九　商品の型式又は種類（権利又は役務の場合にあつては、当該権利又は当該役務の種類）

十　商品の数量

2　書面には日本産業規格Ｚ八三〇五に規定する八ポイント以上の大きさの文字及び数字を用いなければならない。

3　書面に記載するに際し、第一項第二号から第四号までに掲げる内容については赤枠の中に赤字で記載しなければならない。

4　前三項の規定により交付する書面は、様式第一によること。

5　販売業者又は役務提供事業者は、法第九条第一項ただし書の書面を申込者等に交付した際には、直ちに申込者等が当該書面を見ていることを確認した上で、第一項第二号から第四号までに掲げる内容について申込者等に告げなければならない。

約若しくは役務提供契約の申込みの撤回又は売買契約若しくは役務提供契約の解除（以下この条において「申込みの撤回等」という。）を行うことができる。ただし、申込者等に当該契約の締結を必要とする特別の事情があつたときは、この限りでない。

一　その日常生活において通常必要とされる分量を著しく超える商品若しくは特定権利（第二条第四項第一号に掲げるものに限る。次号において同じ。）の売買契約又はその日常生活において通常必要とされる回数、期間若しくは分量を著しく超えて役務の提供を受ける役務提供契約

二　当該販売業者又は役務提供事業者が、当該売買契約若しくは役務提供契約に基づく債務を履行することにより申込者等にとつて当該売買契約に係る商品若しくは特定権利と同種の商品若しくは特定権利の分量がその日常生活において通常必要とされる分量を著しく超えることとなること若しくは当該役務提供契約に係る役務と同種の役務の提供を受ける回数若しくは期間若しくはその分量がその日常生活において通常必要とされる回数、期間若しくは分量を著しく超えることとなることを知り、又は申込者等にとつて当該売買契約に係る商品若しくは特定権利と同種の商品若しくは特定権利の分量がその日常生活において通常必要とされる分量を既に著しく超えていること若しくは当該役務提供契約に係る役務と同種の役務の提供を受ける回数若しくは期間若しくはその分量がその日常生活において通常必要とされる回数、期間若しくは分量を既に著しく超えていることを知りながら、申込みを受け、又は締結した売買契約又は役務提供契約

2　前項の規定による権利は、当該売買契約又は当該役務提供契約の締結の時から一年以内に行使しなければならない。

3　前条第三項から第八項までの規定は、第一項の規定による申込みの撤回等について準用する。この場合において、同条第八項中「前各項」とあるのは、「次条第一項及び第二項並びに同条第三項において準用する第三項から前項ま

で」と読み替えるものとする。

（訪問販売における契約の申込み又はその承諾の意思表示の取消し）

第九条の三　申込者等は、販売業者又は役務提供事業者が訪問販売に係る売買契約又は役務提供契約の締結について勧誘をするに際し次の各号に掲げる行為をしたことにより、当該各号に定める誤認をし、それによつて当該売買契約若しくは当該役務提供契約の申込み又はその承諾の意思表示をしたときは、これを取り消すことができる。

一　第六条第一項の規定に違反して不実のことを告げる行為　当該告げられた内容が事実であるとの誤認

二　第六条第二項の規定に違反して故意に事実を告げない行為　当該事実が存在しないとの誤認

2　前項の規定による訪問販売に係る売買契約若しくは役務提供契約の申込み又はその承諾の意思表示の取消しは、これをもつて善意でかつ過失がない第三者に対抗することができない。

3　第一項の規定は、同項に規定する訪問販売に係る売買契約若しくは役務提供契約の申込み又はその承諾の意思表示に対する民法（明治二十九年法律第八十九号）第九十六条の規定の適用を妨げるものと解してはならない。

4　第一項の規定による取消権は、追認をすることができる時から一年間行わないときは、時効によつて消滅する。当該売買契約又は当該役務提供契約の締結の時から五年を経過したときも、同様とする。

5　民法第百二十一条の二第一項の規定にかかわらず、訪問販売に係る売買契約又は役務提供契約に基づく債務の履行として給付を受けた申込者等は、第一項の規定により当該売買契約若しくは当該役務提供契約の申込み又はその承諾の意思表示を取り消した場合において、給付を受けた当時その意思表示が取り消すことができるものであることを知らなかつたときは、当該売買契約又は当該役務提供契約によつて現に利益を受けている限度において、返還の義務を負う。

（訪問販売における契約の解除等に伴う損害賠償等の額の制限）

第十条　販売業者又は役務提供事業者は、第五条第一項各号のいずれかに該当する売買契約又は役務提供契約の締結をした場合において、その売買契約又はその役務提供契約が解除されたときは、損害賠償額の予定又は違約金の定めがあるときにおいても、次の各号に掲げる場合に応じ当該各号に定める額にこれに対する法定利率による遅延損害金の額を加算した金額を超える額の金銭の支払を購入者又は役務の提供を受ける者に対して請求することができない。

一　当該商品又は当該権利が返還された場合　当該商品の通常の使用料の額又は当該権利の行使により通常得られる利益に相当する額（当該商品又は当該権利の販売価格に相当する額から当該商品又は当該権利の返還された時における価額を控除した額が通常の使用料の額又は当該権利の行使により通常得られる利益に相当する額を超えるときは、その額）

二　当該商品又は当該権利が返還されない場合　当該商品又は当該権利の販売価格に相当する額

三　当該役務提供契約の解除が当該役務の提供の開始後である場合　提供された当該役務の対価に相当する額

四　当該契約の解除が当該商品の引渡し若しくは当該権利の移転又は当該役務の提供の開始前である場合　契約の締結及び履行のために通常要する費用の額

2　販売業者又は役務提供事業者は、第五条第一項各号のいずれかに該当する売買契約又は役務提供契約の締結をした場合において、その売買契約についての代金又はその役務提供契約についての対価の全部又は一部の支払の義務が履行されない場合（売買契約又は役務提供契約が解除された場合を除く。）には、損害賠償額の予定又は違約金の定めがあるときにおいても、当該商品若しくは当該権利の販売価格又は当該役務の対価に相当する額から既に支払われた当該商品若しくは当該権利の代金又は当該役務の対価の額を控除した額にこれに対する法定利率による遅延損害金の額を加算した金額を超える額の金銭の支払を購入者又は役務の提供を受ける者に対して請求することができない。

第三節　通信販売

（通信販売についての広告）

第十一条　販売業者又は役務提供事業者は、通信販売をする場合の商品若しくは特定権利の販売条件又は役務の提供条件について広告をするときは、主務省令で定めるところにより、当該広告に、当該商品若しくは当該権利又は当該役務に関する次の事項を表示しなければならない。ただし、当該広告に、請求により、これらの事項を記載した書面を遅滞なく交付し、又はこれらの事項を記録した電磁的記録（電子的方式、磁気的方式その他人の知覚によつては認識することができない方式で作られる記録であつて、電子計算機による情報処理の用に供されるものをいう。）を遅滞なく提供する旨の表示をする場合には、販売業者又は役務提供事業者は、主務省令で定めるところにより、これらの事項の一部を表示しないことができる。

一　商品若しくは権利の販売価格又は役務の対価（販売価格に商品の送料が含まれない場合には、販売価格及び商品の送料）

二　商品若しくは権利の代金又は役務の対価の支払の時期及び方法

三　商品の引渡時期若しくは権利の移転時期又は役務の提供時期

四　商品若しくは特定権利の売買契約の申込みの撤回又は売買契約の解除に関する事項（第十五条の三第一項ただし書に規定する特約がある場合にはその内容を、第二十六条第二項の規定の適用がある場合には同項の規定に関する事項を含む。）

五　前各号に掲げるもののほか、主務省令で定める事項

第三節　通信販売

〔法第十一条柱書本文に対応する主務省令は、施行規則第九条〕

〔法第十一条柱書ただし書に対応する主務省令は、施行規則第十条〕

（通信販売についての広告）

第八条　法第十一条第五号の主務省令で定める事項は、次に掲げるものとする。

一　販売業者又は役務提供事業者の氏名又は名称、住所及び電話番号

二　販売業者又は役務提供事業者が法人であつて、電子情

報処理組織を使用する方法により広告をする場合には、当該販売業者又は役務提供事業者の代表者又は通信販売に関する業務の責任者の氏名

三　申込みの有効期限があるときは、その期限

四　法第十一条第一号に定める金銭以外に購入者又は役務の提供を受ける者の負担すべき金銭があるときは、その内容及びその額

五　引き渡された商品が種類又は品質に関して契約の内容に適合しない場合の販売業者の責任についての定めがあるときは、その内容

六　磁気的方法又は光学的方法によりプログラム（電子計算機に対する指令であって、一の結果を得ることができるように組み合わされたものをいう。以下同じ。）を記録した物を販売する場合、又は電子計算機を使用する方法により映画、演劇、音楽、スポーツ、写真若しくは絵画、彫刻その他の美術工芸品を鑑賞させ、若しくは観覧させる役務を提供する場合、若しくはプログラムを電子計算機に備えられたファイルに記録し、若しくは記録させる役務を提供する場合には、当該商品又は役務を利用するために必要な電子計算機の仕様及び性能その他の必要な条件

七　商品の売買契約を二回以上継続して締結する必要があるときは、その旨及び金額、契約期間その他の販売条件

八　前四号に掲げるもののほか商品の販売数量の制限その他の特別の商品若しくは特定権利の販売条件又は役務の提供条件があるときは、その内容

九　広告の表示事項の一部を表示しない場合であつて、法第十一条ただし書の書面又は電磁的記録を請求した者に当該書面又は電磁的記録に係る金銭を負担させるときは、その額

十　通信販売電子メール広告（法第十二条の三第一項第一号の通信販売電子メール広告をいう。以下同じ。）をするときは、販売業者又は役務提供事業者の電子メールアドレス

【関連：平成29年パブリックコメントNo．9、10】

第九条　法第十一条本文の規定により通信販売をする場合の商品若しくは特定権利の販売条件又は役務の提供条件について広告をするときは、次に定めるところにより表示しなければならない。

一　商品の送料を表示するときは、金額をもつて表示すること。

二　商品の引渡時期若しくは権利の移転時期又は役務の提供時期は期間又は期限をもつて表示すること。

三　商品若しくは特定権利の売買契約の申込みの撤回又は売買契約の解除に関する事項（法第十五条の三第一項ただし書に規定する特約がある場合には、その内容を含む。）については、顧客にとつて見やすい箇所において明瞭に判読できるように表示する方法その他顧客にとつて容易に認識することができるよう表示すること。

第十条　法第十一条ただし書の規定により同条第一号及び第八条第一項第四号に定める購入者又は役務の提供を受ける者の負担すべき金銭を表示しないことができる場合はその金銭を全部表示しない場合とし、この場合において法第十一条各号に定める事項（第八条第三号及び第六号から第十号までに掲げる事項並びに法第十五条の三第一項ただし書に規定する特約がある場合にあつては、商品若しくは特定権利の売買契約の申込みの撤回又は売買契約の解除（以下この条において、「申込みの撤回等」という。）の可否、申込みの撤回等が可能である場合にあつては申込みの撤回等が可能である期間その他申込みの撤回等が可能となる条件及び商品又は特定権利の引取り若しくは返還に要する費用の負担に係る事項を除く。）の一部を表示しないことができる。

2　購入者又は役務の提供を受ける者の負担すべき金銭の全部を表示する場合は、法第十一条第二号から第五号までに定める事項（第八条第三号、第四号及び第六号から第十号までに掲げる事項及び法第十五条の三第一項ただし書に規定する特約がある場合にあつては申込みの撤回等の可否、申込みの撤回等が可能である場合にあつては申込みの撤回等が可能である期間その他申込みの撤回等が可能となる条件及び商品又は特定権利の引取り若しくは返還に要する費用の負担に係る事項を除く。）の一部を表示しないことができる。ただし、売買契約又は役務提供契約に係る金銭の全部又は一部の支払が商品の引渡し若しくは権利の移転又は役務の提供前である場合にあつては商品若しくは権利の代金又は役務の対価の支払時期、売買契約又は役務提供契約の申込みを受けた後遅滞なく当該申込みに係る商品を送付しない場合若しくは権利を移転しない場合又は役務を提供しない場合にあつては法第十一条第三号に掲げる事項及び引き渡された商品が種類又は品質に関して契約の内容に適合しない場合に販売業者がその不適合の責任を負わない場合にあつては販売業者の責任に関する事項についてはこの限りでない。

3　販売業者又は役務提供事業者は、電子情報処理組織を使用する方法により広告をする場合であつて、次に掲げる方法により法第十一条各号に掲げる事項の一部を提供する旨の表示をするときは、当該事項の一部を表示しないことができる。

一　販売業者又は役務提供事業者の使用に係る電子計算機と顧客の使用に係る電子計算機とを接続する電気通信回線を通じて送信し、受信者の使用に係る電子計算機に備えられたファイルに記録する方法

二　販売業者又は役務提供事業者の使用に係る電子計算機に備えられたファイルに記録された書面に記載すべき事項を電気通信回線を通じて顧客の閲覧に供し、当該顧客の使用に係る電子計算機に備えられたファイルに当該事項を記録する方法

三　顧客の使用に係る電子計算機に書面に記載すべき事項を記録するためのファイルが備えられていない場合に、販売業者又は役務提供事業者の使用に係る電子計算機に備えられたファイル（専ら当該顧客の用に供するものに限る。次項第二号において「顧客ファイル」という。）に記録された当該事項を電気通信回線を通じて顧客の閲覧に供する方法

（誇大広告等の禁止）

第十二条　販売業者又は役務提供事業者は、通信販売をする場合の商品若しくは特定権利の販売条件又は役務の提供条件について広告をするときは、当該商品の性能又は当該権利若しくは当該役務の内容、当該商品若しくは当該権利の売買契約の申込みの撤回又は売買契約の解除に関する事項（第十五条の三第一項ただし書に規定する特約がある場合には、その内容を含む。）その他の主務省令で定める事項について、著しく事実に相違する表示をし、又は実際のものよりも著しく優良であり、若しくは有利であると人を誤認させるような表示をしてはならない。

（合理的な根拠を示す資料の提出）

第十二条の二　主務大臣は、前条に規定する表示に該当するか否かを判断するため必要があると認めるときは、当該表示をした販売業者又は役務提供事業者に対し、期間を定めて、当該表示の裏付けとなる合理的な根拠を示す資料の提出を求めることができる。この場合において、当該販売業者又は当該役務提供事業者が当該資料を提出しないときは、第十四条第一項及び第十五条第一項の規定の適用については、当該表示は、前条に規定する表示に該当するものとみなす。

4　前項に掲げる方法は、次に掲げる技術的基準に適合するものでなければならない。

一　前項第一号又は第二号に掲げる方法にあつては、顧客がファイルへの記録を出力することによる書面を作成することができるものであること。

二　前項第三号に掲げる方法にあつては、顧客ファイルへの記録がされた書面に記載すべき事項を、当該顧客ファイルに記録された時から起算して六月間、消去し、又は改変できないものであること。

（誇大広告等の禁止）

第十一条　法第十二条の主務省令で定める事項は次のとおりとする。

一　商品の種類、性能、品質若しくは効能、役務の種類、内容若しくは効果又は権利の種類、内容若しくはその権利に係る役務の種類、内容若しくは効果

二　商品、権利若しくは役務、販売業者若しくは役務提供事業者又は販売業者若しくは役務提供事業者の営む事業についての国、地方公共団体、通信販売協会その他著名な法人その他の団体又は著名な個人の関与

三　商品の原産地若しくは製造地、商標又は製造者名

四　法第十一条各号に掲げる事項

（承諾をしていない者に対する電子メール広告の提供の禁止等）

第十二条の三　販売業者又は役務提供事業者は、次に掲げる場合を除き、通信販売をする場合の商品若しくは特定権利の販売条件又は役務の提供条件について、その相手方となる者の承諾を得ないで電子メール広告（当該広告に係る通信文その他の情報を電磁的方法（電子情報処理組織を使用する方法その他の情報通信の技術を利用する方法であつて主務省令で定めるものをいう。以下同じ。）により送信し、これを当該広告の相手方の使用に係る電子計算機の映像面に表示されるようにする方法により行う広告をいう。以下同じ。）をしてはならない。

一　相手方となる者の請求に基づき、通信販売をする場合の商品若しくは特定権利の販売条件又は役務の提供条件に係る電子メール広告（以下この節において「通信販売電子メール広告」という。）をするとき。

二　当該販売業者の販売する商品若しくは特定権利若しくは当該役務提供事業者の提供する役務につき売買契約若しくは役務提供契約の申込みをした者又はこれらにつき売買契約若しくは役務提供契約を締結した者に対し、主務省令で定める方法により当該申込み若しくは当該契約の内容又は当該契約の履行に関する事項を通知する場合において、主務省令で定めるところにより通信販売電子メール広告をするとき。

三　前二号に掲げるもののほか、通常通信販売電子メール広告の提供を受ける者の利益を損なうおそれがないと認められる場合として主務省令で定める場合において、通信販売電子メール広告をするとき。

（電磁的方法）

第十一条の二　法第十二条の三第一項に規定する電磁的方法（以下単に「電磁的方法」という。）は第一号及び第二号に掲げるものとし、令第一条第一号の電磁的方法は第一号から第三号までに掲げるものとする。

一　電話番号を送受信のために用いて電磁的記録を相手方の使用に係る携帯して使用する通信端末機器に送信する方法（他人に委託して行う場合を含む。）

二　電子メールを送信する方法（他人に委託して行う場合を含む。）

三　前号に規定するもののほか、その受信をする者を特定して情報を伝達するために用いられる電気通信（電気通信事業法（昭和五十九年法律第八十六号）第二条第一号に規定する電気通信をいう。）を送信する方法（他人に委託して行う場合を含む。）

（契約の内容等の通知の方法等）

第十一条の三　法第十二条の三第一項第二号の主務省令で定める方法は電磁的方法とする。

2　法第十二条の三第一項第二号の規定により通信販売電子メール広告をするときは、契約の申込みの受理及び当該申込みの内容、契約の成立及び当該契約の内容、並びに契約の履行に係る事項のうち重要なものの通知に付随して、通信販売電子メール広告をするものとする。

【関連：平成29年パブリックコメントNo．12、13、14】

（法第十二条の三第一項第三号の主務省令で定める場合）

第十一条の四　法第十二条の三第一項第三号の主務省令で定める場合は次のいずれかの場合とする。

一　相手方の請求に基づいて、又はその承諾を得て電磁的方法により送信される電磁的記録の一部に掲載することにより広告がなされる場合

二　電磁的方法により送信しようとする電磁的記録の一部に広告を掲載することを条件として利用者に電磁的方法の使用に係る役務を提供する者（販売業者又は役務提供

２　前項に規定する承諾を得、又は同項第一号に規定する請求を受けた販売業者又は役務提供事業者は、当該通信販売電子メール広告の相手方から通信販売電子メール広告の提供を受けない旨の意思の表示を受けたときは、当該相手方に対し、通信販売電子メール広告をしてはならない。ただし、当該意思の表示を受けた後に再び通信販売電子メール広告をすることにつき当該相手方から請求を受け、又は当該相手方の承諾を得た場合には、この限りでない。

３　販売業者又は役務提供事業者は、通信販売電子メール広告をするときは、第一項第二号又は第三号に掲げる場合を除き、当該通信販売電子メール広告をすることにつきその相手方の承諾を得、又はその相手方から請求を受けたことの記録として主務省令で定めるものを作成し、主務省令で定めるところによりこれを保存しなければならない。

事業者が当該役務を提供する者である場合を含む。）による当該役務の提供に際して、広告がなされる場合（利用者を誘引し、又は強制し、当該役務を利用して電磁的記録を送信させることにより、当該役務の提供に際して広告をするときを除く。）

（記録の保存）

第十一条の五　法第十二条の三第三項の主務省令で定めるものは次に掲げるものとする。

一　電子情報処理組織を使用する方法（電磁的方法を除く。）により相手方から承諾を得、又は請求を受けた場合にあつては、承諾又は請求ごとに当該承諾又は請求があつたことを示す書面又は電磁的記録（以下「書面等」という。）。ただし、販売業者又は役務提供事業者が、当該承諾を得、又は請求を受けるために定型的な内容を表示しており、かつ、当該承諾を得、又は請求を受けたときに当該承諾又は請求の内容に係る情報を一覧性のある電磁的記録として自動的に編集する方法を用いている場合であつて、当該定型的な内容の表示において、当該電子計算機の操作が当該相手方に通信販売電子メール広告をすることを承諾し、又は請求するものであることを容易に認識できるよう表示している場合には、当該承諾を得、又は請求を受けるために表示した定型的な内容を示す書面等及び当該内容の表示がされた時期を示す書面等。

二　電磁的方法、書面その他の方法により相手方から承諾を得、又は請求を受けた場合にあつては、承諾又は請求ごとに当該承諾又は請求があつたことを示す書面等。た

4　販売業者又は役務提供事業者は、通信販売電子メール広告をするときは、第一項第二号又は第三号に掲げる場合を除き、当該通信販売電子メール広告に、第十一条各号に掲げる事項のほか、主務省令で定めるところにより、その相手方が通信販売電子メール広告の提供を受けない旨の意思の表示をするために必要な事項として主務省令で定めるものを表示しなければならない。

5　前二項の規定は、販売業者又は役務提供事業者が他の者に次に掲げる業務の全てにつき一括して委託しているときは、その委託に係る通信販売電子メール広告については、適用しない。

一　通信販売電子メール広告をすることにつきその相手方の承諾を得、又はその相手方から請求を受ける業務

だし、販売業者又は役務提供事業者が、当該承諾を得、又は請求を受けるために定型的な内容を表示しており、かつ、当該承諾を得、又は請求を受けたときに当該承諾又は請求の内容に係る情報を一覧性のある書面等として正確に編集する方法を用いている場合であつて、当該定型的な内容の表示において、当該電磁的方法による電磁的記録の送信、当該書面への記入その他の行為が当該相手方に通信販売電子メール広告をすることを承諾し、又は請求するものであることを容易に認識できるよう表示している場合には、当該承諾を得、又は請求を受けるために表示した定型的な内容を示す書面等及び当該内容の表示がされた時期を示す書面等。

2　前項の書面等は、相手方に対し通信販売電子メール広告を行つた日から三年間保存しなければならない。

（連絡方法の表示）

第十一条の六　法第十二条の三第四項の主務省令で定めるものは、次のいずれかの事項とし、当該事項は、当該通信販売電子メール広告の本文に容易に認識できるように表示しなければならない。

一　電子メールアドレス（相手方が通信販売電子メール広告の提供を受けない旨の意思の表示をすることができるものに限る。）

二　電子情報処理組織において識別するための文字、記号その他の符号若しくはこれらの結合（電子計算機に入力されることによつて当該電子計算機の映像面に表示される手続に従うことにより、相手方が通信販売電子メール広告の提供を受けない旨の意思の表示をすることができるものに限る。）又はこれに準ずるもの

二　第三項に規定する記録を作成し、及び保存する業務

三　前項に規定する通信販売電子メール広告の提供を受けない旨の意思の表示をするために必要な事項を表示する業務

第十二条の四　販売業者又は役務提供事業者から前条第五項各号に掲げる業務の全てにつき一括して委託を受けた者（以下この節並びに第六十六条第五項及び第六十七条第一項第四号において「通信販売電子メール広告受託事業者」という。）は、次に掲げる場合を除き、当該業務を委託した販売業者又は役務提供事業者（以下この節において「通信販売電子メール広告委託者」という。）が通信販売をする場合の商品若しくは特定権利の販売条件又は役務の提供条件について、その相手方となる者の承諾を得ないで通信販売電子メール広告をしてはならない。

一　相手方となる者の請求に基づき、通信販売電子メール広告委託者に係る通信販売電子メール広告をするとき。

二　前号に掲げるもののほか、通常通信販売電子メール広告委託者に係る通信販売電子メール広告の提供を受ける者の利益を損なうおそれがないと認められる場合として主務省令で定める場合において、通信販売電子メール広告委託者に係る通信販売電子メール広告をするとき。

（法第十二条の四第一項第二号の主務省令で定める場合）

第十一条の七　法第十二条の四第一項第二号の主務省令で定める場合は、次のいずれかの場合とする。

一　相手方の請求に基づいて、又はその承諾を得て電磁的方法により送信される電磁的記録の一部に掲載することにより、通信販売電子メール広告委託者（法第十二条の四第一項本文の通信販売電子メール広告委託者をいう。以下同じ。）に係る通信販売電子メール広告がなされる場合

二　電磁的方法により送信しようとする電磁的記録の一部に広告を掲載することを条件として利用者に電磁的方法の使用に係る役務を提供する者（通信販売電子メール広告受託事業者（法第十二条の四第一項本文の通信販売電子メール広告受託事業者をいう。以下同じ。）が当該役務を提供する者である場合を含む。）による当該役務の提供に際して、通信販売電子メール広告委託者に係る通信販売電子メール広告がなされる場合（利用者を誘引

2　前条第二項から第四項までの規定は、通信販売電子メール広告受託事業者による通信販売電子メール広告委託者に係る通信販売電子メール広告について準用する。この場合において、同条第三項及び第四項中「第一項第二号又は第三号」とあるのは、「次条第一項第二号」と読み替えるものとする。

（承諾をしていない者に対するファクシミリ広告の提供の禁止等）

第十二条の五　販売業者又は役務提供事業者は、次に掲げる場合を除き、通信販売をする場合の商品若しくは特定権利の販売条件又は役務の提供条件について、その相手方となる者の承諾を得ないでファクシミリ広告（当該広告に係る通信文その他の情報をファクシミリ装置を用いて送信する方法により行う広告をいう。第一号において同じ。）をしてはならない。

一　相手方となる者の請求に基づき、通信販売をする場合の商品若しくは特定権利の販売条件又は役務の提供条件に係るファクシミリ広告（以下この条において「通信販売ファクシミリ広告」という。）をするとき。

二　当該販売業者の販売する商品若しくは特定権利若しくは当該役務提供事業者の提供する役務につき売買契約若しくは役務提供契約の申込みをした者又はこれらにつき売買契約若しくは役務提供契約を締結した者に対し、主務省令で定める方法により当該申込み若しくは当該契約の内容又は当該契約の履行に関する事項を通知する場合において、主務省令で定めるところにより通信販売ファクシミリ広告をするとき。

し、又は強制し、当該役務を利用して電磁的記録を送信させることにより、当該役務の提供に際して広告をするときを除く。）

（契約の内容等の通知の方法等）

第十一条の八　法第十二条の五第一項第二号の主務省令で定める方法はファクシミリ装置を用いて送信する方法とする。

2　法第十二条の五第一項第二号の規定により通信販売ファクシミリ広告をするときは、契約の申込みの受理及び当該申込みの内容、契約の成立及び当該契約の内容、並びに契約の履行に係る事項のうち重要なものの通知に付随して、通信販売ファクシミリ広告をするものとする。

三　前二号に掲げるもののほか、通常通信販売ファクシミリ広告の提供を受ける者の利益を損なうおそれがないと認められる場合として主務省令で定める場合において、通信販売ファクシミリ広告をするとき。

２　前項に規定する承諾を得、又は同項第一号に規定する請求を受けた販売業者又は役務提供事業者は、当該通信販売ファクシミリ広告の相手方から通信販売ファクシミリ広告の提供を受けない旨の意思の表示を受けたときは、当該相手方に対し、通信販売ファクシミリ広告をしてはならない。ただし、当該意思の表示を受けた後に再び通信販売ファクシミリ広告をすることにつき当該相手方から請求を受け、又は当該相手方の承諾を得た場合には、この限りでない。

３　販売業者又は役務提供事業者は、通信販売ファクシミリ広告をするときは、第一項第二号又は第三号に掲げる場合を除き、当該通信販売ファクシミリ広告をすることにつきその相手方の承諾を得、又はその相手方から請求を受けたことの記録として主務省令で定めるものを作成し、主務省令で定めるところによりこれを保存しなければならない。

４　販売業者又は役務提供事業者は、通信販売ファクシミリ広告をするときは、第一項第二号又は第三号に掲げる場合を除き、当該通信販売ファクシミリ広告に、第十一条各号

（法第十二条の五第一項第三号の主務省令で定める場合）

第十一条の九　法第十二条の五第一項第三号の主務省令で定める場合は、相手方の請求に基づいて、又はその承諾を得てファクシミリ装置を用いて送信する方法により送信される通信文の一部に掲載することにより広告がなされる場合とする。

（記録の保存）

第十一条の十　法第十二条の五第三項の主務省令で定めるものは、承諾又は請求ごとに当該承諾又は請求があつたことを示す書面等とする。ただし、販売業者又は役務提供事業者が、当該承諾を得、又は請求を受けるために定型的な内容を表示しており、かつ、当該承諾を得、又は請求を受けたときに当該承諾又は請求の内容に係る情報を一覧性のある書面等として正確に編集する方法を用いている場合であつて、当該定型的な内容の表示において、書面への記入その他の行為が当該相手方に通信販売ファクシミリ広告をすることを承諾し、又は請求するものであることを容易に認識できるよう表示している場合には、当該承諾を得、又は請求を受けるために表示した定型的な内容を示す書面等及び当該内容の表示がされた時期を示す書面等とする。

２　前項の書面等は、相手方に対し通信販売ファクシミリ広告を行つた日から一年間保存しなければならない。

（連絡方法の表示）

第十一条の十一　法第十二条の五第四項の主務省令で定めるものは、ファクシミリ番号（相手方が通信販売ファクシミ

に掲げる事項のほか、主務省令で定めるところにより、その相手方が通信販売ファクシミリ広告の提供を受けない旨の意思の表示をするために必要な事項として主務省令で定めるものを表示しなければならない。

（通信販売における承諾等の通知）

第十三条　販売業者又は役務提供事業者は、商品若しくは特定権利又は役務につき売買契約又は役務提供契約の申込みをした者から当該商品の引渡し若しくは当該権利の移転又は当該役務の提供に先立つて当該商品若しくは当該権利の代金又は当該役務の対価の全部又は一部を受領することとする通信販売をする場合において、郵便等により当該商品若しくは当該権利又は当該役務につき売買契約又は役務提供契約の申込みを受け、かつ、当該商品若しくは当該権利の代金又は当該役務の対価の全部又は一部を受領したときは、遅滞なく、主務省令で定めるところにより、その申込みを承諾する旨又は承諾しない旨（その受領前にその申込みを承諾する旨又は承諾しない旨をその申込みをした者に通知している場合には、その旨）その他の主務省令で定める事項をその者に書面により通知しなければならない。ただし、当該商品若しくは当該権利の代金又は当該役務の対価の全部又は一部を受領した後遅滞なく当該商品を送付し、若しくは当該権利を移転し、又は当該役務を提供したときは、この限りでない。

リ広告の提供を受けない旨の意思の表示をすることができるものに限る。）とし、当該ファクシミリ番号は、当該通信販売ファクシミリ広告の本文に容易に認識できるように表示しなければならない。

（通信販売における承諾等の通知）

第十二条　法第十三条第一項の主務省令で定める事項は、次のとおりとする。

一　申込みを承諾する旨又は承諾しない旨（当該商品若しくは当該権利の代金又は当該役務の対価の受領前にその申込みを承諾する旨又は承諾しない旨をその申込みをした者に通知している場合には、その旨）

二　販売業者又は役務提供事業者の氏名又は名称、住所及び電話番号

三　受領した金銭の額及びそれ以前に受領した金銭があるときはその合計額

四　当該金銭を受領した年月日

五　申込みを受けた商品名及びその数量又は権利若しくは役務の種類

六　申込みを承諾するときは、その商品の引渡時期若しくは権利の移転時期又は役務の提供時期

第十三条　法第十三条第一項の規定により申込みをした者に書面により通知するときは、次の各号に定めるところにより行わなければならない。

一　申込みを承諾しない旨を通知するときは、既に受領している金銭を直ちに返還する旨及びその方法を記載すること。

二　商品の引渡時期若しくは権利の移転時期又は役務の提供時期は期間又は期限をもつて表示すること。

2　前項の書面には日本産業規格Z八三〇五に規定する八ポイント以上の大きさの文字及び数字を用いなければならない。

２　販売業者又は役務提供事業者は、前項本文の規定による書面による通知に代えて、政令で定めるところにより、当該申込みをした者の承諾を得て、当該通知すべき事項を電磁的方法その他の主務省令で定める方法により提供することができる。この場合において、当該販売業者又は役務提供事業者は、当該書面による通知をしたものとみなす。

（情報通信の技術を利用する方法）

第四条　販売業者又は役務提供事業者は、法第十三条第二項の規定により同項に規定する事項を提供しようとするときは、主務省令で定めるところにより、あらかじめ、当該申込みをした者に対し、その用いる同項前段に規定する方法の種類及び内容を示し、書面又は同項前段に規定する方法による承諾を得なければならない。

２　前項の規定による承諾を得た販売業者又は役務提供事業者は、当該申込みをした者から書面又は法第十三条第二項前段に規定する方法により同項前段に規定する方法による提供を受けない旨の申出があつたときは、当該申込みをした者に対し、同項に規定する事項の提供を同項前段に規定する方法によつてしてはならない。ただし、当該申込みをした者が再び前項の規定による承諾をした場合は、この限りでない。

（情報通信の技術を利用する方法）

第十四条　法第十三条第二項の主務省令で定める方法は、次に掲げる方法とする。

一　電子情報処理組織を使用する方法のうち、イ、ロ又はハに掲げるもの

イ　販売業者又は役務提供事業者の使用に係る電子計算機と申込みをした者の使用に係る電子計算機とを接続する電気通信回線を通じて送信し、受信者の使用に係る電子計算機に備えられたファイルに記録する方法

ロ　販売業者又は役務提供事業者の使用に係る電子計算機に備えられたファイルに記録された通知すべき事項を電気通信回線を通じて申込みをした者の閲覧に供し、当該申込みをした者の使用に係る電子計算機に備えられたファイルに当該事項を記録する方法（法第十三条第二項前段に規定する方法による提供を受ける旨の承諾又は受けない旨の申出をする場合にあつては、販売業者又は役務提供事業者の使用に係る電子計算機に備えられたファイルにその旨を記録する方法）

ハ　申込みをした者の使用に係る電子計算機に通知すべき事項を記録するためのファイルが備えられていない場合に、販売業者又は役務提供事業者の使用に係る電子計算機に備えられたファイル（専ら当該申込みをした者の用に供するものに限る。次項第二号において「申込者ファイル」という。）に記録された当該事項を電気通信回線を通じて申込みをした者の閲覧に供する方法

二　磁気ディスク、シー・ディー・ロムその他これらに準ずる方法により一定の事項を確実に記録しておくことができる物をもつて調製するファイルに通知すべき事項を記録したものを交付する方法

２　前項に掲げる方法は、次に掲げる技術的基準に適合するものでなければならない。

一　前項第一号イ又はロに掲げる方法にあつては、申込み

（指示等）

第十四条　主務大臣は、販売業者又は役務提供事業者が第十一条、第十二条、第十二条の三（第五項を除く。）、第十二条の五若しくは前条第一項の規定に違反し、又は次に掲げる行為をした場合において、通信販売に係る取引の公正及び購入者又は役務の提供を受ける者の利益が害されるおそれがあると認めるときは、その販売業者又は役務提供事業者に対し、当該違反又は当該行為の是正のための措置、購入者又は役務の提供を受ける者の利益の保護を図るための措置その他の必要な措置をとるべきことを指示することができる。

一　通信販売に係る売買契約若しくは役務提供契約に基づく債務又は通信販売に係る売買契約若しくは役務提供契約の解除によつて生ずる債務の全部又は一部の履行を拒否し、又は不当に遅延させること。

二　顧客の意に反して通信販売に係る売買契約又は役務提供契約の申込みをさせようとする行為として主務省令で定めるもの

をした者がファイルへの記録を出力することによる書面を作成することができるものであること。

二　前項第一号ハに掲げる方法にあつては、申込者ファイルへの記録がされた通知すべき事項を、当該申込者ファイルに記録された時から起算して六月間、消去し、又は改変できないものであること。

3　販売業者又は役務提供事業者は、第一項に掲げる方法により法第十三条第一項本文の規定による書面による通知に代えて当該通知すべき事項を提供するときは、申込みをした者が当該事項を明瞭に読むことができるように表示しなければならない。

第十五条　令第四条第一項の規定により示すべき方法の種類及び内容は、次に掲げる事項とする。

一　前条第一項に規定する方法のうち販売業者又は役務提供事業者が使用するもの

二　ファイルへの記録の方式

三　前二号に掲げるもののほか、通信販売に関する行為であつて、通信販売に係る取引の公正及び購入者又は役務の提供を受ける者の利益を害するおそれがあるものとして主務省令で定めるもの

（通信販売における禁止行為）

第十六条　法第十四条第一項第二号の主務省令で定める行為は、次に掲げるものとする。

一　販売業者又は役務提供事業者が、電子契約（販売業者又は役務提供事業者と顧客との間で電子情報処理組織を使用する方法その他の情報通信技術を利用する方法により電子計算機の映像面を介して締結される売買契約又は役務提供契約であつて、販売業者若しくは役務提供事業者又はこれらの委託を受けた者が当該映像面に表示する手続に従つて、顧客がその使用する電子計算機を用いて送信することによつてその申込みを行うものをいう。以下この号及び次号において同じ。）の申込みを受ける場合において、電子契約に係る電子計算機の操作（当該電子契約の申込みとなるものに限る。次号において同じ。）が当該電子契約の申込みとなることを、顧客が当該操作を行う際に容易に認識できるように表示していないこと。

二　販売業者又は役務提供事業者が、電子契約の申込みを受ける場合において、申込みの内容を、顧客が電子契約に係る電子計算機の操作を行う際に容易に確認し及び訂正できるようにしていないこと。

三　販売業者又は役務提供事業者が、申込みの様式が印刷された書面により売買契約又は役務提供契約の申込みを受ける場合において、当該書面の送付が申込みとなることを、顧客が容易に認識できるように当該書面に表示していないこと。

2　法第十四条第一項第三号の主務省令で定める行為は、次に掲げるものとする。

一　販売業者又は役務提供事業者が、電子情報処理組織を使用する方法（電磁的方法を除く。）により電子計算機を用いて送信することにより行われる通信販売電子メール広告をすることについての承諾を得、又は請求を受ける場合において、顧客の意に反する承諾又は請求が容易に行われないよう、顧客の電子計算機の操作（通信販売電子メール広告をすることについての承諾又は請求

2　主務大臣は、通信販売電子メール広告受託事業者が第十二条の四第一項若しくは同条第二項において準用する第十二条の三第二項から第四項までの規定に違反し、又は次に掲げる行為をした場合において、通信販売に係る取引の公正及び購入者又は役務の提供を受ける者の利益が害されるおそれがあると認めるときは、その通信販売電子メール広告受託事業者に対し、必要な措置をとるべきことを指示することができる。

一　顧客の意に反して通信販売電子メール広告委託者に対する通信販売に係る売買契約又は役務提供契約の申込みをさせようとする行為として主務省令で定めるもの

となるものに限る。次号において同じ。）が当該通信販売電子メール広告を受けることについての承諾又は請求となることを、顧客が当該操作を行う際に容易に認識できるように表示していないこと。

二　販売業者又は役務提供事業者が、電磁的方法による電磁的記録の送信、書面への記入その他の行為により行われる通信販売電子メール広告をすることについての承諾を得、又は請求を受ける場合において、当該通信販売電子メール広告をすることについての承諾を得、又は請求を受けるための表示を行う際に、顧客の意に反する承諾又は請求が容易に行われないよう、顧客の電磁的方法による電磁的記録の送信、書面への記入その他の行為が当該通信販売電子メール広告を受けることについての承諾又は請求となることを、顧客が容易に認識できるように表示していないこと。

三　販売業者又は役務提供事業者が、法第十二条の四第一項及び同条第二項で準用する法第十二条の三第二項から第四項までの規定のいずれかに違反する行為を行つている者に、法第十二条の三第五項各号に掲げる業務の全てにつき一括して委託すること。

3　法第十四条第二項第一号の主務省令で定める行為は、通信販売電子メール広告受託事業者が、通信販売電子メール広告委託者が電子契約の申込みを受けるための電子メール広告を行う場合において、電子契約に係る電子計算機の操作（当該電子契約の申込みとなるものに限る。）が当該電子契約の申込みとなることを、顧客が当該操作を行う際に容易に認識できるように表示していないこととする。

二　前号に掲げるもののほか、通信販売に関する行為であつて、通信販売に係る取引の公正及び購入者又は役務の提供を受ける者の利益を害するおそれがあるものとして主務省令で定めるもの

3　主務大臣は、第一項の規定による指示をしたときは、その旨を公表しなければならない。

4　主務大臣は、第二項の規定による指示をしたときは、その旨を公表しなければならない。

（業務の停止等）

第十五条　主務大臣は、販売業者若しくは役務提供事業者が第十一条、第十二条、第十二条の三（第五項を除く。）、第十二条の五若しくは第十三条第一項の規定に違反し若しく

4　法第十四条第二項第二号の主務省令で定める行為は、次に掲げるものとする。

一　通信販売電子メール広告受託事業者が、電子情報処理組織を使用する方法（電磁的方法を除く。）により電子計算機を用いて送信することにより行われる通信販売電子メール広告委託者に係る通信販売電子メール広告をすることについての承諾を得、又は請求を受ける場合において、顧客の意に反する承諾又は請求が容易に行われないよう、顧客の電子計算機の操作（通信販売電子メール広告委託者に係る通信販売電子メール広告をすることについての承諾又は請求となるものに限る。次号において同じ。）が当該通信販売電子メール広告を受けることについての承諾又は請求となることを、顧客が当該操作を行う際に容易に認識できるように表示していないこと。

二　通信販売電子メール広告受託事業者が、電磁的方法による電磁的記録の送信、書面への記入その他の行為により行われる通信販売電子メール広告委託者に係る通信販売電子メール広告をすることについての承諾を得、又は請求を受ける場合において、当該通信販売電子メール広告をすることについての承諾をし、又は請求を受けるための表示を行う際に、顧客の意に反する承諾又は請求が容易に行われないよう、顧客の電磁的方法による電磁的記録の送信、書面への記入その他の行為が当該通信販売電子メール広告を受けることについての承諾又は請求となることを、顧客が容易に認識できるように表示していないこと。

は前条第一項各号に掲げる行為をした場合において通信販売に係る取引の公正及び購入者若しくは役務の提供を受ける者の利益が著しく害されるおそれがあると認めるとき、又は販売業者若しくは役務提供事業者が同項の規定による指示に従わないときは、その販売業者又は役務提供事業者に対し、二年以内の期間を限り、通信販売に関する業務の全部又は一部を停止すべきことを命ずることができる。この場合において、主務大臣は、その販売業者又は役務提供事業者が個人である場合にあつては、その者に対して、当該停止を命ずる期間と同一の期間を定めて、当該停止を命ずる範囲の業務を営む法人の当該業務を担当する役員となることの禁止を併せて命ずることができる。

２　主務大臣は、通信販売電子メール広告受託事業者が第十二条の四第一項若しくは同条第二項において準用する第十二条の三第二項から第四項までの規定に違反し若しくは前条第二項各号に掲げる行為をした場合において通信販売に係る取引の公正及び購入者若しくは役務の提供を受ける者の利益が著しく害されるおそれがあると認めるとき、又は通信販売電子メール広告受託事業者が同項の規定による指示に従わないときは、その通信販売電子メール広告受託事業者に対し、一年以内の期間を限り、通信販売電子メール広告に関する業務の全部又は一部を停止すべきことを命ずることができる。

３　主務大臣は、第一項の規定による命令をしたときは、その旨を公表しなければならない。

４　主務大臣は、第二項の規定による命令をしたときは、その旨を公表しなければならない。

（業務の禁止等）

第十五条の二　主務大臣は、販売業者又は役務提供事業者に対して前条第一項の規定により業務の停止を命ずる場合において、次の各号に掲げる場合の区分に応じ、当該各号に定める者が当該命令の理由となつた事実及び当該事実に関してその者が有していた責任の程度を考慮して当該命令の実効性を確保するためにその者による通信販売に関する業

（法第十五条の二第一項の主務省令で定める者）

第十六条の二　法第十五条の二第一項の主務省令で定める者は、法第十五条第一項の規定により停止を命ぜられた業務の遂行に主導的な役割を果たしている者とする。

務を制限することが相当と認められる者として主務省令で定める者に該当するときは、その者に対して、当該停止を命ずる期間と同一の期間を定めて、当該停止を命ずる範囲の業務を新たに開始すること（当該業務を営む法人の当該業務を担当する役員となることを含む。）の禁止を命ずることができる。

一　当該販売業者又は当該役務提供事業者が法人である場合　その役員及び当該命令の日前六十日以内においてその役員であつた者並びにその使用人及び当該命令の日前六十日以内においてその使用人であつた者

二　当該販売業者又は当該役務提供事業者が個人である場合　その使用人及び当該命令の日前六十日以内においてその使用人であつた者

2　主務大臣は、前項の規定による命令をしたときは、その旨を公表しなければならない。

（通信販売における契約の解除等）

第十五条の三　通信販売をする場合の商品又は特定権利の販売条件について広告をした販売業者が当該商品若しくは当該特定権利の売買契約の申込みを受けた場合におけるその申込みをした者又は売買契約を締結した場合におけるその購入者（次項において単に「購入者」という。）は、その売買契約に係る商品の引渡し又は特定権利の移転を受けた日から起算して八日を経過するまでの間は、その売買契約の申込みの撤回又はその売買契約の解除（以下この条において「申込みの撤回等」という。）を行うことができる。ただし、当該販売業者が申込みの撤回等についての特約を当該広告に表示していた場合（当該売買契約が電子消費者契約に関する民法の特例に関する法律（平成十三年法律第九十五号）第二条第一項に規定する電子消費者契約に該当する場合その他主務省令で定める場合にあつては、当該広告に表示し、かつ、広告に表示する方法以外の方法であつて主務省令で定める方法により表示していた場合）には、この限りでない。

2　申込みの撤回等があつた場合において、その売買契約に

（申込みの撤回等についての特約を表示する方法）

第十六条の三　法第十五条の三第一項ただし書の主務省令で定める方法は、顧客の電子計算機の映像面に表示される顧客が商品又は特定権利の売買契約の申込みとなる電子計算機の操作を行うための表示において、顧客にとつて見やすい箇所に明瞭に判読できるように表示する方法その他顧客にとつて容易に認識することができるよう表示する方法とする。

〔法第十五条の三第一項ただし書の「主務省令で定める場合」に対応する施行規則なし〕

係る商品の引渡し又は特定権利の移転が既にされているときは、その引取り又は返還に要する費用は、購入者の負担とする。

第四節　電話勧誘販売

（電話勧誘販売における氏名等の明示）

第十六条　販売業者又は役務提供事業者は、電話勧誘販売をしようとするときは、その勧誘に先立つて、その相手方に対し、販売業者又は役務提供事業者の氏名又は名称及びその勧誘を行う者の氏名並びに商品若しくは権利又は役務の種類並びにその電話が売買契約又は役務提供契約の締結について勧誘をするためのものであることを告げなければならない。

（契約を締結しない旨の意思を表示した者に対する勧誘の禁止）

第十七条　販売業者又は役務提供事業者は、電話勧誘販売に係る売買契約又は役務提供契約を締結しない旨の意思を表示した者に対し、当該売買契約又は当該役務提供契約の締結について勧誘をしてはならない。

（電話勧誘販売における書面の交付）

第十八条　販売業者又は役務提供事業者は、電話勧誘行為により、電話勧誘顧客から商品若しくは特定権利につき当該売買契約の申込みを郵便等により受け、又は役務につき当該役務提供契約の申込みを郵便等により受けたときは、遅滞なく、主務省令で定めるところにより、次の事項についてその申込みの内容を記載した書面をその申込みをした者に交付しなければならない。ただし、その申込みを受けた際その売買契約又は役務提供契約を締結した場合においては、この限りでない。

一　商品若しくは権利又は役務の種類

二　商品若しくは権利の販売価格又は役務の対価

三　商品若しくは権利の代金又は役務の対価の支払の時期

第四節　電話勧誘販売

〔法第十八条柱書に対応する主務省令は、施行規則第十九条および二十条〕

及び方法

四　商品の引渡時期若しくは権利の移転時期又は役務の提供時期

五　第二十四条第一項の規定による売買契約若しくは役務提供契約の申込みの撤回又は売買契約若しくは役務提供契約の解除に関する事項（同条第二項から第七項までの規定に関する事項（第二十六条第二項、第四項又は第五項の規定の適用がある場合にあつては、当該各項の規定に関する事項を含む。）を含む。）

六　前各号に掲げるもののほか、主務省令で定める事項

第十九条　販売業者又は役務提供事業者は、次の各号のいずれかに該当するときは、次項に規定する場合を除き、遅滞なく、主務省令で定めるところにより、前条各号の事項（同条第五号の事項については、売買契約又は役務提供契約の解除に関する事項に限る。）についてその売買契約又は役務提供契約の内容を明らかにする書面を購入者又は役務の提供を受ける者に交付しなければならない。

一　電話勧誘行為により、電話勧誘顧客と商品若しくは特定権利につき当該売買契約を郵便等により締結したとき又は役務につき当該役務提供契約を郵便等により締結し

（電話勧誘販売における書面の交付等）

第十七条　法第十八条第六号の主務省令で定める事項は、次のとおりとする。

一　販売業者又は役務提供事業者の氏名又は名称、住所及び電話番号並びに法人にあつては代表者の氏名

二　売買契約又は役務提供契約の申込み又は締結を担当した者の氏名

三　売買契約又は役務提供契約の申込み又は締結の年月日

四　商品名及び商品の商標又は製造者名

五　商品に型式があるときは、当該型式

六　商品の数量

七　引き渡された商品が種類又は品質に関して契約の内容に適合しない場合の販売業者の責任についての定めがあるときは、その内容

八　契約の解除に関する定めがあるときは、その内容

九　前二号に掲げるもののほか特約があるときは、その内容

〔法第十九条柱書に対応する主務省令は、施行規則第十九条〕

たとき。

二　電話勧誘行為により電話勧誘顧客から商品若しくは特定権利又は役務につき当該売買契約又は当該役務提供契約の申込みを郵便等により受け、その売買契約又は役務提供契約を締結したとき。

2　販売業者又は役務提供事業者は、前項第二号に該当する場合において、その売買契約又は役務提供契約を締結した際に、商品を引き渡し、若しくは特定権利を移転し、又は役務を提供し、かつ、商品若しくは特定権利の代金又は役務の対価の全部を受領したときは、直ちに、主務省令で定めるところにより、前条第一号及び第二号の事項並びに同条第五号の事項のうち売買契約又は役務提供契約の解除に関する事項その他主務省令で定める事項を記載した書面を購入者又は役務の提供を受ける者に交付しなければならない。

第十八条　法第十九条第二項の主務省令で定める事項は、次のとおりとする。

一　販売業者又は役務提供事業者の氏名又は名称、住所及び電話番号並びに法人にあつては代表者の氏名

二　売買契約又は役務提供契約の締結を担当した者の氏名

三　売買契約又は役務提供契約の締結の年月日

四　商品名及び商品の商標又は製造者名

五　商品に型式があるときは、当該型式

六　商品の数量

七　引き渡された商品が種類又は品質に関して契約の内容に適合しない場合の販売業者の責任についての定めがあるときは、その内容

八　契約の解除に関する定めがあるときは、その内容

九　前二号に掲げるもののほか特約があるときは、その内容

第十九条　法第十八条又は法第十九条の規定により交付する書面（以下この条において「書面」という。）は、次の表の上欄に掲げる事項について、それぞれ同表の下欄の基準に合致したものでなければならない。

事項	基準
一　引き渡された商品が種類又は品質に関して契約の内容に適合しない場合の責任に関する事項	引き渡された商品が種類又は品質に関して契約の内容に適合しない場合に販売業者がその不適合について責任を負わない旨が定められていないこと。

二　契約の解除に関する事項	イ　購入者又は役務の提供を受ける者からの契約の解除ができない旨が定められていないこと。 ロ　販売業者又は役務提供事業者の責めに帰すべき事由により契約が解除された場合における販売業者又は役務提供事業者の義務に関し、民法に規定するものより購入者又は役務の提供を受ける者に不利な内容が定められていないこと。
三　その他の特約に関する事項	法令に違反する特約が定められていないこと。

2　書面には書面の内容を十分に読むべき旨を赤枠の中に赤字で記載しなければならない。

3　書面には日本産業規格Z八三〇五に規定する八ポイント以上の大きさの文字及び数字を用いなければならない。

第二十条　法第十八条又は法第十九条の規定により交付する書面に記載する法第十八条第五号に掲げる事項については、次項、第三項及び第五項に規定する場合を除き、次の表の上欄に掲げる区分に応じ、それぞれ同表の下欄に掲げる内容を記載しなければならない。

一　商品の売買契約の申込みの撤回又はその売買契約の解除に関する事項	イ　法第十九条の書面を受領した日（その日前に法第十八条の書面を受領した場合にあつては、その書面を受領した日）から起算して八日を経過するまでは、申込者等（法第二十四条第一項の申込者等をいう。以下この条及び第二十三条の三において同じ。）は、書面によ

り商品の売買契約の申込みの撤回又はその売買契約の解除を行うことができること。

ロ　イに記載した事項にかかわらず、申込者等が、販売業者が法第二十一条第一項の規定に違反して商品の売買契約の申込みの撤回又はその売買契約の解除に関する事項につき不実のことを告げる行為をしたことにより誤認をし、又は販売業者が同条第三項の規定に違反して威迫したことにより困惑し、これらによつて当該契約の申込みの撤回又は契約の解除を行わなかつた場合には、当該販売業者が交付した法第二十四条第一項ただし書の書面を当該申込者等が受領した日から起算して八日を経過するまでは、当該申込者等は、書面により当該契約の申込みの撤回又は契約の解除を行うことができること。

ハ　イ又はロの契約の申込みの撤回又は契約の解除は、申込者等が、当該契約の申込みの撤回又は契約の解除に係る書面を発した時に、その効力を生ずること。

ニ　イ又はロの契約の申込みの撤回又は契約の解除があつた場合においては、販売業者は、申込者等に対し、その契約の申込みの撤回又は契約の解除に伴う損害賠償又は違約金の支払を請求することができないこと。

ホ　イ又はロの契約の申込みの撤回

又は契約の解除があつた場合において、その売買契約に係る商品の引渡しが既にされているときは、その引取りに要する費用は販売業者の負担とすること。

へ　イ又はロの契約の申込みの撤回又は契約の解除があつた場合には、既に当該売買契約に基づき引き渡された商品が使用されたときにおいても、当該販売業者は、申込者等に対し、当該商品の使用により得られた利益に相当する金銭の支払を請求することができないこと。

ト　イ又はロの契約の申込みの撤回又は契約の解除があつた場合において、商品の代金が支払われているときは、販売業者は、申込者等に対し、速やかに、その全額を返還すること。

二　権利の売買契約の申込みの撤回又はその売買契約の解除に関する事項

イ　法第十九条の書面を受領した日（その日前に法第十八条の書面を受領した場合にあつては、その書面を受領した日）から起算して八日を経過するまでは、申込者等は、書面により権利の売買契約の申込みの撤回又はその売買契約の解除を行うことができること。

ロ　イに記載した事項にかかわらず、申込者等が、販売業者が法第二十一条第一項の規定に違反して権利の売買契約の申込みの撤回又はその売買契約の解除に関する事項につき不実のことを告げる行為をしたことにより誤認をし、又は販売業者が同条第三項の規定に違反して威迫したことにより困惑し、これらによつて当該契約の申込みの撤回又は契約の解除を行わなかつた場合には、当該販売業者が交付した法第二十四条第一項ただし書の書面を当該申込者等が受領した日から起算して八日を経過するまでは、当該申込者等は、書面により当該契約の申込みの撤回又は契約の解除を行うことができること。

ハ　イ又はロの契約の申込みの撤回又は契約の解除は、申込者等が、当該契約の申込みの撤回又は契約の解除に係る書面を発した時に、その効力を生ずること。

ニ　イ又はロの契約の申込みの撤回又は契約の解除があつた場合においては、販売業者は、申込者等に対し、その契約の申込みの撤回又は契約の解除に伴う損害賠償又は違約金の支払を請求することができないこと。

ホ　イ又はロの契約の申込みの撤回又は契約の解除があつた場合において、その売買契約に係る権利の移転が既にされているときは、その返還に要する費用は販売業者の負担とすること。

ヘ　イ又はロの契約の申込みの撤回又は契約の解除があつた場合には、既に権利の行使により施設が利用され又は役務が提供されたときにおいても、当該販売業者は、申込者等に対し、当該権利の行使により得られた利益に相当する金銭の支払を請求することができないこと。

ト　イ又はロの契約の申込みの撤回又は契約の解除を行つた場合において、当該権利に係る役務の提供に伴い申込者等の土地又は建物その他の工作物の現状が変更されたときは、当該申込者等は、当該販売業者に対し、その原状回復に必要な措置を無償で講ずることを請求することができること。

チ　イ又はロの契約の申込みの撤回又は契約の解除があつた場合において、権利の代金が支払われているときは、販売業者は、申込者等に対し、速やかに、その全額を返還すること。

三　役務提供契約の申込みの撤回又は役務提供契約の解除に関する事項

イ　法第十九条の書面を受領した日（その日前に法第十八条の書面を受領した場合にあつては、その書面を受領した日）から起算して八日を経過するまでは、申込者等は、書面により役務提供契約の申込みの撤回又は役務提供契約の解除を行うことができること。

ロ　イに記載した事項にかかわらず、申込者等が、役務提供事業者が法第二十一条第一項の規定に違反して役務提供契約の申込みの撤回又は役務提供契約の解除に関する事項につき不実のことを告げる行為をしたことにより誤認をし、又は役務提供事業者が同条第三項の規定に違反して威迫したことにより困惑し、これらによつて当該契約の申込みの撤回又は契約の解除を行わなかつた場合には、当該役務提供事業者が交付した法第二十四条第一項ただし書の書面を当該申込者等が受領した日から起算して八日を経過するまでは、当該申込者等は、書面により当該契約の申込みの撤回又は契約の解除を行うことができること。

ハ　イ又はロの契約の申込みの撤回又は契約の解除は、申込者等が、当該契約の申込みの撤回又は契約の解除に係る書面を発した時に、その効力を生ずること。

ニ　イ又はロの契約の申込みの撤回又は契約の解除があつた場合においては、役務提供事業者は、申込者等に対し、その契約の申込みの撤回又は契約の解除に伴う損害賠償又は違約金の支払を請求することができないこと。

ホ　イ又はロの契約の申込みの撤回又は契約の解除があつた場合には、既に当該役務提供契約に基づき役務が提供されたときにおいても、役務提供事業者は、申込者等に対し、当該役務提供契約に係る役務の対価その他の金銭の支払を請求することができないこと。

ヘ　イ又はロの契約の申込みの撤回又は契約の解除があつた場合にお

いて、当該役務提供契約に関連して金銭を受領しているときは、役務提供事業者は、申込者等に対し、速やかに、その全額を返還すること。

ト　イ又はロの契約の申込みの撤回又は契約の解除を行つた場合において、当該役務提供契約に係る役務の提供に伴い申込者等の土地又は建物その他の工作物の現状が変更されたときは、当該申込者等は、当該役務提供事業者に対し、その原状回復に必要な措置を無償で講ずることを請求することができること。

2　当該売買契約又は役務提供契約に係る商品又は役務の提供が法第二十六条第四項第一号の政令で定める商品又は役務の提供に該当する場合において、その売買契約又は役務提供契約の申込みの撤回又はその売買契約又は役務提供契約の解除を行うことができないこととするときは、前項の書面には、次の各号に掲げる内容を記載しなければならない。

一　商品又は役務の名称その他当該商品又は役務を特定し得る事項

二　当該商品又は役務については契約の申込みの撤回又は契約の解除を行うことができないこと。

3　当該役務提供契約に係る役務の提供が法第二十六条第四項第二号の政令で定める役務の提供に該当する場合において、その役務提供契約の申込みの撤回又はその役務提供契約の解除を行うことができないこととするときは、第一項の書面には、次の各号に掲げる内容を記載しなければならない。

一　役務の名称その他当該役務を特定し得る事項

二　当該役務については契約の申込みの撤回又は契約の解

（電話勧誘販売における承諾等の通知）

第二十条　販売業者又は役務提供事業者は、商品若しくは特定権利又は役務につき売買契約又は役務提供契約の申込みをした者から当該商品の引渡し若しくは当該権利の移転又は当該役務の提供に先立つて当該商品若しくは当該権利の代金又は当該役務の対価の全部又は一部を受領することとする電話勧誘販売をする場合において、郵便等により当該商品若しくは当該権利又は当該役務につき売買契約又は役務提供契約の申込みを受け、かつ、当該商品若しくは当該

除を行うことができないこと。

4　当該売買契約に係る商品が法第二十六条第五項第一号の政令で定める商品に該当する場合において、当該商品を使用し又はその全部若しくは一部を消費したときはその売買契約の申込みの撤回又はその売買契約の解除を行うことができないこととするときは、第一項の書面には、同項の表第一号の下欄に掲げる内容のほか、次の各号に掲げる内容を記載しなければならない。

一　商品の名称その他当該商品を特定し得る事項

二　当該商品を使用し又はその全部若しくは一部を消費したとき（当該販売業者が当該申込者等に当該商品を使用させ、又はその全部若しくは一部を消費させた場合を除く。）は契約の申込みの撤回又は契約の解除を行うことができないこと。

5　法第十九条第二項に規定する場合であつて、当該売買契約に係る商品若しくは特定権利の代金又は当該役務提供契約に係る役務の対価の総額が法第二十六条第五項第三号の政令で定める金額に満たない場合において、その売買契約若しくは役務提供契約の申込みの撤回又はその売買契約若しくは役務提供契約の解除を行うことができないこととするときは、第一項の書面には、その契約の申込みの撤回又は契約の解除を行うことができない旨を記載しなければならない。

6　前各項に掲げる事項は赤枠の中に赤字で記載しなければならない。

（電話勧誘販売における承諾等の通知）

第二十一条　法第二十条の主務省令で定める事項は、次のとおりとする。

一　申込みを承諾する旨又は承諾しない旨（当該商品若しくは当該権利の代金又は当該役務の対価の受領前にその申込みを承諾する旨又は承諾しない旨をその申込みをした者に通知している場合には、その旨）

二　販売業者又は役務提供事業者の氏名又は名称、住所及び電話番号

権利の代金又は当該役務の対価の全部又は一部を受領したときは、遅滞なく、主務省令で定めるところにより、その申込みを承諾する旨又は承諾しない旨（その受領前にその申込みを承諾する旨又は承諾しない旨をその申込みをした者に通知している場合には、その旨）その他の主務省令で定める事項をその者に書面により通知しなければならない。ただし、当該商品若しくは当該権利の代金又は当該役務の対価の全部又は一部を受領した後遅滞なく当該商品を送付し、若しくは当該権利を移転し、又は当該役務を提供したときは、この限りでない。

（禁止行為）

第二十一条　販売業者又は役務提供事業者は、電話勧誘販売に係る売買契約若しくは役務提供契約の締結について勧誘をするに際し、又は電話勧誘販売に係る売買契約若しくは役務提供契約の申込みの撤回若しくは解除を妨げるため、次の事項につき、不実のことを告げる行為をしてはならない。

一　商品の種類及びその性能若しくは品質又は権利若しくは役務の種類及びこれらの内容その他これらに類するものとして主務省令で定める事項
二　商品若しくは権利の販売価格又は役務の対価
三　商品若しくは権利の代金又は役務の対価の支払の時期及び方法
四　商品の引渡時期若しくは権利の移転時期又は役務の提供時期
五　当該売買契約若しくは当該役務提供契約の申込みの撤

三　受領した金銭の額及びそれ以前に受領した金銭があるときはその合計額
四　当該金銭を受領した年月日
五　申込みを受けた商品名及びその数量又は権利若しくは役務の種類
六　申込みを承諾するときは、その商品の引渡時期若しくは権利の移転時期又は役務の提供時期

第二十二条　法第二十条の規定により申込みをした者に書面により通知するときは、次の各号に定めるところにより行わなければならない。

一　申込みを承諾しない旨を通知するときは、既に受領している金銭を直ちに返還する旨及びその方法を記載すること。
二　商品の引渡時期若しくは権利の移転時期又は役務の提供時期は期間又は期限をもつて表示すること。

2　前項の書面には日本産業規格Z八三〇五に規定する八ポイント以上の大きさの文字及び数字を用いなければならない。

（電話勧誘販売における重要事項）

第二十二条の二　法第二十一条第一項第一号の主務省令で定める事項は、次の各号に掲げるものとする。

一　商品の効能
二　商品の商標又は製造者名
三　商品の販売数量
四　商品の必要数量
五　役務又は権利に係る役務の効果

回又は当該売買契約若しくは当該役務提供契約の解除に関する事項（第二十四条第一項から第七項までの規定に関する事項（第二十六条第二項、第四項又は第五項の規定の適用がある場合にあつては、当該各項の規定に関する事項を含む。）を含む。）

六　電話勧誘顧客が当該売買契約又は当該役務提供契約の締結を必要とする事情に関する事項

七　前各号に掲げるもののほか、当該売買契約又は当該役務提供契約に関する事項であつて、電話勧誘顧客又は購入者若しくは役務の提供を受ける者の判断に影響を及ぼすこととなる重要なもの

2　販売業者又は役務提供事業者は、電話勧誘販売に係る売買契約又は役務提供契約の締結について勧誘をするに際し、前項第一号から第五号までに掲げる事項につき、故意に事実を告げない行為をしてはならない。

3　販売業者又は役務提供事業者は、電話勧誘販売に係る売買契約若しくは役務提供契約を締結させ、又は電話勧誘販売に係る売買契約若しくは役務提供契約の申込みの撤回若しくは解除を妨げるため、人を威迫して困惑させてはならない。

（合理的な根拠を示す資料の提出）

第二十一条の二　主務大臣は、前条第一項第一号に掲げる事項につき不実のことを告げる行為をしたか否かを判断するため必要があると認めるときは、当該販売業者又は当該役務提供事業者に対し、期間を定めて、当該告げた事項の裏付けとなる合理的な根拠を示す資料の提出を求めることができる。この場合において、当該販売業者又は当該役務提供事業者が当該資料を提出しないときは、次条第一項及び第二十三条第一項の規定の適用については、当該販売業者又は当該役務提供事業者は、同号に掲げる事項につき不実のことを告げる行為をしたものとみなす。

（指示等）

第二十二条　主務大臣は、販売業者又は役務提供事業者が第

十六条から第二十一条までの規定に違反し、又は次に掲げる行為をした場合において、電話勧誘販売に係る取引の公正及び購入者又は役務の提供を受ける者の利益が害されるおそれがあると認めるときは、その販売業者又は役務提供事業者に対し、当該違反又は当該行為の是正のための措置、購入者又は役務の提供を受ける者の利益の保護を図るための措置その他の必要な措置をとるべきことを指示することができる。

一　電話勧誘販売に係る売買契約若しくは役務提供契約に基づく債務又は電話勧誘販売に係る売買契約若しくは役務提供契約の解除によつて生ずる債務の全部又は一部の履行を拒否し、又は不当に遅延させること。

二　電話勧誘販売に係る売買契約又は役務提供契約の締結について勧誘をするに際し、当該売買契約又は当該役務提供契約に関する事項であつて、電話勧誘顧客の判断に影響を及ぼすこととなる重要なもの（第二十一条第一項第一号から第五号までに掲げるものを除く。）につき、故意に事実を告げないこと。

三　電話勧誘販売に係る売買契約又は役務提供契約の申込みの撤回又は解除を妨げるため、当該売買契約又は当該役務提供契約に関する事項であつて、電話勧誘顧客又は購入者若しくは役務の提供を受ける者の判断に影響を及ぼすこととなる重要なものにつき、故意に事実を告げないこと。

四　正当な理由がないのに電話勧誘販売に係る売買契約又は役務提供契約であつて日常生活において通常必要とされる分量を著しく超える商品若しくは特定権利（第二条第四項第一号に掲げるものに限る。）の売買契約又は日常生活において通常必要とされる回数、期間若しくは分量を著しく超えて役務の提供を受ける役務提供契約の締結について勧誘することその他電話勧誘顧客の財産の状況に照らし不適当と認められる行為として主務省令で定めるもの

（電話勧誘顧客の財産の状況に照らし不適当と認められる行為）

第二十二条の三　法第二十二条第一項第四号の主務省令で定める行為は、次の各号に掲げるものとする。

一　正当な理由がないのに電話勧誘販売に係る売買契約又は役務提供契約の締結について、当該売買契約又は役務提供契約に基づく債務を履行することにより電話勧誘顧客（法第二条第三項の電話勧誘顧客をいう。次条第三号において同じ。）にとつて当該売買契約に係る商品若しくは特定権利（法第二条第四項第一号に掲げるものに限る。以下この号及び次号において同じ。）と同種の商品

五　前各号に掲げるもののほか、電話勧誘販売に関する行為であつて、電話勧誘販売に係る取引の公正及び購入者又は役務の提供を受ける者の利益を害するおそれがあるものとして主務省令で定めるもの

若しくは特定権利の分量がその日常生活において通常必要とされる分量を著しく超えることとなること又は当該役務提供契約に係る役務と同種の役務の提供を受ける回数若しくは期間若しくはその分量がその日常生活において通常必要とされる回数、期間若しくは分量を著しく超えることとなることを知りながら勧誘すること。

二　正当な理由がないのに電話勧誘販売に係る売買契約又は役務提供契約の締結について、当該売買契約に係る商品若しくは特定権利と同種の商品若しくは特定権利の分量がその日常生活において通常必要とされる分量を既に著しく超えていること又は当該役務提供契約に係る役務と同種の役務の提供を受ける回数若しくは期間若しくはその分量がその日常生活において通常必要とされる回数、期間若しくは分量を既に著しく超えていることを知りながら勧誘すること。

（電話勧誘販売における禁止行為）

第二十三条　法第二十二条第一項第五号の主務省令で定める行為は、次の各号に掲げるものとする。

一　電話勧誘販売に係る売買契約若しくは役務提供契約の締結について迷惑を覚えさせるような仕方で勧誘をし、又は電話勧誘販売に係る売買契約若しくは役務提供契約の申込みの撤回若しくは解除について迷惑を覚えさせるような仕方でこれを妨げること。

二　若年者、高齢者その他の者の判断力の不足に乗じ、電話勧誘販売に係る売買契約又は役務提供契約を締結させること。

三　電話勧誘顧客の知識、経験及び財産の状況に照らして不適当と認められる勧誘を行うこと（法第二十二条第一項第四号に定めるものを除く。）。

四　電話勧誘販売に係る売買契約又は役務提供契約を締結するに際し、当該契約に係る書面に年齢、職業その他の事項について虚偽の記載をさせること。

五　電話勧誘販売に係る売買契約又は役務提供契約の相手方に当該契約に基づく債務を履行させるため、次に掲げ

2　主務大臣は、前項の規定による指示をしたときは、その旨を公表しなければならない。

（業務の停止等）

第二十三条　主務大臣は、販売業者若しくは役務提供事業者が第十六条から第二十一条までの規定に違反し若しくは前条第一項各号に掲げる行為をした場合において電話勧誘販売に係る取引の公正及び購入者若しくは役務の提供を受ける者の利益が著しく害されるおそれがあると認めるとき、又は販売業者若しくは役務提供事業者が同項の規定による指示に従わないときは、その販売業者又は役務提供事業者に対し、二年以内の期間を限り、電話勧誘販売に関する業務の全部又は一部を停止すべきことを命ずることができる。この場合において、主務大臣は、その販売業者又は役務提供事業者が個人である場合にあつては、その者に対して、当該停止を命ずる期間と同一の期間を定めて、当該停止を命ずる範囲の業務を営む法人の当該業務を担当する役員となることの禁止を併せて命ずることができる。

2　主務大臣は、前項の規定による命令をしたときは、その旨を公表しなければならない。

る行為を行うこと。

イ　当該電話勧誘販売に係る売買契約又は役務提供契約の相手方の年収、預貯金又は借入れの状況その他の支払能力に関する事項について虚偽の申告をさせること。

ロ　当該電話勧誘販売に係る売買契約又は役務提供契約の相手方に割賦販売法第三十五条の三の三第一項に規定する個別信用購入あつせん関係受領契約若しくは金銭の借入れに係る契約を締結させ、又は預貯金を引き出させるため、迷惑を覚えさせるような仕方でこれを勧誘すること。

六　法第二十六条第五項第一号の政令で定める商品の売買契約の解除を妨げるため、当該売買契約を締結した際、購入者に当該商品を使用させ又はその全部若しくは一部を消費させること。

（業務の禁止等）

第二十三条の二　主務大臣は、販売業者又は役務提供事業者に対して前条第一項の規定により業務の停止を命ずる場合において、次の各号に掲げる場合の区分に応じ、当該各号に定める者が当該命令の理由となつた事実及び当該事実に関してその者が有していた責任の程度を考慮して当該命令の実効性を確保するためにその者による電話勧誘販売に関する業務を制限することが相当と認められる者として主務省令で定める者に該当するときは、その者に対して、当該停止を命ずる期間と同一の期間を定めて、当該停止を命ずる範囲の業務を新たに開始すること（当該業務を営む法人の当該業務を担当する役員となることを含む。）の禁止を命ずることができる。

一　当該販売業者又は当該役務提供事業者が法人である場合　その役員及び当該命令の日前六十日以内においてその役員であつた者並びにその使用人及び当該命令の日前六十日以内においてその使用人であつた者

二　当該販売業者又は当該役務提供事業者が個人である場合　その使用人及び当該命令の日前六十日以内においてその使用人であつた者

２　主務大臣は、前項の規定による命令をしたときは、その旨を公表しなければならない。

（電話勧誘販売における契約の申込みの撤回等）

第二十四条　販売業者若しくは役務提供事業者が電話勧誘行為により電話勧誘顧客から商品若しくは特定権利若しくは役務につき当該売買契約若しくは当該役務提供契約の申込みを郵便等により受けた場合におけるその申込みをした者又は販売業者若しくは役務提供事業者が電話勧誘行為により電話勧誘顧客と商品若しくは特定権利若しくは役務につき当該売買契約若しくは当該役務提供契約を郵便等により締結した場合におけるその購入者若しくは役務の提供を受ける者（以下この条から第二十四条の三までにおいて「申込者等」という。）は、書面によりその売買契約若しくは役務提供契約の申込みの撤回又はその売買契約若しくは役

（法第二十三条の二第一項の主務省令で定める者）

第二十三条の二　法第二十三条の二第一項の主務省令で定める者は、法第二十三条第一項の規定により停止を命ぜられた業務の遂行に主導的な役割を果たしている者とする。

（契約の申込みの撤回等の妨害後の書面の交付）

第二十三条の三　法第二十四条第一項ただし書の書面には、次に掲げる事項を記載しなければならない。

一　商品若しくは権利の販売価格又は役務の対価

二　法第二十四条第一項ただし書の規定に基づき、当該書面を受領した日から起算して八日を経過するまでは、書面により売買契約若しくは役務提供契約の申込みの撤回又は売買契約若しくは役務提供契約の解除を行うことができること。

三　法第二十四条第二項から第七項までの規定に関する事項

務提供契約の解除（以下この条において「申込みの撤回等」という。）を行うことができる。ただし、申込者等が第十九条の書面を受領した日（その日前に第十八条の書面を受領した場合にあつては、その書面を受領した日）から起算して八日を経過した場合（申込者等が、販売業者若しくは役務提供事業者が第二十一条第一項の規定に違反して申込みの撤回等に関する事項につき不実のことを告げる行為をしたことにより当該告げられた内容が事実であるとの誤認をし、又は販売業者若しくは役務提供事業者が同条第三項の規定に違反して威迫したことにより困惑し、これらによつて当該期間を経過するまでに申込みの撤回等を行わなかつた場合には、当該申込者等が、当該販売業者又は当該役務提供事業者が主務省令で定めるところにより当該売買契約又は当該役務提供契約の申込みの撤回等を行うことができる旨を記載して交付した書面を受領した日から起算して八日を経過した場合）においては、この限りでない。

2　申込みの撤回等は、当該申込みの撤回等に係る書面を発した時に、その効力を生ずる。

3　申込みの撤回等があつた場合においては、販売業者又は役務提供事業者は、その申込みの撤回等に伴う損害賠償又は違約金の支払を請求することができない。

4　申込みの撤回等があつた場合において、その売買契約に係る商品の引渡し又は権利の移転が既にされているときは、その引取り又は返還に要する費用は、販売業者の負担とする。

5　販売業者又は役務提供事業者は、商品若しくは特定権利

四　売買契約の申込みの撤回又は売買契約の解除があつた場合において、商品又は権利の代金が支払われているときは、販売業者は、申込者等に対し、速やかに、その全額を返還すること。

五　販売業者又は役務提供事業者の氏名又は名称、住所及び電話番号並びに法人にあつては代表者の氏名

六　売買契約又は役務提供契約の申込み又は締結を担当した者の氏名

七　売買契約又は役務提供契約の申込み又は締結の年月日

八　商品名及び商品の商標又は製造者名

九　商品の型式又は種類（権利又は役務の場合にあつては、当該権利又は当該役務の種類）

十　商品の数量

2　書面には日本産業規格Ｚ八三〇五に規定する八ポイント以上の大きさの文字及び数字を用いなければならない。

3　書面に記載するに際し、第一項第二号から第四号までに掲げる内容については赤枠の中に赤字で記載しなければならない。

4　前三項の規定により交付する書面は、様式第一によること。

5　販売業者又は役務提供事業者は、法第二十四条第一項ただし書の書面を申込者等に交付した際には、直ちに申込者等が当該書面を見ていることを確認した上で、第一項第二号から第四号までに掲げる内容について申込者等に告げなければならない。

の売買契約又は役務提供契約につき申込みの撤回等があつた場合には、既に当該売買契約に基づき引き渡された商品が使用され若しくは当該権利が行使され又は当該役務提供契約に基づき役務が提供されたときにおいても、申込者等に対し、当該商品の使用により得られた利益若しくは当該権利の行使により得られた利益に相当する金銭又は当該役務提供契約に係る役務の対価その他の金銭の支払を請求することができない。

6　役務提供事業者は、役務提供契約につき申込みの撤回等があつた場合において、当該役務提供契約に関連して金銭を受領しているときは、申込者等に対し、速やかに、これを返還しなければならない。

7　役務提供契約又は特定権利の売買契約の申込者等は、その役務提供契約又は売買契約につき申込みの撤回等を行つた場合において、当該役務提供契約又は当該特定権利に係る役務の提供に伴い申込者等の土地又は建物その他の工作物の現状が変更されたときは、当該役務提供事業者又は当該特定権利の販売業者に対し、その原状回復に必要な措置を無償で講ずることを請求することができる。

8　前各項の規定に反する特約で申込者等に不利なものは、無効とする。

（通常必要とされる分量を著しく超える商品の売買契約等の申込みの撤回等）

第二十四条の二　申込者等は、次に掲げる契約に該当する売買契約若しくは役務提供契約の申込みの撤回又は売買契約若しくは役務提供契約の解除（以下この条において「申込みの撤回等」という。）を行うことができる。ただし、申込者等に当該契約の締結を必要とする特別の事情があつたときは、この限りでない。

一　その日常生活において通常必要とされる分量を著しく超える商品若しくは特定権利（第二条第四項第一号に掲げるものに限る。次号において同じ。）の売買契約又はその日常生活において通常必要とされる回数、期間若しくは分量を著しく超えて役務の提供を受ける役務提供契

約

二　当該販売業者又は役務提供事業者が、当該売買契約若しくは役務提供契約に基づく債務を履行することにより申込者等にとつて当該売買契約に係る商品若しくは特定権利と同種の商品若しくは特定権利の分量がその日常生活において通常必要とされる分量を著しく超えることとなること若しくは当該役務提供契約に係る役務と同種の役務の提供を受ける回数若しくは期間若しくはその分量がその日常生活において通常必要とされる回数、期間若しくは分量を著しく超えることとなることを知り、又は申込者等にとつて当該売買契約に係る商品若しくは特定権利と同種の商品若しくは特定権利の分量がその日常生活において通常必要とされる分量を既に著しく超えていること若しくは当該役務提供契約に係る役務と同種の役務の提供を受ける回数若しくは期間若しくはその分量がその日常生活において通常必要とされる回数、期間若しくは分量を既に著しく超えていることを知りながら、申込みを受け、又は締結した売買契約又は役務提供契約

２　前項の規定による権利は、当該売買契約又は当該役務提供契約の締結の時から一年以内に行使しなければならない。

３　前条第三項から第八項までの規定は、第一項の規定による申込みの撤回等について準用する。この場合において、同条第八項中「前各項」とあるのは、「次条第一項及び第二項並びに同条第三項において準用する第三項から前項まで」と読み替えるものとする。

（電話勧誘販売における契約の申込み又はその承諾の意思表示の取消し）

第二十四条の三　申込者等は、販売業者又は役務提供事業者が電話勧誘販売に係る売買契約又は役務提供契約の締結について勧誘をするに際し次の各号に掲げる行為をしたことにより、当該各号に定める誤認をし、それによつて当該売買契約若しくは当該役務提供契約の申込み又はその承諾の意思表示をしたときは、これを取り消すことができる。

一　第二十一条第一項の規定に違反して不実のことを告げる行為　当該告げられた内容が事実であるとの誤認

二　第二十一条第二項の規定に違反して故意に事実を告げない行為　当該事実が存在しないとの誤認

2　第九条の三第二項から第五項までの規定は、前項の規定による電話勧誘販売に係る売買契約若しくは役務提供契約の申込み又はその承諾の意思表示の取消しについて準用する。

（電話勧誘販売における契約の解除等に伴う損害賠償等の額の制限）

第二十五条　販売業者又は役務提供事業者は、第十九条第一項各号のいずれかに該当する売買契約又は役務提供契約の締結をした場合において、その売買契約又はその役務提供契約が解除されたときは、損害賠償額の予定又は違約金の定めがあるときにおいても、次の各号に掲げる場合に応じ当該各号に定める額にこれに対する法定利率による遅延損害金の額を加算した金額を超える額の金銭の支払を購入者又は役務の提供を受ける者に対して請求することができない。

一　当該商品又は当該権利が返還された場合　当該商品の通常の使用料の額又は当該権利の行使により通常得られる利益に相当する額（当該商品又は当該権利の販売価格に相当する額から当該商品又は当該権利の返還された時における価額を控除した額が通常の使用料の額又は当該権利の行使により通常得られる利益に相当する額を超えるときは、その額）

二　当該商品又は当該権利が返還されない場合　当該商品又は当該権利の販売価格に相当する額

三　当該役務提供契約の解除が当該役務の提供の開始後である場合　提供された当該役務の対価に相当する額

四　当該契約の解除が当該商品の引渡し若しくは当該権利の移転又は当該役務の提供の開始前である場合　契約の締結及び履行のために通常要する費用の額

2　販売業者又は役務提供事業者は、第十九条第一項各号のいずれかに該当する売買契約又は役務提供契約の締結をした場合において、その売買契約についての代金又はその役務提供契約についての対価の全部又は一部の支払の義務が履行されない場合（売買契約又は役務提供契約が解除された場合を除く。）には、損害賠償額の予定又は違約金の定めがあるときにおいても、当該商品若しくは当該権利の販売価格又は当該役務の対価に相当する額から既に支払われた当該商品若しくは当該権利の代金又は当該役務の対価の額を控除した額にこれに対する法定利率による遅延損害金の額を加算した金額を超える額の金銭の支払を購入者又は役務の提供を受ける者に対して請求することができない。

第五節　雑則

（適用除外）

第二十六条　前三節の規定は、次の販売又は役務の提供で訪問販売、通信販売又は電話勧誘販売に該当するものについては、適用しない。

一　売買契約又は役務提供契約で、第二条第一項から第三項までに規定する売買契約若しくは役務提供契約の申込みをした者が営業のために若しくは営業として締結するもの又は購入者若しくは役務の提供を受ける者が営業のために若しくは営業として締結するものに係る販売又は役務の提供

二　本邦外に在る者に対する商品若しくは権利の販売又は役務の提供

三　国又は地方公共団体が行う販売又は役務の提供

四　次の団体がその直接又は間接の構成員に対して行う販売又は役務の提供（その団体が構成員以外の者にその事業又は施設を利用させることができる場合には、これらの者に対して行う販売又は役務の提供を含む。）

イ　特別の法律に基づいて設立された組合並びにその連合会及び中央会

ロ　国家公務員法（昭和二十二年法律第百二十号）第百八条の二又は地方公務員法（昭和二十五年法律第二百

第五節　雑則

六十一号）第五十二条の団体
ハ　労働組合
五　事業者がその従業者に対して行う販売又は役務の提供
六　株式会社以外の者が発行する新聞紙の販売
七　弁護士が行う弁護士法（昭和二十四年法律第二百五号）第三条第一項に規定する役務の提供及び同法第三十条の二に規定する弁護士法人が行う同法第三条第一項又は第三十条の五に規定する役務の提供並びに外国弁護士による法律事務の取扱いに関する特別措置法（昭和六十一年法律第六十六号）第二条第三号に規定する外国法事務弁護士が行う同法第三条第一項、第五条第一項、第五条の二第一項又は第五条の三に規定する役務の提供及び同法第二条第三号の二に規定する外国法事務弁護士法人が行う同法第五十条の五に規定する役務の提供
八　次に掲げる販売又は役務の提供
イ　金融商品取引法（昭和二十三年法律第二十五号）第二条第九項に規定する金融商品取引業者が行う同条第八項に規定する金融商品取引業に係る販売又は役務の提供、同条第十二項に規定する金融商品仲介業者が行う同条第十一項に規定する金融商品仲介業に係る役務の提供、同項に規定する登録金融機関が行う同法第三十三条の三第一項第六号イに規定する登録金融機関業務に係る販売又は役務の提供、同法第七十九条の十に規定する認定投資者保護団体が行う同法第七十九条の七第一項各号に掲げる業務に係る役務の提供及び同法第二条第三十項に規定する証券金融会社が行う同法第百五十六条の二十四第一項に規定する業務又は同法第百五十六条の二十七第一項各号に掲げる業務に係る役務の提供
ロ　宅地建物取引業法（昭和二十七年法律第百七十六号）第二条第三号に規定する宅地建物取引業者（信託会社又は金融機関の信託業務の兼営等に関する法律（昭和十八年法律第四十三号）第一条第一項の認可を受けた金融機関であつて、宅地建物取引業法第二条第二号に規定する宅地建物取引業を営むものを含む。）が行う

同条第二号に規定する商品の販売又は役務の提供

ハ　旅行業法（昭和二十七年法律第二百三十九号）第六条の四第一項に規定する旅行業者及び同条第三項に規定する旅行業者代理業者が行う同法第二条第三項に規定する役務の提供

ニ　イからハまでに掲げるもののほか、他の法律の規定によつて訪問販売、通信販売又は電話勧誘販売における商品若しくは特定権利の売買契約又は役務提供契約について、その勧誘若しくは広告の相手方、その申込みをした者又は購入者若しくは役務の提供を受ける者の利益を保護することができると認められる販売又は役務の提供として政令で定めるもの

２　第九条から第九条の三まで、第十五条の三及び第二十四条から第二十四条の三までの規定は、会社法（平成十七年法律第八十六号）その他の法律により詐欺又は強迫を理由として取消しをすることができないものとされている株式若しくは出資の引受け又は基金の拠出としてされた特定権利の販売で訪問販売、通信販売又は電話勧誘販売に該当するものについては、適用しない。

３　第四条、第五条、第九条、第十八条、第十九条及び第二十四条の規定は、その全部の履行が契約の締結後直ちに行われることが通例である役務の提供として政令で定めるものであつて、訪問販売又は電話勧誘販売に該当するものの全部又は一部が、契約の締結後直ちに履行された場合（主

（他の法律の規定によつて購入者等の利益を保護することができると認められる販売又は役務の提供）

第五条　法第二十六条第一項第八号ニの政令で定める販売又は役務の提供は、別表第二に掲げる販売又は役務の提供とする。

（法第二十六条第一項第八号の規定による法の規定の適用除外に係る経過措置）

第五条の二　販売業者又は役務提供事業者が法第二十六条第一項第八号イ、ロ若しくはハ又はこの政令別表第二各号に規定する者（以下この条において「許可事業者等」という。）となる前に締結した契約、許可事業者等となる前に受けた申込み又は許可事業者等となつた後にその申込みにより締結した契約に係る販売又は役務の提供については、同項第八号の規定にかかわらず、法第二章第二節から第四節までの規定（これらの規定に係る罰則を含む。）の適用があるものとする。

（契約の申込みの撤回等ができない役務の提供等）

第六条　法第二十六条第三項の政令で定める役務の提供は、次に掲げる役務の提供であつて、役務提供事業者が営業所等（法第二条第一項第一号に規定する営業所等をいう。以下この条及び第十六条の三第四号において同じ。）以外の

（契約の締結後直ちに履行された場合）

第二十三条の四　法第二十六条第三項の主務省令で定める場合は、次の各号に掲げるものとする。

一　当該役務提供契約の締結後、直ちにその全部が履行された場合

務省令で定める場合に限る。）については、適用しない。

4　第九条及び第二十四条の規定は、次の販売又は役務の提供で訪問販売又は電話勧誘販売に該当するものについては、適用しない。

一　その販売条件又は役務の提供条件についての交渉が、販売業者又は役務提供事業者と購入者又は役務の提供を受ける者との間で相当の期間にわたり行われることが通常の取引の態様である商品又は役務として政令で定めるものの販売又は提供

二　契約の締結後速やかに提供されない場合には、その提供を受ける者の利益を著しく害するおそれがある役務として政令で定める役務の提供

5　第九条及び第二十四条の規定は、訪問販売又は電話勧誘販売に該当する販売又は役務の提供が次の場合に該当する場合における当該販売又は役務の提供については、適用しない。

一　第九条第一項に規定する申込者等又は第二十四条第一

場所において呼び止めて営業所等に同行させた者から役務提供契約の申込みを受け、又はその者と役務提供契約を締結して行うものとする。

一　海上運送法（昭和二十四年法律第百八十七号）第十九条の六の二又は第二十条第二項に規定する事業として行う役務の提供

二　飲食店において飲食をさせること。

三　あん摩、マッサージ又は指圧を行うこと。

四　カラオケボックスにおいてその施設又は設備を使用させること。

第六条の二　法第二十六条第四項第一号の政令で定める商品は、自動車（二輪のものを除く。以下この条において同じ。）とし、同号の政令で定める役務は、自動車の貸与（当該貸与を受ける者が道路運送法（昭和二十六年法律第百八十三号）第八十条第一項ただし書の自家用自動車の使用者として当該自動車を使用する場合に限る。）とする。

第六条の三　法第二十六条第四項第二号の政令で定める役務の提供は、次に掲げる役務の提供とする。

一　電気事業法（昭和三十九年法律第百七十号）第二条第一項第八号イ又はロに規定する役務の提供

二　ガス事業法（昭和二十九年法律第五十一号）第二条第五項に規定する役務の提供（同項に規定する最終保障供給に係るものに限る。）

三　熱供給事業法（昭和四十七年法律第八十八号）第二条第二項に規定する役務の提供

四　葬式のための祭壇の貸与その他の便益の提供

第六条の四　法第二十六条第五項第一号の政令で定める商品

二　当該役務提供契約の締結後、直ちにその全部が履行されることとなつている場合であつて、役務の提供を受ける者の申出によつて、その一部のみが履行された場合

項に規定する申込者等が第四条若しくは第五条又は第十八条若しくは第十九条の書面を受領した場合において、その使用若しくは一部の消費により価額が著しく減少するおそれがある商品として政令で定めるものを使用し又はその全部若しくは一部を消費したとき（当該販売業者が当該申込者等に当該商品を使用させ、又はその全部若しくは一部を消費させた場合を除く。）。

二　第九条第一項に規定する申込者等又は第二十四条第一項に規定する申込者等が第四条若しくは第五条又は第十八条若しくは第十九条の書面を受領した場合において、相当の期間品質を保持することが難しく、品質の低下により価額が著しく減少するおそれがある商品として政令で定めるものを引き渡されたとき。

三　第五条第二項又は第十九条第二項に規定する場合において、当該売買契約に係る商品若しくは特定権利の代金又は当該役務提供契約に係る役務の対価の総額が政令で定める金額に満たないとき。

6　第四条から第十条までの規定は、次の訪問販売については、適用しない。

一　その住居において売買契約若しくは役務提供契約の申込みをし又は売買契約若しくは役務提供契約を締結することを請求した者に対して行う訪問販売

二　販売業者又は役務提供事業者がその営業所等以外の場所において商品若しくは特定権利若しくは役務につき売買契約若しくは役務提供契約の申込みを受け又は売買契約若しくは役務提供契約を締結することが通例であり、かつ、通常購入者又は役務の提供を受ける者の利益を損なうおそれがないと認められる取引の態様で政令で定めるものに該当する訪問販売

は、別表第三に掲げる商品とする。

〔法第二十六条第五項第二号に対応する政令の規定なし〕

（申込みの撤回等ができない売買契約等に係る商品の代金等の金額）

第七条　法第二十六条第五項第三号の政令で定める金額は、三千円とする。

（適用除外される訪問販売の取引の態様）

第八条　法第二十六条第六項第二号の政令で定める取引の態様は、次のいずれかに該当する取引の態様とする。

一　現に店舗において販売を行つている販売業者（以下「店舗販売業者」という。）又は現に店舗において役務の提供を行つている役務提供事業者（以下「店舗役務提供事業者」という。）が定期的に住居を巡回訪問し、商品若しくは特定権利の売買契約の申込み若しくは売買契約の締結の勧誘又は役務提供契約の申込み若しくは役務提供契約の締結の勧誘を行わず、単にその申込みを受け、又は請求を受けてこれを締結して行う販売又は役務の提供

二　店舗販売業者又は店舗役務提供事業者が顧客（当該訪問の日前一年間に、当該販売又は役務の提供の事業に関

７　第十八条、第十九条及び第二十一条から前条までの規定は、次の電話勧誘販売については、適用しない。

して、取引（当該取引について法第四条、第五条若しくは第九条第六項の規定に違反する行為又は法第七条第一項第一号若しくは第四号に掲げる行為がなかつたもの及び当該取引のあつた日以後において法第九条の二第一項各号に該当する契約を締結することを目的としないものに限り、法第三条の二第二項若しくは第六条第一項から第三項までの規定に違反する行為又は法第七条第一項第二号若しくは第三号に掲げる行為があつたものを除く。）のあつた者に限る。）に対してその住居を訪問して行う販売又はその住居を訪問して役務提供契約の申込みを受け若しくは役務提供契約を締結して行う役務の提供

三　店舗販売業者以外の販売業者又は店舗役務提供事業者以外の役務提供事業者が継続的取引関係にある顧客（当該訪問の日前一年間に、当該販売又は役務の提供の事業に関して、二以上の訪問につき取引（当該取引について法第四条、第五条若しくは第九条第六項の規定に違反する行為又は法第七条第一項第一号若しくは第四号に掲げる行為がなかつたもの及び当該取引のあつた日以後において法第九条の二第一項各号に該当する契約を締結することを目的としないものに限り、法第三条の二第二項若しくは第六条第一項から第三項までの規定に違反する行為又は法第七条第一項第二号若しくは第三号に掲げる行為があつたものを除く。）のあつた者に限る。）に対してその住居を訪問して行う販売又はその住居を訪問して役務提供契約の申込みを受け若しくは役務提供契約を締結して行う役務の提供

四　販売業者又は役務提供事業者が他人の事務所その他の事業所（以下単に「事業所」という。）に所属する者に対してその事業所において行う販売又はその事業所において役務提供契約の申込みを受け若しくは役務提供契約を締結して行う役務の提供（その事業所の管理者の書面による承認を受けて行うものに限る。）

一　売買契約若しくは役務提供契約の申込みをし又は売買契約若しくは役務提供契約を締結するために電話をかけることを請求した者（電話勧誘行為又は政令で定める行為によりこれを請求した者を除く。）に対して行う電話勧誘販売

二　販売業者又は役務提供事業者が電話勧誘行為により商品若しくは特定権利若しくは役務につき当該売買契約若しくは当該役務提供契約の申込みを郵便等により受け又は当該売買契約若しくは当該役務提供契約を郵便等により締結することが通例であり、かつ、通常購入者又は役務の提供を受ける者の利益を損なうおそれがないと認められる取引の態様で政令で定めるものに該当する電話勧誘販売

8　第十条及び前条の規定は、割賦販売（割賦販売法（昭和三十六年法律第百五十九号）第二条第一項に規定する割賦販売をいう。以下同じ。）で訪問販売又は電話勧誘販売に該当するものについては、適用しない。

9　第十一条及び第十三条の規定は、割賦販売等（割賦販売、割賦販売法第二条第二項に規定するローン提携販売、同条

（電話をかけることを請求させる行為）

第九条　法第二十六条第七項第一号の政令で定める行為は、電話、郵便、信書便、電報、ファクシミリ装置を用いて送信する方法若しくは電磁的方法により、又はビラ若しくはパンフレットを配布して、当該電話勧誘販売に係る売買契約又は役務提供契約の締結について勧誘をするためのものであることを告げずに電話をかけることを請求させる行為とする。

（適用除外される電話勧誘販売の取引の態様）

第十条　法第二十六条第七項第二号の政令で定める取引の態様は、販売業者又は役務提供事業者が継続的取引関係にある顧客（当該勧誘の日前一年間に、当該販売又は役務の提供の事業に関して、二以上の取引（当該取引について法第十八条から第二十条まで若しくは第二十四条第六項の規定に違反する行為又は法第二十二条第一項第一号若しくは第四号に掲げる行為がなかつたもの及び当該取引のあつた日以後において法第二十四条の二第一項各号に該当する契約を締結することを目的としないものに限り、法第十七条若しくは第二十一条の規定に違反する行為又は法第二十二条第一項第二号若しくは第三号に掲げる行為があつたものを除く。）のあつた者に限る。）に対して電話をかけ、その電話において行う売買契約又は役務提供契約の締結についての勧誘により、当該売買契約の申込みを郵便等（法第二条第二項に規定する郵便等をいう。以下この条において同じ。）により受け、若しくは当該売買契約を郵便等により締結して行う販売又は当該役務提供契約の申込みを郵便等により受け、若しくは当該役務提供契約を郵便等により締結して行う役務の提供とする。

第三項に規定する包括信用購入あつせん又は同条第四項に規定する個別信用購入あつせんに係る販売をいう。次項において同じ。）で通信販売に該当するものについては、適用しない。

10　第二十条の規定は、割賦販売等で電話勧誘販売に該当するものについては、適用しない。

（訪問販売協会）

第二十七条　その名称中に訪問販売協会という文字を用いる一般社団法人は、訪問販売に係る取引を公正にし、並びに購入者及び役務の提供を受ける者の利益を保護するとともに、訪問販売の事業の健全な発展に資することを目的とし、かつ、訪問販売を業として営む者を社員とする旨の定款の定めがあるものに限り、設立することができる。

2　前項に規定する定款の定めは、これを変更することができない。

（協会への加入の制限等）

第二十七条の二　前条第一項の一般社団法人（以下「訪問販売協会」という。）は、その定款において、第八条第一項の規定により訪問販売に関する業務の全部若しくは一部の停止を命ぜられた者又は第二十九条の三に規定する定款の定めによつて当該訪問販売協会から除名の処分を受けた者については、その者が社員として加入することを拒否することができる旨を定めなければならない。

2　訪問販売協会は、社員の名簿を公衆の縦覧に供しなければならない。

（成立の届出）

第二十七条の三　訪問販売協会は、成立したときは、成立の日から二週間以内に、登記事項証明書及び定款の写しを添えて、その旨を主務大臣に届け出なければならない。

2　主務大臣は、前項の規定による届出があつたときは、その旨を公示しなければならない。

（変更の届出）

第二十七条の四　訪問販売協会は、その名称、住所、定款その他の主務省令で定める事項について変更があつたときは、当該変更の日から二週間以内に、その旨を主務大臣に届け出なければならない。

2　前条第二項の規定は、前項の規定による届出について準用する。

（名称の使用制限）

第二十八条　訪問販売協会でない者は、その名称又は商号中に、訪問販売協会であると誤認されるおそれのある文字を用いてはならない。

2　訪問販売協会に加入していない者は、その名称又は商号中に、訪問販売協会会員であると誤認されるおそれのある文字を用いてはならない。

（購入者等の利益の保護に関する措置）

第二十九条　訪問販売協会は、購入者又は役務の提供を受ける者等から会員の営む訪問販売の業務に関する苦情について解決の申出があつたときは、その相談に応じ、申出人に必要な助言をし、その苦情に係る事情を調査するとともに、当該会員に対しその苦情の内容を通知してその迅速な処理を求めなければならない。

2　訪問販売協会は、前項の申出に係る苦情の解決について必要があると認めるときは、当該会員に対し、文書若しくは口頭による説明を求め、又は資料の提出を求めることができる。

3　会員は、訪問販売協会から前項の規定による求めがあつたときは、正当な理由がないのに、これを拒んではならない。

4　訪問販売協会は、第一項の申出、当該苦情に係る事情及びその解決の結果について会員に周知させなければならない。

第二十九条の二　訪問販売協会は、会員の営む訪問販売の業

〔法第二十七条の四第一項に対応する主務省令の規定なし〕

務に係る売買契約若しくは役務提供契約をこの法律の規定により解除し、又は会員の営む訪問販売の業務に係る売買契約若しくは役務提供契約の申込み若しくはその承諾の意思表示をこの法律の規定により取り消して当該会員に支払つた金銭の返還を請求した者に対し、正当な理由なくその金銭の返還がされない場合に、その者に対し、一定の金額の金銭を交付する業務を行うものとする。

2　訪問販売協会は、前項の業務に関する基金を設け、この業務に要する費用に充てることを条件として会員から出えんされた金額の合計額をもつてこれに充てるものとする。

3　訪問販売協会は、定款において、第一項の業務の実施の方法を定めておかなければならない。

4　訪問販売協会は、前項の規定により業務の実施の方法を定めたときは、これを公表しなければならない。これを変更したときも、同様とする。

（社員に対する処分）

第二十九条の三　訪問販売協会は、その定款において、社員が、この法律の規定又はこの法律の規定に基づく処分に違反する行為をした場合に、当該社員に対し、過怠金を課し、定款に定める社員の権利の停止若しくは制限を命じ、又は除名する旨を定めなければならない。

（情報の提供等）

第二十九条の四　主務大臣は、訪問販売協会に対し、第二十九条及び第二十九条の二に規定する業務の実施に関し必要な情報及び資料の提供又は指導及び助言を行うものとする。

（訪問販売協会の業務の監督）

第二十九条の五　訪問販売協会の業務は、主務大臣の監督に属する。

2　主務大臣は、業務の適正な実施を確保するため必要があると認めるときは、この法律の規定の施行に必要な限度において、当該業務及び訪問販売協会の財産の状況を検査し、又は訪問販売協会に対し、その改善に必要な措置をとるべきことを命ずることができる。

3　主務大臣は、前項の命令をした場合において、購入者又は役務の提供を受ける者の利益を保護するため特に必要があると認めるときは、当該命令をした旨を公表することができる。

（通信販売協会）

第三十条　その名称中に通信販売協会という文字を用いる一般社団法人は、通信販売に係る取引を公正にし、並びに購入者及び役務の提供を受ける者の利益を保護するとともに、通信販売の事業の健全な発展に資することを目的とし、かつ、通信販売を業として営む者を社員とする旨の定款の定めがあるものに限り、設立することができる。

2　前項に規定する定款の定めは、これを変更することができない。

（成立の届出）

第三十条の二　前条第一項の一般社団法人（以下「通信販売協会」という。）は、成立したときは、成立の日から二週間以内に、登記事項証明書及び定款の写しを添えて、その旨を主務大臣に届け出なければならない。

2　主務大臣は、前項の規定による届出があつたときは、その旨を公示しなければならない。

（変更の届出）

第三十条の三　通信販売協会は、その名称、住所その他の主務省令で定める事項について変更があつたときは、当該変更の日から二週間以内に、その旨を主務大臣に届け出なければならない。

2　前条第二項の規定は、前項の規定による届出について準用する。

（名称の使用制限）

第三十一条　通信販売協会でない者は、その名称又は商号中

〔法第三十条の三第一項に対応する主務省令の規定なし〕

に、通信販売協会であると誤認されるおそれのある文字を用いてはならない。

２　通信販売協会に加入していない者は、その名称又は商号中に、通信販売協会会員であると誤認されるおそれのある文字を用いてはならない。

（苦情の解決）

第三十二条　通信販売協会は、購入者又は役務の提供を受ける者等から会員の営む通信販売の業務に関する苦情について解決の申出があつたときは、その相談に応じ、申出人に必要な助言をし、その苦情に係る事情を調査するとともに、当該会員に対しその苦情の内容を通知してその迅速な処理を求めなければならない。

２　通信販売協会は、前項の申出に係る苦情の解決について必要があると認めるときは、当該会員に対し、文書若しくは口頭による説明を求め、又は資料の提出を求めることができる。

３　会員は、通信販売協会から前項の規定による求めがあつたときは、正当な理由がないのに、これを拒んではならない。

４　通信販売協会は、第一項の申出、当該苦情に係る事情及びその解決の結果について会員に周知させなければならない。

（通信販売協会の業務の監督）

第三十二条の二　通信販売協会の業務は、主務大臣の監督に属する。

２　主務大臣は、前条の業務の適正な実施を確保するため必要があると認めるときは、いつでも、当該業務及び通信販売協会の財産の状況を検査し、又は通信販売協会に対し、当該業務に関し監督上必要な命令をすることができる。

３　主務大臣は、前項の命令をした場合において、購入者又は役務の提供を受ける者の利益を保護するため特に必要があると認めるときは、当該命令をした旨を公表することができる。

第三章　連鎖販売取引

（定義）

第三十三条　この章並びに第五十八条の二十一第一項及び第三項並びに第六十七条第一項において「連鎖販売業」とは、物品（施設を利用し又は役務の提供を受ける権利を含む。以下この章及び第五章において同じ。）の販売（そのあつせんを含む。）又は有償で行う役務の提供（そのあつせんを含む。）の事業であつて、販売の目的物たる物品（以下この章及び第五十八条の二十一第一項第一号イにおいて「商品」という。）の再販売（販売の相手方が商品を買い受けて販売することをいう。以下同じ。）、受託販売（販売の委託を受けて商品を販売することをいう。以下同じ。）若しくは販売のあつせんをする者又は同種役務の提供（その役務と同一の種類の役務の提供をすることをいう。以下同じ。）若しくはその役務の提供のあつせんをする者を特定利益（その商品の再販売、受託販売若しくは販売のあつせんをする他の者又は同種役務の提供若しくはその役務の提供のあつせんをする他の者が提供する取引料その他の主務省令で定める要件に該当する利益の全部又は一部をいう。以下この章及び第五十八条の二十一第一項第四号において同じ。）を収受し得ることをもつて誘引し、その者と特定負担（その商品の購入若しくはその役務の対価の支払又は取引料の提供をいう。以下この章及び第五十八条の二十一第一項第四号において同じ。）を伴うその商品の販売若しくはそのあつせん又は同種役務の提供若しくはその役務の提供のあつせんに係る取引（その取引条件の変更を含む。以下「連鎖販売取引」という。）をするものをいう。

2　この章並びに第五十八条の二十一、第六十六条第一項及び第六十七条第一項において「統括者」とは、連鎖販売業に係る商品に自己の商標を付し、若しくは連鎖販売業に係る役務の提供について自己の商号その他特定の表示を使用させ、連鎖販売取引に関する約款を定め、又は連鎖販売業を行う者の経営に関し継続的に指導を行う等一連の連鎖販売業を実質的に統括する者をいう。

第二章　連鎖販売取引

（特定利益）

第二十四条　法第三十三条第一項の主務省令で定める要件は、次のいずれかとする。

一　商品（法第三十三条第一項の商品をいう。次条、第二十四条の三、第二十七条、第三十条及び第三十一条の三を除き、以下この章において同じ。）の再販売、受託販売若しくは販売のあつせんをする他の者又は同種役務の提供若しくは役務の提供のあつせんをする他の者が提供する取引料により生ずるものであること。

二　商品の再販売、受託販売若しくは販売のあつせんをする他の者に対する商品の販売又は同種役務の提供若しくは役務の提供のあつせんをする他の者に対する役務の提供により生ずるものであること。

三　商品の再販売、受託販売若しくは販売のあつせんをする他の者が取引料の提供若しくは商品の購入を行う場合又は同種役務の提供若しくは役務の提供のあつせんをする他の者が取引料の提供若しくは役務の対価の支払を行う場合に当該他の者以外の者が提供する金品により生ずるものであること。

３　この章において「取引料」とは、取引料、加盟料、保証金その他いかなる名義をもつてするかを問わず、取引をするに際し、又は取引条件を変更するに際し提供される金品をいう。

（連鎖販売取引における氏名等の明示）

第三十三条の二　統括者、勧誘者（統括者がその統括する一連の連鎖販売業に係る連鎖販売取引について勧誘を行わせる者をいう。以下同じ。）又は一般連鎖販売業者（統括者又は勧誘者以外の者であつて、連鎖販売業を行う者をいう。以下同じ。）は、その統括者の統括する一連の連鎖販売業に係る連鎖販売取引をしようとするときは、その勧誘に先立つて、その相手方に対し、統括者、勧誘者又は一般連鎖販売業者の氏名又は名称（勧誘者又は一般連鎖販売業者にあつては、その連鎖販売業に係る統括者の氏名又は名称を含む。）、特定負担を伴う取引についての契約の締結について勧誘をする目的である旨及び当該勧誘に係る商品又は役務の種類を明らかにしなければならない。

（禁止行為）

第三十四条　統括者又は勧誘者は、その統括者の統括する一連の連鎖販売業に係る連鎖販売取引についての契約（その連鎖販売業に係る商品の販売若しくはそのあつせん又は役務の提供若しくはそのあつせんを店舗その他これに類似する設備（以下「店舗等」という。）によらないで行う個人との契約に限る。以下この条及び第三十八条第三項第二号において同じ。）の締結について勧誘をするに際し、又はその連鎖販売業に係る連鎖販売取引についての契約の解除を妨げるため、次の事項につき、故意に事実を告げず、又は不実のことを告げる行為をしてはならない。

一　商品（施設を利用し及び役務の提供を受ける権利を除く。）の種類及びその性能若しくは品質又は施設を利用し若しくは役務の提供を受ける権利若しくは役務の種類及びこれらの内容その他これらに類するものとして主務省令で定める事項

（連鎖販売取引における重要事項）

第二十四条の二　法第三十四条第一項第一号の主務省令で定める事項は、次の各号に掲げるものとする。

一　商品の効能

二　商品の商標又は製造者名

二　当該連鎖販売取引に伴う特定負担に関する事項
三　当該契約の解除に関する事項（第四十条第一項から第三項まで及び第四十条の二第一項から第五項までの規定に関する事項を含む。）
四　その連鎖販売業に係る特定利益に関する事項
五　前各号に掲げるもののほか、その連鎖販売業に関する事項であつて、連鎖販売取引の相手方の判断に影響を及ぼすこととなる重要なもの

2　一般連鎖販売業者は、その統括者の統括する一連の連鎖販売業に係る連鎖販売取引についての契約の締結について勧誘をするに際し、又はその連鎖販売業に係る連鎖販売取引についての契約の解除を妨げるため、前項各号の事項につき、不実のことを告げる行為をしてはならない。

3　統括者、勧誘者又は一般連鎖販売業者は、その統括者の統括する一連の連鎖販売業に係る連鎖販売取引についての契約を締結させ、又はその連鎖販売業に係る連鎖販売取引についての契約の解除を妨げるため、人を威迫して困惑させてはならない。

4　統括者、勧誘者又は一般連鎖販売業者は、特定負担を伴う取引についての契約の締結について勧誘をするためのものであることを告げずに営業所、代理店その他の主務省令で定める場所以外の場所において呼び止めて同行させることその他政令で定める方法により誘引した者に対し、公衆の出入りする場所以外の場所において、当該契約の締結について勧誘をしてはならない。

（合理的な根拠を示す資料の提出）

第三十四条の二　主務大臣は、前条第一項第一号又は第四号に掲げる事項につき不実のことを告げる行為をしたか否かを判断するため必要があると認めるときは、当該統括者、

（勧誘目的を告げない誘引方法）

第三条の二　法第六条第四項、第三十四条第四項及び第五十二条第三項の政令で定める方法は、電話、郵便、信書便、電報、ファクシミリ装置を用いて送信する方法若しくは電磁的方法により、若しくはビラ若しくはパンフレットを配布し若しくは拡声器で住居の外から呼び掛けることにより、又は住居を訪問して、営業所その他特定の場所への来訪を要請する方法とする。

三　商品の販売数量
四　役務又は権利に係る役務の効果

（法第三十四条第四項の主務省令で定める場所）

第二十四条の三　法第三十四条第四項の主務省令で定める場所は、次の各号に掲げるものとする。
一　営業所
二　代理店
三　露店、屋台店その他これらに類する店
四　前三号に掲げるもののほか、一定の期間にわたり、商品を陳列し、当該商品を販売する場所であつて、店舗に類するもの
五　自動販売機その他の設備であつて、当該設備により売買契約又は役務提供契約の締結が行われるものが設置されている場所

当該勧誘者又は当該一般連鎖販売業者に対し、期間を定めて、当該告げた事項の裏付けとなる合理的な根拠を示す資料の提出を求めることができる。この場合において、当該統括者、当該勧誘者又は当該一般連鎖販売業者が当該資料を提出しないときは、第三十八条第一項から第三項まで及び第三十九条第一項の規定の適用については、当該統括者、当該勧誘者又は当該一般連鎖販売業者は、前条第一項第一号又は第四号に掲げる事項につき不実のことを告げる行為をしたものとみなす。

（連鎖販売取引についての広告）

第三十五条　統括者、勧誘者又は一般連鎖販売業者は、その統括者の統括する一連の連鎖販売業に係る連鎖販売取引について広告をするときは、主務省令で定めるところにより、当該広告に、その連鎖販売業に関する次の事項を表示しなければならない。

一　商品又は役務の種類

二　当該連鎖販売取引に伴う特定負担に関する事項

三　その連鎖販売業に係る特定利益について広告をするときは、その計算の方法

四　前三号に掲げるもののほか、主務省令で定める事項

（法第三十五条柱書に対応する主務省令は、施行規則第二十六条）

（連鎖販売取引についての広告）

第二十五条　法第三十五条第四号の主務省令で定める事項は、次に掲げるものとする。

一　広告をする統括者、勧誘者又は一般連鎖販売業者の氏名又は名称、住所及び電話番号（勧誘者又は一般連鎖販売業者にあつては、その連鎖販売業に係る統括者の氏名又は名称、住所及び電話番号を含む。）

二　統括者、勧誘者又は一般連鎖販売業者が法人であつて、電子情報処理組織を使用する方法により広告をする場合には、当該統括者、勧誘者若しくは一般連鎖販売業者の代表者又は連鎖販売業に関する業務の責任者の氏名

三　商品名

四　連鎖販売取引電子メール広告（法第三十六条の三第一項第一号の連鎖販売取引電子メール広告をいう。以下同じ。）をするときは、統括者、勧誘者又は一般連鎖販売業者の電子メールアドレス

（誇大広告等の禁止）

第三十六条　統括者、勧誘者又は一般連鎖販売業者は、その統括者の統括する一連の連鎖販売業に係る連鎖販売取引について広告をするときは、その連鎖販売業に係る商品（施設を利用し及び役務の提供を受ける権利を除く。）の性能若しくは品質又は施設を利用し若しくは役務の提供を受ける権利若しくは役務の内容、当該連鎖販売取引に伴う特定負担、当該連鎖販売業に係る特定利益その他の主務省令で

第二十六条　法第三十五条の規定により連鎖販売取引について広告をするときは、同条第二号の事項については商品の購入金額若しくは役務の対価の支払の金額又は取引料の金額（商品の購入又は役務の対価の支払と取引料の提供とが併せて行われる場合にあつては、その商品の購入金額又はその役務の対価の支払の金額と取引料の金額との合計額）を明示しなければならない。

2　法第三十五条の規定により連鎖販売取引について広告をするときは、同条第三号の事項については次に定めるところにより表示しなければならない。

一　商品の再販売、受託販売若しくは販売のあつせんをする他の者に対する商品の販売金額又は同種役務の提供若しくは役務の提供のあつせんをする他の者に対する役務の対価の支払の金額に対して収受し得る特定利益の金額の割合その他の特定利益の計算の方法の概要を表示すること。

二　前号に掲げるもののほか、特定利益の全部又は一部が支払われないこととなる場合があるときは、その条件を表示すること。

三　収受し得る金額その他の特定利益の指標を表示するときは、その指標と同等の水準の特定利益を実際に収受している者が当該連鎖販売業に係る商品の再販売、受託販売若しくは販売のあつせんをする者又は同種役務の提供若しくは役務の提供のあつせんをする者の多数を占めることを示す数値を表示するなど、特定利益の見込みについて正確に理解できるように、根拠又は説明を表示すること。

（誇大広告等の禁止）

第二十七条　法第三十六条の主務省令で定める事項は次のとおりとする。

一　商品の種類、性能、品質若しくは効能、役務の種類、内容若しくは効果又は権利の種類、内容若しくはその権利に係る役務の種類、内容若しくは効果

二　商品の原産地若しくは製造地、商標又は製造者名

定める事項について、著しく事実に相違する表示をし、又は実際のものよりも著しく優良であり、若しくは有利であると人を誤認させるような表示をしてはならない。

（合理的な根拠を示す資料の提出）

第三十六条の二　主務大臣は、前条に規定する表示に該当するか否かを判断するため必要があると認めるときは、当該表示をした統括者、勧誘者又は一般連鎖販売業者に対し、期間を定めて、当該表示の裏付けとなる合理的な根拠を示す資料の提出を求めることができる。この場合において、当該統括者、当該勧誘者又は当該一般連鎖販売業者が当該資料を提出しないときは、第三十八条第一項から第三項まで及び第三十九条第一項の適用については、当該表示は、前条に規定する表示に該当するものとみなす。

（承諾をしていない者に対する電子メール広告の提供の禁止等）

第三十六条の三　統括者、勧誘者又は一般連鎖販売業者は、次に掲げる場合を除き、その統括者の統括する一連の連鎖販売業に係る連鎖販売取引について、その相手方となる者の承諾を得ないで電子メール広告をしてはならない。

一　相手方となる者の請求に基づき、その統括者の統括する一連の連鎖販売業に係る連鎖販売取引に係る電子メール広告（以下この章において「連鎖販売取引電子メール広告」という。）をするとき。

二　前号に掲げるもののほか、通常連鎖販売取引電子メール広告の提供を受ける者の利益を損なうおそれがないと認められる場合として主務省令で定める場合において、連鎖販売取引電子メール広告をするとき。

三　当該連鎖販売取引に伴う特定負担に関する事項

四　連鎖販売業に係る特定利益に関する事項

五　商品、権利若しくは役務、統括者、勧誘者若しくは一般連鎖販売業者又は統括者、勧誘者若しくは一般連鎖販売業者の行う事業についての国、地方公共団体、著名な法人その他の団体又は著名な個人の関与

六　連鎖販売業に係る連鎖販売取引についての契約の解除に関する事項（法第四十条第一項から第三項まで及び第四十条の二第一項から第五項までの規定に関する事項を含む。）

（法第三十六条の三第一項第二号の主務省令で定める場合）

第二十七条の二　法第三十六条の三第一項第二号の主務省令で定める場合は次のいずれかの場合とする。

一　相手方の請求に基づいて、又はその承諾を得て電磁的

２　前項に規定する承諾を得、又は同項第一号に規定する請求を受けた統括者、勧誘者又は一般連鎖販売業者は、当該連鎖販売取引電子メール広告の相手方から連鎖販売取引電子メール広告の提供を受けない旨の意思の表示を受けたときは、当該相手方に対し、連鎖販売取引電子メール広告をしてはならない。ただし、当該意思の表示を受けた後に再び連鎖販売取引電子メール広告をすることにつき当該相手方から請求を受け、又は当該相手方の承諾を得た場合には、この限りでない。

３　統括者、勧誘者又は一般連鎖販売業者は、連鎖販売取引電子メール広告をするときは、第一項第二号に掲げる場合を除き、当該連鎖販売取引電子メール広告をすることにつきその相手方の承諾を得、又はその相手方から請求を受けたことの記録として主務省令で定めるものを作成し、主務省令で定めるところによりこれを保存しなければならない。

方法により送信される電磁的記録の一部に掲載することにより広告がなされる場合

二　電磁的方法により送信しようとする電磁的記録の一部に広告を掲載することを条件として利用者に電磁的方法の使用に係る役務を提供する者（統括者、勧誘者又は一般連鎖販売業者が当該役務を提供する者である場合を含む。）による当該役務の提供に際して、広告がなされる場合（利用者を誘引し、又は強制し、当該役務を利用して電磁的記録を送信させることにより、当該役務の提供に際して広告をするときを除く。）

（記録の保存）

第二十七条の三　法第三十六条の三第三項の主務省令で定めるものは次に掲げるものとする。

一　電子情報処理組織を使用する方法（電磁的方法を除く。）により相手方から承諾を得、又は請求を受けた場合にあつては、承諾又は請求ごとに当該承諾又は請求があつたことを示す書面等。ただし、統括者、勧誘者又は一般連鎖販売業者が、当該承諾を得、又は請求を受けるために定型的な内容を表示しており、かつ、当該承諾を得、又は請求を受けたときに当該承諾又は請求の内容に係る情報を一覧性のある電磁的記録として自動的に編集する方法を用いている場合であつて、当該定型的な内容の表示において、当該電子計算機の操作が当該相手方に連鎖販売取引電子メール広告をすることを承諾し、又は請求するものであることを容易に認識できるよう表示している場合には、当該承諾を得、又は請求を受けるため

4　統括者、勧誘者又は一般連鎖販売業者は、連鎖販売取引電子メール広告をするときは、第一項第二号に掲げる場合を除き、当該連鎖販売取引電子メール広告に、第三十五条各号に掲げる事項のほか、主務省令で定めるところにより、その相手方が連鎖販売取引電子メール広告の提供を受けない旨の意思の表示をするために必要な事項として主務省令で定めるものを表示しなければならない。

5　前二項の規定は、統括者、勧誘者又は一般連鎖販売業者

に表示した定型的な内容を示す書面等及び当該内容の表示がされた時期を示す書面等。

二　電磁的方法、書面その他の方法により相手方から承諾を得、又は請求を受けた場合にあつては、承諾又は請求ごとに当該承諾又は請求があつたことを示す書面等。ただし、統括者、勧誘者又は一般連鎖販売業者が、当該承諾を得、又は請求を受けるために定型的な内容を表示しており、かつ、当該承諾を得、又は請求を受けたときに当該承諾又は請求の内容に係る情報を一覧性のある書面等として正確に編集する方法を用いている場合であつて、当該定型的な内容の表示において、当該電磁的方法による電磁的記録の送信、当該書面への記入その他の行為が当該相手方に連鎖販売取引電子メール広告をすることを承諾し、又は請求するものであることを容易に認識できるよう表示している場合には、当該承諾を得、又は請求を受けるために表示した定型的な内容を示す書面等及び当該内容の表示がされた時期を示す書面等。

2　前項の書面等は、相手方に対し連鎖販売取引電子メール広告を行つた日から三年間保存しなければならない。

（連絡方法の表示）

第二十七条の四　法第三十六条の三第四項の主務省令で定めるものは、次のいずれかの事項とし、当該事項は、当該連鎖販売取引電子メール広告の本文に容易に認識できるように表示しなければならない。

一　電子メールアドレス（相手方が連鎖販売取引電子メール広告の提供を受けない旨の意思の表示をすることができるものに限る。）

二　電子情報処理組織において識別するための文字、記号その他の符号若しくはこれらの結合（電子計算機に入力されることによつて当該電子計算機の映像面に表示される手続に従うことにより、相手方が連鎖販売取引電子メール広告の提供を受けない旨の意思の表示をすることができるものに限る。）又はこれに準ずるもの

が他の者に次に掲げる業務の全てにつき一括して委託しているときは、その委託に係る連鎖販売取引電子メール広告については、適用しない。

一　連鎖販売取引電子メール広告をすることにつきその相手方の承諾を得、又はその相手方から請求を受ける業務

二　第三項に規定する記録を作成し、及び保存する業務

三　前項に規定する連鎖販売取引電子メール広告の提供を受けない旨の意思の表示をするために必要な事項を表示する業務

第三十六条の四　統括者、勧誘者又は一般連鎖販売業者から前条第五項各号に掲げる業務の全てにつき一括して委託を受けた者（以下この章並びに第六十六条第五項及び第六十七条第一項第四号において「連鎖販売取引電子メール広告受託事業者」という。）は、次に掲げる場合を除き、当該業務を委託した統括者、勧誘者又は一般連鎖販売業者（以下この条において「連鎖販売取引電子メール広告委託者」という。）が行うその統括者の統括する一連の連鎖販売業に係る連鎖販売取引について、その相手方となる者の承諾を得ないで連鎖販売取引電子メール広告をしてはならない。

一　相手方となる者の請求に基づき、連鎖販売取引電子メール広告委託者に係る連鎖販売取引電子メール広告をするとき。

二　前号に掲げるもののほか、通常連鎖販売取引電子メール広告委託者に係る連鎖販売取引電子メール広告の提供を受ける者の利益を損なうおそれがないと認められる場合として主務省令で定める場合において、連鎖販売取引電子メール広告委託者に係る連鎖販売取引電子メール広告をするとき。

（法第三十六条の四第一項第二号の主務省令で定める場合）

第二十七条の五　法第三十六条の四第一項第二号の主務省令で定める場合は、次のいずれかの場合とする。

一　相手方の請求に基づいて、又はその承諾を得て電磁的方法により送信される電磁的記録の一部に掲載することにより、連鎖販売取引電子メール広告委託者（法第三十六条の四第一項本文の連鎖販売取引電子メール広告委託者をいう。以下同じ。）に係る連鎖販売取引電子メール広告がなされる場合

二　電磁的方法により送信しようとする電磁的記録の一部に広告を掲載することを条件として利用者に電磁的方法

2　前条第二項から第四項までの規定は、連鎖販売取引電子メール広告受託事業者による連鎖販売取引電子メール広告委託者に係る連鎖販売取引電子メール広告について準用する。この場合において、同条第三項及び第四項中「第一項第二号」とあるのは、「次条第一項第二号」と読み替えるものとする。

（連鎖販売取引における書面の交付）

第三十七条　連鎖販売業を行う者（連鎖販売業を行う者以外の者がその連鎖販売業に係る連鎖販売取引に伴う特定負担についての契約を締結する者であるときは、その者）は、連鎖販売取引に伴う特定負担をしようとする者（その連鎖販売業に係る商品の販売若しくはそのあつせん又は役務の提供若しくはそのあつせんを店舗等によらないで行う個人に限る。）とその特定負担についての契約を締結しようとするときは、その契約を締結するまでに、主務省令で定めるところにより、その連鎖販売業の概要について記載した書面をその者に交付しなければならない。

の使用に係る役務を提供する者（連鎖販売取引電子メール広告受託事業者（法第三十六条の四第一項本文の連鎖販売取引電子メール広告受託事業者をいう。）が当該役務を提供する者である場合を含む。）による当該役務の提供に際して、連鎖販売取引電子メール広告委託者に係る連鎖販売取引電子メール広告がなされる場合（利用者を誘引し、又は強制し、当該役務を利用して電磁的記録を送信させることにより、当該役務の提供に際して広告をするときを除く。）

（連鎖販売取引における書面の交付）

第二十八条　法第三十七条第一項の規定により連鎖販売取引に伴う特定負担をしようとする者に交付する書面にはその連鎖販売業に係る次の事項を明記しなければならない。

一　統括者の氏名又は名称、住所及び電話番号並びに法人にあつては代表者の氏名

二　連鎖販売業を行う者が統括者でない場合には、当該連鎖販売業を行う者の氏名又は名称、住所及び電話番号並びに法人にあつては代表者の氏名

三　商品（施設を利用し及び役務の提供を受ける権利を除く。第五号において同じ。）の種類及びその性能若しくは品質に関する重要な事項又は権利若しくは役務の種類及びこれらの内容に関する重要な事項

四　商品名

五　商品若しくは権利の販売価格、商品若しくは権利の引渡し若しくは移転の時期及び方法その他の商品若しくは権利の販売条件に関する重要な事項又は役務の対価、役務の提供の時期及び方法その他の役務の提供条件に関する重要な事項

2　連鎖販売業を行う者は、その連鎖販売業に係る連鎖販売取引についての契約（以下この章において「連鎖販売契約」という。）を締結した場合において、その連鎖販売契約の相手方がその連鎖販売業に係る商品の販売若しくはそのあっせん又は役務の提供若しくはそのあっせんを店舗等によらないで行う個人であるときは、遅滞なく、主務省令で定めるところにより、次の事項についてその連鎖販売契約の内容を明らかにする書面をその者に交付しなければならない。

一　商品（施設を利用し及び役務の提供を受ける権利を除

六　連鎖販売業に係る特定利益に関する事項

七　連鎖販売取引に伴う特定負担の内容

八　契約の解除の条件その他の当該連鎖販売業に係る契約に関する重要な事項

九　割賦販売法第二条第二項に規定するローン提携販売の方法又は同条第三項に規定する包括信用購入あっせん若しくは同条第四項に規定する個別信用購入あっせんに係る提供の方法により商品の販売又は役務の提供を行う場合には、同法第二十九条の四第二項（同条第三項において準用する場合を含む。）又は同法第三十条の四（同法第三十条の五第一項において準用する場合を含む。）若しくは同法第三十五条の三の十九の規定に基づきローン提携販売業者又は包括信用購入あっせん関係販売業者、個別信用購入あっせん関係販売業者、包括信用購入あっせん関係役務提供事業者若しくは個別信用購入あっせん関係役務提供事業者に対して生じている事由をもって、商品の購入者又は役務の提供を受ける者はローン提携販売業者又は包括信用購入あっせん業者若しくは個別信用購入あっせん業者に対抗することができること。

十　法第三十四条に規定する禁止行為に関する事項

2　前項の書面には書面の内容を十分に読むべき旨を赤枠の中に赤字で記載しなければならない。

3　第一項の書面には日本産業規格Z八三〇五に規定する八ポイント以上の大きさの文字及び数字を用いなければならない。

〔法第三十七条第二項柱書に対応する主務省令は、施行規則第三十条〕

く。）の種類及びその性能若しくは品質又は施設を利用し若しくは役務の提供を受ける権利若しくは役務の種類及びこれらの内容に関する事項

二　商品の再販売、受託販売若しくは販売のあつせん又は同種役務の提供若しくは役務の提供のあつせんについての条件に関する事項

三　当該連鎖販売取引に伴う特定負担に関する事項

四　当該連鎖販売契約の解除に関する事項（第四十条第一項から第三項まで及び第四十条の二第一項から第五項までの規定に関する事項を含む。）

五　前各号に掲げるもののほか、主務省令で定める事項

第二十九条　法第三十七条第二項第五号の主務省令で定める事項は、次のとおりとする。

一　統括者の氏名又は名称、住所及び電話番号並びに法人にあつては代表者の氏名

二　連鎖販売業を行う者が統括者でない場合には、当該連鎖販売業を行う者の氏名又は名称、住所及び電話番号並びに法人にあつては代表者の氏名

三　契約年月日

四　商標、商号その他特定の表示に関する事項

五　連鎖販売業に係る特定利益に関する事項

六　特定負担以外の義務についての定めがあるときは、その内容

七　割賦販売法第二条第二項に規定するローン提携販売の方法又は同条第三項に規定する包括信用購入あつせん若しくは同条第四項に規定する個別信用購入あつせんに係る提供の方法により商品の販売又は役務の提供を行う場合には、同法第二十九条の四第二項（同条第三項において準用する場合を含む。）又は同法第三十条の四（同法第三十条の五第一項において準用する場合を含む。）若しくは同法第三十五条の三の十九の規定に基づきローン提携販売業者又は包括信用購入あつせん関係販売業者、個別信用購入あつせん関係販売業者、包括信用購入あつせん関係役務提供事業者若しくは個別信用購入あつせん関係役務提供事業者に対して生じている事由をもつて、商品の購入者又は役務の提供を受ける者はローン提

供業者又は包括信用購入あっせん業者若しくは個別信用購入あっせん業者に対抗することができること。

八　法第三十四条に規定する禁止行為に関する事項

第三十条　法第三十七条第二項の規定により連鎖販売業を行う者が契約の相手方に交付する書面（以下この条において「書面」という。）には次の表の上欄に掲げる事項について は、同表の下欄に掲げる内容を記載しなければならない。

事項	内容
一　商品若しくは権利の再販売、受託販売若しくは販売のあっせん又は同種役務の提供若しくは役務の提供のあっせんについての条件に関する事項	イ　商品又は権利の再販売については、購入する商品又は権利の価格、代金の支払の時期及び方法、商品又は権利の引渡し又は移転の時期及び方法その他商品又は権利の再販売について条件のあるときは、その内容 ロ　商品又は権利の受託販売については、委託を受けて販売する商品又は権利の価格、その引渡し又は移転の時期及び方法、受け取った代金の引渡しの時期及び方法その他商品又は権利の受託販売について条件のあるときは、その内容 ハ　同種役務の提供については、役務の対価、その支払の時期及び方法その他同種役務の提供について条件のあるときは、その内容 ニ　商品若しくは権利の販売のあっせん又は役務の提供のあっせんについては、当該あっせんについて条件のあるときは、その内容
二　当該連鎖販売取引に伴う特定負担	イ　商品の購入については、その購入先、数量、金額、代金の支払の

に関する事項	時期及び方法並びに当該商品の引渡しの時期及び方法 ロ　権利の購入については、その購入先、金額、代金の支払の時期及び方法並びに当該権利の移転の時期及び方法 ハ　役務の対価の支払については、その支払先、金額、対価の支払の時期及び方法並びに当該役務の提供の時期及び方法 ニ　取引料の提供については、その提供先、金額、性格並びに提供の時期及び方法 ホ　取引料のうち返還されるものがあるときは、その返還の条件
三　法第四十条第一項の規定による当該契約の解除に関する事項（法第四十条第二項及び第三項の規定に関する事項を含む。）	イ　法第三十七条第二項の書面を受領した日（その契約に係る特定負担が再販売をする商品の購入についてのものである場合において、その契約に基づき購入したその商品につき最初の引渡しを受けた日がその受領した日後であるときは、その引渡しを受けた日）から起算して二十日を経過するまでは、連鎖販売加入者は、書面によりその契約の解除を行うことができること。 ロ　イに記載した事項にかかわらず、連鎖販売加入者が、統括者若しくは勧誘者が法第三十四条第一項の規定に違反し若しくは一般連鎖販売業者が同条第二項の規定に違反して法第四十条第一項の規定による連鎖販売契約の解除に関す

る事項につき不実のことを告げる行為をしたことにより誤認をし、又は統括者、勧誘者若しくは一般連鎖販売業者が同条第三項の規定に違反して威迫したことにより困惑し、これらによつて法第四十条第一項の規定による当該契約の解除を行わなかつた場合には、その連鎖販売業に係る統括者、勧誘者又は一般連鎖販売業者が交付した法第四十条第一項の書面を当該連鎖販売加入者が受領した日から起算して二十日を経過するまでは、当該連鎖販売加入者は、書面により当該契約の解除を行うことができること。

ハ　イ又はロの契約の解除があつた場合において、その連鎖販売業を行う者は、連鎖販売加入者に対し、その契約の解除に伴う損害賠償又は違約金の支払を請求することができないこと。

ニ　イ又はロの契約の解除は、その契約の解除を行う旨の書面を発した時に、その効力を生ずること。

ホ　イ又はロの契約の解除があつた場合において、その契約に係る商品の引渡しが既にされているときは、その引取りに要する費用は、その連鎖販売業を行う者の負担とすること。

へ　イ又はロの契約の解除があつた場合において、当該契約に係る商品若しくは権利の代金若しくは役務の対価の支払又は取引料の提供が行われているときは、連鎖販売業を行う者は、連鎖販売加入者に対し、速やかに、その全額を返還すること。

四　法第四十条の二第一項の規定による商品に係る連鎖販売契約の解除に関する事項（同条第二項から第五項までの規定に関する事項を含む。）

イ　法第三十七条第二項の書面を受領した日（その契約に係る特定負担が再販売をする商品の購入についてのものである場合において、その契約に基づき購入したその商品につき最初の引渡しを受けた日がその受領した日後であるときは、その引渡しを受けた日）から起算して二十日を経過した後においては、連鎖販売加入者は将来に向かつて連鎖販売契約の解除を行うことができること。

ロ　イに記載した事項により連鎖販売契約が解除されたときは、連鎖販売業を行う者は、連鎖販売加入者（当該連鎖販売契約を締結した日から一年を経過していない者に限る。以下この号において同じ。）に対し、契約の締結及び履行のために通常要する費用の額及び次に掲げる額を合算した額にこれに対する法定利率による遅延損害金の額を加算した金額を超える額の金銭の支払を請求することができないこと。

(1)　当該連鎖販売契約に基づき引渡しがされた当該商品（法第四十条の二第二項の規定により当該商品に係る商品の販売に係

る契約（当該連鎖販売契約のうち当該連鎖販売取引に伴う特定負担に係る商品の販売に係る部分を含む。以下この号において「商品販売契約」という。）が解除されたものを除く。）の販売価格に相当する額

(2) 提供された特定利益その他の金品（法第四十条の二第二項の規定により解除された当該商品販売契約に係る商品に係るものに限る。）に相当する額

ハ イに記載した事項により連鎖販売契約が解除された場合において、その解除がされる前に、連鎖販売業を行う者が、連鎖販売加入者に対し既に、連鎖販売業に係る商品の販売等を行つているときは、次に掲げる場合を除き、連鎖販売加入者は商品販売契約の解除を行うことができること。

(1) 当該商品の引渡し（当該商品が施設を利用し又は役務の提供を受ける権利である場合にあつては、その移転。以下この号において同じ。）を受けた日から起算して九十日を経過したとき。

(2) 当該商品を再販売したとき。

(3) 当該商品を使用し又はその全部若しくは一部を消費したとき（当該連鎖販売業に係る商品の販売を行つた者が当該連鎖販

売加入者に当該商品を使用させ、又はその全部若しくは一部を消費させた場合を除く。）。

（４）　令第十条の二で定めるとき。

ニ　ハに記載した事項により商品販売契約が解除されたときは、連鎖販売業に係る商品の販売を行つた者は、連鎖販売加入者に対し、次の（１）に該当する場合にあつてはその定める額、又は次の（２）に該当する場合にあつてはその定める額にこれに対する法定利率による遅延損害金の額を加算した金額を超える額の金銭の支払を請求することができないこと。

（１）　当該商品が返還された場合又は当該商品販売契約の解除が当該商品の引渡し前である場合　当該商品の販売価格の十分の一に相当する額

（２）　当該商品が返還されない場合　当該商品の販売価格に相当する額

ホ　ハに記載した事項により商品販売契約が解除されたときは、当該商品に係る一連の連鎖販売業の統括者は、連帯して、その解除によつて生ずる当該商品の販売を行つた者の債務の弁済の責めに任ずること。

ヘ　連鎖販売契約又は商品販売契約の解除について特約がある場合には、その内容

五　法第四十条の二第一項の規定による役務に係る連鎖販売契約の解除に関する事項（同条第二項から第五項までの規定に関する事項を含む。）	イ　法第三十七条第二項の書面を受領した日から起算して二十日を経過した後においては、連鎖販売加入者は将来に向かつて連鎖販売契約の解除を行うことができること。 ロ　イに記載した事項により連鎖販売契約が解除されたときは、連鎖販売業を行う者は、連鎖販売加入者に対し、契約の締結及び履行のために通常要する費用の額及び当該連鎖販売契約に基づき提供された当該役務の対価に相当する額にこれに対する法定利率による遅延損害金の額を加算した金額を超える額の金銭の支払を請求することができないこと。 ハ　連鎖販売契約の解除について特約がある場合には、その内容
六　商標、商号その他特定の表示に関する事項	イ　使用させる商標、商号その他特定の表示 ロ　当該表示の使用について条件があるときは、その内容 ハ　商標、商号その他特定の表示の使用を禁じている場合は、その旨
七　特定利益に関する事項	イ　商品若しくは権利の再販売、受託販売若しくは販売のあつせんをする他の者に対する商品若しくは権利の販売金額又は同種役務の提供若しくは役務の提供のあつせんをする他の者に対する役務の対価の支払の金額に対して収受し得る特定利益の金額の割合その他の特定利益の計算の方法

（指示等）

第三十八条　主務大臣は、統括者が第三十三条の二、第三十四条第一項、第三項若しくは第四項、第三十五条、第三十六条、第三十六条の三（第五項を除く。）若しくは前条の規定に違反し若しくは次に掲げる行為をした場合又は勧誘者が第三十三条の二、第三十四条第一項、第三項若しくは第四項、第三十五条、第三十六条若しくは第三十六条の三（第五項を除く。）の規定に違反し若しくは第二号から第四号までに掲げる行為をした場合において連鎖販売取引の公正及び連鎖販売取引の相手方の利益が害されるおそれがあると認めるときは、その統括者に対し、当該違反又は当該行為の是正のための措置、連鎖販売取引の相手方の利益の保護を図るための措置その他の必要な措置をとるべきことを指示することができる。

一　その連鎖販売業に係る連鎖販売契約に基づく債務又はその解除によつて生ずる債務の全部又は一部の履行を拒否し、又は不当に遅延させること。

二　その統括者の統括する一連の連鎖販売業に係る連鎖販売取引につき利益を生ずることが確実であると誤解させるべき断定的判断を提供してその連鎖販売業に係る連鎖

ロ　イに掲げるもののほか、特定利益の全部又は一部が支払われないこととなる場合があるときは、その条件

ハ　イ及びロに掲げるもののほか、特定利益の支払の時期及び方法その他の特定利益の支払の条件

2　書面には書面の内容を十分に読むべき旨を赤枠の中に赤字で記載しなければならない。

3　書面には日本産業規格Z八三〇五に規定する八ポイント以上の大きさの文字及び数字を用いなければならない。

4　書面に記載するに際し、第一項の表第三号の下欄に掲げる内容については赤枠の中に赤字で記載しなければならない。

販売契約（その連鎖販売業に係る商品の販売若しくはそのあつせん又は役務の提供若しくはそのあつせんを店舗等によらないで行う個人との契約に限る。次号において同じ。）の締結について勧誘をすること。

三　その統括者の統括する一連の連鎖販売業に係る連鎖販売契約を締結しない旨の意思を表示している者に対し、当該連鎖販売契約の締結について迷惑を覚えさせるような仕方で勧誘をすること。

四　前三号に掲げるもののほか、その統括者の統括する一連の連鎖販売業に係る連鎖販売契約に関する行為であつて、連鎖販売取引の公正及び連鎖販売取引の相手方の利益を害するおそれがあるものとして主務省令で定めるもの

（連鎖販売取引における禁止行為）

第三十一条　法第三十八条第一項第四号の主務省令で定める行為は、次に掲げるものとする。

一　その統括者の統括する一連の連鎖販売業に係る連鎖販売契約（その連鎖販売業に係る商品の販売若しくはそのあつせん又は役務の提供若しくはそのあつせんを店舗その他これに類似する設備によらないで行う個人との契約に限る。以下この条において「連鎖販売業に係る連鎖販売契約」という。）について迷惑を覚えさせるような仕方で解除を妨げること。

二　連鎖販売業に係る連鎖販売契約の締結について勧誘をするに際し、又はその連鎖販売業に係る連鎖販売契約の解除を妨げるため、法第三十四条第一項各号に掲げる事項につき、故意に事実を告げないことを唆し、又は不実のことを告げることを唆すこと。

三　連鎖販売業に係る連鎖販売契約を締結させ、又はその連鎖販売業に係る連鎖販売契約の解除を妨げるため、人を威迫して困惑させることを唆すこと。

四　その連鎖販売業を行う者が法第三十七条に規定する書面を交付しなければならない場合において、その書面を交付しないことを唆し、又は同条に規定する事項が記載されていない書面若しくは虚偽の記載のある書面を交付することを唆すこと。

五　若年者、高齢者その他の者の判断力の不足に乗じ、連鎖販売業に係る連鎖販売契約を締結させること。

六　連鎖販売取引の相手方の知識、経験及び財産の状況に照らして不適当と認められる勧誘を行うこと。

七　連鎖販売業に係る連鎖販売契約を締結するに際し、当

該契約に係る書面に年齢、職業その他の事項について虚偽の記載をさせること。

八　連鎖販売業に係る連鎖販売契約の相手方に当該契約に基づく債務を履行させるため、次に掲げる行為を行うこと。

イ　当該連鎖販売業に係る連鎖販売契約の相手方の年収、預貯金又は借入れの状況その他の支払能力に関する事項について虚偽の申告をさせること。

ロ　当該連鎖販売業に係る連鎖販売契約の相手方の意に反して貸金業者の営業所、銀行の支店その他これらに類する場所に連行すること。

ハ　当該連鎖販売業に係る連鎖販売契約の相手方に割賦販売法第三十五条の三の三第一項に規定する個別信用購入あっせん関係受領契約若しくは金銭の借入れに係る契約を締結させ、又は預貯金を引き出させるため、迷惑を覚えさせるような仕方でこれを勧誘すること。

九　統括者、勧誘者又は一般連鎖販売業者が、電子情報処理組織を使用する方法（電磁的方法を除く。）により電子計算機を用いて送信することにより行われる連鎖販売取引電子メール広告をすることについての承諾を得、又は請求を受ける場合において、顧客の意に反する承諾又は請求が容易に行われないよう、顧客の電子計算機の操作（連鎖販売取引電子メール広告をすることについての承諾又は請求となるものに限る。次号において同じ。）が当該連鎖販売取引電子メール広告を受けることについての承諾又は請求となることを、顧客が当該操作を行う際に容易に認識できるように表示していないこと。

十　統括者、勧誘者又は一般連鎖販売業者が、電磁的方法による電磁的記録の送信、書面への記入その他の行為により行われる連鎖販売取引電子メール広告をすることについての承諾を得、又は請求を受ける場合において、当該連鎖販売取引電子メール広告をすることについての承諾を得、又は請求を受けるための表示を行う際に、顧客の意に反する承諾又は請求が容易に行われないよう、顧

2　主務大臣は、勧誘者が第三十三条の二、第三十四条第一項、第三項若しくは第四項、第三十五条、第三十六条、第三十六条の三（第五項を除く。）若しくは前条の規定に違反し、又は前項各号に掲げる行為をした場合において連鎖販売取引の公正及び連鎖販売取引の相手方の利益が害されるおそれがあると認めるときは、その勧誘者に対し、当該違反又は当該行為の是正のための措置、連鎖販売取引の相手方の利益の保護を図るための措置その他の必要な措置をとるべきことを指示することができる。

3　主務大臣は、一般連鎖販売業者が第三十三条の二、第三十四条第二項から第四項まで、第三十五条、第三十六条、第三十六条の三（第五項を除く。）若しくは前条の規定に違反し、又は次に掲げる行為をした場合において連鎖販売取引の公正及び連鎖販売取引の相手方の利益が害されるおそれがあると認めるときは、その一般連鎖販売業者に対し、当該違反又は当該行為の是正のための措置、連鎖販売取引の相手方の利益の保護を図るための措置その他の必要な措置をとるべきことを指示することができる。

一　第一項各号に掲げる行為

二　その統括者の統括する一連の連鎖販売業に係る連鎖販売取引についての契約の締結について勧誘をするに際し、又はその連鎖販売業に係る連鎖販売取引についての契約の解除を妨げるため、その連鎖販売業に関する事項であつて、連鎖販売取引の相手方の判断に影響を及ぼすこととなる重要なものにつき、故意に事実を告げないこと。

客の電磁的方法による電磁的記録の送信、書面への記入その他の行為が当該連鎖販売取引電子メール広告を受けることについての承諾又は請求となることを、顧客が容易に認識できるように表示していないこと。

十一　統括者、勧誘者又は一般連鎖販売業者が、法第三十六条の四第一項及び同条第二項で準用する法第三十六条の三第二項から第四項までの規定のいずれかに違反する行為を行つている者に、法第三十六条の三第五項各号に掲げる業務の全てにつき一括して委託すること。

4　主務大臣は、連鎖販売取引電子メール広告受託事業者が第三十六条の四第一項又は同条第二項において準用する第三十六条の三第二項から第四項までの規定に違反した場合において、連鎖販売取引の公正及び連鎖販売取引の相手方の利益が害されるおそれがあると認めるときは、その連鎖販売取引電子メール広告受託事業者に対し、必要な措置をとるべきことを指示することができる。

5　主務大臣は、第一項から第三項までの規定による指示をしたときは、その旨を公表しなければならない。

6　主務大臣は、第四項の規定による指示をしたときは、その旨を公表しなければならない。

（連鎖販売取引の停止等）

第三十九条　主務大臣は、統括者が第三十三条の二、第三十四条第一項、第三項若しくは第四項、第三十五条、第三十六条、第三十六条の三（第五項を除く。）若しくは第三十七条の規定に違反し若しくは前条第一項各号に掲げる行為をした場合若しくは勧誘者が第三十三条の二、第三十四条第一項、第三項若しくは第四項、第三十五条、第三十六条若しくは第三十六条の三（第五項を除く。）の規定に違反し若しくは前条第一項第二号から第四号までに掲げる行為をした場合において連鎖販売取引の公正及び連鎖販売取引の相手方の利益が著しく害されるおそれがあると認めるとき、又は統括者が同項の規定による指示に従わないときは、その統括者に対し、二年以内の期間を限り、当該連鎖販売業に係る連鎖販売取引について勧誘を行い若しくは勧誘者に行わせることを停止し、又はその行う連鎖販売取引の全部若しくは一部を停止すべきことを命ずることができる。この場合において、主務大臣は、その統括者が個人である場合にあつては、その者に対して、当該停止を命ずる期間と同一の期間を定めて、当該停止を命ずる範囲の連鎖販売取引に係る業務を営む法人の当該業務を担当する役員となることの禁止を併せて命ずることができる。

2　主務大臣は、勧誘者が第三十三条の二、第三十四条第一項、第三項若しくは第四項、第三十五条、第三十六条、第三十六条の三（第五項を除く。）若しくは第三十七条の規定に違反し若しくは前条第一項各号に掲げる行為をした場合において連鎖販売取引の公正及び連鎖販売取引の相手方の利益が著しく害されるおそれがあると認めるとき、又は勧誘者が同条第二項の規定による指示に従わないときは、その勧誘者に対し、二年以内の期間を限り、当該連鎖販売業に係る連鎖販売取引について勧誘を行うことを停止し、又はその行う連鎖販売取引の全部若しくは一部を停止すべきことを命ずることができる。この場合において、主務大臣は、その勧誘者が個人である場合にあつては、その者に対して、当該停止を命ずる期間と同一の期間を定めて、当該停止を命ずる範囲の連鎖販売取引に係る業務を営む法人の当該業務を担当する役員となることの禁止を併せて命ずることができる。

3　主務大臣は、一般連鎖販売業者が第三十三条の二、第三十四条第二項から第四項まで、第三十五条、第三十六条、第三十六条の三（第五項を除く。）若しくは第三十七条の規定に違反し若しくは前条第三項各号に掲げる行為をした場合において連鎖販売取引の公正及び連鎖販売取引の相手方の利益が著しく害されるおそれがあると認めるとき、又は一般連鎖販売業者が同項の規定による指示に従わないときは、その一般連鎖販売業者に対し、二年以内の期間を限り、当該連鎖販売業に係る連鎖販売取引について勧誘を行うことを停止し、又はその行う連鎖販売取引の全部若しくは一部を停止すべきことを命ずることができる。この場合において、主務大臣は、その一般連鎖販売業者が個人である場合にあつては、その者に対して、当該停止を命ずる期間と同一の期間を定めて、当該停止を命ずる範囲の連鎖販売取引に係る業務を営む法人の当該業務を担当する役員となることの禁止を併せて命ずることができる。

4　主務大臣は、連鎖販売取引電子メール広告受託事業者が第三十六条の四第一項若しくは同条第二項において準用する第三十六条の三第二項から第四項までの規定に違反した場合において連鎖販売取引の公正及び連鎖販売取引の相手方の利益が著しく害されるおそれがあると認めるとき、又は連鎖販売取引電子メール広告受託事業者が前条第四項の規定による指示に従わないときは、その連鎖販売取引電子メール広告受託事業者に対し、一年以内の期間を限り、連鎖販売取引電子メール広告に関する業務の全部又は一部を停止すべきことを命ずることができる。

5　主務大臣は、第一項から第三項までの規定による命令をしたときは、その旨を公表しなければならない。

6　主務大臣は、第四項の規定による命令をしたときは、その旨を公表しなければならない。

（業務の禁止等）

第三十九条の二　主務大臣は、統括者に対して前条第一項の規定によりその行う連鎖販売取引の停止を命ずる場合において、次の各号に掲げる場合の区分に応じ、当該各号に定める者が当該命令の理由となつた事実及び当該事実に関してその者が有していた責任の程度を考慮して当該命令の実効性を確保するためにその者による連鎖販売取引に係る業務を制限することが相当と認められる者として主務省令で定める者に該当するときは、その者に対して、当該停止を命ずる期間と同一の期間を定めて、当該停止を命ずる範囲の連鎖販売取引に係る業務を新たに開始すること（当該業務を営む法人の当該業務を担当する役員となることを含む。）の禁止を命ずることができる。

一　当該統括者が法人である場合　その役員及び当該命令の日前六十日以内においてその役員であつた者並びにその使用人及び当該命令の日前六十日以内においてその使用人であつた者

二　当該統括者が個人である場合　その使用人及び当該命令の日前六十日以内においてその使用人であつた者

2　主務大臣は、勧誘者に対して前条第二項の規定によりその行う連鎖販売取引の停止を命ずる場合において、次の各号に掲げる場合の区分に応じ、当該各号に定める者が当該命令の理由となつた事実及び当該事実に関してその者が有していた責任の程度を考慮して当該命令の実効性を確保するためにその者による連鎖販売取引に係る業務を制限する

（法第三十九条の二の主務省令で定める者）

第三十一条の二　法第三十九条の二第一項の主務省令で定める者は、法第三十九条の二第一項の規定により停止を命ぜられた業務の遂行に主導的な役割を果たしている者とする。

2　法第三十九条の二第二項の主務省令で定める者は、法第三十九条の二第二項の規定により停止を命ぜられた業務の遂行に主導的な役割を果たしている者とする。

ことが相当と認められる者として主務省令で定める者に該当するときは、その者に対して、当該停止を命ずる期間と同一の期間を定めて、当該停止を命ずる範囲の連鎖販売取引に係る業務を新たに開始すること（当該業務を営む法人の当該業務を担当する役員となることを含む。）の禁止を命ずることができる。

一　当該勧誘者が法人である場合　その役員及び当該命令の日前六十日以内においてその役員であつた者並びにその使用人及び当該命令の日前六十日以内においてその使用人であつた者

二　当該勧誘者が個人である場合　その使用人及び当該命令の日前六十日以内においてその使用人であつた者

3　主務大臣は、一般連鎖販売業者に対して前条第三項の規定によりその行う連鎖販売取引の停止を命ずる場合において、次の各号に掲げる場合の区分に応じ、当該各号に定める者が当該命令の理由となつた事実及び当該事実に関してその者が有していた責任の程度を考慮して当該命令の実効性を確保するためにその者による連鎖販売取引に係る業務を制限することが相当と認められる者として主務省令で定める者に該当するときは、その者に対して、当該停止を命ずる期間と同一の期間を定めて、当該停止を命ずる範囲の連鎖販売取引に係る業務を新たに開始すること（当該業務を営む法人の当該業務を担当する役員となることを含む。）の禁止を命ずることができる。

一　当該一般連鎖販売業者が法人である場合　その役員及び当該命令の日前六十日以内においてその役員であつた者並びにその使用人及び当該命令の日前六十日以内においてその使用人であつた者

二　当該一般連鎖販売業者が個人である場合　その使用人及び当該命令の日前六十日以内においてその使用人であつた者

4　主務大臣は、前三項の規定による命令をしたときは、その旨を公表しなければならない。

3　法第三十九条の二第三項の主務省令で定める者は、法第三十九条第三項の規定により停止を命ぜられた業務の遂行に主導的な役割を果たしている者とする。

（連鎖販売契約の解除等）

第四十条　連鎖販売業を行う者がその連鎖販売業に係る連鎖販売契約を締結した場合におけるその連鎖販売契約の相手方（その連鎖販売業に係る商品の販売若しくはそのあつせんを店舗等によらないで行う個人に限る。以下この章において「連鎖販売加入者」という。）は、第三十七条第二項の書面を受領した日（その連鎖販売契約に係る特定負担が再販売をする商品（施設を利用し及び役務の提供を受ける権利を除く。以下この項において同じ。）の購入についてのものである場合においては、その連鎖販売契約に基づき購入したその商品につき最初の引渡しを受けた日がその受領した日後であるときは、その引渡しを受けた日。次条第一項において同じ。）から起算して二十日を経過したとき（連鎖販売加入者が、統括者若しくは勧誘者が第三十四条第一項の規定に違反し若しくは一般連鎖販売業者が同条第二項の規定に違反してこの項の規定による連鎖販売契約の解除に関する事項につき不実のことを告げる行為をしたことにより当該告げられた内容が事実であるとの誤認をし、又は統括者、勧誘者若しくは一般連鎖販売業者が同条第三項の規定に違反して威迫したことにより困惑し、これらによつて当該期間を経過するまでにこの項の規定による連鎖販売契約の解除を行わなかつた場合には、当該連鎖販売加入者が、その連鎖販売業に係る統括者、勧誘者又は一般連鎖販売業者が主務省令で定めるところによりこの項の規定による当該連鎖販売契約の解除を行うことができる旨を記載して交付した書面を受領した日から起算して二十日を経過したとき）を除き、書面によりその連鎖販売契約の解除を行うことができる。この場合において、その連鎖販売業を行う者は、その連鎖販売契約の解除に伴う損害賠償又は違約金の支払を請求することができない。

２　前項の連鎖販売契約の解除は、その連鎖販売契約の解除を行う旨の書面を発した時に、その効力を生ずる。

（連鎖販売契約の解除の妨害後の書面の交付）

第三十一条の三　法第四十条第一項の規定により交付する書面には、次に掲げる事項を記載しなければならない。

一　連鎖販売契約の内容

二　法第四十条第一項の規定に基づき、当該書面を受領した日から起算して二十日を経過するまでは、書面により連鎖販売契約の解除を行うことができること。

三　法第四十条第一項後段、第二項及び第三項の規定に関する事項

四　連鎖販売契約の解除があつた場合において、当該連鎖販売契約に係る商品若しくは権利の代金若しくは役務の対価の支払又は取引料の提供が行われているときは、連鎖販売業を行う者は、連鎖販売加入者に対し、速やかに、その全額を返還すること。

五　統括者の氏名又は名称、住所及び電話番号並びに法人にあつては代表者の氏名

六　連鎖販売業を行う者が統括者でない場合には、当該連鎖販売業を行う者の氏名又は名称、住所及び電話番号並びに法人にあつては代表者の氏名

七　契約年月日

２　書面には日本産業規格Ｚ八三〇五に規定する八ポイント以上の大きさの文字及び数字を用いなければならない。

３　書面に記載するに際し、第一項第二号から第四号までに掲げる内容については赤枠の中に赤字で記載しなければならない。

４　前三項の規定により交付する書面は、様式第二によること。

５　統括者、勧誘者又は一般連鎖販売業者は、法第四十条第一項の書面を連鎖販売加入者に交付した際には、直ちに連鎖販売加入者が当該書面を見ていることを確認した上で、第一項第二号から第四号までに掲げる内容について連鎖販売加入者に告げなければならない。

３　第一項の連鎖販売契約の解除があつた場合において、その連鎖販売契約に係る商品の引渡しが既にされているときは、その引取りに要する費用は、その連鎖販売業を行う者の負担とする。

４　前三項の規定に反する特約でその連鎖販売加入者に不利なものは、無効とする。

第四十条の二　連鎖販売加入者は、第三十七条第二項の書面を受領した日から起算して二十日を経過した後（連鎖販売加入者が、統括者若しくは勧誘者が第三十四条第一項の規定に違反し若しくは一般連鎖販売業者が同条第二項の規定に違反して前条第一項の規定による連鎖販売契約の解除に関する事項につき不実のことを告げる行為をしたことにより当該告げられた内容が事実であるとの誤認をし、又は統括者、勧誘者若しくは一般連鎖販売業者が第三十四条第三項の規定に違反して威迫したことにより困惑し、これらによつて当該期間を経過するまでに前条第一項の規定による連鎖販売契約の解除を行わなかつた場合には、当該連鎖販売加入者が、その連鎖販売業に係る統括者、勧誘者又は一般連鎖販売業者が同項の主務省令で定めるところにより同項の規定による当該連鎖販売契約の解除を行うことができる旨を記載して交付した書面を受領した日から起算して二十日を経過した後）においては、将来に向かつてその連鎖販売契約の解除を行うことができる。

２　前項の規定により連鎖販売契約が解除された場合において、その解除がされる前に、連鎖販売業を行う者が連鎖販売加入者（当該連鎖販売契約（取引条件の変更に係る連鎖販売契約を除く。）を締結した日から一年を経過していない者に限る。以下この条において同じ。）に対し、既に、連鎖販売業に係る商品の販売（そのあつせんを含む。）を行つているときは、連鎖販売加入者は、次に掲げる場合を除き、当該商品の販売に係る契約（当該連鎖販売契約のうち当該連鎖販売取引に伴う特定負担に係る商品の販売に係る部分を含む。以下この条において「商品販売契約」という。）の解除を行うことができる。

一　当該商品の引渡し（当該商品が施設を利用し又は役務の提供を受ける権利である場合にあつては、その移転。以下この条において同じ。）を受けた日から起算して九十日を経過したとき。
二　当該商品を再販売したとき。
三　当該商品を使用し又はその全部若しくは一部を消費したとき（当該連鎖販売業に係る商品の販売を行つた者が当該連鎖販売加入者に当該商品を使用させ、又はその全部若しくは一部を消費させた場合を除く。）。
四　その他政令で定めるとき。

3　連鎖販売業を行う者は、第一項の規定により連鎖販売契約が解除されたときは、損害賠償額の予定又は違約金の定めがあるときにおいても、契約の締結及び履行のために通常要する費用の額（次の各号のいずれかに該当する場合にあつては、当該額に当該各号に掲げる場合に応じ当該各号に定める額を加算した額）にこれに対する法定利率による遅延損害金の額を加算した金額を超える額の金銭の支払を連鎖販売加入者に対して請求することができない。
一　当該連鎖販売契約の解除が当該連鎖販売取引に伴う特定負担に係る商品の引渡し後である場合　次の額を合算した額
イ　引渡しがされた当該商品（当該連鎖販売契約に基づき販売が行われたものに限り、前項の規定により当該商品に係る商品販売契約が解除されたものを除く。）の販売価格に相当する額
ロ　提供された特定利益その他の金品（前項の規定により解除された商品販売契約に係る商品に係るものに限る。）に相当する額
二　当該連鎖販売契約の解除が当該連鎖販売取引に伴う特定負担に係る役務の提供開始後である場合　提供された当該役務（当該連鎖販売契約に基づき提供されたものに限る。）の対価に相当する額

（商品販売契約の解除を行うことができないとき）
第十条の二　法第四十条の二第二項第四号の政令で定めるときは、連鎖販売加入者の責めに帰すべき事由により、当該商品の全部又は一部を滅失し、又はき損したときとする。

４　連鎖販売業に係る商品の販売を行つた者は、第二項の規定により商品販売契約が解除されたときは、損害賠償額の予定又は違約金の定めがあるときにおいても、次の各号に掲げる場合に応じ当該各号に定める額にこれに対する法定利率による遅延損害金の額を加算した金額を超える額の金銭の支払を当該連鎖販売加入者に対して請求することができない。

一　当該商品が返還された場合又は当該商品販売契約の解除が当該商品の引渡し前である場合　当該商品の販売価格の十分の一に相当する額

二　当該商品が返還されない場合　当該商品の販売価格に相当する額

５　第二項の規定により商品販売契約が解除されたときは、当該商品に係る一連の連鎖販売業の統括者は、連帯して、その解除によつて生ずる当該商品の販売を行つた者の債務の弁済の責めに任ずる。

６　前各項の規定に反する特約で連鎖販売加入者に不利なものは、無効とする。

７　第三項及び第四項の規定は、連鎖販売業に係る商品又は役務を割賦販売により販売し又は提供するものについては、適用しない。

（連鎖販売契約の申込み又はその承諾の意思表示の取消し）

第四十条の三　連鎖販売加入者は、統括者若しくは勧誘者がその統括者の統括する一連の連鎖販売業に係る連鎖販売契約の締結について勧誘をするに際し第一号若しくは第二号に掲げる行為をしたことにより当該各号に定める誤認をし、又は一般連鎖販売業者がその連鎖販売業に係る連鎖販売契約の締結について勧誘をするに際し第三号に掲げる行為をしたことにより同号に定める誤認をし、これらによつて当該連鎖販売契約の申込み又はその承諾の意思表示をしたときは、これを取り消すことができる。ただし、当該連鎖販売契約の相手方が、当該連鎖販売契約の締結の当時、当該統括者、当該勧誘者又は当該一般連鎖販売業者がこれらの行為をした事実を知らなかつたときは、この限りでない。

一　第三十四条第一項の規定に違反して不実のことを告げる行為　当該告げられた内容が事実であるとの誤認

二　第三十四条第一項の規定に違反して故意に事実を告げない行為　当該事実が存在しないとの誤認

三　第三十四条第二項の規定に違反して不実のことを告げる行為　当該告げられた内容が事実であるとの誤認

2　第九条の三第二項から第五項までの規定は、前項の規定による連鎖販売契約の申込み又はその承諾の意思表示の取消しについて準用する。

第四章　特定継続的役務提供

（定義）

第四十一条　この章及び第五十八条の二十二第一項第一号において「特定継続的役務提供」とは、次に掲げるものをいう。

一　役務提供事業者が、特定継続的役務をそれぞれの特定継続的役務ごとに政令で定める期間を超える期間にわたり提供することを約し、相手方がこれに応じて政令で定める金額を超える金銭を支払うことを約する契約（以下この章において「特定継続的役務提供契約」という。）を締結して行う特定継続的役務の提供

二　販売業者が、特定継続的役務の提供（前号の政令で定める期間を超える期間にわたり提供するものに限る。）を受ける権利を同号の政令で定める金額を超える金銭を受け取つて販売する契約（以下この章において「特定権利販売契約」という。）を締結して行う特定継続的役務の提供を受ける権利の販売

2　この章並びに第五十八条の二十二第一項第一号及び第六十七条第一項において「特定継続的役務」とは、国民の日常生活に係る取引において有償で継続的に提供される役務であつて、次の各号のいずれにも該当するものとして、政令で定めるものをいう。

一　役務の提供を受ける者の身体の美化又は知識若しくは

（特定継続的役務提供の期間及び金額）

第十一条　法第四十一条第一項第一号の政令で定める期間は、別表第四の第一欄に掲げる特定継続的役務ごとに同表の第二欄に掲げる期間とする。

2　法第四十一条第一項第一号の政令で定める金額は、五万円とする。

（特定継続的役務）

第十二条　法第四十一条第二項の特定継続的役務は、別表第四の第一欄に掲げる役務とする。

【関連：平成29年パブリックコメントNo.6、7、9、10、11】

第三章　特定継続的役務提供

（令別表第四の二の項の主務省令で定める方法）

第三十一条の四　令別表第四の二の項の主務省令で定める方法は、次の各号に掲げるものについて、それぞれ当該各号に定めるものとする。

技能の向上その他のその者の心身又は身上に関する目的を実現させることをもつて誘引が行われるもの

二　役務の性質上、前号に規定する目的が実現するかどうかが確実でないもの

（特定継続的役務提供における書面の交付）

第四十二条　役務提供事業者又は販売業者は、特定継続的役務の提供を受けようとする者又は特定継続的役務の提供を受ける権利を購入しようとする者と特定継続的役務提供契約又は特定権利販売契約（以下この章及び第五十八条の二十二において「特定継続的役務提供等契約」という。）を締結しようとするときは、当該特定継続的役務提供等契約を締結するまでに、主務省令で定めるところにより、当該特定継続的役務提供等契約の概要について記載した書面をその者に交付しなければならない。

一　脱毛　光の照射又は針を通じて電気を流すことによる方法

二　にきび、しみ、そばかす、ほくろ、入れ墨その他の皮膚に付着しているものの除去又は皮膚の活性化　光若しくは音波の照射、薬剤の使用又は機器を用いた刺激による方法

三　皮膚のしわ又はたるみの症状の軽減　薬剤の使用又は糸の挿入による方法

四　脂肪の減少　光若しくは音波の照射、薬剤の使用又は機器を用いた刺激による方法

五　歯牙の漂白　歯牙の漂白剤の塗布による方法

【関連：平成29年パブリックコメントNo.17、18】

（特定継続的役務提供における書面の交付等）

第三十二条　法第四十二条第一項の規定により特定継続的役務の提供を受けようとする者又は特定継続的役務の提供を受ける権利を購入しようとする者に対して交付する特定継続的役務提供等契約の概要について記載した書面には、当該特定継続的役務提供等契約に係る次の事項を明記しなければならない。

一　特定継続的役務提供契約にあつては、次に掲げる事項

イ　役務提供事業者の氏名又は名称、住所及び電話番号並びに法人にあつては代表者の氏名

ロ　提供される役務の内容

ハ　役務の提供に際し役務の提供を受けようとする者が購入する必要のある商品がある場合にはその商品名、種類及び数量

ニ　役務の対価その他の役務の提供を受けようとする者が支払わなければならない金銭の概算額

ホ　ニに掲げる金銭の支払の時期及び方法

ヘ　役務の提供期間

ト　法第四十八条第一項の規定による特定継続的役務提供契約の解除に関する事項（同条第二項から第七項までの規定に関する事項を含む。）

チ　法第四十九条第一項の規定による特定継続的役務提

供契約の解除に関する事項（同条第二項、第五項及び第六項の規定に関する事項を含む。）

リ　割賦販売法第二条第二項に規定するローン提携販売の方法又は同条第三項に規定する包括信用購入あつせん若しくは同条第四項に規定する個別信用購入あつせんに係る提供の方法により役務の提供を行う場合には、同法第二十九条の四第二項（同条第三項において準用する場合を含む。）又は同法第三十条の四（同法第三十条の五第一項において準用する場合を含む。）若しくは同法第三十五条の三の十九の規定に基づきローン提携販売業者又は包括信用購入あつせん関係役務提供事業者若しくは個別信用購入あつせん関係役務提供事業者に対して生じている事由をもつて、役務の提供を受ける者はローン提供業者又は包括信用購入あつせん業者若しくは個別信用購入あつせん業者に対抗することができること。

ヌ　特定継続的役務提供に係る前払取引（特定継続的役務提供に先立つてその相手方から五万円を超える金銭を受領する特定継続的役務提供に係る取引をいう。以下同じ。）を行うときは、当該前払取引に係る前受金について保全措置を講じているか否か及び、保全措置を講じている場合には、その内容

ル　特約があるときは、その内容

二　特定権利販売契約にあつては、次に掲げる事項

イ　販売業者の氏名又は名称、住所及び電話番号並びに法人にあつては代表者の氏名

ロ　権利の行使により受けることができる役務の内容

ハ　権利の行使による役務の提供に際し特定継続的役務の提供を受ける権利を購入しようとする者が購入する必要のある商品がある場合にはその商品名、種類及び数量

ニ　権利の販売価格その他の当該特定継続的役務の提供を受ける権利を購入しようとする者が支払わなければならない金銭の概算額

ホ　ニに掲げる金銭の支払の時期及び方法

2　役務提供事業者は、特定継続的役務提供契約を締結したときは、遅滞なく、主務省令で定めるところにより、次の事項について当該特定継続的役務提供契約の内容を明らかにする書面を当該特定継続的役務の提供を受ける者に交付しなければならない。

一　役務の内容であつて主務省令で定める事項及び当該役務の提供に際し当該役務の提供を受ける者が購入する必

へ　権利の行使により受けることができる役務の提供期間

ト　法第四十八条第一項の規定による特定権利販売契約の解除に関する事項（同条第二項から第七項までの規定に関する事項を含む。）

チ　法第四十九条第三項の規定による特定権利販売契約の解除に関する事項（同条第四項から第六項までの規定に関する事項を含む。）

リ　割賦販売法第二条第二項に規定するローン提携販売の方法又は同条第三項に規定する包括信用購入あつせん若しくは同条第四項に規定する個別信用購入あつせんに係る販売の方法により権利の販売を行う場合には、同法第二十九条の四第二項（同条第三項において準用する場合を含む。）又は同法第三十条の四（同法第三十条の五第一項において準用する場合を含む。）若しくは同法第三十五条の三の十九の規定に基づきローン提携販売業者又は包括信用購入あつせん関係販売業者若しくは個別信用購入あつせん関係販売業者に対して生じている事由をもつて、特定継続的役務の提供を受ける権利の購入者はローン提供業者又は包括信用購入あつせん業者若しくは個別信用購入あつせん業者に対抗することができること。

ヌ　特約があるときは、その内容

2　前項の書面には書面の内容を十分に読むべき旨を赤枠の中に赤字で記載しなければならない。

3　第一項の書面には日本産業規格Z八三〇五に規定する八ポイント以上の大きさの文字及び数字を用いなければならない。

〔法第四十二条第二項柱書に対応する主務省令は、施行規則第三十四条〕

第三十三条　法第四十二条第二項第一号の主務省令で定める事項は、次のとおりとする。

要のある商品がある場合にはその商品名

二　役務の対価その他の役務の提供を受ける者が支払わなければならない金銭の額

三　前号に掲げる金銭の支払の時期及び方法

四　役務の提供期間

五　第四十八条第一項の規定による特定継続的役務提供契約の解除に関する事項（同条第二項から第七項までの規定に関する事項を含む。）

六　第四十九条第一項の規定による特定継続的役務提供契約の解除に関する事項（同条第二項、第五項及び第六項の規定に関する事項を含む。）

七　前各号に掲げるもののほか、主務省令で定める事項

一　役務の種類

二　役務提供の形態又は方法

三　役務を提供する時間数、回数その他の数量の総計

四　施術を行う者、講師その他の役務を直接提供する者の資格、能力等に関して特約があるときは、その内容

2　法第四十二条第二項第七号の主務省令で定める事項は、次のとおりとする。

一　役務提供事業者の氏名又は名称、住所及び電話番号並びに法人にあつては代表者の氏名

二　特定継続的役務提供契約の締結を担当した者の氏名

三　特定継続的役務提供契約の締結の年月日

四　役務の提供に際し役務の提供を受けようとする者が購入する必要のある商品がある場合にはその種類及び数量

五　割賦販売法第二条第二項に規定するローン提携販売の方法又は同条第三項に規定する包括信用購入あつせん若しくは同条第四項に規定する個別信用購入あつせんに係る提供の方法により役務の提供を行う場合には、同法第二十九条の四第二項（同条第三項において準用する場合を含む。）又は同法第三十条の四（同法第三十条の五第一項において準用する場合を含む。）若しくは同法第三十五条の三の十九の規定に基づきローン提携販売業者又は包括信用購入あつせん関係役務提供事業者若しくは個別信用購入あつせん関係役務提供事業者に対して生じている事由をもつて、役務の提供を受ける者はローン提供業者又は包括信用購入あつせん業者若しくは個別信用購入あつせん業者に対抗することができること。

六　特定継続的役務提供に係る前払取引を行うときは、当該前受金について保全措置を講じているか否か及び、講じている場合には、その内容

七　役務の提供に際し役務の提供を受ける者が購入する必要のある商品がある場合には、当該商品を販売する者の氏名又は名称、住所及び電話番号並びに法人にあつては代表者の氏名

八　特約があるときは、その内容

第三十四条　法第四十二条第二項の規定により交付する書面（以下この条において「契約書面」という。）に記載する同項第二号、第五号及び第六号に掲げる事項については次の表の上欄に掲げる区分に応じ、それぞれ同表の下欄に掲げる内容を記載しなければならない。

一　役務の対価その他の役務の提供を受ける者が支払わなければならない金銭の額	入学金、入会金、授業料その他の役務の対価、施設整備費、入学又は入会のための試験に係る検定料、役務の提供に際し役務の提供を受ける者が購入する必要のある商品の価格その他の費目ごとの明細及びその合計
二　法第四十八条第一項の規定による特定継続的役務提供契約の解除に関する事項（同条第二項から第七項まで）での規定に関する事項を含む。	イ　契約書面を受領した日から起算して八日を経過するまでは、特定継続的役務の提供を受ける者は、書面により特定継続的役務提供契約の解除を行うことができること。 ロ　イに記載した事項にかかわらず、特定継続的役務の提供を受ける者が、役務提供事業者が法第四十四条第一項の規定に違反して法第四十八条第一項の規定による特定継続的役務提供契約の解除に関する事項につき不実のことを告げる行為をしたことにより誤認をし、又は役務提供事業者が法第四十四条第三項の規定に違反して威

迫したことにより困惑し、これらによつて法第四十八条第一項の規定による特定継続的役務提供契約の解除を行わなかつた場合には、当該役務提供事業者が交付した法第四十八条第一項の書面を当該特定継続的役務の提供を受ける者が受領した日から起算して八日を経過するまでは、当該特定継続的役務の提供を受ける者は、書面により当該特定継続的役務提供契約の解除を行うことができること。

ハ　イ又はロの契約の解除は、特定継続的役務の提供を受ける者が、当該契約の解除に係る書面を発した時に、その効力を生ずること。

ニ　イ又はロの契約の解除があつた場合には、役務提供事業者は、特定継続的役務の提供を受ける者に対し、当該契約の解除に伴う損害賠償又は違約金の支払を請求することができないこと。

ホ　イ又はロの契約の解除があつた場合には、既に当該特定継続的役務提供契約に基づき役務が提供されたときにおいても、役務提供事業者は、特定継続的役務の提供を受ける者に対し、当該特定継続的役務提供契約に係る役務の対価その他の金銭の支払を請求することができないこと。

ヘ　イ又はロの契約の解除があつた場合において、当該特定継続的役務提供契約に関連して金銭を受領しているときは、役務提供事業者は、特定継続的役務の提供を受ける者に対し、速やかに、その全額を返還すること。

ト　イ又はロの契約の解除があつた場合において、役務提供事業者が関連商品の販売又はその代理若しくは媒介を行つているときは、特定継続的役務の提供を受ける者は、当該、関連商品販売契約についても解除を行うことができること。

チ　トの解除の申出先が役務提供事業者と異なる場合には、その旨及び申出先

リ　トの契約の解除は、当該契約の解除に係る書面を発した時に、その効力を生ずること。

ヌ　トの契約の解除があつた場合には、関連商品の販売を行つた者は、特定継続的役務の提供を受ける者に対し、その契約の解除に伴う損害賠償又は違約金の支払を請求することができないこと。

ル　トの契約の解除があつた場合において、当該関連商品販売契約に係る商品の引渡しが既にされているときは、その引取りに要する費用は関連商品の販売を行つた者の負担とすること。

ヲ　トの契約の解除があつた場合において、当該関連商品販売契約に関連して金銭を受領しているときは、関連商品の販売を行つた者

	は、特定継続的役務の提供を受ける者に対し、速やかに、その全額を返還すること。
三　法第四十九条第一項の規定による特定継続的役務提供契約の解除に関する事項（同条第二項、第五項及び第六項の規定に関する事項を含む。）	イ　契約書面を受領した日から起算して八日を経過した後においては、特定継続的役務の提供を受ける者は、将来に向かつて特定継続的役務提供契約の解除を行うことができること。 ロ　イの契約の解除があつた場合には、役務提供事業者は、特定継続的役務の提供を受ける者に対し、提供された役務の対価及び当該解除によつて通常生ずる損害の額又は契約の締結及び履行のために通常要する費用の額にこれらに対する遅延損害金の額を加算した金額を超える額の金銭の支払を請求することができないこと並びに提供された役務の対価の精算方法 ハ　イの契約の解除があつた場合において、役務提供事業者が関連商品の販売又はその代理若しくは媒介を行つているときは、特定継続的役務の提供を受ける者は、当該関連商品販売契約についても解除を行うことができること。 ニ　ハの解除の申出先が役務提供事業者と異なる場合には、その旨及び申出先 ホ　ハの契約の解除があつた場合には、関連商品の販売を行つた者は、特定継続的役務の提供を受ける者に対し、関連商品の通常の使

用料に相当する額（当該関連商品の販売価格に相当する額から当該関連商品の返還されたときにおける価格を控除した額が通常の使用料に相当する額を超えるときは、その額）、関連商品の販売価格に相当する額又は契約の締結及び履行のために通常要する費用の額にこれらに対する遅延損害金の額を加算した金額を超える額の金銭の支払を請求することができないこと。

へ　特定継続的役務提供契約又は関連商品販売契約の解除について特約がある場合には、その内容

2　特定継続的役務提供契約に係る関連商品が法第四十八条第二項ただし書の政令で定める関連商品に該当する場合において、当該商品を使用し又はその全部若しくは一部を消費したときはその売買契約の解除を行うことができないこととするときは、前項の書面には、同項の表第二号の下欄に掲げる内容のほか、次の各号に掲げる内容を記載しなければならない。

一　商品の名称その他当該商品を特定し得る事項

二　当該商品を使用し又はその全部若しくは一部を消費したとき（当該販売業者が当該特定継続的役務の提供を受ける者に当該商品を使用させ、又はその全部若しくは一部を消費させた場合を除く。）は契約の解除を行うことができないこと。

3　第一項の表第二号の下欄に掲げる事項及び前項に掲げる事項は赤枠の中に赤字で記載しなければならない。

4　契約書面には書面の内容を十分に読むべき旨を赤枠の中に赤字で記載しなければならない。

5　契約書面には日本産業規格Z八三〇五に規定する八ポイント以上の大きさの文字及び数字を用いなければならない。

3　販売業者は、特定権利販売契約を締結したときは、遅滞なく、主務省令で定めるところにより、次の事項について当該特定権利販売契約の内容を明らかにする書面を当該特定継続的役務の提供を受ける権利の購入者に交付しなければならない。

一　権利の内容であつて主務省令で定める事項及び当該権利の行使による役務の提供に際し当該特定継続的役務の提供を受ける権利の購入者が購入する必要のある商品がある場合にはその商品名

二　権利の販売価格その他の当該特定継続的役務の提供を受ける権利の購入者が支払わなければならない金銭の額

三　前号に掲げる金銭の支払の時期及び方法

四　権利の行使により受けることができる役務の提供期間

五　第四十八条第一項の規定による特定権利販売契約の解除に関する事項（同条第二項から第七項までの規定に関する事項を含む。）

六　第四十九条第三項の規定による特定権利販売契約の解除に関する事項（同条第四項から第六項までの規定に関する事項を含む。）

七　前各号に掲げるもののほか、主務省令で定める事項

〔法第四十二条第三項柱書に対応する主務省令は、施行規則第三十六条〕

第三十五条　法第四十二条第三項第一号の主務省令で定める事項は、次のとおりとする。

一　権利の行使により受けることができる役務の種類

二　権利の行使により受けることができる役務の提供の形態又は方法

三　権利の行使による役務の提供を受けることができる時間数、回数その他の数量の総計

四　権利の行使により受けることができる役務について、施術を行う者、講師その他の役務を直接提供する者の資格、能力等に関して特約があるときは、その内容

2　法第四十二条第三項第七号の主務省令で定める事項は、次のとおりとする。

一　販売業者の氏名又は名称、住所及び電話番号並びに法人にあつては代表者の氏名

二　特定権利販売契約の締結を担当した者の氏名

三　特定権利販売契約の締結の年月日

四　当該権利の行使による役務の提供に際し当該特定継続的役務の提供を受ける権利の購入者が購入する必要のある商品がある場合にはその種類及び数量

五　割賦販売法第二条第二項に規定するローン提携販売の方法又は同条第三項に規定する包括信用購入あつせん若しくは同条第四項に規定する個別信用購入あつせんに係る販売の方法により権利の販売を行う場合には、同法第

二十九条の四第二項（同条第三項において準用する場合を含む。）又は同法第三十条の四（同法第三十条の五第一項において準用する場合を含む。）若しくは同法第三十五条の三の十九の規定に基づきローン提携販売業者又は包括信用購入あつせん関係販売業者若しくは個別信用購入あつせん関係販売業者に対して生じている事由をもつて、特定継続的役務の提供を受ける権利の購入者はローン提供業者又は包括信用購入あつせん業者若しくは個別信用購入あつせん業者に対抗することができること。

六　役務の提供に際し特定継続的役務の提供を受ける権利の購入者が購入する必要のある商品がある場合には、当該商品を販売する者の氏名又は名称、住所及び電話番号並びに法人にあつては代表者の氏名

七　特約があるときは、その内容

第三十六条　法第四十二条第三項の規定により交付する書面（以下この条において「契約書面」という。）に記載する同項第二号、第五号及び第六号に掲げる事項については次の表の上欄に掲げる区分に応じ、それぞれ同表の下欄に掲げる内容を記載しなければならない。

一　権利の販売価格その他の特定継続的役務の提供を受ける権利の購入者が支払わなければならない金銭の額	権利の販売価格、当該権利の行使による役務の提供に際し特定継続的役務の提供を受ける権利の購入者が購入する必要のある商品の価格その他の費目ごとの明細及びその合計
二　法第四十八条第一項の規定による特定権利販売契約の解除に関する事項（同条第二項から第七項までの規	イ　契約書面を受領した日から起算して八日を経過するまでは、特定継続的役務の提供を受ける権利を購入する者は、書面により特定権利販売契約の解除を行うことができること。

定に関する事項を含む。）

ロ　イに記載した事項にかかわらず、特定継続的役務の提供を受ける権利を購入する者が、販売業者が法第四十四条第一項の規定に違反して法第四十八条第一項の規定による特定権利販売契約の解除に関する事項につき不実のことを告げる行為をしたことにより誤認をし、又は販売業者が法第四十四条第三項の規定に違反して威迫したことにより困惑し、これらによつて法第四十八条第一項の規定による特定権利販売契約の解除を行わなかつた場合には、当該販売業者が交付した法第四十八条第一項の書面を当該特定継続的役務の提供を受ける権利を購入する者が受領した日から起算して八日を経過するまでは、当該特定継続的役務の提供を受ける権利を購入する者は、書面により当該特定権利販売契約の解除を行うことができること。

ハ　イ又はロの契約の解除は、特定継続的役務の提供を受ける権利を購入する者が、当該契約の解除に係る書面を発した時に、その効力を生ずること。

ニ　イ又はロの契約の解除があつた場合には、販売業者は、特定継続的役務の提供を受ける権利を購入する者に対し、当該契約の解除に伴う損害賠償又は違約金の支払を請求することができないこと。

ホ　イ又はロの契約の解除があつた場合において、当該特定権利販売契約に係る権利の移転が既にされているときは、その返還に要する費用は販売業者の負担とすること。

ヘ　イ又はロの契約の解除があつた場合には、既に権利の行使により役務が提供されたときにおいても、販売業者は、特定継続的役務の提供を受ける権利を購入する者に対し、当該権利の行使により得られた利益に相当する金銭の支払を請求することができないこと。

ト　イ又はロの契約の解除があつた場合において、当該特定権利販売契約に関連して金銭を受領しているときは、販売業者は、特定継続的役務の提供を受ける権利を購入する者に対し、速やかに、その全額を返還すること。

チ　イ又はロの契約の解除があつた場合において、販売業者が関連商品の販売又はその代理若しくは媒介を行つているときは、特定継続的役務の提供を受ける権利を購入する者は、当該、関連商品販売契約についても解除を行うことができること。

リ　チの解除の申出先が販売業者と異なる場合には、その旨及び申出先

ヌ　チの契約の解除は、当該契約の解除に係る書面を発した時に、その効力を生ずること。

ル　チの契約の解除があつた場合には、関連商品の販売を行つた者は、特定継続的役務の提供を受ける権利を購入する者に対し、その契約の解除に伴う損害賠償又は違約金の支払を請求することができないこと。

ヲ　チの契約の解除があつた場合において、当該関連商品販売契約に係る商品の引渡しが既にされているときは、その引取りに要する費用は関連商品の販売を行つた者の負担とすること。

ワ　チの契約の解除があつた場合において、当該関連商品販売契約に関連して金銭を受領しているときは、関連商品の販売を行つた者は、特定継続的役務の提供を受ける権利を購入する者に対し、速やかに、その全額を返還すること。

三　法第四十九条第三項の規定による特定権利販売契約の解除に関する事項（同条第四項から第六項までの規定に関する事項を含む。）

イ　契約書面を受領した日から起算して八日を経過した後においては、特定継続的役務の提供を受ける権利を購入する者は、特定権利販売契約の解除を行うことができること。

ロ　イの契約の解除があつた場合には、販売業者は、特定継続的役務の提供を受ける権利を購入する者に対し、権利の行使により通常得られる利益に相当する額（当該権利の販売価格に相当する額から当該権利の返還されたときにおける価格を控除した額が当該権利の行使により通常得られる利益に相当する額を超えるときは、その額）、権利の販売価格に相当する額又は契約の締結及び履行のために通常要する費用の額にこれらに対する遅延損害金の額を加算した金額を超える額の金銭の支払を請求することができないこと。

ハ　イの契約の解除があつた場合において、販売業者が関連商品の販売又はその代理若しくは媒介を行つているときは、特定継続的役務の提供を受ける権利を購入する者は、関連商品販売契約についても解除を行うことができること。

ニ　ハの解除の申出先が販売業者と異なる場合には、その旨及び申出先

ホ　ハの契約の解除があつた場合には、関連商品の販売を行つた者は、特定継続的役務の提供を受ける権利を購入する者に対し、関連商品の通常の使用料に相当する額（当該関連商品の販売価格に相当する額から当該関連商品の返還されたときにおける価格を控除した額が通常の使用料に相当する額を超えるときは、その額）、関連商品の販売価格に相当する額又は契約の締結及び履行のために通常要する費用の額にこれらに対する遅延損害金の額を加算した金額を超える額の金銭の支払を請求することができないこと。

（誇大広告等の禁止）

第四十三条　役務提供事業者又は販売業者は、特定継続的役務提供をする場合の特定継続的役務の提供条件又は特定継続的役務の提供を受ける権利の販売条件について広告をするときは、当該特定継続的役務の内容又は効果その他の主務省令で定める事項について、著しく事実に相違する表示をし、又は実際のものよりも著しく優良であり、若しくは有利であると人を誤認させるような表示をしてはならない。

	ヘ　特定権利販売契約又は関連商品販売契約の解除について特約がある場合には、その内容

2　特定権利販売契約に係る関連商品が法第四十八条第二項ただし書の政令で定める関連商品に該当する場合において、当該商品を使用し又はその全部若しくは一部を消費したときはその売買契約の解除を行うことができないこととするときは、前項の書面には、同項の表第二号の下欄に掲げる内容のほか、次の各号に掲げる内容を記載しなければならない。

一　商品の名称その他当該商品を特定し得る事項

二　当該商品を使用し又はその全部若しくは一部を消費したとき（当該販売業者が当該特定継続的役務の提供を受ける権利を購入する者に当該商品を使用させ、又はその全部若しくは一部を消費させた場合を除く。）は契約の解除を行うことができないこと。

3　第一項の表第二号の下欄に掲げる事項及び前項に掲げる事項は赤枠の中に赤字で記載しなければならない。

4　契約書面には書面の内容を十分に読むべき旨を赤枠の中に赤字で記載しなければならない。

5　契約書面には日本産業規格Z八三〇五に規定する八ポイント以上の大きさの文字及び数字を用いなければならない。

（誇大広告等の禁止）

第三十七条　法第四十三条の主務省令で定める事項は、次のとおりとする。

一　役務又は権利の種類又は内容

二　役務の効果又は目的

三　役務若しくは権利、役務提供事業者若しくは販売業者又は役務提供事業者若しくは販売業者の行う事業についての国、地方公共団体、著名な法人その他の団体又は著名な個人の関与

四　役務の対価又は権利の販売価格

（合理的な根拠を示す資料の提出）

第四十三条の二　主務大臣は、前条に規定する表示に該当するか否かを判断するため必要があると認めるときは、当該表示をした役務提供事業者又は販売業者に対し、期間を定めて、当該表示の裏付けとなる合理的な根拠を示す資料の提出を求めることができる。この場合において、当該役務提供事業者又は当該販売業者が当該資料を提出しないときは、第四十六条第一項及び第四十七条第一項の規定の適用については、当該表示は、前条に規定する表示に該当するものとみなす。

（禁止行為）

第四十四条　役務提供事業者又は販売業者は、特定継続的役務提供等契約の締結について勧誘をするに際し、又は特定継続的役務提供等契約の解除を妨げるため、次の事項につき、不実のことを告げる行為をしてはならない。

一　役務又は役務の提供を受ける権利の種類及びこれらの内容又は効果（権利の場合にあつては、当該権利に係る役務の効果）その他これらに類するものとして主務省令で定める事項

二　役務の提供又は権利の行使による役務の提供に際し当該役務の提供を受ける者又は当該権利の購入者が購入する必要のある商品がある場合には、その商品の種類及びその性能又は品質その他これらに類するものとして主務省令で定める事項

三　役務の対価又は権利の販売価格その他の役務の提供を受ける者又は役務の提供を受ける権利の購入者が支払わなければならない金銭の額

四　前号に掲げる金銭の支払の時期及び方法

五　役務の対価又は権利の代金の支払の時期及び方法

六　役務の提供期間

七　役務提供事業者又は販売業者の氏名又は名称、住所及び電話番号

八　第四号に定める金銭以外の特定継続的役務提供受領者等の負担すべき金銭があるときは、その名目及びその額

〔法第四十四条第一項第一号に対応する主務省令の規定なし〕

（特定継続的役務提供における重要事項）

第三十七条の二　法第四十四条第一項第二号の主務省令で定める事項は、次の各号に掲げるものとする。

一　商品の効能

二　商品の商標又は製造者名

三　商品の販売数量

四　商品の必要数量

五　役務の提供期間又は権利の行使により受けることができる役務の提供期間

六　当該特定継続的役務提供等契約の解除に関する事項（第四十八条第一項から第七項まで及び第四十九条第一項から第六項までの規定に関する事項を含む。）

七　顧客が当該特定継続的役務提供等契約の締結を必要とする事情に関する事項

八　前各号に掲げるもののほか、当該特定継続的役務提供等契約に関する事項であつて、顧客又は特定継続的役務の提供を受ける者若しくは特定継続的役務の提供を受ける権利の購入者の判断に影響を及ぼすこととなる重要なもの

２　役務提供事業者又は販売業者は、特定継続的役務提供等契約の締結について勧誘をするに際し、前項第一号から第六号までに掲げる事項につき、故意に事実を告げない行為をしてはならない。

３　役務提供事業者又は販売業者は、特定継続的役務提供等契約を締結させ、又は特定継続的役務提供等契約の解除を妨げるため、人を威迫して困惑させてはならない。

（合理的な根拠を示す資料の提出）

第四十四条の二　主務大臣は、前条第一項第一号又は第二号に掲げる事項につき不実のことを告げる行為をしたか否かを判断するため必要があると認めるときは、当該役務提供事業者又は当該販売業者に対し、期間を定めて、当該告げた事項の裏付けとなる合理的な根拠を示す資料の提出を求めることができる。この場合において、当該役務提供事業者又は当該販売業者が当該資料を提出しないときは、第四十六条第一項及び第四十七条第一項の規定の適用については、当該役務提供事業者又は当該販売業者は、前条第一項第一号又は第二号に掲げる事項につき不実のことを告げる行為をしたものとみなす。

（書類の備付け及び閲覧等）

第四十五条　役務提供事業者又は販売業者は、特定継続的役務提供に係る前払取引（特定継続的役務提供に先立つてその相手方から政令で定める金額を超える金銭を受領する特定継続的役務提供に係る取引をいう。次項において同じ。）を行うときは、主務省令で定めるところにより、その業務及び財産の状況を記載した書類を、特定継続的役務提供等契約に関する業務を行う事務所に備え置かなければならない。

2　特定継続的役務提供に係る前払取引の相手方は、前項に規定する書類の閲覧を求め、又は前項の役務提供事業者若しくは販売業者の定める費用を支払つてその謄本若しくは抄本の交付を求めることができる。

（指示等）

第四十六条　主務大臣は、役務提供事業者又は販売業者が第四十二条、第四十三条、第四十四条若しくは前条の規定に違反し、又は次に掲げる行為をした場合において、特定継続的役務提供に係る取引の公正及び特定継続的役務提供契約を締結して特定継続的役務の提供を受ける者又は特定権利販売契約を締結して特定継続的役務の提供を受ける権利を購入する者（以下この章において「特定継続的役務提供受領者等」という。）の利益が害されるおそれがあると認めるときは、その役務提供事業者又は販売業者に対し、当該違反又は当該行為の是正のための措置、特定継続的役務提供受領者等の利益の保護を図るための措置その他の必要な措置をとるべきことを指示することができる。

一　特定継続的役務提供等契約に基づく債務又は特定継続的役務提供等契約の解除によつて生ずる債務の全部又は一部の履行を拒否し、又は不当に遅延させること。

二　特定継続的役務提供等契約の締結について勧誘をするに際し、当該特定継続的役務提供等契約に関する事項であつて、顧客の判断に影響を及ぼすこととなる重要なも

（法第四十五条第一項の政令で定める金額）

第十三条　法第四十五条第一項の政令で定める金額は、五万円とする。

（書類の備付け）

第三十八条　法第四十五条第一項に規定する業務及び財産の状況を記載した書類は、貸借対照表、損益計算書及び事業報告書（会社以外の者にあつては、これらに準ずる書類）とする。

2　当該書類は、事業年度ごとに当該事業年度経過後三月以内に作成し、特定継続的役務提供等契約に関する業務を行う事務所に遅滞なく備え置かなければならない。

3　備え置いた書類は、備え置いた日から起算して三年を経過する日までの間、保管すること。

の（第四十四条第一項第一号から第六号までに掲げるものを除く。）につき、故意に事実を告げないこと。

三　特定継続的役務提供等契約の解除を妨げるため、当該特定継続的役務提供等契約に関する事項であつて、特定継続的役務提供受領者等の判断に影響を及ぼすこととなる重要なものにつき、故意に事実を告げないこと。

四　前三号に掲げるもののほか、特定継続的役務提供に関する行為であつて、特定継続的役務提供に係る取引の公正及び特定継続的役務提供受領者等の利益を害するおそれがあるものとして主務省令で定めるもの

（特定継続的役務提供における禁止行為）

第三十九条　法第四十六条第一項第四号の主務省令で定める行為は、次の各号に掲げるものとする。

一　特定継続的役務提供等契約の締結について迷惑を覚えさせるような仕方で勧誘をし、又は特定継続的役務提供等契約の解除について迷惑を覚えさせるような仕方でこれを妨げること。

二　若年者、高齢者その他の者の判断力の不足に乗じ、特定継続的役務提供等契約を締結させること。

三　顧客の知識、経験及び財産の状況に照らして不適当と認められる勧誘を行うこと。

四　特定継続的役務提供等契約を締結するに際し、当該契約に係る書面に年齢、職業その他の事項について虚偽の記載をさせること。

五　特定継続的役務提供等契約の相手方に当該契約に基づく債務を履行させるため、次に掲げる行為を行うこと。

イ　当該特定継続的役務提供等契約の相手方の年収、預貯金又は借入れの状況その他の支払能力に関する事項について虚偽の申告をさせること。

ロ　当該特定継続的役務提供等契約の相手方の意に反して貸金業者の営業所、銀行の支店その他これらに類する場所に連行すること。

ハ　当該特定継続的役務提供等契約の相手方に割賦販売法第三十五条の三の三第一項に規定する個別信用購入あつせん関係受領契約若しくは金銭の借入れに係る契約を締結させ、又は預貯金を引き出させるため、迷惑を覚えさせるような仕方でこれを勧誘すること。

六　法第四十八条第二項ただし書の政令で定める関連商品の販売に係る契約の解除を妨げるため、当該商品の販売

2　主務大臣は、前項の規定による指示をしたときは、その旨を公表しなければならない。

（業務の停止等）

第四十七条　主務大臣は、役務提供事業者又は販売業者が第四十二条、第四十三条、第四十四条若しくは第四十五条の規定に違反し若しくは前条第一項各号に掲げる行為をした場合において特定継続的役務提供に係る取引の公正及び特定継続的役務提供受領者等の利益が著しく害されるおそれがあると認めるとき、又は役務提供事業者若しくは販売業者が同項の規定による指示に従わないときは、その役務提供事業者又は販売業者に対し、二年以内の期間を限り、特定継続的役務提供に関する業務の全部又は一部を停止すべきことを命ずることができる。この場合において、主務大臣は、その役務提供事業者又は販売業者が個人である場合にあつては、その者に対して、当該停止を命ずる期間と同一の期間を定めて、当該停止を命ずる範囲の業務を営む法人の当該業務を担当する役員となることの禁止を併せて命ずることができる。

2　主務大臣は、前項の規定による命令をしたときは、その旨を公表しなければならない。

に係る契約を締結した際、特定継続的役務提供受領者等に当該商品を使用させ又はその全部若しくは一部を消費させること。

七　関連商品販売契約に基づく債務又は関連商品販売契約の解除によつて生ずる債務の全部又は一部の履行を拒否し、又は不当に遅延させること（役務提供事業者又は販売業者が関連商品の販売の代理又は媒介を行つている場合にあつては、関連商品販売契約に基づく債務又は関連商品販売契約の解除によつて生ずる債務の全部又は一部の履行を拒否し、又は不当に遅延させることを唆すこと。）。

（業務の禁止等）

第四十七条の二　主務大臣は、役務提供事業者又は販売業者に対して前条第一項の規定により業務の停止を命ずる場合において、次の各号に掲げる場合の区分に応じ、当該各号に定める者が当該命令の理由となつた事実及び当該事実に関してその者が有していた責任の程度を考慮して当該命令の実効性を確保するためにその者による特定継続的役務提供に関する業務を制限することが相当と認められる者として主務省令で定める者に該当するときは、その者に対して、当該停止を命ずる期間と同一の期間を定めて、当該停止を命ずる範囲の業務を新たに開始すること（当該業務を営む法人の当該業務を担当する役員となることを含む。）の禁止を命ずることができる。

一　当該役務提供事業者又は当該販売業者が法人である場合　その役員及び当該命令の日前六十日以内においてその役員であつた者並びにその使用人及び当該命令の日前六十日以内においてその使用人であつた者

二　当該役務提供事業者又は当該販売業者が個人である場合　その使用人及び当該命令の日前六十日以内においてその使用人であつた者

2　主務大臣は、前項の規定による命令をしたときは、その旨を公表しなければならない。

（特定継続的役務提供等契約の解除等）

第四十八条　役務提供事業者又は販売業者が特定継続的役務提供等契約を締結した場合におけるその特定継続的役務提供受領者等は、第四十二条第二項又は第三項の書面を受領した日から起算して八日を経過したとき（特定継続的役務提供受領者等が、役務提供事業者若しくは販売業者が第四十四条第一項の規定に違反してこの項の規定による特定継続的役務提供等契約の解除に関する事項につき不実のことを告げる行為をしたことにより当該告げられた内容が事実であるとの誤認をし、又は役務提供事業者若しくは販売業者が同条第三項の規定に違反して威迫したことにより困惑し、これらによつて当該期間を経過するまでにこの項の規

（法第四十七条の二第一項の主務省令で定める者）

第三十九条の二　法第四十七条の二第一項の主務省令で定める者は、法第四十七条第一項の規定により停止を命ぜられた業務の遂行に主導的な役割を果たしている者とする。

（特定継続的役務提供契約の解除の妨害後の書面の交付）

第三十九条の二の二　法第四十八条第一項の書面には、次に掲げる事項を記載しなければならない。

一　特定継続的役務提供等契約の内容及び関連商品の商品名

二　役務の対価又は権利の販売価格その他の特定継続的役務提供受領者等が支払わなければならない金銭の額

三　法第四十八条第一項の規定に基づき、当該書面を受領した日から起算して八日を経過するまでは、書面により特定継続的役務提供等契約の解除等を行うことができること。

定による特定継続的役務提供等契約の解除を行わなかつた場合には、当該特定継続的役務提供受領者等が、当該役務提供事業者又は当該販売業者が主務省令で定めるところによりこの項の規定による当該特定継続的役務提供等契約の解除を行うことができる旨を記載して交付した書面を受領した日から起算して八日を経過したとき）を除き、書面によりその特定継続的役務提供等契約の解除を行うことができる。

2　前項の規定による特定継続的役務提供等契約の解除があつた場合において、役務提供事業者又は販売業者が特定継続的役務の提供に際し特定継続的役務提供受領者等が購入する必要のある商品として政令で定める商品（以下この章並びに第五十八条の二十二第二項及び第六十六条第二項において「関連商品」という。）の販売又はその代理若しくは媒介を行つている場合には、当該商品の販売に係る契約（以下この条、次条及び第五十八条の二十二第二項において「関連商品販売契約」という。）についても、前項と同様とする。ただし、特定継続的役務提供受領者等が第四十二条第二項又は第三項の書面を受領した場合において、関連商品であつてその使用若しくは一部の消費により価額が

（法第四十八条第二項の政令で定める関連商品）

第十四条　法第四十八条第二項本文の政令で定める関連商品は、別表第五に掲げる商品とする。

2　法第四十八条第二項ただし書の政令で定める関連商品は、別表第五第一号イ及びロ並びに第二号に掲げる関連商品とする。

四　法第四十八条第二項から第七項までの規定に関する事項

五　役務提供事業者又は販売業者の氏名又は名称、住所及び電話番号並びに法人にあつては代表者の氏名

六　特定継続的役務提供等契約の申込み又は締結を担当した者の氏名

七　特定継続的役務提供等契約の締結の年月日

八　関連商品がある場合には、当該商品を販売する者の氏名又は名称、住所及び電話番号並びに法人にあつては代表者の氏名

2　書面には日本産業規格Z八三〇五に規定する八ポイント以上の大きさの文字及び数字を用いなければならない。

3　書面に記載するに際し、第一項第三号及び同項第四号に掲げる内容については赤枠の中に赤字で記載しなければならない。

4　前三項の規定により交付する書面は、様式第三によること。

5　役務提供事業者又は販売業者は、法第四十八条第一項の書面を特定継続的役務提供受領者等に交付した際には、直ちに特定継続的役務提供受領者等が当該書面を見ていることを確認した上で、第一項第三号及び同項第四号に掲げる内容について特定継続的役務提供受領者等に告げなければならない。

著しく減少するおそれがある商品として政令で定めるものを使用し又はその全部若しくは一部を消費したとき（当該役務提供事業者又は当該販売業者が当該特定継続的役務提供受領者等に当該商品を使用させ、又はその全部若しくは一部を消費させた場合を除く。）は、この限りでない。

3　前二項の規定による特定継続的役務提供等契約の解除及び関連商品販売契約の解除は、それぞれ当該解除を行う旨の書面を発した時に、その効力を生ずる。

4　第一項の規定による特定継続的役務提供等契約の解除又は第二項の規定による関連商品販売契約の解除があつた場合においては、役務提供事業者若しくは販売業者又は関連商品の販売を行つた者は、当該解除に伴う損害賠償若しくは違約金の支払を請求することができない。

5　第一項の規定による特定権利販売契約の解除又は第二項の規定による関連商品販売契約の解除があつた場合において、その特定権利販売契約又は関連商品販売契約に係る権利の移転又は関連商品の引渡しが既にされているときは、その返還又は引取りに要する費用は、販売業者又は関連商品の販売を行つた者の負担とする。

6　役務提供事業者又は販売業者は、第一項の規定による特定継続的役務提供等契約の解除があつた場合には、既に当該特定継続的役務提供等契約に基づき特定継続的役務提供が行われたときにおいても、特定継続的役務提供受領者等に対し、当該特定継続的役務提供等契約に係る特定継続的役務の対価その他の金銭の支払を請求することができない。

7　役務提供事業者は、第一項の規定による特定継続的役務提供契約の解除があつた場合において、当該特定継続的役務提供契約に関連して金銭を受領しているときは、特定継続的役務の提供を受ける者に対し、速やかに、これを返還しなければならない。

8　前各項の規定に反する特約で特定継続的役務提供受領者等に不利なものは、無効とする。

第四十九条　役務提供事業者が特定継続的役務提供契約を締

結した場合におけるその特定継続的役務の提供を受ける者は、第四十二条第二項の書面を受領した日から起算して八日を経過した後（その特定継続的役務の提供を受ける者が、役務提供事業者が第四十四条第一項の規定に違反して前条第一項の規定による特定継続的役務提供契約の解除に関する事項につき不実のことを告げる行為をしたことにより当該告げられた内容が事実であるとの誤認をし、又は役務提供事業者が第四十四条第三項の規定に違反して威迫したことにより困惑し、これらによつて当該期間を経過するまでに前条第一項の規定による特定継続的役務提供契約の解除を行わなかつた場合には、当該特定継続的役務の提供を受ける者が、当該役務提供事業者が同項の主務省令で定めるところにより同項の規定による当該特定継続的役務提供契約の解除を行うことができる旨を記載して交付した書面を受領した日から起算して八日を経過した後）においては、将来に向かつてその特定継続的役務提供契約の解除を行うことができる。

2　役務提供事業者は、前項の規定により特定継続的役務提供契約が解除されたときは、損害賠償額の予定又は違約金の定めがあるときにおいても、次の各号に掲げる場合に応じ当該各号に定める額にこれに対する法定利率による遅延損害金の額を加算した金額を超える額の金銭の支払を特定継続的役務の提供を受ける者に対して請求することができない。

一　当該特定継続的役務提供契約の解除が特定継続的役務の提供開始後である場合　次の額を合算した額

イ　提供された特定継続的役務の対価に相当する額

ロ　当該特定継続的役務提供契約の解除によつて通常生ずる損害の額として第四十一条第二項の政令で定める役務ごとに政令で定める額

二　当該特定継続的役務提供契約の解除が特定継続的役務の提供開始前である場合　契約の締結及び履行のために通常要する費用の額として第四十一条第二項の政令で定める役務ごとに政令で定める額

3　販売業者が特定権利販売契約を締結した場合におけるそ

（法第四十九条第二項第一号ロの政令で定める額）

第十五条　法第四十九条第二項第一号ロの政令で定める額は、別表第四の第一欄に掲げる特定継続的役務ごとに同表の第三欄に掲げる額とする。

（法第四十九条第二項第二号の政令で定める額）

第十六条　法第四十九条第二項第二号の政令で定める額は、別表第四の第一欄に掲げる特定継続的役務ごとに同表の第四欄に掲げる額とする。

の特定継続的役務の提供を受ける権利の購入者は、第四十二条第三項の書面を受領した日から起算して八日を経過した後（その特定継続的役務の提供を受ける権利の購入者が、販売業者が第四十四条第一項の規定に違反して前条第一項の規定による特定権利販売契約の解除に関する事項につき不実のことを告げる行為をしたことにより当該告げられた内容が事実であるとの誤認をし、又は販売業者が第四十四条第三項の規定に違反して威迫したことにより困惑し、これらによつて当該期間を経過するまでに前条第一項の規定による特定権利販売契約の解除を行わなかつた場合には、当該特定継続的役務の提供を受ける権利の購入者が、当該販売業者が同項の主務省令で定めるところにより同項の規定による当該特定権利販売契約の解除を行うことができる旨を記載して交付した書面を受領した日から起算して八日を経過した後）においては、その特定権利販売契約の解除を行うことができる。

4　販売業者は、前項の規定により特定権利販売契約が解除されたときは、損害賠償額の予定又は違約金の定めがあるときにおいても、次の各号に掲げる場合に応じ当該各号に定める額にこれに対する法定利率による遅延損害金の額を加算した金額を超える額の金銭の支払を特定継続的役務の提供を受ける権利の購入者に対して請求することができない。

一　当該権利が返還された場合　当該権利の行使により通常得られる利益に相当する額（当該権利の販売価格に相当する額から当該権利の返還されたときにおける価額を控除した額が当該権利の行使により通常得られる利益に相当する額を超えるときは、その額）

二　当該権利が返還されない場合　当該権利の販売価格に相当する額

三　当該契約の解除が当該権利の移転前である場合　契約の締結及び履行のために通常要する費用の額

5　第一項又は第三項の規定により特定継続的役務提供等契約が解除された場合であつて、役務提供事業者又は販売業者が特定継続的役務提供受領者等に対し、関連商品の販売又はその代理若しくは媒介を行つている場合には、特定継続的役務提供受領者等は当該関連商品販売契約の解除を行うことができる。

6　関連商品の販売を行つた者は、前項の規定により関連商品販売契約が解除されたときは、損害賠償額の予定又は違約金の定めがあるときにおいても、次の各号に掲げる場合に応じ当該各号に定める額にこれに対する法定利率による遅延損害金の額を加算した金額を超える額の金銭の支払を特定継続的役務提供受領者等に対して請求することができない。

一　当該関連商品が返還された場合　当該関連商品の通常の使用料に相当する額（当該関連商品の販売価格に相当する額から当該関連商品の返還されたときにおける価額を控除した額が通常の使用料に相当する額を超えるときは、その額）

二　当該関連商品が返還されない場合　当該関連商品の販売価格に相当する額

三　当該契約の解除が当該関連商品の引渡し前である場合　契約の締結及び履行のために通常要する費用の額

7　前各項の規定に反する特約で特定継続的役務提供受領者等に不利なものは、無効とする。

（特定継続的役務提供等契約の申込み又はその承諾の意思表示の取消し）

第四十九条の二　特定継続的役務提供受領者等は、役務提供事業者又は販売業者が特定継続的役務提供等契約の締結について勧誘をするに際し次の各号に掲げる行為をしたことにより、当該各号に定める誤認をし、それによつて当該特定継続的役務提供等契約の申込み又はその承諾の意思表示をしたときは、これを取り消すことができる。

一　第四十四条第一項の規定に違反して不実のことを告げる行為　当該告げられた内容が事実であるとの誤認

二　第四十四条第二項の規定に違反して故意に事実を告げない行為　当該事実が存在しないとの誤認

2　第九条の三第二項から第五項までの規定は、前項の規定による特定継続的役務提供等契約の申込み又はその承諾の意思表示の取消しについて準用する。

３　前条第五項から第七項までの規定は、第一項の規定により特定継続的役務提供等契約の申込み又はその承諾の意思表示が取り消された場合について準用する。

（適用除外）

第五十条　この章の規定は、次の特定継続的役務提供については、適用しない。

一　特定継続的役務提供等契約で、特定継続的役務提供受領者等が営業のために又は営業として締結するものに係る特定継続的役務提供

二　本邦外に在る者に対する特定継続的役務提供

三　国又は地方公共団体が行う特定継続的役務提供

四　次の団体がその直接又は間接の構成員に対して行う特定継続的役務提供（その団体が構成員以外の者にその事業又は施設を利用させることができる場合には、これらの者に対して行う特定継続的役務提供を含む。）

イ　特別の法律に基づいて設立された組合並びにその連合会及び中央会

ロ　国家公務員法第百八条の二又は地方公務員法第五十二条の団体

ハ　労働組合

五　事業者がその従業者に対して行う特定継続的役務提供

２　第四十九条第二項、第四項及び第六項（前条第三項において準用する場合を含む。）の規定は、特定継続的役務又は関連商品を割賦販売により提供し又は販売するものについては、適用しない。

第五章　業務提供誘引販売取引

（定義）

第五十一条　この章並びに第五十八条の二十三、第六十六条第一項及び第六十七条第一項において「業務提供誘引販売業」とは、物品の販売（そのあっせんを含む。）又は有償

第四章　業務提供誘引販売取引

で行う役務の提供（そのあつせんを含む。）の事業であつて、その販売の目的物たる物品（以下この章及び第五十八条の二十三第一項第一号イにおいて「商品」という。）又はその提供される役務を利用する業務（その商品の販売若しくはそのあつせん又はその役務の提供若しくはそのあつせんを行う者が自ら提供を行い、又はあつせんを行うものに限る。）に従事することにより得られる利益（以下この章及び第五十八条の二十三第一項第三号において「業務提供利益」という。）を収受し得ることをもつて相手方を誘引し、その者と特定負担（その商品の購入若しくはその役務の対価の支払又は取引料の提供をいう。以下この章及び第五十八条の二十三第一項第三号において同じ。）を伴うその商品の販売若しくはそのあつせん又はその役務の提供若しくはそのあつせんに係る取引（その取引条件の変更を含む。以下「業務提供誘引販売取引」という。）をするものをいう。

2　この章において「取引料」とは、取引料、登録料、保証金その他いかなる名義をもつてするかを問わず、取引をするに際し、又は取引条件を変更するに際し提供される金品をいう。

（業務提供誘引販売取引における氏名等の明示）

第五十一条の二　業務提供誘引販売業を行う者は、その業務提供誘引販売業に係る業務提供誘引販売取引をしようとするときは、その勧誘に先立つて、その相手方に対し、業務提供誘引販売業を行う者の氏名又は名称、特定負担を伴う取引についての契約の締結について勧誘をする目的である旨及び当該勧誘に係る商品又は役務の種類を明らかにしなければならない。

（禁止行為）

第五十二条　業務提供誘引販売業を行う者は、その業務提供誘引販売業に係る業務提供誘引販売取引についての契約（その業務提供誘引販売業に関して提供され、又はあつせんされる業務を事業所その他これに類似する施設（以下「事業所等」という。）によらないで行う個人との契約に限る。以下この条において同じ。）の締結について勧誘をするに際し、又はその業務提供誘引販売業に係る業務提供誘引販売取引についての契約の解除を妨げるため、次の事項につき、故意に事実を告げず、又は不実のことを告げる行為をしてはならない。

一　商品（施設を利用し及び役務の提供を受ける権利を除く。）の種類及びその性能若しくは品質又は施設を利用し若しくは役務の提供を受ける権利若しくは役務の種類及びこれらの内容その他これらに類するものとして主務省令で定める事項

二　当該業務提供誘引販売取引に伴う特定負担に関する事項

三　当該契約の解除に関する事項（第五十八条第一項から第三項までの規定に関する事項を含む。）

四　その業務提供誘引販売業に係る業務提供利益に関する事項

五　前各号に掲げるもののほか、その業務提供誘引販売業に関する事項であつて、業務提供誘引販売取引の相手方の判断に影響を及ぼすこととなる重要なもの

2　業務提供誘引販売業を行う者は、その業務提供誘引販売業に係る業務提供誘引販売取引についての契約を締結させ、又はその業務提供誘引販売業に係る業務提供誘引販売取引についての契約の解除を妨げるため、人を威迫して困惑させてはならない。

3　業務提供誘引販売業を行う者は、特定負担を伴う取引についての契約の締結について勧誘をするためのものであることを告げずに営業所、代理店その他の主務省令で定める場所以外の場所において呼び止めて同行させることその他政令で定める方法により誘引した者に対し、公衆の出入りする場所以外の場所において、当該業務提供誘引販売業に係る業務提供誘引販売取引についての契約の締結について勧誘をしてはならない。

（勧誘目的を告げない誘引方法）

第三条の二　法第六条第四項、第三十四条第四項及び第五十二条第三項の政令で定める方法は、電話、郵便、信書便、電報、ファクシミリ装置を用いて送信する方法若しくは電磁的方法により、若しくはビラ若しくはパンフレットを配布し若しくは拡声器で住居の外から呼び掛けることにより、又は住居を訪問して、営業所その他特定の場所への来訪を要請する方法とする。

（業務提供誘引販売取引における重要事項）

第三十九条の三　法第五十二条第一項第一号の主務省令で定める事項は、次の各号に掲げるものとする。

一　商品の効能

二　商品の商標又は製造者名

三　商品の販売数量

四　商品の必要数量

五　役務又は権利に係る役務の効果

（法第五十二条第三項の主務省令で定める場所）

第三十九条の四　法第五十二条第三項の主務省令で定める場所は、次の各号に掲げるものとする。

一　営業所

二　代理店

三　露店、屋台店その他これらに類する店

四　前三号に掲げるもののほか、一定の期間にわたり、商品を陳列し、当該商品を販売する場所であつて、店舗に類するもの

（合理的な根拠を示す資料の提出）

第五十二条の二　主務大臣は、前条第一項第一号又は第四号に掲げる事項につき不実のことを告げる行為をしたか否かを判断するため必要があると認めるときは、当該業務提供誘引販売業を行う者に対し、期間を定めて、当該告げた事項の裏付けとなる合理的な根拠を示す資料の提出を求めることができる。この場合において、当該業務提供誘引販売業を行う者が当該資料を提出しないときは、第五十六条第一項及び第五十七条第一項の規定の適用については、当該業務提供誘引販売業を行う者は、前条第一項第一号又は第四号に掲げる事項につき不実のことを告げる行為をしたものとみなす。

（業務提供誘引販売取引についての広告）

第五十三条　業務提供誘引販売業を行う者は、その業務提供誘引販売業に係る業務提供誘引販売取引について広告をするときは、主務省令で定めるところにより、当該広告に、その業務提供誘引販売業に関する次の事項を表示しなければならない。

一　商品又は役務の種類

二　当該業務提供誘引販売取引に伴う特定負担に関する事項

三　その業務提供誘引販売業に関して提供し、又はあつせんする業務について広告をするときは、その業務の提供条件

四　前三号に掲げるもののほか、主務省令で定める事項

五　自動販売機その他の設備であつて、当該設備により売買契約又は役務提供契約の締結が行われるものが設置されている場所

〔法第五十三条第柱書に対応する主務省令は、施行規則第四十一条〕

（業務提供誘引販売取引についての広告）

第四十条　法第五十三条第四号の主務省令で定める事項は、次に掲げるものとする。

一　業務提供誘引販売業を行う者の氏名又は名称、住所及び電話番号

二　業務提供誘引販売業を行う者が法人であつて、電子情報処理組織を使用する方法により広告をする場合には、当該業務提供誘引販売業を行う者の代表者又は業務

（誇大広告等の禁止）

第五十四条　業務提供誘引販売業を行う者は、その業務提供誘引販売業に係る業務提供誘引販売取引について広告をするときは、当該業務提供誘引販売取引に伴う特定負担、当該業務提供誘引販売業に係る業務提供利益その他の主務省令で定める事項について、著しく事実に相違する表示を

提供誘引販売業に関する業務の責任者の氏名

三　商品名

四　業務提供誘引販売取引電子メール広告（法第五十四条の三第一項第一号の業務提供誘引販売取引電子メール広告をいう。以下同じ。）をするときは、業務提供誘引販売業を行う者の電子メールアドレス

第四十一条　法第五十三条の規定により業務提供誘引販売取引について広告をするときは、同条第二号の事項については商品（法第五十一条第一項の商品をいう。次条を除き、以下この章において同じ。）の購入金額若しくは役務の対価の支払の金額又は取引料の金額（商品の購入又は役務の対価の支払と取引料の提供とが併せて行われる場合にあっては、その商品の購入金額又はその役務の対価の支払の金額と取引料の金額との合計額）を明示しなければならない。

2　法第五十三条の規定により業務提供誘引販売取引について広告をするときは、同条第三号については次に定めるところにより表示しなければならない。

一　提供し、又はあっせんする業務の内容を表示すること。

二　一定の期間内に業務を提供し、又はあっせんする回数、業務に対する報酬の条件など、業務の提供又はあっせんの態様に応じて、当該業務の提供又はあっせんについての条件に係る重要な事項を表示すること。

三　収受し得る金額その他の業務提供利益の指標を表示するときは、その指標と同等の水準の業務提供利益を実際に収受している者が当該業務提供誘引販売業に関して業務提供誘引販売取引を行った者の多数を占めることを示す数値を表示するなど、業務提供利益の見込みについて正確に理解できるように、根拠又は説明を表示すること。

（誇大広告等の禁止）

第四十二条　法第五十四条の主務省令で定める事項は次のとおりとする。

一　当該業務提供誘引販売取引に伴う特定負担に関する事項

し、又は実際のものよりも著しく優良であり、若しくは有利であると人を誤認させるような表示をしてはならない。

（合理的な根拠を示す資料の提出）

第五十四条の二　主務大臣は、前条に規定する表示に該当するか否かを判断するため必要があると認めるときは、当該表示をした業務提供誘引販売業を行う者に対し、期間を定めて、当該表示の裏付けとなる合理的な根拠を示す資料の提出を求めることができる。この場合において、当該業務提供誘引販売業を行う者が当該資料を提出しないときは、第五十六条第一項及び第五十七条第一項の規定の適用については、当該表示は、前条に規定する表示に該当するものとみなす。

（承諾をしていない者に対する電子メール広告の提供の禁止等）

第五十四条の三　業務提供誘引販売業を行う者は、次に掲げる場合を除き、その業務提供誘引販売業に係る業務提供誘引販売取引について、その相手方となる者の承諾を得ないで電子メール広告をしてはならない。

一　相手方となる者の請求に基づき、その業務提供誘引販売業に係る業務提供誘引販売取引に係る電子メール広告（以下この章において「業務提供誘引販売取引電子メール広告」という。）をするとき。

二　前号に掲げるもののほか、通常業務提供誘引販売取引

二　当該業務提供誘引販売業に係る業務提供利益その他の業務の提供条件に関する事項

三　商品の種類、性能、品質若しくは効能、役務の種類、内容若しくは効果又は権利の種類、内容若しくはその権利に係る役務の種類、内容若しくは効果

四　商品の原産地若しくは製造地、商標又は製造者名

五　商品、権利若しくは役務、業務提供誘引販売業を行う者又は業務提供誘引販売業を行う者の行う事業についての国、地方公共団体、著名な法人その他の団体又は著名な個人の関与

六　業務提供誘引販売業に係る業務提供誘引販売取引についての契約の解除に関する事項（法第五十八条第一項から第三項までの規定に関する事項を含む。）

（法第五十四条の三第一項第二号の主務省令で定める場合）

第四十二条の二　法第五十四条の三第一項第二号の主務省令

電子メール広告の提供を受ける者の利益を損なうおそれがないと認められる場合として主務省令で定める場合において、業務提供誘引販売取引電子メール広告をするとき。

2　前項に規定する承諾を得、又は同項第一号に規定する請求を受けた業務提供誘引販売業を行う者は、当該業務提供誘引販売取引電子メール広告の相手方から業務提供誘引販売取引電子メール広告の提供を受けない旨の意思の表示を受けたときは、当該相手方に対し、業務提供誘引販売取引電子メール広告をしてはならない。ただし、当該意思の表示を受けた後に再び業務提供誘引販売取引電子メール広告をすることにつき当該相手方から請求を受け、又は当該相手方の承諾を得た場合には、この限りでない。

3　業務提供誘引販売業を行う者は、業務提供誘引販売取引電子メール広告をするときは、第一項第二号に掲げる場合を除き、当該業務提供誘引販売取引電子メール広告をすることにつきその相手方の承諾を得、又はその相手方から請求を受けたことの記録として主務省令で定めるものを作成し、主務省令で定めるところによりこれを保存しなければならない。

で定める場合は、次のいずれかの場合とする。

一　相手方の請求に基づいて、又はその承諾を得て電磁的方法により送信される電磁的記録の一部に掲載することにより広告がなされる場合

二　電磁的方法により送信しようとする電磁的記録の一部に広告を掲載することを条件として利用者に電磁的方法の使用に係る役務を提供する者（業務提供誘引販売業を行う者が当該役務を提供する者である場合を含む。）による当該役務の提供に際して、広告がなされる場合（利用者を誘引し、又は強制し、当該役務を利用して電磁的記録を送信させることにより、当該役務の提供に際して広告をするときを除く。）

（記録の保存）

第四十二条の三　法第五十四条の三第三項の主務省令で定めるものは次に掲げるものとする。

一　電子情報処理組織を使用する方法（電磁的方法を除く。）により相手方から承諾を得、又は請求を受けた場合にあつては、承諾又は請求ごとに当該承諾又は請求があつたことを示す書面等。ただし、業務提供誘引販売業を行う者が、当該承諾を得、又は請求を受けるために定型的な内容を表示しており、かつ、当該承諾を得、又は請求を受けたときに当該承諾又は請求の内容に係る情報を一覧性のある電磁的記録として自動的に編集する方法を用いている場合であつて、当該定型的な内容の表示において、当該電子計算機の操作が当該相手方に業務提供誘引販売取引電子メール広告をすることを承諾し、又は請求するものであることを容易に認識できるよう表示し

４　業務提供誘引販売業を行う者は、業務提供誘引販売取引電子メール広告をするときは、第一項第二号に掲げる場合を除き、当該業務提供誘引販売取引電子メール広告に、第五十三条各号に掲げる事項のほか、主務省令で定めるところにより、その相手方が業務提供誘引販売取引電子メール広告の提供を受けない旨の意思の表示をするために必要な事項として主務省令で定めるものを表示しなければならない。

ている場合には、当該承諾を得、又は請求を受けるために表示した定型的な内容を示す書面等及び当該内容の表示がされた時期を示す書面等。

二　電磁的方法、書面その他の方法により相手方から承諾を得、又は請求を受けた場合にあつては、承諾又は請求ごとに当該承諾又は請求があつたことを示す書面等。ただし、業務提供誘引販売業を行う者が、当該承諾を得、又は請求を受けるために定型的な内容を表示しており、かつ、当該承諾を得、又は請求を受けたときに当該承諾又は請求の内容に係る情報を一覧性のある書面等として正確に編集する方法を用いている場合であつて、当該定型的な内容の表示において、当該電磁的方法による電磁的記録の送信、当該書面への記入その他の行為が当該相手方に業務提供誘引販売取引電子メール広告をすることを承諾し、又は請求するものであることを容易に認識できるよう表示している場合には、当該承諾を得、又は請求を受けるために表示した定型的な内容を示す書面等及び当該内容の表示がされた時期を示す書面等。

２　前項の書面等は、相手方に対し業務提供誘引販売取引電子メール広告を行つた日から三年間保存しなければならない。

〔法第五十四条の三第四項の「主務省令で定めるところ」に対応する施行規則なし〕

（連絡方法の表示）

第四十二条の四　法第五十四条の三第四項の主務省令で定めるものは、次のいずれかの事項とし、当該事項は、当該業務提供誘引販売取引電子メール広告の本文に容易に認識できるように表示しなければならない。

一　電子メールアドレス（相手方が業務提供誘引販売取引電子メール広告の提供を受けない旨の意思の表示をすることができるものに限る。）

二　電子情報処理組織において識別するための文字、記号その他の符号若しくはこれらの結合（電子計算機に入力

５　前二項の規定は、業務提供誘引販売業を行う者が他の者に次に掲げる業務の全てにつき一括して委託しているときは、その委託に係る業務提供誘引販売取引電子メール広告については、適用しない。

一　業務提供誘引販売取引電子メール広告をすることにつきその相手方の承諾を得、又はその相手方から請求を受ける業務

二　第三項に規定する記録を作成し、及び保存する業務

三　前項に規定する業務提供誘引販売取引電子メール広告の提供を受けない旨の意思の表示をするために必要な事項を表示する業務

第五十四条の四　業務提供誘引販売業を行う者から前条第五項各号に掲げる業務の全てにつき一括して委託を受けた者（以下この章並びに第六十六条第五項及び第六十七条第一項第四号において「業務提供誘引販売取引電子メール広告受託事業者」という。）は、次に掲げる場合を除き、当該業務を委託した業務提供誘引販売業を行う者（以下この条において「業務提供誘引販売取引電子メール広告委託者」という。）が行うその業務提供誘引販売業に係る業務提供誘引販売取引について、その相手方となる者の承諾を得ないで業務提供誘引販売取引電子メール広告をしてはならない。

一　相手方となる者の請求に基づき、業務提供誘引販売取引電子メール広告委託者に係る業務提供誘引販売取引電子メール広告をするとき。

二　前号に掲げるもののほか、通常業務提供誘引販売取引電子メール広告委託者に係る業務提供誘引販売取引電子メール広告の提供を受ける者の利益を損なうおそれがないと認められる場合として主務省令で定める場合において、業務提供誘引販売取引電子メール広告委託者に係る

されることによつて当該電子計算機の映像面に表示される手続に従うことにより、相手方が業務提供誘引販売取引電子メール広告の提供を受けない旨の意思の表示をすることができるものに限る。）又はこれに準ずるもの

（法第五十四条の四第一項第二号の主務省令で定める場合）

第四十二条の五　法第五十四条の四第一項第二号の主務省令で定める場合は次のいずれかの場合とする。

一　相手方の請求に基づいて、又はその承諾を得て電磁的方法により送信される電磁的記録の一部に掲載すること

業務提供誘引販売取引電子メール広告をするとき。

２　前条第二項から第四項までの規定は、業務提供誘引販売取引電子メール広告受託事業者による業務提供誘引販売取引電子メール広告委託者に係る業務提供誘引販売取引電子メール広告について準用する。この場合において、同条第三項及び第四項中「第一項第二号」とあるのは、「次条第一項第二号」と読み替えるものとする。

（業務提供誘引販売取引における書面の交付）

第五十五条　業務提供誘引販売業を行う者は、その業務提供誘引販売取引に伴う特定負担をしようとする者（その業務提供誘引販売業に関して提供され、又はあつせんされる業務を事業所等によらないで行う個人に限る。）とその特定負担についての契約を締結しようとするときは、その契約を締結するまでに、主務省令で定めるところにより、その業務提供誘引販売業の概要について記載した書面をその者に交付しなければならない。

により、業務提供誘引販売取引電子メール広告委託者（法第五十四条の四第一項本文の業務提供誘引販売取引電子メール広告委託者をいう。以下同じ。）に係る業務提供誘引販売取引電子メール広告がなされる場合

二　電磁的方法により送信しようとする電磁的記録の一部に広告を掲載することを条件として利用者に電磁的方法の使用に係る役務を提供する者（業務提供誘引販売取引電子メール広告受託事業者（法第五十四条の四第一項本文の業務提供誘引販売取引電子メール広告受託事業者をいう。）が当該役務を提供する者である場合を含む。）による当該役務の提供に際して、業務提供誘引販売取引電子メール広告委託者に係る業務提供誘引販売取引電子メール広告がなされる場合（利用者を誘引し、又は強制し、当該役務を利用して電磁的記録を送信させることにより、当該役務の提供に際して広告をするときを除く。）

（業務提供誘引販売取引における書面の交付）

第四十三条　法第五十五条第一項の規定により業務提供誘引販売取引に伴う特定負担をしようとする者に交付する書面にはその業務提供誘引販売業に係る次の事項を明記しなければならない。

一　業務提供誘引販売業を行う者の氏名又は名称、住所及び電話番号並びに法人にあつては代表者の氏名

二　商品（施設を利用し及び役務の提供を受ける権利を除く。）の種類及びその性能若しくは品質に関する重要な事項又は権利若しくは役務の種類及びこれらの内容に関する重要な事項

三　商品名

2 業務提供誘引販売業を行う者は、その業務提供誘引販売業に係る業務提供誘引販売取引についての契約（以下この章において「業務提供誘引販売契約」という。）を締結した場合において、その業務提供誘引販売契約の相手方がその業務提供誘引販売業に関して提供され、又はあつせんされる業務を事業所等によらないで行う個人であるときは、遅滞なく、主務省令で定めるところにより、次の事項についてその業務提供誘引販売契約の内容を明らかにする書面をその者に交付しなければならない。

一 商品（施設を利用し及び役務の提供を受ける権利を除

四 商品若しくは提供される役務を利用する業務の提供又はあつせんについての条件に関する重要な事項

五 当該業務提供誘引販売取引に伴う特定負担の内容

六 契約の解除の条件その他の当該業務提供誘引販売業に係る契約に関する重要な事項

七 割賦販売法第二条第二項に規定するローン提携販売の方法又は同条第三項に規定する包括信用購入あつせん若しくは同条第四項に規定する個別信用購入あつせんに係る提供の方法により商品の販売又は役務の提供を行う場合には、同法第二十九条の四第二項（同条第三項において準用する場合を含む。）又は同法第三十条の四（同法第三十条の五第一項において準用する場合を含む。）若しくは同法第三十五条の三の十九の規定に基づきローン提携販売業者又は包括信用購入あつせん関係販売業者、個別信用購入あつせん関係販売業者、包括信用購入あつせん関係役務提供事業者若しくは個別信用購入あつせん関係役務提供事業者に対して生じている事由をもつて、商品の購入者又は役務の提供を受ける者はローン提供業者又は包括信用購入あつせん業者若しくは個別信用購入あつせん業者に対抗することができること。

2 前項の書面には書面の内容を十分に読むべき旨を赤枠の中に赤字で記載しなければならない。

3 第一項の書面には日本産業規格Z八三〇五に規定する八ポイント以上の大きさの文字及び数字を用いなければならない。

（法第五十五条第二項柱書に対応する主務省令は、施行規則第四十五条）

く。）の種類及びその性能若しくは品質又は施設を利用し若しくは役務の提供を受ける権利若しくは役務の種類及びこれらの内容に関する事項

二　商品若しくは提供される役務を利用する業務の提供又はあつせんについての条件に関する事項

三　当該業務提供誘引販売取引に伴う特定負担に関する事項

四　当該業務提供誘引販売契約の解除に関する事項（第五十八条第一項から第三項までの規定に関する事項を含む。）

五　前各号に掲げるもののほか、主務省令で定める事項

第四十四条　法第五十五条第二項第五号の主務省令で定める事項は、次のとおりとする。

一　当該業務提供誘引販売業を行う者の氏名又は名称、住所及び電話番号並びに法人にあつては代表者の氏名

二　当該業務提供誘引販売契約の締結を担当した者の氏名

三　契約年月日

四　商品名及び商品の商標又は製造者名

五　特定負担以外の義務についての定めがあるときは、その内容

六　割賦販売法第二条第二項に規定するローン提携販売の方法又は同条第三項に規定する包括信用購入あつせん若しくは同条第四項に規定する個別信用購入あつせんに係る提供の方法により商品の販売又は役務の提供を行う場合には、同法第二十九条の四第二項（同条第三項において準用する場合を含む。）又は同法第三十条の四（同法第三十条の五第一項において準用する場合を含む。）若しくは同法第三十五条の三の十九の規定に基づきローン提携販売業者又は包括信用購入あつせん関係販売業者、個別信用購入あつせん関係販売業者、包括信用購入あつせん関係役務提供事業者若しくは個別信用購入あつせん関係役務提供事業者に対して生じている事由をもつて、商品の購入者又は役務の提供を受ける者はローン提供業者又は包括信用購入あつせん業者若しくは個別信用購入あつせん業者に対抗することができること。

第四十五条　法第五十五条第二項の規定により業務提供誘引販売業を行う者が契約の相手方に交付する書面（以下この条において「書面」という。）は、次の表の上欄に掲げる事項について、それぞれ同表の下欄の基準に合致したものでなければならない。

事項	基準
一　引き渡された商品（施設を利用し及び役務の提供を受ける権利を除く。）が種類又は品質に関して契約の内容に適合しない場合の責任に関する事項	引き渡された商品（施設を利用し及び役務の提供を受ける権利を除く。）が種類又は品質に関して契約の内容に適合しない場合に販売業者がその不適合について責任を負わない旨が定められていないこと。
二　契約の解除に関する事項	イ　業務提供誘引販売取引の相手方からの契約の解除ができない旨が定められていないこと。 ロ　業務提供誘引販売業を行う者の責めに帰すべき事由により契約が解除された場合における業務提供誘引販売業を行う者の義務に関し、民法に規定するものより業務提供誘引販売取引の相手方に不利な内容が定められていないこと。
三　その他の特約に関する事項	法令に違反する特約が定められていないこと。

2　書面には、次の表の上欄に掲げる事項については、同表の下欄に掲げる内容を記載しなければならない。

事項	内容
一　商品若しくは提供される役務を利用する業務の提供又はあっせんについての条件に関する事項	イ　提供し、又はあっせんする業務の内容 ロ　一週間、一月間その他の一定の期間内に提供し、又はあっせんする業務の回数又は時間その他の提供し、又はあっせんする業務の量 ハ　一回当たり又は一時間当たりの業務に対する報酬の単価その他の報酬の単価が定められている場合には、その単価 ニ　ロ及びハにより定められるものその他の業務提供利益の計算の方法 ホ　ニに掲げるもののほか、業務提供利益の全部又は一部が支払われないこととなる場合があるときは、その条件 ヘ　ニ及びホに掲げるもののほか、業務提供利益の支払の時期及び方法 その他の業務提供利益の支払の条件
二　当該業務提供誘引販売取引に伴う特定負担に関する事項	イ　商品（施設を利用し及び役務の提供を受ける権利を除く。）の購入については、その購入先、数量、金額、代金の支払の時期及び方法並びに当該商品の引渡しの時期及び方法 ロ　権利の購入については、その購入先、金額、代金の支払の時期及び方法並びに当該権利の移転の時期及び方法 ハ　役務の対価の支払については、

	その支払先、金額、対価の支払の時期及び方法並びに当該役務の提供の時期及び方法 ニ　取引料の提供については、その提供先、金額、性格並びに提供の時期及び方法 ホ　取引料のうち返還されるものがあるときは、その返還の条件
三　当該契約の解除に関する事項（法第五十八条第一項から第三項までの規定に関する事項を含む。）	イ　法第五十五条第二項の書面を受領した日から起算して二十日を経過するまでは、業務提供誘引販売取引の相手方は、書面によりその契約の解除を行うことができること。 ロ　イに記載した事項にかかわらず、業務提供誘引販売取引の相手方が、業務提供誘引販売業を行う者が法第五十二条第一項の規定に違反して業務提供誘引販売契約の解除に関する事項につき不実のことを告げる行為をしたことにより誤認をし、又は業務提供誘引販売業を行う者が法第五十二条第二項の規定に違反して威迫したことにより困惑し、これらによつて業務提供誘引販売契約の解除を行わなかつた場合には、当該業務提供誘引販売業を行う者が交付した法第五十八条第一項の書面を当該業務提供誘引販売取引の相手方が受領した日から起算して二十日を経過するまでは、当該業務提供誘引販売取引の相手方は、書面によりその契約の解除を行うことができ

ること。

ハ　イ又はロの契約の解除があつた場合において、その業務提供誘引販売業を行う者は、業務提供誘引販売取引の相手方に対し、その契約の解除に伴う損害賠償又は違約金の支払を請求することができないこと。

ニ　イ又はロの契約の解除は、業務提供誘引販売取引の相手方が、その契約の解除を行う旨の書面を発した時に、その効力を生ずること。

ホ　イ又はロの契約の解除があつた場合において、その契約に係る商品（施設を利用し及び役務の提供を受ける権利を除く。）の引渡しが既にされているときは、その引取りに要する費用は、その業務提供誘引販売業を行う者の負担とすること。

ヘ　イ又はロの契約の解除があつた場合において、当該契約に係る商品の代金若しくは役務の対価の支払又は取引料の提供が行われているときは、業務提供誘引販売業を行う者は、業務提供誘引販売取引の相手方に対し、速やかに、その全額を返還すること。

3　書面には書面の内容を十分に読むべき旨を赤枠の中に赤字で記載しなければならない。

4　書面には日本産業規格Z八三〇五に規定する八ポイント以上の大きさの文字及び数字を用いなければならない。

5　書面に記載するに際し、第二項の表第三号の下欄に掲げる内容については赤枠の中に赤字で記載しなければならな

（指示等）

第五十六条　主務大臣は、業務提供誘引販売業を行う者が第五十一条の二、第五十二条、第五十三条、第五十四条、第五十四条の三（第五項を除く。）若しくは前条の規定に違反し、又は次に掲げる行為をした場合において、業務提供誘引販売取引の公正及び業務提供誘引販売取引の相手方の利益が害されるおそれがあると認めるときは、その業務提供誘引販売業を行う者に対し、当該違反又は当該行為の是正のための措置、業務提供誘引販売取引の相手方の利益の保護を図るための措置その他の必要な措置をとるべきことを指示することができる。

一　その業務提供誘引販売業に係る業務提供誘引販売契約に基づく債務又はその解除によつて生ずる債務の全部又は一部の履行を拒否し、又は不当に遅延させること。

二　その業務提供誘引販売業に係る業務提供誘引販売取引につき利益を生ずることが確実であると誤解させるべき断定的判断を提供してその業務提供誘引販売業に係る業務提供誘引販売契約（その業務提供誘引販売業に関して提供され、又はあつせんされる業務を事業所等によらないで行う個人との契約に限る。次号において同じ。）の締結について勧誘をすること。

三　その業務提供誘引販売業に係る業務提供誘引販売契約を締結しない旨の意思を表示している者に対し、当該業務提供誘引販売契約の締結について迷惑を覚えさせるような仕方で勧誘をすること。

四　前三号に掲げるもののほか、その業務提供誘引販売業に係る業務提供誘引販売契約に関する行為であつて、業務提供誘引販売取引の公正及び業務提供誘引販売取引の相手方の利益を害するおそれがあるものとして主務省令で定めるもの

い。

（業務提供誘引販売取引における禁止行為）

第四十六条　法第五十六条第一項第四号の主務省令で定める行為は、次に掲げるものとする。

一　業務提供誘引販売業に係る業務提供誘引販売契約（その業務提供誘引販売業に関して提供され、又はあつせんされる業務を事業所その他これに類似する施設によらないで行う個人との契約に限る。以下この条において同じ。）について迷惑を覚えさせるような仕方で解除を妨げること。

二　若年者、高齢者その他の者の判断力の不足に乗じ、業務提供誘引販売業に係る業務提供誘引販売契約を締結させること。

三　業務提供誘引販売取引の相手方の知識、経験及び財産の状況に照らして不適当と認められる勧誘を行うこと。

四　業務提供誘引販売業に係る業務提供誘引販売契約を締結するに際し、当該契約に係る書面に年齢、職業その他の事項について虚偽の記載をさせること。

五　業務提供誘引販売業に係る業務提供誘引販売契約の相手方に当該契約に基づく債務を履行させるため、次に掲げる行為を行うこと。

イ　当該業務提供誘引販売業に係る業務提供誘引販売契約の相手方の年収、預貯金又は借入れの状況その他の支払能力に関する事項について虚偽の申告をさせること。

ロ　当該業務提供誘引販売業に係る業務提供誘引販売契約の相手方の意に反して貸金業者の営業所、銀行の支店その他これらに類する場所に連行すること。

ハ　当該業務提供誘引販売業に係る業務提供誘引販売契約の相手方に割賦販売法第三十五条の三の三第一項に規定する個別信用購入あっせん関係受領契約若しくは金銭の借入れに係る契約を締結させ、又は預貯金を引き出させるため、迷惑を覚えさせるような仕方でこれを勧誘すること。

六　業務提供誘引販売業を行う者が、電子情報処理組織を使用する方法（電磁的方法を除く。）により電子計算機を用いて送信することにより行われる業務提供誘引販売取引電子メール広告をすることについての承諾を得、又は請求を受ける場合において、顧客の意に反する承諾又は請求が容易に行われないよう、顧客の電子計算機の操作（業務提供誘引販売取引電子メール広告をすることについての承諾又は請求となるものに限る。次号において同じ。）が当該業務提供誘引販売取引電子メール広告を受けることについての承諾又は請求となることを、顧客が当該操作を行う際に容易に認識できるように表示して

2　主務大臣は、業務提供誘引販売取引電子メール広告受託事業者が第五十四条の四第一項又は同条第二項において準用する第五十四条の三第二項から第四項までの規定に違反した場合において、業務提供誘引販売取引の公正及び業務提供誘引販売取引の相手方の利益が害されるおそれがあると認めるときは、その業務提供誘引販売取引電子メール広告受託事業者に対し、必要な措置をとるべきことを指示することができる。

3　主務大臣は、第一項の規定による指示をしたときは、その旨を公表しなければならない。

4　主務大臣は、第二項の規定による指示をしたときは、その旨を公表しなければならない。

（業務提供誘引販売取引の停止等）

第五十七条　主務大臣は、業務提供誘引販売業を行う者が第五十一条の二、第五十二条、第五十三条、第五十四条、第五十四条の三（第五項を除く。）若しくは第五十五条の規

いないこと。

七　業務提供誘引販売業を行う者が、電磁的方法による電磁的記録の送信、書面への記入その他の行為により行われる業務提供誘引販売取引電子メール広告をすることについての承諾を得、又は請求を受ける場合において、当該業務提供誘引販売取引電子メール広告をすることについての承諾を得、又は請求を受けるための表示を行う際に、顧客の意に反する承諾又は請求が容易に行われないよう、顧客の電磁的方法による電磁的記録の送信、書面への記入その他の行為が当該業務提供誘引販売取引電子メール広告を受けることについての承諾又は請求となることを、顧客が容易に認識できるように表示していないこと。

八　業務提供誘引販売業を行う者が、法第五十四の四第一項及び同条第二項で準用する法第五十四条の三第二項から第四項までの規定のいずれかに違反する行為を行つている者に、法第五十四条の三第五項各号に掲げる業務の全てにつき一括して委託すること。

定に違反し若しくは前条第一項各号に掲げる行為をした場合において業務提供誘引販売取引の公正及び業務提供誘引販売取引の相手方の利益が著しく害されるおそれがあると認めるとき、又は業務提供誘引販売業を行う者が同項の規定による指示に従わないときは、その業務提供誘引販売業を行う者に対し、二年以内の期間を限り、当該業務提供誘引販売業に係る業務提供誘引販売取引の全部又は一部を停止すべきことを命ずることができる。この場合において、主務大臣は、その業務提供誘引販売業を行う者が個人である場合にあつては、その者に対して、当該停止を命ずる期間と同一の期間を定めて、当該停止を命ずる範囲の業務提供誘引販売取引に係る業務を営む法人の当該業務を担当する役員となることの禁止を併せて命ずることができる。

２　主務大臣は、業務提供誘引販売取引電子メール広告受託事業者が第五十四条の四第一項若しくは同条第二項において準用する第五十四条の三第二項から第四項までの規定に違反した場合において業務提供誘引販売取引の公正及び業務提供誘引販売取引の相手方の利益が著しく害されるおそれがあると認めるとき、又は業務提供誘引販売取引電子メール広告受託事業者が前条第二項の規定による指示に従わないときは、その業務提供誘引販売取引電子メール広告受託事業者に対し、一年以内の期間を限り、業務提供誘引販売取引電子メール広告に関する業務の全部又は一部を停止すべきことを命ずることができる。

３　主務大臣は、第一項の規定による命令をしたときは、その旨を公表しなければならない。

４　主務大臣は、第二項の規定による命令をしたときは、その旨を公表しなければならない。

（業務の禁止等）

第五十七条の二　主務大臣は、業務提供誘引販売業を行う者に対して前条第一項の規定によりその業務提供誘引販売業に係る業務提供誘引販売取引の停止を命ずる場合において、次の各号に掲げる場合の区分に応じ、当該各号に定める者が当該命令の理由となつた事実及び当該事実に関して

（法第五十七条の二第一項の主務省令で定める者）

第四十六条の二　法第五十七条の二第一項の主務省令で定める者は、法第五十七条の二第一項の規定により停止を命ぜられた業務の遂行に主導的な役割を果たしている者とする。

その者が有していた責任の程度を考慮して当該命令の実効性を確保するためにその者による業務を制限することが相当と認められる者として主務省令で定める者に該当するときは、その者に対して、当該停止を命ずる期間と同一の期間を定めて、当該停止を命ずる範囲の業務提供誘引販売取引に係る業務を新たに開始すること（当該業務を営む法人の当該業務を担当する役員となることを含む。）の禁止を命ずることができる。

一　当該業務提供誘引販売業を行う者が法人である場合　その役員及び当該命令の日前六十日以内においてその役員であつた者並びにその使用人及び当該命令の日前六十日以内においてその使用人であつた者

二　当該業務提供誘引販売業を行う者が個人である場合　その使用人及び当該命令の日前六十日以内においてその使用人であつた者

2　主務大臣は、前項の規定による命令をしたときは、その旨を公表しなければならない。

（業務提供誘引販売契約の解除）

第五十八条　業務提供誘引販売業を行う者がその業務提供誘引販売業に係る業務提供誘引販売契約を締結した場合におけるその業務提供誘引販売契約の相手方（その業務提供誘引販売業に関して提供され、又はあつせんされる業務を事業所等によらないで行う個人に限る。以下この条から第五十八条の三までにおいて「相手方」という。）は、第五十五条第二項の書面を受領した日から起算して二十日を経過したとき（相手方が、業務提供誘引販売業を行う者が第五十二条第一項の規定に違反してこの項の規定による業務提供誘引販売契約の解除に関する事項につき不実のことを告げる行為をしたことにより当該告げられた内容が事実であるとの誤認をし、又は業務提供誘引販売業を行う者が同条第二項の規定に違反して威迫したことにより困惑し、これらによつて当該期間を経過するまでにこの項の規定による業務提供誘引販売契約の解除を行わなかつた場合には、相手方が、当該業務提供誘引販売業を行う者が主務省令で定

（業務提供誘引販売契約の解除の妨害後の書面の交付）

第四十六条の三　法第五十八条第一項の書面には、次に掲げる事項を記載しなければならない。

一　業務提供誘引販売契約の内容

二　法第五十八条第一項の規定に基づき、当該書面を受領した日から起算して二十日を経過するまでは、書面により業務提供誘引販売契約の解除を行うことができること。

三　法第五十八条第一項後段、第二項及び第三項の規定に関する事項

四　業務提供誘引販売契約の解除があつた場合において、当該業務提供誘引販売契約に係る商品の代金若しくは役務の対価の支払又は取引料の提供が行われているときは、業務提供誘引販売業を行う者は、業務提供誘引販売取引の相手方に対し、速やかに、その全額を返還すること。

めるところによりこの項の規定による当該業務提供誘引販売契約の解除を行うことができる旨を記載して交付した書面を受領した日から起算して二十日を経過したとき）を除き、書面によりその業務提供誘引販売契約の解除を行うことができる。この場合において、その業務提供誘引販売業を行う者は、その業務提供誘引販売契約の解除に伴う損害賠償又は違約金の支払を請求することができない。

2　前項の業務提供誘引販売契約の解除は、その業務提供誘引販売契約の解除を行う旨の書面を発した時に、その効力を生ずる。

3　第一項の業務提供誘引販売契約の解除があつた場合において、その業務提供誘引販売契約に係る商品の引渡しが既にされているときは、その引取りに要する費用は、その業務提供誘引販売業を行う者の負担とする。

4　前三項の規定に反する特約でその相手方に不利なものは、無効とする。

（業務提供誘引販売契約の申込み又はその承諾の意思表示の取消し）

第五十八条の二　相手方は、業務提供誘引販売業を行う者がその業務提供誘引販売業に係る業務提供誘引販売契約の締結について勧誘をするに際し次の各号に掲げる行為をしたことにより、当該各号に定める誤認をし、それによつて当該業務提供誘引販売契約の申込み又はその承諾の意思表示をしたときは、これを取り消すことができる。

五　業務提供誘引販売業を行う者の氏名又は名称、住所及び電話番号並びに法人にあつては代表者の氏名

六　当該業務提供誘引販売契約の締結を担当した者の氏名

七　契約年月日

2　書面には日本産業規格Z八三〇五に規定する八ポイント以上の大きさの文字及び数字を用いなければならない。

3　書面に記載するに際し、第一項第二号から第四号までに掲げる内容については赤枠の中に赤字で記載しなければならない。

4　前三項の規定により交付する書面は、様式第四によること。

5　業務提供誘引販売業を行う者は、法第五十八条第一項の書面を業務提供誘引販売取引の相手方に交付した際には、直ちに業務提供誘引販売取引の相手方が当該書面を見ていることを確認した上で、第一項第二号から第四号までに掲げる内容について業務提供誘引販売取引の相手方に告げなければならない。

一　第五十二条第一項の規定に違反して不実のことを告げる行為　当該告げられた内容が事実であるとの誤認

二　第五十二条第一項の規定に違反して故意に事実を告げない行為　当該事実が存在しないとの誤認

２　第九条の三第二項から第五項までの規定は、前項の規定による業務提供誘引販売契約の申込み又はその承諾の意思表示の取消しについて準用する。

（業務提供誘引販売契約の解除等に伴う損害賠償等の額の制限）

第五十八条の三　業務提供誘引販売業を行う者は、その業務提供誘引販売業に係る業務提供誘引販売契約の締結をした場合において、その業務提供誘引販売契約が解除されたときは、損害賠償額の予定又は違約金の定めがあるときにおいても、次の各号に掲げる場合に応じ当該各号に定める額にこれに対する法定利率による遅延損害金の額を加算した金額を超える額の金銭の支払をその相手方に対して請求することができない。

一　当該商品（施設を利用し及び役務の提供を受ける権利を除く。以下この項において同じ。）又は当該権利が返還された場合　当該商品の通常の使用料の額又は当該権利の行使により通常得られる利益に相当する額（当該商品又は当該権利の販売価格に相当する額から当該商品又は当該権利の返還された時における価額を控除した額が通常の使用料の額又は当該権利の行使により通常得られる利益に相当する額を超えるときは、その額）

二　当該商品又は当該権利が返還されない場合　当該商品又は当該権利の販売価格に相当する額

三　当該業務提供誘引販売契約の解除が当該役務の提供の開始後である場合　提供された当該役務の対価に相当する額

四　当該業務提供誘引販売契約の解除が当該商品の引渡し若しくは当該権利の移転又は当該役務の提供の開始前である場合　契約の締結及び履行のために通常要する費用の額

２　業務提供誘引販売業を行う者は、その業務提供誘引販売業に係る業務提供誘引販売契約の締結をした場合において、その業務提供誘引販売契約に係る商品の代金又は役務の対価の全部又は一部の支払の義務が履行されない場合（業務提供誘引販売契約が解除された場合を除く。）には、損害賠償額の予定又は違約金の定めがあるときにおいても、当該商品の販売価格又は当該役務の対価に相当する額から既に支払われた当該商品の代金又は当該役務の対価の額を控除した額にこれに対する法定利率による遅延損害金の額を加算した金額を超える額の金銭の支払を相手方に対して請求することができない。

３　前二項の規定は、業務提供誘引販売取引に係る商品又は役務を割賦販売により販売し又は提供するものについては、適用しない。

第五章の二　訪問購入

（定義）

第五十八条の四　この章及び第五十八条の二十四第一項において「訪問購入」とは、物品の購入を業として営む者（以下「購入業者」という。）が営業所等以外の場所において、売買契約の申込みを受け、又は売買契約を締結して行う物品（当該売買契約の相手方の利益を損なうおそれがないと認められる物品又はこの章の規定の適用を受けることとされた場合に流通が著しく害されるおそれがあると認められる物品であつて、政令で定めるものを除く。以下この章、同項及び第六十七条第一項において同じ。）の購入をいう。

（法第五十八条の四の政令で定める物品）

第十六条の二　法第五十八条の四の政令で定める物品は、次に掲げる物品とする。

一　自動車（二輪のものを除く。）

二　家庭用電気機械器具（携行が容易なものを除く。）

三　家具

四　書籍

五　有価証券

六　レコードプレーヤー用レコード及び磁気的方法又は光学的方法により音、影像又はプログラムを記録した物

第五章　訪問購入

（営業所等）

第一条　特定商取引に関する法律（以下「法」という。）第二条第一項第一号の主務省令で定める場所は、第一号から第四号まで及び第六号に掲げるものとし、法第五十八条の四において定める場所は第一号から第三号まで、第五号及び第六号に掲げるものとする。

一　営業所

二　代理店

三　露店、屋台店その他これらに類する店

四　前三号に掲げるもののほか、一定の期間にわたり、商品を陳列し、当該商品を販売する場所であつて、店舗に類するもの

五　第一号から第三号までに掲げるもののほか、一定の期間にわたり、購入する物品の種類を掲示し、当該種類の物品を購入する場所であつて、店舗に類するもの

六　自動販売機その他の設備であつて、当該設備により売買契約又は役務提供契約の締結が行われるものが設置されている場所

（訪問購入における氏名等の明示）

第五十八条の五　購入業者は、訪問購入をしようとするときは、その勧誘に先立つて、その相手方に対し、購入業者の氏名又は名称、売買契約の締結について勧誘をする目的である旨及び当該勧誘に係る物品の種類を明らかにしなければならない。

（勧誘の要請をしていない者に対する勧誘の禁止等）

第五十八条の六　購入業者は、訪問購入に係る売買契約の締結についての勧誘の要請をしていない者に対し、営業所等以外の場所において、当該売買契約の締結について勧誘をし、又は勧誘を受ける意思の有無を確認してはならない。

2　購入業者は、訪問購入をしようとするときは、その勧誘に先立つて、その相手方に対し、勧誘を受ける意思があることを確認することをしないで勧誘をしてはならない。

3　購入業者は、訪問購入に係る売買契約を締結しない旨の意思を表示した者に対し、当該売買契約の締結について勧誘をしてはならない。

（訪問購入における書面の交付）

第五十八条の七　購入業者は、営業所等以外の場所において物品につき売買契約の申込みを受けたときは、直ちに、主務省令で定めるところにより、次の事項についてその申込みの内容を記載した書面をその申込みをした者に交付しなければならない。ただし、その申込みを受けた際その売買契約を締結した場合においては、この限りでない。

一　物品の種類

二　物品の購入価格

三　物品の代金の支払の時期及び方法

四　物品の引渡時期及び引渡しの方法

五　第五十八条の十四第一項の規定による売買契約の申込みの撤回又は売買契約の解除に関する事項（同条第二項から第五項までの規定に関する事項を含む。）

六　第五十八条の十五の規定による物品の引渡しの拒絶に

【関連・平成25年パブリックコメントNo．1－1】

〔法第五十八条の七柱書に対応する主務省令は、施行規則第四十九条〕

〔法第五十八条の七第五号に対応する主務省令は、施行規則第五十条〕

関する事項

七　前各号に掲げるもののほか、主務省令で定める事項

第五十八条の八　購入業者は、次の各号のいずれかに該当するときは、次項に規定する場合を除き、遅滞なく（前条ただし書に規定する場合に該当するときは、直ちに）、主務省令で定めるところにより、同条各号の事項（同条第五号の事項については、売買契約の解除に関する事項に限る。）についてその売買契約の内容を明らかにする書面をその売買契約の相手方に交付しなければならない。

一　営業所等以外の場所において、物品につき売買契約を締結したとき（営業所等において申込みを受け、営業所等以外の場所において売買契約を締結したときを除く。）。

二　営業所等以外の場所において物品につき売買契約の申込みを受け、営業所等においてその売買契約を締結したとき。

2　購入業者は、前項各号のいずれかに該当する場合において、その売買契約を締結した際に、代金を支払い、かつ、物品の引渡しを受けたときは、直ちに、主務省令で定めるところにより、前条第一号及び第二号の事項並びに同条第

（訪問購入における書面の交付等）

第四十七条　法第五十八条の七第七号の主務省令で定める事項は、次のとおりとする。

一　購入業者の氏名又は名称、住所及び電話番号並びに法人にあつては代表者の氏名

二　売買契約の申込み又は締結を担当した者の氏名

三　売買契約の申込み又は締結の年月日

四　物品名

五　物品の特徴

六　物品又はその附属品に商標、製造者名若しくは販売者名の記載があるとき又は型式があるときは、当該商標、製造者名若しくは販売者名又は型式

七　契約の解除に関する定めがあるときは、その内容

八　前号に掲げるもののほか特約があるときは、その内容

【関連：平成25年パブリックコメントNo. 2-1、2、3、4】

〔法第五十八条の八第一項柱書に対応する主務省令は、施行規則第四十九条〕

第四十八条　法第五十八条の八第二項の主務省令で定める事項は、次のとおりとする。

一　購入業者の氏名又は名称、住所及び電話番号並びに法人にあつては代表者の氏名

五号の事項のうち売買契約の解除に関する事項その他主務省令で定める事項を記載した書面をその売買契約の相手方に交付しなければならない。

二　売買契約の締結を担当した者の氏名
三　売買契約の締結の年月日
四　物品名
五　物品の特徴
六　物品又はその附属品に商標、製造者名若しくは販売者名の記載があるとき又は型式があるときは、当該商標、製造者名若しくは販売者名又は型式
七　契約の解除に関する定めがあるときは、その内容
八　前号に掲げるもののほか特約があるときは、その内容
九　売買契約を締結した際に、代金の全部を支払い、かつ、全ての物品の引渡しを受けたとき以外のときは、法第五十八条の七第三号及び同条第四号の事項

【関連：平成25年パブリックコメントNo．２−１、２、３、４】

第四十九条　法第五十八条の七又は法第五十八条の八の規定により交付する書面（以下この条において「書面」という。）は、次の表の上欄に掲げる事項について、それぞれ同表の下欄の基準に合致したものでなければならない。

事項	基準
一　法第五十八条の十五の規定による物品の引渡しの拒絶に関する事項	訪問購入に係る物品の購入価格に関し、法第五十八条の十五の規定による物品の引渡しの拒絶をする者に不利な内容が定められていないこと。
二　契約の解除に関する事項	イ　売買契約の相手方からの契約の解除ができない旨が定められていないこと。 ロ　購入業者の責めに帰すべき事由により契約が解除された場合における購入業者の義務に関し、民法に規定するものより売買契約の相手方に不利な内容が定められていないこと。

三　その他の特約に関する事項	法令に違反する特約が定められていないこと。

2　書面には書面の内容を十分に読むべき旨を赤枠の中に赤字で記載しなければならない。

3　書面には日本産業規格Z八三〇五に規定する八ポイント以上の大きさの文字及び数字を用いなければならない。

【関連：平成25年パブリックコメントNo.2-6】

第五十条　法第五十八条の七又は法第五十八条の八の規定により交付する書面に記載する法第五十八条の七第五号に掲げる事項については、次の表の上欄に掲げる区分に応じ、それぞれ同表の下欄に掲げる内容を記載しなければならない。

一　物品の売買契約の申込みの撤回又はその売買契約の解除に関する事項	イ　法第五十八条の八の書面を受領した日（その日前に法第五十八条の七の書面を受領した場合にあつては、その書面を受領した日）から起算して八日を経過するまでは、申込者等（法第五十八条の十四第一項の申込者等をいう。以下この条及び第五十五条において同じ。）は、書面により物品の売買契約の申込みの撤回又はその売買契約の解除を行うことができること。 ロ　イに記載した事項にかかわらず、申込者等が、購入業者が法第五十八条の十第一項の規定に違反して物品の売買契約の申込みの撤回又はその売買契約の解除に関する事項につき不実のことを告げる行為をしたことにより誤認をし、又は購入業者が同条第三項の規定

に違反して威迫したことにより困惑し、これらによつて当該契約の申込みの撤回又は契約の解除を行わなかつた場合には、当該購入業者が交付した法第五十八条の十四第一項ただし書の書面を当該申込者等が受領した日から起算して八日を経過するまでは、当該申込者等は、書面により当該契約の申込みの撤回又は契約の解除を行うことができること。

ハ　イ又はロの契約の申込みの撤回又は契約の解除は、申込者等が、当該契約の申込みの撤回又は契約の解除に係る書面を発した時に、その効力を生ずること。

ニ　イ又はロの契約の申込みの撤回又は契約の解除があつた場合においては、購入業者は、申込者等に対し、その契約の申込みの撤回又は契約の解除に伴う損害賠償又は違約金の支払を請求することができないこと。

ホ　イ又はロの契約の申込みの撤回又は契約の解除があつた場合において、その売買契約に係る代金の支払が既にされているときは、その代金の返還に要する費用及びその利息は購入業者の負担とすること。

ヘ　イ又はロの契約の申込みの撤回又は契約の解除があつた場合において、物品の引渡しが既にされているときは、購入業者は、申込者

（物品の引渡しの拒絶に関する告知）

第五十八条の九　購入業者は、訪問購入に係る売買契約の相手方から直接物品の引渡しを受ける時は、その売買契約の相手方に対し、第五十八条の十四第一項ただし書に規定する場合を除き、当該物品の引渡しを拒むことができる旨を告げなければならない。

（禁止行為）

第五十八条の十　購入業者は、訪問購入に係る売買契約の締結について勧誘をするに際し、又は訪問購入に係る売買契約の申込みの撤回若しくは解除を妨げるため、次の事項につき、不実のことを告げる行為をしてはならない。

一　物品の種類及びその性能又は品質その他これらに類するものとして主務省令で定める事項

二　物品の購入価格

三　物品の代金の支払の時期及び方法

四　物品の引渡時期及び引渡しの方法

五　当該売買契約の申込みの撤回又は当該売買契約の解除に関する事項（第五十八条の十四第一項から第五項までの規定に関する事項を含む。）

六　第五十八条の十五の規定による物品の引渡しの拒絶に関する事項

七　顧客が当該売買契約の締結を必要とする事情に関する事項

八　前各号に掲げるもののほか、当該売買契約に関する事項であつて、顧客又は売買契約の相手方の判断に影響を及ぼすこととなる重要なもの

2　購入業者は、訪問購入に係る売買契約の締結について勧誘をするに際し、前項第一号から第六号までに掲げる事項

等に対し、速やかに当該物品を返還すること。

2　前項及び法第五十八条の七第六号に掲げる事項は赤枠の中に赤字で記載しなければならない。

【関連：平成25年パブリックコメントNo．2－5】

（訪問購入における重要事項）

第五十一条　法第五十八条の十第一項第一号の主務省令で定める事項は、次の各号に掲げるものとする。

一　物品の効能

二　物品の商標、製造者名及び販売者名

三　物品の購入数量

につき、故意に事実を告げない行為をしてはならない。

3　購入業者は、訪問購入に係る売買契約を締結させ、又は訪問購入に係る売買契約の申込みの撤回若しくは解除を妨げるため、人を威迫して困惑させてはならない。

4　購入業者は、訪問購入に係る物品の引渡しを受けるため、物品の引渡時期その他物品の引渡しに関する事項であつて、売買契約の相手方の判断に影響を及ぼすこととなる重要なものにつき、故意に事実を告げず、又は不実のことを告げる行為をしてはならない。

5　購入業者は、訪問購入に係る物品の引渡しを受けるため、人を威迫して困惑させてはならない。

（第三者への物品の引渡しについての相手方に対する通知）

第五十八条の十一　購入業者は、第五十八条の八第一項各号のいずれかに該当する売買契約の相手方から物品の引渡しを受けた後に、第三者に当該物品を引き渡したときは、第五十八条の十四第一項ただし書に規定する場合を除き、その旨及びその引渡しに関する事項として主務省令で定める事項を、遅滞なく、その売買契約の相手方に通知しなければならない。

（物品の引渡しを受ける第三者に対する通知）

第五十八条の十一の二　購入業者は、第五十八条の八第一項各号のいずれかに該当する売買契約の相手方から物品の引渡しを受けた後に、第五十八条の十四第一項ただし書に規定する場合以外の場合において第三者に当該物品を引き渡

（第三者への物品の引渡しについての相手方に対する通知事項）

第五十二条　法第五十八条の十一の主務省令で定める事項は、次の各号に掲げるものとする。

一　第三者の氏名又は名称、住所及び電話番号並びに法人にあつては代表者の氏名

二　物品を第三者に引き渡した年月日

三　物品の種類

四　物品名

五　物品の特徴

六　物品又はその附属品に商標、製造者名若しくは販売者名の記載があるとき又は型式があるときは、当該商標、製造者名若しくは販売者名又は型式

七　その他売買契約の相手方が第三者への物品の引渡しの状況を知るために参考となるべき事項

【関連：平成25年パブリックコメントNo.３－１、２、３、４】

（第三者への物品の引渡しについての通知方法）

第五十三条　法第五十八条の十一の二の規定による通知は、書面により行わなければならない。

2　前項の書面には、次項に規定する場合を除き、次に掲げ

すときは、主務省令で定めるところにより、同項の規定により当該物品の売買契約が解除された旨又は解除されることがある旨を、その第三者に通知しなければならない。

る事項を記載しなければならない。

一　第三者に引き渡した物品は、法第五十八条の八第一項各号のいずれかに該当する売買契約の相手方から引渡しを受けた物品であること。

二　第四号の年月日から起算して八日を経過するまでは、当該契約の相手方は当該売買契約の解除を行うことができること。

三　当該契約の相手方が、次号の年月日に法第五十八条の七又は法第五十八条の八の書面を受領していなかつた場合及び購入業者が法第五十八条の十第一項の規定に違反して当該契約の解除に関する事項につき不実のことを告げる行為をしたことにより当該告げられた内容が事実であるとの誤認をし、又は購入業者が同条第三項の規定に違反して威迫したことにより困惑し、これらによつて前号の期間を経過するまでに当該契約の解除を行わなかつた場合には、当該期間を経過した後も、当該契約の相手方は当該契約の解除を行うことができること。

四　購入業者が当該物品の売買契約の相手方に対し、当該契約に係る法第五十八条の八の書面を交付した年月日（その年月日前に法第五十八条の七の書面を交付した場合にあつては、その書面を交付した年月日）

五　購入業者の氏名又は名称、住所及び電話番号並びに法人にあつては代表者の氏名

六　物品を第三者に引き渡す年月日

七　物品の種類

八　物品名

九　物品の特徴

十　物品又はその附属品に商標、製造者名若しくは販売者名の記載があるとき又は型式があるときは、当該商標、製造者名若しくは販売者名又は型式

3　法第五十八条の八第一項各号のいずれかに該当する売買契約の相手方が法第五十八条の十四第一項の規定により当該契約を既に解除している場合、第一項の書面には、当該解除の事実及び次に掲げる事項を記載しなければならない。

（指示等）

第五十八条の十二　主務大臣は、購入業者が第五十八条の五から前条までの規定に違反し、又は次に掲げる行為をした場合において、訪問購入に係る取引の公正及び売買契約の相手方の利益が害されるおそれがあると認めるときは、その購入業者に対し、当該違反又は当該行為の是正のための措置、売買契約の相手方の利益の保護を図るための措置その他の必要な措置をとるべきことを指示することができる。

一　訪問購入に係る売買契約に基づく債務又は訪問購入に係る売買契約の解除によつて生ずる債務の全部又は一部

一　第三者に引き渡した物品は、法第五十八条の八第一項各号のいずれかに該当する売買契約の相手方から引渡しを受けた物品であること。

二　当該場合において、物品の引渡しを受けた第三者は、当該契約の相手方からの求めに従い、当該物品を返還すること。

三　購入業者の氏名又は名称、住所及び電話番号並びに法人にあつては代表者の氏名

四　物品を第三者に引き渡す年月日

五　物品の種類

六　物品名

七　物品の特徴

八　物品又はその附属品に商標、製造者名若しくは販売者名の記載があるとき又は型式があるときは、当該商標、製造者名若しくは販売者名又は型式

4　書面には日本産業規格Z八三〇五に規定する八ポイント以上の大きさの文字及び数字を用いなければならない。

5　書面に記載するに際し、第二項第一号から第四号（第三項に規定する場合は、当該解除の事実並びに同項第一号及び第二号）までに掲げる内容については赤枠の中に赤字で記載しなければならない。

6　第二項、第四項及び前項の規定により交付する書面は、様式第五によること。ただし、前三項の規定により交付する書面は、様式第五の二によること。

の履行を拒否し、又は不当に遅延させること。

二　訪問購入に係る売買契約の締結について勧誘をするに際し、当該売買契約に関する事項であつて、顧客の判断に影響を及ぼすこととなる重要なもの（第五十八条の十第一項第一号から第六号までに掲げるものを除く。）につき、故意に事実を告げないこと。

三　訪問購入に係る売買契約の申込みの撤回又は解除を妨げるため、当該売買契約に関する事項であつて、顧客又は売買契約の相手方の判断に影響を及ぼすこととなる重要なものにつき、故意に事実を告げないこと。

四　前三号に掲げるもののほか、訪問購入に関する行為であつて、訪問購入に係る取引の公正及び売買契約の相手方の利益を害するおそれがあるものとして主務省令で定めるもの

2　主務大臣は、前項の規定による指示をしたときは、その旨を公表しなければならない。

（訪問購入における禁止行為）

第五十四条　法第五十八条の十二第一項第四号の主務省令で定める行為は、次の各号に掲げるものとする。

一　訪問購入に係る売買契約の締結について迷惑を覚えさせるような仕方で勧誘をし、迷惑を覚えさせるような仕方で訪問購入に係る物品の引渡しを受け、又は訪問購入に係る売買契約の申込みの撤回、解除若しくは法第五十八条の十五の規定による物品の引渡しの拒絶について迷惑を覚えさせるような仕方でこれを妨げること。

二　若年者、高齢者その他の者の判断力の不足に乗じ、訪問購入に係る売買契約を締結させ、又は訪問購入に係る物品の引渡しをさせること。

三　顧客の知識及び経験に照らして不適当と認められる勧誘を行うこと。

四　訪問購入に係る売買契約を締結するに際し、当該契約に係る書面に年齢、職業その他の事項について虚偽の記載をさせること。

五　訪問購入に係る売買契約の締結について勧誘をするため、道路その他の公共の場所において、顧客の進路に立ちふさがり、又は顧客につきまとうこと。

【関連：平成25年パブリックコメントNo．5－1】

（業務の停止等）

第五十八条の十三　主務大臣は、購入業者が第五十八条の五から第五十八条の十一の二までの規定に違反し若しくは前条第一項各号に掲げる行為をした場合において訪問購入に係る取引の公正及び売買契約の相手方の利益が著しく害されるおそれがあると認めるとき、又は購入業者が同項の規定による指示に従わないときは、その購入業者に対し、二年以内の期間を限り、訪問購入に関する業務の全部又は一部を停止すべきことを命ずることができる。この場合において、主務大臣は、その購入業者が個人である場合にあつては、その者に対して、当該停止を命ずる期間と同一の期間を定めて、当該停止を命ずる範囲の業務を営む法人の当該業務を担当する役員となることの禁止を併せて命ずることができる。

２　主務大臣は、前項の規定による命令をしたときは、その旨を公表しなければならない。

（業務の禁止等）

第五十八条の十三の二　主務大臣は、購入業者に対して前条第一項の規定により業務の停止を命ずる場合において、次の各号に掲げる場合の区分に応じ、当該各号に定める者が当該命令の理由となつた事実及び当該事実に関してその者が有していた責任の程度を考慮して当該命令の実効性を確保するためにその者による訪問購入に関する業務を制限することが相当と認められる者として主務省令で定める者に該当するときは、その者に対して、当該停止を命ずる期間と同一の期間を定めて、当該停止を命ずる範囲の業務を新たに開始すること（当該業務を営む法人の当該業務を担当する役員となることを含む。）の禁止を命ずることができる。

一　当該購入業者が法人である場合　その役員及び当該命令の日前六十日以内においてその役員であつた者並びにその使用人及び当該命令の日前六十日以内においてその使用人であつた者

二　当該購入業者が個人である場合　その使用人及び当該

（法第五十八条の十三の二第一項の主務省令で定める者）

第五十四条の二　法第五十八条の十三の二第一項の主務省令で定める者は、法第五十八条の十三第一項の規定により停止を命ぜられた業務の遂行に主導的な役割を果たしている者とする。

命令の日前六十日以内においてその使用人であつた者

2　主務大臣は、前項の規定による命令をしたときは、その旨を公表しなければならない。

（訪問購入における契約の申込みの撤回等）

第五十八条の十四　購入業者が営業所等以外の場所において物品につき売買契約の申込みを受けた場合におけるその申込みをした者又は購入業者が営業所等以外の場所において物品につき売買契約を締結した場合（営業所等において申込みを受け、営業所等以外の場所において売買契約を締結した場合を除く。）におけるその売買契約の相手方（以下この条及び次条において「申込者等」という。）は、書面によりその売買契約の申込みの撤回又はその売買契約の解除（以下この条において「申込みの撤回等」という。）を行うことができる。ただし、申込者等が第五十八条の八の書面を受領した日（その日前に第五十八条の七の書面を受領した場合にあつては、その書面を受領した日）から起算して八日を経過した場合（申込者等が、購入業者が第五十八条の十第一項の規定に違反して申込みの撤回等に関する事項につき不実のことを告げる行為をしたことにより当該告げられた内容が事実であるとの誤認をし、又は購入業者が同条第三項の規定に違反して威迫したことにより困惑し、これらによつて当該期間を経過するまでに申込みの撤回等を行わなかつた場合には、当該申込者等が、当該購入業者が主務省令で定めるところにより当該売買契約の申込みの撤回等を行うことができる旨を記載して交付した書面を受領した日から起算して八日を経過した場合）においては、この限りでない。

（契約の申込みの撤回等の妨害後の書面の交付）

第五十五条　法第五十八条の十四第一項ただし書の書面には、次に掲げる事項を記載しなければならない。

一　物品の購入価格

二　法第五十八条の十四第一項ただし書の規定に基づき、当該書面を受領した日から起算して八日を経過するまでは、書面により売買契約の申込みの撤回又は売買契約の解除を行うことができること。

三　法第五十八条の十四第二項から第五項までの規定に関する事項

四　売買契約の申込みの撤回又は売買契約の解除があつた場合において、物品の引渡しが既にされているときは、購入業者は、申込者等に対し、速やかに当該物品を返還すること。

五　購入業者の氏名又は名称、住所及び電話番号並びに法人にあつては代表者の氏名

六　売買契約の申込み又は締結を担当した者の氏名

七　売買契約の申込み又は締結の年月日

八　物品名

九　物品の特徴

十　物品又はその附属品に商標、製造者名若しくは販売者名の記載があるとき又は型式があるときは、当該商標、製造者名若しくは販売者名又は型式

2　書面には日本産業規格Z八三〇五に規定する八ポイント以上の大きさの文字及び数字を用いなければならない。

3　書面に記載するに際し、第一項第二号から第四号までに掲げる内容については赤枠の中に赤字で記載しなければならない。

4　前三項の規定により交付する書面は、様式第六によること。

2　申込みの撤回等は、当該申込みの撤回等に係る書面を発した時に、その効力を生ずる。

3　申込者等である売買契約の相手方は、第一項の規定による売買契約の解除をもつて、第三者に対抗することができる。ただし、第三者が善意であり、かつ、過失がないときは、この限りでない。

4　申込みの撤回等があつた場合においては、購入業者は、その申込みの撤回等に伴う損害賠償又は違約金の支払を請求することができない。

5　申込みの撤回等があつた場合において、その売買契約に係る代金の支払が既にされているときは、その代金の返還に要する費用及びその利息は、購入業者の負担とする。

6　前各項の規定に反する特約で申込者等に不利なものは、無効とする。

（物品の引渡しの拒絶）

第五十八条の十五　申込者等である売買契約の相手方は、前条第一項ただし書に規定する場合を除き、引渡しの期日の定めがあるときにおいても、購入業者及びその承継人に対し、訪問購入に係る物品の引渡しを拒むことができる。

（訪問購入における契約の解除等に伴う損害賠償等の額の制限）

第五十八条の十六　購入業者は、第五十八条の八第一項各号のいずれかに該当する売買契約の締結をした場合において、その売買契約が解除されたときは、損害賠償額の予定又は違約金の定めがあるときにおいても、次の各号に掲げる場合に応じ当該各号に定める額にこれに対する法定利率による遅延損害金の額を加算した金額を超える額の金銭の支払をその売買契約の相手方に対して請求することができ

5　購入業者は、法第五十八条の十四第一項ただし書の書面を申込者等に交付した際には、直ちに申込者等が当該書面を見ていることを確認した上で、第一項第二号から第四号までに掲げる内容について申込者等に告げなければならない。

ない。

一　当該売買契約の解除が当該売買契約についての代金の支払後である場合　当該代金に相当する額及びその利息

二　当該売買契約の解除が当該売買契約についての代金の支払前である場合　契約の締結及び履行のために通常要する費用の額

2　購入業者は、第五十八条の八第一項各号のいずれかに該当する売買契約の締結をした場合において、その売買契約についての物品の引渡しの義務が履行されない場合（売買契約が解除された場合を除く。）には、損害賠償額の予定又は違約金の定めがあるときにおいても、次の各号に掲げる場合に応じ当該各号に定める額にこれに対する法定利率による遅延損害金の額を加算した金額を超える額の金銭の支払をその売買契約の相手方に対して請求することができない。

一　履行期限後に当該物品が引き渡された場合　当該物品の通常の使用料の額（当該物品の購入価格に相当する額から当該物品の引渡しの時における価額を控除した額が通常の使用料の額を超えるときは、その額）

二　当該物品が引き渡されない場合　当該物品の購入価格に相当する額

（適用除外）

第五十八条の十七　この章の規定は、次の訪問購入については、適用しない。

一　売買契約で、第五十八条の四に規定する売買契約の申込みをした者が営業のために若しくは営業として締結するもの又はその売買契約の相手方が営業のために若しくは営業として締結するものに係る訪問購入

二　本邦外に在る者に対する訪問購入

三　国又は地方公共団体が行う訪問購入

四　次の団体がその直接又は間接の構成員に対して行う訪問購入（その団体が構成員以外の者にその事業又は施設を利用させることができる場合には、これらの者に対して行う訪問購入を含む。）

イ　特別の法律に基づいて設立された組合並びにその連合会及び中央会
ロ　国家公務員法第百八条の二又は地方公務員法第五十二条の団体
ハ　労働組合
五　事業者がその従業者に対して行う訪問購入

2　第五十八条の六第一項及び第五十八条の七から前条までの規定は、次の訪問購入については、適用しない。
一　その住居において売買契約の申込みをし又は売買契約を締結することを請求した者に対して行う訪問購入
二　購入業者がその営業所等以外の場所において物品につき売買契約の申込みを受け又は売買契約を締結することが通例であり、かつ、通常売買契約の相手方の利益を損なうおそれがないと認められる取引の態様で政令で定めるものに該当する訪問購入

（適用除外される訪問購入の取引の態様）

第十六条の三　法第五十八条の十七第二項第二号の政令で定める取引の態様は、次のいずれかに該当する取引の態様とする。
一　現に店舗において購入を行つている購入業者（次号及び第三号において「店舗購入業者」という。）が定期的に住居を巡回訪問し、物品の売買契約の申込み又は売買契約の締結の勧誘を行わず、単にその申込みを受け、又は請求を受けてこれを締結して行う購入
二　店舗購入業者が顧客（当該訪問の日前一年間に、当該購入の事業に関して、取引（当該取引について法第五十八条の七から第五十八条の九まで、第五十八条の十一若しくは第五十八条の十一の二の規定に違反する行為又は法第五十八条の十二第一項第一号に掲げる行為がなかつたものに限り、法第五十八条の六若しくは第五十八条の十の規定に違反する行為又は法第五十八条の十二第一項第二号若しくは第三号に掲げる行為があつたものを除く。）のあつた者に限る。）に対してその住居を訪問して行う購入
三　店舗購入業者以外の購入業者が継続的取引関係にある顧客（当該訪問の日前一年間に、当該購入の事業に関して、二以上の訪問につき取引（当該取引について法第五十八条の七から第五十八条の九まで、第五十八条の十一

第五章の三　差止請求権

（訪問販売に係る差止請求権）

第五十八条の十八　消費者契約法（平成十二年法律第六十一号）第二条第四項に規定する適格消費者団体（以下この章において単に「適格消費者団体」という。）は、販売業者又は役務提供事業者が、訪問販売に関し、不特定かつ多数の者に対して次に掲げる行為を現に行い又は行うおそれがあるときは、その販売業者又は役務提供事業者に対し、当該行為の停止若しくは予防又は当該行為に供した物の廃棄若しくは除去その他の当該行為の停止若しくは予防に必要な措置をとることを請求することができる。

一　売買契約若しくは役務提供契約の締結について勧誘をするに際し、又は売買契約若しくは役務提供契約の申込みの撤回若しくは解除を妨げるため、次に掲げる事項につき、不実のことを告げる行為

イ　商品の種類及びその性能若しくは品質又は権利若しくは役務の種類及びこれらの内容

ロ　第六条第一項第二号から第五号までに掲げる事項

ハ　第六条第一項第六号又は第七号に掲げる事項

二　売買契約又は役務提供契約の締結について勧誘をするに際し、前号イ又はロに掲げる事項につき、故意に事実を告げない行為

三　売買契約若しくは役務提供契約を締結させ、又は売買

若しくは第五十八条の十一の二の規定に違反する行為又は法第五十八条の十二第一項第一号に掲げる行為がなかつたものに限り、法第五十八条の六若しくは第五十八条の十の規定に違反する行為又は法第五十八条の十二第一項第二号若しくは第三号に掲げる行為があつたものを除く。）のあつた者に限る。）に対してその住居を訪問して行う購入

四　通常売買契約の相手方が物品を処分する意思を有すると認められる場合として主務省令で定める場合において、その売買契約の相手方が購入業者の営業所等以外の場所における取引を誘引することにより行われる購入

（通常売買契約の相手方が物品を処分する意思を有すると認められる場合）

第五十六条　令第十六条の三第四号の主務省令で定める場合は、売買契約の相手方がその住居から退去することとしている場合とする。

契約若しくは役務提供契約の申込みの撤回若しくは解除を妨げるため、威迫して困惑させる行為

2　適格消費者団体は、販売業者又は役務提供事業者が、売買契約又は役務提供契約を締結するに際し、不特定かつ多数の者との間で次に掲げる特約を含む売買契約又は役務提供契約の申込み又はその承諾の意思表示を現に行い又は行うおそれがあるときは、その販売業者又は役務提供事業者に対し、当該行為の停止若しくは予防又は当該行為に供した物の廃棄若しくは除去その他の当該行為の停止若しくは予防に必要な措置をとることを請求することができる。

一　第九条第八項（第九条の二第三項において読み替えて準用する場合を含む。）に規定する特約

二　第十条の規定に反する特約

（通信販売に係る差止請求権）

第五十八条の十九　適格消費者団体は、販売業者又は役務提供事業者が、通信販売をする場合の商品若しくは特定権利の販売条件又は役務の提供条件について広告をするに際し、不特定かつ多数の者に対して当該商品の性能若しくは当該権利若しくは当該役務の内容又は当該商品若しくは当該権利の売買契約の申込みの撤回若しくは解除に関する事項（第十五条の三第一項ただし書に規定する特約がある場合には、その内容を含む。）について、著しく事実に相違する表示をし、又は実際のものよりも著しく優良であり、若しくは有利であると誤認させるような表示をする行為を現に行い又は行うおそれがあるときは、その販売業者又は役務提供事業者に対し、当該行為の停止若しくは予防又は当該行為に供した物の廃棄若しくは除去その他の当該行為の停止若しくは予防に必要な措置をとることを請求することができる。

（電話勧誘販売に係る差止請求権）

第五十八条の二十　適格消費者団体は、販売業者又は役務提供事業者が、電話勧誘販売に関し、不特定かつ多数の者に対して次に掲げる行為を現に行い又は行うおそれがあると

きは、その販売業者又は役務提供事業者に対し、当該行為の停止若しくは予防又は当該行為に供した物の廃棄若しくは除去その他の当該行為の停止若しくは予防に必要な措置をとることを請求することができる。

一　売買契約若しくは役務提供契約の締結について勧誘をするに際し、又は売買契約若しくは役務提供契約の申込みの撤回若しくは解除を妨げるため、次に掲げる事項につき、不実のことを告げる行為

イ　商品の種類及びその性能若しくは品質又は権利若しくは役務の種類及びこれらの内容

ロ　第二十一条第一項第二号から第五号までに掲げる事項

ハ　第二十一条第一項第六号又は第七号に掲げる事項

二　売買契約又は役務提供契約の締結について勧誘をするに際し、前号イ又はロに掲げる事項につき、故意に事実を告げない行為

三　売買契約若しくは役務提供契約を締結させ、又は売買契約若しくは役務提供契約の申込みの撤回若しくは解除を妨げるため、威迫して困惑させる行為

2　適格消費者団体は、販売業者又は役務提供事業者が、売買契約又は役務提供契約を締結するに際し、不特定かつ多数の者との間で次に掲げる特約を含む売買契約又は役務提供契約の申込み又はその承諾の意思表示を現に行い又は行うおそれがあるときは、その販売業者又は役務提供事業者に対し、当該行為の停止若しくは予防又は当該行為に供した物の廃棄若しくは除去その他の当該行為の停止若しくは予防に必要な措置をとることを請求することができる。

一　第二十四条第八項（第二十四条の二第三項において読み替えて準用する場合を含む。）に規定する特約

二　第二十五条の規定に反する特約

（連鎖販売取引に係る差止請求権）

第五十八条の二十一　適格消費者団体は、統括者、勧誘者又は一般連鎖販売業者が、不特定かつ多数の者に対して次に掲げる行為を現に行い又は行うおそれがあるときは、それ

ぞれその統括者、勧誘者又は一般連鎖販売業者に対し、当該行為の停止若しくは予防又は当該行為に供した物の廃棄若しくは除去その他の当該行為の停止若しくは予防に必要な措置をとることを請求することができる。

一　統括者又は勧誘者が、その統括者の統括する一連の連鎖販売業に係る連鎖販売取引についての契約（その連鎖販売業に係る商品の販売若しくはそのあつせん又は役務の提供若しくはそのあつせんを店舗等によらないで行う個人との契約に限る。以下この項及び第三項において同じ。）の締結について勧誘をするに際し、又はその連鎖販売業に係る連鎖販売取引についての契約の解除を妨げるため、次に掲げる事項につき、故意に事実を告げず、又は不実のことを告げる行為

イ　商品（施設を利用し及び役務の提供を受ける権利を除く。第四号において同じ。）の種類及びその性能若しくは品質又は施設を利用し若しくは役務の提供を受ける権利若しくは役務の種類及びこれらの内容

ロ　第三十四条第一項第二号から第五号までに掲げる事項

二　一般連鎖販売業者が、その統括者の統括する一連の連鎖販売業に係る連鎖販売取引についての契約の締結について勧誘をするに際し、又はその連鎖販売業に係る連鎖販売取引についての契約の解除を妨げるため、前号イ又はロに掲げる事項につき、不実のことを告げる行為

三　統括者、勧誘者又は一般連鎖販売業者が、その統括者の統括する一連の連鎖販売業に係る連鎖販売取引についての契約を締結させ、又はその連鎖販売業に係る連鎖販売取引についての契約の解除を妨げるため、威迫して困惑させる行為

四　統括者、勧誘者又は一般連鎖販売業者が、その統括者の統括する一連の連鎖販売業に係る連鎖販売取引について広告をするに際し、その連鎖販売業に係る商品の性能若しくは品質若しくは施設を利用し若しくは役務の提供を受ける権利若しくは役務の内容、当該連鎖販売取引に伴う特定負担又は当該連鎖販売業に係る特定利益につい

て、著しく事実に相違する表示をし、又は実際のものよりも著しく優良であり、若しくは有利であると誤認させるような表示をする行為

五　統括者、勧誘者又は一般連鎖販売業者が、その統括者の統括する一連の連鎖販売業に係る連鎖販売取引につき利益を生ずることが確実であると誤解させるべき断定的判断を提供してその連鎖販売業に係る連鎖販売取引についての契約の締結について勧誘をする行為

2　適格消費者団体は、勧誘者が、不特定かつ多数の者に対して前項第一号又は第三号から第五号までに掲げる行為を現に行い又は行うおそれがあるときは、その統括者に対し、当該行為の停止若しくは予防又は当該行為に供した物の廃棄若しくは除去その他の当該行為の停止若しくは予防に必要な措置をとることを請求することができる。

3　適格消費者団体は、統括者、勧誘者又は一般連鎖販売業者が、その連鎖販売業に係る連鎖販売取引についての契約を締結するに際し、不特定かつ多数の者との間で次に掲げる特約を含む連鎖販売業に係る連鎖販売取引についての契約の申込み又はその承諾の意思表示を現に行い又は行うおそれがあるときは、それぞれその統括者、勧誘者又は一般連鎖販売業者に対し、当該行為の停止若しくは予防又は当該行為に供した物の廃棄若しくは除去その他の当該行為の停止若しくは予防に必要な措置をとることを請求することができる。

一　第四十条第四項に規定する特約

二　第四十条の二第六項に規定する特約

（特定継続的役務提供に係る差止請求権）

第五十八条の二十二　適格消費者団体は、役務提供事業者又は販売業者が、不特定かつ多数の者に対して次に掲げる行為を現に行い又は行うおそれがあるときは、その役務提供事業者又は販売業者に対し、当該行為の停止若しくは予防又は当該行為に供した物の廃棄若しくは除去その他の当該行為の停止若しくは予防に必要な措置をとることを請求することができる。

一　特定継続的役務提供をする場合の特定継続的役務の提供条件又は特定継続的役務の提供を受ける権利の販売条件について広告をするに際し、当該特定継続的役務の内容又は効果について、著しく事実に相違する表示をし、又は実際のものよりも著しく優良であり、若しくは有利であると誤認させるような表示をする行為

二　特定継続的役務提供等契約の締結について勧誘をするに際し、又は特定継続的役務提供等契約の解除を妨げるため、次に掲げる事項につき、不実のことを告げる行為

イ　役務又は役務の提供を受ける権利の種類及びこれらの内容又は効果（権利の場合にあつては、当該権利に係る役務の効果）

ロ　役務の提供又は権利の行使による役務の提供に際し当該役務の提供を受ける者又は当該権利の購入者が購入する必要のある商品がある場合には、その商品の種類及びその性能又は品質

ハ　第四十四条第一項第三号から第六号までに掲げる事項

ニ　第四十四条第一項第七号又は第八号に掲げる事項

三　特定継続的役務提供等契約の締結について勧誘をするに際し、前号イからハまでに掲げる事項につき、故意に事実を告げない行為

四　特定継続的役務提供等契約を締結させ、又は特定継続的役務提供等契約の解除を妨げるため、威迫して困惑させる行為

2　適格消費者団体は、役務提供事業者、販売業者又は関連商品の販売を行う者が、特定継続的役務提供等契約又は関連商品販売契約を締結するに際し、不特定かつ多数の者との間で次に掲げる特約を含む特定継続的役務提供等契約の申込み又はその承諾の意思表示を現に行い又は行うおそれがあるときは、それぞれその役務提供事業者、販売業者又は関連商品の販売を行う者に対し、当該行為の停止若しくは予防又は当該行為に供した物の廃棄若しくは除去その他の当該行為の停止若しくは予防に必要な措置をとることを請求することができる。

一　第四十八条第八項に規定する特約
二　第四十九条第七項（第四十九条の二第三項において準用する場合を含む。）に規定する特約

（業務提供誘引販売取引に係る差止請求権）
第五十八条の二十三　適格消費者団体は、業務提供誘引販売業を行う者が、不特定かつ多数の者に対して次に掲げる行為を現に行い又は行うおそれがあるときは、その業務提供誘引販売業を行う者に対し、当該行為の停止若しくは予防又は当該行為に供した物の廃棄若しくは除去その他の当該行為の停止若しくは予防に必要な措置をとることを請求することができる。
一　業務提供誘引販売業に係る業務提供誘引販売取引についての契約（その業務提供誘引販売業に関して提供され、又はあつせんされる業務を事業所等によらないで行う個人との契約に限る。以下この条において同じ。）の締結について勧誘をするに際し、又はその業務提供誘引販売業に係る業務提供誘引販売取引についての契約の解除を妨げるため、次に掲げる事項につき、故意に事実を告げず、又は不実のことを告げる行為
イ　商品（施設を利用し及び役務の提供を受ける権利を除く。）の種類及びその性能若しくは品質又は施設を利用し若しくは役務の提供を受ける権利若しくは役務の種類及びこれらの内容
ロ　第五十二条第一項第二号から第五号までに掲げる事項
二　業務提供誘引販売業に係る業務提供誘引販売取引についての契約を締結させ、又はその業務提供誘引販売業に係る業務提供誘引販売取引についての契約の解除を妨げるため、威迫して困惑させる行為
三　業務提供誘引販売業に係る業務提供誘引販売取引について広告をするに際し、当該業務提供誘引販売取引に伴う特定負担又は当該業務提供誘引販売業に係る業務提供利益について、著しく事実に相違する表示をし、又は実際のものよりも著しく優良であり、若しくは有利である

と誤認させるような表示をする行為

四　業務提供誘引販売業に係る業務提供誘引販売取引につき利益を生ずることが確実であると誤解させるべき断定的判断を提供してその業務提供誘引販売業に係る業務提供誘引販売取引についての契約の締結について勧誘をする行為

2　適格消費者団体は、業務提供誘引販売業を行う者が、業務提供誘引販売業に係る業務提供誘引販売取引についての契約を締結するに際し、不特定かつ多数の者との間で次に掲げる特約を含む業務提供誘引販売業に係る業務提供誘引販売取引についての契約の申込み又はその承諾の意思表示を現に行い又は行うおそれがあるときは、その業務提供誘引販売業を行う者に対し、当該行為の停止若しくは予防又は当該行為に供した物の廃棄若しくは除去その他の当該行為の停止若しくは予防に必要な措置をとることを請求することができる。

一　第五十八条第四項に規定する特約

二　第五十八条の三第一項又は第二項の規定に反する特約

（訪問購入に係る差止請求権）

第五十八条の二十四　適格消費者団体は、購入業者が、訪問購入に関し、不特定かつ多数の者に対して次に掲げる行為を現に行い又は行うおそれがあるときは、その購入業者に対し、当該行為の停止若しくは予防又は当該行為に供した物の廃棄若しくは除去その他の当該行為の停止若しくは予防に必要な措置をとることを請求することができる。

一　売買契約の締結について勧誘をするに際し、又は売買契約の申込みの撤回若しくは解除を妨げるため、次に掲げる事項につき、不実のことを告げる行為

イ　物品の種類及びその性能又は品質

ロ　第五十八条の十第一項第二号から第六号までに掲げる事項

ハ　第五十八条の十第一項第七号又は第八号に掲げる事項

二　売買契約の締結について勧誘をするに際し、前号イ又

はロに掲げる事項につき、故意に事実を告げない行為

三　売買契約を締結させ、又は売買契約の申込みの撤回若しくは解除を妨げるため、威迫して困惑させる行為

四　物品の引渡しを受けるため、物品の引渡時期その他物品の引渡しに関する事項であつて、売買契約の相手方の判断に影響を及ぼすこととなる重要なものにつき、故意に事実を告げず、又は不実のことを告げる行為

五　物品の引渡しを受けるため、威迫して困惑させる行為

2　適格消費者団体は、購入業者が、売買契約を締結するに際し、不特定かつ多数の者との間で次に掲げる特約を含む売買契約の申込み又はその承諾の意思表示を現に行い又は行うおそれがあるときは、その購入業者に対し、当該行為の停止若しくは予防又は当該行為に供した物の廃棄若しくは除去その他の当該行為の停止若しくは予防に必要な措置をとることを請求することができる。

一　第五十八条の十四第六項に規定する特約

二　第五十八条の十六の規定に反する特約

（適用除外）

第五十八条の二十五　次の各号に掲げる規定は、当該各号に定める規定の適用について準用する。

一　第二十六条第一項　第五十八条の十八から第五十八条の二十まで

二　第二十六条第六項　第五十八条の十八

三　第二十六条第七項　第五十八条の二十

四　第二十六条第八項　第五十八条の十八第二項（第二号に係る部分に限る。）及び第五十八条の二十第二項（第二号に係る部分に限る。）

五　第四十条の二第七項　第五十八条の二十一第三項（第二号に掲げる特約のうち第四十条の二第三項及び第四項の規定に反するものに係る部分に限る。）

六　第五十条第一項　第五十八条の二十二

七　第五十条第二項　第五十八条の二十二第二項（第二号に掲げる特約のうち第四十九条第二項、第四項及び第六項（第四十九条の二第三項において準用する場合を含

む。）の規定に反するものに係る部分に限る。）
八　第五十八条の三第三項　第五十八条の二十三第二項（第二号に係る部分に限る。）
九　第五十八条の十七　前条

第六章　雑則

（売買契約に基づかないで送付された商品）
第五十九条　販売業者は、売買契約の申込みを受けた場合におけるその申込みをした者及び売買契約を締結した場合におけるその購入者（以下この項において「申込者等」という。）以外の者に対して売買契約の申込みをし、かつ、その申込みに係る商品を送付した場合又は申込者等に対してその売買契約に係る商品以外の商品につき売買契約の申込みをし、かつ、その申込みに係る商品を送付した場合において、その商品の送付があつた日から起算して十四日を経過する日（その日が、その商品の送付を受けた者が販売業者に対してその商品の引取りの請求をした場合におけるその請求の日から起算して七日を経過する日後であるときは、その七日を経過する日）までに、その商品の送付を受けた者がその申込みにつき承諾をせず、かつ、販売業者がその商品の引取りをしないときは、その送付した商品の返還を請求することができない。
2　前項の規定は、その商品の送付を受けた者のために商行為となる売買契約の申込みについては、適用しない。

（主務大臣に対する申出）
第六十条　何人も、特定商取引の公正及び購入者等の利益が害されるおそれがあると認めるときは、主務大臣に対し、その旨を申し出て、適当な措置をとるべきことを求めることができる。

第六章　雑則

（主務大臣に対する申出の手続）
第五十七条　法第六十条第一項の規定により主務大臣に対して申出をしようとする者は、次の事項を記載した申出書を提出しなければならない。
一　申出人の氏名又は名称及び住所
二　申出に係る取引の態様
三　申出の趣旨
四　その他参考となる事項
2　前項の規定により提出する申出書は、様式第七によるこ

2　主務大臣は、前項の規定による申出があつたときは、必要な調査を行い、その申出の内容が事実であると認めるときは、この法律に基づく措置その他適当な措置をとらなければならない。

（指定法人）

第六十一条　主務大臣は、主務省令で定めるところにより、一般社団法人又は一般財団法人であつて、次項に規定する業務（以下この項及び第六十六条第四項において「特定商取引適正化業務」という。）を適正かつ確実に行うことができると認められるものを、その申請により、特定商取引適正化業務を行う者（以下「指定法人」という。）として指定することができる。

2　指定法人は、次に掲げる業務を行うものとする。

一　前条第一項の規定による主務大臣に対する申出をしようとする者に対し指導又は助言を行うこと。

二　主務大臣から求められた場合において、前条第二項の申出に係る事実関係につき調査を行うこと。

三　特定商取引に関する情報又は資料を収集し、及び提供すること。

四　特定商取引に関する苦情処理又は相談に係る業務を担当する者を養成すること。

（改善命令）

第六十二条　主務大臣は、指定法人の前条第二項に規定する業務の運営に関し改善が必要であると認めるときは、その指定法人に対し、その改善に必要な措置を講ずべきことを命ずることができる。

（指定の取消し）

第六十三条　主務大臣は、指定法人が前条の規定による命令に違反したときは、その指定を取り消すことができる。

と。

〔法第六十一条に対応する主務省令の規定なし〕

（消費者委員会及び消費経済審議会への諮問）

第六十四条　主務大臣は、第二条第四項第一号、第二十六条第一項第八号ニ、第三項、第四項各号、第五項第一号若しくは第二号、第六項第二号若しくは第七項第二号、第四十一条第一項第一号（期間に係るものに限る。）若しくは第二項、第四十八条第二項、第五十八条の四又は第五十八条の十七第二項第二号の政令の制定又は改廃の立案をしようとするときは、政令で定めるところにより、消費者委員会及び消費経済審議会に諮問しなければならない。

2　主務大臣は、第二条第一項第二号若しくは第三項、第六条第四項、第二十六条第五項第三号若しくは第七項第一号、第三十四条第四項、第四十条の二第二項第四号、第四十一条第一項第一号（金額に係るものに限る。）、第四十九条第二項第一号ロ若しくは第二号、第五十二条第三項又は第六十六条第二項（密接関係者の定めに係るものに限る。）の政令の制定又は改廃の立案をしようとするときは、政令で定めるところにより、消費者委員会及び消費経済審議会に諮問しなければならない。

（経過措置）

第六十五条　この法律の規定に基づき命令を制定し、又は改廃する場合においては、その命令で、その制定又は改廃に伴い合理的に必要と判断される範囲内において、所要の経過措置（罰則に関する経過措置を含む。）を定めることができる。

（消費者委員会及び消費経済審議会への諮問）

第十六条の四　法第六十四条の規定による諮問は、次の各号（同条第二項の規定による諮問にあつては、第三号を除く。）に掲げる主務大臣が、当該各号に定める消費者委員会及び消費経済審議会に対してするものとする。

一　内閣総理大臣　消費者委員会

二　経済産業大臣　消費経済審議会

三　法第六十七条第一項第六号の当該商品、特定権利（法第二条第四項第二号及び第三号に掲げるものに限る。）若しくは物品の流通を所掌する大臣、当該権利に係る施設若しくは役務の提供を行う事業を所管する大臣又は当該役務の提供を行う事業を所管する大臣　消費者委員会及び消費経済審議会

〔法第六十四条第二項に対応する政令は、政令第十六条の四〕

（報告及び立入検査）

第六十六条　主務大臣は、この法律を施行するため必要があると認めるときは、政令で定めるところにより販売業者、役務提供事業者、統括者、勧誘者、一般連鎖販売業者、業務提供誘引販売業を行う者若しくは購入業者（以下「販売業者等」という。）に対し報告若しくは帳簿、書類その他の物件の提出を命じ、又はその職員に販売業者等の店舗その他の事業所に立ち入り、帳簿、書類その他の物件を検査させ、若しくは従業員その他の関係者に質問させることができる。

（販売業者等に対する報告の徴収等）

第十七条　法第六十六条第一項の規定により主務大臣が販売業者、役務提供事業者、統括者、勧誘者、一般連鎖販売業者、業務提供誘引販売業を行う者又は購入業者に対し報告又は帳簿、書類その他の物件の提出を命ずることができる事項は、次の表の上欄に掲げる区分に応じ、それぞれ同表の下欄に掲げる事項とする。

販売業者	一　当該販売業者が訪問販売若しくは電話勧誘販売に係る売買契約又は特定権利販売契約の締結について行う勧誘に関する事項 二　当該販売業者が受ける訪問販売、通信販売若しくは電話勧誘販売に係る売買契約の申込み又は当該販売業者が行うこれらの売買契約若しくは特定権利販売契約若しくは関連商品販売契約の締結に関する事項 三　当該販売業者が締結する訪問販売、通信販売若しくは電話勧誘販売に係る売買契約又は特定権利販売契約若しくは関連商品販売契約の内容及びその履行に関する事項 四　当該販売業者が受けた訪問販売若しくは電話勧誘販売に係る売買契約の申込みの撤回又は当該販売業者が締結した訪問販売若しくは電話勧誘販売に係る売買契約若しくは特定権利販売契約若しくは関連商品販売契約の解除に関する事項 五　当該販売業者が行う通信販売又は特定継続的役務の提供を受ける権利の販売についての広告に関する事項

	六　当該販売業者が特定継続的役務提供に係る前払取引を行う場合に行うその業務及び財産の状況を記載した書類の備付け、閲覧及び謄本又は抄本の交付に関する事項
役務提供事業者	一　当該役務提供事業者が訪問販売若しくは電話勧誘販売に係る役務提供契約又は特定継続的役務提供契約の締結について行う勧誘に関する事項 二　当該役務提供事業者が受ける訪問販売、通信販売若しくは電話勧誘販売に係る役務提供契約の申込み又は当該役務提供事業者が行うこれらの役務提供契約若しくは特定継続的役務提供契約若しくは関連商品販売契約の締結に関する事項 三　当該役務提供事業者が締結する訪問販売、通信販売若しくは電話勧誘販売に係る役務提供契約又は特定継続的役務提供契約若しくは関連商品販売契約の内容及びその履行に関する事項 四　当該役務提供事業者が受けた訪問販売若しくは電話勧誘販売に係る役務提供契約の申込みの撤回又は当該役務提供事業者が締結した訪問販売若しくは電話勧誘販売に係る役務提供契約若しくは特定継続的役務提供契約若しくは関連商品販売契約の解除に関する事項 五　当該役務提供事業者が行う通信販売又は特定継続的役務の提供についての広告に関する事項 六　当該役務提供事業者が特定継続的役務提供に係る前払取引を行う場合に行うその業務及び財産の状況を記載した

	書類の備付け、閲覧及び謄本又は抄本の交付に関する事項
統括者	一　当該統括者がその統括する一連の連鎖販売業に係る連鎖販売取引について行う勧誘に関する事項 二　当該統括者がその統括する一連の連鎖販売業に係る連鎖販売取引について勧誘者に行わせる勧誘に関する事項 三　当該統括者がその連鎖販売業に係る連鎖販売取引について行う契約の締結に関する事項 四　当該統括者がその連鎖販売業に係る連鎖販売取引について締結する契約の内容及びその履行に関する事項 五　当該統括者がその統括する一連の連鎖販売業に係る連鎖販売取引について行う契約の解除に関する事項 六　当該統括者がその統括する一連の連鎖販売業に係る連鎖販売取引について行う広告に関する事項 七　連鎖販売業に係る商品又は役務の種類、特定利益の内容その他の当該統括者が統括する一連の連鎖販売業に関する事項
勧誘者	一　当該勧誘者がその統括者の統括する一連の連鎖販売業に係る連鎖販売取引について行う勧誘に関する事項 二　当該勧誘者がその連鎖販売業に係る連鎖販売取引について行う契約の締結に関する事項 三　当該勧誘者がその連鎖販売業に係る連鎖販売取引について締結する契約の内容及びその履行に関する事項 四　当該勧誘者がその統括者の統括する

	一連の連鎖販売業に係る連鎖販売取引について行う契約の解除に関する事項 五　当該勧誘者がその統括者の統括する一連の連鎖販売業に係る連鎖販売取引について行う広告に関する事項 六　当該勧誘者が勧誘するその統括者の統括する一連の連鎖販売業に係る連鎖販売取引についての統括者との契約関係に関する事項
一般連鎖販売業者	一　当該一般連鎖販売業者がその統括者の統括する一連の連鎖販売業に係る連鎖販売取引について行う勧誘に関する事項 二　当該一般連鎖販売業者がその連鎖販売業に係る連鎖販売取引について行う契約の締結に関する事項 三　当該一般連鎖販売業者がその連鎖販売業に係る連鎖販売取引について締結する契約の内容及びその履行に関する事項 四　当該一般連鎖販売業者がその統括者の統括する一連の連鎖販売業に係る連鎖販売取引について行う契約の解除に関する事項 五　当該一般連鎖販売業者がその統括者の統括する一連の連鎖販売業に係る連鎖販売取引について行う広告に関する事項
業務提供誘引販売業を行う者	一　当該業務提供誘引販売業を行う者がその業務提供誘引販売業に係る業務提供誘引販売取引について行う勧誘に関する事項 二　当該業務提供誘引販売業を行う者がその業務提供誘引販売業に係る業務提

	供誘引販売取引について行う契約の締結に関する事項 三　当該業務提供誘引販売業を行う者がその業務提供誘引販売業に係る業務提供誘引販売取引について締結する契約の内容及びその履行に関する事項 四　当該業務提供誘引販売業を行う者がその業務提供誘引販売業に係る業務提供誘引販売取引について行う契約の解除に関する事項 五　当該業務提供誘引販売業を行う者がその業務提供誘引販売業に係る業務提供誘引販売取引について行う広告に関する事項
購入業者	一　当該購入業者が訪問購入に係る売買契約の締結について行う勧誘に関する事項 二　当該購入業者が受ける訪問購入に係る売買契約の申込み又は当該購入業者が行う当該売買契約の締結に関する事項 三　当該購入業者が締結する訪問購入に係る売買契約の内容及びその履行に関する事項 四　当該購入業者が受けた訪問購入に係る売買契約の申込みの撤回又は当該購入業者が締結した訪問購入に係る売買契約の解除に関する事項 五　当該購入業者が訪問購入に係る売買契約の相手方から引渡しを受けた物品の第三者への引渡しに関する事項

2　法第六十六条第五項において準用する同条第一項の規定により主務大臣が通信販売電子メール広告受託事業者、連鎖販売取引電子メール広告受託事業者又は業務提供誘引販

2　主務大臣は、この法律を施行するため特に必要があると認めるときは、政令で定めるところにより関連商品の販売を行う者その他の販売業者等と密接な関係を有する者として政令で定める者（以下この項において「密接関係者」という。）に対し報告若しくは資料の提出を命じ、又はその職員に密接関係者の店舗その他の事業所に立ち入り、帳簿、書類その他の物件を検査させ、若しくは従業員その他の関係者に質問させることができる。

売取引電子メール広告受託事業者に対し報告又は帳簿、書類その他の物件の提出を命ずることができる事項は、当該通信販売電子メール広告受託事業者、連鎖販売取引電子メール広告受託事業者又は業務提供誘引販売取引電子メール広告受託事業者がそれぞれ販売業者若しくは役務提供事業者、統括者、勧誘者若しくは一般連鎖販売業者又は業務提供誘引販売業を行う者から委託を受けて行う電子メール広告に関する事項とする。

（密接関係者に対する報告の徴収等）

第十七条の二　法第六十六条第二項の政令で定める者は、次の表の上欄に掲げる者とし、同項の規定により主務大臣が密接関係者に対し報告又は資料の提出を命ずることができる事項は、同表の上欄に掲げる者ごとに、それぞれ同表の下欄に掲げる事項とする。

法第四十八条第二項に規定する関連商品の販売を行う者	一　その者が締結する当該関連商品の販売契約の内容及びその履行に関する事項 二　その者が締結した当該関連商品の販売契約の解除に関する事項
業務提供誘引販売取引に係る業務の提供を行う者	その者が締結する当該業務提供誘引販売取引に係る業務を提供する契約の内容及びその履行に関する事項
購入業者が訪問購入に係る売買契約の相手方から引渡しを受けた物品の引渡し（法第五十八条の十四第一項ただし書に規定する場合におけるものを除く。）を受けた第三者	その者が引渡しを受けた当該物品の引渡しに関する事項

販売業者等（法第六十六条第一項に規定する販売業者等をいう。以下この表において同じ。）が行う特定商取引に関する事項であつて、顧客（電話勧誘顧客を含む。）若しくは購入者若しくは役務の提供を受ける者、連鎖販売取引の相手方、業務提供誘引販売取引の相手方又は訪問購入に係る売買契約の相手方の判断に影響を及ぼすこととなる重要なものを告げ、又は表示する者	その者が行う販売業者等が行う特定商取引に関する事項であつて顧客（電話勧誘顧客を含む。）若しくは購入者若しくは役務の提供を受ける者、連鎖販売取引の相手方、業務提供誘引販売取引の相手方又は訪問購入に係る売買契約の相手方の判断に影響を及ぼすこととなる重要なものの告知又は表示に関する事項
販売業者等の子法人等、販売業者等を子法人等とする親法人等、販売業者等を子法人等とする親法人等の子法人等（当該販売業者等、当該販売業者等の子法人等及び当該販売業者等を子法人等とする親法人等を除く。）又は販売業者等の関連法人等	その者による当該販売業者等が行う特定商取引に係る業務に対する指示、協力その他の関与に関する事項

備考

一　「親法人等」とは、他の法人等（会社、組合その他これらに準ずる事業体をいう。以下この表において同じ。）の財務及び営業又は事業の方針を決定する機関（株主総会その他これに準ずる機関をいう。以下この号において「意思決定機関」という。）を支配している法人等として主務省令で定めるものをいい、「子法人等」とは、親法

（親法人等又は関連法人等）

第五十八条　令第十七条の二の表の備考第一号の主務省令で定めるものは、次に掲げる法人等（同号に規定する法人等をいう。以下この条において同じ。）とする。ただし、財務上又は営業上若しくは事業上の関係からみて他の法人等の意思決定機関（同号に規定する意思決定機関をいう。以下この項において同じ。）を支配していないことが明らか

人等によりその意思決定機関を支配されている他の法人等をいう。この場合において、親法人等及び子法人等又は子法人等が他の法人等の意思決定機関を支配している場合における当該他の法人等は、その親法人等の子法人等とみなす。

であると認められるときは、この限りでない。

一　他の法人等（破産手続開始の決定、再生手続開始の決定又は更生手続開始の決定を受けた他の法人等その他これらに準ずる他の法人等であつて、有効な支配従属関係が存在しないと認められるものを除く。以下この項において同じ。）の議決権の過半数を自己の計算において所有している法人等

二　他の法人等の議決権の百分の四十以上、百分の五十以下を自己の計算において所有している法人等であつて、次に掲げるいずれかの要件に該当するもの

イ　当該法人等が自己の計算において所有している議決権と当該法人等と出資、人事、資金、技術、取引等において緊密な関係があることにより当該法人等の意思と同一の内容の議決権を行使すると認められる者及び当該法人等の意思と同一の内容の議決権を行使することに同意している者が所有している議決権とを合わせて、当該他の法人等の議決権の過半数を占めていること。

ロ　当該法人等の役員（取締役、執行役、会計参与（会計参与が法人であるときは、その職務を行うべき社員を含む。）、監査役又はこれらに類する役職にある者をいう。）、業務を執行する社員若しくは使用人である者、又はこれらであつた者であつて当該法人等が当該他の法人等の財務及び営業又は事業の方針の決定に関して影響を与えることができるものが、当該他の法人等の取締役会その他これに準ずる機関の構成員の過半数を占めていること。

ハ　当該法人等と当該他の法人等との間に当該他の法人等の重要な財務及び営業又は事業の方針の決定を支配する契約等が存在すること。

ニ　当該他の法人等の資金調達額（貸借対照表の負債の部に計上されているものに限る。）の総額の過半について当該法人等が融資（債務の保証及び担保の提供を含む。以下同じ。）を行つていること（当該法人等と出資、人事、資金、技術、取引等において緊密な関係

二　「関連法人等」とは、法人等が出資、取締役その他これに準ずる役職への当該法人等の役員若しくは使用人である者若しくはこれらであつた者の就任、融資、債務の保証若しくは担保の提供、技術の提供又は営業上若しくは事業上の取引等を通じて、財務及び営業又は事業の方針の決定に対して重要な影響を与えることができる他の法人等（子法人等を除く。）として主務省令で定めるものをいう。

のある者が行う融資の額を合わせて資金調達額の総額の過半となる場合を含む。）。

ホ　その他当該法人等が当該他の法人等の意思決定機関を支配していることが推測される事実が存在すること。

三　法人等が自己の計算において所有している議決権と当該法人等と出資、人事、資金、技術、取引等において緊密な関係があることにより当該法人等の意思と同一の内容の議決権を行使すると認められる者及び当該法人等の意思と同一の内容の議決権を行使することに同意している者が所有している議決権とを合わせて、他の法人等の議決権の過半数を占めている場合（当該法人等が自己の計算において議決権を所有していない場合を含む。）における当該法人等であつて、前号ロからホまでに掲げるいずれかの要件に該当するもの

2　令第十七条の二の表備考第二号の主務省令で定めるものは、次に掲げるものとする。ただし、財務上又は営業上若しくは事業上の関係からみて法人等（当該法人等の子法人等（同表備考第一号に規定する子法人等をいう。以下この項において同じ。）を含む。）が子法人等以外の他の法人等の財務及び営業又は事業の方針の決定に対して重要な影響を与えることができないことが明らかであると認められるときは、この限りでない。

一　法人等（当該法人等の子法人等を含む。）が子法人等以外の他の法人等（破産手続開始の決定、再生手続開始の決定又は更生手続開始の決定を受けた子法人等以外の他の法人等その他これらに準ずる子法人等以外の他の法人等であつて、当該法人等がその財務及び営業又は事業の方針の決定に対して重要な影響を与えることができないと認められるものを除く。以下この項において同じ。）の議決権の百分の二十以上を自己の計算において所有している場合における当該子法人等以外の他の法人等

二　法人等（当該法人等の子法人等を含む。）が子法人等以外の他の法人等の議決権の百分の十五以上、百分の二十未満を自己の計算において所有している場合における

3　主務大臣は、この法律を施行するため特に必要があると認めるときは、販売業者等と取引する者に対し、当該販売業者等の業務又は財産に関し参考となるべき報告又は資料の提出を命ずることができる。

4　主務大臣は、特定商取引適正化業務の適正な運営を確保するために必要な限度において、指定法人に対し、特定商取引適正化業務若しくは資産の状況に関し必要な報告をさせ、又はその職員に、指定法人の事務所に立ち入り、特定

当該子法人等以外の他の法人等であつて、次に掲げるいずれかの要件に該当するもの

イ　当該法人等の役員、業務を執行する社員若しくは使用人である者、又はこれらであつた者であつて当該法人等がその財務及び営業又は事業の方針の決定に関して影響を与えることができるものが、その代表取締役、取締役又はこれらに準ずる役職に就任していること。

ロ　当該法人等から重要な融資を受けていること。

ハ　当該法人等から重要な技術の提供を受けていること。

ニ　当該法人等との間に営業上又は事業上の重要な取引があること。

ホ　その他当該法人等がその財務及び営業又は事業の方針の決定に対して重要な影響を与えることができることが推測される事実が存在すること。

三　法人等（当該法人等の子法人等を含む。）が自己の計算において所有している議決権と当該法人等と出資、人事、資金、技術、取引等において緊密な関係があることにより当該法人等の意思と同一の内容の議決権を行使すると認められる者及び当該法人等の意思と同一の内容の議決権を行使することに同意している者が所有している議決権とを合わせて、子法人等以外の他の法人等の議決権の百分の二十以上を占めている場合（当該法人等が自己の計算において議決権を所有していない場合を含む。）における当該子法人等以外の他の法人等であつて、前号イからホまでに掲げるいずれかの要件に該当するもの

商取引適正化業務の状況若しくは帳簿、書類その他の物件を検査させることができる。

５　第一項から第三項までの規定は、通信販売電子メール広告受託事業者、連鎖販売取引電子メール広告受託事業者及び業務提供誘引販売取引電子メール広告受託事業者について準用する。この場合において、第二項及び第三項中「販売業者等」とあるのは、「通信販売電子メール広告受託事業者、連鎖販売取引電子メール広告受託事業者又は業務提供誘引販売取引電子メール広告受託事業者」と読み替えるものとする。

６　第一項若しくは第二項（これらの規定を前項において準用する場合を含む。）又は第四項の規定により立入検査をする職員は、その身分を示す証明書を携帯し、関係人に提示しなければならない。

７　第一項若しくは第二項（これらの規定を第五項において準用する場合を含む。）又は第四項の規定による立入検査の権限は、犯罪捜査のために認められたものと解釈してはならない。

（協力依頼）

第六十六条の二　主務大臣は、この法律を施行するため必要があると認めるときは、官庁、公共団体その他の者に照会し、又は協力を求めることができる。

（指示等の方式）

第六十六条の三　この法律の規定による指示又は命令は、主務省令で定める書類を送達して行う。

（送達に関する民事訴訟法の準用）

第六十六条の四　書類の送達については、民事訴訟法（平成八年法律第百九号）第九十九条、第百一条、第百三条、第百五条、第百六条、第百八条及び第百九条の規定を準用する。この場合において、同法第九十九条第一項中「執行官」とあるのは「主務大臣の職員」と、同法第百八条中「裁判長」とあり、及び同法第百九条中「裁判所」とあるのは「主

（法第六十六条の三の主務省令で定める書類）

第五十九条　法第六十六条の三の主務省令で定める書類は、不利益処分の内容及び根拠となる法令の条項並びにその原因となつた事実を記載した書類とする。

務大臣」と読み替えるものとする。

（公示送達）

第六十六条の五　主務大臣は、次に掲げる場合には、公示送達をすることができる。

一　送達を受けるべき者の住所、居所その他送達をすべき場所が知れない場合

二　外国においてすべき送達について、前条において準用する民事訴訟法第百八条の規定によることができず、又はこれによつても送達をすることができないと認めるべき場合

三　前条において準用する民事訴訟法第百八条の規定により外国の管轄官庁に嘱託を発した後六月を経過してもその送達を証する書面の送付がない場合

2　公示送達は、送達すべき書類を送達を受けるべき者にいつでも交付すべき旨を主務大臣の事務所の掲示場に掲示することにより行う。

3　公示送達は、前項の規定による掲示を始めた日から二週間を経過することによつて、その効力を生ずる。

4　外国においてすべき送達についてした公示送達にあつては、前項の期間は、六週間とする。

（電子情報処理組織の使用）

第六十六条の六　主務大臣の職員が、情報通信技術を活用した行政の推進等に関する法律（平成十四年法律第百五十一号）第三条第九号に規定する処分通知等であつてこの章の規定により書類の送達により行うこととしているものに関する事務を、同法第七条第一項の規定により同法第六条第一項に規定する電子情報処理組織を使用して行つたときは、第六十六条の四において準用する民事訴訟法第百九条の規定による送達に関する事項を記載した書面の作成及び提出に代えて、当該事項を当該電子情報処理組織を使用して主務大臣の使用に係る電子計算機（入出力装置を含む。）に備えられたファイルに記録しなければならない。

（主務大臣等）

第六十七条　この法律における主務大臣は、次のとおりとする。

一　商品及び特定権利（第二条第四項第二号及び第三号に掲げるものに限る。以下この号において同じ。）に係る販売業者に関する事項、商品に係る一連の連鎖販売業の統括者、勧誘者及び一般連鎖販売業者に関する事項、商品に係る業務提供誘引販売業を行う者に関する事項並びに物品に係る購入業者に関する事項については、内閣総理大臣、経済産業大臣並びに当該商品、特定権利及び物品の流通を所掌する大臣

二　特定権利（第二条第四項第一号に掲げるものに限る。）に係る販売業者に関する事項、施設を利用し又は役務の提供を受ける権利に係る一連の連鎖販売業の統括者、勧誘者及び一般連鎖販売業者に関する事項、特定継続的役務の提供を受ける権利に係る販売業者に関する事項並びに施設を利用し又は役務の提供を受ける権利に係る業務提供誘引販売業を行う者に関する事項については、内閣総理大臣、経済産業大臣及び当該権利に係る施設又は役務の提供を行う事業を所管する大臣

三　役務提供事業者に関する事項、役務に係る一連の連鎖販売業の統括者、勧誘者及び一般連鎖販売業者に関する事項並びに役務に係る業務提供誘引販売業を行う者に関する事項については、内閣総理大臣、経済産業大臣及び当該役務の提供を行う事業を所管する大臣

四　通信販売電子メール広告受託事業者、連鎖販売取引電子メール広告受託事業者及び業務提供誘引販売取引電子メール広告受託事業者に関する事項、訪問販売協会及び通信販売協会に関する事項並びに第六十四条第二項の規定による消費者委員会及び消費経済審議会への諮問に関する事項については、内閣総理大臣及び経済産業大臣

五　指定法人に関する事項については、内閣総理大臣、経済産業大臣並びに販売に係る商品及び特定権利（第二条第四項第二号及び第三号に掲げるものに限る。）並びに購入に係る物品の流通を所掌する大臣、特定権利（同項

第一号に掲げるものに限る。）に係る施設又は役務の提供を行う事業を所管する大臣、役務の提供を行う事業を所管する大臣並びに特定継続的役務の提供を行う事業を所管する大臣

六　第六十四条第一項の規定による消費者委員会及び消費経済審議会への諮問に関する事項については、内閣総理大臣、経済産業大臣及び当該商品、特定権利（第二条第四項第二号及び第三号に掲げるものに限る。）若しくは物品の流通を所掌する大臣、当該権利に係る施設若しくは役務の提供を行う事業を所管する大臣又は当該役務の提供を行う事業を所管する大臣

2　内閣総理大臣は、この法律による権限（金融庁の所掌に係るものに限り、政令で定めるものを除く。）を金融庁長官に委任する。

3　内閣総理大臣は、この法律による権限（消費者庁の所掌に係るものに限り、政令で定めるものを除く。）を消費者庁長官に委任する。

4　この法律における主務省令は、内閣総理大臣及び経済産業大臣が共同で発する命令とする。ただし、第六十一条第一項に規定する主務省令については、第一項第五号に定める主務大臣の発する命令とする。

（都道府県が処理する事務）

第六十八条　この法律に規定する主務大臣の権限に属する事務の一部は、政令で定めるところにより、都道府県知事が行うこととすることができる。

（金融庁長官等に委任されない権限）

第十八条　法第六十七条第二項の政令で定める権限は、法第六十一条第一項、第六十三条及び第六十四条第一項の規定による権限とする。

2　法第六十七条第三項の政令で定める権限は、法第六十一条第一項、第六十三条及び第六十四条の規定による権限とする。

（都道府県が処理する事務）

第十九条　法第七条から第八条の二まで、第三十八条から第三十九条の二まで、第四十六条から第四十七条の二まで、第五十六条から第五十七条の二まで及び第五十八条の十二から第五十八条の十三の二までに規定する主務大臣の権限に属する事務並びにその事務に係る法第六条の二、第三十四条の二、第三十六条の二、第四十三条の二、第四十四条の二、第五十二条の二、第五十四条の二、第六十六条第一項から第二項まで（同条第五項において準用する場合を含む。）、第六十六条の二並びに第六十六条の五第一項及び第

二項に規定する主務大臣の権限に属する事務で、当該都道府県の区域内における販売業者、役務提供事業者、統括者、勧誘者、一般連鎖販売業者、業務提供誘引販売業を行う者又は購入業者の業務（連鎖販売取引電子メール広告受託事業者又は業務提供誘引販売取引電子メール広告受託事業者が受託して行うものを含む。）に係るものは、都道府県知事が行うこととする。ただし、二以上の都道府県の区域にわたり訪問販売に係る取引、連鎖販売取引、特定継続的役務提供に係る取引、業務提供誘引販売取引若しくは訪問購入に係る取引の公正及び購入者等の利益が害されるおそれがあり、主務大臣がその事態に適正かつ効率的に対処するため特に必要があると認めるとき、又は都道府県知事から要請があつたときは、主務大臣が自らその事務を行うことを妨げない。

2　法第十四条から第十五条の二までに規定する主務大臣の権限に属する事務並びにその事務に係る法第十二条の二、第六十六条第一項から第三項まで（同条第五項において準用する場合を含む。）、第六十六条の二並びに第六十六条の五第一項及び第二項に規定する主務大臣の権限に属する事務は、販売業者又は役務提供事業者の通信販売についての広告（通信販売電子メール広告受託事業者が受託して行うものを含む。）がされた場所又は地域を含む都道府県の区域を管轄する都道府県知事が行うこととする。ただし、二以上の都道府県の区域にわたり通信販売に係る取引の公正及び購入者等の利益が害されるおそれがあり、主務大臣がその事態に適正かつ効率的に対処するため特に必要があると認めるとき、又は都道府県知事から要請があつたときは、主務大臣が自らその事務を行うことを妨げない。

3　法第二十二条から第二十三条の二までに規定する主務大臣の権限に属する事務並びにその事務に係る法第二十一条の二、第六十六条第一項から第三項まで、第六十六条の二並びに第六十六条の五第一項及び第二項に規定する主務大臣の権限に属する事務は、販売業者又は役務提供事業者の電話勧誘販売に係る勧誘の相手方が当該勧誘を受けた場所を含む都道府県の区域を管轄する都道府県知事が行うこととする。ただし、二以上の都道府県の区域にわたり電話勧誘販売に係る取引の公正及び購入者等の利益が害されるおそれがあり、主務大臣がその事態に適正かつ効率的に対処するため特に必要があると認めるとき、又は都道府県知事から要請があつたときは、主務大臣が自らその事務を行うことを妨げない。

4　訪問販売に係る取引、連鎖販売取引、特定継続的役務提供に係る取引、業務提供誘引販売取引及び訪問購入に係る取引に関する法第六十条に規定する主務大臣の権限に属する事務で、当該都道府県の区域内における販売業者、役務提供事業者、統括者、勧誘者、一般連鎖販売業者、業務提供誘引販売業を行う者又は購入業者の業務（連鎖販売取引電子メール広告受託事業者又は業務提供誘引販売取引電子メール広告受託事業者が受託して行うものを含む。）に係るものは、都道府県知事が行うこととする。ただし、主務大臣が自らその事務を行うことを妨げない。

5　通信販売に係る取引に関する法第六十条に規定する主務大臣の権限に属する事務は、販売業者又は役務提供事業者の通信販売についての広告（通信販売電子メール広告受託事業者が受託して行うものを含む。）がされた場所又は地域を含む都道府県の区域を管轄する都道府県知事が行うこととする。ただし、主務大臣が自らその事務を行うことを妨げない。

6　電話勧誘販売に係る取引に関する法第六十条に規定する主務大臣の権限に属する事務は、販売業者又は役務提供事業者の電話勧誘販売に係る勧誘の相手方が当該勧誘を受けた場所を含む都道府県の区域を管轄する都道府県知事が行うこととする。ただし、主務大臣が自らその事務を行うことを妨げない。

7　第一項から第三項までの規定により法第六条の二から第八条の二まで、第十二条の二、第十四条から第十五条の二まで、第二十一条の二から第二十三条の二まで、第三十四条の二、第三十六条の二、第三十八条から第三十九条の二まで、第四十三条の二、第四十四条の二、第四十六条から第四十七条の二まで、第五十二条の二、第五十四条の二、

（権限の委任）

第六十九条　この法律により主務大臣の権限に属する事項は、政令で定めるところにより、地方支分部局の長に行わせることができる。

2　金融庁長官は、政令で定めるところにより、第六十七条第二項の規定により委任された権限の一部を財務局長又は財務支局長に委任することができる。

第五十六条から第五十七条の二まで、第五十八条の十二から第五十八条の十三の二まで、第六十六条第一項から第三項まで（同条第五項において準用する場合を含む。）、第六十六条の二又は第六十六条の五第一項若しくは第二項に規定する主務大臣の権限に属する事務を行つた都道府県知事は、速やかに、その結果を主務大臣に報告しなければならない。

8　第一項本文、第二項本文、第三項本文、第四項本文、第五項本文及び第六項本文の場合においては、法中第一項本文、第二項本文、第三項本文、第四項本文、第五項本文及び第六項本文に規定する事務に係る主務大臣に関する規定は、都道府県知事に関する規定として都道府県知事に適用があるものとする。

〔法第六十九条第一項に対応する政令の規定なし〕

（権限の委任）

第二十条　法第六十七条第二項の規定により金融庁長官に委任された権限のうち次の各号に掲げるものは、当該各号に定める財務局長又は財務支局長に委任する。ただし、金融庁長官が自らその権限を行うことを妨げない。

一　法第六条の二から第八条の二まで、第六十条、第六十六条第一項から第三項まで、第六十六条の二並びに第六十六条の五第一項及び第二項の規定による権限で訪問販売に係る取引に関するもの　当該販売業者又は役務提供事業者がその業務を行う区域を管轄する財務局長又は財務支局長

二　法第十二条の二、第十四条から第十五条の二まで、第六十条、第六十六条第一項から第三項まで、第六十六条の二並びに第六十六条の五第一項及び第二項の規定による権限で通信販売に係る取引に関するもの　当該販売業者又は役務提供事業者の通信販売についての広告がされた場所又は地域を管轄する財務局長又は財務支局長

三　法第二十一条の二から第二十三条の二まで、第六十

3　消費者庁長官は、政令で定めるところにより、第六十七条第三項の規定により委任された権限の一部を経済産業局長に委任することができる。

条、第六十六条第一項から第三項まで、第六十六条の二並びに第六十六条の五第一項及び第二項の規定による権限で電話勧誘販売に係る取引に関するもの　当該販売業者又は役務提供事業者の電話勧誘販売に係る勧誘の相手方が当該勧誘を受けた場所を管轄する財務局長又は財務支局長

四　法第五十八条の十二から第五十八条の十三の二まで、第六十条、第六十六条第一項から第三項まで、第六十六条の二並びに第六十六条の五第一項及び第二項の規定による権限で訪問購入に係る取引に関するもの　当該購入業者がその業務を行う区域を管轄する財務局長又は財務支局長

2　法第六十七条第三項の規定により消費者庁長官に委任された権限のうち次の各号に掲げるものは、当該各号に定める経済産業局長に委任する。ただし、消費者庁長官が自らその権限を行うことを妨げない。

一　法第六条の二から第八条の二まで、第三十四条の二、第三十六条の二、第三十八条から第三十九条の二まで、第四十三条の二、第四十四条の二、第四十六条から第四十七条の二まで、第五十二条の二、第五十四条の二、第五十六条から第五十七条の二まで、第五十八条の十二から第五十八条の十三の二まで、第六十条、第六十六条第一項から第三項まで（同条第五項において準用する場合を含む。）、第六十六条の二並びに第六十六条の五第一項及び第二項の規定による権限で訪問販売に係る取引、連鎖販売取引、特定継続的役務提供に係る取引、業務提供誘引販売取引又は訪問購入に係る取引に関するもの　当該販売業者、役務提供事業者、統括者、勧誘者、一般連鎖販売業者、業務提供誘引販売業を行う者又は購入業者がその業務（連鎖販売取引電子メール広告受託事業者又は業務提供誘引販売取引電子メール広告受託事業者が受託して行うものを含む。）を行う区域を管轄する経済産業局長

二　法第十二条の二、第十四条から第十五条の二まで、第六十条、第六十六条第一項から第三項まで（同条第五項

（関係者相互の連携）

第六十九条の二　主務大臣、関係行政機関の長（当該行政機関が合議制の機関である場合にあつては、当該行政機関）、関係地方公共団体の長、独立行政法人国民生活センターの長その他の関係者は、特定商取引を公正にするとともに購入者等が受けることのある損害の防止を図るため、必要な情報交換を行うことその他相互の密接な連携の確保に努めるものとする。

第七章　罰則

第七十条　次の各号のいずれかに該当する者は、三年以下の懲役又は三百万円以下の罰金に処し、又はこれを併科する。

一　第六条、第二十一条、第三十四条、第四十四条、第五十二条又は第五十八条の十の規定に違反した者

二　第八条第一項、第八条の二第一項、第十五条第一項若しくは第二項、第十五条の二第一項、第二十三条第一項、第二十三条の二第一項、第三十九条第一項から第四項まで、第三十九条の二第一項から第三項まで、第四十七条第一項、第四十七条の二第一項、第五十七条第一項若しくは第二項、第五十七条の二第一項、第五十八条の十二第一項又は第五十八条の十三の二第一項の規定による命令に違反した者

において準用する場合を含む。）、第六十六条の二並びに第六十六条の五第一項及び第二項の規定による権限で通信販売に係る取引に関するもの　当該販売業者又は役務提供事業者の通信販売についての広告（通信販売電子メール広告受託事業者が受託して行うものを含む。）がされた場所又は地域を管轄する経済産業局長

三　法第二十一条の二から第二十三条の二まで、第六十六条第一項から第三項まで、第六十六条の二並びに第六十六条の五第一項及び第二項の規定による権限で電話勧誘販売に係る取引に関するもの　当該販売業者又は役務提供事業者の電話勧誘販売に係る勧誘の相手方が当該勧誘を受けた場所を管轄する経済産業局長

第七十一条　次の各号のいずれかに該当する者は、六月以下の懲役又は百万円以下の罰金に処し、又はこれを併科する。

一　第四条、第五条、第十八条、第十九条、第三十七条、第四十二条、第五十五条、第五十八条の七又は第五十八条の八の規定に違反して、書面を交付せず、又はこれらの規定に規定する事項が記載されていない書面若しくは虚偽の記載のある書面を交付した者

二　第七条第一項、第十四条第一項若しくは第二項、第二十二条第一項、第三十八条第一項から第四項まで、第四十六条第一項、第五十六条第一項若しくは第二項又は第五十八条の十二第一項の規定による指示に違反した者

三　第六十六条第一項（同条第五項において準用する場合を含む。以下この号において同じ。）の規定による報告をせず、若しくは虚偽の報告をし、若しくは同条第一項の規定による物件を提出せず、若しくは虚偽の物件を提出し、又は同項の規定による検査を拒み、妨げ、若しくは忌避し、若しくは同項の規定による質問に対し陳述をせず、若しくは虚偽の陳述をした者

四　第六十六条第二項（同条第五項において読み替えて準用する場合を含む。以下この号において同じ。）の規定による報告をせず、若しくは虚偽の報告をし、若しくは同条第二項の規定による資料を提出せず、若しくは虚偽の資料を提出し、又は同項の規定による検査を拒み、妨げ、若しくは忌避し、若しくは同項の規定による質問に対し陳述をせず、若しくは虚偽の陳述をした者

第七十二条　次の各号のいずれかに該当する者は、百万円以下の罰金に処する。

一　第十二条、第三十六条、第四十三条又は第五十四条の規定に違反して、著しく事実に相違する表示をし、又は実際のものよりも著しく優良であり、若しくは有利であると人を誤認させるような表示をした者

二　第十二条の三第一項若しくは第二項（第十二条の四第二項において準用する場合を含む。）、第十二条の四第一項、第三十六条の三第一項若しくは第二項（第三十六条

の四第二項において準用する場合を含む。）、第三十六条の四第一項、第五十四条の三第一項若しくは第二項（第五十四条の四第二項において準用する場合を含む。）又は第五十四条の四第一項の規定に違反した者

三　第十二条の三第三項（第十二条の四第二項において読み替えて準用する場合を含む。）、第三十六条の三第三項（第三十六条の四第二項において読み替えて準用する場合を含む。）又は第五十四条の三第三項（第五十四条の四第二項において読み替えて準用する場合を含む。）の規定に違反して、記録を作成せず、若しくは虚偽の記録を作成し、又は記録を保存しなかつた者

四　第十三条第一項又は第二十条の規定に違反して通知しなかつた者

五　第三十五条又は第五十三条の規定に違反して表示しなかつた者

六　第四十五条第一項の規定に違反して、同項に定める書類を備え置かず、又はこれに不正の記載をした者

七　第四十五条第二項の規定に違反して、正当な理由がないのに、書類の閲覧又は謄本若しくは抄本の交付を拒んだ者

2　前項第二号の罪を犯した者が、その提供した電子メール広告において、第十一条、第十二条の三第四項（第十二条の四第二項において読み替えて準用する場合を含む。）、第三十五条、第三十六条の三第四項（第三十六条の四第二項において読み替えて準用する場合を含む。）、第五十三条若しくは第五十四条の三第四項（第五十四条の四第二項において読み替えて準用する場合を含む。）の規定に違反して表示しなかつたとき、又は第十二条、第三十六条若しくは第五十四条の規定に違反して著しく事実に相違する表示をし、若しくは実際のものよりも著しく優良であり、若しくは有利であると人を誤認させるような表示をしたときは、一年以下の懲役又は二百万円以下の罰金に処し、又はこれを併科する。

第七十三条　次の各号のいずれかに該当する者は、三十万円

以下の罰金に処する。

一　第二十八条第二項又は第三十一条第二項の規定に違反して、その名称又は商号中に訪問販売協会会員又は通信販売協会会員であると誤認されるおそれのある文字を用いた者

二　第六十六条第三項（同条第五項において読み替えて準用する場合を含む。以下この号において同じ。）の規定による報告をせず、若しくは虚偽の報告をし、又は同条第三項の規定による資料を提出せず、若しくは虚偽の資料を提出した者

三　第六十六条第四項の規定による報告をせず、若しくは虚偽の報告をし、又は同項の規定による検査を拒み、妨げ、若しくは忌避した者

第七十四条　法人の代表者若しくは管理人又は法人若しくは人の代理人、使用人その他の従業者が、その法人又は人の業務に関し、次の各号に掲げる規定の違反行為をしたときは、行為者を罰するほか、その法人に対して当該各号で定める罰金刑を、その人に対して各本条の罰金刑を科する。

一　第七十条第二号　三億円以下の罰金刑

二　第七十条第一号　一億円以下の罰金刑

三　前三条　各本条の罰金刑

2　人格のない社団又は財団について前項の規定の適用がある場合には、その代表者又は管理人が、その訴訟行為につきその人格のない社団又は財団を代表するほか、法人を被告人又は被疑者とする場合の刑事訴訟に関する法律の規定を準用する。

第七十五条　次の各号のいずれかに該当する者は、五十万円以下の過料に処する。

一　第二十七条の三第一項、第二十七条の四第一項、第三十条の二第一項又は第三十条の三第一項の規定による届出をせず、又は虚偽の届出をした者

二　第二十九条の五第二項若しくは第三十二条の二第二項の規定による検査を拒み、妨げ、若しくは忌避し、又は

第二十九条の五第二項若しくは第三十二条の二第二項の規定による命令に違反した者

第七十六条　第二十八条第一項又は第三十一条第一項の規定に違反して、その名称又は商号中に訪問販売協会又は通信販売協会であると誤認されるおそれのある文字を用いた者は、十万円以下の過料に処する。

参考資料②

特定商取引法施行令別表

特定商取引法施行令・施行規則パブリックコメント

特定商取引法・施行令・施行規則・附則

特定商取引に関する法律施行令別表

別表第一（第三条関係）

一　保養のための施設又はスポーツ施設を利用する権利

二　映画、演劇、音楽、スポーツ、写真又は絵画、彫刻その他の美術工芸品を鑑賞し、又は観覧する権利

三　語学の教授を受ける権利

別表第二（第五条、第五条の二関係）

一　軌道法（大正十年法律第七十六号）第四条に規定する軌道経営者が同法第三条に規定する事業として行う役務の提供

二　無尽業法（昭和六年法律第四十二号）第二条第一項の免許を受けた無尽会社が行う同法第一条に規定する役務の提供及び同法第三十五条の二第一項第八号に規定する指定紛争解決機関が行う同項各号列記以外の部分に規定する役務の提供

三　金融機関の信託業務の兼営等に関する法律（昭和十八年法律第四十三号）第一条第一項の認可を受けた同項に規定する金融機関が行う同項に規定する役務の提供又は同項に規定する事業若しくは業務として行う役務の提供及び同法第十二条の二第一項第八号に規定する指定紛争解決機関が行う同項各号列記以外の部分に規定する役務の提供

四　農業協同組合法（昭和二十二年法律第百三十二号）第九十二条の二第三項に規定する特定信用事業代理業者が行う同条第二項に規定する役務の提供又は同法第九十二条の四第一項において準用する同条第二項の規定により読み替えられた銀行法（昭和五十六年法律第五十九号）第五十二条の四十二第一項に規定する業務として行う販売若しくは役務の提供（同項に規定する主務大臣の承認を受けた業務として行うものを除く。）、農業協同組合法第九十二条の五の三第一項に規定する特定信用事業電子決済等代行業者（以下この号において単に「特定信用事業電子決済等代行業者」という。）が行う同法第九十二条の五の二第二項に規定する役務の提供、同法第九十二条の五の八第六項の規定により特定信用事業電子決済等代行業者とみなされる電子決済等代行業者（銀行法第二条第十八項に規定する電子決済等代行業者をいう。以下同じ。）が行う農業協同組合法第九十二条の五の二第二項に規定する役務の提供及び同法第九十二条の六第一項第八号に規定する指定紛争解決機関が行う同条第五項第一号に規定する役務の提供

五　金融商品取引法（昭和二十三年法律第二十五号）第二条第三十六項に規定する信用格付業者が行う同条第三十五項に規定する信用格付業に係る商品の販売又は役務の提供、同法第三十五条第一項に規定する金融商品取引業者が行う同項各号に掲げる業務に係る特定権利の販売若しくは役務の提供（同項第五号、第六号、第九号から第十二号まで及び第十五号に掲げるもの並びに同法第二条第八項に規定する金融商品取引業として行うものを除く。）又は同法第六十三条第五項に規定する特例業務届出者が行う同条第二項に規定する適格機関投資家等特例業務に係る特定権利の販売又は役務の提供及び同法第百五十六条の三十八第一項に規定する指定紛争解決機関が行う同条第十一項に規定する紛争解決等業務に係る役務の提供

六　公認会計士が行う公認会計士法（昭和二十三年法律第百三号）第二条第一項又は第二項に規定する役務の提供、同法第十六条の二第五項に規定する外国公認会計士が行う同法第二条第一項又は第二項に規定する役務の提供及び同法第三十四条の二の二第一項に規定する監査法人が同法第三十四条の五に規定する業務として行う役務の提供（同条第二号に掲げるものを除く。）

七　水産業協同組合法（昭和二十三年法律第二百四十二号）第百六条第三項に規定する特定信用事業代理業者が行う同条第二項に規定する役務の提供又は同法第百八条第一項において準用する同条第二項の規定により読み替えられた銀行法第五十二条の四十二第一項に規定する業務として行う販売若しくは役務の提供（同項に規定する主務大臣の承認を受けた業務として行うものを除く。）、水産業協同組合法第百十一条第一項に規定する特定信用事業電子決済等代行業者（以下この号において単に「特定信用事業電子決済等代行業者」という。）が行う同法第百十条第二項に規定する役務の提供、同法第百十六条第六項の規定により特定信用事業電子決済等代行業者とみなされる電子決済等代行業者が行う同法第百十条第二項に規定する役務の提供及び同法第百十八条第一項第八号に規定する指定紛争解決機関が行う同条第五項第一号に規定する役務の提供

七の二　中小企業等協同組合法（昭和二十四年法律第百八十一号）第六十九条の二第一項第八号に規定する指定紛争解決機関が行う同条第六項第一号に規定する役務の提供

八　協同組合による金融事業に関する法律（昭和二十四年法律第百八十三号）第六条の三第一項に規定する信用協同組合代理業者が行う同条第二項に規定する役務の提供又は同法第六条の五第一項において準用する銀行法第五十二条の四十二第一項に規定する業務として行う販売若しくは役務の提供（同項に規定する内閣総理大臣の承認を受けた業務として行うものを除く。）、協同組合による金融事業に関する法律第六条の五の三第一項に規定する信用協同組合電子決済等代行業者（以下この号において単に「信用協同組合電子決済等代行業者」という。）が行う同法第六条の五の二第二項に規定する役務の提供及び同法第六条の五の九第六項の規定により信用協同組合電子決済等代行業者とみなされる電子決済等代行業者が行う同法第六条の五の二第二項に規定する役務の提供

九　海上運送法第三条第一項の許可を受けた同法第八条第一項に規定する一般旅客定期航路事業者が同法第二条第五項に規定する事業として行う役務（同法第十九条の四第一項に規定す

る事業として行う役務を除く。）の提供及び同法第二十一条第一項の許可を受けた同法第二十一条の二に規定する旅客不定期航路事業者が同法第二十一条第一項に規定する事業として行う役務の提供

十　放送法（昭和二十五年法律第百三十二号）第二条第二十六号に規定する放送事業者が行う同条第一号に規定する役務の提供

十一　司法書士が行う司法書士法（昭和二十五年法律第百九十七号）第三条第一項に規定する役務の提供及び同法第二十六条に規定する司法書士法人が同法第二十九条第一項に規定する業務として行う役務の提供

十二　土地家屋調査士が行う土地家屋調査士法（昭和二十五年法律第二百二十八号）第三条第一項に規定する役務の提供及び同法第二十六条に規定する土地家屋調査士法人が同法第二十九条第一項に規定する業務として行う役務の提供

十三　商品先物取引法（昭和二十五年法律第二百三十九号）第二条第二十三項に規定する商品先物取引業者が行う同条第二十二項に規定する商品の販売又は役務の提供及び同条第二十九項に規定する商品先物取引仲介業者が行う同条第二十八項に規定する役務の提供

十四　行政書士が行う行政書士法（昭和二十六年法律第四号）第一条の二第一項又は第一条の三に規定する役務の提供及び同法第十三条の三に規定する行政書士法人が同法第十三条の六に規定する業務として行う役務の提供

十五　道路運送法第四条第一項の許可を受けた同法第九条第六項第三号に規定する一般旅客自動車運送事業者が同法第三条第一号に規定する事業として行う役務の提供

十六　道路運送車両法（昭和二十六年法律第百八十五号）第七十八条第四項に規定する自動車特定整備事業者が行う自動車の点検又は整備

十七　税理士が行う税理士法（昭和二十六年法律第二百三十七号）第二条第一項若しくは第二項又は第二条の二第一項に規定する役務の提供及び同法第四十八条の二に規定する税理士法人が同法第四十八条の五に規定する業務として行う役務の提供又は同法第四十八条の六に規定する役務の提供

十八　信用金庫法（昭和二十六年法律第二百三十八号）第八十五条の二第三項に規定する信用金庫代理業者が行う同条第二項に規定する役務の提供又は同法第八十九条第五項において準用する銀行法第五十二条の四十二第一項に規定する業務として行う販売若しくは役務の提供（同項に規定する内閣総理大臣の承認を受けた業務として行うものを除く。）、信用金庫法第八十五条の五第一項に規定する信用金庫電子決済等代行業者（以下この号において単に「信用金庫電子決済等代行業者」という。）が行う同法第八十五条の四第二項に規定する役務の提供、同法第八十五条の十一第六項の規定により信用金庫電子決済等代行業者とみなされる電子決済等代行業者が行う同法第八十五条の四第二項に規定する役務の提供及び同法第八十五条の十二第一項第八号に規定する指定紛争解決機関が行う同項各号列記以外の部分に規定する役務の提供

十九　内航海運業法（昭和二十七年法律第百五十一号）第七条第一項に規定する内航海運業者が行う同法第二条第二項に規定する役務の提供

二十　長期信用銀行法（昭和二十七年法律第百八十七号）第二条に規定する長期信用銀行が行う同法第六条第一項から第三項まで若しくは第八条に規定する販売若しくは役務の提供又は同法第六条第二項若しくは第三項若しくは第六条の二に規定する業務として行う販売若しくは役務の提供、同法第十六条の五第三項に規定する長期信用銀行代理業者が行う同条第二項に規定する役務の提供又は同法第十七条において準用する銀行法第五十二条の四十二第一項に規定する業務として行う販売若しくは役務の提供（同項に規定する内閣総理大臣の承認を受けた業務として行うものを除く。）及び長期信用銀行法第十六条の八第一項第八号に規定する指定紛争解決機関が行う同項各号列記以外の部分に規定する役務の提供

二十一　航空法（昭和二十七年法律第二百三十一号）第百二条第一項に規定する本邦航空運送事業者が行う同法第二条第十八項に規定する役務の提供、同法第百二十六条第一項に規定する外国人国際航空運送事業者が行う同法第百二十九条第一項に規定する役務の提供及び同法第百三十条の二の許可を受けた者が行う同条に規定する役務の提供

二十二　労働金庫法（昭和二十八年法律第二百二十七号）第八十九条の三第三項に規定する労働金庫代理業者が行う同条第二項に規定する役務の提供又は同法第九十四条第三項において準用する同条第四項の規定により読み替えられた銀行法第五十二条の四十二第一項に規定する業務として行う販売若しくは役務の提供（同項に規定する内閣総理大臣及び厚生労働大臣の承認を受けた業務として行うものを除く。）、労働金庫法第八十九条の六第一項に規定する労働金庫電子決済等代行業者（以下この号において単に「労働金庫電子決済等代行業者」という。）が行う同法第八十九条の五第二項に規定する役務の提供、同法第八十九条の十二第六項の規定により労働金庫電子決済等代行業者とみなされる電子決済等代行業者が行う同法第八十九条の五第二項に規定する役務の提供及び同法第八十九条の十三第一項第八号に規定する指定紛争解決機関が行う同項各号列記以外の部分に規定する役務の提供

二十三　倉庫業法（昭和三十一年法律第百二十一号）第七条第一項に規定する倉庫業者が行う同法第二条第二項に規定する役務の提供

二十四　国民年金法（昭和三十四年法律第百四十一号）第百十五条に規定する国民年金基金が行う同法第百二十八条第一項に規定する役務の提供

二十五　割賦販売法（昭和三十六年法律第百五十九号）第三十条第一項に規定する包括信用購入あっせん業者が行う同法第二条第三項に規定する役務の提供及び同法第三十五条の三の二第一項に規定する個別信用購入あっせん業者が行う同法第二条第四項に規定する役務の提供

二十六　社会保険労務士が行う社会保険労務士法（昭和四十三年法律第八十九号）第二条第一項又は第二条の二第一項に規定する役務の提供及び同法第二十五条の六に規定する社会保険労務士法人が同法第二十五条の九第一項に規定する業務として行う役務の提供又は同法第二十五条の九の二に規定する役務の提供

二十七　積立式宅地建物販売業法（昭和四十六年法律第百十一号）第二条第四号に規定する積立式宅地建物販売業者が行う同条第二号に規定する商品の販売又は役務の提供

二十八　削除

二十九　銀行法第二条第一項に規定する銀行が行う同法第十条第一項若しくは第二項に規定する販売若しくは役務の提供又は同項、同法第十一条若しくは第十二条に規定する業務として行う販売若しくは役務の提供、同法第二条第十五項に規定する銀行代理業者が行う同条第十四項に規定する役務の提供又は同法第五十二条の四十二第一項に規定する業務として行う販売若しくは役務の提供（同項に規定する内閣総理大臣の承認を受けた業務として行うものを除く。）、電子決済等代行業者が行う同法第二条第十七項に規定する役務の提供、同条第二十項に規定する指定紛争解決機関が行う同条第二十四項に規定する役務の提供及び同法第四十七条第二項に規定する外国銀行支店が行う同法第十条第一項若しくは第二項に規定する販売若しくは役務の提供又は同項、同法第十一条若しくは第十二条に規定する業務として行う販売若しくは役務の提供

三十　削除

三十一　貸金業法（昭和五十八年法律第三十二号）第二条第二項に規定する貸金業者が行う同条第一項に規定する役務の提供及び同条第十八項に規定する指定紛争解決機関が行う同条第二十二項に規定する役務の提供

三十二　電気通信事業法（昭和五十九年法律第八十六号）第二条第五号に規定する電気通信事業者が行う同条第四号に規定する役務の提供

三十三　鉄道事業法（昭和六十一年法律第九十二号）第七条第一項に規定する鉄道事業者が同法第二条第一項に規定する事業として行う役務の提供及び同法第三十四条の二第一項に規定する索道事業者が行う同法第二条第五項に規定する役務の提供

三十四　貨物利用運送事業法（平成元年法律第八十二号）第七条第一項に規定する第一種貨物利用運送事業者が行う同法第二条第七項に規定する役務の提供及び同法第二十四条第一項に規定する第二種貨物利用運送事業者が行う同法第二条第八項に規定する役務の提供

三十五　貨物自動車運送事業法（平成元年法律第八十三号）第七条第一項に規定する一般貨物自動車運送事業者が行う同法第二条第二項に規定する役務の提供及び同法第三十六条第一項に規定する貨物軽自動車運送事業者が行う同法第二条第四項に規定する役務の提供

三十六　削除

三十七　商品投資に係る事業の規制に関する法律（平成三年法律第六十六号）第二条第四項に規定する商品投資顧問業者が行う同条第三項に規定する役務の提供

三十八　不動産特定共同事業法（平成六年法律第七十七号）第二条第五項に規定する不動産特定共同事業者が行う同条第四項に規定する役務の提供及び同条第七項に規定する小規模不動産特定共同事業者が行う同条第六項に規定する役務の提供

三十九　保険業法第二条第二項に規定する保険会社が行う同法第九十七条第一項、第九十八条第一項若しくは第九十九条第二項（同法第二条第三項に規定する生命保険会社にあつては、同法第九十七条第一項、第九十八条第一項又は第九十九条第二項若しくは第三項）に規定する販売若しくは役務の提供又は同法第九十八条第一項、第九十九条第一項若しくは第二項若しくは第百条に規定する業務として行う販売若しくは役務の提供、同法第二条第七項に規定する外国保険会社等（以下この号において単に「外国保険会社等」という。）が行う同法第百九十九条において準用する同法第九十七条第一項、第九十八条第一項若しくは第九十九条第二項（同法第二条第八項に規定する外国生命保険会社等にあつては、同法第百九十九条において準用する同法第九十七条第一項、第九十八条第一項又は第九十九条第二項若しくは第三項）に規定する販売若しくは役務の提供又は同法第百九十九条において準用する同法第九十八条第一項、第九十九条第一項若しくは第二項若しくは第百条に規定する業務として行う販売若しくは役務の提供、同法第二条第十八項に規定する少額短期保険業者が同法第二百七十二条の十一第一項又は第二項に規定する事業又は業務として行う商品の販売又は役務の提供、同法第二条第二十五項に規定する保険仲立人が行う同項に規定する役務の提供、同条第二十八項に規定する指定紛争解決機関が行う同条第四十項に規定する役務の提供、同法第二百四十条第一項の規定により外国保険会社等とみなされる同法第二百十九条第一項に規定する引受社員（同法第二百二十三条第一項に規定する免許特定法人（以下この号において単に「免許特定法人」という。）の社員である者に限る。以下この号において同じ。）が行う同法第百九十九条において準用する同法第九十七条第一項、第九十八条第一項若しくは第九十九条第二項（同法第二百十九条第四項に規定する特定生命保険業免許を受けた免許特定法人の引受社員にあつては、同法第百九十九条において準用する同法第九十七条第一項、第九十八条第一項又は第九十九条第二項若しくは第三項）に規定する販売若しくは役務の提供又は同法第百九十九条において準用する同法第九十八条第一項、第九十九条第一項若しくは第二項若しくは第百条に規定する業務として行う販売若しくは役務の提供及び同法第二百七十六条に規定する特定保険募集人（同法第二条第十九項に規定する生命保険会社の役員若しくは使用人又はこれらの者の使用人、同項に規定する生命保険会社の委託を受けた者の役員又は使用人、同条第二十二項に規定する少額短期保険業者の役員又は使用人及び同項に規定する少額短期保険業者の委託を受けた者の役員又は使用人である者を除く。）が行う同法第二条第二十六項に規定する役務の提供

四十　資産の流動化に関する法律（平成十年法律第百五号）第二条第三項に規定する特定目的会社が行う同条第二項に規定する特定権利の販売又は役務の提供、同法第二百八条第一項に規定する特定譲渡人が行う同項に規定する役務の提供及び同法第二百二十四条に規定する原委託者が行う同法第二百八十六条第一項に規定する特定権利の販売又は役務の提供

四十一　弁理士が行う弁理士法（平成十二年法律第四十九号）第四条、第五条第一項、第六条又は第六条の二第一項に規定する役務の提供及び同法第三十七条第一項に規定する特許業務法人が行う同法第四十条に規定する業務として行う役務の提供又は同法第四十一条に規定す

る役務の提供

四十二　自動車運転代行業の業務の適正化に関する法律（平成十三年法律第五十七号）第二条第二項に規定する自動車運転代行業者が行う同条第一項に規定する役務の提供

四十三　削除

四十四　農林中央金庫法（平成十三年法律第九十三号）第九十五条の二第二項に規定する農林中央金庫代理業者が行う同条第二項に規定する役務の提供又は同法第九十五条の四第一項において準用する同条第二項の規定により読み替えられた銀行法第五十二条の四十二第一項に規定する業務として行う販売若しくは役務の提供（同項に規定する主務大臣の承認を受けた業務として行うものを除く。）、農林中央金庫法第九十五条の五の三第一項に規定する農林中央金庫電子決済等代行業者（以下この号において単に「農林中央金庫電子決済等代行業者」という。）が行う同法第九十五条の五の二第二項に規定する役務の提供、同法第九十五条の五の九第六項の規定により農林中央金庫電子決済等代行業者とみなされる電子決済等代行業者が行う同法第九十五条の五の二第二項に規定する役務の提供及び同法第九十五条の六第一項第八号に規定する指定紛争解決機関が行う同条第二項に規定する役務の提供

四十五　裁判外紛争解決手続の利用の促進に関する法律（平成十六年法律第百五十一号）第二条第四号に規定する認証紛争解決事業者が行う同条第三号に規定する役務の提供

四十六　信託業法（平成十六年法律第百五十四号）第二条第二項に規定する信託会社が行う同条第一項若しくは第三項に規定する役務の提供又は同法第二十一条第一項若しくは第二項に規定する事業若しくは業務として行う商品の販売若しくは役務の提供、同法第二条第六項に規定する外国信託会社が行う同条第一項若しくは第三項に規定する役務の提供又は同法第六十三条第二項において準用する同法第二十一条第一項若しくは第二項に規定する事業若しくは業務として行う商品の販売若しくは役務の提供、同法第二条第九項に規定する信託契約代理店が行う同条第八項に規定する役務の提供及び同条第十項に規定する指定紛争解決機関が行う同条第十四項に規定する役務の提供

四十七　株式会社商工組合中央金庫法（平成十九年法律第七十四号）第二十一条第一項、第三項、第四項若しくは第七項若しくは第三十二条に規定する販売若しくは役務の提供又は同法第二十一条第四項若しくは第七項に規定する業務として行う販売若しくは役務の提供、同法第六十条の二第二項に規定する商工組合中央金庫電子決済等代行業者（以下この号において単に「商工組合中央金庫電子決済等代行業者」という。）が行う同条第一項に規定する役務の提供及び同法第六十条の三十二第五項の規定により商工組合中央金庫電子決済等代行業者とみなされる電子決済等代行業者が行う同法第六十条の二第一項に規定する役務の提供

四十八　電子記録債権法（平成十九年法律第百二号）第二条第二項に規定する電子債権記録機関が同法第五十七条に規定する事業又は業務として行う役務の提供

四十九　資金決済に関する法律（平成二十一年法律第五十九号）第二条第一項に規定する前払式支払手段発行者が行う同法第三条第一項に規定する商品（当該前払式支払手段発行者が発行するものに限る。）の販売又は役務の提供、同法第二条第三項に規定する資金移動業者が行う同条第二項に規定する役務の提供、同条第八項に規定する暗号資産交換業者が行う同条第七項に規定する商品の販売又は役務の提供及び同条第十三項に規定する指定紛争解決機関が行う同条第十四項に規定する役務の提供

五十　消費者の財産的被害の集団的な回復のための民事の裁判手続の特例に関する法律（平成二十五年法律第九十六号）第二条第十号に規定する特定適格消費者団体が同法第六十五条第二項に規定する業務として行う役務の提供

五十一　住宅宿泊事業法（平成二十九年法律第六十五号）第二条第十項に規定する住宅宿泊仲介業者が行う同条第八項に規定する役務の提供

別表第三（第六条の四関係）

一　動物及び植物の加工品（一般の飲食の用に供されないものに限る。）であつて、人が摂取するもの（医薬品（医薬品、医療機器等の品質、有効性及び安全性の確保等に関する法律（昭和三十五年法律第百四十五号）第二条第一項の医薬品をいう。以下同じ。）を除く。）

二　不織布及び幅が十三センチメートル以上の織物

三　コンドーム及び生理用品

四　防虫剤、殺虫剤、防臭剤及び脱臭剤（医薬品を除く。）

五　化粧品、毛髪用剤及び石けん（医薬品を除く。）、浴用剤、合成洗剤、洗浄剤、つや出し剤、ワックス、靴クリーム並びに歯ブラシ

六　履物

七　壁紙

八　医薬品、医療機器等の品質、有効性及び安全性の確保等に関する法律第三十一条に規定する配置販売業者が配置した医薬品（薬事法の一部を改正する法律（平成十八年法律第六十九号）附則第十条に規定する既存配置販売業者が配置したものを含む。）

別表第四（第十一条、第十二条、第十五条、第十六条関係）

特定継続的役務	特定継続的役務提供の期間	契約の解除によつて通常生ずる損害の額	契約の締結及び履行のために通常要する費用の額
一　人の皮膚を清潔にし若しくは美化し、体型を整え、又は体重を減ずるための施術を行うこと（二の項に掲げるものを除く。）。	一月	二万円又は当該特定継続的役務提供契約に係る特定継続的役務の対価の総額から提供された特定継続的役務の対価に相当する額を控除した額（以下この表において「契約残額」という。）の百分の十に相当する額のいずれか低い額	二万円
二　人の皮膚を清潔にし若しくは美化し、体型を整え、体重を減じ、又は歯牙を漂白するための医学的処置、手術及びその他の治療を行うこと（美容を目的とするものであつて、主務省令で定める方法によるものに限る。）。	一月	五万円又は契約残額の百分の二十に相当する額のいずれか低い額	二万円
三　語学の教授（学校教育法（昭和二十二年法律第二十六号）第一条に規定する学校、同法第百二十四条に規定する専修学校若しくは同法第百三十四条第一項に規定する各種学校の入学者を選抜するための学力試験に備えるため又は同法第一条に規定する学校（大学を除く。）における教育の補習のための学力の教授に該当するものを除く。）	二月	五万円又は契約残額の百分の二十に相当する額のいずれか低い額	一万五千円
四　学校教育法第一条に規定する学校（幼稚園及び小学校を除く。）、同法第百二十四条に規定する専修学校若しくは同法第百三十四条第一項に規定する各種学校の入学者を選抜するための学力試験（義務教育学校にあつては、後期課程に係るものに限る。五の項において「入学試験」という。）に備えるため又は学校教育（同法第一条に規定する学校（幼稚園及び大学を除く。）における教育をいう。同項において同じ。）の補習のための学力の教授（同項に規定する場所以外の場所において提供されるものに限る。）	二月	五万円又は当該特定継続的役務提供契約における一月分の役務の対価に相当する額のいずれか低い額	二万円
五　入学試験に備えるため又は学校教育の補習のための学校教育法第一条に規定する学校（幼稚園及び大学を除く。）の児童、生徒又は学生を対象とした学力の教授（役務提供事業者の事業所その他の役務提供事業者が当該役務提供のために用意する場所において提供されるものに限る。）	二月	二万円又は当該特定継続的役務提供契約における一月分の役務の対価に相当する額のいずれか低い額	一万一千円
六　電子計算機又はワードプロセッサーの操作に関する知識又は技術の教授	二月	五万円又は契約残額の百分の二十に相当する額のいずれか低い額	一万五千円
七　結婚を希望する者への異性の紹介	二月	二万円又は契約残額の百分の二十に相当する額のいずれか低い額	三万円

別表第五（第十四条関係）

一　別表第四の一の項に掲げる特定継続的役務にあつては、次に掲げる商品

イ　動物及び植物の加工品（一般の飲食の用に供されないものに限る。）であつて、人が摂取するもの（医薬品を除く。）

ロ　化粧品、石けん（医薬品を除く。）及び浴用剤

ハ　下着

ニ　電気による刺激又は電磁波若しくは超音波を用いて人の皮膚を清潔にし又は美化する器具又は装置

二　別表第四の二の項に掲げる特定継続的役務にあつては、次に掲げる商品

イ　動物及び植物の加工品（一般の飲食の用に供されないものに限る。）であつて、人が摂取するもの

ロ　化粧品

ハ　マウスピース（歯牙の漂白のために用いられるものに限る。）及び歯牙の漂白剤

ニ　医薬品及び医薬部外品（医薬品、医療機器等の品質、有効性及び安全性の確保等に関する法律第二条第二項の医薬部外品をいう。）であつて、美容を目的とするもの

三　別表第四の三の項から五の項までに掲げる特定継続的役務にあつては、次に掲げる商品

イ　書籍

ロ　電子的方法、磁気的方法その他の人の知覚によつて認識することができない方法により音、影像又はプログラムを記録した物

ハ　ファクシミリ装置及びテレビ電話装置

四　別表第四の六の項に掲げる特定継続的役務にあつては、次に掲げる商品

イ　電子計算機及びワードプロセッサー並びにこれらの部品及び附属品

ロ　書籍

ハ　電子的方法、磁気的方法その他の人の知覚によつて認識することができない方法により音、映像又はプログラムを記録した物

五　別表第四の七の項に掲げる特定継続的役務にあつては、次に掲げる商品

イ　真珠並びに貴石及び半貴石

ロ　指輪その他の装身具

特定商取引法施行令パブリックコメント

【平成二十一年一月三十日公表のパブリックコメントの結果】

番号	御意見の概要	御意見に対する考え方
1	〈特定商取引に関する法律（以下、「法」という。）第二十六条第一項第八号ニにおいて措置された適用除外関係（1）〉 個別の商品・役務について、法の適用を除外しないよう求める意見があった。 ※商品・役務の内訳通信・放送関係、金融取引関係、海外商品先物関係、宅地建物取引関係、士業法関係	法第二十六条第一項第八号ニにおいて措置された適用除外の対象とされる予定である販売又は役務の提供は、不当勧誘行為・不当広告等に対し、各法において主務大臣が是正措置を行うことが可能か否かという基準に基づき規定している。したがって、今後は、全分野がいずれかの法の規制を受けることとなるため、消費者被害の発生に対し、十分な対応ができるものと考えている。なお、法の適用が除外されることとなる販売又は役務の提供を規律する各法のなかに、民事ルールが規定されていないものがあるが、民事ルールについては、各分野ごとの取引実態等に基づいて立法化が検討されるべきものであると考えている。
2	〈法第二十六条第一項第八号ニにおいて措置された適用除外関係（2）〉 個別の商品・役務について、法の適用を除外するよう求める意見があった。 ※商品・役務の内訳 建築士関係、住居等の建築請負関係等	法第二十六条第一項第八号ニにおいて措置された適用除外の対象とされる予定である販売又は役務の提供は、不当勧誘行為・不当広告等に対し、各法において主務大臣が是正措置を行うことが可能か否かという基準に基づき規定している。また、これらは当然に、法の規制対象となる訪問販売等が、現在行われていることを前提としており、これらが行われていない場合は、そもそも規定する必要がないものとして整理を行ったところ。
3	〈保険業法関係〉 ①保険業法第九十七条第二項に規定されている「資産運用業務」についても法の適用を除外するよう求める意見があった。 ②保険業法第二条第二十六項に規定されている「保険募集」については、保険業法上「保険募集」を行うことが認められている全ての者が行う「保険募集」が、法の適用除外となるものか確認するものがあった。	①保険業法第九十七条第二項に規定されている「資産運用業務」は、法における「役務の提供」には該当せず、したがって適用除外の手当をすべきものではない。なお、同項に規定する「資産運用業務」であって、同法第九十七条第一項に規定される役務に該当するものがあれば、法の適用除外の対象となる。 ②法の規制対象となる特定保険募集人の行う保険業法第二条第二十六項に規定する役務の提供を、法の適用除外とすることを予定している。
4	〈法第二十六条第二項関係〉 マッサージ、カラオケ、飲食に関する役務の提供について、クーリング・オフ規定、書面交付義務規定の適用を除外しないよう求める意見があった。	マッサージ、カラオケ、飲食に関する役務の提供については、業の実態について精査をしたうえで、クーリング・オフ規定、書面交付義務規定を適用することが、事業者に対する過度の負担とならないよう、また、比較的安価な取引が多いこれらの役務の提供について、契約の際に書面を交付されることは煩雑であって、消費者の利便を害することともなるため、クーリング・オフ規定及び書面交付義務規定の適用を除外する予定である。しかしながら、クーリング・オフ規定、書面交付義務規定以外の規定（不実告知の禁止等）については、適用されることとなり、悪質な事業者を黙認するものではない。なお、カラオケや飲食については、

		勧誘時等に法違反があれば、他法令においても是正措置の対象になる場合が多いと考えている。
5	〈法第二十六条第三項第一号（旧法第九条）関係〉 自動車リースに関する役務の提供について、クーリング・オフ規定の適用を除外しないよう求める意見があった。	自動車リースについては、業の実態について精査をした上で、乗用自動車の売買契約と同様に契約の締結までに相当の期間を有することが一般的であるため、クーリング・オフ規定の適用を除外したものである。なお、本役務提供については、クーリング・オフ規定等以外の規定（不実告知の禁止等）については、適用されることとなり、悪質な事業者を黙認するものではない。
6	〈法第二十六条第三項第二号関係〉 葬式やＬＰガスの供給に関する役務の提供について、クーリング・オフ規定の適用を除外しないよう求める意見があった。	法第二十六条第三項第二号に関する役務の提供については、業の実態について精査をした上で、クーリング・オフ規定の適用によって、事業者が役務の提供を手控えることが、かえって消費者の利便を害するおそれがあるため、クーリング・オフ規定の適用を除外する予定である。しかしながら、クーリング・オフ規定以外の規定（不実告知の禁止等）については、適用されることとなり、悪質な事業者を黙認するものではない。なお、ガスの供給に関する役務の提供については、ガス事業法第二条第一項又は第三項に規定する役務の提供（いわゆる都市ガス供給等）に限って規定し、ＬＰガスの供給は適用対象となる予定である。
7	〈法第二十六条第四項第一号（旧法第九条）関係〉 配置薬販売について、クーリング・オフ規定の適用を除外しないよう求める意見があった。	配置薬販売については、業の実態について精査をした上で、その使用若しくは一部の消費により価額が著しく減少するおそれがあるため、クーリング・オフ規定の適用を除外したものである。なお、本役務提供については、クーリング・オフ規定以外の規定（不実告知の禁止等）については、適用されることとなり、悪質な事業者を黙認するものではない。
8	〈クーリング・オフ規定の適用除外の書面等での表示関係〉 クーリング・オフ規定の適用が除外される場合は、そのことについて消費者が理解できるよう、契約書に表示等させるべきとの意見があった。	現行法において、クーリング・オフ規定の適用が除外される場合は、書面に表示しなければならないこととなっている。
9	消耗品や中古車販売について、クーリング・オフ規定等の適用を除外しないよう求める意見があった。	消耗品については、現行法においても、使用又は全部若しくは一部を消費したときは、クーリング・オフ規定の適用が除外されているものであり、依然として必要性があるものと考えている。なお、事業者が消費者に使用させた場合などは、法の適用が除外されることはない。また、同様に、中古車販売についても、契約の締結までに相当の期間を有することが一般的であるため、現行法において、クーリング・オフ規定の適用が除外されており、依然として必要性があるものと考えている。
10	改正法第九条の二に規定されたいわゆる「過量販売」解除権について、「過量」の範囲について示すよう求める意見があった。	改正法第九条の二については、民事ルールであるため、個別の事例に応じて、司法の判断によって明らかにされるものと考えている。
11	改正法の適用が除外されることとなる商品の販売又は役務の提供を行う主体について、法令、通達、ガイドライン等において明確化する	改正法に関する内容のうち、意味・範囲等の明確化を行う必要があるものについては、法令、通達、ガイドライン等で規定していく予定。

	ことが可能かどうか確認するものがあった。	
12	留学のあっせんについて、規制する法律がないため、何らかの法の規制対象とすべきとの意見があった	今回のパブリックコメントに直接関係するものではないため、参考意見として承る。
13	その他、政令案全体や、「過量販売」に該当する取引が改正法第二十六条第五項第二号に基づく適用除外の対象とならないよう措置した点等について、賛成する意見があった。	－

【平成二十五年二月八日公表のパブリックコメントの結果】

No	御意見の概要	考え方
1．規制対象としない物品について		
1	政令案に賛成	御意見ありがとうございました。
2	「書籍並びにCD、DVD及びゲームソフト類」については、（イ）の要件を満たすものというものではなく、（ア）の要件を満たすべきものと思われる。	特定商取引に関する法律（以下「法」という。）第五十八条の四においては、規制の対象としない物品の要件として、次の（ア）又は（イ）の要件に該当することが求められております。 （ア）消費者の利益を損なうおそれがないと認められる物品 （イ）法の規制がかかると流通が著しく害されるおそれがあると認められる物品「書籍並びにCD、DVD及びゲームソフト類」については比較的持ち運びが容易であり、中には高価な品物もあるため、現に消費者トラブルがないことを理由に将来的にもそのおそれがないとまではいえないと考えております。他方、これら物品は一度に大量の個数が買い取られるという商慣習があります。現在の流通システムはこの商慣習を前提に成立しているものであり、クーリング・オフや書面交付義務等の規制に置かれることで、当該商慣習を維持することが困難となると考えられます。　したがって（ア）の要件は満たさず、（イ）の要件のみを満たすと考えられます。
3	規制対象としない物品に、「当該購入業者が当該消費者に売り付けた物品」を追加していただきたい（いわゆる「買戻し」）。	いわゆる「買戻し」の対象となる物品であるからといって、当該購入業者が売主である消費者の利益を損なうおそれが無いといえる理由は特段無いため、御指摘の内容を反映することは適当ではないと考えられます。
4	・規制対象としない物品として、「有価証券」が挙げられているが、これは金融商品取引法、手形法、小切手法など、法令上、有価証券として定義されているものは全てを含むことでよいことを確認したい。 ・仮に、特定の法令に定義されたものに限定される場合は、その法令を明示していただきたい。	訪問購入に係る規制対象となり得る「有価証券」は、そもそも民法第八十六条第三項により動産とみなされる「無記名債権」ですので、施行令第十六条の二第五号の「有価証券」に金融商品取引法等の法令上有価証券として定義されているものが全て含まれてはおりません。他方、「無記名債権」ではない有価証券については、そもそも訪問購入に係る規制対象とはなっておりません。同号の「有価証券」の具体例については、別途策定中の通達にて明示する予定です。
5	自動車は適用除外とすべきではない。	四輪自動車については、道路運送車両法において登録制度が設けられており、登録を受けている者がすな

		わち所有権者であるとの公示制度に立脚した流通システムが成立しています。仮にクーリング・オフ等の規制に置いた場合、流通の円滑化を促進している同制度の持つ公証性が損なわれ、結果として同制度に立脚している流通システムそのものが著しく害されるおそれがあると考えられることから、上記２．の（イ）の要件に合致するものと考えています。
6	自動車の買取業界は一括査定サイトにより対応しているので問題にはならず、規制がかかるのはおかしい。	
7	二輪自動車も適用除外にすべきである。	
8	四輪自動車と比較し、二輪自動車を除外扱いとしなかった根拠を示してほしい。	
9	軽四輪車と二輪自動車を同様に扱うべき。四輪自動車の中でも、軽四輪車には道路運送車両法でいう登録制度が無いにも関らず、普通自動車と同様の扱いにするのはおかしい。	軽四輪車については、普通自動車とは異なり道路運送車両法上の登録制度は採られておりませんが、事業者及び中古市場が同一である等、普通自動車が扱われるのと同様の流通システムに属している実態に鑑み、普通自動車と軽四輪車で法の規制の有無につき差を設けることは適当でないと考えられます。
10	骨董品も適用除外にすべきである。	骨董品や収集品については、現に消費者トラブルの報告が寄せられていること、また、規制の対象となった場合にこれらの流通が著しく害されるとは認められないことから、規制の対象とならない物品として政令で定めるための法定の要件を満たさないものと考えられます。
11	生活雑貨や衣類品も適用除外にすべきである。	生活雑貨や衣類品については、中にはブランド物の鞄や靴のように高価なものも含まれ得ることから、消費者トラブルのおそれがないとまではいえないこと、かつ規制の対象となった場合に流通が著しく害されるとは認められないことから、規制の対象とならない物品として政令で定めるための法定の要件を満たさないものと考えられます。 大型鍵盤楽器については、中には高価なものも含まれ得ること、また一般的に消費者が日常的に使用している物品とはいえないことから、消費者が契約意思を確定的に有しないまま買取り契約をしてしまう可能性があり、消費者トラブルのおそれがないとまではいえないこと、かつ規制の対象となった場合に流通が著しく害されるとは認められないことから、規制の対象とならない物品として政令で定めるための法定の要件を満たさないものと考えられます。 なお、「家電（携行が容易なものを除く。）」及び「家具」については、今後通達等で具体例を明らかにすることを考えておりますので、頂いた御意見を参考にさせていただきます。
12	大型鍵盤楽器（ピアノ・オルガン等）も適用除外にすべきである。	
13	以下の物品は「家具」及び「家電（携行が容易なものを除く。）」に該当するため、適用除外にすべきである。 マッサージ機、ベッド、ソファ、食器棚、本棚、ダイニングセット、レンジ台、飾り棚、自転車、五十cc以下のバイク 工事作業が伴う物品、暖房機器、給湯器、ガステーブル、物置、冷蔵庫、洗濯機、エアコン、たんす、机、いす、鏡台	
14	「（1）家電（携行が容易なものを除く。）」と「（2）家具」の具体例として、以下をあげていただきたい。 （1）家電（携行が容易なものを除く。） 電気冷蔵庫、電気洗濯機、電気衣類乾燥機、エアーコンディショナー、ヒーター、ストーブ、こたつ、ホットカーペット、扇風機、冷風機、冷風扇、掃除機、空気清浄機、除湿器、加湿器、オーブン・レンジ、炊飯器、ポット、ホームベーカリー、ホットプレート、ガスコンロ・ガステーブル、フードプロセッサー、食器乾燥機、食器洗い機、精米機、ワインセラー、ワインクーラー、パソコン、プリンタ、液晶ディスプレイ、家庭用コピー機、ＦＡＸ、アンプ、スピーカー、チューナー、	

No.	意見	考え方
	ミニコン、CD・MD・レコード等各種プレーヤー、テレビ、ビジュアルデッキ（ビデオ・DVD・LD・ハードディスクレコーダー等）、プロジェクター、ミシン、マッサージ器、照明器具、電動自転車、電子ピアノ、エレキギター、その他の家庭用電気機械器具 （2）家具 たんす、机、いす、鏡台、ソファー、ベッド、テーブル（リビング・ダイニング・和風）、ラック（AV、サイドボード）、TV台、棚（書籍・食器）、カラーボックス、収納ボックス、衣装ケース、オフィス家具	
15	冷蔵庫やエアコンなど、持ち運びに不便なものは、規制の対象とならないのはわかる。しかし、近年では、家電が小型化していることもあって、テレビについて規制対象としない理由としては疑問が残る。また、パソコンなども同時に、デスクトップ型のものは携行が容易ではないものに該当するであろうし、逆にマッサージチェアや、空気清浄機などは、「携行が容易ではないもの」に該当する可能性があるのではないか。	
16	冷蔵庫、洗濯機、エアコン、テレビ等の生活家電全般を適用除外にすべき。	仮に「家電（携行が容易なものを除く。）」を「生活家電全般」とした場合、消費者トラブルのおそれがないとまではいえない小型の家電（携行が容易なもの）も規制の適用対象から外れることとなるため、「家電（携行が容易なものを除く。）」とすべきと考えられます。
17	今後、新たな物品や訪問購入としての取引態様が発生する可能性があることから、できる限り、適用除外とするものをごく一部に限定していただきたい。	御指摘を踏まえ、慎重に検討し、また消費者委員会及び消費経済審議会の答申を踏まえた上で施行令第十六条の二を定めさせていただきました。
18	原則、全ての物が対象とあるのにどうして対象外物品を設けたのか。自分から来て欲しいと依頼した場合はすでに対象外なので対象外の物品を設ける必要はない。	法第五十八条の四においては、原則全ての物品を規制対象とした上で、上記2．の（ア）又は（イ）の要件を満たすものは規制を受けない物品として政令で定めることとされております。同条の規定に従い、施行令第十六条の二において規制の対象としない物品を定めております。 なお、「自分から来て欲しいと依頼した場合はすでに対象外」とありますが、法第五十八条の十七第二項第一号において「その住居において売買契約の申込みをし又は売買契約を締結することを請求した者に対して行う訪問購入」とあるのは、売主である消費者が、当該購入業者に対して「○○を売りたいので来訪されたい。」等、「契約の申込み」又は「契約の締結」を明確に表示した場合に一部規制を除いて適用除外の扱いとなるのであって、「見積もりをして欲しいので来訪されたい」というように、消費者が明確な取引意思を有しないまま、契約準備に当たる行為のために購入業者に自宅への来訪を求めた場合は、適用除外とはならないと考えられます。
19	有価証券は適用除外とすべきではない。	法上、原則として全ての物品が訪問購入の規制の適用を受けることとなりますが、例外的に、上記2．の（ア）

		又は（イ）の要件のいずれかを満たせば、政令で適用対象から除外することとされております。（法第五十八条の四） 有価証券については、商法等により、法に比して第三者を厚く保護する制度が設けられており、現在の流通システムは、同制度を前提に成立しています。クーリング・オフ等の規制に置かれることで同制度の趣旨が著しく損なわれる結果、（イ）の要件を満たすことから、今回適用対象外とするものです。
20	家具・家電（携行が容易なものを除く。）は適用除外とすべきではない。	法上、原則として全ての物品が訪問購入の規制の適用を受けることとなりますが、例外的に、上記2．の（ア）又は（イ）の要件のいずれかを満たせば、政令で適用対象から除外することとされております。（法第五十八条の四） 「家具」及び「家電（携行が容易なものを除く。）」は現在訪問購入に関する深刻な消費者被害は報告されておらず、かつこれら物品は売主である消費者がほぼ毎日使用する物品であるため、売却の意思が確定的ではない状況で消費者が売買契約を締結することが想定されにくいといえます。よって、（ア）の要件を満たすことから、今回適用対象外とするものです。
21	「書籍」及び「CD・DVD・ゲームソフト類」は適用除外とすべきではない。	法上、原則として全ての物品が訪問購入の規制の適用を受けることとなりますが、例外的に、上記2．の（ア）又は（イ）の要件のいずれかを満たせば、政令で適用対象から除外することとされております。（法第五十八条の四） 「書籍」及び「CD・DVD・ゲームソフト類」は現在訪問購入に関する深刻な消費者被害は報告されておらず、かつこれら物品は一度に大量の個数が買い取られるという商慣習があります。現在の流通システムはこの商慣習を前提に成立しているものであり、クーリング・オフや書面交付義務等の規制に置かれることで、当該商慣習を維持することが困難となる結果、（イ）の要件を満たすことから、今回適用対象外とするものです。なお、これら物品については現在訪問購入に関する深刻な消費者被害は報告されていない点も総合的に勘案すべきだと考えております。
22	和服が除外対象とならないことを希望する。並びに和服が訪問による買い上げ商材として消費者トラブルの事態を起こしていることに遺憾の意を述べるとともに、そうした事態を起こす事業所にはしっかりとした法規制と法的措置を御願いしたい。	頂いた御意見を参考に、法の厳正な法執行に努めてまいります。
2．規制の適用除外とする取引態様について		
1	政令案に賛成	御意見ありがとうございました。
2	消費者からの買取依頼は適用除外にすべき。	「買取依頼」が具体的にどのようなものか明確に読み取ることはできませんでしたが、例えば既に法第五十八条の十七第二項第一号において、「その住居において売買契約の申込みをし又は売買契約を締結することを請求した者に対して行う訪問購入」はほとんどの規制の適用を除外されることになっております。他方、電話等で消費者から「見積もりを取って欲しい」等と申し入れがあった場合など、訪問前にアポイントメント

		を取り付けている場合であっても訪問購入に係る消費者トラブルは発生しているため、このような場合まで今回改正法の規制対象外として扱うことは適当ではないと考えられます。
3	転居の解釈に「家屋内の整理」も読み込むべき。	売主である消費者がその住居から退去することとしているような場合であれば、消費者が購入業者に対して査定依頼等をした段階で、通常既に消費者は自宅内の家財道具につき一通り要・不要の判断を行っており、物品の処分の意思を固めていると考えることができるため、消費者の意に反して売買契約が締結されるおそれはないといえます。また、クーリング・オフにより発生し得るコストを回避する観点から、規制の対象に置かれた場合、購入業者は物品の引き取りを八日間差し控えることが想定されるため、退去（転居）に向けて物品を早急に処分したいと考えている消費者の利便性を大きく損なうおそれがあるといえます。 他方、消費者が「家屋内の整理」をする場合は、必ずしも通常自宅内の家財道具につき一通り要・不用の判断を行っている場合とはいい難く、また物品の引き取りを購入業者が八日間差し控えた場合であっても、住居からの退去の場合と比して、消費者の利便性を大きく損なうものではないと考えられます。
4	転居に際して行われる購入を適用除外とすべきではない。	
5	常連取引を適用除外とすべきではない。	こうした形態よる取引を行う購入業者と売主である消費者との間には信頼関係が既に成立していることから、消費者保護の観点上問題を生じるおそれがなく、また現にこうした取引態様による訪問購入に関しての深刻な消費者被害は発生していないと認識しております。
6	御用聞きの取引を適用除外とすべきではない。	
7	「規制の適用除外とする取引態様として特商法施行令で定める取引態様」に、「家電製品等の新品を購入する際、商品の配達時もしくは新品購入時に、消費者が当該販売店に対して不要となる古い家電製品等を処分するための査定等を依頼した場合の、販売店と売主たる消費者との間で行われる訪問購入」を追加すべき。	個別具体的には、購入業者と消費者の言動や行為の状況等を総合的に考慮しつつ、判断されることとなりますが、御指摘のような場合であれば主として「いわゆる常連取引」に該当する場合として扱われることになると考えられます。
8	いわゆる御用聞き取引の定義となる「定期的に住居を巡回」とは、具体的にどのような頻度を指すのか。 また、いわゆる常連取引について、説明、契約、など、本来ならば1日で終わるかもしれない内容を細切れにして分割して訪問すれば、「常連取引」にあたるといえるのか。	「定期的に」とは、要は計画的に、すなわち顧客台帳等に基づき、予め訪問時期を定めて、一定の間隔を置いて訪問するものであれば定期的な訪問といってよいと考えられます。ただし、一年を超えるような間隔をおいて訪問するような場合は、消費者と当該購入事業者との間に信頼関係が生じているとはいい難いので、「定期的に住居を巡回」しているとはいい難いと考えられます。 また、個別具体的には、購入業者と相手方の言動や行為の状況等を総合的に考慮しつつ、判断されることとなりますが、単に勧誘をした場合、又は単に査定をした場合をもって、購入業者と売主である消費者との間に信頼関係を生ずる要素となる取引があったとはいえず、そのような場合はいわゆる「常連取引」に該当するとはいえないと考えられます。
9	御用聞きについての条文を以下のとおり修正すべきである。 【原案】 （1）いわゆる「御用聞き」の関係にある購入業者と売主たる消費者との間で行われる訪問購入店舗を有する購入業者が顧客台帳等に基づき、定期的に住居を巡回訪問して行う購入を指す。	店舗購入業者は、店舗における購入を主として活動しているため、通常、店舗を通じて売主である消費者との取引関係がある。また、仮にトラブルが発生した場合であっても、消費者は当該店舗に行き、購入業者を追及し易いことから、無店舗購入業者に比して、一般的に店舗購入業者の方が消費者との間に信頼関係を生じ易い状況にあるといえることから、いわゆる「御用聞き」取引の要件として、店舗購入業者を除くことは適切ではないと考えております。また、「定期的に」「巡回」訪問している点も、購入業者と消費者との間

	【見直し案】 （1）いわゆる「御用聞き」の関係にある購入業者と売主たる消費者との間で行われる訪問購入購入業者が顧客台帳等に基づき、住居等を訪問して行う購入を指す。 ※理由として、昨今は倉庫を持ってインターネットを使用した販売が多くなっているので、〝店舗を有する〟は限定してしまうことになる。また、〝定期的に〟と〝巡回〟は必ずしも訪問購入が定期的とは限らず、一度限りの取引も多く行われているので制限する必要はない。	に信頼関係が生じている状況にあるといえる重要な要素であることから、いわゆる「御用聞き」取引の要件から除くことは適切ではないと考えられます。
3．主務大臣が、購入業者に対し報告又は書類等の提出を命じることができる事項について		
1	意見なし	―
4．購入業者の密接関係者と、当該密接関係者に対して主務大臣が報告又は書類等の提出を命じることができる事項について		
1	意見なし	―
5．都道府県が処理する事務及び経済産業局長等への権限委任について		
1	意見なし	―
6．その他		
1	現行の特定商取引法を変更する必要はないと考える。	今回の政令（案）に対して頂いた御意見ではありませんが、今後の検討の参考にさせていただきます。
2	今回の法律改正に反対である、見直すべきである。	今回の政令（案）に対して頂いた御意見ではありませんが、今後の検討の参考にさせていただきます。
3	クーリング・オフ制度について見直すべきである。	今回の政令（案）に対して頂いた御意見ではありませんが、今後の検討の参考にさせていただきます。
4	指定商品制をとるべき、全物品制に反対である。	今回の政令（案）に対して頂いた御意見ではありませんが、今後の検討の参考にさせていただきます。
5	特商法第二十六条第一項第八号のように、他の法律で業規制がなされている取引については、適用除外とすべきである。	今回の政令（案）に対して頂いた御意見ではありませんが、今後の検討の参考にさせていただきます。
6	本件制度の対象は、「売買契約」のようですが、「交換契約」（民法第五八六条）や「負担付贈与契約」（同法第五五三条）などは、対象外か。脱法行為の発生が懸念されるので政令等でどうにかすべき。	個別具体的には、購入業者と相手方の言動や行為の状況等を総合的に考慮しつつ、判断されることとなりますが、無償で物品を引き渡す場合や、物々交換をするような場合は、訪問購入の定義が「売買契約の申込みを受け、又は売買契約を締結して行う物品の購入」（法第五十八条の四）であるため、同法の規制の対象には当たりません。脱法行為の発生懸念につきましては、今後の検討の参考にさせていただきます。
7	悪徳業者については徹底的に業界から締め出すべき。	頂いた御意見も参考にしながら、厳正な法執行に努めてまいります。
8	特商法第五十八条の十七第二項第一号の要件を満たす具体的な取引	個別具体的には、購入業者と相手方の言動や行為の状況等を総合的に考慮しつつ、判断されることとなり

態様について明示願いたい。	ますが、売主である消費者が、購入業者に対して「○○を売りたいので来訪されたい。」等、「契約の申込み」又は「契約の締結」を明確に表示した場合、同号の要件を満たすと考えております。なお、「見積もりをして欲しいので来訪されたい」というように、消費者が明確な取引意思を有しないまま、契約準備に当たる行為のために購入業者に自宅への来訪を求めた場合は、同号の要件を満たすとは言えず、適用除外とはならないと考えられます。

【平成二十九年六月二十七日公表のパブリックコメントの結果】

番号	該当箇所	御意見の概要	考え方
1	第三条の三	業務禁止命令の対象者に営業所又は事務所の統括者に加え、その他これに準ずる者を定めたことは評価できる。	賛同の御意見として承ります。
2	第十七条の二	立入調査等の対象となる「密接関係者」に販売業者等の親会社や子会社、兄弟会社などのほか、原則２割以上を出資している法人なども追加されることに賛同する。	賛同の御意見として承ります。
3	別表第一	特定権利の対象として政令で定める権利の内容は、今回の案で良い。今後は、商品や役務等を柔軟に解釈することにより、悪質な事業者に対して積極的に特商法を執行していくことが期待される。 なお、宅建業法による規制が及ばない宅地以外の土地については、特商法の適用対象となるよう早急に対処してほしい。	前段については、賛同の御意見として承ります。 後段（「なお」以下の部分）については、宅地建物取引業法第二条第三号に規定する宅地建物取引業者等が行う同法第二条第二号に規定する商品の販売又は役務の提供は特定商取引に関する法律（以下「特商法」といいます。）の適用が除外されますが（第二十六条第一項第八号ロ）、他方で①宅地建物取引業法に基づく免許を受けていない者が不動産の販売を訪問販売で行った場合、②宅地建物取引業法に基づく免許を受けた宅地建物取引業者が宅地以外の不動産の販売（例：用途地域外の山林、雑種地について、宅地造成等をせずに山林、雑種地として販売）を訪問販売で行った場合等は特商法が適用される旨を申し添えます。
4	別表第一	マネジメント・バイアウトなど、生命保険会社が保有する株式を当該株式発行会社の経営者等の役員へ売却する場合は、個人に対する売却であっても、特商法第二十六条第一項第一号に規定する「営業のために若しくは営業として締結するもの」、「営業のために若しくは営業として締結するものに係る販売又は役務の提供」に該当するとの理解でよいか。	御指摘の場合については、一般的には、当該役員等は事業・職務の用に供するために株式を購入しており、当該売却に係る契約の目的及び内容は営業のためのものであると考えられることから、特商法第二十六条第一項第一号に該当することとなります。
5	別表第四	美容医療を特定継続的役務に追加することに賛成する。	賛同の御意見として承ります。

6	別表第四	美容医療を特定継続的役務に追加することには、 ①医療行為に対する不適切な干渉となり、国民の生命、身体、健康に対する悪影響を生じさせかねないこと ②医療分野における消費者は、医事法令により対処すべきものであること から反対する。	平成二十八年一月になされた内閣府消費者委員会の答申を踏まえ、政令案では一定の美容医療契約を特定継続的役務提供に位置付けることとしています。同答申の別添である特定商取引法専門調査会報告書（以下「専門調査会報告書」といいます。）では基本的な考え方として『美容医療契約に関しては、近年、不適切な勧誘や解約等に関する消費者トラブルが増加しているところ、一定期間以上の期間にわたり継続的に提供されるものについては、これを特定継続的役務と位置付けるべき』とされており、この基本的な考え方に基づき政令案を規定したものです。
7	別表第四	別表第四の二の項について、「主務省令で定める方法によるものに限る」との文言を削除し、美容を目的とするもの全般を規制対象とすべきである。	平成二十八年一月になされた内閣府消費者委員会の答申を踏まえ、政令案では一定の美容医療契約を特定継続的役務提供に位置付けることとしています。同答申の別添である専門調査会報告書では基本的な方向性として『特定商取引法施行令を改正して、美容医療契約を特定継続的役務と位置付けることが必要である。その際、対象となる具体的な施術の範囲については、「美容の向上を主たる目的として行う医療行為」を規制対象として、具体的に対象となる役務については列挙していく』とされており、この基本的な方向性に基づき政令案（「主務省令で定める方法によるものに限る」）を規定したものです。
8	別表第四	矯正治療の実質は歯の噛み合わせを治療し、全身も含めた健康を維持する目的を有することから、政令案で歯牙の漂白を対象としていることは、歯科治療の実情を踏まえた適切な理解に基づくものである。	賛同の御意見として承ります。
9	別表第四	「歯牙」については、「歯」の表記に変更いただきたい。	歯科衛生士法第二条第一項等も参照した上で、政令案では「歯牙」と規定したものです。
10	別表第四	一か月を超えない契約であっても、被害の発生状況を把握し適切な規律がされるように求める。	特定継続的役務提供については、「それぞれの特定継続的役務ごとに政令で定める期間を超える期間にわたり提供する」ものとされています（特商法第四十一条第一項第一号）。政令案では、他の特定継続的役務における期間及び内閣府消費者委員会特定商取引法専門調査会における議論も踏まえ、期間を「一か月」と規定したものです。
11	別表第四	契約の解除によって通常生ずる損害の額について、いわゆるエステティックサロンの役務と同様に「二万円又は契約残額の百分の十に相当する額のいずれか低い額」とすることを要望する。	平成二十八年一月になされた内閣府消費者委員会の答申を踏まえ、政令案では一定の美容医療契約を特定継続的役務提供に位置付けることとしています。同答申の別添である専門調査会報告書では『「契約の解除によって通常生ずる損害の額」等と併せ、関係する事業者の意見を聞きつつ、更なる検討が行われることが必要』とされており、美容医療業界の実態等も踏まえて政令案（「五万円又は契約残額の百分の二十に相当する額のいずれか低い額」）を規定したものです。
12	別表第五	別表第五の第二号が定められたことを支持する。	賛同の御意見として承ります。
13	別表第五	ホームホワイトニングに用いられるキットについては、医療機器に該当することから、別表第五の第二号では読めないのではないか。キットの中心をなす漂白	御意見を踏まえ、政令案を修正します。具体的には別表第五第二号ハに「歯牙の漂白剤」を追加します。

に用いられる薬剤も含める形で明確に規定してほしい。

特定商取引法施行規則パブリックコメント

【平成二十一年六月二十四日公表のパブリックコメントの結果】

番号	御意見の概要	御意見に対する考え方
1	〈法第二条関係〉 いわゆるロードサービス（路上で故障した自動車に対し救援を行う役務）について、特定商取引に関する法律（以下、「法」という。）の訪問販売規制の対象外とすべき、との意見があった。	いわゆるロードサービスについては、一般的に消費者からの電話等によりサービスの提供を約する通信販売に該当する場合が通常であると考えられることから、訪問販売規制の対象に関して議論する必要性は考えにくい。
2	〈法第七条関係〉 法第七条で「正当な理由が無いのに訪問販売に係る売買契約であって日常生活において通常必要とされる分量を著しく超える商品の売買契約の締結について勧誘すること」が指示対象行為として規定されたことを評価した上で、同規定の運用を迅速かつ柔軟に行っていただきたいとの意見があった。	引き続き、法執行に関しては、迅速かつ適確に行ってまいりたい。
3	〈法第十一条及び法第十五条の二関係〉 法第十一条及び法第十五条の二で規定された返品特約につき、消費者にとって容易に認識することができるよう表示することを省令において規定するに当たっては、十分に取引の実態を勘案した上で、適切な例示をいただきたいとの意見があった。 また、①テレビ通販等、表示が短期間で消えるような取引では、注文時に明確に説明する、②返品の範囲（未開封、未使用）について、消費者が誤認しないよう表示をする等をガイドラインの事例に明示していただきたいとの意見があった。	法第十一条及び法第十五条の二で規定された返品特約につき、消費者にとって容易に認識することができるよう表示することを省令において規定するに当たっては、消費経済審議会特定商取引部会の審議等を通じて多様な関係者の意見を聴取し、十分に取引の実態を勘案した上で、ガイドラインにて、適切な例示をすることとしている。 なお、①については、ガイドラインにおいて、テレビ通販の注文時に説明することまでは記載しないものの、テレビの広告画面において消費者が契約締結の際、返品特約を容易に認識できるような例示をすることとしている。また、②については、「返品の範囲」は「返品の条件」の一部として、消費者にとって容易に認識できるような適切な例示をすることとしている。
4	〈法第十五条の二関係〉 法第十五条の二で規定された、「広告で表示する方法以外の方法」について、省令で規定するに当たっては、消費者が最終的に申込みをする画面に表示する旨規定することを評価する意見があった。他方、消費者が最終的に申込みをする画面に表示する以外の方法についても検討いただきたいとの意見があった。	法第十五条の二で規定された、インターネット通販における「広告で表示する方法以外の方法」について、消費者が最終的に申込をする画面に表示する方法を省令で規定することは、ブックマーク等が可能であるインターネット通販の特性を検討した結果、消費者保護の観点から最適な方法であると考える。一方、そこにおける返品特約の表示方法については共通表示部分を用いるなど、明瞭な表示のための様々な対応があり得るところであり、その点をガイドラインで示すこととしている。こうした方法を採ることにより、事業者にとって過度な負担とはならないものと考える。
5	その他、①法第二条で規定される「営業所等」に「当該設備により売買契約又は役務提供契約の締結が行われる設備が設置されている場	

	所」を追加すること、②法第七条で規定される指示対象行為について、一回の契約により過量となる役務提供契約、複数回の契約により過量となる売買契約及び役務提供契約も指示対象とすること、③法第十一条ただし書において、規定される表示事項の省略につき、「返品の可否」、「返品が可能となる条件」、「返品に係る送料負担の有無」を例外とすること、について賛成する意見があった。	

【平成二十五年二月八日公表のパブリックコメントの結果】

No	御意見の概要	考え方
1．営業所等の定義について		
1	第五号の「一定の期間」は「相当の期間」とすべきではないか。「一定の期間」しか営業をしていないような店舗類似の営業所では、売主である消費者からの契約解除に伴う物品の返却がなされないおそれが高い。	「一定の期間」とは、通常最低二、三日以上を指し、半日や一日で次の場所に移動するものは含まれませんが、例えば一週間に一日だけ一定の場所で定期的に買取りをするようなものは、場合によってはこれに該当することもあります。「一定の期間にわたり購入する物品の種類を掲示し、当該種類の物品を購入する場所であって、店舗に類するもの」において売買契約が行われる場合、通常、売主である消費者は不意打ち的な状況等に置かれること無く契約を締結する意思を形成するものであり、特定商取引に関する法律（以下「法」という）上、消費者保護を行うべき取引には当たらないと考えられます。
2	賛成である。	御意見ありがとうございました。
2．訪問購入における売買契約の締結等に際して交付する書面に記載する事項について		
1	「物品の数量」を記載事項にすべきではないのか。	法定の書面を交付させる趣旨は、後日取引を巡ってトラブルが生じることを防ぐため、取引条件を明確にしておく、というものです。例えば、訪問購入に係る消費者トラブルの多い物品である貴金属や装飾品について、一度に数点まとめて契約がなされる場合がありますが、仮に「物品の数量」を書面記載事項とすれば、購入業者は書面に「指輪三個」とだけ記載することで、個別物品についてそれぞれ書面を交付する必要性が無いと認識するおそれがあります。また、現在生じている消費者トラブルの実態に鑑みれば、物品の種類や物品名、物品の特徴等が全く同一といえる物品を複数取引しているものは例外的であるといえます。もちろん、物品の名称、種類、特徴等が全く同一といえる物品を取引する例も発生し得る（例えば、同一の皿五枚セット等）ため、そのような場合は「物品名」に、「○○を●個」と記載すれば、個々物品に対して書面を交付する必要性は無い旨通達等に記載する予定です。
2	交付する書面には、購入事業者と売主である消費者双方の署名を記載させるべきである。また、交付書面と同一の書面を事業者が保管する義務を負わせるべきである。	法定の書面を交付させる趣旨は、後日取引を巡ってトラブルが生じることを防ぐため、取引条件を明確にしておくものであり、頂いた御意見は書面交付制度の趣旨に鑑みると必須のものではありませんが、消費者保護の観点からは、望ましい取引の在り方だと考えられますが、御意見の実現に当たっては、法律の改正が

		必要になります。
3	貴金属等の鑑定法と重量測定法をはじめ、購入価格の算定手法について明記させるべき。	取引条件を明確にしておくという書面交付義務の趣旨に鑑みると、購入価格や取引対象となった物品の特定に資する事項等が書面に記載されているべきであり、御指摘のような購入価格の算定方法まで記載させる必要性は低いと考えられます。
4	「物品の重量」を明記させるべきではないのか。	「物品の重量」が取引対象となった物品の特定に資する情報である場合、「物品の特徴」にその旨記載されるものであると考えられます。
5	規則案第五十条において、「物品の売買契約の申込みの撤回又はその売買契約の解除に関する事項」として、「当該物品を返還し、返還に要する費用は購入業者の負担とすること」と明記すべきではないか。	売主である消費者がクーリング・オフを実施した場合、御指摘の点は民法の原則に基づき当然に購入業者の負担となりますので、あえて記載させる必要性は低いと考えられます。
6	交付書面に、取引対象となる物品の写真添付を義務付けてはどうか。	取引条件を明確にしておく、という書面交付義務の趣旨に鑑みれば、取引対象となった物品が特定できる程度に「物品の特徴」等を記載させることで足りると考えます。また、写真添付等を義務付けることで、「遅滞なく」又は「直ちに」書面を交付することが困難となることも懸念されます。
7	賛成である。	御意見ありがとうございました。
3．第三者への物品の引渡しに関し、売主に対し通知する事項について		
1	購入業者がクーリング・オフ期間内にオークション主催者に物品を引き渡した場合は、当該オークション主催者が規則案第五十二条及び第五十三条の「第三者」に当たるという理解でよいか。	御指摘のとおりです。
2	第三者の氏名等を売主である消費者に対し通知することは、個人情報保護法（平成十五年法律第五十七号）に違反しないのか。	個人情報の扱いにつき別途法令で規定がある場合には、個人情報保護法の適用を受けないことになっている（個人情報保護法第十六条第三項）ため、第三者の氏名等を法に基づいて売主に通知することは、個人情報保護法違反にならないと考えられます。他方、トラブルを避ける観点からは、購入事業者は、第三者に対し、自身の氏名や電話番号等が売主である消費者に知らされる旨を事前に通知しておくことが望まれます。
3	「相手方（売主）が第三者への物品への引渡しの状況を知るために参考となるべき事項」とは、購入業者から第三者への転売価格や第三者による物品の使用用途等を必要に応じて記載することを想定していると考えられるが、購入事業者にとって過剰規制ではないのか。	訪問購入に係る消費者トラブルの多数を占める貴金属の被害実態として、取引対象となった貴金属は第三者に引き渡されて以降数日内に加工又は溶かされてしまうことが多く、売主である消費者がクーリング・オフを実施した場合であっても、取引対象となった物品が手元に戻らないことが多いと想定されます。「相手方が第三者への物品の引渡しの状況を知るために参考になるべき事項」は、売主である消費者がクーリング・オフを実施するか否かを判断するに当たり有益な情報であり、また取引対象となった物品が手元に戻らない場合であっても例えば金銭賠償の算定が容易となるといった効果をもたらすものです。購入事業者にとってみれば、営業上の重要な情報を売主である消費者に伝えることになりますが、消費者保護に裨益する効果が高いことに鑑み、当該事項を売主に対し通知すべき事項として記載しているところです。

4	第三者に関する事項を通知される売主である消費者が高齢である可能性に鑑み、第一号にある「電話番号又は電子メールアドレス」は、「電話番号」とすべきである。	御意見を踏まえ、改正いたしました。
5	賛成である。	御意見ありがとうございました。
4．物品の引渡しに際し、第三者に対して通知する事項及びその方法について		
1	賛成である。	御意見ありがとうございました。
5．訪問購入における禁止行為について（規則案第五十四条関係）		
1	第三号について、「顧客の知識及び経験に照らして」ではなく、訪問販売等の場合と同じく「顧客の知識、経験及び財産の状況に照らして」とすべきではないのか。	訪問販売等の類型とは異なり、訪問購入は消費者が物品を売却して代わりに金銭を取得する形態の取引であるため、財産状況に照らして売却することが不相応な物品を消費者が売却することは、必ずしも消費者の利益を害する状況とはいえないと考えております。
6．その他（特定商取引に関する法律施行規則の一部を改正する命令（案）に関する意見以外の意見）		
1	交付書面に記載すべき事項や、第三者へ通知すべき事項等については、ガイドラインで明確化すべきである。	現在策定中である通達でもって明確化する予定です。
2	訪問販売は禁止にすべきである。	今回の命令（案）に対して頂いた御意見ではありませんが、今後の検討の参考にさせていただきます。
3	併せて古物営業法（昭和二十四年法律第一〇八号）の規制を強化又は執行を強化すべきではないか。	他の法令に関する御意見であり、回答は差し控えさせていただきます。

【平成二十九年六月二十七日公表のパブリックコメントの結果】

番号	該当箇所	御意見の概要	考え方
1	第七条第六号等	事業者が相手方に支払のために金融機関等に対して虚偽の申告を行うように唆すこと、相手方の意に反して貸金業者の営業所、銀行の支店その他これらに類する場所に連行すること、個別クレジット契約若しくは金銭の借入契約又は預貯金の引出しのため迷惑を覚えさせるような仕方でこれを勧誘すること、を指示対象とすることに賛成する。	賛同の御意見として承ります。
2	第七条第六号イ等	お金がない消費者をサラ金へ誘導し、虚偽の申告をさせお金を借りさせる行為が見受けられます。禁止行為とした以上、厳格な執行を要望します。	法と証拠に基づいて法違反行為には厳正かつ適切に対処することにより、消費者被害の防止に一層積極的に努めてまいります。
3	第七条第六号ロ等	禁止行為の項目が追加されたことを支持する。	前段については、賛同の御意見として承ります。

		しかし、「連行」という文言は他の表現に修正することを要望する。「連行」に限定せず、借入するよう「誘導・指示」することも禁止事項とするよう検討することを要望する。	後段（「しかし」以下の部分）については、平成二十八年一月になされた内閣府消費者委員会の答申の別添である専門調査会報告書では『事業者が消費者を支払いのために金融機関等に連れて行く行為については、通常の営業活動の一部として行われている行為があると考えられ、消費者の求めに応じて同行する行為や、自力で移動することが難しい消費者を助けるために同行する行為等の不適切とはいえない行為を除外した上で、主務省令で指示の対象と規定するべき』とされていることを踏まえ、主務省令案では、指示処分の対象を明確にする観点から、「連行」と規定したものです。
4	第七条第六号ハ等	規制を加えると過剰な規制となり、営業一般に多大な影響があるため、関連する各条項の「割賦販売法第三十五条の三の三第一項に規定する個別信用購入あっせん関係受領契約」を削除してほしい。	専門調査会報告書を踏まえ、主務省令案では、単にクレジット契約を勧める行為を規制対象とせずに、迷惑を覚えさせるような仕方で勧誘した場合を指示処分の対象と規定しています。したがって、過剰な規制にはならないと考えられます。
5	第七条第六号ハ等	「迷惑を覚えさせるような仕方」は客観性に欠け、顧客の主観で解釈されるおそれがあり、他の法令で使用されている解釈が明確な表現でないと実務運用が困難であることから、「迷惑を覚えさせるような仕方」の表現については、「威迫的な方法により」や「詐術を用いて」など他の法令に使用されている表現に修正してもらいたい。	「迷惑を覚えさせるような仕方」については、現行の特定商取引に関する法律施行規則第七条第一号等で使用されており、その解釈が不明確ではないと考えられます。また、御指摘の「威迫的な方法により」や「詐術を用いて」とすると、訪問販売に係る契約とクレジット契約等の勧誘が同時に「迷惑を覚えさせるような仕方」で行われた場合において、訪問販売に係る契約のみが指示処分の対象となり、均衡を失することから、適当ではないと考えられます。
6	第七条第六号ハ等	「迷惑を覚えさせるような仕方」と限定せず、資力が乏しい、又は支払能力のない消費者に、金銭の借入れや預貯金の引出しを勧めて（奨励する）勧誘することを禁止行為とするべきである。	専門調査会報告書では『金銭借入れ・預貯金の引出しを勧める行為についても単に勧める行為のみをもって指示対象とすることは適切ではないが、勧める行為に加えて事業者からの消費者に対する積極的な関与が認められる場合に対象を限定するなど、営業一般に与える影響を最小限度とする観点から、検討を行うべき』とされていることを踏まえ、主務省令案では「迷惑を覚えさせるような仕方」と規定したものです。
7	第七条の二等	「業務の遂行に主導的な役割」とは具体的にどのような役割を指しているのか不明確なことから、例示していただきたい。	「業務の遂行に主導的な役割」については、業務禁止命令を課すことが適切な程度において、業務停止命令の対象となる業務の遂行を実質的に主導する役割を担っている場合が考えられます。
8	第七条の三	日常的に代行する地位にある者を規定しているのは評価できるが、それはあくまでも例示であり、実態として代行している者が業務を統括する者に準ずることとなるのではないか。表現ぶりとしてその点が明示されるように検討してほしい。	御意見を踏まえ、主務省令案を修正します。具体的には、第七条の三を「（略）、これらの号に規定する業務を統括する者の職務を日常的に代行する地位にある者その他の実質的に当該職務を代行する者とする。」とします。
9	第八条第七号	賛成であるが、いわゆる「安価なお試しで釣って高価な定期購入をさせる商法」である場合に「高価な定期購入」の申込みであることが明瞭に伝達できるように	前段については、賛同の御意見として承ります。 後段（「いわゆる」以下の部分）の御意見については、今後の業務の参考とさ

		広告表示事項を工夫していただきたい。	せていただきます。
10	第八条第七号	「売買契約を二回以上継続して締結」という文言における解釈について明示されることを要望する。	御意見については、今後の業務の参考とさせていただきます。具体的には、特商法の執行に係る通達（「特定商取引に関する法律等の施行について」）を改正する際に解釈を明示することを検討します。
11	第八条	通信販売の広告に表示する事項として法人番号の記載を義務付けてはどうか。	御意見については、今後の業務の参考とさせていただきます。
12	第十一条の二第一号	「電話番号を送受信のために用いて電磁的記録を相手方の使用に係る携帯して使用する通信端末機器に送信する方法」とは、いわゆるショートメールのことを指しているという理解でよいか。	「電話番号を送受信のために用いて電磁的記録を相手方の使用に係る携帯して使用する通信端末機器に送信する方法」については、携帯電話等でショートメッセージサービス（ＳＭＳ）を送信する方法を指すものです。
13	第十一条の二第三号	アポイントメントセールスにおける来訪要請手段にＳＮＳを新たに追加することに賛成するものの、ホームページ等の電子広告を来訪要請手段から除いていることは不十分である。ホームページ等の電子広告もアポイントメントセールスにおける来訪要請手段に追加するべきである。	前段については、賛同の御意見として承ります。後段（「ホームページ等の電子広告」以下の部分）については、電子広告の定義は必ずしも明確でないことに加え、例えば、消費者がホームページ上の広告を見た上で、営業所等に来訪して商品を購入したような場合については、現行規制の対象となっている他の来訪要請手段との比較等を踏まえると、現時点で来訪要請手段に追加することは困難であると考えられます。
14	第十一条の二第三号	ＳＮＳにより呼び出された場合もアポイントメントセールスとすることについては賛成します。既にキャッチセールス・アポイントメントセールスにより呼び出した消費者に対し、対面で、勧誘目的を告げずに再度来訪を要請し、当初の来訪要請から不意打ち性が連続している状態で来訪した消費者に勧誘を行う場合についても、アポイントメントセールスの規制が及ぶことを明確にするよう求めます。	前段については、賛同の御意見として承ります。後段（「既に」以下の部分）については、専門調査会報告書では『現在既にキャッチ・セールス及びアポイントメント・セールスとして政令で指定されている方法によって営業所その他特定の場所に来訪させた消費者に対して、対面で勧誘目的を告げずに再度来訪を要請し、当初の来訪要請から不意打ち性が連続している状態で来訪した消費者に勧誘等を行う場合については、現行法の適用が困難な事例へ対応する観点から、アポイントメント・セールスの規制が及ぶようにすべき』とされていることを踏まえ、特商法の執行に係る通達（「特定商取引に関する法律等の施行について」）を改正する際に解釈を明示する予定です。
15	第三十一条第二号	特定商取引に関する法律の一部を改正する法律（平成二十八年法律第六十号）による改正後の特定商取引法第三十八条第三項第二号と同内容であることから、本号の規定は削除すべきである。	御意見を踏まえ、主務省令案を修正します。具体的には、第三十一条第二号を削除します。
16	第三十一条の四第二号	第二号の薬剤等というのは医薬品、医薬部外品は当然に薬剤に含まれるのであるから、単に薬剤と規定する方が明確な規定となると考えられるので、文言の修正を検討してほしい。第五号の薬剤等の「等」を削除し薬剤に表記を変更してほしい。	御意見等を踏まえ、主務省令案を修正します。具体的には、第三十一条の四第二号から第四号までについては「薬剤等」を「薬剤」とし、同条第五号については政令案（別表第五第二号）の修正も踏まえて「薬剤等」を「歯牙の漂白剤」とします。

17	第三十一条の四	今後、新たにトラブルが増加した美容医療の施術やその方法を主務省令に適時追加して、特商法に基づく解決を図ることができるようにすることを希望する。	平成二十八年一月になされた内閣府消費者委員会の答申を踏まえ、政令案では一定の美容医療契約を特定継続的役務提供に位置付けることとしています。同答申の別添である専門調査会報告書では基本的な方向性として『特定商取引法施行令を改正して、美容医療契約を特定継続的役務と位置付けることが必要である。その際、対象となる具体的な施術の範囲については、「美容の向上を主たる目的として行う医療行為」を規制対象として、具体的に対象となる役務については列挙していく』とされており、この基本的な方向性に基づき消費生活相談の件数等も踏まえて主務省令案を規定したものです。主務省令案の施行後においても、引き続き、美容医療契約に係る消費生活相談の動向等を注視し、必要に応じて対象となる範囲の見直しを行うことを含めて適切に対応してまいります。
18	第三十一条の四	育毛、増毛、歯列矯正、涙袋形成、豊胸施術等についても今後も被害実態を調査し続け、トラブルが発生し続けている場合には施術内容や施術方法の迅速な見直しを検討していただきたい。	

特定商取引に関する法律の一部を改正する法律

附　則〔令和二年五月二九日法律第三三号抄〕

（施行期日）

第一条　この法律は、公布の日から起算して二年六月を超えない範囲内において政令で定める日から施行する。〔後略〕

特定商取引に関する法律施行令の一部を改正する政令

附　則〔令和二年七月八日政令第二一七号抄〕

（施行期日）

第一条　この政令は、改正法〔漁業法等の一部を改正する等の法律＝平成三〇年一二月法律第九五号〕施行日（令和二年十二月一日）から施行する。〔後略〕

（罰則に関する経過措置）

第五条　この政令の施行前にした行為及び附則第二条の規定によりなおその効力を有することとされる場合におけるこの政令の施行後にした行為に対する罰則の適用については、なお従前の例による。

特定商取引に関する法律施行規則の一部を改正する命令

附　則〔令和二年三月一八日内閣府・経済産業省令第一号〕

（施行期日）

第一条　この命令は、民法の一部を改正する法律（平成二九年六月法律第四四号）の施行の日（令和二年四月一日）から施行する。

（経過措置）

第二条　この命令による改正後の特定商取引に関する法律施行規則（以下「新規則」という。）第三条から第五条まで（同条第一項の表第二号に係る部分を除く。）、第十七条から第十九条まで（同条第一項の表第二号に係る部分を除く。）及び第二十条（第一項の表第一号イに係る部分を除く。）の規定は、この命令の施行後に販売業者若しくは役務提供事業者（以下「販売業者等」という。）が受けた売買契約若しくは役務提供契約（以下「売買契約等」という。）の申込み又はこの命令の施行後に締結された売買契約等（この命令の施行前にその申込みを受けたものを除く。）について適用し、この命令の施行前に販売業者等が受けた売買契約等の申込み若しくはその申込みに係る売買契約等がこの命令の施行後に締結された場合におけるその売買契約等又はこの命令の施行前に締結された売買契約等については、なお従前の例による。

2　新規則第四十五条（第一項の表第一号に係る部分に限る。）の規定は、この命令の施行後に締結された特定商取引に関する法律第五十一条第一項に規定する業務提供誘引販売業に係る業務提供誘引販売取引についての契約（以下「業務提供誘引販売契約」という。）について適用し、この命令の施行前に締結された業務提供誘引販売契約については、なお従前の例による。

2020年改正対応
割賦販売法・特定商取引法三段対照法令集

2021年6月22日　第1刷発行

編著者　弁護士法人 片岡総合法律事務所
発行者　加藤一浩
発行所　株式会社きんざい
〒160-8519　東京都新宿区南元町19
電話　03-3358-2891（販売）
URL　https://www.kinzai.jp/

ISBN978-4-322-13959-4
印刷　株式会社日本制作センター